MEDIEVAL PHILOSOPHY

A・S・マクグレイド 編著
川添信介 監訳

中世の哲学

ケンブリッジ・コンパニオン

京都大学学術出版会

目次

目　次

執筆者紹介（アルファベット順［肩書きは執筆時のもの］）

E・J・アシュワース（E.J.Ashworth）はカナダのウォータールー大学教授（哲学）。*Language and Logic in the Post-Medieval Period* や中世や近世初期の言語と論理学に関する数多くの論文の著者。ヴェネツィアのパウルスの *Logica magna* のうちの *Tractatus de obligationibus* の編者。ラウトレッジ哲学百科のルネサンス部分の編者であり、そのオンライン版の編者を継続している。

アナベル・S・ブレット（Annabel S. Brett）はケンブリッジ大学の講師（歴史学）であり、ゴンヴィル・アンド・キーズ・カレッジのフェロー。中世と近世初期の政治思想に関する著作として、*Liberty, Right and Nature: Individual Rights in Later Scholastic Thought* とオッカムの『皇帝と君主の権力について』の刊本がある。現在、パドヴァのマルシリウスの『平和の擁護者』の翻訳を準備中［これは二〇〇五年に *Marsilius of Padua : The Defender of the Peace*, Cambridge University Press として刊行されている］。

イディト・ドブズ＝ワインシュタイン（Idit Dobbs-Weinstein）はヴァンダービルト大学の准教授（哲学）。*Maimonides and St. Thomas on the Limits of Reason* とオーディオブック *Moses Maimonides and Medieval Jewish Philosophy* の著者であり、中世ユダヤ哲学に関する多くの論文がある。特に関心を持っているのは、中世のイスラーム思想、キリスト教思想、スピノザの哲学と中世ユダヤ哲学との関係である。

テレーズ＝アンヌ・ドゥルアール（Thérèse-Anne Druart）はアメリカカトリック大学の教授（哲学）で、中世・ビザンティン研究センター長。最近公刊されたものとしては“The Human Soul's Individuation and its Survival After the Body's Death: Avicenna on the Causal Relation Between Body and Soul”がある。『ケンブリッジ・コンパニオン　アラビア哲学』の形而上学の章を準備している［これは二〇〇五年にすでに刊行されている］。また、国際アラビア・イスラーム科学と哲学学会において、中世のイスラーム哲学、神学、科学にかかわる文献一覧を継続する仕事を指導している。

Ｐ・Ｊ・フィッツパトリック（P.J.Fitzpatrick）はダラム大学の名誉講師（哲学）。その著作には、*Birth Regulation and Catholic Belief*, *Apologia pro Charles Kingsley* と *In Breaking of Bread: The Eucharist and Ritual* がある。

ジョン・ホールデン（John Haldane）はセント・アンドリュース大学教授（哲学）であり、倫理・哲学・公共問題センターの上級フェローでもある。エディンバラ王立協会と王立芸術協会のフェロー。いくつかの論文集の編集者・共同編集者であるとともに、哲学史、心の哲学、形而上学、道徳哲学に関する多数の論文の著者。また、ブラックウェル哲学大論争シリーズの一巻である *Atheism and Theism* の寄稿者の一人。二〇〇三―〇四年にアバディーン大学で自然神学に関するギフォード講演を行った。

ボニー・ケント（Bonnie Kent）はカリフォルニア大学アーバイン校准教授（哲学）。*Virtue of the Will* の出版後は、中世の道徳心理学における動機づけの諸問題に特に取り組んでいる。最近の論文としては、*The Ethics of Aquinas* (ed.S.Pope) に所収の"Habits and Virtues", *The Cambridge Companion to Scotus* (ed. T. Williams) に所収の'Rethinking Moral Dispositions'がある。

ジュラ・クリマ（Gyula Klima）はフォーダム大学准教授（哲学）。著書に *Ars artium: Essays in Philosophical Semantics Medieval and Modern* があり、中世の論理学と形而上学に関する多数の論文の著者。ヨハネス・ブリダヌスの『弁証論綱要』の翻訳者で、現在はブリダヌスの論理学と形而上学に関する単著に取り組んでいる［これは二〇〇九年に *John Buridan*, Oxford University Press として刊行されている］。

Ｄ・Ｅ・ラスカム（D. E. Luscombe）は英国アカデミーのフェローで、シェフィールド大学研究教授（中世史）。著書に *The School of Peter Abelard*, *Peter Abelard's Ethics*、また *Medieval Thought* があり、アベラルドゥスと

中世の位階制概念に関する多数の論文の著者。*The New Cambridge Medieval History* 第四巻の第一部と第二部を、J・リリー・スミス（J. Riley-Smith）とともに編集した。また、現在は *Letters of Peter Abelard and Heloise* の編集を終了しつつある。

ジェイムズ・マッケヴォイ（James McEvoy）はアイルランド国立大学メイヌースの哲学部学部長。中世哲学で特に関心を持っているのは、スコトゥス・エリウゲナ、トマス・ガルス、ロバート・グロステスト、それに友愛というテーマである。*Robert Grosseteste*（2002）と、古代とキリスト教時代の友愛理論を扱った二巻の *Sagesses de l'amitié*（1997, 2000）の著者。グロステストの未刊著作を刊行するのに寄与しており、哲学史における友愛とそれに関連した概念に関する書物を準備中である。［二〇一〇年没］

A・S・マクグレイド（A. S. McGrade）。本書の編著者（奥付を参照）。

ジョン・マレンボン（John Marenbon）はケンブリッジ大学、トリニティ・カレッジのフェロー、哲学史研究所所長。二巻本の中世哲学史、*The Philosophy of Peter Abelard* や *Aristotelian Logic, Platonism, and the Context of Early Medieval Philosophy in the West* それに *Boethius* の著者。現在取り組んでいるのは、［自分の初期の哲学史に代わる］中世哲学史の新しい入門書と、異教徒（とりわけ古代の）についての中世的な見方の研究である。

スティーヴン・P・マローン（Steven P. Marone）はタフツ大学教授（歴史学）。その一三世紀認識論についての研究には、多くの論文の他に、次の三つの専門書が含まれている。*William of Auvergne and Robert Grosseteste: New Ideas of Truth and Scientific Knowledge in the Early Thirteenth Century, Truth and Scienfic Knowledge in the Thought of Henry of Ghent* それに *The Light of Thy Countenance: Science and Knowledge of God in the Thirteenth Century* である。

スティーヴン・P・メン（Stephen P. Menn）はマギル大学准教授（哲学）で、専門は古代中世哲学と数学史。*Pla-*

to on God as Noûs と *Descartes and Augustine* の著者。現在、*The Aim and the Argument of Aristotle's* Metaphysics というタイトルの草稿を完成させつつあるとともに、カルヴィン・ノーモア（Calvin Normore）とともに唯名論と実在論に関する著作を準備している。

ロバート・パスナウ（Robert Pasnau）はコロラド大学准教授（哲学）で、*Theories of Cognition in the Later Middle Ages* と *Thomas Aquinas on Human Nature. A Philosophical Study of* Summa Theologiae *Ia 75-89* の著者であるとともに、後期中世の認識論の諸論点に関する数多くの論文や書評を書いている。翻訳としてはアリストテレス『魂について』についてのアクィナスの注釈書と、*Cambridge Translations of Medieval Philosophical Texts* の第三巻（精神と知識篇）がある。また、アクィナスの主要な哲学著作の注釈つき翻訳シリーズである「ハケット・アクィナス・プロジェクト」全体の責任編集者であるとともに、そのシリーズからアクィナスの人間本性論に関する一冊を出している。

イーディス・ダドリー・シーラ（Edith Dudley Sylla）はノースカロライナ州立大学教授（歴史学）。一四世紀の自然哲学、とくに「オックスフォード計算家たち」について広範に論じている。現在はウォルター・バーレーの自然学、それに数学的確率の諸起源とりわけヤコブ・ベルヌーイの著作に取り組んでいる。刊行予定の出版としては、論文 Business Ethics, Commercial Mathematics, and the Origins of Mathematical Probability、それにA・マイエル（A. Maierù）とともに、アンネリーゼ・マイヤの小伝記がある［前者はすでに二〇〇三年に *History of Political Economy* 誌において発表されている。また後者は Alfonso Maierù and Edith Sylla: Daughter of her time. Anneliese Maier（1905-1971）and the study of fourteenth-Century philosophy. In: Jane Chance（Ed.）: *Women Medievalists and the Academy*. Madison 2005, pp. 625-645.として発表されている］。

トマス・ウィリアムズ（Thomas Williams）はアイオワ大学助教授（哲学）。アウグスティヌスとアンセルムスの著作の翻訳があり、現在は*Cambridge Translations of Medieval Philosophical Texts* 第五巻（哲学的神学篇）の準備中。ドゥンス・スコトゥスに関する業績としては、"A Most Methodical Lover? On Scotus's Arbitrary Creator" と *The Cambridge Companion to Duns Scotus* の編集がある。

はじめに

A・S・マクグレイド

本書が扱う時代は、哲学史においてもっともおもしろい時代のひとつである。ラテン西洋ではアウグスティヌスからウィクリフまで、イスラーム圏ではキンディーからイブン・ルシュドまで、中世のユダヤ人共同体で言えばイブン・ガビロルからゲルソニデスに至る思想の一千年である。本書はひとつの手引［コンパニオン］であるから、本書の主題を「めぐって」信頼できる情報を提供すること以上のことを目指している。執筆者たちは読者を可能なかぎり中世哲学の「内部へと」導くことを目指しているのである。私は序章において、私たちがこの目的をどのようにして達成したいのかを説明しておいた。ここでは読者が、中世哲学やそれが書かれた言語について、何か前もって知識をもっていることを想定していないということだけを述べておけば十分だろう。大多数の読者が現代哲学にいくらか接したことがあるということを期待してはいるけれども、関心はあるが哲学に接したことのない人びとを歓迎するし、そうした人びとの手助けになればと希望している。また、本書は大学での中世哲学に関わるあらゆるレヴェルの授業において有益なものであることを狙っているが、同時に、中世哲学の分野の専門家と接する機会がなく、それを独力で理解しようしている方々のことも十分に念頭においている。私たちの努力によって、現代哲学中心となっている学部の中において学生たちがもっと中世の授業に目を向けるような気になってくれたとしたら、そして自分自身が受けた教育においては中世を素通りあるいは奪い去られてきた教師たちが中世の授業をやってみようと励まされたとしたら、喜ばしいことである。そのことが実現すれば、本書に関わった全員にとって心を解放してくれる経験になるだろう。

本書の執筆者たちは自分の専門的な研究を脇において、読者が中世哲学という主題全体に触れやすくなるようにと公共的な精神と情熱を大いに発揮してくれた。これは簡単な仕事ではなかったが、報われるところの多い仕事だとわかったのである。私は執筆者たちが本書の私の担当部分について寄せてくれた助言と、この書物全体が善いものとなるように自分の執筆部分を辛抱強くまた気持ちよく調整してくれたこと（たいがいは、単に紙幅がなかったために、素晴らしい材料を削除することによって）を、ありがたく思っている。また、本書の最初の企画趣意書にきわめて有益な批判を寄せてくれた査読者たちに、さらに、以下の人びとがこの間ずっと寄せてくれたアドバイスと情報に対して、喜んで感謝したい。ドナルド・バクスター、スティーヴン・レイヒ、ミリ・ルビン、ポール・V・スペイド、エレノア・スタンプ、ジョン・ウィッペル、それにジャック・ズプコである。B・J・マクグレイド教授への恩義の念はすぐに湧いてくるが、それは限りのない恩義である。本書の執筆者たちはそれぞれ、ジュリー・アレン、ポール・フリードマン、エスター・マセード、C・M・L・スミス夫人、キャサリーン・タカウから受けたアドバイスとインスピレーションへの謝意を表したいと思っている。最後に感謝を述べなければならないのは、ケンブリッジ大学出版会の編集制作スタッフである。とくに、ヒラリー・ガスキンには最初から最後まで本書を支え、思慮深く見守っていただいた。

略語と参照方法

大括弧内に数字が付された著作（例、Kretzmann[41]）については、その完全な書誌情報が文献表にある。

a.　項

ad　異論解答（ad 1とは第一異論への解答）

CCAq　*The Cambridge Companion to Thomas Aquinas*, ed N. Kretzmann and E. Stump (Cambridge, 1993)

CCAug　*The Cambridge Companion to Augustine*, ed. E. Stump and N. Kretzmann (Cambridge, 2001)

CCOck　*The Cambridge Companion to Ockham*, ed. P.V. Spade (Cambridge, 1999)

CCScot　*The Cambridge Companion to Duns Scotus*, ed. T. Williams (Cambridge, 2003)

*CH*12　*A History of Twelfth-Century Western Philosophy,* ed. P. Dronke (Cambridge, 1988)

CHLMP　*The Cambridge History of Later Medieval Philosophy*, ed. N. Kretzmann et al. (Cambridge, 1982)

CT I–III　*The Cambridge Translations of Medieval Philosophical Texts*

I Logic and the Philosophy of Language, ed. N. Kretzmann and E. Stump (Cambridge, 1988)

II Ethics and Political Philosophy, ed. A.S. McGrade, J. Kilcullen, and M. Kempshall (Cambridge, 2001)

III Mind and Knowledge, ed. R. Pasnau (Cambridge, 2002)

d.　区分（テキストの参照としての）

obj.　異論

オルディナティオ（Ordinatio）
ペトルス・ロンバルドゥスの『命題集』への注解の一部あるいは全部で、著者によって公開に付されたもの。「レポルタティオ（Reportatio）と対比される。

PG　*Patrologia graeca*, ed J. P. Migne, 162vols. (Paris, 1857-66) ラテン語訳の付されたギリシア語。

PL　*Patrologia latina*, ed J. P. Migne, 221 vols. (Paris, 1844-64)

q.　問［討論の記録などにおける区分、第1章を参照。］

q. disp.　正規討論問題

quodl.　任意討論

レポルタティオ（Reportatio）
ペトルス・ロンバルドゥスの『命題集』への注解の一部あるいは全部で、「報告された」形態のもの。第14章（p. 487）を参照。

ScG　Thomas Aquinas, Summa contra Gentiles

Sent.　ペトルス・ロンバルドゥス『命題集』（Sententiae in IV libris distinctae、2 vols (Grottaferrata, 1971-81))、あるいはそれの注解

ST　Thomas Aquinas, Summa theologiae（参照は四つの部分に分けられてなされる。すなわち、I

（第一部）、IaIIae（第二部の一）、IIaIIae（第二部の二）、III（第三部））

un.　単一の（たとえば、問題にただ一つの項しかない場合）

凡例

一、ラテン語の母音の長短は区別せず、慣用に従った。

二、人名・著作名などについては、基本的に平凡社『中世思想原典集成』（文献表参照）の表記に従った。

三、「　」は原文での引用などを、『　』は著作名を、傍点は原著のイタリックによる強調を、［　］は訳者による補足などを示す。

四、訳者による注は各章末にまとめて記した。

ケンブリッジ・コンパニオン

中世の哲学

序章

A・S・マクグレイド

中世哲学の研究が盛んになっていることは、本書の精選された文献表をみれば明らかである。とはいえ、いくつかの哲学的立場——分析的立場や大陸的立場あるいは科学を志向している立場——からすると、本書の主題は今でも縁遠いものかもしれない。つまり、存在論が要約された言語学［クワインの用語］であるとされるような場、あるいは存在と本質の位置に「現存在」［ハイデガーの用語］がすえられたような場では、あるいは自然主義が議論の余地のないものだとされているような場では、永遠性、神、知性の非質料性といった問題に中世の思想家たちが熱中していたことは、たまに興味を覚えるものであるとしても、理解不能なことに思えるかもしれない。本書はこの無理解を減少させるとともに、中世哲学の魅力を高めようとするものである。執筆者たちは可能な限り直接に、読者を中世的な議論の中へと連れてゆくことを望んでいる。そうすることで、そのような議論を突き動かしている哲学的動機と、それらの議論がなされるときに備わっていた大胆さや精妙さや分析の厳格さとを、読者自身が自分で評価できるようになるためである。解決策を評価するというよりもむしろ、問題に対する中世的なアプローチのもつ多様性と斬新さとを明らかにすることが目的である。しかしだからといって、ここで提示されている材料のうちに時間を越えた真理が見だされる可能性を否定するものではない。カントは形而上学の射程を可能的経験の条件をあからさまにすることに限定したのであるが、中世の形而上学を学べば多くの人は、カントの数百年前に、彼の用語で言えば「学の確実な道」［『純粋理性批判』第二版序文B XIV］に形而上学が乗っていたと主張するかもしれない（し、またカントが自分以前の努力を「根拠なき手探り」［同 B XXXI］として捨てさったのは、啓蒙主義に典型的な中世哲学に対する無知のためだったのだと見なすかもしれない）。しかしながら、私たちが確信するところでは、中世哲学がもっていた洞察がもっとも明確に現れるのは、まさに中世の人々自身がその洞察を追求した議論のただ中においてなのである。哲学的問題についての中世的な論じ方を理解し尽くすのは概して容易ではない。それが容易だとしたら、本書は必要がないことになろう。私たちがここで示したいと願っているのは、中世の議論が分け入ってみるに十分値するものだということなのである。

入り口

中世哲学は奇妙なものだと、誇張するべきではない。現代哲学の精神構造をもつ読者にとっても、本書で提示されていることの多くの部分に関心を持つことは容易なことでありうる。その理由の相当程度は、最近の哲学の方が中世に特徴的な関心領域のいくつかを取り上げるようになってきたためである。例を挙げてみよう。中世論理学は現在高い評価をうけているが、このことは部分的には、自己言及に関わるパラドックスや志向的文脈の提示する諸問題を扱う際の、スコラの見事な意味論のためである。このような「現代的」トピックがジェニファー・アシュワースによる中世の言語と論理にかかわる章［第3章］で触れられている。また、科学史や科学哲学という学問が高度に進展するにつれて、中世の自然哲学も高度に進展していたのだと私たちは評価するようになってきている。イーディス・シーラが示しているように［第7章］、天使の自然学といったものにさえ、科学哲学的精神の持ち主にとっても興味ある論点が含まれている。また、おおいにデイヴィッド・アームストロングの仕事のおかげであるが、普遍に関する中世の問題はもはや「ただ単に」中世的だとは思えなくなっている。たしかに、本書のジュラ・クリーマの議論がはっきりさせているように〔第8章〕、この普遍にかかわる問題に対して賭けられた哲学上・神学上の賭金は非常に大きく、科学の可能性や神についての言説の理解可能性を巻き込んだものなのである。さらには、認知科学において学問の垣根を越えた研究プログラムが勃興していること、また近年になって認識論についてのデカルト的伝統に対する批判がなされていることによって、中世の哲学的心理学〔魂論〕のいくらかの側面は、以前よりも理解しやすいものとなっている。他方で、デカルトとアウグスティヌスとの関係があらためて肯定されているが、このことは精神や自己についての非デカルト的概念だけでなく、デカルト的概念の起源も中世にあるということを意味しているのである。人間の本性についてのロバート・パスナウの章〔第9章〕は、中世と近世との間にあるこの両方の側面をうまく利用したものとなっている。

また、道徳哲学とのかかわりにおいても似た点がある。この五〇年の間哲学者たちは道徳心理学と徳倫理学に重大な興味を示してきたのだが、これらがボニー・ケントの道徳哲学に関する章〔第10章〕の主要な関心事である。また、中世の政治思想は、現代的関心にとってより理解しやすく関連深いものとなっているが、それには多くの理由がある。つまり、近代の政治思想に基礎を与えるために中世の思想家たちが果たした役割が、近年の学問によってより自覚されるようになってきているのである。またそれとは逆の方向で、近代の世俗主義に対して広がっている現代の批判、また近代というものが持っていた諸前提が決して避けがたいものではないのだという認知は、中世思想のもつ近代とは対立する諸前提について反省することによって明らかとなるのである。この中世の政治思想をアナベル・ブレットが本書で提示しているが〔第12章〕、重要性が増してきているのは固有な意味での中世政治思想だけではない。今日私たちが論争の的としている「近代的」価値あるいは「西洋的」価値は、イスラームの伝統や（私たちの世界にとっての重大な部分である）伝統的ユダヤ教の価値であると現在主張されている価値との対比によって、より先鋭的な論点となる。中世のイスラームやユダヤ文化における哲学と宗教との間の緊張関係を、テレーズ＝ドゥルアールとイディット・ドブズ＝ワインシュタインが、イスラームにおける哲学の章〔第4章〕とユダヤ哲学の章〔第5章〕において他の論点とともに論じている。このイスラームとユダヤにおける緊張関係を論じることによって、現在の私たちがそこから立場を得ている中世思想に入ってゆくためのもう一つの通路が得られるのである。[1]

とっつきにくさ

以上に述べたような有望な入り口があるにしても、それでも中世哲学の多くは、それに共感をもって接するつもりの人々にとっても、近づきがたいものと見られがちである。その異次元ぶりによって、中世哲学はどこか別の世界で書かれたものであるかのように思われるかもしれない。また、中世哲学のうちで同化できそうな部分であっても、そう見えるとおりのものではないのではないかと疑いが抱かれるかもしれない。たとえば、ジョン・マレンボンの第2章での議論が明らかにしているように、永遠性という概念はとりわけて中世的なものであるし、とても真剣に捉えられているものである。また、同じ章でD・E・ラスカムが提示している位階制という観念は中世思想の中に遍在しており、社会階層にも魂の諸能力にも天使にも秩序を与えているのである。この二つの観念に一つの章を当てたことで、中世思想における「他なる」ものを慣れ親しんだものへと閉じ込めてしまいたいという誘惑に私たちは抵抗していることになる。

とはいえ、明らかに慣れ親しんだものであっても他なるものの側面をもっている。ここでもいくつか例を挙げよう。アリストテレスとストア派の徳倫理学をスコラ学は展開させた。しかしその結果、古典的な徳〔賢慮、正義、節制、剛毅〕は信仰と希望と神と隣人へのキリスト教的な愛という「対神」徳を頭にいただく体系の中に位置づけられることになった。ジェームズ・マッケヴォイの究極目的についての章［第11章］が示したように、友愛や市民的幸福や哲学的生についての中世の議論は非常に興味深いものであるが、それでもそこで考察されている大部分の思想家にとっての究極的な関心は至福、つまり地上的な幸福ではなく永遠の歓喜にあったのである。また、中世の形而上学に対してアリストテレスが与えた影響は明らかであるにしても、アリストテレスが短く試論的にしか論じていなかった神的実在について、中世の時期にはしばしば極めて確信に満ちた議論が大々的に展開されたのである。だからこそ、本書のスティーブン・メンの形而上学の章［第6章］の主要な関心事は神の存在なのである。同じように、慣れ親しんでいるもののただ中に親しみのないものが見出されるという事態は、これまでの段落で言及した論点のそれぞれについても見出されるかもしれない。それでは、［中世哲学が現代の哲学と］同じであることと別物であることとが混合していることを、いったいどのように理解すべきなのであろうか。

その理解の助けになるのは歴史である。スティーブン・マローンによる中世哲学の歴史的文脈の紹介（第1章）が示しているのは、中世思想の中のより縁遠いと思われる主題やより現代的と思われる主題がいつどのようにして登場し、織りあわされてきたのかということである。中世の千年の経過のなかで、哲学に対する態度と哲学の特徴そのものにおいて、重要な変化があった。中世の思想家は事実上みな、生き方としての哲学という古典ギリシア・ローマの哲学観をいくばくかは身につけていた。しかし、その哲学的生のスタイルは時代と環境とに応じて著しく多様であった（本書の冒頭のこの歴史物語はひょっとすると、「哲学の死」――あり得るというだけの？　あるいは、今にもおこりそうな？――という論点にとって考えるべき材料を提供するかもしれない。中世の経験が示唆している教訓は、哲学は実際に死ぬ可能性があるが、しかし哲学は死者の中から立ち上がる傾向を持っているということでもある）。また、第1章の最後の節は中世の哲学的著作の源泉とジャンルにかかわっているが、ここで参照すべき論点がさらに示されることになる。すなわち、その節では中世思想における権威の地位が短く論じられた後、中世世界の異なった場所と時代において入手可能であった古典的哲学のテキストはどのようなものであったのかの見取り図が与えられる。さらに、哲学が公にされる場合の形式についての説明がなされる。この形式は現代の読者には多くの場合なじみのないものであって、『命題集』の注解、大全、自由討論集、正規討論集、ソフィスマタなどといったものである。

中世哲学とは何か

だが、中世哲学の特質が歴史の中で変化したのだと言えば、すぐにいくつかの非歴史的な疑問が沸いてくる。そのような変化があったとしたら、次のような問いが出されるのはもっともなことである。すなわち、中世哲学とは私たちが知っている哲学と何らかの意味で同じものなのであろうか。もしそうでないとすると、それはいったい何であり、そもそもそれを本当の意味で哲学と呼ぶべきなのであろうか。この疑問に対する一つの答え（本書の全体が答えを提供することになるのだが、それに先立つ答え）は、先ほど言及された観念、すなわち生き方としての哲学という古典的な観念を通じて与えることが可能である。実質的にはすべての中世の思想家たちが、この観念をいくぶんかは身につけていた。しかしながら、「哲学者」という語をきちんと定義しないままどのような意味に考えたとしても、中世の思想家たちの中で、自分たちを古典的あるいは現代的な意味での「哲学者」であると見なした者はほとんどいなかった。そこで、中世的な意味での生き方としての哲学とこの別の「古典的あるいは現代的な」意味での哲学の間の相違を、少しずつ明らかにしておくことが有益であろう。その場合、適切な事例となるのはアウグスティヌスである。アウグスティヌスは私たちが扱う時代の西洋において最も影響力を持った思想家であるとともに、イスラームやユダヤ思想においても自覚されていた「哲学と宗教との間の」緊張関係についての事例研究ともなるからである。

アウグスティヌスの人生の道行きは、今日では失われたキケロの対話篇『ホルテンシウス』を読んだことによって決まった。このテキストによって「知恵」への欲求に火がつけられたのだと、アウグスティヌスは語っている。彼の考えるところによれば、キケロを読んだ後、二〇年以上の間のまだまともだった期間に自分が何を為していたかというと、それは知恵の探求であった。ここまでは問題なし。今日でも何らかの意味での知恵の追求というものが、哲学者を哲学者とするものであり、この探求をすることによって、たとえそれが「哲学にかかわる」対話に参加することを選択しているだけであるとしても、少なくともいくらかの観点で哲学者としての人生が形作られていることになるからである。アウグスティヌスの場合には、その探求は多くの知的な立場をへめぐることになったのであり、その中にはマニ教の二元論、懐疑主義、それに新プラトン主義が含まれていた。だがその探求は最後には、時に彼が「私たちの哲学」と呼ぶものへと至ったのである。その哲学は、アウグスティヌスがそう見なしたように、実在と真理と善についての真正の「理解」であり、彼自身がずっと追い求めてきた知恵の、またそれまでの数世紀にわたって哲学者たちが捜し求めてきた知恵の一部分なのである。ここまでもまた、問題はない。すなわち、哲学とは知恵の探求であり、哲学者とはそのような探求にかかわる人のことであり、その探求者が到達した内容のことを一つの哲学だと考えるとするならば、アウグスティヌスは哲学者だったのであり、彼の獲得した理解は一つの哲学だと見なさなければならないのである。

しかしながら、アウグスティヌスが「私たちの哲学」を語りだす段になると、「哲学者たち」とは自分が見出した知恵に対する反対者だと、あるいはせいぜい、そのような知恵を熱望しながら失敗せざるを得なかった者だと性格づけている。アウグスティヌスが「私たちの哲学」によって意味しようとしているのは、信仰を通じてのみ可能となる、キリスト教的に特徴的な理解のことなのである。「あなたが信じないならば理解しないであろう」（イザヤ書七章九節）は、「理解を求める信仰」という伝統全体にとってのモットーとなり、これがアウグスティヌスからアンセルムスをへてその後に及ぶラテン西洋世界における知恵の探求の定義となった。アウグスティヌスが対立者として特徴づけした「哲学者たち」は信仰を持っていなかった。だから彼にとって、そのような哲学者たちが持ち込んだような哲学は必ず失敗に終わるものであり、だからこそそれは、哲学のあるべき姿の最善の例ではなかったのである。(2)

私たちが、より慣れ親しんだ哲学の捉え方と衝突するのは、ここである。現代の読者は、宗教的信仰なしには哲学が成功することは不可能であると考えるどころか、それとは逆のことを受け入れるかもしれない。つまり、哲学は信仰を基礎として進められるのではないものとして定義されるのではないだろうか。通常考えられている哲学とは、「理性のみ」の限界内で、その基礎の上に、その光によって進められるものである。もちろんだからといって、同じ人物が信仰を持ちながら哲学をするということが排除されるわけではない。しかし、哲学することと信じることとが異なった活動だということは、［哲学の通常の捉え方の中に］たしかに含意されている。この観点からするならば、このような区別をしていないという事実によって、アウグスティヌスには疑いの眼差しが向けられることになる。つまり、アウグスティヌスは、本物の哲学者であれば私心をはなれて理性的であるべきところで、修辞学を駆使した説教によって人々を改宗させることを目指しているのだと見えがちなのである。

だがこの難点は誇張されるべきではない。アウグスティヌスの伝統の中にある思想家たちから、別の観点では興味深いと思われることを手に入れることは可能なのである。たとえば、アウグスティヌスは心というものを記憶と知と意志との三一的なものであり、それぞれが自分のうちに他の二つを「含みこんでいる」と捉えている。このような心の捉え方は、アウグスティヌスによって三位一体の神というキリスト教信仰の理解を得るための分析として用いられているのであるが、このアウグスティヌス自身の用い方から離れても有益な思想のための刺激となるかもしれない。同じことは中世思想におけるアウグスティヌスとは別の三位一体論についても言えるかもしれない。同様に、アウグスティヌスの言語理解の中には内的で精神的な言葉というものが含まれているが、これはアウグスティヌスにとっては音声記号と書記記号についての理解を神の照明と結びつける方法であった。しかしながらこの言語理論は、中世の内部においてさえも、神学に特有の重要性からは切り離された仕方での展開をみたのである。また、心にとどめておくべきことは、アウグスティヌスの企図とは理解を求める信仰だったということである。つまりこれは、アウグスティヌスの知恵の探求の結果は、しばしば体系的に関係づけられた諸命題として定式化され得るのであって、これらの諸命題は、首尾一貫性という卓越性を持つのかどうかを吟味にかけることができるものであるし、また他の「純粋に哲学的な」卓越性をも持っているかもしれないのである。

また、哲学という学問は「理性のみ」なのだという見方と中世哲学を調停させることは、私たちが扱う時代の後半においては、さらにより容易である。なぜなら、純粋に理性的な見方というものは、古典期や現代に特徴的なものだというのは事実ではないからである。実際それは中世的な捉え方なのでもあって、その捉え方が正式に記されたものとして最も著名なのはトマス・アクィナスの『神学大全』の冒頭の第一問である。そこでトマスは神学（「聖なる教え（sacra doctrina）」）と「哲学的諸学」との関係を確定しようとしている。彼が提示する区分線は、まさに「理性（「人間理性」あるいは「自然理性」）」によって発見されうるのかどうかというところに設定されている。これが哲学（自然科学を含む）なのである。それに対し、聖なる教えが哲学の方法や哲学のもたらす結果を使用することはあるかもしれないが、聖なる教えそれ自体の基礎は「超自然的」啓示において神が開示した真理である。だから、アクィナスやラテン西洋の後期中世の思想家の大多数にとって、哲学と神学との間には明確な区別があるのであって、その区別によって私たちは後期中世の思想家自身が提供していることをもとにして、哲学的観念と彼らの思想のそれ以外の部分との間に区分けをすることができる。このことによってさらに、哲学という学問についての現代的な見方と調和が得られるように思われるのである。

本書では、いま素描したような二つの調停のやり方のどちらをも利用することにする。すなわち、信仰を基礎にしたアウグスティヌス的思想からは、それに依存しない哲学的関心となる材料を抽出するようにしばしば試みることもするし、また理性としての哲学と啓示としての神学とを区別した思想家たちの考えを提示する場合には、著者自身が哲学的とみなしていることにまずは焦点を合わせることにする。しかしながら、このような方針をあまりに厳格に守ることは、その語のどのような意味においてであれ、哲学というものに危害を加えることになるであろう。なぜなら、哲学と聖書あるいはコーランの宗教との関係というものは、中世思想のどこにも浸透しているテーマであるために、また、現代に特徴的な諸前提との対比において［私たちが自分のもつ諸前提を］自覚するために実り豊かな刺激となるものであるために、現代哲学のほうから中世にすばやく近づこうとするためには触れないでいるわけにはいかないものなのである。したがって、本書では宗教と哲学との相互作用について独立した一つの章（たとえば「信仰と理性」といった章として）を当てて論じようとするのではなく、この相互作用をさまざまな章でさまざまな文脈において生じたこととして考察することになる。たとえば、神が無から宇宙を創造したという中世的な理解については、自然の過程についての中世的な理解といっしょに論じられる。また、徳や悪徳といった道徳哲学にとっての中心概念は、それと関連している功績や罪といった神学的概念といっしょに論じられることになる。より一般的に言えば、理解を求める信仰（あるいは、アクィナスの場合のように「信仰の前提」を提供するために哲学を使用しようとする関心）によって影響を受けているテキストから独立した哲学的関心を呼び起こす要素を抽出しようとする場合に、私たちは扱っている中世のテキストの著者たちがかかわっていた宗教的な企図に対する先入見をもたずに、それを抽出しようとするのである。本書においてアウグスティヌスは一人の哲学者だとみなされるが、それはアウグスティヌスが語っていることが信仰を別にしても合理的だと思われるからだけではなく、キリスト教信仰における理解可能性を彼が探求したからでもある。そして、宗教を込みで考えるというこの同じ原則は、西洋のアウグスティヌスの後継者たちだけではなく、イスラームやユダヤの思想家たちにも適用される原則なのである。

その先へ

中世哲学が学ぶに値するものであると、これまで論じてきた。それは、［現代の哲学の捉え方から見て］中世哲学に馴染みのあるもの、あるいはそう見えるものが確かに含まれているためでもあること、そして、今日普通に行われている哲学とは異なったものが中世哲学の中に存在しそれに関わっているためであった。この二つの主張が以下の章によって確かめられるとしたら、読者はこの主題について探求をさらに先に進めたいと思うだろう。本書の最後の部分がその助けになる。第13章でP・J・フィッツパトリックとジョン・ホールデンは、中世哲学がその後の思想の中に存続していたのだということに目を向けさせるために、中世哲学自体がどのように先に進んだのかを示している。それは、ルネッサンスや近世初期のなかの中世的な要素のいくらかを指摘することによって、また私たちの主題に対する学問的関心事に関する現在の状況を素描することによってである。その次に［第14章］トマス・ウィリアムスが論じているのは［テキストの］伝播と翻訳の問題であるが、これは本書で扱われている時期の哲学にどんな風にかかわるにしても考慮に入れておくべきことである。先に進むためのさらなる助けとなるのは文献表である。本書の本文および主要な思想家についての簡単な伝記の部分に含まれている主要なテキストや研究書には、文献表の文献番号を付けている。また、文献表には、本文にあるもの以外の資料も含まれている。

最終的なイメージ——中世哲学と自由

全体としての中世哲学について一つの描像を与えるとしたら最も良いのはおそらく、最も悲惨な境遇にあっても知性と精神とに自由を与えてくれる美しい女性、というボエティウスによる哲学のイメージである。このイメージは素晴らしい散文と韻文からなる五巻の『哲学の慰め』で描かれているものである。六世紀のはじめ、ボエティウスはかつてその政権において最高の地位を得ていた王に対する反逆罪のかどで牢獄につながれて嘆きに沈んでいた。そのとき、彼の言うところによれば、哲学が彼に現れ、ボエティウスが自分の幸福というものは悪意ある運命の支配下にある事柄の一つだとみなしているのを叱り、本当の幸福とは神、すなわち最高の善であり宇宙を摂理している支配者である神のうちに見だされるべきであることを示したのである。このボエティウスの哲学や中世の他の多くの哲学に生気を与えているのは宗教的ヴィジョンであった。しかし、だからといって世俗的な主題を厳密な意味で世俗的に論じるということがあらかじめ排除されていたわけではないし、場合によってはそのように論じることが必要とされていたのである。さらには、自由を与えるという結果を作り出しうる力を哲学が持っていることを、ボエティウスは認めていたが、そのような承認が一般的だったわけではない。また、中世の資料のなかには宗教を神話として批判するものや、宗教組織を腐敗したものとして拒絶するものさえある。とはいえ、現状より希望の持てるような見方が中世においては真剣に考察されていたということ、このこと自体が一種の自由を与えることだったのであり、この思考様式によって、哲学のあらゆる領域における思想の質が高められたのだと論じることは可能なのである。本書の読者自身の知恵の探求の終着点がどこであろうとも、中世哲学がその読者の探求に自由を与える力をもつものとなりうることを本書は示しているのだが、それは何にもまして、中世的な知恵の探求が持っている以上のような枠組みのためなのである。

注

（1） 本書のこれらの章以外のいくらかの章はラテン西洋だけにかかわる内容となっている。しかし他の章、特に第6章ではイスラーム教徒やユダヤ哲学への参照がなされており、中世哲学の領域が間文化的なものであるという印象が得られる。さらなる比較研究が必要である。

（2） 理解を求める信仰はキリスト教哲学というものへのアウグスティヌスの宣言なのだが、これについての私が与えたよりもニュアンスに富んだ説明としては、N. Kretzmann[71]を参照のこと。また、E. Gilson[68]25-111、C. N. Cochrane[398]399-455も参照。

（川添　信介　訳）

第1章　中世哲学の文脈

スティーヴン・P・マローン

中世において哲学するということは、いかなることだったのだろうか。この問いに答えるために本章で見ようとするのは、哲学を実践するための特徴的な制度的環境としての社会政治的・経済的な状況と、哲学することと競合したり協同したりしていたいくつかの知的な潮流である。また、本章の最後では、中世思想における権威の地位、中世の思想家がそれぞれの時点で入手できた哲学的文献の供給源、さらに中世の思想家が自分の考えを示すために用いた著作のジャンルについていくらかのことを述べることにする。

簡略に言えば、話は次のようになる。私たちが中世哲学として知っているものは、ローマ帝国の後期にキリスト教信仰と［ギリシア・ローマの］古典的思想とが驚くべきしかたで相互に完全に適応したことから出現した。その後の数世紀、西洋では休止状態のうちに過ぎたが、その同じ時期にイスラーム世界では哲学が新たに始まった。一一世紀と一二世紀になって、新しくなったヨーロッパにおいて中世哲学は、抵抗をはねのけて変容した姿で再始動したのである。その次に一三世紀になって、哲学はイスラームとユダヤの思想家たちの著作によって拡大されるとともに挑戦を受けつつ、体系的分析と思弁の黄金時代を享受したのであるが、それは政治と社会における新しい段階の合理化に対応したものであった。それで、最後にはどうなったのか。一四世紀の思想については、最近の重要な学問的成果によってその輝かしい姿が示されてはいるけれども、いまだにその意義は議論のまとである。したがって、この章での私の物語を済ませたら、読者は［中世哲学の］文脈からその内容へと移り、第2

章以下の諸章において自分自身でさまざまな思想や議論に親しまねばならない。一四世紀だけに限らず、中世哲学についての読者の評価はそれらの思想や議論に依存するはずだからである。

話を始める前に、明々白々にしても重要な事実に注意を払っておかねばならない。それは、中世の思想家は自分たちが中世的だとは知らなかったということである。「中世（Middle Age）」（ラテン語で medium aevum、ここから中世的 medievalis という語が派生した）という表現は、一七世紀になってはじめて、「古代」と「近代［現代］」との間の時代というものを示すために用いられた。その後の歴史書や人びとの意識の中では、中世（つまり「暗黒時代」）と一九世紀以降にルネサンスと呼ばれている近世の最初の段階との間には、根本的な対立があるとされてきた。だが、これから私たちが見るように、中世の諸世紀のうちで最も哲学的でない世紀でさえも、完全に暗闇に閉ざされていたわけではないし、中世思想とルネサンス思想との間の関係は、ルネサンスを革命的な啓蒙として描き出すことで示唆されるような関係よりも、ずっと複雑なものなのである。

ローマ帝国後期における中世哲学の出現

中世哲学の出現は驚くべきものに見える。しかし、それは哲学を「理性のみ」のものとする観点からそうであるだけではない。キリスト教と哲学との間の対立に関わる論争は、聖パウロの「世の知恵」（とくにギリシア人が探求した知恵）に対する非難と「哲学、つまりむなしいだまし事」に対する警告にまでさかのぼる（『コリントの信徒への手紙一』一章二〇–二四節、『コロサイの信徒への手紙』二章八節）が、このことに照らして見ても中世哲学の出現は驚くべきものなのである。この両立不可能性を絶対的なものだと褒め称えたのは、北アフリカの初期の護教家テルトゥリアヌス（一六〇頃–二三〇）であった。嘲りをふくんだ「アテナイはエルサレムと何の関係があるのか」という彼の問いは、哲学的精神をもった同時代人たちが「信仰ではなく」認識に向かおうと傾倒していたことへの挑戦だった（『異端者への抗弁』七［428］8-10）。今日私たちが哲学とは宗教的信仰への関わりからの絶縁なのだと考えているとするならば、自分たちはテルトゥリアヌスと同じ態度を逆方向から示しているのだと想像できることになるのである。

しかし歴史にもとづいて述べるならば、宗教と哲学との間の区分線についてのテルトゥリアヌスの考え方は例外的なものだった。というのは、パウロ自身がアテナイのアレオパゴスの丘で哲学者たちと実際に対面したときに、彼が引いた区分線は妥協的なものだったのであり、自分自身の説教とストア派の詩句との間の一致に注意を促すものだったからである（『使徒言行録』一七章二八節）。古代の地中海世界では、哲学とは社会における日々のなりわいから切り離されて、知られうることがらの本性と為すべきことの価値とについて秘密裡に考えをめぐらすことではなかった。そうではなく、哲学は真理を知り善を為すための努力へと全人格をかけて関わることを求めるものであった。哲学者自身にとって哲学とはつまるところ、すべてを包み込む生き方だったのである(1)。実際、西暦二世紀と三世紀までに、ストア派やプラトン派やエピクロス派が実践していた哲学と、教養あるギリシア人やローマ人の改宗者たちが告白していたキリスト教、この二つは非常に類似したものとなり始めていた。E・R・ドッズの言葉を使えば、哲学は「ますます神の探求を意味する」ようになったのである(2)。このような世界においては、人生の謎に対する答えを哲学者たちに求めていたユスティノス（一六三／一六七没）のような人が、最後にはキリスト教徒となりついには殉教者ともなるということは、奇異なことではなかった。ユスティノスは自分の信仰に対する護教家であるとしても、哲学者独特の服装をしていたし、キリスト教が最も充実した意味での哲学であると喧伝したのである（『トリュフォンとの対話』八［411］198b）。たしかに、キリスト教徒と異教的思想家との間で闘われた論争の文献がある。しかし、この著作には時としてきつい調子をもった部分があるにしても、それは対立者たちが共通の知的基盤のもとで闘っていたという事実のためなのである。三世紀のキリスト教著作家であり教師であったアレクサンドレイアのクレメンスとその弟子であるオリゲネス、そして異教徒の側での彼らの論敵であったプロティノスとその弟子のポルフュリオス、彼らは同じ哲学的言語を語っていたし、それを当時出現しつつあった新プラトン主義というひとつの概念貯蔵庫から引き出してきたのであるし、同じ道をゆく仲間でさえあったのである。(3)

中世哲学はまさにこのような知的状況において誕生した。キリスト教がローマ帝国の公式の宗教となるというような環境も存在したのであるが、それは偶然というわけではなかったのである。四世紀に皇帝コンスタンティヌスが主導した法的な意味での改宗を、以上のより一般的な文化的環境から生じた付帯現象であると特徴づけることは、誇張ではあるとしても、実際はほんのわずかの誇張でしかない。この道はすでに以前から、ユダヤ教徒の共同体と宗教が地中海全体に広がり、それに対応してユダヤ思想がギリシアの哲学的観念を知るようになってギリシア化されていたことを通じて準備されていたのである。三世紀までには、異教徒であれユダヤ教徒であれキリスト教徒であれ、エリートたちの間での学問的言説のための通貨として栄えていたものは共通なものとなっていた。コンスタンティヌス帝のなした貢献は単に、この言説のキリスト教的に変形されたものを支配的なものとしたということであって、その支配が四世紀からは結果的に圧政的なものとなったというだけある。しかし、その過程の中で用いられた概念的な装備、知的な傾向、それに解釈のための道具は、とりわけキリスト教的なものというわけでもなかったし、きわめて新しいものだったというわけでもない。言い換えれば、コンスタンティヌス帝の改宗は、それまで進行中であったキリスト教的思考の哲学化がすばやく進行し、ローマ後期の学問文化に型を与えるようなることを保証したということだけなのである。それはまた、中世哲学の道程の［以下に述べる］三つの段階のうちの、第一段階を始動させたことでもあったのである。

そして、この段階に特徴的な思考スタイルの代表例となるのはアウグスティヌスである。アウグスティヌスはラテン語の修辞学教師であったが、キリスト教哲学者となり、のちに北アフリカのヒッポの司教となって四三〇年に死ぬまでそうであった。後年自分の『告白』の中で説明しているように、アウグスティヌスはキケロの『哲学の勧め［ホルテンシウス］』によって、自分の虚栄と放蕩の生を打ち捨て知恵への愛が要求する内的な探求に専心するように説得され、「この世の喜びから離れて上の」神へと知識を通じて至る途へと乗り出したのである（『告白』三巻四章[59]）。ここでこの決定的な方向づけを与える役割を果たすことになったのは「ギリシア語からラテン語に訳されたプラトン主義者の書物」だったのであり、これがプロティノスやおそらくポルフュリオスといった新プラトン主義者の書物であったことはほとんど確実である。これらの著作によって、宇宙は善なる唯一の原理から出てきていやおうなくそれに帰ってゆくのだという確信をアウグスティヌスは得た。この原理が神そのものであり、真理の永遠なる光として私たちの上に輝いているものでありながら、私たちの内部においても輝いているものなのである（第七巻九―一〇章）[(4)]。新プラトン主義からキリスト教へのさらなる一歩は、アウグスティヌスの目には自然なことであり、ほとんど避けがたいことだった。「さて、私はプラトン主義者たちの書物を読み、それによって非物体的真理を探究するようになっていました。（中略）私はあなたの聖霊による尊い書物、とりわけ使徒パウロの書物をむさぼるように読んだのです」（第七巻二〇―二一章）。このような観点からするならば、アレオパゴスの丘でアテナイの人びとに向けて語られたパウロの言葉は、アテナイの人びとに対して自分たちなりの生き方で、キリスト教が明らかにした完全な真理と正しいおこないへと進み続けるようにとの勧めだったことになる（『告白』第七巻九章は『使徒言行録』一七章二八節を引用している）。したがって、哲学者の知恵の探求はキリスト教の教えと、ただ単に両立可能だというだけではない。哲学者の探求は神の啓示とキリストの恩寵を通して受け入れられ、崇高なものに高められ、そして十全の意味で実現可能なものとされたのである。

このように、アウグスティヌスの時代のキリスト教徒知識人は、自分が哲学者の道に従っているのだということに少しも疑いをもっていなかった。だから、彼らは古典的哲学の心のもちようと概念的な内容の両方の遺産を、自分たちキリスト教徒の言説の型と生き方に可能なかぎり同化した。ストア主義や新プラトン主義という古代の学派は、それまでのキリスト教の知的・実践的な関与を最もよく支持するものだと思われたために、それらの学派は実質的にはそのままのかたちでキリスト教の思弁的・道徳的な体系の中に取り入れられたのである。たとえば、アウグスティヌスの師であり社会的に高名な学識ある司教であったミラノのアンブロシウスが、宗教的側面とともに世俗的な側面にも関わる司教としての重要義務についての手引きを自分で書くにあたって倣ったのは、キケロの『義務について』であった。アウグスティヌス自身も『三位一体論』において、新プラトン主義的な流出理論のもつ心理学的含意や神学的含意を探求したのである。また、アウグスティヌスは彼の人生の最後の一五年の間に、傑作『神の国』でキリスト教は異教的学識が提供していた最良の内容と同じ土俵で争いうるものなのだということを苦労して証明しようとした。このことは、キリスト教徒がギリシア・ローマの高度の学問の衣鉢を熱心に受け継ごうとしていたことを、最も顕著に示す一例なのである(5)。

アウグスティヌスは『神の国』で人間の条件を歴史的かつ超歴史的に説明しようとしたのだが、その直接の刺激となったのは、四一〇年にローマが西ゴート族によって略奪されてしまうことになったのは異教の古い神々を見捨てたためだという［キリスト教に対する］非難であった。アウグスティヌスが死んだときヴァンダル族はヒッポの城門に迫っていた。五世紀初期からローマ帝国の西部――現在のイタリアとリビアから大西洋まで――は徐々に、多くはゲルマン民族である異民族の軍隊の軍事的支配のもとにおかれるようになっていた。この兵士とその家族からなるまとまりは、教科書では部族と呼ばれている。これらのチュートン［ゲルマン］人の侵入者は、ローマ人からそう呼ぶことを学んだ「王国」というかたちで政治的優越を確立した。しかしながら、彼らが支配したからといって、急激にローマ人のエリートの影響力が小さくなったわけではないし、支配層におけるラテン文化と学問の重要性が弱まったわけでもなかった。たとえば、六世紀初期のイタリアの東ゴート王国においては、高度なラテン文化は、キケロ以後のどの時期とも同じくらい輝かしいものだったのである。

この状況の中で公的な保護を受けた哲学研究は、純粋に思弁的あるいは理論的な点に強調がおかれることになり、その点ではアウグスティヌスやアンブロシウスを越えたものとなった。ボエティウスは優れた元老院議員であり、ローマの執政官であり東ゴート王テオドリックの顧問であったが、プラトンとアリストテレスのすべての著作の翻訳と注解を行おうとした。ラテンの哲学的言説を、それまではギリシアにしかなかったようなレヴェルにまで洗練させたいという希望をもっていたからであった。だがボエティウスは、反逆罪のかどで五二五年に処刑されたため、アリストテレスのオルガノンをなす論理学の著作に関わる仕事以上のことはできなかった。しかし、ボエティウスはこれらの注釈的著作の他に、ギリシア的知恵の素晴らしい梗概である『哲学の慰め』、それに神学の諸問題に哲学的分析をほどこした短い数編の論文〔神学小論集〕を残した。この仕事の全体によってギリシア語の用語や概念に相当する〔ラテン語の〕用語集が確立されたことになり、中世哲学は一千年の間この用語集を利用することになるのである。また、カッシオドルスはより高い社会的地位にあり、やはり東ゴートの宮廷顧問であったが、ボエティウスほど専門的な意味で巨大な影響ではないにしても、やはり同じくらい影響力をもった偉業を成し遂げた。彼の『〔聖書ならびに世俗的諸学研究〕綱要』はキリスト教教育のシラバスを提供し、そこでは修辞学と哲学の古典の規範が重要な役割を果たし続けていた。

さて、東ローマ帝国のギリシア語圏で五世紀末と六世紀に目立ち始めたのは、古代末期の哲学がもっていた来世的性格であった。その重要な例となるのは、プラトンがアテナイに創立したアカデメイアの学頭であった新プラトン主義者プロクロスの『神学綱要』である。キリスト教徒の間でも同じ神秘的傾向が現れ、この傾向はおそらくは、神的なものの観想についてのヘレニズム化されたユダヤ教文献の天使学と接触したことによって強められた。神秘的傾向は、神名や天上の位階のような主題に関して、シリアあるいはパレスティナで書かれた一連の短い論考に現れている。これらの著作は明らかにプロクロスの考えに強い影響を受けた誰かによって書かれたものであるが、ディオニュシオスの著者名のもとに流布した。『使徒言行録』一七章三四節で、アレオパゴスの丘でパウロと対面した異教徒で、その使徒の言葉によって改宗したとされているあのディオニュシオスである。このように堂々たる裁可を受けていたので、偽ディオニュシオスの著作は後の新プラトン主義化した神秘主義的理論と実践に関するキリスト教の伝統において、きわめて卓越した地位を得ることになったのである(6)。

以上のように、ローマ帝国の改宗後の最初の数世紀のキリスト教の思弁は、その改宗に先行するような古代後期の思考パターンあるいは改宗後にキリスト教徒のサークルの外で明らかであった思考パターンと多くの部分で連続しながら、成熟していったことを明らかに示している。だから、中世哲学のこの第一段階は、今日行われているような哲学的関心のいくつかと対応している。私たちはこの段階の中世哲学の歴史的な軌跡を、古典ギリシア哲学と現代世界の哲学とを結びつけているものとして、描くことができるのである。

このような状況に劇的な変化が現れたのは、六世紀後半であった。アウグスティヌスは［彼以前の］哲学者の知恵の探求を完成させ成功に導くものがキリスト教的生なのだという見方をしていたが、ボエティウスとカッシオドルス以後、帝国の西部における教養ある言説は、そのアウグスティヌスの見方に含まれていた種類の考え方に対して好意的ではなくなってきたのである。その時より前の伝統がかすかに見だされるのは、当時ゲルマンの西ゴート王国に政治的には従属していたスペインにおいてである。そこではラテンの百科全書的伝統の下で仕事が継続されており、その伝統のなかには偉大なローマ帝国の数世紀の間にギリシアの思弁の多くが流れ込んでいたのである。この時期で最も著名なのはセビリャ司教イシドルスの『語源』である。しかし、西方の他の地域ではだんだんに物語的、感情的、実践的な目的にのみ注意が向けられたのである。ひたすら宗教的な主題について書くことでさえも、体系的な吟味や教説の探求にはあまり関わらなくなり信心と霊感の方により傾いていったという意味で、神学的なものでもなくなってきていた。ローマ帝国の東方では、皇帝ユスティニアヌスが五二九年に、アテナイの哲学の諸学校を閉鎖したと一般に考えられている。しかし、本当にそのような閉鎖があったとしても（ユスティニアヌス帝以後も異教徒の哲学者がアテナイで学生を引きつけ続けていたという議論もある）、ギリシア・ローマ的哲学思想が致命的打撃を受けたと考えるべきではない。(7) とはいえ、「哲学」はここでもすでに、ユスティノスからボエティウスまで進められてきたキリスト教的形態における哲学でさえ、もはや学問的注意が向けられる中心的対象ではほとんどなくなったのである。

修道院教育と学問

こうして私たちの物語は第二部に至ることになる。それは一一世紀中葉まで続く西洋が焦点となる部分である。六世紀末から地中海世界の西半分は、一連の経済的・人口学的打撃をこうむり、それによって商業、政治、そして最後には文化の点で、ローマ帝国と経済のまだ活気ある中心であったギリシア語圏東方の地域からだんだんに引き離されることになった。(8) だがその結果生じたことは、中世哲学の第一段階を育んでいた古典ラテンの学問の消滅ではなく、焦点が狭まり関心の方向が変わったことであった。ガリア［フランス］ではすでに五世紀から、イタリアでは六世紀になって、ラテン語と文学の公的な学校は存在しなくなっていた。卓越したローマ人や、卓越したものとなろうと念願するゲルマン人は、自分たちの文字を家庭でおそらくは家庭教師から学んだ。帝国の政治と経済は衰退していたが、学問的言説のうちで残存すべきものを身に着けていた個人が存在したのである。

そのような学識が時として初級レヴェルを超えて高まったのは、キリスト教の司教たちの間においてであり、彼らの周りに集まっていた従者や相談相手たちからなる一家すなわち「ファミリア（familia）」と呼ばれる場所においてであった。とはいえ、その学問の道具だてには、前の世代が哲学と呼んでいたものはだんだん含まれなくなってきていたし、さらには三科として知られている言語に関わる三つの基礎的な学芸のうちでは、論理学すなわち「弁証論（dialectica）」でさえその道具だてには含まれなくなっていた。家庭で学ばれていたのは文法だけであり、その文法にはラテン語の散文と詩の古典に親しむこと、それに修辞学すなわち文体の基礎が含まれていた。そして、より高度に文化的であった司教の居所で生み出された産物とは、まずもって説教、奇跡譚、それに歴史書であった(9)。

このようにして、私が中世哲学の休眠時期と呼んできたものが始まったのである。この数世紀の間には、ひとつの驚くべき例外はあるものの、今日われわれが「哲学的」と見なすようなものはほとんど存在しないのである。そしておそらくより重要なことであるが、アウグスティヌスやボエティウスなら哲学と呼んでいたようなものも多くは存在しないのである。その代わりに、学問と文字能力に生気を与えその運び手となることになったのは、新しいラテンの修道院文化であった。それでも、一一世紀末期になって再び抽象的で思弁的かつ分析的な思想が現れた時、それは修道院の環境において現れたのであるから、その環境は注意を向けるに値するのである。

さて、キリスト教修道制の起源は、伝承によれば、四世紀初期のエジプトの英雄的創設者であるアントニオスとパコミオスにまでさかのぼる。この端緒から生じてきた苦行者の砂漠の共同体のなかには、アレクサンドリアのヘレニズム的学問の中枢と相当程度に交流をもったものがあった。彼らは、オリゲネスが典型であるようなキリスト教哲学の理想に導かれて、修道士の聖性の探求を哲学者の知恵の追究の途のかたわらに位置づけた(10)。しかし、西洋での初期の展開にとって大きな影響力をもっていたこの「オリゲネス的」思潮は、別の方向をとることになる。つまり、アントニオスは悪魔の誘惑と絶望に対して情熱をもって闘争することを通じて、内面的平和とこの世への無関心を追い求めたのであるが、これが苦行的修練のモデルを与えたのである。それは思弁的であるより実践的であると同時に、発展的というよりは型どおりに繰り返すことを重視する使命だったのである。

この生き方は五世紀初頭になって、地中海西方の現在の南フランス沖のレラン諸島とマルセイユに伝えられた。この地域がすぐにラテン西方における修道院教育の訓練基地となった。また、修道院的実践の学校となり、ローマの領土内部の北方や西方に対するキリスト教への改宗活動のための足がかりの場所となったのである。しかしそれは文字［学問］のための学校ではなかった。同じ時代の司教のいた中心地が古代末期の学識をそなえていたのと同様に、この［修道院］共同体に入るには文法と修辞学の最低限の基礎をもっていることが要求されていた。しかしここでの目標は、キリスト教の学問を前進させることではなかったし、学識にうらづけられたキリスト教的感受性を磨くことでもなかった。だからそこでのプログラムは、知恵の探求というアウグスティヌスの考えでさえも、それほど反映したものではなかったのである。目標は修道生活の英雄たちの習慣を身につけ、肉の欲望を打ち負かすことだった。聖書を別にすれば、修道院のカリキュラムに最も関係していた文献は、聖人の伝記と修道上の徳についての素朴な説明である。そのうちで最も有名なものは『砂漠の師父の言葉』のようなさまざまな集成のかたちで流布したのである(11)。

ベネディクトゥスの『戒律』の中で『詩編』第三四篇一二節が引用されていることは、以上の状況に照らして見なければならない。この『戒律』は六世紀中葉のイタリアで書かれ、九世紀以降の西方修道制で規範的となったものである。その『詩編』の箇所で神は「生命を欲し、幸福な日々を見ることを望むものは誰か」と自分が造った人間に対して呼びかけている。期待されている答えは「自分の意志を捨て服従という最も力強く正しい武器をとって、真実の王である主イエス・キリストのもとで戦う」というものである（［362］43）。それまでの数世紀にわたってすでに、善性の探求というものが哲学者の生き方と同じ価値をもつキリスト教的な生き方として定義されていたのであるが、今やその探求は共同の祈りの訓練と修道院長への個人的従順を受け入れながら、修道院の壁の中に引きこもることだと解釈されている。この種の指示に従おうとする人びとにとっては、ソクラテスやプラトンといった古典的人物や、もっと自分たちに近いアウグスティヌスやボエティウスのような人物でさえも、もはや適切な模範ではなくなっている。彼らより教養の劣る、より英雄的なモデル的人物たちが前面に出てくるのであり、そのうちのもっと偉大な人物は四世紀のガリア・ローマの隠者トゥールのマルティヌスである。生に対するマルティヌスの教訓が対話、告白あるいは瞑想という手段で伝えられたのではなく、むしろ聖人伝として伝えられたということが多くのことを物語っている。(12)

しかしながら、ラテンの修道院の環境が、より思弁的な種類の学問に対してまったく敵対的だったというわけではない。アイルランドで活発な学問の伝統が始まったのである。アイルランドは五世紀には、西ヨーロッパの他の地域でローマの軍事的支配がゲルマン民族の戦隊によって駆逐されたのと同じ時期に、キリスト教への改宗を果たしていたのである。アイルランドにはギリシア・ローマ的社会秩序が根づいたことはないが、そこでキリスト教的学問が勃興した。その学問は古代のシラバスのうち最低限の文法と修辞学に依拠したものであったが、大陸では学問がエリートの家庭の中で生き残っていたのとは違って、アイルランドでは学問はまったく修道院的環境の内部で生まれてきて、その環境に古代のシラバスが適用されたのである。個人的な苦行とローマ的学問の訓練とが交雑したラテン・アイルランド的なありかたは、七世紀中葉までには伝道活動を通じて、イングランド北部に移植されていた。そこでは一群の修道院組織によって養われて文字文化が開花し、そこにおいてアウグスティヌスの知的なヴィジョンがいくらか再登場する。この文化の最も繊細な成果が生み出されたのは、ウェアマスとジャロウにある合同修道院においてであるが、それは多産な著作家であり中世修道院学者の中心を実質的に代表していたベーダ（七三五没）によるものである。ベーダは聖書注解書をものしたほか、いわば時についての専門家であった。彼はイングランドの歴史を書くと同時に、復活の日付決定に関係した難解な計算についての論文を書いたのである。

八世紀イングランドの修道院の学問を基礎として、また、明らかに中断されることなく培われていた後期ラテンの高度な研究が北部スペインにおそらくは流入したことによって、ヨーロッパ大陸で比較的短期ではあったとしても注目すべき文化的現象が起こった。それはカール大帝とその直接の後継者である膨張主義的なフランク王たちの王朝の庇護のもとにおいてであった[13]。八世紀末から九世紀の最初の七五年間の間のカロリング朝の学者たちによって書かれた著作を見ると、そこには思弁と探求への嗜好、そしてほとんど忘れ去られていた論理学の手法が表に現れている。西方では五世紀以後ではじめて、自分の信仰について理性を熱心にはたらかせようとする知識人の好奇心が、個別的な教説に関わる神学論争に向けられたのである。そのような知識人のうちで哲学的巨人というべきであり、また後世の思想家にとっては時に扱い方に警戒が必要であった人物であったのが、ヨハネス・スコトゥス・エリウゲナ（八七七頃没）であった。彼はアイルランド生まれ（そこからエリウゲナという名が由来する）で、ギリシア語を知っており、偽ディオニュシオスを読んで翻訳をした。偽ディオニュシオスのプラトン主義化した神秘主義的伝統に近づいたことによって、ヨハネスの『ペリピュセオン』の中の神から出て神に帰る「自然」という大胆な思弁的ヴィジョンに、神秘主義的伝統の諸要素がいくらか備わることになったのである。

だが、カロリング期の例外的な学識はまさにひとつの例外であって、エリウゲナの場合が素晴らしい例外だったにすぎないのである。中世の真ん中のこの西洋修道院文化が生み出した学問は「修練（ascesis）」に傾いており、それは詠唱、祈祷、典礼の素晴らしい組み合わせを生み出しはしたのであるが、思弁の面で重要性のある作品はほとんど生み出しえなかったのである(14)。西洋で重要な哲学的活動に出会うには、私たちはさらに二世紀待たねばならない。だが、西洋以外の場所では状況は非常に異なったものだったのである。

イスラーム

六二二年、アラブ人の預言者ムハンマドは生まれ故郷マッカ（メッカ）から、彼をより歓迎していたマディーナへと逃れた。その地で、神の人類に対する最後の啓示であると彼が提示したものを、アラビア半島全体に対して伝道することを本格的に開始し、最後に成功をおさめることになったのである。アイルランドは西洋中世にとってきわめて重要であったのだが、それと同じ時代にローマ世界から見るとアイルランドとは反対の端であるマディーナにおいて、旋風のような運動が起こったのである。それは宗教運動であるとともに深いところでは社会運動でもあり、その運動は一世紀のうちに、政治的に統合されていたローマ帝国の存続していた部分の大半や、それだけでなくローマにとって古代からのライバル帝国であったペルシアをも席巻した。七二〇年代までには、イスラームの軍事的・政治的領土は西方のスペインから、北アフリカ、パレスティナ、シリア、アラビアを経て、ティグリス・ユーフラテス渓谷、ペルシア、そして東方のインド国境まで広がった。東ローマ帝国の中核はギリシア、バルカン半島、小アジアで保持され、これはコンスタンティノポリスを中心としたビザンティン帝国と今日呼ばれているものであった。しかしながら、キリスト教化されたヘレニズムの学問の生命力がまだいくらかは保たれていた地域の大部分が、この新しい支配のもとに入ったのである。

だが、注意しておくべき重要なことがある。その膨張主義にもかかわらず、またコーランにおいて具体化されている信仰の新しい規範に信者は絶対服従だと強調されていたにもかかわらず、征服者であるムスリムの政治的エリートは、自分たちの支配下にある人びとにもその文化にも不寛容であったわけではなかった。たとえばシリアでは、アレクサンドリアのギリシア化したユダヤ教徒、オリゲネス、ポルフュリオス、あるいはもっと神秘主義的なプロクロスや偽ディオニュシオスに代表されるような後期古代哲学は、支配を受けていた社会の一番上にいた学識ある階層の間では、継続して奨励されていたのである。九世紀末までに、このタイプの学識ある言説がアラビア人の知的サークルの内部にすでに足がかりを作り出していたのである。カリフの町バグダードの住人であったこともあるアル・キンディーは、一般にアラビア哲学の父として尊敬を受けているが、それは彼自身の著作のゆえでもあるし、また他の人びとに激励を与えたという業績のためでもあった。その後の二〇〇年間は、西洋においては修道院制度の中心的時期であったのだが、その時期に知恵への知的な探求が生き続け進展したのは、圧倒的にイスラーム世界においてだったのである。ここを私たちは、中世哲学史における重要な第三段階の始まりだと位置づけることができるであろう。

さて、アル・キンディーにおいてすでに、ムスリムがギリシア哲学への関心の中ではとりわけアリストテレスの諸著作に魅惑されていたことが明らかである。そしてこの点では、それより三世紀前にボエティウスがとっていた方向性と並行的であって、一一世紀末頃にボエティウス自身の著作そのものが再生したときに、西洋がアラビア思想を受容することが容易なものとなったのはこのためであったことは疑いない。しかしながら、イスラーム世界がギリシアの遺産全体に通暁するようになり、自分自身の道筋を立て始めたときのスピードの速さは驚くべきものであった。ペルシア人の偉大な博識家イブン・シーナー（アヴィセンナ、一〇三七没）は、初期の新プラトン主義者以降では最も印象深い思弁的総合を生み出した。イブン・シーナーはイスラームと西洋の両方において、彼の批判者に対しても擁護者に対しても影響を与えたのであるが、その影響力の点で彼の思想は近代のカントやヘーゲルの思想に文句なく匹敵するものである。

また、スペインは八世紀中葉からバグダードに対立した王族の地であり、九二九年からはコルドバ・カリフ統治領の中心地であったが、そこで［バグダードと］同じように並外れた文化が独立して開花し始めたのは、［イブン・シーナーから］わずかに遅れてからであった。そこではユダヤ教共同体のもつ活力のために、学識あるユダヤ教徒たちが突出した役割を果たすことになることが約束されていた。強く新プラトン主義化された『生命の泉』は一一世紀のユダヤ人詩人イブン・ガビロル（アヴィケブロン）によってアラビア語で書かれたものであるが、ムスリムの間でだけではなく、ラテン訳によって後の北方のキリスト教徒のサークルにおいても影響力をもった。一二世紀までには、関心の焦点は狭まり以前にもましてアリストテレスへとより先鋭化されていた。そして、スペインの知識人がアリストテレスの著作に対して向けた解釈の質的洗練度は、それまでの議論すべてを超えた段階へと踏み出していたのである。ユダヤ人として生まれコルドバで教育を受けたマイモニデスは、長年にわたってカイロで医者として活動し、ガビロルの著作と同じようにアラビア語で書かれた『迷える者の導き』において道を指し示していた。彼と同時代のコルドバの医者であり法律家であったイブン・ルシュド（アヴェロエス）は、最後の日々をマラケシュで過ごし一一九八年に没するのであるが、イスラームの学問においてアリストテレスの著作に対する記念碑的な注解書を生み出すことになったのはこの人物だったし、その注解書はその後の数世紀にわたって、いくつかの最も重要な哲学的論争の焦点を提供することになった。たとえば、アヴェロエスは宗教的信仰の道よりも純粋に哲学的な生き方を上位におくという挑戦的な理想を表明しているのだと、後のキリスト教思想家たちは見なすことになるのである。

全体として見るならば、イスラーム世界における思弁的思想の発展によって、古代末期の哲学的遺産は相当に豊かなものとされたと特徴づけられる。また、数学や自然哲学、とりわけ天文学におけるアラビアの功績は、西洋における後の中世科学に基礎を与えたし、最終的には一七世紀の科学革命のお膳立てをしたのである。

西洋の勃興と哲学の再生

一〇五〇年までには、昔のラテン世界のうちの西ヨーロッパ地域は、中央ヨーロッパのスラブ語圏とともに、スカンジナビアまでのゲルマン民族の土地を吸収し、キリスト教化し、政治的に文化変容を生じさせていた。西洋は今や、世界史的な舞台においてこれまで以上に恐るべき存在感を示したのである。中世の第二段階の時期にはベーダの修道院的学問と荘厳なベネディクト会の大修道院の故地であったここ西洋で、哲学は再び目覚めた。その最初の胎動はイスラームにおける〔哲学の〕展開とは独立のものであった。だから私たちの物語の第三段階には、別々の二つの始まりがあったと言えるかもしれない。ひとつはイスラームでのキンディーと後継者たちによるものであり、もうひとつはヨーロッパでのアンセルムスとアベラルドゥスによるものである。この二つの思想潮流の合流は時に騒然としたものとなったが、盛期中世哲学が達成した主要なことがらのいくらかは、この合流のうちに見だせるのである。

さて、この西洋の社会変容の根っこは、少なくとも一〇世紀までさかのぼり、中世ヨーロッパを通じた経済革命となるはずのもののうちに見だされる。技術革新（有輪犂、蹄鉄、馬の首輪を含む）と、封建制の広がりと封建領主の権力の増大とが結びついた社会構造の再形成とが結合することによって、北東ヨーロッパは九〇〇年から一一〇〇年の間に、人がまばらであり事実上自給自足農業がおこなわれている風景から、余剰生産をもつずっと複雑な地形へと発展し、人口は急激に増加し、町（あるいは小都市というべきものさえも）が出現し、重要な市場と商業が始まったのである。(15)

停滞した社会から活気ある社会へのこの変容こそが、後期中世と初期近世の西洋の勃興の理由であった。この新しい秩序は内部から見ると、フランスとイングランドの王国制が再活性化したこと、イタリアの自治都市の出現、それに聖職者独身制や世俗権力からのより大きな独立性への推進が示しているキリスト教教会組織の改革を通じて確認されうる。外部との関係では、ラテン西洋の近隣地域に対するこれまで以上に攻撃的な姿勢において、変化が明らかとなった。たとえば、レコンキスタ［再征服］は、イスラーム化していたスペインの中央地域、場合によっては南部の中心域に対する、北部のキリスト教主権国家群による軍事的拡大活動であるが、これが一一世紀中葉には本格化していた。また一〇五四年には、だんだんと自信をもち始め非妥協的になっていたローマ教皇権は、コンスタンティノープル総主教を破門にしていた。この［ローマカトリック教会と］東方正教会との分裂は、今日まで続いている。［外部への姿勢の変化として］最も有名なのは、一〇九五年に第一回目が始まりその二〇〇年にわたって断続的に続いた、立身と救済にかられた西方の兵士たちによる地中海東部への大々的な侵入、すなわち十字軍である。

以上のすべてのことがヨーロッパ人にとって有している重要性、実際は世界史にとって有している重要性を強調しすぎるといったことは、ほとんど不可能である。西洋による地球的規模での支配に関して、それが望ましいものなのか、避けがたいものなのか、持続的なものなのか、そしてその実際の姿はどのようなものなのかについては、熱心な議論の対象とされているが、それでもその支配は、悪夢であるか夢の実現であるのかはともかく、何か民族をまたいだ集合意識からなかなか切り離せないように思われる。そして、このような西洋の地球的規模の支配だと今日とらえられているものの起源は、まさに先に述べた変容のうちにあるのである。

さて、哲学に関して以上のような出来事がもっていた意味は何であったのかというと、学問をする人びとが自由な努力によって、最後には今日の哲学が自慢にしている純粋理性の使用に至るような、分析と思弁をそれ自体のためにおこなうことのできる社会が誕生したということなのである。この新しい心性とこれまで記述してきたのとはまったく異なるタイプの学問文化の兆候が最初に現れたのはまさに、中世の第二段階の時期の西ヨーロッパを最もよく特徴づけていた、学問的活動と文献産出のための組織であった修道院においてであった。修道院は私たちが中世の第二段階と呼んだ時期にすでに、祈り、宗教的献身、それに歴史書作成の先頭に立っていただけではなく、そのための教育的基盤を提供してもいた。先に指摘しておいたように、この基盤には文法と修辞学が含まれていたが、言語に関わる古代からのもうひとつの技術である論理学は一般的にはそこには含まれていなかった。だが、一一世紀初めになって、最高の学識をもった修道士の中に、自分たちの図書室に保存されていたアリストテレスやボエティウスの論理学のテキストのうちに、自分たちの受けた教育では失われていたと感じていたことを探し始めた者が出現し始めたのである。

その論理学の魅力を称揚する力強い声が聞こえてきたのは、教会組織と霊性の改革の中心のひとつであった、ノルマンディー公国のベック修道院においてであった。そこのイタリア人修道院長ランフランクスは以前から聖パウロの書簡に対する注解を書き、その書簡の修辞学的・文法的構造とともに論理的構造をも分析していたのであるが、[16] 当時論争の的であった宗教上の教義という主題に弁証論［論理学］を適用するという挑戦をおこなったのである。ランフランクスとトゥールのベレンガリウスの間で交わされた聖体の本性に関する論争と論考のやりとりにおいて、西方ラテン・ヨーロッパではカロリング期以降ではじめて、学識あるエリートの言説において論理学という技術が突出した地位を得ることになったのである。そして、一一世紀末までには、より説得力のある［論理学の］唱道者たちの声が聞こえ始めていた。それは、初期の戦闘的な唯名論者であるロスケリヌスやアオスタのアンセルムスといった人びとであった。アンセルムスはベック修道院では修道院長として、また最後にはノルマン王朝の第二代カンタベリー大司教として、ランフランクスの後継者となる人物である。

そのアンセルムスの著作において、中世の思弁は新しい明晰さと厳密さを獲得したのである。その著作のうちで哲学者にとって最も著名なのは『プロスロギオン』であり、理性にもとづいた神の存在証明として読むことのできる内容を提示したものである。それは後世に「存在論的証明」として知られるようになるものの歴史の出発点となった。また、『プロスロギオン』の最初のタイトルは「理解を求める信仰」とされていた。[『プロスロギオン』は]ベネディクト会修道院の伝統に十分な基礎をもつ瞑想でありながら、そのタイトルのうちにはキリスト教的な知恵の知的探求というアウグスティヌスの理想の輪郭が今一度現れているのである。アンセルムスは「精神を神の観想へと高めることに努め、また信じていることの理解を求める者」として自分のことを記述しており、理性の使用が信仰の根本を突き崩すものではないというだけではなく、事実上信仰にとって十分な意味で適切なのだということを主張しているのである。彼は「私は、主よ、あなたの高みを極めることを試みる者ではなく、……あなたの真理をいくらかでも理解することを望んでいます」と語る。そして、アンセルムスが取り組んだプロジェクトの特徴づけとして著名なのが、「私は信じるために理解することを求めているのではなく、理解するために信じています」というものである（『プロスロギオン』序と第一章）[17]。

知的な努力にとってのこの新しいモデルによって、西洋では長い間失われていた形式の言説が生き返った。また、その言説の特徴を変化させた。このモデルが論理学を特別に重視することによって、盛期中世の学識は分析的な色彩を強くもつようになったのである。アンセルムスは信心深く瞑想的でありながらも、真理、自由意志、悪魔の堕落といった主題に関する対話篇においては、修辞学に育まれたアウグスティヌスというよりは、一三世紀後期の大学教師のように見ることができる。論理学への傾倒というものは、一一世紀末から一二世紀初めの西洋で驚くべき速さで確立していった。そして一一〇〇年までにはパリで、この傾倒の闘士としてペトルス・アベラルドゥス［ピエール・アベラール］という人物が現れることになった。アベラルドゥスの聡明さはすべての同時代人を超えて輝き、論理学理論において古代後期のストア派以降では最初の重要な進歩へと向かったのである。

一二世紀の思想家たちは、自分たちがアリストテレスやボエティウスの［論理学上の］遺産に、とりわけ命題論理と［命題を形成する］項辞についての理論において何をつけ加えているのかを十分に自覚していたので、自分の時代の弁証論［論理学］に「現代人の論理学（logica modernorum）」という呼び名を与えたほどなのである(18)。

そして、このように弁証論によって研ぎ澄まされた理性的道具を用いたいという欲求は、学問のあらゆる領域へと広がった。ベレンガリウスとランフランクスにおいて新しい思考習慣の最初の兆候が現れていたのであるが、それは重要ではあっても聖体の秘跡という限定された神学的主題に関する議論に関係するものであった。だが、一二世紀はじめのアベラルドゥスとともに、宗教的信仰についての組織的な研究が飛翔した。今や、合理的思弁と論理的分析という完全装備が、キリスト教の信仰と実践のあらゆる範囲に対して向けられたのである。その結果は、体系的で時には高度に抽象的な言説としての神学の実質的な再創造であり、これは過去の修道院での記憶と連想にたよった瞑想の習慣からのはっきりとした離別である。アベラルドゥスは神学における範を破るような自分の努力を弁護するにあたって、新しい感受性に賛意を表明していた。すなわち、「この主題に関して、人間的で論理的な理由を求めている学生たち」に、そして、彼らが育まれた当時の伝統的な聖書に関する学問とは違って、「単なる言葉よりも、何か理解できることを求めている学生たち」に応えようとしているのだと、アベラルドゥスは説明しているのである（『災厄の記』[152]78）。

また、理性による理解を求めるこの同じ渇きは、人間の行動や外的世界に関しても感じられていた。アベラルドゥスの『倫理学』は道徳的説明について意図を基礎にした解明を提示しているが、その哲学的価値ゆえに今日に至るまで敬意を払われているものである。また自然哲学について言えば、聖書や文芸作品の釈義についての象徴的解釈にあふれたような、しかも天文学と暦学を中心とした最低限の内容しかそれまではなかったのだが、一二世紀の学問的精神は［自然的世界の］作用についての因果的説明と事物の特性やタイプの注意深い分類とを求め始めたのである。たとえば、イングランド人バースのアデラルドゥスは外的事物の探求の新しい方法を推し進めたのであるが、アベラルドゥスの宗教思想をそのまま繰り返して、神が人間に理性を与えたのは被造的世界の作用の規則を私たちが探し出すことができるためだったのだと主張した。このような理解は、存在するすべてのことや生起するすべてのことの究極的な原因は神であるという基本的な確信を突き崩してしまうものであるどころか、媒介を経ながらも規則的な因果関係を通じてはたらきをなすことを選択した神の並外れた摂理を明らかにするものだったのである。[19]一二世紀の思想家たちにおいて、世界は合理的に秩序づけられた構造をもち合理的精神によって探求し分析されうるものだと考える傾向が広がっていた。このことに促されて、この時期を「自然の発見」の時代として記述する歴史家たちがたしかにいた。[20]そして疑いのないことであるが、ラテン語の「ナートゥーラ（natura）」とそれに相当するギリシア語「ピュシス（physis）」という用語が、外的世界を記述しその世界のはたらきが依存する規則性を指し示すために、ラテン世界の学者たちによって頻繁に使われるようになっていったのである。

この秩序をもった調和を概念化するのに都合のよい方法は、修道院の図書室のなかに保存されていた新プラトン主義のテキストから容易に手に入れることができた。また、［新プラトン主義の］原型となるテキストそのものも用いることができたであろう。すなわち、ローマ帝国末期にラテン語に翻訳されていたプラトンのひとつの著作『ティマイオス』のことである。そして、このプラトン主義化された形而上学と宇宙像の上に構築されていた自然哲学の諸論考がフランスで流行していた。この事実に促されたために、司教の監督を受けた学問センターとしての特別の「シャルトル学派」が存在し、その地で自然哲学作品の主要な著作家たちが研究し教えていたのであり、その地から彼らの見方がラテン西洋全体に伝播していったのだ、とかつて提唱した歴史家たちがいた。今では、シャルトルをこの種の学派の地理的所在地だと考えるのはもはや流行遅れではあるが、一二世紀の西方

ヨーロッパで自然へのアプローチの大部分を定めたのは、たしかにプラトン主義的世界観だったのである。(21)

以上と同様の傾向をもっていたラテン世界の知識人たちは、イスラーム地域の自然哲学と数学に関する強力な伝統をも受容することになった。その地域とは［ラテン世界の］南や東のスペイン、南イタリア、それにシチリアである。［スペインでは］トレド、コルドバ、バレンシア、またセビリャに医学や哲学の教養をそなえた社会があり、そこではヘブライ語、アラビア語、ラテン語による本当の意味で多面的な学問的環境が見られ、イングランド出身のアデラルドゥスやイタリア出身のクレモナのゲラルドゥスのような人びとが集まり、彼らはユダヤやイスラームの学問に熱中し、それらのテキストをラテン語に翻訳し始めたのである。最初は世界のこの地域に由来する豊かな思弁的著作が翻訳され、最後は古典ギリシアとヘレニズムの東方地中海世界に由来する作品が翻訳された。南イタリアもまた集中的な活動の場であり、とくにサレルノとその周辺の医学の中心地がそうであり、そこで書かれたテキストによってギリシアとイスラームの自然哲学の多くが西洋に伝達されたのである。

以上のような教養に関する態度と関心の変化があまりに根本的であったために、また、起源を外部にもつ学問の流入があまりに広範であったために、対立が引き起こされるのを避けることはほとんど不可能であった。かならず敵対するというわけではないにしても、相互に異なっている二つの文化形態の運命ほど危ういものはない。つまり、一方には修道院での昔からの典礼、信心、瞑想の日常があり、他方には精神と世界のうちにあるあらゆるものに思弁と分析とを適用しようという新しい渇きがあったのである。ラテン修道院文化の古くからのリズムに心から入れ込んでいた何人かの人びとにとっては、アベラルドゥスの神学のスタイルと真正のキリスト教信仰との関係は、あたかもテルトゥリアヌスの目に映ったアテナイとエルサレムの関係のようなものだった。このような文化的保守派の中で傑出していたのは、影響力のある修道院改革者であり説教者であったクレルヴォーのベルナルドゥスである。聖書研究の伝統的な教師たちに励まされ、ベルナルドゥスは一一四〇年のサンスの教会会議で、アベラルドゥスのいくつかの教説を断罪するにいたったが、これは神学者となったこの偉大な論理学者に対する二回目の査問だった［一回目は一一二一年のソワッソンの教会会議］。この機会に書かれた教皇インノケンティウス二世宛書簡で、ベルナルドゥスはアベラルドゥスの教育方法をあざ笑って、彼は「哲学者たちを大いなる賞賛をもって押し出し、教会の教師たちと対立させ、カトリック教父の教説と信仰よりも哲学者の想像と新奇さの方を好んだのだ」と述べている。不興をかったのはアベラルドゥスが述べたことの実質であるのと同じくらい、その方法だったことをベルナルドゥスは明らかにしながら、次のように述べている。「信仰がこれほど確実で堅固な基礎の上にあるのに、その根拠を議論するために人間の推論に引き渡すべきだ、などということは不適切だと私は考えたのだ」（『書簡』一八九[23]89．傍点は引用者）。アベラルドゥスは自分に反対する者の言葉こそ断罪の対象となるだろうと言って自分を正当化していたことを、ベルナルドゥスは以上のように述べて仄めかしているのである。

だが、ベルナルドゥスは組織改革者として、また新たに勝利しつつあった教会位階制のスポークスマンとしては卓越していたが、［アベラルドゥス的な］新奇な学問に団結して立ち上がろうという彼の呼びかけの方は失敗に終わる運命にあった[22]。思弁的知恵と解釈の分析的理解への熱狂は強く、それを抑え込むことはできなかったのである。ベルナルドゥスより前からすでに、この新しい方法を育て流布させる制度が、だんだん増えてゆく一団の論理学者や思弁的思想家の間で広がっていた。この人びとはたしかに、後期古代的な意味と現代的な意味の両方において哲学者だった。一一世紀末には、学識ある人びとは再び卓越した司教たちの周りに集まっていたのであり、これは西ローマ帝国の最後の数世紀と同じことであったが、この時代に独自の形態をとっていた。つまり、ここに見だされるのは、司教による給与の支払を受ける教師とその教区に居住する聖職者から集められた学生をそなえた、本当の意味での司教座聖堂学校である。これらの学校はイングランドからフランスにかけて散在していたのだが、それぞれが特定の知的領域のために著名であった。すなわち、ランは宗教教育、パリは弁証論、オルレアンは修辞学、ヘレフォードはアラビアとギリシアの自然学といった具合である。アベラルドゥスのような聡明な精神の持ち主が集まってきたのはこのような教育の中心地であり、アベラルドゥスがそうであったように、自分の教師としてのキャリアを始めることになったのもそのような場所においてだった。そして、アベラルドゥスのような名声を得ていた個人の場合には、教会の公式認可を求めることなく、ある意味私立の学校のように授業料を支払う学生にたよって教育をおこなうことさえ、時にはなされることになったのである。

そして、司教座聖堂学校から修道院でのその場かぎりの学生たちの集まりまで含めたこれらの高等教育の中心地では、古代のカリキュラムの全体が再生した。つまり、文法と修辞学だけではなく、もちろん三科の第三の技術である論理学も、そして今や算術、幾何、天文、音楽という四科の数学的学芸も再生した。また、自然哲学、さらには広義に解するならばあらゆる種類の哲学に対する関心が芽生えていたことを考えると、上述の場所のいくつかの教育プログラムが後期ローマで提供されていた教育プログラムを超えていたのは、驚くに及ばない。私たちは「この時期に」、思想や実践のほとんどあらゆる分野での探求が公式に推進されている現場を目撃し始めていることになるのである。

その探求の核心にあったのは論理学であり、論理学が今やあらゆる領域の研究とその概要にとってのパラダイムとなっていた。ひとつの教科に関して教室では、最初は基本的なテキストを読んで字義どおりの説明をするというやり方であった、その後に問題と解答という形式化された組織的方法が出現した。それによって学生は討論において自分の論理学のスキルを訓練することと、権威ある言葉を批判的分析にかけて眺めることができるようになり、そうすることでより包括的な理解へと進み、説明の一貫性を高め、理解の明晰さを増すことができるようになったのである。この教室での分析、討論、解決という方法は、出現しつつあった諸学校のどこでも、すぐに標準的なものとなった。こうして盛期中世の学問における主要な学問分野が形をとり始めたのだが、それは新しく書かれすぐに一般に採用されることになる教科書を核として結晶化したのであって、その教科書は当該学問領域のすべての重要な側面に関わる論争的論点を集約したものだった[23]。神学では一二世紀中葉のパリ出身のペトルス・ロンバルドゥスによる『命題集』が、教会法ではそれより少し早い時期のボローニャの教師グラティアヌスの『教令集』がそのような教科書である。そして、論理学の分野で教科書となったのは、さまざまな学派とりわけ学問の首都パリの学派とつながりをもつ、数多くの注釈書、摘要書、そして問題集であった。

社会の合理化——政治、宗教、教育制度

より広い視野から見てみるならば、理性をはたらかせること——つまり分析とともに総合のための道具としての論理学をあからさまに適用すること——が爆発的なしかたで、学問的言説のために選ばれた方法となったことは、社会そのものの合理化という一般的な現象と結びついていた。ここで言う合理化とは、社会的機能の分化とその機能遂行の組織化のことであり、これらは諸［社会的］制度の複雑さが増大したこと——今日の「官僚制」と結びつけられるようなもの——に必然的にともなうものであった。知的な合理化と社会の合理化という二種類の合理化は、相互に促進しあい一方が他方の進歩に依存していたのであるから、同一歩調をとっていた。先に述べておいたように、王権君主国というものが一一世紀までには、西ヨーロッパの徐々に繁栄し人口が増えていった地域における政治秩序のための手段として、突出した位置づけにまで高まっていた。一二世紀にはこのような［歴史的］成果はより堅固になり、いくつかの王国は政治的には断然支配的な体制となったのであり、この礎の上に近世初期になって国民国家が出現することになるのである。この新しい政治的現実は、イングランド、

フランス、北スペイン、それに南イタリアという広範な地域における「王の平和」が実質的に実現していた点にはっきりと見ることができる。この場合の「平和」は、中世の第二段階の時期に封建領主の間の競合関係を特徴づけていた敵意が弱まったというだけではなく、［封建領主たちに］自分を満足させる振る舞いをするようにという王の期待に服従するよう強いるだけの王権が力強く拡大したということでもある。

教会秩序の状況の方もまた変化していた。聖職者でない支配者が自分の領地において習慣的にもっていた司教の叙任権に関する論争は、教会の独立に有利なしかたで徐々に解決を見ていた。この点で一二世紀初期において、カンタベリー大司教としてのアンセルムスは一定の役割をすでに果たしていた。その一世紀後のマグナ・カルタの第一条では、王は「イングランド教会の諸権利と自由」を侵害してはならないことが宣言された。この時期までに教皇権は、それ自体が実質的に君主権と認められていたのであって、使徒たちの頭である聖ペテロの相続人としての、唯一で包括的な権威を主張していた。教皇の支配が最初に発揮されたのは組織化された教会の高位聖職者、つまりまずは司教と修道院長に対してであったが、一三世紀になると世俗のことがらについても、王や皇帝の権威と拮抗している、というよりおそらくはそれを凌駕しているとして、自分の権威を暗黙の裡に主張したのである。

そして、この時期の世俗と教会の統治にとって最も具体的な成果は、王の裁判所と教皇の裁判所という二重システムが作り上げられたことである。このシステムはそれまで封建法による慣習的裁判所しか知らなかった地方にまで広がった。このことによって、地方の観点からするなら［封建］領主や徒党による裁きを求めることなく、君主による裁きを求めることが、それまでなかったほどに低い社会的階層の人びとにも可能となったのである。だが、そのような機関と訴訟への介入には財源が必要であった。世俗と教会の両方の当局による課税が一二世紀と一三世紀の間に急速に広まり、最も巧妙な革新のいくつかが教皇たちによってなされたのである。税金のために当局は徴税と支出の管理の必要に迫られ、こうして最初の本当の意味での財務機関が生まれた。その最も有名なものは、文書化された会計手順と常勤職員をそなえていたイングランド財務府である。要するに、原初的な官僚制である。

このような変化は官僚の世界や社会の上層に限られたものではなかった。民衆のレヴェルでも騒乱があった。このことは一一世紀末から、宗教活動への平信徒の参加を高めようとする運動や新奇な形の信心の広がりにおいて、最も目に見える形を見せていた。また、聖職者の間で当たり前になっていた生活スタイルや道徳規範に対する批判も広がっていた。このような草の根の活動と組織化や統制を進めようとする［教会側の］公式の努力との間には、容易に予想できるように、緊張関係がありそれが異端に対する非難として噴出した。この非難は、後期ローマ以降の西ヨーロッパにおける民衆的異端、あるいはより広く社会に根ざした異端として特徴づけられるものの最初の事例のしるしである(24)。一二世紀の最後の一〇年までには、南フランス、北イタリア、それにラインラント［現在のドイツ西部］の諸地域に、民衆的な宗教共同体の少なくとも二つのネットワークがあったとされる。すなわち、カタリ派とワルド派である。そのそれぞれが既存の教会位階制の支配に反対してその権威に挑戦しており、世俗と聖職者の大多数の公的機関から異端というレッテルを貼られることになった。

そこで、［これらの異端に対して］上層の当局がとった応答は、物質的であれイデオロギーであれ、彼らの勢力が拡散しないように制度的な防波堤を立てることであった。イデオロギーの側面では、教皇たちは一二世紀に、八世紀以降でははじめて、西ヨーロッパではまさに最初となる普遍公会議つまり「エキュメニカル」な公会議を招集し始めることになった。そのような会議にはもちろん東方の正教会の代表は含まれていなかったのであるが、連続している教会の権威は最上位でひとつになり、その教会をリードするのは教皇であるという主張がそこで支持を与えられた。また公会議は受容可能な――つまり正統的な――教えを確定し、規律のための組織を作り出した。たとえば、一二一五年にローマでの第四回ラテラノ公会議では、教皇インノケンティウス三世がラテンのキリスト教圏全域から来た聖職者の会議を主宰した。そこで出された結果とは、すべてのキリスト教徒が受け入れることを求められる信仰宣言が公認されたこと、また、すべての信者が一人ひとり司祭への告解をおこない少なくとも一年に一度は聖体を拝領することが求められたことである。比較的無頓着だった［八世紀以降の］数百年ののちになされたこれらの方策は、平信徒を教会に連れてきて少なくとも信仰の根本に触れさせるという真面目な意図を示していた。しかしこの公会議は、［そこでの決定に］同意しない場合の報いがどのようなものであるのかという、明白な脅しを布告するものでもあった。この点は、それ以前の教皇が一一八四年に出していた命令が公式に再確認されたということによって明らかとなっている。この以前の命令では、司教は自分の教区に不服従の証拠がないかどうかを調査することを求められていた。ここに中世と近世初期の異端審問制度の起源があるのである。(25)

以上のような［教会当局の］方策のために、また、不一致を抑圧し少なくとも見かけの黙従や一致をねつ造するためにとられた、世俗の統治機構によるしばしばより容赦のない処置のために、歴史家R・I・ムーアは一二世紀・一三世紀の西ヨーロッパにおける「迫害社会の形成」と述べることになった。この見方は最近の研究成果によれば、中世後期と近世初期の時期についてはだんだんと受け入れられるようになっている。(26) 一三世紀初期の教会組織に関して制度上顕著な到達点のひとつは、フランシスコ会とドミニコ会という最初の二つの托鉢（つまり乞食）修道会の創設であったのだが、このことの性格には以上の点に照らして深い意味での曖昧さが付きまとっている。つまり、托鉢修道士は民衆の間を歩き回り、非難すべきところのない超俗的で清貧に徹した正統的説教者でありながら、彼らは教育の公的制度と教会による規律とにたちまち同化したのである。教育の面でいえば、修道士の説教と教授活動の中身は、修道会の学習施設と発展しつつあった高等教育のセンター［大学］での教育によって教え込まれたものであった。規律の面では、ドミニコ会士とそれにすぐに倣ったフランシスコ会士は、教皇による中央集権化した異端審問において目立った役割を引き受けることになった。一三世紀の間に立ち上げられた教皇による異端審問は、司教が一年ごとに異端審問に口出しをするのを回避するためのものだったのである。以上が、盛期中世哲学にとってより広い意味での社会的文脈であった。それは、秩序を欠き反抗をこととするような世界の中で、統制と秩序を課そうとする努力のための戦略に満ち溢れたものだったのである。

さて、新しい学問がそこで起こった制度に直接的に関わる文脈は、それ自体も合理化されたものであった。これには多くのモデルがあって、たとえばイタリアの自治都市、新しい修道会、そしてとりわけ商業の中心における商人と職人のギルドがそうであった。このような組織を手本として、それまで組織化されていなかった一群の学校が、最も卓越した教育活動の拠点地のいくつかにおいて、団体組織として糾合して組織化を始めたのである。このような動きの勢いは、それぞれの拠点地での教師の（あるいは学生の）共同体に由来していた。このことの法的な基礎となっていたのは、新たに復活したローマ法における法人、すなわち一人の人間のように法にのっとって行動する集団という概念であった。この方向への歩みは一二世紀中葉まではパリやボローニャといった場所において起こっていたに違いないが、このように教育を独占する組織の存在を証拠立てる文書が最初に現れるのは一三世紀になってからである。その頃までにパリとボローニャとオックスフォードは、高度の学問を生み出す場所として広く認められていたし、その世紀末までには少なくともさらに五つの同様のセンターが創設されていた。すなわち、ケンブリッジ、パドヴァ、ナポリ、トゥールーズ、それにモンペリエである。そして一四世紀までには、このような組織は「法人」という語の同義語のひとつである「大学［universitas］」という名で一般に呼ばれることになったのである。

ヨーロッパの盛期中世というものと結びついている高等教育のための装置が、形をなしたのは大学においてであった。それぞれの大学の内部で、できつつあった諸学問分野で仕事をしていた教師や学者のグループが組織化されて学部となり、［大学の］下部団体としてのアイデンティティをもち、また文書を裁可するための自分たちの公印をもっていた。そして、他のすべての上級学科にとっての基礎とされたのは、［学芸学部の］学芸であった。それは伝統的な三科と四科から発展したものである。だがそれだけではなく、今日だったら哲学や自然科学の一部だと考えられるようなものから選ばれたより多様な学芸を含みつつ、論理学に最大の注意が払われていた。このように、学芸学部が各大学の核となっていたし、大学に入学した大多数の学生はその学部から教育を受けることになっていた。これより上級の勉学のためには一般に学芸学部学士の修了証明書が前提条件として課されていたのである。その上級の学問としては古典的な三つの学問が確立していた。すなわち、法学。これは市民法［ローマ法］と教会法すなわちカノン法の二つに大きく下位区分されていた。次は医学。三つ目は、一三世紀中葉までには諸学の女王として最も威信をもっていた神学である。それぞれの学部が確立されるのと同時に、課されるテキストと課程、試験、教えるための見習いである学士、修業年限、そして現代の博士号の基礎となることになる儀式的な課程修了証明といった、カリキュラムの形式を整え始めた。このようにして、複雑な社会的需要に見合った分野における信用証明書を獲得するための、精巧に作り上げられたシステムが生まれたのである。もちろんこれは社会が、［大学のように］特殊化された制度を推進し、そうすることで統治や宗教において、また商業による富の領域や医学のようなサービスにおいて、ものを書くことや推論するための技能がだんだんと専門化し細分化することを求めていたからであった。ここで私たちは、西ヨーロッパの学識あるエリートの数が増え、彼らが専門職化してゆく最初の段階を見ていることになるのである。

以上のような複雑な全体が、盛期また後期の中世「スコラ学」の根底にある。そしてスコラ学とは、私の言う中世哲学の第三段階の西方における全盛期の学問と思弁に、論証的な形式をそなえさせているものなのである。

アリストテレスと一三世紀のスコラ学

さて、以上のような文化の成熟と結びついた最も重要な独自の出来事、そして中世思想の歴史において最大の注意を引きつけてきた出来事とは、アリストテレスの残存著作のほとんど完璧な著作集を［西洋が］吸収したことであった。その内容の点から言えば、オルガノンの最初の数書［『カテゴリー論』と『命題論』］だけではないアリストテレスの諸著作が［大学の］カリキュラムに取り込まれるところまでになった。これらは最初は学芸学部のカリキュラムであったが、神学部のカリキュラムにも相当程度に取り込まれていた。［ラテン語への］翻訳が最初はアラビア語版から、それから徐々に原典のギリシア語からなされ、しばしばこの翻訳計画が教会や世俗の公的機関による補助を受けながら行われた。このようなことが推進されたことによって、一二世紀末から一三世紀の大学人は、オルガノンの残りの諸書、次にアリストテレスの自然科学に関する業績、それに引き続いて形而上学やそれとほとんど同時に倫理学、最後に政治学に親しく接するようになったのである。

［この出来事の］形式的な面で言えば、話は知識というものの新しいパラダイムに関係している。この点で最も決定的だったのは、ギリシア語で「エピステーメー（episteme）」、ラテン語で「スキエンティア（scientia）」と呼ばれる最高度の意味での認識についてのアリストテレスの基準が明らかとなり、その基準がはっきりと採用されたということである。つまり、それぞれの探求領域における目標は、基体［主題］の本質的性質を「明証的に」定義する基本的原理が何かということを定めること、その次にそのような原理から基体の諸属性に関する一連の体系的真理を厳密に演繹することだ、ということになった。このスキームを盛期中世の思想家は一様に「学知［スキエンティア］」が希求すべき理想として受け入れたのであるが、このスキームの要点はアリストテレスの

『分析論後書』の中に埋め込まれていた。一二世紀の学識を代表するソールズベリーのヨハニスはこの論考について、すでに一一六〇年頃に「あらゆる形態の推論にとって最も必要な論証術」を理解するために決定的に重要なものだと指摘していた。ヨハニスは『分析論後書』の中身が「きわめてとらえにくい」ことに不満を述べ、自分の時代にはこの著作について「大いに進んだ理解をもつことのできた精神の持ち主はごくわずかしかいない」と告白している（『メタロギコン』第四巻第六章[157]212）。このテキストに対してオックスフォードの神学教授となり最後にはリンカーン司教となるロバート・グロステストが注解を書き解釈をほどこすことになるのは、一三世紀の第二四半世紀頃になってからなのである。[27] グロステストを嚆矢として、あらゆる学問分野の学者たちが自分の仕事を学知として解釈しようとした。神学でさえも、少なくとも一四世紀中葉までは、学知となりうる候補であった。神学の第一原理はこの世でそれ自体として明証的に把握されるというよりは、信仰を通じて神から受けとられたものと思われるというやっかいな問題があったにも関わらず、学知の候補たらんとしていた。このように、スコラ学者に映った「学知［科学］」とは、現在そうだと認められている自然科学や数学よりももっと広範囲のものを含んでいたのである。

たしかに、このようなアリストテレス［哲学］の内容や形式の多くが受け入れられたのは、一群のより広い知的立場への関与が存在している場においてであった。その立場は新プラトン主義的としか記述することのできないもので、存在の位階階層という概念や、質料的事物は非質料的で霊的な事物に従属し、さらにはそれへと純化されるという理解を含んでいるものであった。さらに言えば、アリストテレスの影響が最高潮であったときにも、ボナヴェントゥラやペトルス・ヨハネス・オリヴィのように、アリストテレスのもつ多くの側面に対して批判的であることのできる精神も存在していた。このように、「アリストテレス主義」と呼ばれているものはスコラ的世界において多くの形態をとっていたのであって、純粋なアリストテレス主義などはひとつも存在していなかった。だが、以上のような限定つきであるとしても、一三世紀の間に神学部においてさえそうだったのだが、キリスト教徒であれそうでない者であれ、すべての合理的精神の持ち主の同意が期待できる一連の知識を確立しようとする驚くべき努力がなされたのは、広くアリストテレスの影響のもとにおいてだったのである。このことからの帰結として、今日なら哲学だと見なされているようなものの多くが［スコラ学では］神学者によってなされることになったのである。

さて、その広範な哲学化は神学的思弁の中で生じたのだが、その思弁の最も優れた、そして間違いなく最も有名な例は、一三世紀後半の多くの神学者たちの著作において姿を現していた。その神学者たちはすべて、その経歴の少なくともどこかでは、盛期中世神学という王冠の宝石とされたパリ大学で教えたことがある。その神学者の顔ぶれとは、ドミニコ会修道士のアルベルトゥス・マグヌスやトマス・アクィナスから、フランシスコ会のボナヴェントゥラやヨハネス・ドゥンス・スコトゥス、さらに「在俗の」――つまりやはり聖職者であるが托鉢修道士でも修道士でもない――教師であったガンのヘンリクスやフォンテーヌのゴドフロワなどである。専門家としては宗教に関わっているこれらの思想家たちも、学芸学部での広範な訓練を受けており論理学に熟達しており、彼ら自身も哲学と呼んでいたもの――自然本性的に獲得される明証的内容に適用された推論――を、神が啓示した超自然本性的真理に基礎をもつ理解とははっきりと異なったものだと見なしていた。しかしながら、前者の思考方法［哲学］を後者［神学］と両立する重要なものだと考えていたのである。宗教が知的な意味で十分な高貴さを獲得すべきであるとするなら、神学者たちはその起源がどこであろうとも、［人間の］精神が知りうることのすべてに通暁していなければならなかった。神学者は自然本性による議論あるいは論理的な議論が可能である場合には、啓示によって賜った真理に関してであっても、そのような議論を回避すべきではないのである。このように考える知識人にとっては、哲学というものは教会の裁可した学問［神学］の枠内であっても価値があった。

それはまさしく「哲学は神学の侍女（ancilla theologiae）」だったからである。そして、哲学が［神学に］与えてくれる援助は、哲学がその自然本性的で非神学的な自律性においてより十全に完成されていればいるだけ、よりいっそう効果的な援助となるものであった。それゆえに、神学者が哲学の名のもとに関わった思弁や分析が、今日の最も非宗教的な合理主義者でさえも、それを読んで評価できる対象となっているのである。

だが実際には次のように主張するスコラ学者が、たいがいは学芸学部、それもとりわけパリには存在した。すなわち、神学者たちが信仰と教会の教えに導かれて自分たちの特権的な職業的言説においてのみ獲得可能だと見なしていたような真理の高みへと、哲学は哲学だけで到達できるのだという主張である。このような思想家の中で著名なのは学芸学部教師のブラバンのシゲルスとダキアのボエティウスである。哲学的生は宗教的制度とは独立に営まれるのだという彼らの理想は、西洋において、異教徒の哲学者が「哲学化した」キリスト教徒と競合していた時期以来久しぶりに現れたものである。ある歴史家によるならば、このような哲学者たちは次のように確信していた。つまり、真理を求めようとする者にとって、オリゲネスやアウグスティヌスがプラトン主義的な探索をキリスト教的な観想への努力へと昇華させることを通じて求めていた「のと同じ」知恵は、「自然理性」の使用だけで得ることができるのだという確信である。だがこのような哲学者は、オリゲネスやアウグスティヌスとは違って、理性によらない信仰の指図や教説は正統的であるべしという命令を考慮に入れることは邪魔なものだと考えた(28)。ここでは、盛期中世の哲学思想と宗教思想とをスコラ的に区別するということが、宗教思想を哲学思想の下位におくことになっており、あるいはさらに言えば、宗教思想を根絶やしにすることにもなっているのである。

以上のような主張はしばしばアヴェロエス主義と呼ばれているが、「学知的なもの」へ向かっていた大学を有する開明的な地域においてさえも、この主張に対する反発があったことは驚くべきことではないだろう。一二一〇年と一二一五年にはすでに、パリの教会人たちによってアリストテレスの自然哲学の書物やよく知られたアラビアの書物、おそらくはとくにイブン・シーナーの書物について公的に講義することが禁じられていた。だが、一二四〇年代までにはアリストテレスが実質的に大学のカリキュラムに吸収されたことによって、このような制限はなくなった。とはいえ、一二六〇年代末から一二七〇年代初めのパリの学芸学部教師たちが「知恵」と「純粋理性」とを根底的に結びつけたこと、さらにはアルベルトゥスやトマスが自己完結した真理の源としての哲学に敬意を払っていたことによって、新たな怖れが生じることになった。一二七〇年、またさらにより広範なものとしては一二七七年に、私たちならその大部分を純粋に哲学的なものと見なすような多くの命題を教えることをパリ司教が公式に断罪した。つまり、保守的な神学教師たちは、そのような命題がキリスト教信仰にとって有害であるのにパリの学校では自由に流布していると見なしていたのである。アクィナスの著作そのものもこの弾劾のなかに少なくとも間接的には含まれていたし、この状況は一二七七年、一二八四年、そして一二八六年に、［パリ司教と］似た精神をもったカンタベリー大司教による断罪において、より表面化した[29]。現在、学者たちはこれらの禁令は短期間であってもその効力があったのかどうかという論争をしているし、一四世紀半ばには学芸学部や神学部の多くの教師たちは、禁じられていた教説リストのどれに顧慮することもなく自由に議論できると感じてもいた。とはいえ明らかに、宗教と哲学についての高度の研究が軋轢を生む危険なしに共存することはできなかったのである。

以上と類似しているが、より不気味な綱引きが一三世紀末までには、学究的世界の枠の中にとどまることのない平信徒全般に開かれたサークルの中で起こり始めていた。ラインラントの教養ある平信徒や初歩的教養をもった平信徒との密接なつながりを保持していた多くの神学者は、理性を通じた知恵の探求への呼びかけとは、哲学を神学から分離すべしという命令として理解したのではなく、理性にしたがって魂の深みへと入ることによって、教会の監督に頼ることなく啓示された真理を見だすことができるようになるにはどうすればいいのかを知るようにとの誘いだ、と理解したのである。ドミニコ会士シュトラスブルクのウルリヒ、フライベルクのディートリッヒ、そして最も著名なマイスター・エックハルト（一二六〇―一三二七）は、偽ディオニュシオスや異教徒のプロクロスやプロティノスの新プラトン主義の伝統に立ち返って、至福に近似した神との邂逅への道としての個人的精神教化のためのプログラムをもう一度設定したのである。彼らすべてが、ここでもまたエックハルトがとくにそうであるが、聖職者ではない民衆に対する司牧に深く関わっていたという事実のために、彼らの思弁的努力の成果には、彼ら以前のブラバンのシゲルスやダキアのボエティウスのような学芸学部教師の成果とは、顕著に異なった響きが備わることになった。これら最初期のラインラント神秘主義者の間で起こり始めていたのは、学識をもった言説と民衆的な言説との間の驚くべき他花受粉であり、哲学化した態度としか呼びようのないものが一般民衆の階層に根付いていたということなのである。[30] また、きわめて驚くべきことであるが、この種の考え方を最も受け入れ、後期中世や初期近世のヨーロッパの神秘主義的哲学の多くに影響を与えたのが、一三世紀以来一般に「ベギン」と呼ばれた女性の平信徒の［信心］共同体であった。

一四世紀についての論争

いくつかの哲学史によれば、中世哲学の頂点、あるいは実際はあらゆる哲学にとっての頂点は一三世紀である。しかしながら、最近五〇年間の間に、現代論理学と分析哲学に同調した学者たちは、一四世紀思想にも賞賛すべき多くのものを見だしてきた。この時期のスコラ学者たちはアベラルドゥスの時代に発展し始めていた命題論理学と項辞論理学［命題を構成する項辞に関する諸理論］を出発点としており、そのアベラルドゥスの精神にのっとって、論理学における自分たちの成果を他の学問領域において活用した。「新しい道（via moderna）」と呼ばれるこの新しいアプローチが、一四世紀後半と一五世紀を通じて諸大学で開花したのである。

この「新しい道」のはじまりは、時にオックスフォードの才気あるフランシスコ会士ウィリアム・オッカムに帰されている。オッカムはまた、その唯名論のために褒め称えられ——あるいは攻撃され——ている。唯名論とは人間や赤のような普遍は名前（nomina）であって事物（res）ではないという主張である。オッカムの見解は「概念論」というレッテルを貼る方がよりよいという議論もなされているが、いずれにしても、オッカムと普遍に関する彼の立場が「新しい道」の全体であると見なされるべきではない。しかしながら明らかなことは、一四世紀の大学において莫大な知的エネルギーが注がれたのは、論理的パズル——たとえば、自己言及を含むパズル——と、討論相手が明らかにきわめて首尾一貫した諸前提を受け入れているのにそこから矛盾が出てくるようにさせることを目的にしていた「オブリガチオ［obligatio］」というゲームであった。このような活動は言語哲学と論理形式の問題に対する熱中を示しており、そのためにこの時期のスコラ的言説が二〇世紀の分析哲学と不思議になじんで見えるのである。同時に、一四世紀には量の本性を熱心に分析することへの、また大学での自然学から神学までの大多数の異なった学問分野において量的な推論方法をともなった実験というものへの傾向があった。この点で指導的だったのは、その当時から「計算家たち（calculatores）」と呼ばれていたオックスフォードのグループだった。この人びとの著作や、パリの教師ヨハネス・ブリダヌスやニコル・オレームのような思想家の著作には、［一七世紀の］科学革命の基礎となったものが見だせるとする学者もいる[31]。

一四世紀前半の諸大学を支配することになった論理学的鋭敏さは、形而上学や神学に対する批判的態度を、つまりその前の世紀がもっていたような堅固な思想体系に対する懐疑主義を呼び起こした。ある場合には、思考の対象や行為の目的という理解可能な実在に対する形而上学的洞察に代わって、私たちの思考と行為のありかたに関して心理学的な分析がなされるようになったのだ、という議論がなされてきた。[32] そのことはともかくとしても、大学での神学が学知あるいは知恵としての身分をもつのかどうかということには、疑問が投げかけられた。信仰が宗教の基礎となっていたが、トマス・アクィナスのような人が提供しようと考えていたほどには、哲学が［信仰の］準備となる前駆だとされることはなくなったのである。

また一四世紀には、後期中世のキリスト教圏に内在していた政治的闘争と関連して、現実の行動においても理論においても、苦い成果が見られた。前に述べておいたように、教皇権は一二世紀までには教会の位階制に対して君主的な権威を獲得していた。また教皇たちは世俗のことがらについても、相当の影響力を行使する立場にあった。第四回ラテラノ公会議の招集者であるインノケンティウス三世は、フランスとイングランドの対立やドイツでの皇帝と選帝侯との間の対立のような、王たちの間の抗争に巧妙に関わりながら、多くの機会にそのような［世俗の］問題に決定的な仕方で介入した。一二四〇年代には、教皇インノケンティウス四世とドイツ王にして神聖ローマ皇帝であるホーエンシュタウフェン家のフレデリック二世の間の顕著な衝突において、この教皇が皇帝に対する十字軍に参加するようにすべてのキリスト教君主に呼びかけた。この発議は不首尾に終わったにしても、それでもこの教皇の外交によってイタリア全土を実効支配しようというフレデリックの希望は阻まれたし、そのことが一二五〇年代初期のホーエンシュタウフェン王朝の崩壊の基礎となったのである。

ところが一四世紀末までには、王に抵抗する教皇の権力を弱める命令に［教皇を］従わせるほどの、実質的な権力を蓄える王が出てきた。このような現実の事態が誰の目にも明らかになるのは、教皇ボニファティウス八世とフランス王フィリップ四世の間の対立、つまりひとつは課税に、もうひとつは高位聖職者に対する王の裁判権に関わる対立においてである。しかし、一三〇三年にボニファティウスがフランスの傭兵の手で逮捕され屈服して、すぐにあっという間に舞台から退場した後では、「現実の」権力と一般に見なされているものが世俗の支配者に帰属していることを疑うことのできる者は、ヨーロッパにはいなくなったのである。実際、約七五年の間、教皇庁はローヌ河畔のアヴィニョンというフランス王国のすぐ外側に置かれていたのであり、憤慨した同時代人が「教会のバビロン捕囚」と記すこの時期においては、すべての重要な決定をなしていたのは［教皇ではなく］フランス王ではないのかという不審が広く抱かれていたのである。

また政治理論の側面においても、教皇権と世俗権にはそれぞれの擁護者がいたし、もう少しはバランスのとれた二元論を主張しようとした思想家もいた。一三世紀が終わろうとする頃、パリの神学者アエギディウス・ロマヌスとヴィテルボのヤコブスが著した著作では、社会全体に対する聖職者の権威が主張されている。この主張は、聖職者それも教皇に超越的なしかたで統治権力が帰されているために、「聖職者政治」という名で呼ばれているものである。一四世紀初めには、神学者パリのヨハネスの場合のように当時の政治的出来事を目撃していた者の著作において、世俗君主と教会君主の権力を分離すべしという、より現実主義的な処方箋が出されていた。だが、根本的な反聖職者政治的な方向性を出しているのは、一三二四年に完成したパドヴァのマルシリウスの『平和の擁護者』である。その中では、霊的なことがらと同じようにこの世的なことがらに対しても、教皇が「至上権(plenitudo potestatis)」をもつという主張は平安と秩序に対する圧倒的な脅威なのだ、ということが描き出されている。逆に、中世において教皇の側を擁護する側での最後の寄与となったのは、一三二六年のアンコナのアウグスティヌス（一六世紀からは勝利者アウグスティヌスと呼ばれていた）の『教会の権力についての大全』であった。しかしながら、中世において「政治に関わる」著作の最も大きな部分を書いたのは、伝統的にはその唯名論や「新しい道」によって大いに信頼あるいは非難を受けている、かのウィリアム・オッカムであった。オッカムの信じるところによれば、キリストと使徒たちの絶対的清貧という、多くのフランシスコ会士がキリスト教の真理として受け入れていた主張をアヴィニョンの教皇ヨハネス二二世は公式に断罪したがゆえに、異端に陥っていたということになる。そこで彼は異端、「とりわけ教皇の」異端についての大量の対話を書いた。また、オッカムは、教会権力と世俗権力についてのより広範な諸問題に関する後期の著作では、その二つの権力が相互に独立していることが規範的であると擁護しながらも、その規範から――どちらの方向からでも――離反することが時には必要だということも認めたのである。

マルシリウスやオッカムの思想のうちに、反聖職者政治や反権威主義といった主題を誇張して述べることはたやすい。だが、先行する数世紀の法律理論や道徳哲学にも、個人の良心や自然権を支持するような多くのことが含まれており、そこには世俗の共同体や宗教的共同体が極端な場合には支配者に抵抗する権利も包含されていた。トマス・アクィナスの弟子たちは師の思想やアリストテレスの『政治学』から、最良の支配としての「混合」政体への強い関心を引き出していた。つまり、君主制と貴族制と民主制の諸要素を結合した政体である(33)。しかしながら、これらの思想すべてがマルシリウスとオッカムの思想や聖職者政治主義者が整備した主権理論とが結合したときに、ヨーロッパ近代の政治思想が荒々しく始まることになるのである。

また、注意深く耳を傾けるならば、この世紀の変わり目の前に別種の変化の兆しを聞き分けることができるかもしれない。すなわち、項辞論理学と唯名論的形而上学が数十年続いたのちに、オックスフォードの神学教師ジョン・ウィクリフはそれとは反対の実在論を、中世のどの時点でも実在論が完全に消え去ることはなかったとはいえ、明確に表舞台に持ち出したのである。彼にとって、共通的で普遍的なものは単なる名前の問題であるどころか、個別で特殊なものよりも高次の実在性をもっている。政治の面では、ウィクリフは教会の富に対する伝統的な攻撃を持ち出して、実質的に教会からの富の没収を唱道した。これによって一三七〇年代のイングランドでは、王側のサークルにおいて、彼には束の間の発言の機会が与えられることになった。ウィクリフの考えを後援していた貴族たちは一三八一年の農民一揆によって気分を害されることになったが、社会秩序を変えるための農民一揆以上の種子がすでに蒔かれていたのである。その一方で、スコラ学そのものには、少なくとも盛期中世の大学において問題視されることなく支配的であった弁証論と討論という方法には、衰退の兆候が見え始めていた。イングランドでは最高の研究領域としての神学の代わりに法学がその地位を占めるようになったと、ずっと論じられている。こうして、社会の支配的エリートの学問文化において、実務家が象牙の塔の住人を駆逐したのである。[34] また、その時期までのイタリアではしばらくの間、自覚的に反スコラ主義的であった人文主義という新しい空気が動き出していた。何か価値あるものが生れ出るには、学問と思考が全面的に改革されなければならないという確信があったのである。

だが、この運動の指導者であったフランチェスコ・ペトラルカが、よくルネサンスの始まりを象徴する冒険だと見なされているヴァントゥ山登山のさいに、それにふさわしいと考えて持参したのが何であったのかを知っているだろうか。それは他ならぬ聖アウグスティヌスの『告白』であった。私たちが中世哲学のこの物語において、まさにその最初に置いていたのがこの思想家の哲学的で霊的な自叙伝であった。つまり、ルネサンスが反キリスト教的だというイメージとは逆に、アウグスティヌスや他の教父たちはペトラルカの追従者たちにも大きな影響力を行使したのである。[35] スコラ学そのものは生き残った――ルネサンスの著名な人びとによって叱りつけられたスコラ学者とは、本章で触れたような［前の時代の］人物であるよりは、むしろルネサンスの同時代人だった――し、とくにアクィナスの伝統は一六世紀にパリとサラマンカのスペイン学派において再生を果たしたのである。この点やその後の展開については、後世の思想における中世哲学の存在を主題とする本書の第13章で触れられている。本章とその第13章の間の諸章では、私がそのための舞台設定を提示しようと試みてきた思想そのもの、すなわち、ここまで記述してきた文脈の中で創造された哲学のいわば内幕話が、本書の寄稿者たちによって示されることになるだろう。

中世思想における権威の地位

中世において哲学をするということはたいがいの場合、第一義的には、神の霊感を受けたとされる特定のテキストを受容することに基礎づけられている宗教的信仰の枠組みの中でなされていた。ユダヤ教徒、キリスト教徒、そしてムスリムの思想家は、聖書やコーランを神の啓示として受け入れることに賛成するための議論を提示していたが[36]、しかしそれがいったん受け入れられた後では、聖なるテキストは人間の理性を超越した権威を獲得した。真理、それもとくに神の本性と目的とに関する真理についての完全に信頼に足る源泉であるがゆえに、聖書はその先の推論のための所与あるいは前理論的制約の役割を果たしたのであって、現代の思想の多くがそうであるのとは違って、聖書は批判的探査の対象、さらにはおそらくは懐疑的な探査の対象ではなかったのである。

聖書の権威に対する（同様に他の権威に対しても）中世的態度と典型的に現代的な態度との間には本物の相違があって、このことは私たちの中世哲学の読み方に影響せざるをえない。しかしながら、その相違を強調しすぎるべきでもない。はっきりした見通しを得るために、二つのポイントを指摘しておこう。ひとつ目は、どのような時代の思考においても権威や何かそのようなものが役割を果たしているということである。どんな思想家でも、たとえデカルトのような思想家でも、本当の意味でゼロから始めることはないし、あるいは最も科学的な領域であっても、本当だとされていることのすべてに証明を与えようと試みることもないのである。現代では、専門家に対する信頼というものは、それと気づかないほどにどこにでも見だされる。また、政治や制度に関わる裁可というものは、それが求められる場合には、同意という明々白々な基準に依拠しているのだという仮説は、それが吟味されたりさらには正当化がなされる場合よりも、そうされないままである方がしばしばである。だから、中世においては権威の声に対して自覚的に黙従していたということは、現代の思考習慣と比較しても、そう思われているほどに軽信だということにはならないのである。

第二のポイントは、中世の聖書への信頼（あるいは聖書の権威づけを主張する諸制度への尊敬）は、思想を限界づけていたのと同様に、思想を刺激するものでもあったということである。神の言葉である聖書は偽ではありえないし、聖書に反することが真でもありえない。しかしながら、だからといって個別の場合において、いったい何が真理となるのかを決定するのが容易になったわけではない。聖書でもコーランでも一般的に言えば、ある問題について多数の側面から語られており、そこでの決定的な主張が何なのかを確立するには調停が必要である。たとえば、福音はキリスト教徒が平和主義者であることを要求しているのか（初期の一般的な見解）、それとも正戦というものを承認しているのか（アウグスティヌスとその後の人びとによる議論）、いったいどっちなのだろうか。さらに重要なことに、聖書の全部ではないにしても大部分には解釈を施す必要がある。三位一体や受肉といった中世の正統的キリスト教にとって根本的な教義が定式化されたのは三―四世紀の教会会議［公会議］においてであるが、これは聖書の鍵となる語句の意味に関する集中した論争の結果であった（そしてこの論争においては、ギリシア哲学の諸思想が重要な貢献をなしたのである）。

古典ギリシアやローマには神話や叙事詩の正典テキストを読むための方法があり、中世半ばまでのキリスト教徒の注釈者はこの伝統に根ざしながら、解釈の四つの段階を承認していた。つまり、言葉には（一）字義的な意味（物理的性質が神に帰される場合のように、それ自体が比喩的であることもありうるが）、（二）ヘブライ語［旧約］聖書がキリスト教の新約聖書を予型的に示している場合のような「寓意的」意味、（三）文字に埋め込まれた「道徳的」教訓、そして最後に（四）時の終わりに到来する脅威を予兆する「天上的」意味である。[37]このような解釈学は、真理の基準としての聖書をきわめて柔軟に用いるのに役立ったのである。

また、聖書やコーランよりは相当に格が下がるとはいえ、それでも卓越した権威となっていたのは伝統によって特別の威信を与えられていた著作家たちの著作だった。多くのキリスト教思想家が教会の「博士〔ドクター〕」つまり教師として特別な尊敬を受けていた。東方ではアタナシオス、ナジアンゾスのグレゴリオス、バシレイオス、ヨアンネス・クリュソストモス、西方では後期ローマの四人の著作家、すなわちアンブロシウス、ヒエロニムス、アウグスティヌス、それに〔教皇〕大グレゴリウスである。

さらに、西ヨーロッパでは一一世紀以降、教会の規律のための諸制度が出現したことによって、またそれにともなって教義の正統性を遵守させようとする努力がなされることによって――これは東ローマやイスラームの権力のさまざまな中心地では数世紀前に先取りされていた現象であるが――、教会位階制による決定を真偽の証拠として引用することが一般的となり、それに反論することは危険なこととなった。唯一の尊敬は教皇の権威に向けられていた。とりわけ教会会議でその会議とともに執行された教皇の権威がそうであったが、その場以外での宣言や命令によって表明された教皇の権威も尊敬されていた。たしかに、私たちの扱っている時代においては、西洋においてさえも、教皇、司教、公会議といったものの権威のための厳密な理論が、一般的な支持を勝ち得ていたわけではない。実際、アンコナのアウグスティヌスほどのひたすらな聖職者政治論者であっても、教皇が異端となる可能性を承認していたし、この可能性がヨハネス二二世において現実化したのだとオッカムは見なしていたことは先に見た。それにもかかわらず一二世紀の諸学校が糾合し始めた時代の頃には、たとえば自然哲学といったものに関するまったく世俗的な意味しかもたない論争においてさえも、教会による監督が重要な存在感を獲得するようになるのである。

また、一三世紀後半になって大学システムが十分に発展した時代には、何人かの令名ある「新しい」神学者も、ほとんど権威としての地位を与えられることになった。とりわけ、その神学者が属していた修道会内部ではそうであった。本当の教師とは誰なのかについては論争があったにしても、何が真理であるかの認定はだんだんと、ドミニコ会ではトマス・アクィナス、フランシスコ会ではボナヴェントゥラといった思想家の所説に拠ってなされることになったのである。

哲学的文献の供給源

古代後期の哲学諸学派では、自分の学派の創設者のテキストが深い尊敬の念をもって尊重された。この点はたいてい、後の時代になって実にさまざまな方向に発展していっても、やはり変らない事実であった。初期のキリスト教思想家の場合にも、異教思想に対する疑念を表明したテルトゥリアヌスのようなちょっとした場合がなかったわけではないけれども、この種の崇敬を引き継いでいた。アウグスティヌスが、プラトンが十分な意味でのキリスト教の真理に照らし出されていたわけではないにしても神の霊感を受けていたのだ、と考えていたことは驚くべきことではないのである。

そして、一一世紀後半の西洋においてこのような哲学の諸伝統が復活した時に、昔からのこの態度が再度現れた。プラトンや彼に帰されていたどんな教説も、一二世紀の大多数の人びとにとっては事実上論破不可能なものであった。一三世紀になると、真理に向かうための世俗の指南者とは、誰にもまして「哲学者」〔とあだ名された〕アリストテレスだった。だがここでも、解釈が施されるということによって、〔思想の理解の〕柔軟性は保証されていたのである。

さて、中世の思想家が古典哲学をどのように用いたのか（あるいは、ラテンのスコラ学者がイスラームやユダヤの思想をどのように用いたのか）を理解するのに決定的に重要なのは、前代のテキストが後代の読者の手に入るようになった時期を知ることである。イスラーム圏で古典のテキストがどのように入手されたのかついては、本書の第4章を見てほしい。精選されたテキストに関してだけであるが、ラテン世界でそれらが入手可能となった時期の要約は図表（次ページ参照）で示しておいた(38)。

著作のジャンル

中世の思想家には、現代の職業的哲学者のイメージに合うような人はほとんどいない。だからこの時期においては、哲学的に重要な思想が見だされるのは、今日の雑誌論文とか体系的な論考とは違った文献ジャンルにおいてである。その形式をおおまかに分類すると、観想的著作、神学論考、注解、綱要すなわち概要、それにさまざまなタイプの「問題集」（これはいくつかの点では雑誌論文のようなものである）がその中に含まれる。これらのそれぞれとその他の形式について、以下でいくらか述べることにしよう。

まず、中世は多くの観想的著作あるいは信心書であふれている。そのいくらかには、哲学的な関心を相当に引きつけるものがある。最初期のものとしては、あらゆる時代を通じて思弁の最高の記念碑のひとつであるアウグスティヌスの『告白』がある。また、ボエティウスの『哲学の慰め』は六世紀以降には古典的な範例となる。一一世紀の西洋で哲学的思考への関心が回帰したことによって、この［観想的］様式が復活した。つまり、アンセルムスの『プロスロギオン』と『モノロギオン』が道を切り開き、ボナヴェントゥラの『魂の神への道程』が一三世紀の盛期スコラ学にこの伝統を継続させることになったのである。

次に神学論考は、宗教上の教説を探求し見だされた誤謬と戦うものであるが、これも数が多い。これらは聖書や他の宗教上の権威に強く依拠する傾向があったが、信じられていることを理解しそれを明確に表現しようとい

図表　ギリシア語、ヘブライ語、アラビア語著作の初期のラテン語訳

著者	著作名	翻訳者	時期
プラトン	『ティマイオス』	カルキディウス	400 年頃
アリストテレス	『カテゴリー論』	ボエティウス	510-22 年頃
	『命題論』	ボエティウス	510-22 年頃
	『分析論前書』	ボエティウス	510-22 年頃
	『分析論後書』	ヴェネツィアのヤコブス	?1125-50
	『トピカ』	ボエティウス	510-22 年頃
	『詭弁論駁論』	ボエティウス	510-22 年頃
	『自然学』	ヴェネツィアのヤコブス	1125-50 年頃か
	『魂について』	ヴェネツィアのヤコブス	1125-50 年頃か
	『形而上学』（ほぼ完全）	ミカエル・スコトゥス	1220-24 年頃
	『ニコマコス倫理学』（完全）	ロバート・グロステスト	1246-47 年頃か
	『政治学』	ムールベケのグイレルムス	1260 年か
ポルフュリオス	『イサゴーゲー』	ボエティウス	510-22 年頃
プロクロス	『神学綱要』	ムールベケのグイレルムス	1268 年
逸名	『原因論』（プロクロスの抜粋）	クレモナのゲラルドゥス	1187 年以前
偽ディオニュシオス	神秘主義的論考	スコトゥス・エリウゲナ	862 年
イブン・シーナー	『形而上学』（『治癒の書』第 4 巻）	ドミニクス・グンディサリヌス	1150 年以後
	『魂論』（『治癒の書』第 3 巻 6）	イブン・ダーウードとドミニクス・グンディサリヌス	1152 年以後
イブン・ガビロル	『生命の泉』	ヨハネス・ヒスパヌスとドミニクス・グンディサリヌス	1152 年以後
マイモニデス	『迷える者の手引』	逸名	1230 年頃
イブン・ルシュド	『アリストテレス「自然学」大注解』	ミカエル・スコトゥス	1220-35 年頃
	『アリストテレス「魂について」大注解』	ミカエル・スコトゥス	1220-24 年頃
	『アリストテレス「形而上学」大注解』	ミカエル・スコトゥス	1220-24 年頃
	『アリストテレス「ニコマコス倫理学」中注解』	ヘルマヌス・アレマヌス	1240 年か

う欲求のために、哲学的洞察がもたらされた。ここでも、［このジャンルの］原型を確立したのはアウグスティヌスの『三位一体論』であった。また、ボエティウスは一群の小論［神学小論集］で寄与をなしたが、これは後のスコラの時期にとってラテン語の哲学用語を形成するのに大きな影響力をもつことになった。カロリング朝の人びともこの種の著作を書いたが、目をみはるばかりなのはスコトゥス・エリウゲナの場合である。だが、イスラームやユダヤ教においても散発的に現れた人物たちが同じことをなしていた。たとえば、マイモニデスの『迷える者の手引』は現在に至るまでその卓越性を保持している。西洋盛期中世の大学は、この種の著作にとってとりわけ実り豊かな大地となっていた。その例を挙げるならば、一三世紀のグロステストの『ヘクサエメロン』つまり神の創造の六日の業についての多面的な探求から、一四世紀のイングランド人トマス・ブラッドワーディンの『神の原因に関するペラギウス論駁』にわたる。これらの著作の直接的な焦点は［キリスト教の］教義にあるにしても、そのすべてはつねに議論と明確化のために哲学の方を向いているのである。

次に、古代の注釈とりわけ哲学上の遺産たる古典への注解は、中世において継続されさらなる発展を見た[39]。その華々しい始まりとなったのは、プラトンとアリストテレスのすべての著作に注釈を施そうという意図をもっていたボエティウスである。彼が実際に成し遂げたのは、アリストテレスのオルガノンの大部分やポルフュリオスの『イサゴーゲー』のような他の論理学のテキストへの注解であったが、これらは彼の神学論考とならんで、数世紀の潜伏期間の後一一世紀と一二世紀において復活した思弁をお膳だてすることになった。一二世紀には、論理学だけではなく哲学の古典的著作への注解が西ヨーロッパにおいて急激に増加した。また、長い目で見てより重要だったのは、ムスリムの学者たちの努力であった。イブン・シーナー［アヴィセンナ］の『治癒の書』はアリストテレスの全著作に対する浩瀚な注解と見なしうるものである。イブン・ルシュド［アヴェロエス］は注解という形式をその頂点にまで高めた。彼は批判を免れなかったわけではないにしても（アクィナスは彼としては稀な辛辣さで、アヴェロエスをアリストテレスの「注解者」とではなく「腐敗させた者」と呼んだ)、アリストテレス著作集に対するアヴェロエスの注釈書は数百年の間支配力を保ったのであり、ラテン西洋で最もそうだったのである。

以上のような模範から、大学の学者たちの間で哲学の古典への勤勉な注解が行われるということが生じてきた。このことは一四世紀にアリストテレスの自然科学や倫理学について注解したヨハネス・ブリダヌスのような学芸学部の教師たちだけではなく、神学者たちにも及んでいた。実際、西洋が哲学者［アリストテレス］の思想の全領域を知るようになったのはアルベルトゥス・マグヌスのおかげであったし、彼の弟子であったトマス・アクィナスは自分の聖なる教え［神学］の教師としての経歴の頂点となる時期に、論理学、形而上学、自然哲学と道徳哲学に関するアリストテレスの主要な論著への詳細な注釈を作り出したのである。スコラ的な注釈には、アクィナスの注釈がそうであったように、テキストのフレーズごとの説明である「逐語的」注解もあった。もうひとつ別種の注解は「問題」の形態であった。すなわち、アリストテレスの教説への反論を提示しそれに解答を与え、時に機会があれば、注解者自身の考えをある程度前面に押し出すような注解の形態であった(40)。

だが、重要な哲学的内容をもつ中世の著作のはるかに多くの数は、盛期中世の西ヨーロッパの学校、つまり最初は司教座聖堂学校、次いで大学という学校に特有なものであった。すでに一二世紀において、教室で使うための教科書がイタリア、フランス、そしてイングランドで作り出されていた。その顕著なものは論理学のための要綱(「大全(summa)」あるいは「小大全(summula)」)であった。この系列でいつの時代にも古典の地位を占めていたのは、一三世紀のドミニコ会士ペトルス・ヒスパヌスの『論理学論集(Summulae logicales)』であった。だが一四世紀になると、ウィリアム・オッカムの『論理学大全』からベネティアのパウルスの大量の手引きに至る、ずっと多くの著作が見られることになる。

さて、盛期中世のスコラ学と最も密接に一体化しているジャンルとは「問題(quaestio)」であるが、それは一二世紀以来の西洋の教育法の典型となっていた、論争あるいは討論という教室での実践から発生したものであった。(41) 学生と学生、時には教師と教師を相戦わせるこの討論は、それによって論理学のスキルが磨かれただけではなく、問題を探求するための主要な手段ともなっていた。アベラルドゥスによる神学の教科書である『然りと否』が、最初は口頭による技術であったものを文字にするという道を開き、一三世紀までには、学芸学部から神学を含む上級の専門研究までのすべての学問分野において、討論の形式が書かれたかたちで思想を普及されるための標準的な形式だと承認されることになった。「問題」は教室から得られることもあったし、教師たちの間での公式の論争から得られることもあったし、著者の書斎で個人的に書かれることもあったが、そのような問題を集めたもの〔問題集〕がラテンの学問的世界を特徴づけるものとなっていたのである。

その「問題」であるが、典型的には、ある論題あるいはテーゼの宣言で始まり、次にその論点について〔賛否の〕一方の側の一連の議論と反対の側の一連の議論が続く。「問題」の中核となるのは裁定（determinatio）であり、そこで教師が熟慮の上での解答を述べた。最後の部分で普通は、最初の未解決のまま残されていた一連の議論に対する〔裁定よりは〕短い解答が続いた。一三世紀後半からは、もっと複雑な構造をもった問題が珍しいものではなくなる。つまり、最初の一連の議論そのものが反論と応答（最終的な応答ではないにしても）を含み、当初のあるいは「主要な」議論が簡単に済まされたのちに、末尾にさらに付加的なひとまとまりの議論（「付加的疑問（dubitationes additae）」）がなされることもある。〔このように複雑な場合には〕著者の立場を追いかけるのに非常な注意が、時には必要とされるのである。

個別の論点についての教室での教師による討論から得られた諸「問題」は、神学の場合はたいていい必修課程であったロンバルドゥスの『命題集』と関連した問題であったが、それらが集められて公刊される——つまり大学の書店によって公に流布させるために提供される——と、それは「正規問題集（questiones ordinariae）」と呼ばれる。[42]スコトゥスとオッカムの『命題集』についての講義は、彼らの神学思想と同様に哲学思想を知るための主要な源泉となっている。さらには、特別な機会に聴衆が出す「どんな論点もあり」の問題についての教師の討論の内容を再吟味し洗練させたもの（「任意問題集（quaestiones quodlibetales）」）は、フォンテーヌのゴドフロワやヴィテルボのヤコブスといった重要な思想家の考えを私たちが知るための主たる源泉であるし、ガンのヘンリクスについての私たちの理解にとっても決定的に重要である。また一三世紀には、教師たちは時に、神学のような広大な領域をもつものであっても、ある学問領域全体［に関わる諸問題］を自分自身のやり方で集めて構成しようとした。これが「大全（summa）」として私たちに伝えられているものであり、その最も有名なのがアクィナスの『神学大全』である。一四世紀には、例外的な形式的厳密さをもったいくつかの種類の討論の発展が見られた。たとえば、先に言及した論理学パズルや「オブリガチオ」がそうである。そのそれぞれの討論から、特別なタイプの文献のサブジャンルが生み出された。

以上のどの場合でも、実際の授業や大学での実践において討論された諸問題に関連しているとしても、［文字として］流布したものがつねに教師による再吟味を経たものであったわけではなく、聴講していた誰かのノートをまとめた「報告（レポルタティオ）」であることもあった。この点と関連したことがらについては、本書の第14章を見てほしい。

さて、残された三つのジャンルについても、いくらかのことを述べておく必要がある。ラテンとギリシアの伝統によって早い時期から、また後にはアラビアの伝統によっても、純粋に自然哲学に向けられた諸著作が生み出されていた。それらはイシドルスの『語源』のような要約本であったり、アデラルドゥスの『自然学問題集』といった対話であったりした。アラビアの学者たちは天文学と光学に優れており、この領域での彼らの著作は西洋の後期中世や初期近代の科学と哲学とに深い影響を与えた。次に、古典の黄金期の弁論に相当するのが、キリスト教やユダヤ教における説教や書簡である。そして、私たちの扱っている時代の実際上はどの世紀のものであっても、その説教や書簡から哲学的思弁の金塊を掘り出すことができるものである。最後に論争書、とりわけ政治的闘争から影響を受けた論争書を忘れるわけにはいかない。(43) 西洋の盛期中世と後期中世における支配のありかたが発展したことが刺激になってそのような著作に対する例外的な需要が生じたのだが、その著作の多くは現代の世界にもその声が届くような道徳問題や政治理論を含んでいるのである。

注

（1）この事態についての P. Hadot [406] による最近の、説得力のある言明を参照。また、同じ著者による『生き方としての哲学』[407] もある。
（2）E. R. Dodds [402] 92.
（3）同書 105–108 と P. Brown [66] 90–93 を参照。
（4）これらのプラトン主義者と彼らのアウグスティヌスへの影響のあり方については、P. Brown [66] 94–95 を参照。
（5）同書 299–307 を参照
（6）プロクロスの『神学綱要』[381]。偽ディオニュシウスの全集 [78]。
（7）A. Cameron [395] と H. J. Blumenthal [393] を参照。
（8）最近の業績としては、文化についてはW. A. Goffart [404] と P. Amory [392] を参照。また考古学を利用した経済についての業績としては、R. Hodges and D.Whitehouse [409] を参照。
（9）後期ローマ、初期中世ヨーロッパのこの文化の最良の入門書は、今でも P. Riché [421] 139–210 と 266–290 である。
（10）この点については、O. Chadwick [397] を参照。
（11）この西洋の初期の修道制文化についても、やはり P. Riché [421] 100–122 と 290–303 を参照。
（12）中世の読書人の間で長年にわたって愛好された『聖マルティヌス伝』[427] を参照。これはローマの学識ある名文家スルピキウス・セウェルスによるものである。マルティヌスがキリスト教的卓越性のあるタイプの模範であったことについては、P.Brown

[394]106-27を参照。

(13) W. Levison [414].

(14) W. Southern が述べているように[425] 160-164、一一世紀までに、最も令名ある修道共同体であったクリュニー修道院でも、修道士のベネディクトゥス的生活の現実は、そのほとんど全部が聖歌隊席での月並みな聖務だけになっていた。この修道院文化の知的・霊的傾向についての最良の記述は、今でも J. Leclercq [413]である。同じ主題についてのより最近の成果については、M. Carruthers[396]を参照。また、J. Coleman [399]も参照。ただ、この最後の著作は全体が一一世紀以降の発展に重きをおいたものである。

(15) 入門書としては L. White Jr. の『中世の技術と社会変化』[431]を参照。

(16) R. W. Southern [146] 33-35, 40-41.

(17) アンセルムスは神学的主題に理性を用いることを、「理解」を得るための方法として弁護しており、その理解は「信仰と直接の[神の]直視との中間」なのである。この点については、教皇ウルバヌス二世宛のアンセルムスの書簡を参照。この書簡は[138] I (II) にあり、G. Schufreider [144] 240-241 に部分訳がある。

(18) 最初に参照すべきは、L. M. de Rijk [471]と G. Nuchelmans [468]である。

(19) バースのアデラルドゥス『自然学問題集』一と四。翻訳は R. C. Dales [401] 39-40.

(20) M.-D. Chenu [507]4-18.

(21) この争点に決定な貢献をなしたのは R. W. Southern の著作[426] 61-85 である。

(22) 新しい合理主義に対して反対したにもかかわらず、ベルナルドゥス自身の著作は、修道院思想が相当程度アウグスティヌス的な知恵への熱望へと向きかえられたことを表している。一二世紀以降のラテン修道院の思弁の中にはより「哲学的な」調子が認められるのであって、西方修道院の学問に関する現代の諸研究——たとえば、先の注(14)で言及した三つの研究——が概して、中世修道院の感性への手引きとしては、その初期のものよりも盛期の感性に関しての方が信頼のおけるものとなっているのは、そのためなのである。

(23) B. Lawn [412] 10-13 を参照。

(24) R. I. Moore [420]を参照。

(25) E. Peters [23] 173-178にある、その公会議の規範選を参照。

(26) R. I. Moore [419]を参照。

(27) S. P. Marrone [200]を参照。

(28) A. de Libera [415].

(29) これらの断罪については膨大な文献があるが、R. Hissette[408]から始めるとよい。

(30) A.de Libera [416]ならびにK. Ruh [423]、R. Imbach[410]を参照。英語文献ではB. McGinn [364].

(31) このような歴史記述はP. Duhem [510]にまでさかのぼる。入門としてはJ. Murdoch [528]を参照。

(32) E. Gilson [403].

(33) 権利については、B. Tierney [589]とA. S. Brett [572]を参照。また混合政体については、J. M. Blythe [571]を参照。

(34) W. Courtenay [400] 365-368を参照。

(35) C. Trinkaus [429].

(36) 例としては、アウグスティヌスの『信仰の効用について』[55]、アクィナスの『対異教徒大全』第一巻三―六章、『神学大全』第二部の二第二問第九項第三異論解答を参照。自然本性的哲学的推論と啓示された真理との関係が、イスラームや中世ユダヤ哲学においても主要なテーマだったことについては、本書第四章と第五章を参照。

(37) H. de Lubac [417]とB. Smalley [424]を参照。

(38) この図表は*CHLMP* 74-79の要約に強く依存している。イブン・シーナーとイブン・ガビロルの翻訳の帰属先と時期はA.Rucquoi[422]に依拠している。手引きとしては、D. Gutas [490], C. d'Ancona Costa[476], G. Endress and J. A. Aertsen [168], F. Rosenthal [496], J. Kray et al.[18]を参照。

(39) E. Jeauneau in [36]117-131を参照。

(40) この逐語的注解と問題形式の注解の両方の例は、*CT* IIを参照。

(41) C. Viola in [36] 11-30を参照。

(42) スコラ学の「問題」のさまざまなタイプについては、[36]31-100のB. C. Bazán, J.-G. Bougerol, J. F. Wippel, それにJ. E.

Murdoch、またB. C. Bazán et al [37]とO. Weijers [430]を見よ。

(43) その特殊形のひとつについては、J. Miethke in [36] 193-211を参照。

(川添　信介　訳)

第2章　二つの中世的観念——永遠性と位階制

ジョン・マレンボン、D・E・ラスカム

この章で提示される観念はその双方ともが古代後期新プラトン主義に起源を有してはいるが、その展開は明確に中世的なものである。ボエティウスが永遠性の定義に新たな枠組みを与えたのであり、偽ディオニュシオス・アレオパギテスが位階制という用語を発明したのではないのだが、この用語にひとつの刻印を押したのは彼であり、この用語はその後何世紀にもわたって、多くの文脈の中でその刻印を担って行くことになったのである。永遠性と位階制とは中世思想の時間と存在に関する座標のごときものと見なされうる。永遠性はあらゆる時間を包含し、位階制は垂直的に全存在に等級をつける。この二つの観念はともかくも、本書でこの後に続くことがらの多くに対して前提ともなり、問題ともなるものである。

永遠性

ジョン・マレンボン

中世の思想家は神を「永遠的」と呼ぶとき、何を意味したのか。われわれは現在「永遠性」に対して二つの重要な意味を付与している。すなわち、ひとつは、恒久性（「恒-永遠性」と呼ぶ）である。つまり、何かが始めを欠く場合（恒1とする）、終わりを欠く場合（恒2とする）、あるいは時間においてその両方を欠く場合（恒3とする）のいずれかの場合である。もうひとつは「外-永遠性」であって、完全に時間の外にあって、時間によっては測定不可能な事態である。哲学者は普通、外‐永遠性を「無時間性」と説明する。何かが無時間的であるのは、そのものが時間における延長あるいは位置をもたないときであり、したがって、いかなる種類のものであれ、時間的言及を含む命題は、その無時間的なものに関して真でない、と彼らは言う。この説明によれば、いかなるものも恒‐永遠かつ外‐永遠であることは不可能である。というのも、恒‐永遠なるものは多くの時（恒３の場合にはすべての時）に存在するし、外‐永遠なるものはいかなる時にも存在しないからである。

中世の哲学者や神学者たちもまた永遠性について語るのは、時には、恒‐永遠性の意味において、時には、外‐永遠性の意味においてであった。しかし、彼らの多くは、神は両方の意味で永遠的であると考えた。実に、神は恒‐永遠的であるから、外‐永遠的であると考えさえした者たちもいた。その場合には、明らかに、多くの中世の哲学者たちは外‐永遠性を無時間性としては理解していなかった。現代の解釈者らのほとんどはそう理解していたと主張するのではあるが。さらに、中世の議論にはこの他に少なくとも二つの次のような驚くべき要素があって、この二要素が明白に認識されていなければ、困惑を招くことになるのである。

第一に、無始性に対する態度と無終性に対する態度の間には非対称性がある。天使、人間の魂、そして、実に、永遠の罰を宣告された者の罰はすべて始めを有するが、終わりはない、と考えられた。しかし多くの思想家たちは無始性に関してはまったく異なる見解をとった。神の被造物はすべて実際に始めを有しているということを、権威によって受け入れるだけでは彼らは満足しなかった。単に終わりだけでなく、始めをも欠くということは、被造物であることと相容れない、と彼らは論じた。[1] この見解は一二世紀の思想家サン＝ヴィクトルのリカルドゥスによってはっきりと語られており、一三世紀には頻繁に引用された。[2] この世紀の終わりには、ガンのヘンリクスがそのために洗練された議論を提示した。[3] この観点からは、その場合、恒３‐永遠性は神以外の事物とは形而上学的に異なった、神に固有の存在のありかたとなる。

第二に、時間は一般的に創造されたと考えられた。中世の思想家にとって、その場合、もし何かが時間とともに始まったのであれば、そのものは始めのないものであることを意味しなかった。もちろん、そのものは時間において始めを有しているわけではなかった。しかし、中世の議論には――時には明示された――時間を単なる持続の一種として考える非常に強い傾向がある。他の種類の持続、たとえば、永遠性と悠久性（天使の特殊な無終的持続）は明らかに一部の者たちには時間を超え拡がるものと考えられたし、他の者たちには、時間に対してもっと入り組んだ異なった関係に立つものと考えられた[4]。

ボエティウス

ギリシアの異教的新プラトン主義に完全に通暁しているキリスト教徒、ボエティウスによる神の永遠性に関する論考は、ほとんどの中世的議論にとっての出発点であった。一見したところ、ボエティウスの分析は上述の困惑をきたす特徴をなにひとつ示すようには見えない。『三位一体論』（第四章）においても『哲学の慰め』（第五巻散文部第六、二一―二二行）[5]においても、哲学者たちの説くところでは、世界が始めも終わりももたず、「決して始まることがなく存在することをやめない、そしてその生命は無限の時間に従って延長されている」とする、その在りようと、神の永遠性とをボエティウスは明白に区別している。神の永遠性とは、古典的となった定義においては、「終わることのない生命の全体としての完全で同時的な所有」なのである。ボエティウスが恒‐永遠性と神の生命を特徴づける外‐永遠性との明白な区別をつけていることは一点の疑いもない。しかしボエティウスは外‐永遠性によって正確には何を理解しているのか。ほぼすべての現代の注解者たちは、ボエティウスはそれを無時間的永遠性と見なしていると考える[6]。だが、それは単なる時間的延長や位置の欠如の観念以上の豊かな観念であると認める者たちもいる。というのもそれは生命を含意するからである。そして、無時間的ではあるが、それは持続を含意すると認めさえする者たちもいる。(7) しかし無時間的持続とは難解な概念である。つじつまの合わない概念とまで言う者もいるだろう。(8)

ボエティウスの外‐永遠性の議論は比較的問題とはならないしかたで解釈が可能である。ボエティウスが永遠性を論じるのは神の知るしかたを説明するためである。神の永遠性に関するボエティウスの論述は神がどのようにその生命を生き、その生命のはたらきである知ることを遂行するのか、その説明以上のものではないと解される必要がある。神が永遠的であるということは、神が同時にその全生命をもっていることを意味する。それゆえ、神の生命にはいかなる運動、変化もない。

ボエティウスは神の永遠性を無時間的なものとして考えたに違いない、というのも、同時的な時間的永遠性という位相は自己矛盾だからである、とこれまで論じられてきた。同時的であるにはより先・より後という時間的部分を要するからである。(9) しかしボエティウスは、ここに提示された読み方に従えば、特殊な種類の持続である永遠性の位相を論述しているのではなく、神の生のありかたを論述しているのである。一見すると、ある箇所ではたしかに時間と永遠性の構造を比較しているかに見える。ボエティウスは言う、時間的なものどもの終わることのない運動は、瞬間瞬間から構成されているが、これら瞬間はそのおのおのが模造品であり、「変わらざる生のつねに現在的な状態」、すなわち永遠性を「実現し表現しようとする」不首尾の試みなのである、と。しかし、この句が示すとおり、ボエティウスがここで語っているのは時間に関してではなく、時間的なものどもの変わりゆく存在に関してなのである。

そうすると、ボエティウスが主張しているように思われることは、神の生命において出来するすべてのことは、継起的にではなく、ともに出来する、という以上のことを出ない。その場合、神の生命とは単一で、不可分、変わることのない、終わりも始めもないはたらきである。この読み方に従えば、神の永遠性と世界の終りなき持続を対比するとき、ボエティウスは、神の永遠性がそれ自体で終わりなく続いていることを否定しているのではなく、神の永遠性は独自の特徴――まったく同時に生きられる生命であるという特徴をもっているということを指摘しているのであり、この特徴はその他のつねに持続的に存続するいかなるものによっても共有されることはないのである。時間的に限定されるか時制を付与された神に関する多くの命題は真であるだろうが、もし時間的言語が、神がどんなしかたであれ変化しうるということを意味するのだと解されるのであれば、それら命題は誤解を招くものであろう。(10)

アンセルムス

自著『モノロギオン』(一〇七六)で、アンセルムスはボエティウスよりもはるかに明白なしかたで神の永遠性の問題を説明する。(11) 最初に(一八章)、アンセルムスは神が始めも終わりももたないことを立証する。すなわち、何かが存在するであろうということはいつも真であったし、なにかが存在したということはいつも真であるだろうから、真理には始めも終わりもないのであるが、神は真理である、と。それからアンセルムスは続けてひとつの逆説を引き出す。一方でアンセルムスは言う(二〇章)、神はあらゆる時に存在する。というのもすべてのものは、時間をも含めて、そもそも存在するためには神に依存しているからである。しかし、この立場からは、その反対が帰結することが示されうる(二一章)。神はいかなる部分ももたない。そうすると、もし神があらゆる時間に存在するなら、神はあらゆる時間に全体として存在しなければならない。神が、人間がそうであるように、ある意味では全体として、しかし異なる時間には別々に区別されて存在するというのでは十分ではないだろう、というのもその場合には、神は時間の諸部分に分割されてしまう――何か絶対的に単純なものには不可能事――からである。しかし、神はどのようにしてあらゆる時間に全体として固有な意味で存在しうるのだろうか。時間それ自体が連続的であって同時的ではないのに（上述の同時的時間的永遠性に対する位相論的異論のアンセルムス版）。神の単純性を維持する唯一の方法は、神がいかなる時にも存在しないと言うことである。

アンセルムスがこの矛盾を解決するのは以下のように論じる（二二章）ことによってである。すなわち、神は全体としてあらゆる時間に固有の意味で存在することが可能である。というのも、時間が諸部分に分割するのは、時間によって制限、測定されるものどもだけだからである。神はたしかにあらゆる時間に存在する。しかし、神は「時間において」というより「時間とともに」存在すると言うほうがよい。というのも「時間において」という語句が他のものどもに使われるときには、時間がそれらのものを含んでいることを意味するのだが、神の場合には神は時間に含まれるのではなく、あらゆる時間に現在しているからである。その場合、アンセルムスは、神が無時間的ではないのに、どのようにして外－永遠的でありうるのかを説明するために、神の恒３－永遠性がその助けとなると信じている。

なぜアンセルムスは、時間的始めと終わりを欠くことによって、神はこの特殊な同時的しかたにおいて永遠的でありうると考えるのだろうか。とくにアンセルムスが無時間性をともなわないそうした同時性に対する位相論的異論というものに気づいていたのだから、なぜそう考えるのか(12)。神が時間によって制限されていないということは少なくとも、時間のいかなる瞬間も神の最初の瞬間でも最後の瞬間でもないということを意味する。時間はものを制限することによってそれらのものの尺度となる、とアンセルムスは考える。時間が制限できず、したがって尺度となることができないのは、最初の瞬間も最後の瞬間ももつことのない何かあるものである。時間が永遠性に対して測定基準としてはたらくことはできないということは、アンセルムスの見解では、以下の位相論的諸帰結をもっているように思われる。神の永遠性は時間が制限するすべてのものによって共有される継起的瞬間という位相的構造を欠くだろう、とアンセルムスは考える。その場合、神はその生命を同時的に、しかし無時

間的にではなく生きることができるほど十分、時間的なものどもとは異なっている。(13)

一三世紀初期

一三世紀初期のパリ大学から出た永遠性に関する最も十全な議論のうちの二つは、一二三六年から四五年にかけてヘールズのアレクサンデルに師事したフランシスコ会の弟子たちによって編纂された『神学大全』におけるものと、総長フィリップス（一二三六没）の『善についての大全』におけるものである。(15)

『神学大全』はアンセルムスの『モノロギオン』からかなり多くを借用しているが、この書は、永遠性から時間にまで及ぶ一連のさまざまな種類の持続があるという観念（第一部第一章第一項。第五七節）を加えている。神の永遠性は始めも終わりももたず、可変的でもない。天使の悠久性は始めはもつが終わりはもたず、可変的ではない。時間は始めをもち、それ自体からは終わりをもたないが、他（神）によって終わらされるだろうし、可変的である。この一連の区別は神に関して使用される「永遠的」と、たとえば、地獄の罰に関して使用される「永遠的」の間の共通の意味の程度を確立するために使用されうる。その場合、明らかに『神学大全』は、単に始めと終わりを欠く以上のことが神の永遠性にはあると考えるのだが、それは、神の永遠性が追加の諸条件、とくに不変化性をともなうある種の恒－永遠性であるという観念から出ている。アンセルムスと同様、『神学大全』は神の全時間性を放棄することは望まないが（第四部単一問題。第七一節）、全時間性が十全な、あるいは、最も重要でさえある物語を語るとも考えない。(16)時折、『神学大全』は永遠性を時間とは異なる種類の持続として定義する方向へと向かう。すなわち、継起を欠く（第一部第三章異論解答四。第五九節）そして、たとえ時間が双方向に無限であっても、時間とは区別されうる持続である、というのも、それはつねに現在的であることの動かざる状態だからである、と。

フィリップスのいくぶん短い論考は永遠性を時間と同様に持続とするが、まったく異なった種類のもの（しかし無時間的ではない）とする観念を引き出す点においてより明確である。フィリップスは、二つの持続、時間と永遠性は、一方が他方に含まれはするが、同時的（simul）であると考える。しかしこの見解に立てば、時間は永遠性の一部に等しいと思われる。そうすると、時間を尺度として何度も――おそらく無限回――使うことによって永遠性を測りきることは可能ではないのだろうか。そして時間の一続きは時間以外のなにものをも構成しないから、時間は永遠性（の全体）と等しくなるだろう。フィリップスは二つの異なる解答を提示する。第一の解答では、アンセルムスの解答の方法との諸類似があるのだが、たとえ時間が無限に（おそらく時間を増していくことによって）引き延ばされても、時間は限りなくただ未来へと延びてはいくだろうが、これに対し、永遠性は始めをもたない、とフィリップスは論じる。第二の解答では、時間は双方向に無限であるかもしれない。そうすると、時間は永遠性と等しくなるかもしれない、とフィリップスは認めるが、それでも時間は永遠性と同じではないだろう、と。時間は継続であり、諸部分に分割される。これに対し永遠性は部分や継続をもたない。フィリップスはこの二種の持続がどのように関係するのかをさらに説明する。現在の瞬間の今は、先行し後続する今をともなわないものとしてそれ自体で考察するなら、「永遠性の一部あるいは永遠性」である。「それ自体にとどまるとき」この今は永遠性を生み出す。しかし先行し後続する今をともなうときそれは時間を作る。全体として、フィリップスは時間と永遠性を二つの併存する、それらの位相において異なる持続として見ているように思われる。神が存在するのは永遠性においてであって、時間においてではないが、フィリップスの見解では、時間的な言明は、それが神のうちにいかなる変化も含意しないかぎり、神に関して真であることが認められる。

　そうした見解が意味をなすのか。異なる種類の持続があるという発想は、一部の現代哲学者らによって受け入れられている統一されない時間の観念とは（語彙は別にして）遠く離れてはいない[17]。しかしさらなる諸問題がある。

現代哲学者らの多元的な時間の流れは、一三世紀の思想家たちの永遠性とは対照的に、それらの位相においてはすべてが時間的である。しかも、一三世紀の思想家たちは神が無時間的であるとは明らかに考えることはないが、彼らの永遠性の概念がどのようにして神が無時間的であることを含意しないのかを理解することは困難である。

アクィナスとアルベルトゥス・マグヌス

アクィナスの永遠性の論考において――最も十全なしかたで『神学大全』の第一部第十問においてまとめられている――緊張は一三世紀初期の説明におけるよりもずっと張り詰めている。これら初期の説明とは強調点を変えて、永遠性が無時間的持続と考えられて当然であるようなしかたで、アクィナスは永遠性の位相を提示する。(18)しかし、アクィナスが永遠性を無時間的だとは考えていないことを示唆する節もいくつかある。

ヘールズのアレクサンデルの『神学大全』やフィリップスと同様、アクィナスは（第四項）、時間と永遠性間のひとつの違いは時間が始めと終わりをもつのに対し、永遠性はどちらをももたない点であることを認めるが、アクィナスは続けてこの違いが付帯的であると説明する。世界の永遠性に関するアクィナスの見解が、彼にこのような限定を加えることを要求した。壮年期までには、アクィナスは、神が時間的な始めを欠く世界を創造することができた（しかも神は始めと終わりを欠くものどもを創造することができた――第五項参照）と主張した。それゆえに、アクィナスは始めと終わりを欠くということを神の永遠性に際立った特徴とすることはできなかった。むしろ、アクィナスはフィリップスによって提出された別の特徴、すなわち継起の欠如に目を向けていて、それにより、神の永遠性を、いかなる種類の時間、つねに続く時間からも区別した。永遠性とは（ボエティウスが言ったように）「すべてが同時に」（tota simul）である。そこにはより先であるものより後であるものに対する秩序づけというものはない（第一項、第五項）。先行する著作家たちと同様、アクィナスが永遠性を時間を超えて延び拡がるものとして考察している節もあるが、アクィナスは永遠性が「すべてがまったく同時に」である考えにより強調を置く。これが示唆することは、永遠性は延長をもたないということであるように思われる。そしてこのことは『対異教徒大全』の有名な節（第一部第六六章）によって補強される。そこでアクィナスは永遠性を円の中心の点に、時間を円周にたとえている。

それゆえ、アクィナスが永遠性を無時間的なものと考えていたと結論することには心がそそられるだろう。しかし、この結論を下すことを困難にする部分がこの議論の中にはある。たとえば、なぜ聖書が神に言及して時間的言語を使うのか、これをアクィナスが説明するしかたを考えてもらいたい。「さまざまに異なる時間に言及する語が神に帰せられるのは」とアクィナスは説明する（第二項異論解答四）「神の永遠性があらゆる時間を含むかぎりにおいてのことであって、神自身が過去、現在、未来に従って変化するからということではない」。この解答の最初の部分は神がすべての時間に（いかなる時にもないということなく）存在するとしているように思われる。そして第二の部分は、時間的言語が神に関して誤解を生じさせるとなぜアクィナスが考えるのかを示している。神が無時間的であるからではなく、神が不可変であるのに、そうした言い回しによって、神がある時から他の時にかけて変化することが示唆されてしまうからである。[19] 後の『神学大全または神についての驚嘆すべき知について』（一二七〇頃）の中で、[20] アクィナスの前の師アルベルトゥス・マグヌスは神の永遠性を無時間的として提案することへと近づいている。それ自体で考えると、永遠性はまさに神の決して始まることのない、そして決して終わることのない存在である。この永遠性にはたしかにもうひとつの側面がある。過去と未来へ向かう無限の延長である。しかしこの側面はただ神の永遠性を考える人びとの心の中にのみある。アルベルトゥスは次のように述べている。

永遠性が持続や長さと言われるのは永遠性の実体や何か実体の部分が延長しているからではなく、魂の延長のゆえにである。というのも魂はその永遠性の実体の下にあるあらゆる持続を超えてつきることなく卓越したしかたで自らを延長するからである。そうすると永遠性は永遠性それ自体のうちにある実体と部分に従って分割されるのではなく、永遠性の下にあって持続をもつものどもの中にある実体と部分に従って分割されるのである（第一章第一項異論解答一）。

アルベルトゥスはこのようにして神の永遠性からいかなる時間的あるいは擬似時間的特徴をも剥ぎとり、その一方で、どの中世の著作家もそれが必要だとわかっていたように思われる時間世界との連結を心理学的な説明によって提供したのである(21)。

無時間性と予知の問題

神の永遠性に関する中世の議論はしばしば「予知の問題」と結びつけられる。神は全知である。そうすると神は過去と現在の出来事と同様、未来の出来事をも知っていなければならない。しかしこの知は未来を規定するように思われる。したがって未来の偶然的な出来事はひとつとしてない。もし私が明日オペラに行くということを神が今すでに知っていれば、その場合、私が行くか行かないかということに関して私は明日いっさいの選択権をもたないことになると思われる。というのも、その夕方を自宅で過ごすことによって私が神の知識を誤った信念に変えてしまうことが可能だなどと、いったいどうしたら言えるのであろうか。

この考えをより厳密に定式化する最も明白な方法は、次のように言うことである。すなわち、知られていることとは、定義上、真であるから、

(1)もしイが生じるだろうと神が知っているならば、その場合イは必然的に生じるだろう。

(1)はしかし論理的な失敗である。[訳注1] われわれが主張する権利があるのは以下のことである

(2)「もしイが生じるだろうと神が知っているならば、その場合イは生じるだろう」ということは必然である。

(2)はしかし、偶然的な未来の出来事があるということと完全に両立する。すると予知の問題は単に論理的な混乱の結果にすぎないのだろうか。否。その問題が基礎としている直観は健全であるが、その問題が表現される論理形式は、神の知は知られる出来事に先行するという点をとらえる必要がある。(2)は以下の読みとなるように補正されるとしてみよう。

(3)「もしイが生じるだろうと神が知っていたならば、その場合イは生じるだろう」ということは必然である。

(3)の前件（「イが生じるだろうと神が知っていた」）がどんな出来事イに対しても真であるばかりでなく、それは過去の出来事に関するものであるから、生じたことは変更不可能である（偶然的必然性と呼ばれる）という意味で必然的に真である。その場合、われわれは以下のことを主張できる。

(4)「イが生じるだろうと神が知っていた」ということは必然である。

ほとんどの様相論理は、「pならば q は必然である」と「pは必然である」から、「qは必然である」が帰結すると主張する。そこで(3)と(4)は次のことを含意するように思われる。

(5)「イが生じるだろう」ということは必然である。

この論証（3〜5）は「偶然的必然性論証」と呼ばれるものであり、予知の問題を提示するための最も納得の行く方法である。神の無時間性はその問題を回避するためのすっきりとした方法を提供する。もし神が無時間的（時間的な、あるいは時制を有するいかなる文も神に関して真ではないという厳密な意味で）なら、その場合、イが生じるだろうと神が知っていることは過去の出来事ではないし、そうすると、それは偶然的に必然ではない。つまり(4)は偽であり、そうすると偶然的必然性論証は失敗する。現代の宗教哲学者らは通例、この予知問題に取り組む方法を「ボエティウス的解決策」と称し、アクィナスをその追随者の一人と見なしている。もし、ボエティウスとアクィナスが本当に偶然的必然性論証にこの方法で取り組んでいたのなら——先に論じられたことがらにも関わらず——二人は神の永遠性を無時間的だと考えていたのでなければならないことになる。

事実は、二人の思想家は予知の問題を解決するために神の永遠性に関する自身の見解を用いてはいるが、二人とも神の無時間性には訴えていない。ボエティウス自身の予知の問題に関する定式は(1)の線に沿ったものであり、さらに根深い困難があるとする直感をもっており、議論の余地を残すところではあるが、おそらくボエティウスは(1)における論理的誤謬に気づいてはいないだろう。[22]

ボエティウスが神の永遠性に関する観念に目を向けるときには、彼は偶然的必然性論証に答えてはいない。むしろボエティウスが説明しようとしているのは、未来の出来事が、知られるために必要な必然性を有する一方、人間の行為者がある方針で行為を遂行するのか、別の方針で遂行するのかを自由に意志できるようなしかたで、未来の出来事が開かれていることがいかにして可能であるのか、ということなのである。現在の出来事に関するわれわれの知識はまさにこのしかたで必然であると彼は論じる。必然性に関するアリストテレスの見解に従えば、起こっているときには、それが起こっているときには必然であり、そうして現在に関する知識は必然的な出来事をその対象としてもっている。しかしこの知識が出来事を制約したり、出来事の行為者の自由を制限したりするとは誰も信じない。そこで、ボエティウスが指摘するのは、あらゆる出来事をその永遠の現在において知る神の方法はわれわれが現在の出来事を知る方法に似ているので、われわれにとっては未来となる出来事に関する神の知識は、われわれの現在の出来事に関する知識の特質をもつことになるだろう、ということである。すなわち、その出来事はそれを知る者としての神に対する関係においては必然的となろうが、しかし、それは、そうした出来事の結果を制約し、人間の自由を排除するしかたでではない。

アクィナスは対照的に、偶然的必然性論証を知っていて、それに明白に答えた。[23] 神が無時間的であるとアクィナスが主張したなら、彼はそれに答える容易な方法をもっただろう。事実は、彼はまったく異なる、ボエティウスのものにはるかに近いしかたでそれに答えることを選ぶ。(4)を退けるよりもアクィナスは以下のことを承認する。

(5)もしイが生じるだろうと神が知っていたなら、イは必然的に生じるだろう。

しかしその場合アクィナスが主張するのは、「認識に関する何かが前件において表示される」場合、「後件が理解されるのは、知る者がどのようにあるかということに従ってのことであり、知られるものがどのようにあるかということに従ってではないことは必然である」ということである。この原理によってイの必然性はボエティウスが思い描いていたまさに非制約的必然性のタイプなのである、とアクィナスは言う。この原理のためのアクィナスの論証は難解で、かなり説得力を欠くものである。かりに、アクィナスが神は無時間的であると理解していたとしたなら、彼がこのような不確実な推論に訴えたということは、異常なことだったということになるだろう。

偶然的必然性論証を反駁する簡明な方法が彼には開かれていたのだから。それゆえアクィナスの予知の問題に関する扱いは、彼が神の永遠性を無時間的だとは考えていなかったことのもうひとつの強力な証拠となる。

位階制

D・E・ラスカム

位階制の観念は、一部のあるいはこう言ってよければ、どの存在形態——超越的、叡知的、質料的——にもある特定の位置と適切な機能とを保証することにより、宇宙の中世的秩序像を支えた。位階制の観念はさらに広い概念、「大いなる存在の連鎖」の概念を支えるためにしばしば用いられたが、位階制はとくにそれ自身の有する特定の言及の範囲をともなった明確な観念である。[24] その観念が適用される場所は、その観念の源泉であり権威である偽ディオニュシオス・アレオパギテスによって規定された。位階制が提供したモデルは、純粋に霊的な存在が配序されている天上界の秩序づけに由来するものであった。位階制は諸霊の世界への神の漸次的顕現とそれら諸霊の神への同化を意味した。ディオニュシオスは、五〇〇年頃に著作し、自分をアテナイの聖パウロ（「使徒言行録」一七章三四節）と結びつけるために偽名を使いながら、『天上位階論』第三章第一節でこの語を定義した。「位階制とは、私にとっては、聖なる秩序、知識、活動であって、可能なかぎり自らを神の似像へと同化させ、また神によって与えられた照明によって、自らを最高度にまで、神の模倣へと引き上げるものである」[25]。それかららディオニュシオスは二つの位階制を説明する。ひとつは天上のあるいは天使的な位階制であって、もう一方に対する範型を提供する。そのもう一方とは教会の人間的位階制である。[26]

ディオニュシオスは調和的な天使の位階制を、それらの知識と純粋性そして神の神秘と善性への参与に従って、三階の三つ組に分割される九個の品級の壮大な、垂直的配置として描き出した。各三つ組とその中の各品級は上位の品級と下位の品級間の純化、照明、完成を仲介する。過程は下降過程と上昇過程、発出と還帰の両方であって、諸霊[天使と人間の魂]が上位の品級による純化、照明、完成によって神へと近づけられるに従って生じる。諸霊の神への類似性——その神的なありかた——の尺度は、それらが位階制に占める品級である。天使を三階に区分するために、ディオニュシオスはヒエロテウスとかいう者の権威（この箇所以外では知られていない）を主張した。[27] しかしプロクロス（四八五頃没）がすでに異教の神々を、光と知識を相互に共有する三つ組へと同化していた。ディオニュシオスは結果的にはこれを適用して天使の品級の三層の三つ組を提示したのだった。ディオニュシオスはまた人間の品級の二層の三つ組を提示した。そこでは、司教が最高位階を占め、上位の天使の中の最低品級と直接に通じているのである。

天上の位階制[28]
　セラフィム（熾天使）
　ケルビム（智天使）
　座天使
　主天使
　力天使
　能天使
　権天使
　大天使

天使
教会の位階制[29]
司教
司祭
奉仕者
修道士
聖なる人びと
浄化される品級

各品級は上位の品級と下位の品級と直接に通じている。すべての品級は直接には神から現れ出る。高位の品級が下位の品級を産出するのではない。しかし各三つ組内部においては、純化、照明、完成のはたらきはそれぞれ、最低位、中位、最高位の品級の役割である。すべてのものが、教会の位階制の最下位の品級を除いては、下位の諸品級を助けて、より神的形相を有する上位の品級に可能なかぎり十全なしかたで一致させることにより、下位の諸品級を神へと向け変えるようにはたらくのである。位階制のはたらきとは仲介の過程である。歴史へのあらゆる神的介入——たとえばモーゼに対する律法の付与、イザヤの唇の浄化、キリストの誕生の告知——は天使の位階制を通して地上の人びとに仲介された。テアルキア（神の支配）の知識は同様に諸品級を通して仲介された。位階制の機能というのは神を沈黙から引き出して隠れているものを明らかにし、そうして低位の諸品級を神との合一へと導くことなのである。天使は照明を即座に直観的に受けとる。教会の位階制は天使らの知的観想を共有するが、神的な知に関しては、これを断片的に段階的に物質的、秘跡的なことどもの助けを借りてとらえる。教会の位階制はディオニュシオスによって、四、五世紀頃の教会の歴史的現実に照らして構成された。第一の三つ組は入会主宰者を含む。すなわち、司教は、天使によって浄化、照明、完成され、浄化、照明、完成を司祭の品級に伝える。司祭は、今度は、これらを奉仕者（守衛、読師、侍祭、祈祷師）に伝える。ここから、それら浄化、照明、完成は入会者の第二の三つ組に至る。第一には、修道士に、それから、聖なる人びとに、そして最後に浄化される品級（改悛者、悪霊憑き、洗礼志願者）に至るのである。

グレゴリウス一世からオーベルニュのギヨームへ

教皇グレゴリウス一世（六〇四没）は『ヨブ記講解』において天使の天上の九隊を提示し、『福音書講解』第二巻[第三四講解]で、ディオニュシオス・アレオパギテスに言及している。ディオニュシオスとは違い、グレゴリウスは天使の神、宇宙、人類に対する任務を述べるに際しては、明快、単純である。人類は、来世に天上に引き上げられるときには、第十の一隊を形成し、それによって、ルシフェルに走った天使らの反逆と堕落にともなう損失を癒すことになろう、と彼は強い影響力をともなって書いた。ディオニュシオスの著作はビザンティン帝国の聖職者や修道士たちの中で広く読まれた[30]。シリア語、アルメニア語、アラビア語の翻訳書が書かれた。ディオニュシオスの著作は八三五年まではラテン語に翻訳されたが[31]、西方で引用されるのは、一二世紀以前ではごくまれであった。天使に関してはグレゴリウス一世の教えが支配的であった。しかし、例外がひとつ、八四五年からランスで大司教を務めたヒンクマルスにより提供される。司教に対する自らの優越を強調するために『天上位階論』に依拠しつつ、ヒンクマルスは権威と服従に関する中世の全言明の中で最も強力なもののひとつを提出した。ヒンクマルスは教会を天使と人間の双方から構成される単一の神的機構として描き出した。これらの天使と人間は、異なる品級、あるいは彼がそう呼んだように、異なる父権に分割される。不等性は天使にとってと同様、人間にとって必然の生の現実である。天使も人間もそれぞれにおいては本性は等しい。しかし力あるいは品級においては同等ではない。天上においては天使が奉仕もするし補佐もするちょうどそのように、地上においても教会の位階制は同じしかたではたらく。大司教は司教に奉仕し、司教は大司教を補佐する。ヒンクマルスはディオニュシオスによって表明された教会の位階制の機構を調整したのだが、彼の議論は宇宙的枠組み内部に置かれることによって重要度を増している。というのも、グレゴリウス一世が書いたように「宇宙は大いなる差違の秩序が宇宙を保全しているという以外のどんな理由によっても存続不可能であろう」からである[32]。

この独特の推論のしかたはエリウゲナの思想に対する関心が復活するまではごく稀にしか再現することはなかった。この関心が明らかに認められるのはホノリウス・アウグストドゥネンシス（一二世紀初期）[33]とそれに続く著作家たちの書物においてである。彼らの中にはサン＝ヴィクトルのフーゴー[訳注2]が含まれるが、彼は『天上位階論』に対する影響力の強い注解[34]を書いた。この注解の一巻は自然神学と神的神学の差違に関するフーゴーの理解を表明している。創造された自然は神の知をただしるしによってのみ提供する。恩寵のみが天使らによって被造物に仲介され、神的照明あるいは神現を与え、位階制が人間を神のもとへ連れ帰す。「これらの全位階すなわち聖なる全諸力によって世界全体は支配されている」[35]。神現は、シニュが述べた[36]ように、一二世紀におけるラテン・アレオパギテス主義のしるしである。この世界における知られざる隠れた神の神秘的顕現は全位階によって達成される、というラテン・アレオパギテス主義である。一二世紀後半に流布した定義集はこの観念を広める手助けとなった。それは三層の——超天上的、天上的、下天上的——位階と三つの天使的神現——エピファニ、ヒュペルファニ、ヒュポファニ[訳注2]——を区別した[37]。

アラン・ド・リール［アラヌス・アブ・インスリス］とオーベルニュのギヨームの著作の中で詳細で豪華な全位

階の記述が花開いた。アラン（一二〇三没）は『位階制』と呼ばれる著作の中で上述の定義集について述べた。アランは位階性を支配（dominium）と定義した。グレゴリウス一世に従い、アランは人類が創造されたのは悪しき天使らの天上からの堕落によって残された隙間を埋めるためであったと書いた。アランはディオニュシオスの高尚な諸観念をより一般的でより簡単に理解できる形象を使って和らげた。アランは天使の特殊な機能を異なる種類の人間との関係において描写した。この人間たちは適切な天使の指導を受けた後で、彼らの条件に最もふさわしい天使の品級に参与することになる。天使の九品級のおのおのに人間の品級と悪魔の反品級とが各九級存在する。人間の位階制の品級は(1)瞑想する人びと、(2)聖書研究者、(3)判事、(4)と(5)支配者、(6)悪魔の誘惑に対する防御者、(7)奇跡をおこなう人びと、(8)大説教者、(9)小説教者と教師である。いくぶん漠然としたこの形象は同時代の世界からとられている。[38]

オーベルニュのギヨームは一二二八年にパリ司祭となった大学教師であったが、位階制の観念は彼とともに政治化した。ギヨームは広範な百科全書を著した。それは三位一体、諸霊と人類、惑星、恒星、諸元素からなる宇宙、同様に、信仰、法、秘跡、徳と悪徳の領域の知識を含むものであった。ギヨームは熱狂家であり、楽天家であった。彼は宇宙の美と壮観を愛した。七巻からなる彼の百科全書『哲学および神学の第一の指針』中の第二巻（『宇宙論』）で彼は「被造物の宇宙」を描いた。彼は天界に関して、平和を享受する王国であって、地上の国々を統率する奉仕者たちの多くのさまざまの品級を有していると書いた。若くして天使の諸等級をよく秩序だった地上の王国のそれらと引き比べる着想をもった、とギヨームはわれわれに語っている。ギヨームは明らかにアランの天上の九、地上の九、地獄の九品級の機構から強い影響を受けた。しかし彼はその上を行った。ギヨームは天使の九品級を聖職者層、すなわち教会の位階制だけでなく、世俗の王国に見出される役職とも引き比べた。彼はまた教会を天上の君主国と同様に世俗の君主国の範型に従うよく秩序だった王国として描き出した。驚くべきことに、ギヨームは地上の世俗の位階制を教会の位階制の反映であって、それに従属するものとして提示していない。世俗の役職の保有者は直接に天上の王宮と王国の任務を反映する。ギヨームは国家に特権を与える。国家の役職は天使の国の品級を範型とする。そのうえ、ギヨームは以下のことを報告する。一部の哲学者たちはアヴィセンナの叡智体の教説――それらのうちの八体が諸天を動かし、第九番目が能動知性である――をキリスト教の天使論に同化しようと模索した、被造物についての神的イデアすなわち可知的理拠は天使的神現を通じて伝えられるのだ、と。(39)

中世後期の批判と変化(40)

道は今や開け、教会と世俗の位階制を築き上げて、いかにして地上の位階制が天上の範型を反映するのか、すべきか、個人的見解を表明することが可能となった。たとえば、ギヨームは教会の位階制から托鉢修道士を除外した。托鉢修道士らは教会の位階制におけるしかるべき位置と役割を自分たちに与えることを拒否する聖職者らに激しく報復した。激しい争いが一二五〇年代（そして実に来るべき数世紀の間）に起こった。(41) 托鉢修道士の中の一人の偉大な闘士は、一二五七年からフランシスコ会総長を務めたボナヴェントゥラだった。オーベルニュのギヨームと同様ボナヴェントゥラは位階制の概念を宇宙全体――神の三位一体、惑星、個々の人間の魂、その他多くに適用した。そして、ギヨームと同様、彼は細かい点に至るまでおのおのすべての位階間の対応を分析した。(42) 神の三位一体――それ自体が三つの等しいペルソナのみからなる一なる神における位階制なのであるが(43)――はその三一的特質を天使の位階制に刻印して、それを同化し、神に似たものとするという着想をボナヴェントゥラは得た。同様に、天使の品級はその位階制的特徴を戦いの教会、すなわち、この世の教会に刻印する。これは三位一体から天使を介して人類の世界へと至る発出（processus）あるいは下降である。その反対に、彼が「還帰」と呼ぶ、被造物の神への上昇がある。人間は教会の高位聖職者によって導かれる教会の位階制によって、浄化、照明、完成される。しかし教会内部においては、ボナヴェントゥラは高位聖職者の活動的位階と、さらに高位の観想的なそれ――外的と内的位階を区別した。彼はまた、位階制が歴史の経過において進化し、展開するものであるとみている。(44) 高位聖職者の上にはさらに高い観想の段階に到達した者たちがいる。これが修道会の会士たちである。すなわち、シトー会修道士、プレモントレ修道会の会士、それから彼らの上にフランシスコ会とドミニコ会の托鉢修道会会士、そして最後に完全に観想的な人びと、たとえばアッシジの聖フランチェスコその人である。最終的には司教によって導かれた活動的な位階を抑え込むためには、教皇はこの観想的な位階の成員を用いることが可能となる。

聖職者と俗人の権力間のイデオロギー上の関係史全体の中で最も異議を唱えられた資料のひとつが一三〇二年ボニファティウス八世の教皇大勅書であった。ラテン語の冒頭の語から『ウナム・サンクタム（Unam Sanctam）』として知られる大勅書である。人は誰もが神との第一仲介者としての教皇に従属するとボニファティウスは宣言した。仲介者らの役割は最重要のものであった。「なぜなら、聖ディオニュシオスに従えば、神法とは最低位のものどもを中位のものどもを介して最高位のものどもへ導くことだからである。それゆえ宇宙の法に従えば、すべてのものどもは、等しく直接にではなく、最低位のものは中位のものを介して、中位のものは、高位のものを介して秩序づけることに還元される」(45)。これはアエギディウス・ロマヌスの見解を反映している。彼は『教会の権力』（一三〇〇―〇二）の中で、位階制と三部分からなる分割は宇宙の法であると書いた(46)。

しかし、アエギディウスが著述する時期までには、天上の位階制を模範として教会の位階制を築き上げる方式はトマス・アクィナスから深刻な打撃を受けた。トマスは、宇宙が不等な存在の品級から成り、ひとつ下位の類の中にある最高位の存在は、直接に上位の類の中にある最低位の存在を分有するものである、と認めた(47)。さらにトマスは、位階制が普遍的事態であることを認めた。多数の存在はいかなるものも、異なる機能を有する品級に分割されていなければうまく配置されることはないし、高位の存在が中位の存在を使って、低位の存在を神との合一へもたらすのでなければ、うまく配置されることはないだろう、と。(48) 人間は天使よりも低位であるから、アクィナスは両者間のいくつかの本質的な相違点を強調した。人間は単に天使が縮小されたものではないし、それぞれの人間が天使の魂と動物の身体を有することによって、天使が受肉したものとなっているわけではない。天使の各品級は、それらが受けとる神の恩寵の点で異なるばかりでなく、本性においても異なる。他方、人間もそれらが受けとる神の恩寵において異なりはするが、本性上はすべてが等しい。天使のごとき位階制はいかなるものも人間の中に人間の本性を基礎にしては構築しえないし（人間の本性の基本的な同等性のゆえに）、神の恩寵を基礎にしても不可能である（人間にとってそうした恩寵は受けとるに際して不可視であるから）。実際には、戦いの教会の位階制が構築されるのは、恩寵や私的な聖性の段階によってではなく（それらは不可視である）、公的な力、すなわち法的なそして秘跡の力の段階によるのである。人間の位階制はあらゆることがらにおいて天上の位階制を模倣することはできない。(49) 超天上的な位階制——神の三位一体のそれ——に関しては、アクィナスはそれを退けた。すなわち、いかなる神のペルソナも他のペルソナに対して支配（principatus）を有していないし、これはディオニュシオスの教説でもなかった。(50) さらにアクィナスは、天使が人類と神との間の本質的な仲介者であるとするディオニュシオス的着想に疑念を示した。神はどの被造的知性をも直接に照明することができる。第一の仲介者とはキリスト御自身である。天使的社会の内部では天使が下位の品級を照明できるのは、ただ厳格な位階制に従ってこの照明をひとつの品級から別の品級へと伝えることによるのみである。しかし人間社会の内部では、照明された人は誰であれその照明を他の誰にでも伝えられるだろう。(51)

アクィナスの諸疑念は一部ののちの著作家たちに大きな印象を与えた。彼らは世俗権力と神との仲介者としての霊的権威の役割に対するこうした疑念の含意する内容に焦点をあてた。そして、彼らは教会の位階制がこの世の権威を所有していること、世俗社会が天上の範型を模範として築かれていること、俗人と王は世俗のことどもに関してさえ教皇に従属することを否定した。人間が天使に似ているかぎりでは、天上の位階制は人間の範型となる。しかし、天使は物質的な存在ではないし、天使は時間のうちに生きてはいない。それゆえに、天使社会の組織は物理的な空間と時間における人間社会の組織の範型を提供しない。パリのヨハネスはこうした方針の批判を主導したものとして著名である。ヨハネスは俗人が教会の最下位の品級を占めているのを目にとめたが、アリストテレスの『政治学』に導かれて、彼もまた、俗人も作り出している自然本性的かつ市民的な品級［序列］は教会の位階制において定められている霊的な品級からは独立していて、市民的なことがらにおいては教会の位階制に従属しないと書いた(52)。

これ以降、位階制の概念の含意することがらに関しては食い違いが大きくなっていった。たいてい教皇たちは、人びとを神のもとに連れ帰し、神を人びとのもとに連れてくるはたらきにおいて、仲介者――それが司祭であれ天使であれ――の役割を強く主張した。しかしまた「ルシフェル問題」とでも呼ばれるジョン・ウィクリフによって提起された問題が深刻化した。ウィクリフは広く位階制の伝統的諸理論を受け入れた。しかし著書『教会論』（De ecclesia 一三七八）の中で、彼は聖職者階級内部の堕落の問題と取り組んだ。位階制の成員は無条件で彼の品級の成員にとどまる資格を有するとは彼は信じなかった。ルシフェルと悪しき天使たちはミカエルと善き天使たちと衝突して、その結果天使の位階制から追放され、それによって他を浄化し照明する力をすでに喪失してしまっていた。それゆえ、たしかに、聖職者が他を浄化、照明する力を失うならば、彼らは教会の位階制から追放されて、俗人に従属すべきである。ウィクリフはここで位階制の名のもとに抵抗を支持する主張を深めていたのである。こうした主張がはじめて申し立てられたのは、一二五三年ロバート・グロステストによってである。

彼が教皇インノケンティウス四世の甥をリンカーン大聖堂の司教座聖堂参事会会員に迎えることを拒否した時のことであった。「教皇庁に従属する敬虔な信徒はいかなる者も、この種の命令、指令、他のいかなる表明にも従うことはできない。そうだ、たとえ立案者が最高位の天使団であったとしても否である」[53]とグロステストは書いた。

中世後期においては、論争の中で位階制の機構がそれを支持する者の目的にかなうように調整されたのだが、そのような論争の例をたくさん挙げようとすれば容易なことであろう。最も顕著なものとしては、托鉢修道会士と世俗の聖職者間、公会議主義者と教皇至上主義者間の反目では繰り返し、頻繁にディオニュシオスの位階制に関する論考が根拠とされた。——しかしどちらのイデオロギーが宣伝されているのか批判されているかによって、方向は正反対になった[54]。一五、一六世紀にはそうした論説に対する敵意が表明された。一四五五年頃ロレンツォ・ヴァラはディオニュシオスが聖パウロの同時代人であり弟子であるとする主張に関して疑念を表明した。この疑念は次世紀にエラスムスやその他の人びとによって支持を得た。だがこのような懐疑派は当時も、続く数世紀間にも、ディオニュシオスの主張の信奉者らに数の上では圧倒された。ベッサリオン、マルシリオ・フィチーノ、ピコ・デラ・ミランドラのようなルネサンスのプラトン主義者らはディオニュシオスのプラトン思想に熱狂した。ジョン・コレットはディオニュシオスの位階制に関する二本の論考を研究した。しかしマルティン・ルターは彼が見つけ出したこの骨董品は夢のようだとして、それに異を唱えた。「それほどまでの称賛をこのディオニュシオスなる人物に与えることは、彼が誰であったとしても、まったく私には不愉快である。というのも彼の中にはほとんどなにひとつとして健全な学識がないからである」[55]。ルターは、ディオニュシオスがしたよりもっとうまい教会位階制の機構を築き上げることができると考えた。それは単に、ディオニュシオスの著作においては首位を占めていた司教の上に、教皇、枢機卿、大司教を差し挟むだけのことであった。これはまさに教皇至上主義者らがきわめて頻繁にしていたことであり、おそらくルターはそう書いた時には皮肉のつもりだったのだろう。カルヴァンも『天上位階論』を「大部分はおしゃべりにすぎないもの」として片づけた。そして「天上と地上の位階制の比較を精妙に哲学的に論じる」いかなる基盤もないとした[56]。

結局のところ、位階制は、あらゆる論争にも関わらず、教会と社会全体に認められるひとつの安定し、永久的で、ダイナミック、そして分節化された構造に関して種々の中世の見方を豊かなものとした。これら種々の中世の見方は、天上における天使の社会と天使の品級の永遠的構造を反映し、映し出したものなのである。位階制の概念は厳密な意味では、すなわち、偽ディオニュシオス・アレオパギテスの論考において見出されるところでは、一二世紀からは、広くそしてますます必要な参照されるべき論点だと見なされるようになった。なぜ諸構造が存在するのか、どういった諸構造が存在すべきなのかについての見方を位階制の概念が支えるところまで、位階制の概念は調節され、変更されなければならなかった。問題点は、もちろん、後者「どういった構造が存在すべきか」に関する意見の不一致であった。そのために、位階制の概念は、さまざまな主題に関わる著作において、相反するしかたで、独創的に、論争的に、また柔軟に都合よく引きつけられて用いられたのである。その主題とは、福音的清貧、教会禄に対する教皇条項、司教の管轄権からの修道院の除外、シチリア王国におけるアンジュー家の支配、フィリップ四世（美王）と教皇ボニファティウス八世との間の争い、一四世紀の教皇大分裂、ロラード主義者、そしてボヘミアのフスの運動であった。このように、天上の範型にもとづく数々の議論が、中世後期の教会に関する哲学者間、神学者間のほぼすべての討論の過程の中で見出されたし、たしかに、見出されなければならなかったのである。

注

(1) 議論は世界が神によって始めを持たずに創造されえたか否かを争点とした。詳細な概観には、R. Dales [433] 参照。さらに、論証の分析には、R. Sorabji [438] 193-252を参照。大部分の思想家は、始めは欠くが、終わりはあるものはありえないと信じた。

(2) たとえば、『神学大全』第一巻第一考察第二論考第四問第一部第四章 [358] 89（第六〇節）参照。これはサン＝ヴィクトルのリカルドゥス『三位一体論』（第一巻）六章、八章、一一章からの引用である。*PL* 196, 894ff.

(3) 被造物のいかなるものも自己自身によっては存在しない。もし何かがつねに存在するなら、その場合（アリストテレスの様相に関する見解の上では）それは必然的に存在し、それでそれ自身から存在する。ガンのヘンリクス『任意討論集』一 [219] V, とくに39.4-42.67。

(4) この重要な点はうまくR. Fox [434] によって指摘されている。

(5) 『三位一体論』[84] 175.231-176.248, 155.5-156.51. 続く引用は『哲学の慰め』の節からである。

(6) 標準的な見解の優れた弁護としてはR. Sorabji [438] 115-116と119-120参照。

(7) E. StumpとN. Kretzmann [439]。それにこれ以後のもの [440] 参照。彼らの見解は（修正を加えられて）B. Leftow [435] 112-146で弁護されている。

(8) しかし、十三世紀の非時間的持続に関しては本文の以下の部分を参照。

(9) B. Leftow [435] 115.

(10) J. Marenbon [88] 172-173参照。

(11) 一八章―二四章。説明の中で私はアンセルムスの神と場所に関する所論を省略している。この所論は神と時間の議論に並行してなされている。

(12) アンセルムスの永遠性の概念に関するこれまでで最も十全で最良の研究論文の中で、B. Leftow（[435] 183-216、とくに203-209）は、神は「正しいもの」よりも「正義」、「真なるもの」よりも「真理」等々としてより良く説明されるとするアンセルムスの見解に訴えることでこの問いに答えている。しかしこの答えはアンセルムス的ではあるだろうが、アンセルムスのものではない。

(13) アンセルムスは神の永遠性を『プロスロギオン』（一八章・二二章）と『自由選択と予知、予定および神の恩寵の調和について』（第一問第五章）でも論じている。これらの説明の中ではアンセルムスは神が時間の中に存しないということの意味を強調しているが、その説明は『モノロギオン』における説明と基本的に異なる立場を示してはいない。

(14) 第一巻第一考察第二論考第四問[358] 84-111（第五六節―七一節）。

(15)『善についての大全』第一部第四問[379] 52-54。

(16)『神学大全』よりも少し後に、おそらく一二五〇年代に著述したとき、ロバート・キルウォードビは『モノロギオン』に対するさらに多大なる信頼と神の全時間性を強調する要請を表明している。[372]第一三三節―一四三節参照。

(17) この点をR. Fox [434]が指摘している。現代の論争に関しては、W. Newton-Smith [436] 79-95とM. MacBeath [437]に優れた紹介がある。

(18) 現代の大部分の注解者はトマスが永遠性を無時間的と考えたと言う（たとえば、W. L. Craig [432], M. M. Adams [318], C. Hughes [242]参照）。StumpとKretzmannは無時間的な持続という彼らの考えをボエティウスと同様アクィナスにも適用している。そしてたしかにそれはアクィナスの概念のすべてではないにしても、多くの点で説明の役には立っている。

(19) R. Foxは、アクィナスにとって神的永遠性は無時間的ではないとする立場に立って論じる数少ない著者の中の一人である。万物を持続させるため、そして時間と永遠性との間に類比的な関係を肯定するためには、神が時間に現前することがアクィナスには必要であるとする点をとくに彼は指摘する。

(20) 第五論考第二三問[203]。

(21) 中世後期における永遠性と無時間性に関しては紙数の関係で論じられない。標準的な学者間の見解は、無時間的永遠性に関する考えは徐々に重要性を失うとともに、広く受け入れられていった、おそらくはドゥンス・スコトゥスの時代から（しかしR. Cross [292]参照）そして確実にはオッカムの時代から、というものである。W. L. Craig [432]129-133とM. M. Adams [318]参照。しかし、もしここで提示されている見解が正しければ、一四世紀の思想家たちは、これまでそう信じられてきた以上に先行思想家らとの連続性を示していることになるだろう。

(22) J. Marenbon[88]162-164と[87]。

(23)『命題集注解』第一巻第三八区分第一問第五項異論解答四。『神学大全』第一部第一四問第一三項異論解答三。『真理論』第二問第一二項異論解答七。

(24) かなり広範なこの観念を主題とする彼の古典的な著作[447]の中で、A. O. Lovejoyは、中世的な位階制の観念に関して言うべきことをほとんど持っていない。E. P. Mahoney [451] 参照。新プラトン主義における存在の諸段階に関してはD. J. O'Meara [453] 参照。被造物が神の類似に近くなるほどその存在は高度になるとする考えを中世のキリスト教思想家らが発展させたことに関しては、とくにE. P. Mahoney [452, 451, 80] 参照。神の存在を論証するアクィナスの「第三の道」における存在の諸段階に関して、本書の六章を参照。

(25)『天上位階論』[79]87。*PG* 3. 164D.

(26)新約聖書において天使と悪霊は神あるいは悪魔の顕現として顕著に現われる。前者に関してはさまざまな名前が使われる。「コロサイの信徒への手紙」一章一六節と「エペソの信徒への手紙」一章二一節参照（王座[座天使]、主権[主天使]、権勢[権天使]、能[能天使]、力[力天使]）。同様に「イザヤ書」六章二節（セラフィム）と「エゼキエル書」一章一四節―二四節。一〇章四節-二二節（ケルビム）。ディオニュシオスはまた、プロクロスや彼の先駆者たち、プロティノス、ポルフュリオス、イアンブリコスのような古代後期新プラトン主義者に深く影響された――中世期にディオニュシオスを読んだ読者のほとんどはこれらの出典には気づいてはいなかったが。四世紀にキリスト教の天使論と新プラトン主義の哲学はかなりの程度親密に接近した。マリウス・ウィクトリヌスは天使の四品級を叡知的超天上的世界に位置づけ（大天使、天使、座天使、栄天使[栄光]）、また神々や悪魔たちとならんで、天使たちを質料的な世界に位置づけた（P. Hadot[446]）ニュッサのグレゴリオスは叡知的世界を天使の国とし、人間の魂が超自然的な善を観想することによってそこへ入ることを許される、とした。（J. Daniélou [444], part 2, ch.2, "La cite des anges"）。

(27)『天上位階論』[79]104。*PG* 3. 200D.

(28)『天上位階論』七章―九章。

(29)『教会位階論』五章―六章。

(30)十一世紀のニケタス・ステタトスによる修正についてはA. Wegner[83]参照。

(31)サン＝ドニ修道院院長ヒルドゥイヌスによる。彼の翻訳はスコトゥス・エリウゲナによって二度改訂された。G. Théry[82]。ディオニュシオスの著作の中世期ラテン語翻訳集はディオニュシアカ（ディオニュシオス文書）[77]におさめられている。『天上位階論』に対するエリウゲナの注解の決定版については、J. Barbet 編『ヨハネス・スコトゥス・エリウゲナによる天上位階論注解』（Turnhout, 1975）。

(32)『五五章からなる小品』*PL* 126, 282-494、とくに一一章―一五章。W. Ullmann [454] 114-116 を参照。
(33) M.-T. D' Alverny[441]とJ. A. Endres[445]64-69,140-145.
(34) *PL* 175, 923-1154. D. E. Luscombe [155]参照。
(35) 第一巻五章。*PL* 175, 931CD。第一巻二章 *PL* 175、927C-930B。
(36) M. -D. Chenu.『十二世紀における神学』(Paris, 1957)、304-305。また Chenu [507] 80-85 参照。
(37) H. F. Dondaine, *RTAM* 17 (1950), 303-311. M.-T. D' Alverny[357]94-99 は慎重にこれらの諸定義をアラン・ド・リールによるものとした。
(38)『位階』[357]223-235。『天使についての続唱注解』206-210。『聖ミカエルの日の説教』249-251。
(39)『宇宙論』第二巻第二部一二章[391]908. H. Corbin[122]101-117 参照。
(40) D. E. Luscombe[448]参照。
(41) これらの論争についての古典的な研究は Y. M.-J. Congar[443]。
(42) [211]V327-454、[212]中の『ヘクサエメロン講解』。J. G. Bougerol[216]参照。
(43)『ヘクサエメロン講解』[212]「見ること四講解二」(口述版)。[211]V431-437(増補報告版)。
(44)『貧しき者たちの弁明』第一二巻一〇章[211]VIII 319。
(45) ボナヴェントゥラの著作における原理「神法は下位のものどもを中間のものどもを介して、そして中間のものどもを高位のものどもを介して導き戻すことである」の初期展開については、J. G. Bougerol [217]70 参照。また D. E. Luscombe [449]。
(46)『教会の権力』第二巻一三章[270]。
(47)『対異教徒大全』第二巻六八章。
(48)『神学大全』第一部第一〇八問第二項。第一〇六問第三項。『神の礼拝と尊崇を攻撃する人びとに対する論駁』四章[224]XLIA。
(49)『命題集注解』第二巻第九区分第一問第七項。
(50)『命題集注解』第二巻第九区分第一問第一項。
(51)『神学大全』第一巻第一一七問第二項。D. E. Luscombe[248]参照。
(52)『王権と教皇権について』一三〇二／〇三執筆。

（53）ロバート・グロステスト『書簡』一二八[194]432-437。ウィクリフに関してはD. E. Luscombe[248]参照。

（54）十四および十五世紀中の公会議主義者と教皇至上主義者間の論争はしばしば位階制の解釈をめぐって展開した。とくにA. Black[569]参照。重要な種々の貢献のひとつにはニコラウス・クザーヌスの『普遍的協和論』[613]がある。

（55）マルティン・ルター『教会のバビロン捕囚　一五二〇年』。「叙階について」[450]109-110.

（56）ジャン・カルヴァン『キリスト教綱要』第一巻一四章、第四巻六章[442]I164-65, III111.

（訳注1）この失敗は十三世紀論理学者の用語を借りると、推断（consequentia：pならばqの推論）の必然性と後件（consequens：qに該当）の必然性の混同による。すなわち⑴の命題はイが生じる（後件）ことの必然性を含意する。しかしこの必然性を容認しなければならない根拠はない。これに対し、次の⑵の命題は推断の必然性を肯定している。したがって、知られていることは真であるという定義に関するかぎり、⑵の命題は真である。原注（22）の[88]532-533参照。

（訳注2）フーゴーは当該の注解で、「ユダヤ人はしるしを求め、ギリシア人は知恵を探します（が、わたしたちは、十字架につけられたキリストを宣べ伝えています）」（『コリントの信徒への手紙一』一章二二節）を引用し、これを注解して地上的な神学と神的な神学の二つを区別する。前者は、「神が愚かなものとした」「世の知恵」であり、後者は、「神の知恵」とも呼ばれるキリストに相当する。原注（34）の*PL* 175, 923-928参照。

（訳注3）超天上的、天上的、下天上的位階制とは、それぞれ、神、天使、人間の位階制に該当する。このうち、天使の天上的位階制は神現（テオファニア）とも言われ、それが、上から、エピファニア、ヒュペルファニア、ヒュポファニアの三位階に区分される。原注（37）のH. F. Dondaine, *RTAM* 17参照。

（井澤　清　訳）

第3章　言語と論理学

E・J・アシュワース

中世の哲学者と神学者を理解するために、言語と論理学を研究する重要性を評価しすぎることはない。実際、文法学者や論理学者によって議論された問題の多くは、それ自体興味深いものであり、かつ神学的・学知的問題と明らかな関連を有している。しかし、中世の学生なら誰でも自由学芸の基礎訓練を経験したのであり、そこで得られた専門用語、分析の技術、推論法は、中世という時代のあらゆる著作や思考に深く浸透しているのである。こうした基礎訓練の性格は、中世の教育の二つの重要な特徴を示している。ひとつは、権威あるテキスト——聖書、アリストテレスとアウグスティヌスの著作、プリスキアヌスの『文法学綱要』、ペトルス・ロンバルドゥスの『命題集』——に思想家たちは焦点をあてていて、数多くの発展の背後には、これらの諸権威を調和させ、再解釈する試みがあるということである。もうひとつは、教授法がたいてい口頭によるものであったことが、アウグスティヌスやアンセルムスの哲学的対話篇から、高度に体系化されたアクィナスの『神学大全』の討論形式による説明まで、多様なしかたで書き言葉の表現に影響を与えたということである。

中世の言語・論理学説の豊穣さと複雑さを短い一章の中でとらえることはできない。[1] 続く論述では、最初に短い概観を与え、続いていくつかの主要なテーマに焦点をあてることにする。

源泉と発展

学芸学部の基本的なカリキュラムの形態は、七つの「自由学芸」——文法学、論理学、修辞学という言語に関する「三科」と算術、幾何学、天文学、音楽という「四科」によって与えられた。こうした構造は、アウグスティヌスの『秩序』で、はじめて完全なしかたで提示された。そこでは、可知的なものの観照へと段階的に導く旅路に魂を準備するものとして自由学芸が描かれている。その構造は、後にマルティアヌス・カペラによって取り上げられ、継承された。カペラの『メルクリウスとフィロロギアの結婚』の中での詩で、メルクリウスは「ギリシア語の」ロゴスの二つの意味である「言葉」と「神の理性」を象徴しており、ロゴスを愛するフィロロギアは七つの自由学芸の化身である。(2)

文法学の主要なテキストであるプリスキアヌスの『文法学綱要』は、七世紀の最初の四半世紀にコンスタンティノープルで書かれた。この著作は、長編の体系的な論考であるが、とくに意味論的アプローチに注目すべき点がある。つまり、品詞が文の中での機能よりも意味によって定義されているという点である。もうひとつの重要なテキストは、四世紀にドナトゥスによって書かれた『大文法学（Ars maior）』である。その第三巻である「語法違反（Barbarismus）」は、プリスキアヌスが無視した課題である比喩表現の訓練にとくに用いられた。プリスキアヌスの著作はカロリング朝のカリキュラムに組みこまれるやいなや注解の対象となり、一二世紀にはペトルス・ヘリアスが、影響力をもつことになる『プリスキアヌス大全』を書いた。この作品は、あらゆる学科目を通じて最初の完全な「大全」である。ヘリアスの作品は、文法学へのアプローチの変化を告げるものであった。というのも、ヘリアスは、「表示［significatio］」という観点よりも「表示様態（modi significandi）」を構成する言葉の属性という観点から品詞を分類したからである。それと同時に、論理学者は文法学者から「指示」とさまざまな種類の表示の問題を引き継ぎ、文法学の訓練はいっそう非哲学的なものとなり、いっそう一般言語学の訓練と化した。［一二世紀に誕生した］大学のカリキュラムは、『プリスキアヌス小文法学』つまり統語論を扱った『文法綱要』の最後の二巻に多大な注意を注ぐ傾向にあった。そして、ドナトゥスの教科書は、ヴィルデューのアレクサンデルの『小教程』（執筆年代一一九九頃）やベテュヌのエベラルドゥスの『グラエキスムス』（執筆年代一二一〇頃）のような韻文形式で書かれた新しい文法教本にとってかわられた。この二つの作品は、中世が終わるまで、ヨーロッパの大学で広範囲に用いられた。[3]

一三世紀の後半には、「様態論者（Modistae）」と呼ばれる思弁文法家の登場とともに、文法学における哲学的なテーマへの部分的な回帰が見られた。[4]思弁文法家は、アリストテレスの「学知」のモデルにそくして「文法学」を提示しようとした。その結果、文法学はすべての言語に共通するような要素を扱わなければならなくなった。思弁文法家は、諸言語の共通性を「事物の存在様態（modi essendi）」、「心の中の知性認識様態（modi intelligendi）」、「言葉の表示様態（modi significandi）」の間に想定される平行関係のうちに見出したが、「言葉は世界を映し出す」という見解にはくみしなかった。なぜなら、知性は「表示様態」を形成するやいなや、それをさまざまなものに帰属させることができるからである。たとえば、「キメラ」は架空のものの名称だが、実体を表示する語である。「運動」は変化と非永続性を表示しているが、名詞であればもつような、持続性や永続性といった「表示様態」を保持している。思弁文法は普遍性を強調し、知性認識様態に焦点をあてたために、一四世紀には話し言葉から明確に分離されるようになった。

論理学は、言葉に関する「三科」の中で最も劇的な変化をこうむった。初期には、入手可能なテキストの数は限られていた。マリウス・ヴィクトリヌスの定義についての論考、誤ってアウグスティヌスに帰せられて、九―

一〇世紀に最も熱心に検討された論理学著作である『十のカテゴリー』、アウグスティヌス自身の手による『弁証論』に加え、セビリャのイシドルスのような百科事典制作者による議論があった。そして最も重要なのが、ボエティウスの作品である。ボエティウスは、アリストテレスの六つの論理学著作をラテン語に翻訳し、『分析論後書』以外の翻訳は現存している。彼は、アリストテレスの『カテゴリー論』への入門書である、ポルフュリオスの『エイサゴーゲー』も翻訳した。さらに、アリストテレスの論理学著作のいくつかとポルフュリオスの作品［『エイサゴーゲー』］、キケロの『トピカ』についての注解書を書いた。くわえて、彼はさまざまな論理学論文を書いた。分割について、定言三段論法について、トピカについてや仮言三段論法——つまり条件命題と条件命題によって構成される議論——についてである。分割についての著作［『分割について』］はとりわけ影響力が大きかった。(5) 一〇世紀の終盤に、オーリヤックのゲルベルトゥスはランスの司教座聖堂学校で、ポルフュリオスの『エイサゴーゲー』とアリストテレスの『カテゴリー論』と『命題論』、キケロの『トピカ』、そしてボエティウスの多くの著作を教えていた。そして、一二世紀の教師たちもゲルベルトゥスと同じ基本的なカリキュラムを用いた。まもなく、それらの作品にギルベルトゥス・ポレタヌスに帰せられる『六原理論』を加えたものが、「旧論理学（logica vetus）」として知られるようになった。

一一五〇年以降、大きな変化が生じた。アリストテレスの論理学の残りの著作は他のテキストとともに再び入手可能になり、思想家たちは論理学の新しい分野を開拓した。アリストテレスの『トピカ』と『詭弁論駁論』は一一三〇年代までには知られ、『分析論前書』『分析論後書』を含む「新論理学（logica nova）」の全体は一一五九年までには知られた。このように言えるのは、この年に、ソールズベリーのヨハネスが、自著の『メタロギコン』の中で、これら四つの作品のすべてに言及しているからである。一二世紀の後半、人びとはアラビア語の論理学著作、とりわけアヴィセンナの著作を翻訳し始めた。一二三〇年代にはアヴェロエスのいくつかの論理学注解が翻訳されたが、それより前に翻訳されたアラビア語の［論理学］著作ほどには好評ではなかった。そして、幾人かのギリシア語注解者の作品も翻訳された。これらのテキストは、その数と進んだ内容のゆえに、組織化された教育機関に、充実した論理学のカリキュラムを提供することになった。

　アリストテレスの著作はつねに論理学のカリキュラムの中心にあり、数々の注解の対象であったが、アリストテレスが論じなかった問題もあった。したがって新たな展開の余地がおおいにあったのであり、そうした諸展開はすべて一二世紀後半に起源を有している。そのうち最も著名なのが「項辞論理学（terminist logic）」であって、その内容は「代示［suppositio］」の理論とその副産物である。代示の理論についての論考は、命題の主語と述語の指示を扱っており、また補足的に、命題に含まれるその他の語――「すべての（every）」「～ではない（not）」「～も（and）」「～以外（except）」等――を扱う「共範疇語」[訳注1]の論考をともなっていた。それ以外の重要な発展が次の三つ――意味論上のパラドックスである「インソルビリア［insolubilia］」、ある種の議論において従うことが義務づけられているような規則である「オブリガチオ［obligatio］」、そして妥当な推論である「コンセクエンチア［consequentia］」の論考――に見られる。［こうした諸論考とは］別の新たな著作形式が包括的な教科書である。一三世紀に書かれたものとして現存する少なくとも六つの包括的な教科書があり、その中にはシャーウッドのウィリアム、ペトルス・ヒスパヌス、ロジャー・ベイコンによるものが含まれている。一四世紀に書かれたものとしては、ウィリアム・オッカム、ヨハネス・ブリダヌス、ザクセンのアルベルトゥスによるものがある。そして、いくつかの大学（とくにオックスフォードとケンブリッジ）は、さまざまなトピックについての短い論考を大雑把にまとめた論文集を用いることを好んだ。そうした論文集の好例が、オックスフォードで学んだヴェネツィアのパウルスによる『小論理学（Logica parva）』である。

　そうした新たな展開はすべて、各課題にとくに焦点をあてた論考だけではなく、関連する副産物をともなった。

しかし、中世の文法学と論理学にとりわけ浸透したのが、「ソフィスマ」(訳注2)の分析と解答に関わる新しいテクニックであった(6)。ソフィスマの文は、難問や概念、一般的な問題を紹介ないしは説明するためにもちだされたパズルである。論理学における例は、同一時点にただ一羽の不死鳥しか存在しえないと仮定したときの「すべての不死鳥は存在する」や、「ソクラテスはプラトンが色白になり始めたときに、［プラトンよりも］色白である」である(訳注3)。文法学における例は、「「愛する」は動詞である」や「ああ痛い！」ではじまるさまざまな文である。ここで問題になるのは、間投詞と通常の名詞の混合である。一方［「ああ」］は自然本性的なしかたで痛さを表現し、他方［「痛い」と訳した単語は、原文では「痛み」という名詞である］は規約的な言葉で痛さに言及している。ソフィスマに特化した論考はもちろん、さまざまなジャンルの論理学・文法学著作で、ソフィスマは一二世紀終盤までに定着した。こうした論考は、典型的にはソフィスマ文の提示に始まり、議論のテクニックを駆使しながら、もっともらしい命題を支持するのと同じ推論が、ありそうもないことを結論づける可能性をも有していることを示す。続いて、文法学ないしは論理学上の区別を用いることで問題が解消される。あるいは、ソフィスマ文が、異なる意味に応じて異なる真理値をとりうることを示すことで問題が解決される。実際に、議論のこうしたテクニックは、学生の口頭トレーニングで用いられた。

その他の新たな展開は、特別な論考の対象となることは決してなかった。言語と論理一般の本性と機能について、また話し言葉と「思考の言語」の相違についての中世における考察を理解するためには、さまざまな哲学的・神学的資料を参照しなければならない。続く二つの節では、いくつかのより専門的なトピックに向かう前に、これらの一般的なトピック［つまり㈠言語・論理一般の本性と㈡「思考の言語」］について論じることにする。

言語・論理の目的と本性

言語と論理のどちらもが、第一義的には認識に主眼をおくものと見なされていた。言い換えると、言語は真理を述べるために、論理はある真理から別の真理へと導くために形成されたものだと考えられていた。そして、こうした傾向性のために、アウグスティヌスとアクィナスにおいて顕著な、数々の緊張が生じたのである。アウグスティヌスは、人間が話し言葉を介して真理を伝えることができるということに懐疑的であった。彼はプロの修辞学者として、言語のもつ危険性と多岐にわたる用法に鋭敏な洞察をもっていた。(7) しかし『教師』では、内的教師であると同時に神の御言葉であるイエス・キリストから学ぶために、われわれは日常会話に完全に背を向けなければならないとも論じている。

アクィナスは話し言葉の役割について、より楽天的である。彼は、言語に固有の機能とは、われわれのもつ概念を明らかにすることで真理を知らしめることだと考えていた（『神学大全』第二部の二第一一〇問一項）。(8) 話し言葉は、有害なものと有益なもの、正しいものと不正なものの概念を伝えるという社会生活の目的を達成するために必要とされるのであって、真実を語るということにもとづいて社会は成立しているのである。彼は、後の様態論者と同様に、何よりもまず規則によって支配される合理的な体系をもつものとして言語をとらえていた。言語とは、文脈や話し手の意図から切り離されて研究されうるものである。そして、中心となるのは命題である。というのも、命題は、体系化された知識（scientia）に必要な情報を伝える、言語上の単位であるからである。こうした見解にしたがえば、発話が表示するためには、当の発話は統語論的にも意味論的にも精確な文でなければならない。言い換えれば、文の構成要素は話し手がもつ概念ときっちりと対応しており、文の目的は真理を語ることでなければならない。言語の他の用法、たとえば嘆願や召喚、質問、命令、要求や懇願は、修辞学と詩学に任されるべきである。にもかかわらず、アクィナスは、話し言葉の表現的な機能にもいくばくかの注意を向けていた。たとえば、われわれがある人を賞賛するのは、よい評価をしていることを彼に知らせるためだけでなく、彼をよりよいことがらへと駆り立て、彼以外の人びとが彼によい評価を与え、彼を尊敬し模倣するように促すためである（『神学大全』第二部の二第九一問一項）。また、秘跡についての議論の中で、アクィナスは、叙実的・行為遂行的な話し言葉（「私はあなたに洗礼を授ける」「私はあなた方が夫婦であると宣言する」）の性格も認識している。そして、とりわけ重要なことは、口を滑らせたり、その他の言葉による誤りを償ったりする際に人間の意図が果たす役割に、アクィナスが、きめ細かな注意を向けていたことである。

論理学が真理を扱うべきだということにおいて、思想家たちは一致していた。アウグスティヌスが述べているように（『弁証論』[60] 102）、「弁証法の仕事は真理を見分ける」ことであり、後にアヴィセンナは、論理学の機能は知られているものから知られていないものへと導くことであると主張した。論理学研究が、形式体系の研究であるという示唆はまったくなかった。中世後期の論理学者は区別をはっきりさせるためにいくぶんかはテクニカルな言語を用いたが、そうした区別は意味上の区別であった。論理学がこうした性格をもつものと規定されたことは、形式的推論の概念に影響を与えた。形式体系が存在しなかったので、体系と関係づけることで形式性を定義することはできなかった。となると、形式的推論は、明らかに真理を保全するような推論としてのみ正当化されうるということになる。アウグスティヌスが言っているように、妥当な議論の真理（ueritas conexionum）は人間によって作り出されるものではなくて、「不朽のものとして、事物の理にかなった秩序（in rerum ratione）のうちに神によって設定されたもの」である（『キリスト教の教え』二巻三二章）。もちろんこうした考え方は、どの推論が許されるかという点に関して意見の相違が生じたり、ある推論は別の推論に関係づけられることで正当化されると考えられたりすることを妨げるものではなかった。さらに、最良の推論ですら前提が真であるときにかぎって有用であるということ、また推論において誤りが生じる原因は、しばしば混乱させるような曖昧な前提にあることが認知されていた。論理学の議論の多くは、誤謬ならびに誤謬をいかにして避けるべきかという研究に焦点をあてたものだった。

この点に関連して指摘すべきことは、形式的で論証的な推論という方法をまったく用いることなしに、論理学はある意味で真理を目指しうるということである。ストア派とアリストテレスの論理学へのアプローチは、たしかに形式的推論に焦点をあてるものであったが、新プラトン主義の弁証法は、むしろ可知的な実在を直接理解することができるような場所へと魂を上昇させ、導く役割を果たすものであった。アウグスティヌスの『自由意思論』第二巻での神の存在証明は、こうした弁証法的過程をあざやかに描いた例である。弁証法的過程は、アンセルムスの著作にも見られる。彼の〔『プロスロギオン』における〕いわゆる「存在論的証明」——そこでは存在よりも偉大さが問題となっている——は言葉による表現を超えて可知的な実在それ自体を把握することができるような場所に魂を置くことを目指しているように思われる。しかし、アンセルムスの議論はアウグスティヌスのものとは違って妥当な議論として形式化されうる。実際、存在論的証明は古典的な帰謬法の議論である。同様に、『モノロギオン』におけるアンセルムスの証明は、前提と結論をそなえた完全な議論として提示されている。アンセルムスはアウグスティヌス主義者であるだけではなく、注意深い論理学者でもあったのである。

新プラトン主義の弁証法を別としても、〔これまで「弁証法」と訳してきた〕「ディアレクティカ（dialectica）」という言葉の用法について言うべきことはまだ多くある。広義では「ディアレクティカ」は、単に「論理学」を意味していて、この名称は「ロギカ」が優位になる一三世紀まで、かなり優勢だった。「ディアレクティカ」という言葉は、より狭義で三つの意味——議論の技術、議論の題材を見つける技術、論証的推論と詭弁的推論の中間の位置を占める一種の推論——をもつ。第一の意味は、キケロとアウグスティヌスの著作に見られる。キケロは「ディアレクティカ」を「議論の正しい方法（disserendi diligens ratio）」と呼んだし、アウグスティヌスは「ディアレクティカはうまく議論することについての学知［bene disputandi scientia］である」（『弁証論』［60］82）と記した。第二の意味は、「トピカ」についての、つまり論証［argumentatio］の題材を分類するための項目についての議論に関わる。(9) トピカの研究は「公理」つまりさまざまなタイプの論証に正当な根拠を与えることができる、真であることが自明であるような通則を含んでいたので、トピカと論証には緊密な連関があるのである。したがって、第三の、最も普通の意味での「ディアレクティカ」は、論理学の下位区分としてのトピカ的あるいは弁証法的な三段論法に関わるものであった。中世の論理学者は、アリストテレスの弁証法的三段論法と論証的三段論法の区別を、三段論法の前提の身分に関わる認識論的な区別として扱った。弁証法的三段論法は、論証的三段論法が有しているのと同じ形式的に妥当な構造を有しているが、結論が確実性を欠くものであった。

「ディアレクティカ」という言葉にさまざまな意味があるのと同様に、「ロギカ」という言葉にもさまざまな意味がある。セビリャのイシドルスは、「ロギカ」は、「セルモ（言葉）」や「ラチオ（理性）」［というラテン語の言葉］に相当する、ギリシア語の「ロゴス」という言葉に由来すると記している。その結果、「ロギカ」は「スキエンティア・セルモキナリス（言語学）」ないしは「スキエンティア・ラティオナリス（理性学）」と呼ばれうるものであった。じっさいこれら二つの名称を支持するような考察が存在していた。すなわち、一方でストア派は哲学を「自然学」「倫理学」「理性学」の三つに区分しており、「理性学」は論理学に相当する。そしてボエティウスが指摘したように、論理学は哲学の道具であると同時に哲学の部分であると見なされていた。他方で論理学は自由学芸のひとつであり、修辞学や文法学とともに「三科」に属していたので、「言語学」に相当するもののように思われる。「言語学」という側面は、アラビアの論理学者たちが発見されたことによってより重視された。というのも、彼らはアリストテレスの『修辞学』と『詩学』を論理学著作のうちに含めたからである。アリストテレスの『修辞学』と『詩学』を論理学著作へ分類することは、とりわけアルベルトゥス・マグヌスとアクィナスによって支持された。シャーウッドのウィリアムのように、論理学を単に「言語学」と呼ぶことを選んだ論理学者もいたが、ロバート・キルウォードビやボナヴェントゥラなど一三世紀の他の多数の思想家は、論理学を「言語学」とも「理性学」とも呼んだのである。

一三世紀後半から一四世紀には、純粋な「理性学」としての論理学の概念が優勢になった。こうした動きは、『分析論後書』の再発見、及び［それにともなった］論証によって確立される学知を重視する新たな動きに部分的には連動したものであったが、論理学の本性についていくつかの問いを投げかけた。もし学知が普遍的で必然的な命題から構成され、論証によって確立され、存在者（ens）を扱うのであれば、誤謬や個体を扱う議論に関する研究がどうして「学知」と見なされうるのか。同様の問いは、文法学にも投げかけられた。すでに見たように、様態論者は、［この問いに対して］話し言葉を支えている普遍的な原理にもとづいて解答を与えた。論理学者も同様の原理を採用して、論理学は学知と見なされると論じた。彼らに言わせれば、論理学は論理的な現象――異常に見える誤謬の議論という現象を含む――を支配する普遍的で必然的な原理を扱っている。さらに、存在者の概念は、実在するものだけではなく、［論理学が対象としているような］心のはたらきに依存して存在するような「概念上の存在［ens rationis］」をも含んでいるというのである。

「概念上の存在」は、キメラや黄金の山といった虚構の対象や［存在することが］不可能な対象を含んでいた。論理学においては、「概念上の存在」は「第二志向」と同一視されうる。「第二志向」は、世界の事物の概念を分類するために用いられる高次の概念であって、類・種・主語・述語・三段論法といった概念を含む。第二志向は普遍や論理的構造といった特殊な共通的対象をとりだすのか、それとも個的事物や実際に発話された文や書かれた文について考察することによって得られる心の産物にすぎないのかといった点に関して、唯名論者と実在論者は見解を異にした。しかしこのことは、オッカムのような唯名論者が、アヴィセンナにしたがって、論理学は第二志向を扱うものであり、論理学者が考察する三段論法は、世界の事物でも発話された文や書かれた文の一部分でもないと述べることを妨げるものではなかった。論理学の対象は、第二志向の下に入るかぎりでの世界の事物（res）であると言うことを選んだ人びともいた。また論理学の主題として、論証や論証を構成する三段論法のような特殊な第二志向を選ぶ人びともいたが、論理学の対象が理性的な対象であるという点についてはともかく強固な合意があったのである。

表示と規約的・心的言語

表　示

意味論の中心的な概念は、表示［significatio］の概念であった。しかしながら、「項辞の心理的・因果的属性」[10]としての表示と［現代言語哲学の議論で言うところの「意義（sense）」にあたる］「意味（meaning）」とを混同してはならない。項辞の意味は、項辞がなんらかのしかたで関係する「もの（entity）」ではない。けれども、話し言葉は、「もの」［つまり指示対象］（概念的なものであれ実在するものであれ、普遍的なものであれ個別的なものであれ）を表示し、知らしめると言うことができる。さらに、意味は推移的（transitive）なものではないが、表示はそうである。オーセール（ないしはラニー）のランベルトゥスは次のように記している。「ある記号、つまりある概念の記号である話し言葉は表示されているもの、つまり事物の記号であるだろう。話し言葉は直接的には概念の記号であり、間接的には事物の記号である」[11]。しかし、表示が［意義（sense）にあたる］「意味」と同一視されないことは、中世の思想家が［現代言語哲学の議論での「意義（sense）」にあたるような］「意味」の概念を有していたことを否定するものではない。実際彼らは［単語の］意味（sensus）、思考つまり［文の］意味（sententia）について、また言葉の力（vis verbi）について語っている。さらに、彼らは「表示（significatio）」それ自体やそれと同じ語源をもつ語句［「表示する（significare）」や「表示機能をもつ（significativum）」等］をしばしばきわめて幅広いニュアンスで用いた。

アリストテレスの文章にもとづいた、完全に整合的とは言えない［表示についての］二つのアプローチが存在していた。第一のアプローチは、『命題論』16b9-21にもとづいたものであるが、表示することは理解を生み出すないしは理解を確立することであるというものである。この定義の強調点は、話し手ではなくて聞き手におかれている。この点に留意するなら、うめき声やひょっとすると動物が発する音も表示するものと見なすことが可能である。聞くことによって聞き手がなんらかの理解を得るかぎりにおいて、話し手が理性的・抽象的に考えることができなかったとしても、また話し手がメッセージを伝える意図を欠いていたとしても、話し言葉は表示作用をもつのである。第二のアプローチは、話し言葉の［表示する］力を、概念を知らしめることと関連づけたものである。このアプローチにとって重要なテキストは『命題論』16a3-4であって、このテキストは「話し言葉は概念の記号である」と述べていると解釈された。このテキストは、表示をもつ話し言葉にとって重要なのは、話し手の知的能力と意図であるという見解を支持する。動物の発する音やうめき声は、恐れや痛みといった特定の感情や感覚的状態をあらわにするものであるが、概念と結びつけられていないので、本来は言語に属さないことになる。

中世の注解者によって解釈されたアリストテレスは、概念は事物の類似ないしは記号であると述べるに至ったのだが、このことは「事物」によって何が意味されているのかという疑問を生ぜしめた。言い換えると、「人間」

や「動物」といった発話を通して理解が成立するときに、われわれは何を理解しているのかというのがその疑問の内容である。ボエティウス以来少なくとも一三世紀の終盤までは、理解はなんらかの種類の普遍つまり本質や共通本性を対象にすると通常考えられていたが、さまざまな認識論の影響が留意されなければならない。

知性は神の照明によって永遠のイデアと真理を知るという説を受け入れたアウグスティヌスとアンセルムスにとって、言葉を知ることと事物そのものを知ることとの区別はきわめて重要なものであった（たとえばアウグスティヌス『教師』一・二）。アンセルムスは『モノロギオン』一〇章で、言葉を話すこと、話された言葉を考えること、事物すなわち「理性的で可死的な動物」といった普遍的本質を考えること［という三つのこと］を区別した。彼は『プロスロギオン』四章で、ほぼ同じ区別を用いて、愚か者はなぜ「神は存在しない」を心の中で言うことができたのかを説明している。「神は存在しない」は、本来考えられないことがらである。というのも、「それより偉大なものが考えられないようなもの」という本質を把握することは、真に可知的なものを把握することであり、それを把握するときには、それが必然的に存在すると理解せざるをえないからである。しかし、概念形成は感覚経験に依存し、可知的実在の知識は可感的実在の知識に後続すると考えたアクィナスやアリストテレス的な認識論を受け入れた人びとは、「それより偉大なものが考えられないようなもの」の本質の把握から「まさにそのものが存在する」という結論を引き出すことを受け入れることはできなかった。彼らにすれば、（神の助けによる場合を除き）言葉を考えることから事物そのもの［が存在しなければならない］と考えることへと移行するための簡単な方法はないのである。

一三世紀後半の「言葉は概念を表示するのか、それとも事物を表示するのか」という問題をめぐる議論の背後には、言葉と可知的な事物との間に概念が位置づけられていたという事情がある。一二六〇年代、オーセール（ないしはラニー）のランベルトゥスは、可知的形象が言葉の第一の表示対象であり、本質や共通本性は第二の表示対象であると考えていた[12]。しかし、アクィナスが発展させた、知性認識のプロセスに必要不可欠な要素ではあっても知性の対象ではない「可知的形象」と思考の対象となる事物である「内的言葉」である「概念」との区別は議論の条件を変えた。言葉は第一に、心の付帯性であるだけではなく外的事物の表象でもあるような可知的形象を表示するのだろうか。それとも言葉は第一には内的言葉を表示するのだろうか。もし言葉が第一に表示するのが内的言葉ならば、内的言葉の地位はどういうものだろうか。思考の対象となる事物〔つまり内的言葉〕は、純粋に心に依存して作られるものなのだろうか。そうだとすれば、概念が第一に表示されるものであることになる。それとも、思考の対象となる事物は、あるしかたで心に関わると見なされる外的対象と同一視されるのだろうか。もしそうだとすれば、思考の対象となる事物は外的な本質と同じものであって、事物こそが第一に表示されるものということになる。そして、これがブラバンのシゲルスによって支持され、ドゥンス・スコトゥスによって論じられた立場であった[13]。

一四世紀に唯名論——すべての存在者は個物であって、概念のみが共通であるという説——が台頭すると、議論の条件は完全に変わることになった。今や問題は、次の二つのうちどちらが優先されるかということになった。〔一〕言葉は世界に存在する個物を直接的に表示するのか、〔二〕それとも表示の必要条件である普遍的概念を第一に表示するのか。この点について、ブリダヌスとオッカムは意見を異にした。ブリダヌスは、言葉は第一には概念を表示すると考えた。というのは、そうでなければ「存在者」と「ひとつのもの」のように、複数の言葉が同じ外延をもちながら、表示においては異なることが説明できないと考えたからである。オッカムは、言葉は概念に従属しているが、個物を表示すると言うことを選んだ。そして、この二人の思想家は、概念それ自体が表象機能をもった記号であるという新しい主張においても注目に値している[14]。

規約的言語と自然本性的言語

言葉が、アリストテレスやボエティウスがはっきりと支持していたように規約的なものか、それともある意味で自然本性的なものかということに関しては議論があった。その問題は、「創世記」二章一九節に「アダムがあらゆる生物についてそう呼んだ、その呼び名がことごとく当の生き物の名前になった」と記されているアダムの動物の命名と関連して生じた。言語はアダムによって設定されたのか、それとも話し言葉と名づけられた事物との自然本性的関係にもとづいて言語の使用者が〔事物の〕本質を把握できるという意味で「自然本性的」な言語が、アダムを介して神によって設定されたのか。われわれはここに、「自然本性的関係」を重視した聖書解釈と（ただしオノマトペが例外であることは認識されていた）「規約性」を重視したアリストテレス的論理学の間に存在した緊張関係を見ることができる。[15]一二世紀に、シャルトルのティエリは、神が創造のさいに話した言葉が事物に本質を与え、聖霊の派遣によってアダムは被造物を名づけるのに同じ言葉を用いたという説を提出した。彼は明らかに、この説はボエティウスが支持した「話し言葉の規約性」と両立すると信じていた。偽キルウォードビやアクィナスなどの後の著作家は、「命名」（規約的な表示を最初に言葉に与えること）は、熟慮の末になされる理性的な活動であるべきだと考えていた。しかしアクィナスは、こうしたことが可能になるのは、内的言葉が任意の音声と本質との間のなんらかの対応関係よりも、むしろ名づけられるものの本質をとらえているからだと示唆している。

心的言語

規約によって表示する音声言語を補完するのは、自然本性的な内的言語である。[16]紀元前二世紀までに、ギリシアの哲学諸派では「内的言葉（logos endiathetos）」の概念が一般的になっていた。この概念は「声を発さずに心の中で語られたような規約的言語」ではなくて、［主語と述語ないしは名詞と動詞の結合からなるような］合成的な構造をまだ与えられてはいなかったが、純粋な内的言語であることを資料は示唆している。内的言語の概念は、言葉を発することのできる（たとえばオウムのような）動物を含む他の動物と人間がいかに異なるのかという議論においてとくに重要な役割を果たした。初期キリスト教時代には二つの流れがあった。ひとつには、内的言語の概念はアリストテレスの新プラトン主義的注解の中で用いられ、ボエティウスを介して、ラテン語圏の論理学者と専門的な哲学者に伝えられた。もうひとつには、神の御言葉が受肉してキリストになったことを理解可能にする試みにおいて、内的言葉の概念がキリスト教の神学者、とりわけアウグスティヌスによって用いられた。アウグスティヌスは、［御父のペルソナから御言葉たる子のペルソナが生まれるという］霊的産出のモデルとして、「内なる人」の心理学を理路整然と示した。彼にとって重要だったのは、内的言葉が言語と類似していることではなく、能動的本性をもつことであった。これら二つの相当異なる伝統は、一三世紀にラテン語圏の大学で相交わった。二つの伝統の同化と再形成にアクィナスは重要な役割を果たした。一三世紀終盤から一四世紀のはじめまでには、次のような問題に関して長大で洗練された議論がおこなわれた。概念的な表象の本性の問題、心的言葉が心の活動なのか、特殊な志向的対象なのか、それとも思考されている外界の事物なのかという問題、また話し言葉についての内的反省と音声言語から独立した内的言語との間の、すでにアウグスティヌスにあった区別の問題がそうである。

興味深い洗練されたかたちでの「思考の言語」仮説は、一四世紀にウィリアム・オッカムによって展開された。(17)オッカムは、規約によって表示する音声言語と、音声言語が従属する概念つまり「心的項辞」を明確に対比した。これらの概念は、本性的に表示するような「表象機能をもった記号」であり、すべての人びと、少なくとも同様の感覚経験をもつすべての人びとにとって同じものであった。音声言語の項辞が文法構造をともなって句や命題や論証を構成するように、心的項辞は文法構造をもった合成体を構成する。ただし心的言語は音声言語がもつすべての文法的特徴ではなく、意味論的特徴に不可欠な文法的特徴のみを帯びている。たとえば、心的名詞は単数か複数でなければならないが、性〔女性・男性・中性〕をもつ必要はない。意味論の地平では、心的命題の真理値は、命題の統語論的特徴をそなえている主語概念と述語概念が指示するものと相関的である。オッカムの「思考の言語」説は、一六世紀初頭の数十年間に至るまで影響を与えた(18)。

派生とアナロギア

ここまでの表示について議論は、実体を示す具象語〔実体語〕、たとえば「人間」や「動物」のように、実体のカテゴリーに入る事物の理解を確立するような語に焦点をあてたものであった。共通本性や普遍についてどのような見解をとるのであっても、実体語が現実の世界に存在している事物のタイプを抽出することに成功しており、実体語には類と種にもとづいた本質的定義（例「人間は理性的な動物である」）が与えられるという点において思想家たちの見解は一致していた。しかしながら、表示をもつすべての語がこうしたものであるわけではない。後期中世思想の主要な業績のひとつは、さまざまなタイプの語についての洗練された分析であった。以下では、付帯性を示す具象語とアナロギア語の二つのケースに焦点をあてることにしよう。

付帯性を示す具象語は、アリストテレスの「パローニュマ」〔アリストテレスの『カテゴリー論』第一章でのギリシア語の表現〕ないしは「デノミナティヴァ」〔ボエティウスによって採用されたラテン語訳〕と呼ばれた「派生語」におおよそ相当する(19)。派生語に含まれるものには「読み書きのできる人（grammaticus）」や「白いもの（album）」がある。これらの語の問題は、アリストテレスのカテゴリーのうちのひとつにおさまらないことにある。付帯性を示す具象語は二重の関係をもっている。実体だけが読み書きができたり白かったりするのであるから、付帯性を示す具象語は一方で実体的事物との関係を有しているのだが、他方で識字や白さという性質に対する関係も有している。さらに、英語とは異なり、ラテン語の文では形容詞を主語に用いることができる。[たとえば、"album est color."(白は色である)]。諸権威が競合することで問題はより複雑になった。プリスキアヌスは、名詞・名前(nomen)は性質とともに実体を表示すると述べていたのに対し、アリストテレスは実体と性質という二つのカテゴリーは区別され、白は性質のみを表示すると述べていたからである。アンセルムスの『グラマティクスについて』は、こうした問題についての最初の重要な議論である。彼の著作は多くの点で同時代の逸名のプリスキアヌス注解者の議論に近い。アンセルムスは、「表示[significatio]」と「名指し[appellatio]」の区別を設け、アリストテレスは表示のみに関心をもっていたと言うことで問題を解決した。「人間」という言葉は主要には、なんらかのしかたで性質を有している実体を表示し、名指したものである。「グラマティクス」(読み書きができる(もの)は直接的(per se)にはある性質を表示しており、間接的(per aliud)には当の性質の基体である人間を名指している。同じ問題についての後の議論は、アヴィセンナとアヴェロエスの競合する見解が知られるやいなや、彼らの見解に大きな影響を受けた。その頂点は、アンセルムスの立場を完全に逆にした、オッカムの併意語説にある。オッカムによれば、「白いもの(album)」は第一には事物を表示するのであり、その事物の性質である白さの形相を併意するのである。

付帯性を示す具象語の問題は、同じ語根をもつ言葉の、意味論上の一体性に関する問題と関連している。同じ語根をもつ言葉の意味論上の一体性が論じられるさいには、「表示される事物」と(文法家に由来する)「表示様態」との区別が用いられた。この区別によって、抽象語と具象語、名詞・動詞・形容詞(この三つは本質的特徴である)、さまざまな性と格(この二つは付帯的特徴である)の区別をすることが可能になった。初期の例のひとつはコンシュのギヨームの著作にある。コンシュのギヨームは、「白い」と「白さ」の違いは「表示される事物（res significata）」、つまり白いものにあるのではなく、「表示様態」にあると考えた。表示される事物と表示様態との区別は、宗教的言語の議論で非常に重要であった。アクィナスは「知恵ある」とか「善い」といった言葉はまったき完全性を表示するものであるが、被造物の表示様態をもつと論じた。つまり、それらの言葉は、分離可能な性質がなんらかの基体に内属していることを示唆するものなのである。それらの言葉に対応する抽象語である「知恵」や「善」も誤った表示様態をもつ。というのも、そうした言葉は通常、実体については言われないものだからである。神について語るために、具象名詞や抽象名詞がもつ被造物の表示様態を取り消す必要はない[20]。しかし、宗教的言語の根本問題は残る。というのも、「知恵ある」や「善い」といった言葉によって表示される事物であるまったき完全性は、人間に帰属せしめられるような意味で神に帰属せしめられることはないだろうからである。

帰属において表示対象と表示様態の相違が必要な理由は、とりわけアウグスティヌスとボエティウスの三位一体論で表明されたような、神の単純性と超越性の学説のうちに見出すことができる。神はアリストテレスのカテゴリーを超越した、まったき単純なものであると彼らは主張した。したがって神については、本質と存在の間に、ある完全性（たとえば善性）と別の完全性（たとえば知恵）との間に、あるいはより一般化して、神と神の属性との間に区別はありえないのである。ボエティウスが記している（『三位一体論』［86］19）ように、「われわれが神について『神は正しい』と言うとき、われわれは実際に性質に言及しているのではあるが、付帯的性質に言及しているのではない。実体的であるような、いやむしろ超実体的であるような性質に言及しているのである。というのも、神にとっては、存在することと正しくあることは別々の事態ではなく、正しくあることと神であることは同一の事態である」。ポワティエのギルベルトゥスやアラヌス・アブ・インスリスのような一二世紀の神学者は、部分的には偽ディオニシオスやエリウゲナの影響下で、否定神学を用いて問題を論じた。いかなる肯定も超越的な存在者にはふさわしいものたりえないから、神について肯定的なことをわれわれは言うことはできない。神については、たとえば「(人間的な意味で)神は善くない」と言うように、属性を否定するほうがよい。そして、もっとよいのは「神は存在者ではない」と言うのではなくて「神は存在を超えるものである」と言うことであり、「神は実体ではない」と言うのではなくて「神は実体を超えるものである」と言うことであり、「神は善くない」と言うのではなくて「神は善を超えるものである」と言うことである。これらの神学上の学説は、われわれはそもそもどのようにしたら神について有意味なことを語りうるのかという一般的な問題を生ぜしめた。また数々の特定の問題、とりわけどのようにしてわれわれは「神は正しい」「ペテロは正しい」の両方を言うことができるのかという問題を生ぜしめた。一三世紀の半ばまで、神学者は「アナロギア」を用いてこの問題を解決しようとした。

アナロギア語についての議論は、論理学のテキストの中に見られる同音異義語についての学説の枠組みの中におさめられた。(21) 議論の最初の焦点は、アリストテレスの『カテゴリー論』によって定められた。『カテゴリー論』は、同音異義的に用いられる言葉(たとえば「動物」が本物の人間と絵に描かれた人間に用いられる場合)、一義的に用いられる言葉(たとえば「動物」が人間と雄牛に用いられる場合)、さらに「強い」や「読み書きのできる」のような派生的に用いられる言葉(先に分析した付帯性を示す具象語)の簡潔な特徴づけではじまる。同音異義の場合、発される言葉は同じだが、二つの異なる表示対象ないしは二つの異なる知的概念が存在する。一義的な場合は、主に実体を示す具象語の場合であるが、二つの用例において、発される言葉と表示対象のどちらもが同じである。『カテゴリー論』は『詭弁論駁論』によって補完される。『詭弁論駁論』で、アリストテレスは同音異義の三つのタイプと、それらがいかにして論理学における誤謬の原因となるかを論じている。

アナロギア説にとってもうひとつの刺激となったのは形而上学であった。重要なテキストは、アリストテレスの『形而上学』第四巻二章にある。「存在者（ens）は多様な意味（multis modis）で言われるが、ひとつの中心的な点に（ad unum）、つまりある特定の種類の事物に関係づけられているのであり、同音異義的ではないのである。健康的であると言われるものはすべて健康に関係づけられる。……そして医学的なものはすべて医学に関係づけられる」（1003a33-35）。このテキストで、アリストテレスは「存在」という言葉に関する一般的な問題とこの言葉のさまざまな意味を提示している。そして、さまざまな意味はひとつの中心的な意味との関係によって統一されうるだろうという考え方を導入している。これは［「ひとつのものに関係する」というギリシア語の表現をかりて］「プロス・ヘンの同音異義」とか「焦点的意味」とか呼ばれている。もうひとつの基本的なテキストは、アヴィセンナの『形而上学』である。そこでアヴィセンナは「存在者（ens）」は、それに従属するものに等しく述語づけられるような類や述語ではなく、従属するものが「より先・より後」という関係をもちながら合致する概念（intentio）であると記している。後に見るように、この「より先・より後」への言及は、とりわけ重要である。「存在者（ens）」は、あらゆるカテゴリーの事物に帰属せしめられるのであるから、いわゆる超範疇語、つまりアリストテレスのカテゴリーのかなたにある言葉のひとつであることにも注意しなければならない。他の重要な超範疇としては「一（unum）」「善（bonum）」「真（verum）」がある。したがって、超範疇の議論は、純粋な完全性の議論や付帯性を示す具象語に関する一般的な問題と密接に関連しているのである。[22]

一三世紀の著作家は、アナロギアの三つの主要なタイプを考えていた。アナロギアは、もともとのギリシア語の意味では、二つの比例ないしは関係の比較をともなうものであった。こうしたわけで、「源」は点と泉について言われる場合に、アナロギア語であると言われる。というのも、点が線に関係するようなしかたで、泉は川に関係するからである。このタイプのアナロギアは「比例性のアナロギア」と呼ばれるようになり、アクィナスの

『真理論』で簡潔なしかたで特別な地位を与えられている。第二の意味で、アナロギアは二つの事物の間の関係――ひとつの事物が主要なものであり、もうひとつが二次的なもの――をともなうものである。この意味で「健康的」は犬と食べ物について言われる場合に、アナロギア語である。というのも、犬が第一義的な意味で健康的であり、犬の食べ物は犬の健康を促進したり、犬の健康の原因となったりするものとして、二次的なしかたでのみ「健康的」であるからである。この第二のタイプのアナロギアは「帰属のアナロギア」として知られるようになったものであり、その特色は「より先・より後の意味（per prius et posterius）」で言われることにあった。アクィナスの『命題集注解』をはじめとして、神学者によって時折用いられた第三のタイプのアナロギアは、神と被造物との類似関係に関わるものである。被造物は、その善性や正しさが神の善性や正しさを模倣ないしは反映するものであるがゆえに、「善い」とか「正しい」とか呼ばれる。このタイプのアナロギアは、模倣のアナロギアとか分有のアナロギアと呼ばれた。(23) これらの三つのタイプの中で、中世の議論の中心にあったのは帰属のアナロギアである。

一四世紀以降は、アナロギアの議論は言葉の用法よりも、用いられる言葉に対応する概念の本性に焦点をあてた。アナロギア語に対応するのはただひとつの概念なのか、それとも一連の諸概念なのか。もし一連の諸概念ならば、それらのひとつひとつはどのように秩序づけられ、関連づけられるのか。またいわゆる形相的概念（ないしは心の活動）と対象的概念（なんであれ理解のはたらきの対象となるもの）との間にどれほどの相違があると考えるべきか。さらにつけ加えるなら、ドゥンス・スコトゥスのように、アナロギアを拒絶するものもいた。(24)

［言葉の］曖昧さに関する［アナロギア以外の］他の探求は、神学に間接的なしかたで関わるものであり、個々の言葉よりも命題全体に関わるものだった。そして、命題の分析の基本的な道具のひとつが、「複合的な意味」と「分割的な意味」との間の区別であった。この区別は一般的には様相論理を連想させるものであるが、その起源

はアリストテレスの「複合と分割の誤謬」の議論にある。〔この区別の〕基本的なポイントは「座っている人は歩くことができる」という文の二つの読み方に関わる。「複合的な意味」で解釈されるなら、この命題は「de dicto」（つまり言われること（dictum）ないしは that 節について）であり、「座っている人が（座りつつ）歩くということ、そのことは可能である」という意味になる。「分割的な意味」に解釈されるなら、その命題は「de re」（つまり事物（res）について）であり、「座っているある人について、その人は歩く力・能力をもつ」という意味になる。この命題は「複合的な意味」では偽であるが、「分割的な意味」では真である。様相三段論法などの様相推論を考察するときには、前提や結論の「複合的な意味」と「分割的な意味」を区別し、これらのさまざまな異なる読みの論理的帰結を導き出すことが通例となった。様相推論に関するウィリアム・ヘイツベリーの論考は、[25] 一四世紀にその区別が適用された問題の多様性を知らしめるものである。

指示──「代示」の理論

一二世紀に形成された最も著名な新しい学説が、〔しばしば「指示」の理論と特徴づけられる〕「代示〔suppositio〕」の理論である。アナロギア語の学説と同様、代示の理論は神学的な問題、とりわけ三つの位格が一なる神のうちに存在するという三位一体論に関係する神学的問題と密接に結びついている。「スポジトゥム（suppositum）」という言葉には二通りの用法がある。文法学においては、「スポジトゥム」は「主語（subject）」を意味した。それは、統語論上の「主語」つまり動詞に合致する名詞を意味することもあったが、もっと普通には意味論上の「基体（subject）」つまり述語づけられる形相を担うものを意味した。神学においては、「スポジトゥム」は「〔三位一体の〕位格」、つまり神の本質によって限定される「基体」を意味した。こうした意味と「スポジティオ（suppositio)」(主語・基体としての措定)や「スポネレ(supponere)」(主語・基体として措定すること)という言葉に関連した意味が、「指示する」との意味をもつ「スポジティオ・プロ(suppositio pro)」という新たな概念に入り込んでいた。したがって、「神」という言葉は、三位一体のひとつの位格を指示する場合には、ある位格を代示すると言われ、神の本質を指示する場合には本質を代示すると言われたのである(アクィナス『神学大全』第一部第三九問四項)。そして、代示の理論は、発展した形態において、その副産物、とりわけ「拡張」と「制限」とならんで、主語と述語が多様なコンテキストで用いられる場合にもつことになる多様な指示のタイプを探求した。(26) 代示の主要な三つのタイプとは、「質料代示」「単純代示」「個体代示」である。たとえば「人間は名詞である」のような、語がそれ自体や同じ語の別の場面での用例を指示する場合に、語は「質料代示」をもつと言われた。このように質料代示は、引用符の代わりを務めたのである。「人間は種である」のように普遍的なものを指示する場合に、語は単純代示をもつと言われた。質料代示も単純代示も論争を引き起こしたが、とりわけ論争をまきおこしたのは後者であった。というのも、後者は明らかに普遍ないしは共通本性の存在論的身分に関わる問題を提起するものだったからである。[三種の「代示」の説明の]最後に、「人間」という言葉がソクラテス、プラトン等を指すものとして解される場合のように、通常の指示対象が理解される場合には、語は個体代示をもつと言われた。

付帯的な個体代示を自然本性的代示から区別する論理学者もいた。その場合、自然本性的代示とは、項辞が過去・現在・未来のすべての指示対象を指示させることを可能にするものととらえられる。他方、代示は純粋に命題的であり文脈に依存するはずだと主張する論理学者もいた。そして、代示が文脈依存的であるという議論は、代示をいかに定義すべきかという問題とも関連していた。代示はとくに命題の主語がもつ一種の表示なのか。それとも一種の表示ではなく、対象を指示するものとして項辞を解釈することなのか。(27) この議論は、語の指示対象を広げる「拡張」と(拡張の反対である)「制限」をめぐる諸説にも影響を与えた。一二三五年頃に著作活動をおこなっていたヨハネス・パグスのようなパリの論理学者は自然本性的代示を認める傾向にあり、〔一四世紀のブリダヌスのように〕学知的命題つまり普遍的で必然的な真理においては、語は自然本性的代示をもっているので「拡張」は必要ないと述べた。対照的に、非学知的命題では、命題の代示はさまざまなしかたで制限されることになる。〔パグスのようなパリの論理学者たちの見解と異なり〕、一三世紀のイングランドの論理学者たちは、あらゆる代示は文脈に依存しており、命題の主語が現在存在している事物以外に適用されるときには「拡張」の概念が用いられなければならないと考えた。

「拡張」の概念は、時制をともなった動詞、様相語と「想像する」のような認識に関わる語を含む命題の分析においてとりわけ重要であった。一般的に論理学者は、指示対象を欠く語を含む肯定命題は偽であると主張したが、われわれが真と見なしたい命題の多くは、現在存在しているものを指示しているのではないような語を含んでいる。「拡張」の概念は、指示を過去・未来そして〔存在することが〕可能であるような対象へと拡張することを可能にした。一四世紀後半に、インヘンのマルシウスは、〔存在することが〕不可能であるような想像上の対象にも指示を認めなければならないと論じた。彼は、「想像する」のような言葉が用いられる場合に、この種の「拡張」が生じるのを許すことによって、「キメラは動物である」は偽であるとしながらも、「私はキメラを想像する」が真であることを確保することができたのである。(28)

最も頻繁に用いられた個体代示の三つのタイプは、「特定の」「単なる不特定の（confuse tantum）」「不特定で周延の」である。これら三つのタイプは通常、個物への下降によって説明された。たとえば、「あるＡはＢである」という特殊肯定命題の主語が「特定の代示」をもつと言うことは、「このＡはＢである、またはあのＡがＢである、または別のＡがＢである等々」という単称命題の選言を引き出すことができると言うことなのである。また、「すべてのＡはＢである」という全称的な肯定命題の述語が「単なる不特定の代示」をもつということは、「すべてのAはこのBである、またすべてのAはあのBである、またすべてのAはそれらとは別のBである」という述語の選言をともなった命題を引き出すことができると言うことなのである。さらに、全称肯定命題の主語が「不特定で周延の代示」をもつと言うことは、「このAはBであり、かつあのAはBであり、かつ別のAはBである等々」という命題の連言を引き出すことができると言うことなのである。そして、「可動」の場合と「不可動」の場合を区別するものもいた。たとえば「唯一の存在であるようなあらゆるAはBである」からは、いかなる下降もできないのであって、Aは不可動な代示をもつのである。〔頻繁に用いられた三種の個体代示につけ加えられるものとして〕「第四」のタイプの〔個体〕代示と言えるのが「集合的代示」であり、すべての人が一緒に一艘のボートを漕いでいるような条件下での「すべての人が一緒に一艘のボートを漕ぐ」がその例である。このような場合、「この人、あの人、またそれらとは別の人がすべてボートを漕ぐ」のように、あらゆる下降は結合された主語をともなうのである。

個体代示理論は、さまざまな問題を解決するのに用いられた。標準的な問題のひとつは「約束すること」〔著作家によっては「借りがあること」にまつわる例を用いた〕ものであった。もし私があなたに馬を約束するなら、私があなたに約束した馬がいるのか。そしてもし馬がいないなら、「私はあなたに馬を約束する」という文はどのように解釈されるべきなのか。こうした問題に対しては多様な答えが提示された。ウォルター・バーレーは、その「馬」は「単純代示」をもつと提案した。ヘイツベリーは、馬は「単なる不特定の代示」をもっており、「私があなたに約束する馬がいる」ということを含意しないと解釈した。なぜなら、「私があなたに馬を約束する」と「私があなたに約束する馬がいる」では「馬」という語の位置が変化しているので代示も変化し、後者の文では「馬」は「特定の代示」をもつからである。オッカムは、その文章が「私の贈り物によってあなたは馬を一匹もつ」というような、より複雑な文章に置換されると解釈することを選んだ(29)。

真理とパラドックス

言語と論理は真理に関わる。しかし、真理とは何だろうか。次の三つの主張の相互作用により、問題は複雑なものになった。まず、「言明が真ないしは偽であると言われるのは、現実の事物が存在するないしは存在しないからである」(『カテゴリー論』4b8-10)というアリストテレスの主張があった。また、一、善、存在と真は同一であるだけではなく、程度の差をもつという超範疇の説があった。さらに、「ヨハネ福音書」一四章六節の「私は道であり、真理であり、生命である」というキリストの言葉があった。そして、『自由意思論』二巻一二章で、アウグスティヌスは〔以下のようなしかたで〕命題の真理を「神は真理である」という結論への試金石として用いている。命題の真理は存在している。そして、プラトンの「多があれば一がある(one-over-many)」という原理によれば、命題の真理が分有するような真理が存在しなければならず、神のみがこの真理でありうる。アウグスティヌスは『自由意思論』の他の箇所では、後にボナヴェントゥラによって以下のように定式化されたパラドックスを用いている。「もし真理がなければ、『真理はない』と言うのは正しい。しかしもしこの文が真なら、何かは真なのである。そしてもし何か真なら、第一の真理が存在するのである」(『三位一体の神秘についての討論集』[213] 113)。そして、アンセルムスは『モノロギオン』一八章で同様の手段に訴えた。アンセルムスは『真理論』で、「真理」という言葉がさまざまな意味をもつという問題を取り上げ、対立する諸権威を調和させることを可能にするような〔以下のような〕解答を見出した。真理は根本的には正しさ(rectitude)であり、この概念は第一に神へ適用されるが、われわれは対象についても、それが神のイデアを正しく反映するかぎりにおいて、真理を語ることができる。また、言明が対象の真理を正しく反映するかぎりにおいて、言明の真理を語ることもできるのである。

驚くことではないが、アクィナスは、命題の真理を理解することから神の真理を理解することへと移行することを可能にするようなプラトン的な手段を拒絶した（『神学大全』第一部二問一項第一異論解答）。「真理」のさまざまな意味についてのアクィナスの議論は神に始まるのではなく、彼〔人間〕をとりまく世界に始まるのである。真理を「理解と事物との合致（adaequatio intellectus et rei）」とするイサアク・イスラエリに帰せしめられる主張を彼は支持し、精神が対象に合致することと対象が精神に合致することという二種類の合致があると論じた。対象が精神に合致すると語る場合、超範疇的な真理について語っているのである。つまり、対象が神のイデアの反映であるということを言っているのである。逆に、精神が対象に合致すると語る場合、判断を真にするような、人間精神と人間精神の周辺に存在している対象との合致について語っているのである（『神学大全』第一六問一項、第二一問二項）。そして、これら二つの「合致」の意味は、神が真理と呼ばれうる理由を説明するのに用いられる。というのも、神の存在（esse）と知性認識（intelligere）が同一であるとすると、神のうちには二種類の合致が存在するからである。

真理に関する最も悪名高い問題のひとつは、「インソルビリア」すなわち意味論上のパラドックスに関わるものである。(30) 最も単純なバージョンは、「私が話していることは偽である」が、当初の状況（casus）において話されたことのすべてであるような場合の嘘つきのパラドックスである。しかし、「神は存在する、かつある結合題は偽である」のような複合命題を含んだり、「『プラトンが何か偽なることを言う』とソクラテスが言うと仮定して、『ソクラテスが何か真なることを言う』とプラトンが言う」場合のように相互に言及する一連の諸命題をともなったりするような複雑なバージョンも論じられたのである。(31) 二〇世紀には、そのようなパラドックスは、意味論のまさに根本に疑問を投げかけ、言語とメタ言語のレヴェルの精巧な区別へと導くものとして論じられてきた。しかし、中世の論理学者は、そのような危機意識の兆候を見せない。彼らは自己言及をある程度制限したり、言語とメタ言語の間にある種の区別を設けたりしたが、一般的にはこうしたテクニックは考察中の問題に限定されたものであった。

推論とパラドックス

「コンセクエンチア（consequentia）」の概念は論理学の中心にあった。表示と指示の問題に費やされた大量の著作は、推論する人が誤謬推論を避けるのを助けることを意図していた。同様に、（あるタイプの討論で守らなければならない規則である）「オブリガチオ［obligatio］」についての多くの論考は、いったん受け入れた命題の論理的含意をたどる練習を学生にさせることを意図していた(32)。

［推論の］妥当性の定義についてはかなりの議論があった。前件が真であって後件が偽であることが不可能である場合にかぎって推論は妥当であるという主張は、二つの理由で疑問を投げかけられた。第一に、関係する命題(訳注4)は、書かれたものであれ、話されたものであれ、心的なものであれ、たまたま存在するものだととらえられた。そうした命題が存在することができなかったら、そのような場合には真理値を担うものは存在しない。第二に、意味が実際の表現と矛盾するような場合があり、たとえば「すべての命題は肯定的である。したがって否定的な命題はない」がそうである。そうした問題は、たとえばブリダヌスによって詳細に論じられた。ブリダヌスは、真偽ではなくて表示の概念に訴えて推論の妥当性を定義することで問題を解決した。すなわち、前件によって表示されたとおりであるときに、後件によって表示されたとおりではないということが不可能な場合にかぎって、推論は妥当とされたのである。

「～である場合に限る（if and only if）」の存在は、推論の妥協性について第二の問題を提起する。真理による定義（あるいはブリダヌスの「表示」の概念を用いた代替案）は妥当性に必要な条件を与えるが、それで十分なのか。もし十分なら、われわれは厳密含意のパラドックス――不可能な命題からはどんなことでも帰結するし、どんなことからでも必然的な命題が帰結する――を認めなければならない。これらのパラドックスについての議論は一二世紀に始まった。そして、第一の条件に付加されたときに推論の妥当性にとって十分条件になるような第二の条件を提示しようという一連の試みがあった。アベラルドゥスは、前件で言われることが後件で言われることを含意すべきだという「含意の原則（containment principle）」を支持していた。一三世紀のロバート・キルウォードビは、一四世紀半ばのオックスフォードのストロード［ラルフ・ストロード（Ralph Strode）］と同様に、「後件は前件のうちに理解されなければならない」と述べた。一三世紀には実在に焦点をあてた人びともいた。彼らは、後件は因果関係をとらえたものであるべきだから、前件は少なくとも生じることが可能であると考えられうるような事態（a state of affairs）であるべきだと論じた。彼らのうち誰ひとりとして、形式的妥当性をもつようなパラドックスを認めることができなかった。他方で、一二世紀の「パルウィポンタニ（Parvipontani）」つまりバルシャムのアダムの支持者という意味で「アダミテス（Adamites）」とも呼ばれる人びとや一四世紀のブリダヌスは「～である場合に限る」という定式化が、妥当性の必要十分条件を与えるということ、しかしながらそのことがパラドックスを認めることを含意することをすすんで認めた。

上述の問題以外にも論理的・哲学的・神学的問題が重なりあう場面は多くあり、たとえば命題や様相論理の本性の議論がそうである。(33) これらの議論の多くは、上述の議論と同様、真理の探求というよりも推論の研究という論理学のありかたを提示しているように見える。しかしアウグスティヌスが言うように、「推論の規則を知ることと命題の真理を知ることとは別の事態である」（『キリスト教の教え』二巻三四章）。アウグスティヌスは続けて次のように言っている。「推論・定義・分割の知識は、それらを学んだことが、至福なる生の真理を学んだことと同じであると考える間違いを犯さないかぎりで、理解する人（intellectorem）［引用されている英訳では「理解」となっているが、原典のラテン語にそくして「理解する人」と訳出した］の大いなる助けになる」（同書二巻三七章）。中世の思想家にとって、論理学は前提となる研究であって、目的そのものではなかったのである。

注

（１）論理学についての、より完全な入門的記述としては、初期に関してはI. Hadot［405］、J. Marenbon［465］を、一二世紀については P. Dronke *CH12*、後期中世については*CHLMP*を参照。言語については、S. Ebbesen［460］所収の論文を参照。充実した文献表としては、E. J. Ashworth［456］とE. Pironet［470］を参照。テキストについては、N. Kretzmann and E. Stump *CT* I を参照。後続する注で、さらに参照されるべき文献を指摘している。

（２）I. Hadot［405］を参照。

（３）文法学については、C. H. Kneepkens［463］を参照。

（４）M. A. Covington［458］、C. Marmo［466］、I. Rosier［472］［473］を参照。

（５）英訳が*CT* I 12-38に所収されている。

（６）S. Read［47］を参照。

（７）とくに『キリスト教の教え』『教師』『弁証論』を参照。

（８）E. J. Ashworth［236］とI. Rosier［258］を参照。

（９）N. J. Green-Pedersen［461］を参照。

（10）P. V. Spade, *CHLMP* 188.

（11）*CT* I 105.

（12）*CT* I 104-105. この翻訳では、ランベルトゥスが「形象」という言葉を使っていることはわからなくなっている。

（13）G. Pini［298］を参照。

(14) J. Biard [457] を参照。
(15) G. Dahan [459] を参照。
(16) C. Panaccio [469] を参照。
(17) C. Panaccio [322] を参照。
(18) E. J. Ashworth [455] を参照。
(19) N. Kretzmann [41] を参照。
(20) E. J. Ashworth [237] と I. Rosier [474] を参照。
(21) E. J. Ashworth [235] と本書の第6章を参照。
(22) J. A. Aertsen [504] と本書の第4章を参照。
(23) B. Montagnes [467] を参照。
(24) 本書の第6章を参照。
(25) CT I 413-434.
(26) 神学以外の分野の豊富なテキスト群については、L. M. de Rijk [471] を参照。
(27) CT I 106-107 のランベルトゥスの議論を参照。
(28) 指示についての、この問題やその他の問題については、E. J. Ashworth [455]を参照。
(29) 前注と同文献を参照。
(30) P. V. Spade [457] を参照。
(31) CT I 357, 349 所収のザクセンのアルベルトゥスの著作に従う。
(32) 「コンセクエンチア」と「オブリガチオ」に関する議論については、K. Jacobi [462] と M. Yrjönsuuri [51] を参照。
(33) 命題については、G. Nuchelmans [468]を参照。様相論理については、S. Knuuttila [464]を参照。

(訳注1) syncategorema と呼ばれ、単独で十のカテゴリー内の事物を表示する「範疇語（categorema）」とともに使われなければ、表示機能をもたないような語を指す。

（訳注２）　文法的・内容的に奇妙だったり、曖昧だったり、特定の文脈で用いられるとパラドキシカルだったりして解釈の検討を要求するような文。「このロバはあなたの父親だ」「使徒全員は一二人だ」（ソクラテスが「ソクラテスは偽を言う」とだけ言った時の）「ソクラテスは偽を言う」がその例である。訳注３も参照。

（訳注３）　原文は“Socrates is whiter than Plato begins to be white.”であり、それに対応するラテン語の文は“Socrates est albior quam Plato incipit esse albus.”である。英語でもラテン語でもこのソフィスマ文は文法的に正しい文ではなくて意味不明であるが、ソフィスマとして問われるときには、補足して訳したような意味で解される。

（訳注４）　現代哲学での用法と異なり、中世では「書かれた文」「話された文」のひとつひとつ（トークン）が真理値をもつかぎりにおいて「命題」と言われる。

（周藤　多紀　訳）

第4章　イスラーム世界の哲学

テレーズ＝アンヌ・ドゥルアール

なぜ「イスラーム世界」の哲学なのか。なぜイスラーム哲学やアラビア哲学ではないのか。これらの疑問への簡単な答えと、簡単とはとても言えないその帰結とから、短くはあるが、この豊かな思想の世界への探索を始めたい。なぜイスラーム哲学ではないのかという疑問への簡単な答えは、中世イスラーム支配域の哲学者には非イスラーム教徒もいたためとなる。私たちは、イスラームの帝国が非常に多様であったことを、とくに数多くの活発な少数派宗教を含んでいたことをつい忘れてしまう。(1) そこにはこのような哲学者たちがいた。

・イスラーム教徒。たとえば、ファーラービー、アヴィセンナ（イブン・シーナー）、アヴェロエス（イブン・ルシュド）。スンナ派やシーア派のものや、イフワーン・アッサファーのようなイスマーイール派のものもいた。
・キリスト教徒。たとえばファーラービーの優れた弟子でヤコブ派の著名な神学者であるヤフヤー・ブン・アディー。
・サービア教徒。たとえば医者のサービト・ブン・クッラ。翻訳者だった。(訳注1)
・マズダク教徒やゾロアスター教徒。たとえばマーニー・アルマジューシー。
・どの宗教にも属さないもの。たとえばアブー・バクル・アッラージー。あの有名なラゼスである。彼は啓示や預言さえもありえないと考えた。その理由は、啓示や預言は特定の人びとを偏愛することになってしまい、そのため神の公正さと両立しなくなってしまうからである。

・ユダヤ教徒。たとえば、イブン・スワール、イェフダ・ハレヴィ、マイモニデス、その他。

レコンキスタ以降に西欧で活躍した人びとをも含むと、ユダヤ人哲学者の数はとても多くなり、また［彼らの哲学は］は非常に重要であるため、彼らの思想には独立した一章をささげる必要がある（次章）。しかし彼らも、上記の非イスラーム教徒たちと同様、九世紀から十三世紀をこえて交わされた同一の哲学的対話の参加者と見なされなければならない。

アラビア哲学について語ることを好んだ学者たちもいた。それは、ジルソンが西欧中世哲学の精神を把握するために提唱し論議を呼んだ「キリスト教哲学」というコンセプトに似た「イスラーム教哲学」が語られていると思わせないためであった[2]。しかし「アラビア哲学」にもまた問題がある。ユダヤ・アラビア語（ヘブライ文字で書かれたアラビア語）による文献をひとまず置くとしても、アラビア語以外の言語で書かれた哲学書が存在することを知らなければならない。なぜなら何よりアヴィセンナがペルシア語で複数の重要な著作を残しているからである。しかし、アラビアという言葉は哲学者に使われた言語ではなく彼らの人種を指しているのだ、と解釈されるかもしれない。ところがキンディーとアヴェロエスを除くとアラブ人の哲学者は存在しないといっていい。たとえばアヴィセンナとガザーリーはペルシア人だった。

この最後にのべた思想家［ガザーリー］を哲学者の名簿に含むと、さらにまた別の問題が生まれる。なぜならガザーリーの哲学への主要な貢献は、［哲学を］強く批判する作品『哲学者の矛盾』だからである。ここから問題が生まれる。［イスラーム世界の哲学の］「哲学」によって何が意味されているのだろうか。普通それは「ファルサファ」だとされる。ファルサファとはギリシア語のフィロソフィアをそのまま音写したアラビア語であり、この訳語はその学説が外国起源であることをただちに示している。ほとんどのファラーシファは、すなわちギリシア化された哲学者たちは、アリストテレスに由来する学派の一員と承認されることを要求した。アヴェロエスはアヴィセンナを「第一の師〔アリストテレス〕」からあまりにも離れすぎたと厳しく批判した。しかしそうではない者もおり、たとえばラージーは、アリストテレスを批判しプラトンやソクラテスを援用した。さらにまたイスラーム神学（カラーム）は、すでに哲学的な諸概念とある種の存在論とを築きあげていた。――イスラーム神学は哲学的思考を発展させていたのである。にもかかわらずそれを実際に発展させた人びと自身はファラーシファと見なされることを望まなかった。またガザーリーは、ファラーシファの誇張された主張に、すなわち神の存在や本性を必然的に証明したという主張に粘り強く反論した。しかし彼の反論そのものが哲学的に非常に重要であったため、アヴェロエスはそれらにできるかぎり多く反論するよう招かれていると感じた（同時に彼は、彼が反論しなかったガザーリーの主張の有効性を認めていた）。なおカラームには非常に純粋で独自な哲学が存在すること、またアヴィセンナがかつて考えられていた以上にガザーリーに影響を与えていたこととは、すでに以前からしっかりと論証されている。(3)

したがって「イスラーム世界の哲学」は、非イスラーム教徒の、非アラブ人の、さらに哲学者とされることを望まない多くの思想家の、諸見解を含んでいることになる。――ではあるがそのために「イスラーム世界の哲学」が哲学的により貧困なのだということにはならない。さてそれにくわえて強調に値するのは、自らファラーシファを名乗った人びとの思想的基盤でさえアリストテレスと新プラトン主義以外の要因をも含んでいた、ということである。この場合の新プラトン主義の源泉は、ともに間違ってアリストテレスのものとされた、プロクロス的な『原因論』とプロティノス的な『アリストテレスの神学』とである。(4) 源泉となったギリシア思想は、その他にも存在した。「世界に始まりはない」という説に対するフィロポノスの反論などのキリスト教徒の源泉も含まれていた。ストア主義がどのような経路でファラーシファに影響を与えたのかについてはほとんど知られていない。しかしストア主義も確実にファラーシファに影響を与えた。哲学者で医者のガレノスも源泉の一人である。ガレノスは、ラージー、アヴィセンナ、イブン・トゥファイル、アヴェロエスのような医者でもある多くの哲学者たちに影響を与えた。また古典シリア語やイラン系諸語による源泉も無視されてはならない。たしかにアッバース朝初期の偉大な翻訳活動はギリシア語文献に集中してはいたが。[5] なおそのギリシア文献について、イスラーム世界の哲学者たちが実際には何を手にしていたのか、まだかなり曖昧なところがあると記しておく必要がある。［アラビア語資料の中にギリシア文献の名が記されている場合］それがある著作全体の翻訳であるのか、それとも単になんらかの要約の翻訳であるのかが、常にはっきりしているとは限らないのである。ガレノスによる『プラトンのティマイオス要約』のアラビア語訳は現存している。しかし『ティマイオス』そのもの全体の翻訳についてはなにも知られていない。プラトンの『法律』全体の翻訳が存在していたのかどうかも不確定である。[6] アリストテレスの『政治学』がアラビア語に訳されたのか否かについては長く議論が続いている。さらにアリストテレスの『ニコマコス倫理学』の場合のように、全体の翻訳は現存していても、どの程度またいつ広まったのかがわからないこともある（たとえばキンディーがこの本を参照したのかどうかはあまりはっきりしていない）。[7]

最後に次の点を指摘して、「イスラーム世界の哲学」についての説明を終えたい。恣意的に本章の対象はアヴェロエス（一一九八没）までの哲学者にほぼ例外なく限定されているが、アヴェロエスの後イスラーム世界で哲学は死んでしまったという想定は単なる神話にすぎないと理解する必要がある。あるアヴィセンナ的な伝統が、すなわち照明の哲学が、スフラワルディ（一一五四—九一）によって導入され、トゥーシー（一二〇一—七四）、ミール・ダーマード（一五四三—一六三一）、ムッラー・サドラー（一五七一／七二—一六四一）[8] といった哲学者たちの手を経て、現在に至るまで特にイランで存続している。また近年ある研究者たちは、イスラーム世界の他の地域（たとえばオスマン朝）における中世以降の哲学文献を刊行している。オスマン朝では、たとえば、複数の学者がタハーフトを、すなわちガザーリーと同じ立場の『哲学者の矛盾（*Tahāfut al-Falāsifa*）』を書いていた。(訳注2) 一五三三年のケマール・パシャザーデ(訳注3)（イブン・ケマールとしても知られている）による『哲学者の矛盾』は、ガザーリー、アヴェロエス、オスマン朝の先の学者ホージャザーデ(訳注4)の主張を検討している（アヴェロエスはイスラーム世界の哲学者たちにまったく影響を与えなかったという主張が間違いであることがここからわかる）。(9) もちろん中世の専門家にとって、中世イスラーム世界の哲学はそれ自身で十分に魅力的であり、数世代後の学者の研究にも恵みをもたらすであろうが、本章でわれわれが関心を向ける哲学的・批判的対話は、中世をこえて現在まで続いていたのである。

哲学・宗教・文化

中世では哲学とイスラーム教との間に根本的な対立が存在した、と通常考えられている。おそらく現在でも同様の対立が存在すると思われているだろう。しかしすでに指摘されたようにファルサファの批判者のうちにさえ哲学的な思考が存在したのだから、双方が単純に対立していたという考えは明らかに間違っている。哲学と宗教の関係はどうあるべきかという問題について一つの絶対的で支配的な考え方が存在していたと想定することも同じく間違っているだろう。実際には双方の関係についての思慮深く発想が豊かで多様な探求が見出されるのである。これから紹介される諸説はいずれも厳密には西欧のどの説とも同質ではない。この事実は、文化の相互理解に対し、これら諸説を（より少ない、ではなく）より多くの果実をもたらすものとしている。

文化的状況の重要性を強調しすぎることはない。キリスト教は新しい宗教としてギリシア・ローマ文明の中へやって来た。その文明の特性は古典的な哲学諸派によって本質的に表現されていた。一方、イスラーム世界では状況がまったく逆だった。そこへ哲学は九世紀に異質な輸入品として現れた。哲学は、政治的にも文化的にもその最深部においてコーランとそれにもとづく法とによって形成された文明のうちに、自分自身の居場所を作りだす苦労をしなければならなかった。ファルサファが巻き込まれた最初の論争のひとつは「論理学自身は本当に普遍的であるのか、それとも単にギリシア語文法から生じたものにすぎないのか」というものだった。(訳注5)翻訳者と大半のファルサファの最初の擁護者とは、アラビア語話者ではなかった。彼らのブロークンなアラビア語と、ギリシア語の専門用語を訳すための奇妙な新造語とは、彼らの討論相手であるイスラーム教徒の頭を途方に暮れさせた。討論相手のイスラーム教徒は、自分たちの言語を、すなわちムハンマドへの啓示の言語としてのその重要性を、非常に誇っていた。多くの人びとは、コーランそのものを創造されていないものと考えていた。これは、コーランの模倣不可能性に、これほどの文学的技巧をもつ韻文の産出不可能性にもとづく主張だった。さらに議論を複雑にしたのは、ファラーシファが、アリストテレスの『修辞学』と『詩学』とを実践哲学ではなく論理学の不可欠の一部としたアレクサンドリア学派の見解を採用したことだった。ファラーシファは、カラームの専門家の説を弁論術的論証と同一視し、コーラン注釈家の説を修辞学的ないし詩的な推論と同一視した。(10)ファラーシファがより味わい深いアラビア語を使い始め翻訳に文体上の改善をもたらすと、いくつかの誤解が消え去った。論理学も、しばしば数学に比され、ギリシア語文法からはっきりと区別され、普遍的な有効性をもつものと認知されるようになり、後にはイスラーム法学校のカリキュラムの中に住処を見出すまでになった。この論争は、哲学において何が普遍的に有効であるのか、何が文化によって限定されているのかという問題を鮮やかに提起している。もし論理学がしばらくの間ギリシア語特有のものであると見なされえたのであれば、これから考察されることになる何人かの思想家にとって形而上学の地位が問題であったことに驚く必要もなくなるだろう。

哲学と宗教の関係にまつわる多くの問題については、われわれが対象とする時代の最後、アヴェロエス（一一二六―九八）から始めるのがいいだろう。彼の立場についての不完全な把握が、哲学と宗教が単純に根底から対立していたという見解の第一の源となっているからである。彼の見解をしっかりと理解すれば、先行する多くの同様の説を容易に適切な文脈の中に置くことができる。

裁判官 アヴェロエス

アヴェロエスには、無条件に反宗教的な「自由思想」の擁護者、「啓蒙運動」の先駆者、というイメージがある。(11) このイメージは基本的に彼の『聖法と叡智の関係を定める決定的議論』(12)の不完全な読みから来ている。実際アヴェロエスはこの作品の中で哲学の見解を知識の最高の形式として讃えてはいる。しかしながらこのリベラルなイメージは、ガザーリーの『哲学者の矛盾』に対するアヴェロエスの批判の中で「異端は殺されるべきである」(13)と書かれているのを読む時、木っ端微塵になるとまではいえないが、ひどく損なわれる。何か矛盾するものが存在しているのだろうか。否。まったく存在しない。さてアヴェロエスはただ哲学者や医者であるだけではなく、裁判官でも、ゆえにイスラーム法の専門家でもあった。先の『聖法と……』は、哲学の法的地位を決定する公的なファトワーすなわち法的裁決として示されている。彼はその冒頭でこう宣言する。「本書の目的は、イスラーム法（sharīʿa）の見地から、哲学（ファルサファ）および論理学の研究は、同法によって許されているのか（mubāḥ）、禁じられているのか（maḥẓūr）、それとも、勧められるべきこと（nadb）ないし義務（wujūb）として命令されているのか、を検討することにある」。

アヴェロエスの判決はこうである。懸案の［哲学と論理学の］研究は、知的なエリートには「義務」であるが一般の信者には禁止されなければならない。ファトワーが出され、その中でガザーリー（一〇五八―一一一一）に少なくとも九回言及されているということは、ガザーリーの『哲学者の矛盾』がイスラーム世界の隅々にまでかなりの衝撃を与えたことをはっきり示している。アヴェロエスは、自身の『矛盾の矛盾』でガザーリーの主張に対し長く詳細な反論を提供する前に、『聖法と……』で論理学と哲学を一般の人びとによりわかりやすく弁護したのである。ただしその弁護はイスラーム法の専門用語で言い表されたのではあるが。まず彼は狡猾に論理学から始める。なぜならガザーリー自身も論理学を擁護し、自身の知的自伝でファラーシファの論理学はイスラーム法の専門家の推論より優れていると主張し、さらに論理学を法律学校のカリキュラムへ含めるべきだと説得していた、といわれているからである。しかしアヴェロエスは論理学の正当化をさらに進める。彼はファルサファの道具として有用であるという理由で論理学を弁護する。彼はそのファルサファを「存在するものについての研究、及び、存在するものについての、その「製作者」（創造者としての神）を表示するものとしての考察、これら以外のなにものでもない」と定義する。ゆえにファルサファは、「創造者の存在の証明」と「神についてのよりよい理解の提供」を目指す弁神論となる。またアヴェロエスはその中で、ガザーリーによる非難すなわち「ファラーシファは実は世界が「製作者」をもつということを証明していない、なぜなら彼らはその「製作者」という言葉をメタファーに変えてしまったからである」（『矛盾』第二および第三議論）という非難への反論にもつとめている。

[このように]アヴェロエスは哲学の性格を変容させ、イスラームに必要なものにしてしまうのだが、その決定的な一歩は、哲学と訳される用語の変更によって踏み出された。アヴェロエスは、イスラーム法と哲学のさまざまな類似点を捻出した後で、ファルサファの代わりに「知恵（ヒクマ）」をつかう。コーランでは、神の美名のひとつが「知恵あるもの（ハキーム）」である。[訳注6] したがって「知恵（ヒクマ）」はコーランと哲学を結びつけるものをもつが、一方ファルサファは何かしら異質なものを含意してしまう。ここからアヴェロエスは「哲学（なおヒクマ）」を、学問のなかの学問（art of arts）と呼ぶ。彼は『聖法と……』の第一部を終えるにあたって、すべてのイスラーム教徒に、各人の本性に適した真理への道があると主張する。そのさいはじめにコーラン十六：一二五を

引用する。「知恵［ヒクマ］とよい説教とによってあなたの主の道へまねきなさい。彼らとは、よりよい説教で議論をしなさい」。「議論をしなさい（ジャーディル）」という語のもとはジャダルという語で、［このジャダルは］アリストテレスの著作『トピカ』をさす訳語としても使われている。『トピカ』は、広く同意されている［にすぎない］見解にもとづいて作られた弁論術的な推論を対象としている。アヴェロエスは、この「議論」をカラームすなわちイスラーム神学と同一視するだろう。こうして彼は、哲学を、コーランの命令を満たす方法のひとつとして示すことができた。特定の人びとにとって、ふさわしい、それどころか、義務的な方法として。

したがって人間は、シャリーアとの関係で三種類に分けられる。まず、本来解釈（ta'wil）とは関わりをもたない人びと。彼らは修辞学的な人びとで、大衆の大半がこのグループに属する。それは、この種の［すなわち修辞学的な］判断から免れている健全な知性の持ち主が一人もいないためである。［次いで］弁論術的な（jadali）解釈をおこなう人びと。彼らは、本性のみによって、ないしは本性と習性とによって、弁論術的な人びとである。［最後に］正確な解釈をおこなう人びと。彼らは、本性とかの学問すなわち知恵（hikma）の学問によって、証明をおこなうことのできる人びとである。この解釈は弁論術的な人びとに明かされてはならない。いうまでもなく一般の人びとにも［明かされてはならない］。（［161］65）

このようなかたちで、コーランの単語と専門的なギリシア哲学の諸用語・概念との間の区別をさらにいくつかとり除くことによって、アヴェロエスは『聖法と……』の最後で、「哲学（ただし今やファルサファの同義語と解釈されたヒクマ）は、法（シャリーア）の友であり、乳兄弟なのである」と主張することができた。

あまりにも多くの解釈者たちが、これら用語上の変更と文化的な背景の差異とに気づかずに、アヴェロエスは、十三世紀パリのいわゆる「アヴェロイスト達」が提起したものと同様の哲学と信仰の関係の問題を扱ったのだ、と決めつけてしまっていた。アヴェロエスは実は宗教ではなくシャリーアすなわちイスラーム法について語っているのであり、さらに彼が哲学とこの法との間に認めた関係は調和の関係なのである。ただし少数のエリートに対してのみであるが。

預言は文化ごとに解釈された哲学である――ファーラービー

（アリストテレスに次ぐ）「第二の師」であり、ファーラービー論理学の地位に関する初期の論争の重要な参加者でもあったファーラービー[14]は、「理想的な、または有徳な都市」の説明でギリシア由来の専門用語（都市）に表面的な同意をしめしてはいるが、「都市」が、非常に多様な人種、言語、宗教を含む世界的な帝国を意味しえるとも述べている。彼は、イスラーム的な支配が世界的であろうとしていることに、また都市国家が当時の政治・経済の状況にそぐわないものであることに、十分気がついていた。[15]

人間の共同体で絶対的に完全なものは、[訳注7]［複数の］国に分けられる。その一つの国は［他の］国から、まず二つの自然的なものによって区別される。すなわち、自然的な地勢と、自然的な内的性格とによってである。さらに［国は他の国から］後天的な三つめのもの――自然的なものとなんらかのつながりを残しているが――によっても区別される。この三つめのものとは言語である。これによって自己表現が可能となる。さて国には、大きいものも小さいものもある。（『都政論』［97］32）

ファーラービーはラディカルである。彼によるとアリストテレスで頂点に達したファルサファは、絶対的・普遍的に真である。しかし少数の知的エリートしか理解できない。したがって一般人はたよりえる何ものかを必要とする。すなわち宗教を。そしてその宗教は個々の文化ごとに修正されなければならない。唯一の哲学的な真理のみが存在するのではあるが――ちなみに彼はアレクサンドリア学派の伝統にしたがってプラトンとアリストテレスは基本的に一致していると主張している――、真の諸宗教が複数、各文化ごとに存在するのでなければならない。それぞれの宗教は適切なシンボルによって哲学的な概念を伝えているのである。たとえば彼の説明によると、宗教文献中の暗黒やカオスは無ないし第一質料を表しており、能動知性は天使ガブリエルで表されている、など。哲学だけが必然的に正しい証明を使い、カラームは弁論術的な推論を使い、宗教は修辞と詩を使う(16)。さらに『文字の書』と『幸福の達成』で彼は、ファルサファが時間においても(ママ)宗教に先行している、と書いている(「宗教」の原語は dīn。アヴェロエスのシャリーアよりわれわれの宗教の概念に近い)(17)。宗教とは、文化によって制限の加えられている、真なるアリストテレス哲学の模倣品である。預言とは、単に可知的なものどもの想像力への流出にすぎず、ゆえに哲学に従属している。完全な統治者は、哲学的概念をそれぞれの文化にわかりやすい言語に翻訳するために、単に哲学者であるだけではなく、立法者にも預言者にもなるであろうし、預言者と協力することもあるであろう。本当にファーラービーがこのような見解を抱いていたのか、それとも、将来のファラーシファに媚びを売り彼らを引きつけるためにこのような主張を利用したのか、は議論の余地があるかもしれない。しかし彼は、哲学の優位性を主張しそれをあまり隠さなかったにもかかわらず(18)、非常に尊敬され高齢で生涯を閉じている。

ファラーシファが「必然的に正しい証明」を強調しすぎたこと。さらにファラーシファが自分たちだけがそれを作り出しているのだと主張したこと。これらのことが、なぜガザーリーが[次のことを]喜んで示したのかを説明する。[すなわち]彼らの主張の大部分は、とくに形而上学において、まったく必然性をもたず、逆に明らかにギリシア人の哲学上の立場の無批判な受け入れである、と。ファーラービーは、その思想上のライバルであるカラームの専門家を辛辣に攻撃しあざ笑ったが、その激しさは、ガザーリーの[ファラーシファに対する]攻撃の強烈さと一致している。

預言は究極の哲学である――アヴィセンナ

ファーラービーの合理主義、とくに、「ギリシア哲学を地域の違いにあわせて解釈するもの」という下位の地位を「宗教」に与えたこと。これらはアヴェロエスに強い影響を与えたが、ファルサファをイスラーム文化の辺境へおいやることにもなった。そこで、アラビア語でもペルシア語でも著作をのこしているペルシア人アヴィセンナ（九八〇―一〇三七）は、イスラームの文化にも積極的に関与した。彼はシャムス・アッダウラの宰相として時には現実の政治にさえ巻き込まれた。

アヴィセンナは、アリストテレスの『形而上学』を暗記していた。しかし彼の言葉によると、ファーラービーによる小書が、形而上学は神学ではなく（彼はそう信じていた）、存在としての存在に焦点をあてたものであることを明らかにするまで、彼は『形而上学』を理解できなかった[19]。しかしその後、彼自身の深い思考が彼にアリストテレスのいくつかの教説を変更ないし廃棄させた。アリストテレスは、自然学における原因を、その結果に先行する運動として理解していた。アヴィセンナは、結果と同時的で流出により必然的にはたらきかける真のすなわち形而上学的な原因というものを考えることによって、アリストテレスの原因理解をより完全なものとした[20]。十番目の離在知性である能動知性は、知性認識をもたらす照明の源であるだけでなく、文字どおり月下世界の諸存在者への「形相の授与者」でもあり、この因果的同時性の基礎となっている。言い換えると、アヴィセンナは、相続されたギリシアの「権威」を一部再考するという難題を受け入れたのである。いまだアリストテレスの精神で哲学にとりくんではいるが[21]、彼は新プラトン派の諸思想をも、またカラームが築きあげた諸概念をもとりこんでいた。自身の地域と時代の状況についてはさらにいっそう注意を払っていた。これが、なぜイスラーム文化圏とくにイランで彼の著書が現在に至るまで影響力を保っているのかの説明となるだろう。

アヴィセンナの最も有名な形而上学の著作『治癒の書・形而上学』は、政治哲学に関する考察で終わっている（十巻二－五章）[22]。ここで彼は、預言を知性の発展の頂点として、可知的形相のもはや推論を必要としない把握として示している。二章で彼は預言の必要性について論じている。人間は共同体を形成する必要がある。共同体は「立法者」を必要とする。「立法者」は大衆を納得させなければならない。ゆえに「立法者」は人間でなければならない（神の息子としてのキリストというキリスト教の概念との、あまり気持ちのよくない対比が意図されている）。「立法者」は預言者でなければならない。

預言者は、したがって、存在しなければいけない。そして彼は人間でなければならない。彼はまた他の人びとのうちに存在しない諸特性を所持していなければならない。人びとが彼のうちに、彼らがもたず彼らから彼を識別する何かを認めることができるためにである。そのために彼は奇跡をおこなうであろう。……このような人間が世に現れると、彼は人間に関わるさまざまな事項に関する法を決めなければならない。……彼の立法を支配する第一の原理は、人びとに［次のことを］を知らせることである。［すなわち］彼らには、「造物主」「一なるもの」「全能者」がおり、そしてその「造物主」が、「彼」に従う者には祝福された来世を、しかし「彼」に従わない者には悲惨な来世を準備した、ということである。これによって、神と天使とによって預言者の口に与えられた命令に多くの者を従わせることになるであろう。しかし彼は、至高なる神に関する教説に人びとを携わらせるべきではない。神は一であり真理であり似たものは一人もいない、という知識だけで彼らには十分である。これ以上のことを知ることは、……多くを求めすぎることになる。それによって彼らの宗教は混乱するだけであろう。

（［114］100）

しかし、能力ある若者を哲学の追求へいざなうため、預言者は、コーランでなされているように、真の哲学的覚醒を刺激するであろう象徴や記号を書き入れるであろう。

三章は、礼拝前の清め〔ウドゥー〕や巡礼などの儀礼に関するイスラームの掟をやや合理主義的に正当化している。四章は、喜捨や、貧者・障害者・病人の援助のような、イスラームによる他の行動を合理的に正当化している。同章はまた結婚の習慣や女性の男性への依存を同様に正当化している。彼によると、女性は男性より「理性に従うところが少ない」からである（アヴィセンナがこのような細かな点でファーラービーから遠ざかっているところは興味深い。ファーラービーは、女性がほぼ平等であることを肯定する点で、また慢性の病人や障害者の世話をすべきでないと命令する点でも、プラトンの『国家』にしっかりと従っていた。アヴェロエスは、国家にとって「有用」でない者の放置において、同じくまた「女性は国民のすべての仕事を男性とともに分け合うべきである」という主張において、ファーラービーに追随することになるだろう。ただしアヴェロエス自身の共同体では、「悪い国家」の場合のように「女性たちはしばしば植物に似ている」のであるが。〔アヴェロエスによると〕女性が男性の負担になっていることが、都市の貧困の原因の一つなのである[23]）。

同書の最終章でアヴィセンナはカリフ、政治体制について論じている。アヴィセンナはムハンマドを最も偉大な預言者であると明らかに考えている。ファーラービーのように、単に多くの預言者の一人とは見なさなかった。この章で彼は、シャリーアの最も基礎的な諸原理の合理的な正当化をおこなっている。彼の政治哲学と宗教に関する記述は、ファーラービーのそれよりかなりイスラーム化されている。しかしながらアヴィセンナの立場は、礼拝に関する小書[24]や『預言の証明』[25]がはっきりと証言しているように、いまだかなり合理主義者である。彼の思想の純粋に神秘主義的な解釈は疑わしい。

亡命

ファーラービー、アヴィセンナ、ガザーリーは、イスラーム世界の東部で活動したが、ファルサファはイスラーム世界の西部へ、とくに「アンダルシア」[訳注8]へも広がり始めていた。その「アンダルシア」の政治情勢は混乱し分裂していた。アル・アンダルスでファラーシファは「哲学者・統治者・立法者・預言者」というイスラーム化されたプラトン的理想像を断念し、「都市」からの「亡命」を主張した。不安定な政治のためであろう。

イブン・バーッジャないしアヴェンパケ（一一三八没）も哲学者・医者であり、『孤独者の経綸』という作品を書いている[26]。ファーラービーの有徳ないし完全な国家という夢をすて、彼は不完全な都市での哲学者の立場に焦点をあてている。

> 孤独者が、物質的な人と交際してはならいこと、またその精神的な目的が物質性に汚されている人とも交際してはならないこと、そうではなくて「学知ある人びと（ahl al-ʿulūm）」とのみ交際しなければならないことは、明らかである。しかし「学知ある人びと」は、ある生活方法（siyar）では少なく、ある生活方法では多く、ある生活方法では一人もいないことがある。ゆえに孤独者は、ある生活方法の中では可能なかぎり全住人から離れ必要不可欠なものごとについて以外では彼らと接触しないか、ないしは必要なものごとでさえも［彼らと接触しないか］、ないしは、もし存在するのであれば、そのうちに学知の存在する生活方法へ避難するのでなければならない。これは、政治学で言われたことや、自然学で明らかにされたことと矛盾していない。たしかにそこでは人間は本性的に政治的であることが明らかにされ、政治学では隠遁は完全な悪であると明らかにされた。しかしそれは、本質的にのみそうなのであって、付帯的には善なのである。（『孤独者の経綸』［361］132［第一七章］）

離島

イブン・トゥファイル（一一六五頃―一一八五）は、専門的な序章のついた有名な哲学小説『ハイイ・ブン・ヤクザーン』すなわち『目覚めた者の子・生ける者』という作品を書いた（「目覚めた者」はここでは能動知性を指しているのであろう）。この魅力的な物語の中で、ハイイ（生ける者）は、なんらかの方法で赤ん坊のまま無人島にたどり着き、メスのシカに育てられた。他の人びととの接触がなくとも彼は、生きのびる方法だけでなく、後にはファルサファの全原理をも、独力で発見した。彼は神の存在を導き出し、次いでまず天体の模倣を試みた。彼は、動物の世話をすることで、天体による光と暖かさの提供をまねた。清潔さ・香気・きらびやかな服で、天体の輝かしさをまねた。天体の円周運動をまねるため、「旋回する」ダルウィーシュすなわちスーフィーのように気を失うまで自分を回転させたり、自分の家の周囲をまわりもした。これは巡礼時のカアバの周囲での儀式をまねていることになる。さらに自身の思考を必然的存在者すなわち神に集中させることで、天体の観想をまねた。しかし少しずつ彼は気づいていく。自分の周囲のものへの関心や自分の清潔さへの興味が、神の観想や自分自身の本質の観想から自分を引き離していたことに。そのため彼はそういったことをやめ、そして表現しえない境地に達した。さて隣の島にアーサールという名の男がいた。彼はある真の宗教の一つの信者だった。彼は隠者になることを決意し、誰も住んでいないと思っていたハイイの島に移り住んだ。ハイイはアーサールに出会い、すぐに言葉を身につけた。アーサールは、ハイイが彼が達した段階よりもかなり高い段階の観想に達していることに気づいた。一方ハイイは、なぜアーサールの宗教が哲学的真理のイメージとたとえ話しか伝えないのかを理解できなかった。ハイイとアーサールは、別の島の住人の教化のため、その島へ渡った。しかしハイイがその住人たちに真の哲学を教えようとすればするほど、住人は不安になるのだった。最終的にハイイは、彼らは哲学の才に恵まれていないのだから、彼ら自身の幸福のために、彼らの宗教の内で穏やかにしているべきであるのだ、と理解した。彼はアーサールとともに自分の孤島に帰った。アーサールは、自身で大変な努力をしたが、決してハイイの観想の境地には達しえなかった。[27]

この注目すべき物語が意味していることは、理性は自力ですべてを発見できる、そして宗教は一般の人びとには社会的に有用であるがファルサファの色あせた似像でしかない、ということである。[28] イブン・トゥファイルの見解は驚くべきものである。なぜなら彼は、宮廷医であり、ムワッヒド朝の支配者アブー・ヤアクーブの宰相でもあったから。なお彼はこのアブー・ヤアクーブにアヴェロエスを紹介してもいる。アブー・ヤアクーブは、アリストテレスの著書を難解だと感じたので、アヴェロエスにその注釈を書くよう求めた。アヴェロエスはこの要求にこたえ、［その業績は］影響力の大きい記念碑的なものとなった。

哲学の宗教との関係という問題は、中世イスラームで生み出された哲学書の中心問題では決してなかった。にもかかわらずこの問題について書かれたことは無視できない重要性をもっている。特にもしわれわれが「この点については唯一の見解しかなかった」ないし「一方は哲学的で純粋に理性的［な立場］で、他方は宗教的で非体系的で教条主義的な立場という、激しく対立する一組の見解があっただけだ」という誤解を回避することができたのであれば。

魂論と形而上学

ファーラービーは自身の宗教観と預言観に適した魂論を作り上げた。彼によると、能動知性は、全人類に対しただ一つのみ存在し、十番目に流出した知性体であり、ムハンマドにコーランを伝えた天使ガブリエルと同一視される。可知的なもの（intelligibiles）が能動知性から全人類へ流出するが、そのほとんどは、受容のために最善の準備ができているごく少数の人にしか獲得されえない。その少数の人とはもちろんファラーシファである。

それらは、すべての人間に共通な、第一の可知的なものどもである。たとえば「全体は部分より大きい」「同じものと大きさの等しいものどもは［互いに］等しい」など。この共通な第一の可知的なものには三種類ある。（一）幾何学の諸原理（ʾawāʾil）。（二）人間の行為の美醜の基準となる諸原理。（三）諸天体・第一原因・その他の諸根源・さらにそれら諸根源から生成するものなどのような、人間が作ることはない存在者の本性・根源・序列を認識するさいに用いられる諸原理。（『有徳都市の住民がもつ見解の諸原理』［95］203, 205）

それら可知的なものどもは、そのあと、文化や言語ごとに異なる適切な象徴やたとえ話という装いで、想像力の中へあふれ出すこともある。ファーラービーは預言を哲学に従属させた。この従属が、形而上学における第一の可知的なものだけでなく、倫理学やさまざまな学問の第一の可知的なものでさえ、能動知性からの流出によってもたらされる、という彼の主張の根拠となっている。一方ガザーリーは、ファーラービーほど知性を信頼せず、天文学や医学の基本的な諸原理の発見さえも預言に帰している。（興味深いことに、ファーラービーの報告によると、彼の師でキリスト教徒のイブン・アルハイラーンと門下のキリスト教徒たちは、アラビア語では『証明の書』と題されたアリストテレス『分析論後書』を読むことを禁じられていた）。(訳注9) 能動知性からの第一の可知的なものどもの流出が、ファラーシファの特徴である必然的に正しいと考えられる論証の正当性を確保している。新プラトン主義がアリストテレス主義を基礎づけている。

アヴィセンナは、アリストテレスの学説をいくつか捨てなければならないと考えた。それは、ただ自身の預言論を作り上げるためだけでなく、また純粋に精神的な来世という彼の構想に基礎を与えるため、さらに現世での人間や他の生物の魂についてより洗練された理論を提供するためでもあった。その有名な『治癒の書・魂論』

（一巻一章—三章）で彼は、理性的魂は身体の形相ではなくそれ自身で十全な実体であると主張する。ついで彼は「空中人間の説」という思考実験をおこなう。それは、自意識は直接的なものであり反省によってもたらされるものなのではないということを立証するためである。その一節は、過去を振り返ると、デカルトの「コギト」を思い出させる。

われわれの一人が自分を［次のような者と］想像しなければならないとしよう。彼は一瞬にして五体満足に創造された。しかし彼は目を覆われていて外部の物を見ることができない。空気か虚無のうちに浮いているかのように創造されたが、彼が空気の抵抗を感じることはない。彼の両手両足は互いに離れていて、触れ合うことがない。この状態で彼は、自分が自分自身の存在を肯定するかどうかを考えなければならなかったとする。彼は自分自身の存在を疑うことなく肯定するだろう。しかしそれによって彼は、自分の四肢のうちの一本の手や足をさえ肯定したことにはならないだろう。さらに心臓であれ脳であれ体内の器官や、外的事物を肯定したことにもならないであろう。それどころか彼は、自分自身の存在に高さ、幅、奥行きを認めないまま、自分自身の存在を肯定していることになるであろう。もしこの状態で彼が手ないし他の器官を想像することができたとしても、彼はそれらを自分自身の部分や自分自身の存在の条件として想像してはいないであろう。（［129］387）

さて内部諸感覚についてアヴィセンナはアリストテレスよりもかなり詳しい説明を与えたが(29)、本書第四章の諸主題にいっそう深い関係をもっているのは、彼の能動知性の概念と、人間的魂の内部に存在している「四つの知性」の彼による区別である。ほとんどのギリシアのアリストテレス注釈者と同じく、彼は全人類にたいしひとつの能動知性が存在すると考える。そしてファーラービーに従い、それは十番目の知性体であり月下世界を支配していると主張する。しかしアヴィセンナは人間的魂の内部に［次のような種類の知性を］措定する。（一）純粋な可能態にある知性。（二）現実態にある知性。この知性は、矛盾律や「全体はそのどの部分よりも大きい」という命題のような第一の可知的なものを能動知性からすでに受けとっている。（三）所有態にある知性。この知性は、第二の可知的なものを保存しており、それを思うままに使うことができる。（四）獲得知性。知性が可知的なものを現実態に思考しており、かつ自身がそうしていることを知っている時［の知性］。魂は、アヴィセンナにとって精神的実体であり、アリストテレスが考えるような質料に刻まれた形相ではない。そのため魂は身体の死後も生きのびる。来世での生は純粋に精神的である。しかし身体のない自分自身というものを把握できず、十分で直接的な自己意識に達しなかった人間は、想像上の身体というものを自力で再度作り出すことになるだろう。その想像上の身体を通して、彼らはコーランに描かれているような来世での「身体的な」褒賞ないし罰を経験することになるだろう[30]。

アヴィセンナは、ファーラービーとは逆に、預言を哲学の下に置かなかった。そのためアヴィセンナはこうのべている。一部の人間はとても強力な「可能態にある知性」をもっている。そのため能動知性と簡単に結合することができる。ゆえに新たな知識を得るために、それほど多くの教示も推論も必要としない。ある人びとは、まったく推論の過程を必要とせず、直感だけを必要とする。彼らの「所有態にある知性」は神的なないし聖なる知性となり、すばやく同時にすべての可知的なものを把握する。三段論法はもはや必要ない。そうなると、それら可知的なものどもは想像力に流れ込む。想像力はそれらを、象徴やたとえ話などに翻訳する。そのような知性のはたらきは、人間最高のはたらき、預言者の特権である[31]。

明らかにアヴィセンナは、ギリシア哲学を彼の政治的・宗教的環境へ適応させること以上のことをおこなっている。可能ならどこでも、彼は自身の特色ある思想のための糧を見つけている。『治癒の書・形而上学』一巻五章の、存在は「第一の概念」であるという彼の主張は有名だが、その章で彼は、その他の第一の概念は「もの」

（ラテン世界では超範疇的な「もの（res）」として知られている）と「必然」であると考えている。[32] アリストテレスは、いくつかの概念について、すべての存在に属していると語っていた（たとえば「一」「真」「善」）。アヴィセンナは、第一の概念としての「もの」の必要性を、カラームの存在論上の業績から引き出していた。彼は、この概念が、本質と存在の区別や、また「偶然的なもの」と「自身で必然的なもの」との区別の基礎づけのために必要とされると主張した。[33]

私はここまで基本的に、独自性をそなえてはいるが明確にアリストテレス的伝統に属す『治癒の書』に依拠してきた。そのためアヴィセンナ解釈に関する三つの問題を示しておく必要がある。一つめ。アヴィセンナの諸作品のラテン語版はつねにアラビア語版と一致しているわけではない。このためラフマーンは、アヴィセンナが本当に存在は本質にとって付帯的であると主張したのかを疑った。ただし［ラテン訳しか知らなかった］トマス・アクィナスは、アヴィセンナがそう考えたと理解している。[34] ラテン語の写本はわれわれがもつアラビア語の写本よりしばしば古いため、ラテン語の本文が時にはアラビア語の本文より正確であるかもしれない。なお最近の研究によると、アヴィセンナは魂論と認識論の諸概念を発展させており、すべての著書でつねに同一の立場をとっていたわけではなかった、ということがわかっている。[35] 二つめ。アヴィセンナは時々彼の「東方」哲学について語っている。それを彼自身の哲学とし「アリストテレス的」著作とはかなり異なっていると考える人たちもいれば、それを否定する人びともいる。[36] 三つめの難点は、アヴィセンナが生涯のある時点で他のファラーシファとともに神秘主義者すなわちスーフィーの用語を採用し始めた、という事実から発している。これはおそらく彼らの不都合な合理主義者的見解に変装をほどこすためだろう。一世紀前にいつくかの短い作品が『アヴィセンナの神秘主義的著作集』として出版された。その中には、われわれが先に言及したイスラームの礼拝に対するどちらかというと合理主義的アプローチをとった作品も含まれている。[37] 絶えることのなかった彼のラテンスコラ学への影響は、アヴェロエスのそれより大きいが、疑いなく彼の合理主義からきている。その合理主義は、新プラトン主義の諸見解を統合することでいくつかのアリストテレスの学説を変容させており、また本質と存在の間のまた偶然性と必然性の間の神学上実りの多い区別をも発展させている。[38] アヴィセンナの形而上学的原因と自然学的原因の区別は、ドゥンス・スコトゥスによる原因の「本質的秩序」と「偶然的秩序」の区別の核心に受け入れられている。ドゥンス・スコトゥスのこの区分は、彼の有名な神の存在証明で中心的な役割を果たしている。

ガザーリーは、必然的に正しい証明をおこなっているというファラーシファの主張の正体を暴くさい、ファーラービーとアヴィセンナへ、［とりわけ］この二人の因果関係の概念［流出論］へ、攻撃の焦点をあわせた。ガザーリーの知的自伝を読むと、彼が次のことに十分気がついていたことがわかる。彼らの因果関係の概念への攻撃は、彼らの中心的主張のうちの二つを非難する上で決定的な役割をはたす、と。その二つとは「世界の創造は始まりをもたない」という見解と「神は個的なものを認識しない」という見解である。[39] 流出論が神にとって創造を永遠で必然的なものとしているのだが、ガザーリーは見事にこの流出論を攻撃する。ガザーリーの主張によると、神のみが真の「作出因（Agent）」であり、作出因であることは、二つの識別できない時間上の瞬間を区別する力を必要とする。[訳注10] ゆえにそれは、個的なものどもの知識と、同じくまた選択とを必要とする［ゆえに流出論は誤り］。しかしガザーリーが、アヴィセンナの影響のもとで、［神以外の］二次的な原因にある程度の効力を許していたかどうかの議論は継続中である。[40]

驚くことに、ガザーリーは、ファラーシファの知性に関する見解にはほとんど時間をさいていない。ところが彼らの見解は、十三世紀のパリで大変な騒動を引き起こすことになっていた。ガザーリーはただ［次のように］言っているにすぎない。ファラーシファは、人間の魂が死後も存続可能な実体であるという証明の試みに失敗していると。人間の魂の問題については、ガザーリーは、身体の形相というアリストテレスによる人間的魂のとらえ方にいっそう満足を覚えたかもしれない。なぜなら、イスラームの復活は完全な再創造であり、身体の死後も存続する魂という概念は存在しないからである。(訳注11) ガザーリーはただ、ファラーシファが身体の復活を否定していることを、ゆえに、本当は復活のさいに身体的な賞罰など存在しないとしていることを、遺憾としているにすぎない。

アヴェロエスの主張によると、「能動知性」が全人類にただひとつのみ存在するだけではなく、「質料的な」ないし受動的な知性もただひとつのみ存在する。このいわゆる「質料的知性」は、実際には非質料的であるが、知性認識の過程では、形相と質料の複合物における質料に似た役割を果たす。彼の立場は、自力で思考し自由に行動する能力を人間から奪っているようにみえる。なぜなら、各人自身は実際には思考せず、共通の「質料的知性」と「能動知性」が各人において思考し、各人に可知的なものを与えるのであるから。このような見解はパリ大学に騒ぎを引き起こした。学芸学部の何人かのメンバーがこの見解の採用に熱中した。一二七〇年後半トマス・アクィナスは『知性の単一性について――アヴェロエス主義者たちに対する論駁』を書く必要を感じた。その見解を拒絶しアヴェロエスのアリストテレス解釈を裏切りとして批判するためである。しかし最近のある研究では、アクィナスの批判のいくつかは見当違いであり、アヴェロエスは「われわれが、われわれの認識のはたらきをわれわれ自身のはたらきであると意識すること」について実は首尾一貫した説明を与えることができている、と言われている。(41) その議論［の正否］は、アヴェロエスの『霊魂論注解』［大注解］の正確な読みにかかっている。この著作は、アラビア語の断片が最近わずかに発見されはしたが、中世のラテン語訳でのみ知られている。「質料的知性」に関するアヴェロエスの立場を正確に決定することは容易ではない。(42)『霊魂論注解』の訳文が難しいだけではない。アヴェロエスの『霊魂論要綱』［小注解］のアラビア語原典を研究している研究者たちによると、その原典においてアヴェロエスは全人類に唯一の「質料的知性」が存在するとは主張していない。そのため彼らは、そのような奇妙な見解はラテン語訳における間違いから来ているに違いないと主張している。しかし実は『霊魂論要綱』には二つの版がある。より最近の研究の結果によると、アヴェロエスは後のある時期にこの『霊魂論要綱』を改訂していた。したがって真相は、アヴェロエスは最初の版ではこの見解［質料的知性単一説］をまったく弁護していなかったが、後にその見解を示す必要を感じた、ということなのである。彼は、改訂された『霊魂論要綱』の序論で、先の要綱はアリストテレス自身の著作よりもいっそう多く注釈者たちに依拠していた、と語っている。ひとたび彼が実際にアリストテレス自身の著作に関心を向けると、彼の見方は変わったのだった。[43] だが議論の対象を『霊魂論』の諸注解のみにかぎり、他の著作で弁護されているさまざまな見解には触れないことにしても、[44] まだ無視できない問題がのこっている。一つめ。アヴェロエスがさまざまな哲学上の問題について自身の考えを変え、自身の以前の著作の写本の訂正にもどった、という説が認められるまでには非常に時間がかかっている。二つめ。『中注解』はアリストテレスの本文のパラフレーズであるが、質料的知性に関する長い補足説明を含んでいる。そしてこの『中注解』が『霊魂論注解』より先に書かれたのか否かが争点になっている。[45] R・C・テイラーが『霊魂論注解』の英訳を出版すれば、[12] この状況はよりはっきりするであろう。[46]

倫理学

研究者たちは、イスラーム世界の哲学的倫理学にほとんど注意を払ってこなかった。[47] 彼らがファルサファを主にアリストテレス的と見なしたことが、この無関心の原因だった。というのも『ニコマコス倫理学』と『アレクサンドリア人たちのスンマ（*Summa Alexandrinorum*）』と題される同書の要約とがアラビア語に訳されたにもかかわらず、それらがただちに広く流布することはなかったからである。［そのため］アリストテレス的伝統の倫理学の著作はほとんど残っていない。ファーラービーの『ニコマコス倫理学注釈』のような、書かれたことはわかっている著作はある。アヴェロエスの『倫理学中注解』はいまだ完全な校訂版が出版されていない。しかしながら、ヘレニズム期のより大衆的な精神医療の伝統に由来する数多くの興味深い著作が現存している。

ファルサファの伝統はアレクサンドリア学派から多くの影響を受けた。アレクサンドリア学派は、真剣な哲学研究に必要な性格の獲得をまず入門者に求めるカリキュラムをもつようになった。そのためファルサファは、論理学と哲学の研究の前に必要とされる「品性の洗練」ないし「精神医療」と、形而上学に基礎づけられた「学問的な倫理学」とを区別をした（その「学問的な倫理学」の一例は、アヴィセンナの『治癒の書・形而上学』十巻についての考察ですでに見られている）。

ヘレニズム哲学の研究者によると、ストア派、懐疑主義派、エピクロス派は、哲学研究のために魂を自由にする目的で、学習者たちの情念を癒すことないし少なくとも抑制することを意図した「魂の治療法」を書いた。激情、情念、欲情は、間違った思いか間違った思いの結果であると考えられ、したがってそれらは、より適切な思いに置き換えられることで癒されえるか抑制されえる。［さて］文学上の技巧［で彩られた教説］は、哲学初心者にとって教説をより魅力的にする。一般的なコースでは、修辞的教説から弁論術的教説へ、そして真に哲学的な教説へと進む。治療過程の諸段階が、さらにとてつもなく偉大な哲学的洗練をもたらすからである(48)。

キンディー（八〇一頃―八六六）の最も長い著作のひとつは『悲しみを取り除く技芸』である。その中で彼は、ストア派的な教説である「穏やかな治療」から、形而上学的な新プラトン主義的学説である「より強い治療」へ移っている。ボエティウスの『哲学の慰め』と驚くほど似ているが、これは双方とも同じヘレニズム的伝統に深く根ざしているためである(49)。

ラージー（八六三頃―九二五ないし九三二）は、ペルシア人の哲学者・医者で、特定の宗教には属していない。

魅力的な『精神の医術（*al-Ṭibb al-Rūḥānī*）』という作品を書いた。同書は、かなりの部分ガレノスにもとづいており、品性を洗練し論理学と哲学の勉強を始めるよう読者を鼓舞している。(50) アリストテレスの批判者であったラージーは、プラトンの転生論を文字どおりに受けとり、非常に独自な魂観を作り出した。それによると動物もある種の理性と選択能力をそなえているのである。ここからラージーは、知性・正義・哀れみという神の基本的な属性の考察にもとづく、純粋に合理的な規範による倫理学を作り上げた。そこには詳細な環境倫理学（environmental ethics）や、また「誰が最初に救われるべきか？」について論じた事例研究も含まれている。(51)［さらにそこで］ラージーはさまざまな宗教の禁欲主義者の修行を攻撃している。神は慈悲深い存在なので苦しみを減らそうとするからである。

知性と正義とにもとづく判断によると、人間は他人に苦しみをもたらすべきではない。ゆえに「人間はまた自分自身にも苦しみをもたらすべきではない」ということになる。この金言は、知性の判断が禁じる多くのことがらに当てはまる。たとえばヒンドゥー教徒は、自分の体を焼いたり、尖った鉄の断片の上に体を投出したりして神に近づこうとする。たとえばマニ教徒は、性交を欲すると睾丸を切りとってしまう。飢えやのどの渇きで自分を憔悴させる。水の使用をさけ代わりに尿を用いるなどして体を汚す。程度はより低いがこの範疇の中に、キリスト教徒が修道生活を追求し人里離れた庵に籠りながらおこなっていることも含まれる。また、モスクの中に常かわらず住みつき、お金を稼ぐことをやめてしまい、少量の不快な食料のみを口にし着心地の悪く肌理の荒い服のみを身につける、多くのイスラーム教徒も同様である。さて、これらすべては、彼ら自身に対する不正であり、彼らに、より大きな苦しみを押し出すこともなく［新たな］苦しみをもたらすのである。（[383] 232）

ラージーもまた、アレクサンドリア学派による、前哲学的段階の「品性の洗練」と、形而上学に基礎づけられた学問的な倫理学の区別を受け入れている。

ファーラービーの『ニコマコス倫理学注釈』は失われたので、彼のより一般向きな『幸福への道についての忠言』に目を向けることにしたい（『幸福の達成』とは混同なきよう）。同書も、品性の洗練を唱え、読者を（注意深く文法学とは区別された）論理学の研究へと招いている。ファーラービーによると、「第一に知性認識されるもの」の中には、倫理的なものも存在する。たとえば能動知性から流出する、人間の自由の存在などである。ファーラービーは、カラームの専門家たちに対する痛烈な批判を『命題論大注釈』で展開している。彼によるとこのカラームの専門家たちは人間の自由など存在しないと考えたのだった。[52] ここでもまた「学問的な倫理学」が魂論と形而上学に依拠している。

ファーラービーの弟子でキリスト教徒のヤフヤー・ブン・アディー（八九三―九七四）もまた『品性の洗練（*Tahdhib al-Akhlāq*）』を書いた。その中で彼は、一般信者たちを乱暴に扱うキリスト教の聖職者たちを厳しく非難している。[53] ラージーやイスラーム教徒の思想家たちは、独身主義を過度に禁欲的で社会生活から遠ざけるものと考えキリスト教徒の修道士を批判したが、ヤフヤーは、独身主義が修道士によりよい「必然的に正しい論証」の作成を可能にしていると主張し、キリスト教の修道士を弁護した。この見解には驚かされるが、ここから、哲学者たちがどれほど「証明といえる推論の彼らの専有」を強調していたのかが、いっそうよくわかる。

イスラーム教徒たちの間では、この伝統がイブン・ミスカワイヒ（一〇三〇没）において継続する。彼の『品性の洗練』は伝統的な順序を逆にしている。『ニコマコス倫理学』から多くの影響を受けた倫理学の体系的な提示から始まり、魂のための治療の処方を書いて終わっている。同書の一章は、魂の諸能力の研究や、善と幸福、徳と悪の考察によって「理論的な」基礎となる部分を作っている。性格と人間の完成とその方法とについて論じた後で、ミスカワイヒは、善と幸福についてより詳しく調べる。彼は、同書の四章を正義についてあて、五章で愛と友情を扱う。最後に、魂のための治療が、ガレノスとキンディーに言及しつつ、提供される。ミスカワイヒはここで、怒り・死の恐怖・悲しみのような魂のさまざまな病気を分析し、その原因を特定し、適切な治療法を提言している。なお彼の『幸福論』はファーラービーの『幸福への道についての忠言』に大幅に依拠しており、その全体が「魂の治療」のジャンルに属している。

この伝統はトゥーシー（一二七四没）のペルシア語で書かれた『ナーシルの倫理学』にも及んでいる。[54] どの宗派もこのジャンルと無縁ではなかった。イスラーム教徒で宗教に関する著作の多いコルドバのイブン・ハズム[訳注13]（九九四―一〇六四）は『性格と行動に関する書』を書いた。ユダヤ教徒の著述家バフヤ・ベン・パクダ（一〇五〇頃―一〇八〇）は、この伝統に影響されて『心の義務への手引き』を著した。

アヴィセンナは、二つの倫理を、すなわち前哲学的な倫理と学問的な倫理をもつアレクサンドリア学派の伝統に属してはいたが、倫理学についてはほとんど著作を残さなかった。しかしすでに見たように彼の『治癒の書・形而上学』は、シャリーアの基本的な規定の合理的な正当化で終わっている。[55]

この短くはなはだ不完全なイスラーム世界の哲学の紹介は、なされるべきパイオニア的業績がまだ多く残されていることを示している。一九五〇年以来この分野では多くことがおきた。刺激的な発見がいくつかなされてきた。M・E・マルムラによるアヴィセンナの『治癒の書・形而上学』[訳注14]やR・C・テイラーによるアヴェロエスの『霊魂論注解』のような主要著作の英訳が切に待ち望まれている。他の重要な著書の校訂版もまだ必要とされている。同じく、論争の分析や解釈の作業も必要とされている。この章で示された資料にもとづく学術的研究が「西洋的価値」と「イスラーム的価値」についての現在の論争へ大いに貢献すると考えることは、間違いとなるであろう。ただし少なくとも次のことはいいえる。中世イスラームの哲学をより深く理解することは――それはイスラーム文化におけるファルサファの存在そのものに関して論じられた説を細部に至るまで知ることを含むが――、哲学一般の本性、役割、（そしておそらくその限界）に関するわれわれの洞察の向上を可能にするだろう。

注

（1）たとえば、J. L. Kraemer は、バグダードでの、十世紀末と十一世紀の第一半期の、さまざまな宗教と人種的背景をもつ人びとの間の文化交流をみごとに示している［492］。

（2）E. Gilson, "What is Christian Philosophy?" [635]177–191 および E. Gilson [628]。F. Van Steenberghen は、哲学の自立性を擁護し、厳密にいえば特別なキリスト教哲学は存在しえないと主張している［637］。

（3）R. M. Frank [487–489] を参照。

（4）C. D'Ancona Costa [477] および J. Kraye et al. [18] を参照。

（5）D. Gutas [490] を参照。Gutas は、どのように、政治的なイデオロギーが、当時も現代のように、翻訳される著作の選択を命じることがあるのかを示している。

（6）D. Gutas [102] および T-A. Druart [100] はそれを疑っている。しかし J. Parens [105] はそれを肯定している。

（7）H. A. Davidson は [483] で、それらの問題に関する議論がギリシア起源であることを、また「それらの議論の」カラームにおける出所を、さらにイスラーム配下の地における哲学者たちの手によるそれらの問題の変形と統合をみごとに示している。

（8）「アヴェロエスの死から現在まで」と名づけられた H. Corbin [10] の第二部を参照。Corbin はまた、哲学がスンナ派においてもシーア派においてもイスマーイール派においても存続したことを強調している。

（9）M. Aydin [478].

（10）D. Black [480] を参照。とくに想像的、詩的三段論法に関する章 pp. 209–241.

（11）E. Renan [172].

（12）また『哲学と宗教の調和』としても知られている。私の翻訳は、G. F. Hourani [161] のそれにもとづいている。この章で私が参照することになる著書の大半は、中世の間にラテン語へ訳されることはなかった。したがって、スコラ学派にまったく衝撃を与えなかった。ただしそれらの著書は「啓蒙主義時代」に人気を獲得した（G. A. Russell [497] を参照）。さらにわれわれの時代においても、とくにレオ・シュトラウスの弟子たちの間で人気を獲得した。

(13) 『矛盾の矛盾』議論十七「異端は殺されるべき」[165] I 322.

(14) ファーラービーは、そのアリストテレスの『命題論』への長い注釈、『詩学』を含むアリストテレスのオルガノンの要約で知られている。彼は、注意深く論理学と文法を区別している。彼は合理主義者ではあるが、彼の言語、語彙は宗教的な用語の影響を受けている。

(15) R. Walzer の翻訳 [95] を参照。

(16) M. Galston [101] と J. Lameer [103] は、ファーラービーにおける論理学と政治哲学のつながりを強調している。

(17) *Alfarabi's Philosophy of Plato and Aristotle* [96] の『幸福の達成』を参照。

(18) M. Mahdi はとくに [104] でファーラービーの合理主義を強調している。C. Butterworth は最近 [98] で以下の翻訳を出版した。*Selected Aphorisms, The Book of Religion,* および *The Harmonization of the Opinions of the Two Sages: Plato the Divine and Aristotle.*

(19) *The Life of Ibn Sina* [117] 30-35.

(20) *Shifāʾ's Metaphysics* VI 一章および二章。中世ラテン語訳 [116] II 291-306. 英訳 [113].

(21) D. Gutas [124] を参照。

(22) 翻訳 [114].

(23) *Averroes on Plato's "Republic"* [164] 101 および 59。

(24) *Avicenna on Theology* [120] に。

(25) 翻訳 [22] 112-21. 興味深いことにロジャー・ベイコンが、アヴィセンナの十章の末尾を、彼の *Opus maius*, Part VII でキリスト教に適用している。

(26) 非常に部分的な英訳が [22]123-133 に。

(27) 優れた部分訳が [22]134-162. 全体の訳は [368].

(28) 中世においてイブン・トゥファイルの小説はヘブライ語に訳された（Moses Narboni のヘブライ語の注釈とともに）。ラテン語にはやっと一六七一年に Pocok によって訳され、一七〇八年に次のタイトルで英訳された。*The Improvement of Human Reason Exhibited in the Life of Hai Ebn Yokdhan, In which is demonstrated, by what methods one may, by the meer light of nature, attain the*

knowledg of things natural and supernatural; more particularly knowledg of God, and the affairs of another life. 英訳本にはさし絵がついており、また「そこにおいて、人間が、教育を受けることなく、神についての真の知識を、救済に必要なものごとを、獲得する可能性が、簡単に考察されている」補遺が、キリスト教徒の読者の信仰をまもる目的で、与えられている [367]。ラテン訳者も英訳者も、この物語を純粋な合理主義者の説明として読んだ。しかしこの物語を神秘主義的なたとえ話として解釈したものたちもいた。この物語の解釈については、L. I. Conrad [369] を参照。Pocok の翻訳が『ロビンソン・クルーソー』の作者に影響を与えたのかどうかについては議論がある。またこの物語の簡略化されたものが、現在も時おりおとぎ話として中東の子供たちに語られることがある。H. Daiber [481] を参照。

(29) この点については本書の第9章を参照。

(30) J. Michot. *La Destinée de l'homme selon Avicenne*（Louvain, 1981）を参照。

(31) 部分的な英訳が F. Rahman [119] に。

(32) 翻訳 [49] 219-139. また M. E. Marmura [131] と Thomas Aquinas, *Truth*, q. 1, a. 1. を参照。

(33) R. Wisnovsky [134]. Marmura は、より早くアヴィセンナの哲学とカラームの違いを指摘していた。これらの区別のラテン世界の哲学への大きな影響については、本書の第6章を参照。

(34) F. Rahman [132].

(35) D. Gutas [133]1-38 および D. N. Hasse[133] 39-72 を参照。

(36) S. H. Nasr は、東方哲学の「独自性」について [11] 247-251 で論じている。一方 D. Gutas は、そのようなものはないと主張している [123]。

(37) A. F. Mehren, *Traités mystiques d'Avicenne*, 4 fascicles（Leiden, 1889-94）. H. Corbin もまた、アヴィセンナにおける「神秘主義的な」一面を強調している [10]。しかしもし神秘主義が存在するとしても、それは非常に合理主義的なものである。

(38) J. F. Wippel [261] を参照。

(39) 翻訳 [149].

(40) R. M. Frank は肯定している [487] が、M. E. Marmura は [150] と [151] で否定している。

(41) D. Black [166] を参照。

(42) H. D. Davidson は、[482] で、ギリシアの注釈家たちとファラーシファにおけるこの問題の一般的な歴史をみごとにたどっている。

(43) アヴェロエスは、最初にアフロディシアスのアレクサンドロスに従い、ついでイブン・バーッジャ（アヴェンパケ）の立場を採用し [360]、最終的に、テミスティウスの再読により、全人類に唯一の質料的知性が存在すべきだと決定した。『霊魂論注解』[大注解] で彼は、修辞的技法をもちいて、イブン・バーッジャを自分を過ちへ導いたと非難している。

(44) たとえば『能動知性との結合の可能性に関する書簡』など [160]。

(45) A. L. Ivry は『中注解』の校訂と翻訳をおこなったが（一九九四にアラビア語の校訂本。英訳付きの版が二〇〇二）、『中注解』は『霊魂論注解』[大注解] より後に書かれたと主張している。一方 H. A. Davidson は、『中注解』が先に書かれたとしている (Ivry [170], Davidson [167] (Ivry からの返答も含む))。

(46) A. Hyman, A. L. Ivry および R. C. Taylor がこれらの難問について非常に有益な資料を提供している [168]。

(47) G. F. Hourani [491] と M. Fakhry [486] をのぞく。

(48) M. C. Nussbaum [494] と [495] を参照。

(49) T-A. Druart [92] と [485] を参照。

(50) 翻訳 [384].

(51) 彼の自伝 *The Book of the Philosophic Life*, C. E. Butterworth 訳 [383] および T-A. Druart [385] と [386] とを参照。

(52) 翻訳 [94] 76-84. また T-A. Druart [99] を参照。

(53) 翻訳 [366].

(54) 翻訳 G. M. Wickens [390].

(55) Mehren（先の注(37)）は、彼に『死の恐怖』という著書を帰しているが、実際のところ、この著書はミスカワイヒの『品性の洗練』の結論部分からとられている。

(訳注1) アラビア語で Mānī al-Majūsī は通常マニ教の開祖マニ（二一〇—二七六）を指すが、ここで言及されている Mānī al-Majūsī は別人であり、哲学者アーミリー（九九一没）と対話したとされるマズダク教徒の思想家をさす。Cf. アンリ・コルバン『イ

スラーム哲学史』黒田壽郎・柏木英彦（訳）岩波書店、1974年（1996年再版）、198ページ。

（訳注2）Tahāfut. アラビア語で「矛盾」の意。

（訳注3）Kemāl Paşa-zâde（一四六八年頃—一五三四年）。オスマン朝の代表的な学者の一人。『オスマン家の歴史』でとくに知られる。一五二六年からその死までシャイフ・アルイスラーム（オスマン朝の法官の最高位）。

（訳注4）Ḥōca-zâde（一四三四年—一四八八年）。彼も『哲学者の矛盾』という題の本を著している。Khawāja Zāda, *Kitāb Tahāfut al-Falāsifa*, al-Maṭbaʿa al-ʿIʿlāmiyya, Miṣr, 1302/1884-5.

（訳注5）九三二年バグダードでなされたアラブの文法学者と論理学者の討論。アラブの文法学者の名はアブー・サイード・アルシーラーフィー（九七九年没）。論理学者の名はアブー・ビシュル・マッター（八七〇年頃—九四〇年）。アブー・ビシュル・マッターは、キリスト教徒のシリア人でアリストテレスの論理学書をアラビア語に翻訳した。この論争の簡単な紹介が、アラン・ド・リベラ『中世哲学史』阿部一智・永野潤・永野拓也（訳）新評社、一九九九年、一一七—一二〇ページに見られる。なおこの討論の主旨は現在でも解釈が分かれている。

（訳注6）ヒクマ（ḥikma）とハキーム（ḥakīm）は同じ語根から作られている。sapientia と sapiens の関係に相当する。

（訳注7）ファーラービーによると、人間の共同体には、まず完全なものと不完全なものがある。完全なものには、都市、国、「複数の国からなるもの」が含まれる。国が集まり「複数の国からなる共同体」ができる。引用部冒頭の「人間の共同体で絶対的に完全なもの」とは、この「複数の国からなる共同体」を指している。この引用箇所の役割は、ファーラービーが単なる都市以上の規模の共同体をも検討の対象としていたことの裏づけにある。ファラーシファのアリストテレス離れの一例として重要。

（訳注8）「アンダルシア」は、原文ではダブルクォーテーションで囲まれた"Andalusia"。現在のスペインのアンダルシア州（スペイン南部の一部）ではなく、アラビア語で「アル・アンダルス」と呼ばれたイベリア半島のイスラーム勢力下地域を指す。

（訳注9）『分析論後書』では論証の原理を感覚から引き出す帰納法について言及されている。ファーラービーが諸原理の認識方法に帰納法を認めなかったのは、彼の師が『分析論後書』を読んでいなかったからかもしれない、ということ。

（訳注10）ガザーリーによると、唯一の作出因である神は特定の瞬間に世界を創造した。しかしその瞬間はそれ以外の瞬間となんらかの点で識別されるような特徴を持っていない。ゆえに作出因である神は「二つの識別できない時間上の瞬間を区別する能力を必要とする」ことになる。

（訳注11）「人間は現世の死により身体も魂も失ってしまい、復活の日にまた完全に再創造される」という考え方は少なくとも現在のイスラーム教では一般的ではない。

（訳注12）すでに刊行されている。Averroes (Ibn Rushd) of Cordoba, *Long Commentary on the De Anima of Aristotle*, Translated and with Introduction and Notes by Richard C. Taylor ; with Thérèse-Anne Druart, subeditor, New Haven, Conn. ; London : Yale University Press, 2009.

（訳注13）イブン・ハズムは「ザーヒル派」というイスラーム教内の少数派に属していた。なお前出のトゥーシーはシーア派。

（訳注14）すでに出版されている。Avicenna, *The Metaphysics of The Healing* ; a parallel English-Arabic text translated, introduced, and annotated by Michael E. Marmura, Chicago, University of Chicago Press; 2nd edition, 31 Aug 2005. なおテイラーの訳書もすでに出版されている。（訳注12）を参照。

（沼田　敦　訳）

第5章　ユダヤ哲学

イディト・ドブズ＝ワインシュタイン

もし、中世哲学が現代の読者にとってなじみの薄いものであるならば、中世ユダヤ哲学はさらになじみの薄いものであろう。中世哲学は神学として片づけられるよりも、むしろ哲学として認知されてきた。とはいえ、その場合には地理的にも学説的にも、キリスト教西洋世界だけを取り囲むようにして、厳密に境界線が引かれ続けてきたのである。このためにイスラームとユダヤの両方の哲学は排除されているのであって、南フランスとイスラーム圏のスペインにおける意義深い哲学的活動でさえも、近現代の西洋世界の伝統には見えないままになってしまったのである。かりに、前述の境界線を超えた活動が認識されてきたとしても、それは概して、主要なキリスト教思想家に対する影響が無視できないかぎりにおいてのみ、少数の中世哲学史家によりなされてきたのである。このようにして境界線を越えた作品の重要性は、ほとんど排他的にキリスト教哲学者の関心との関連によって決定されてきた。それゆえ、少数の専門家を除いて、中世哲学の一般的概念は必要以上に狭くなっているのである。ヘーゲル、ハイデガー、ラッセルのどの哲学史講義を読んだとしても、中世ユダヤ哲学といったものは存在しないという結論に至るだけであろう。そしてこれは、問題になっている時期が学識あるユダヤ人によって黄金時代と評価されている、という事実にかかわらずなのである。

中世のユダヤ哲学者について包括的に概観することによりこうした軽視を是正しようと試みるよりも、ユダヤ教だけでなくキリスト教にとっても、その重要性がのちの哲学にとってとりわけ大きい四人の人物、すなわち、サアディア・ガオン、ソロモン・イブン・ガビロル（アヴィケブロン）、モーセス・マイモニデス、そしてゲルソニデス（レヴィ・ベン・ゲルソン）に焦点をあてたい。これらの思想家の多様な文体や関心事につき考察するにあたりある程度の統一性を与えるためにも、ひとつの哲学的問題、すなわち、世界は永遠であるのか、創造されたものであるのか、という問題にとくに注目したい。ユダヤ哲学の独特な貢献を示し、他の中世哲学との関わりにおいてユダヤ哲学を位置づけるためにも、以下の三種類の影響について説明したい。（一）それぞれの哲学者の思想を形成した哲学的伝統と他の学問的伝統。（二）のちのユダヤ思想に対してそれぞれが及ぼした影響。（三）のちのキリスト教哲学に対してそれぞれが及ぼした影響。不思議なことに、四人の厳選された思想家のうちの一人は、二番目のユダヤ思想に及ぼした影響は皆無であるのだが、三番目のキリスト教哲学に及ぼした影響はかなり広範囲に及んでいるのである。

知識の源泉——サアディア・ガオン（八八二—九四二）

サアディアの教育について直接の証拠はないとはいえ、彼の著作には、彼がギリシアの哲学と科学に関する広範な知識をもち、イスラーム神学（カラーム）の影響を受け、さらにキリスト教の教義と東方哲学の多様な形態を熟知していることが反映されている。サアディアの作品はキリスト教西洋世界には知られていなかったのだが、一方、そのユダヤ哲学への影響は広範に及んでいた（また、今も及んでいる）のである。サアディアは最初のユダヤ哲学者で、たまたまユダヤ人であった哲学者とは区別されるのであって、彼の主要な関心は、哲学とヘブライ語聖書やその伝統との関係にあった。結果的にのちのユダヤ哲学者は、たとえ批判的にではあっても、彼の作品に応答しなければならなくなったのである。

サアディアの著作には三種類あるが、その三つともすべて、ヘブライ語の識字能力が衰退し、さらに識字能力のある者の中でも混乱と間違いが蔓延していた時代にあって、ユダヤ人共同体を教育するという単一の目的をもったものであった。それらは、論争的著作[1]、聖書の知識とユダヤ伝統の保持に関わる教育的作品、そして、大部分が哲学的である二つの著作、『創造の書』と『信仰と意見の書』[2]である。『創造の書』がのちのユダヤ思想にあまり影響を与えなかったのに対して、『信仰と意見の書』はユダヤ宗教哲学の主要作品として今もなお学ばれていることから、ここでは後者のみについて論じたい。

サアディアは『信仰と意見の書』において、哲学と聖書の啓示の間にある根本的な調和について論証しようと試みた。個別に論じられた問題に関するこうした調和を示す基盤として（さらに知識にとっての障害のあらましを述べ、探究にふさわしい順序について長々と注意を与えた後で）、彼は、人間の知識にとっての四つの信頼できる源泉について主張している。冒頭からサアディアは、それらの源泉は連続する諸段階において培われなければならない、と繰り返し論じている。彼は最も興味深い議論の中のひとつにおいて、知識とは最初から完全であるというよりも適切に進歩するものである、という見方を提示している。これは、完全な創造者が存在し、そのような創造者は完全に理性的な被造物をともなった完全な世界を創造することができたはずだ、という反論への応答として述べたものである。サアディアはアリストテレスを継承して、ある源泉の完全性は次の源泉の発展の必要条件であると力説している。言い換えれば、また、のちのアリストテレス主義哲学を先取りするような言い方をするならば、彼はさまざまなタイプの自明性の間の相違を、われわれにとって最も明白なこと（感覚的知識）と、それ自体で最も明白なこと（第一原理［矛盾律など］）の間の相違として定式化したのである。これら四つの源泉のうち、最初の三つは哲学的であり、四番目のものは伝承的である。それらの源泉は相まって、サアディアの聖書解釈の理論と、彼の［聖書と哲学とを］調和させようとする企図の、より厳密な意味での哲学的な側面を支えている。四つの源泉とは以下のものである。

㈠感覚的知覚（字義どおりには、感覚的な知）。もし、感覚器官が健全で、個人が欺かれていないのであれば、感覚から引き出された信念はたしかであって、あとに続くすべての知識の基盤となる。サアディアは、ごく少数の急進的懐疑論者だけがこの源泉を拒絶すると指摘している。また、さらに先の知識は感覚に由来し、よりいっそう懐疑にさらされる以上、彼らは感覚を拒絶することによって第二と第三の源泉をも拒絶するのだと、サアディアは主張する。「諸見解がこのようにまちまちである理由は、第二の類の知識は第一の知識よりも隠されており、同様に、第三の知識は第二の知識よりもさらに隠されているという事実にある。自然と人は、明確なものよりも、隠されたものをより否定しやすくなるものである」（[106]37）。

㈡理性。サアディアは、ある真理は内在的（必然的）に明白であるもの、すなわち、それ自体で知られうるものであると考える。この種の知識に関する彼の叙述は、人間理性の自然本性的な力――もしそれが適切に訓練されているのであれば――に対する彼の無条件の信頼を表している。「理性の知識（字義どおりには、知性により理解できること）については、われわれは、それが欠陥に冒されていないときにわれわれの精神に形成されたすべての認識は、疑いなく真の知識であると考えている。われわれがどのようにして推論するかを知っており、推論のはたらきを完遂し、幻と夢に対して警戒していればだ」（[106]38）。ただし彼は、夢と幻には理性的地位があると信じる人びとがそのように信じているのは、感覚的知識を守るために、感覚的知覚と想像力による表象とをいわば混同してしまっているためである、とつけ加えている。夢は感覚的知覚から直接派生するものだと見なしているために、夢の理性的地位を否定することは、人間の知識が感覚に起源をもつことをも同時に否定することになると、彼らは信じているのである。夢への信頼に対するサアディアの説明は、奇抜かつ際立っている。一方で彼は、感覚と理性の間の近接した関係についての彼自身の主張を支えるためにそれを利用し、他方で彼は、夢における預言的な啓示の理性的地位を擁護するためにそれを利用しており、それらは「暗示とたとえの形をとった、天からの霊感のひらめきを含んでいる」（[106] 39、訳は修正）と主張する。すなわち、異なる形態による表象——感覚的、想像的、あるいは理性的な——が適切に識別されているならば（それは適切な訓練を要するのであるが）、目を覚ましている状態と夢の状態を混同してしまうことを恐れることも、感覚的知覚の真実性を疑う必要もないのである。サアディアの二通りの夢の説明は大胆な議論である。なぜなら、それは啓示というものを、暗に人間認識の自然本性的な過程の頂点であると見なすと同時に、［人間性の］完成に至る緩慢なこの世の過程を回避するための神の助けと見なしているからである。こうして、知的に弱い者の宗教的信念が奪われないように守ったのである。

㈢推論とは、感覚的知覚あるいは理性から引き出された複数の命題を、同時に否定することなしには否定され得ないような命題を生じさせる場合に用いるものである。推論は、感覚的および理性的証拠のいずれもが、ある事象を説明するために十分ではないという場合、たとえば、われわれが火の知覚なしに煙を知覚している場合や、あるいは何より重要なのは、われわれがその原因を知ることなしに世界を知覚している場合に必要となる。あるいはさらに、「われわれは、人間には魂があるということを認めるように強いられる。それは、われわれが感覚によっては魂を知覚しないにもかかわらず、その明白な機能を否定しないためである。同じように、われわれは、魂には理性があるということを認めるように強いられる。それは、われわれが感覚によっては理性を知覚しないにもかかわらず、その明白な機能を否定しないためである」（[106]36）。

サアディアは、哲学あるいは聖書的伝承の解釈における、推論のための七つの規則のあらましを述べているが、それらは再度、理性の権威をたしかなものとしている。すなわち、推論は㈠感覚的知覚、㈡理性、あるいは㈢その他の真理と矛盾してはならない。さらに㈣自己矛盾があってはならない、もしくは㈤われわれが解決を求める困難よりも大きな困難をともなってはならない。六番目と七番目の規則は、早急な結論を回避するために慎重さを課している。サアディアによると、解釈者が適切な配慮をするのであれば、最初の四つの規則は、すべての聖書解釈に適用されるべきなのである。

㈣信頼できる伝承。サアディアはここで、他を排除するというわけではないが、第一義的に啓示された伝承に言及している。彼が論じるには、この源泉は、実際には感覚的知覚と理性の両方に基盤を置いているのだという。預言的教えの地位のたしかさは、預言者の奇跡の業から派生しており、それは他者から証言され、さもなければ説明できないものである。したがって、証言という形による感覚的知覚と、他の方法では説明しえない出来事の原因に対する推論の両方が、預言の地位を確証する役目を果たしているのである。

サアディアは、宗教に対する思弁的アプローチ、つまり、単に伝承を所与のものとするのではなく、感覚的知覚や理性や推論を用いる探求的なアプローチに対して二つの正当化を試みている。第一に、思弁的探究は、神が非本質的で預言的な教えとして啓示したものを、実在的で本質的な知識に転換するのだという。第二に、知識のためのすべての基盤を巧みに利用することで、宗教的信念を嘲笑する者を信者が論破できるようにするのだという。マイモニデスは、サアディアの人間理性の力に対する圧倒的確信というものは、カラームの誤り導かれた形なのではないかという疑問を呈せざるをえなかったのである。

伝承よりも感覚的知覚と理性に高い優先順位を与えることは、聖書解釈の数々の問題に適用される場合には驚くべきことではないかもしれない。サアディアが、創造の問題を扱うときでさえ、この優先順位を保っていることは印象的ですらある。さらに、彼が議論の冒頭で注意しているように、感覚的知覚は創造の問題に対してデータを与えないのであるから（もしそうであったならば、それについて異論はなかったであろう）、彼は実際、理性と哲学的思弁の基盤に従って議論を進めているのである。この点についてのマイモニデスのサアディアに対する批判は、とくに熾烈なものになるであろう。

サアディアは、神の世界創造について四つの証明を提示している。[3] それらの証明は、のちに基準となった方法で、アリストテレス主義者の宇宙論的あるいは自然学的な原理を利用しているのだが、それは、アリストテレスの世界は永遠であるという結論を論破することを意図した結論に至るためである。なお、アリストテレスが『トピカ』（第一巻一一章、104b13-17）の中で、世界の始原は弁証法的に探索されることだけが可能である、と述べているのとは対照的に、サアディアは、創造は論証できると断言する。彼の証明は、世界の有限性、物体の複合性、物体に内在する偶有性、そして時間の本性から始められている。彼の証明の進め方は、おおよそ次のとおりである。㈠天、地、またすべての天体は、大きさにおいて有限であるため、それらを保持する力も同様に有限であるはずである。ゆえに、世界には始まりがあり、また終わりがあるに違いない。㈡世界はうまく適合した複合体を包含していることから、それらは「腕のよい職人と創造者による熟練した作品」（[106]54）でなければならない。これは、目的論的証明のひとつの型である。㈢自然的実体とそれに内在する偶有性は、有限かつ偶然的（すなわち、必然的に存在するわけではない）であるため、それらは創造者によって存在に至らしめられたはずである。㈣無限は、思考においても実在においても越えることはできないことから、時間は有限であるに違いない。時間が有限でなかったのなら、有限存在は生成されえなかったであろう。最終的に、世界は始まりをもち、時間は有限であると結論づけたことにより、サアディアは、被造物が無から（*ex nihilo*）生じたのでなければ、有限存在はそのもの自身を創造したはずであるが、それは不可能であると断言している。結果として、すべての存在は外在し、永遠で、全能である存在によって創造されたに違いないのである。

サアディアの創造についての証明には、マイモニデスによって強烈に批判されることになる中心的矛盾がある。言い換えれば、彼は感覚的知覚が世界の起源に関するデータを提供する可能性を否定しているにもかかわらず、彼自身の証明を、実際に存在する有限存在の知覚された本性に基礎づけているのである。サアディアの、人間理性の力に対する絶えざる信頼というものを考えると、マイモニデスの批判における最大の皮肉は次の点にある。つまり、サアディアが他者を非難するときの理由は「偽りの理性」という誤りであったのだが、マイモニデスはそれと同じ理由でサアディアを非難したのである。

普遍的質料形相論――イブン・ガビロル（アヴィケブロン）（一〇二一頃―一〇五八頃）

何百という典礼の詩や世俗的な詩を書いた詩人で、ユダヤの伝統においては、ほぼ例外なくソロモン・イブン・ガビロルとして知られていた男が、キリスト教の伝統では、アヴィケブロンとして知られた思想家――『生命の泉』（*Fons vitae*）の著者で、おそらくイスラーム哲学者だろうと思われていた――であったということが明らかになったのは、ようやく一八五九年になってのことであった。イブン・ガビロルの哲学的作品のうち、一二世紀にアラビア語原典からラテン語に翻訳された『生命の泉』（ヘブライ語：*Mekor hayim*）と、『倫理の質の向上』（*Tikkun midot ha-nefesh*）の、二冊だけが残存している。実践的倫理に関する後者の作品は、のちのユダヤ教あるいはキリスト教の哲学にわずかな影響しか及ぼさなかったこともあり、ここでは『生命の泉』の概要に議論を限定したい。いずれにせよ、そこには『倫理の質の向上』の、より重要な哲学的要素が繰り返し書かれているのである。

『生命の泉』は、黄金期のイスラーム圏のスペインの、哲学的、自然学的、さらに文学的にも豊かであったユダヤ・アラビア語(訳注1)の知的文化のただ中で、著者が受けた教育を反映している。この作品は、教師と彼の弟子の間の対話形式により書かれている。作品は五巻に分かれており、冒頭に、著作の意図と構成を要約するような前置きが置かれている。その意図とは、普遍的質料と普遍的形相の本性を探究することであって、実際、複合的な物体的実体の場合に明らかであるように、単純な霊的実体にも同様にこの二つはそなわっているのである。作品の構成に関しては、以下のように書かれている。

第一の書においては、質料と形相を複合実体に帰するために、普遍的質料と普遍的形相について仮定されるべきいくつかのことがらを扱うこととしよう。第二の書では、世界の物体性を維持している実体についてとり扱おう。第三の書では、単純実体の実在性についてとり扱おう。第四の書では、単純実体の質料と形相の知識に関する学について扱おう。第五の書においては、普遍的な質料と形相それ自体についてとり扱おう（[135]第一章　訳は筆者）。

質料と形相の関係についてのイブン・ガビロルの説明が一貫していないにもかかわらず、(4)「単純実体」という語によって、彼が分割不可能で、あらゆる複合を欠いている何かを意味しているわけではないことは明らかである。哲学に対する彼の最も独創的で影響力のある貢献は、実のところ彼の質料形相論であって、それによると、すべての実体は質料と形相により成り立っており、最高の普遍的霊的質料から、最低の第一質料へと階層的に秩序づけられた質料をともなっているのである。彼の典拠――アリストテレス、ストア派、プロクロス、イサアク・イスラエリ、そして偽エンペドクレスのどれもが典拠ではないかと言われている――がなんであれ、イブン・ガビロルは独自の新プラトン主義的な「存在」の階層構造を展開しており、それは頂点にある神の存在と、底辺にある第一質料という両端で括られた、継ぎ目なしに一体化された構造なのである。

イブン・ガビロルの流出論者的な二つの説明において、創造は無時間的なものである。ある箇所の説明では、質料が神の本質に由来するのに対して、形相は神の意志に由来するとされているのだが、他の箇所の説明では、質料と形相の両方が神の意志に由来するとされているのである。

『生命の泉』が中世ユダヤ哲学において独特な作品であるのは、作品の中ではそれがユダヤ哲学者により書かれたものと確認できるような、いかなる内部的証拠も欠いているからである。つまり、この作品は、ヘブライ語聖書やその他のユダヤの典拠——伝承的なものか哲学的なものかにかかわらず——に対する、どのような言及も含んでいないのである。したがって、『生命の泉』をキリスト教の哲学者、とくにボナヴェントゥラやドゥンス・スコトゥスらのフランシスコ会士たちが、かなりの程度肯定的かつ批判的に受容したのとは対照的に、(5)ユダヤ哲学に対してはわずかな影響しか及ぼさなかったことは、驚くほどのことではないのである。この不思議な運命は、一二世紀のユダヤ人アリストテレス主義者、アブラハム・イブン・ダウドによってイブン・ガビロルに向けられた、次のような辛辣な批判を踏まえることによって最もよく理解されうるであろう。つまり、ガビロルの作品は、ユダヤ人に対してというよりも全世界に向けられたものであり、単一の主題（質料と形相）にあまりにも長く焦点を合わせすぎであり、系統立った手法を欠くと同時に、誤った（想像による）前提を用いて誤った結論に達しており、こうしてユダヤ人をひどく惑わしているのだと述べて、彼を非難したのである。

理性の限界——モーセス・マイモニデス（一一三八—一二〇四）

モーセス・マイモニデスは、疑いなく最もよく知られ、かつ最も論争の的になる中世ユダヤ哲学者である。彼の功績が卓越したものであるかどうかについては意見の不一致があるとはいえ、のちのキリスト教とユダヤの両方の哲学に対する彼の影響が、並外れて広範囲にわたり、長く続いていることを否定する者はいないであろう。彼と同時代の、とくにユダヤとイスラームの伝統における多くの中世の人たちと同様、マイモニデスは医者、法学者、そして哲学者としての訓練を受けている。この時代の他の傑出したユダヤ人の教育に関するわれわれの知識にもとづくと、彼が最初に律法の書（*Torah*）、タルムード、数学、さらに天文学を父のもとで学び、のちに自然学、医学、また哲学についてアラブ人教師から教育を施されたと推測することは妥当と言えよう。彼の主要な哲学的著作である『迷える者の手引き』（*Dalālat al-hā'irīn*）を、ユダヤ・アラビア語からヘブライ語に翻訳した、サミュエル・イブン・ティボンに宛てた手紙の中での彼自身の証言から、彼が最も高く評価していたアリストテレスにくわえて、マイモニデスがイスラーム世界の哲学者、とくにファーラービーから影響を受けていたということを、われわれは知るのである。

　マイモニデスの宗教的権威としての卓越性は、次の二つの著述によって証明されよう。ひとつは、イスラーム教徒とキリスト教徒の双方の地域のユダヤ共同体から彼に送られた、法的、宗教的、また哲学的な質問に対する彼の膨大な回答書（*Responsa*）であり、もうひとつは、彼がユダヤ人の誰もが使えるようにするために、口伝律法の明快で体系的な解説を提示しようと試みた、ヘブライ語により書かれた『ミシュネー・トーラー』（第二の律法）である。医者として彼が卓越していたことは、彼の医学的著作と、またサラディンの高官であったアル・ファディルの侍医に、彼が任命されたことによって証明されるであろう。

　『迷える者の手引き』（以下、『手引き』とする）は、哲学と啓示の間にある明らかな緊張状態における迷い、すなわち、律法と哲学の両方の教育を受けた者により最も鋭く感じられていた迷いを解決することを、その明示的な目的としている。『手引き』が書かれたのは、このような読者に対してである。マイモニデスは、彼の読者の迷いの原因には、一方では、知識の探求をしていく中で過度な性急さにつながる強い知的欲求があり、また他方では、サアディアのようなユダヤ思弁学者（Mutakallimūn）により伝えられた、神のことがらに関する不適切な教えがあると診断する。『手引き』が危惧する迷いとは、哲学との関わりにおける聖書の不適切な解釈により引き起こされていることから、ここではまず解釈の問題から始め、次に、誤りの影響を最も受けやすい三つの主題である、神の唯一性、創造、そして摂理に進むこととしたい。

律法と哲学の間の明らかな矛盾は、マイモニデスによると、自然学に固有な基準と方法を、聖書の言葉に適用することによる見当違いの解釈から生じている。聖書が論証的、あるいは直線的に進むことはないのであって、『手引き』もまた同様であろう。マイモニデスは、弁証法と暗示的なほのめかしを慎重に組み合わせる彼の方法は、教育上最も便宜にかなったものであると考える。なぜなら、それは神のことがらを開示するにあたって、深い用心を勧める聖書的な慎重さと、生徒の能力を発達させることによって同じように自立した探究を教える哲学的な慎重さの、両方に従っているからである。彼は次のように読者に指示を与えている。

> もし、あなたがこの論考に含まれていることの全体をつかみたいと願うならば、（中略）あなたはすべての章を互いにつなぎあわせていかなければならない。そして、ある特定の章を読むときは、あなたの意図は、その章の主題の全体を理解することだけにではなく、その中にあるそれぞれの語（中略）――たとえその語がその章の意図する内容にふさわしいものではないとしても――をつかむことになければならない。なぜならば、この論考の言い回しは無計画に選ばれたのではなく、最大限の正確さと、並々ならぬ厳密さと、いかなる曖昧な点をも説明しそこなうことのないようにという配慮をもって選ばれているからである。そして、あることがらを［あえて］その特別な箇所で説明するという意図がある場合を除いては、いかなることも場違いに言及されることはないのである（『迷える者の手引き』第一部序[178]15 強調は筆者）。

律法の哲学的解釈にともなう別の難しさについて概述した後で、マイモニデスは最も根本的な問題、すなわち、形而上学（divine science）の理解における、人間理性の自然的限界について述べていく。マイモニデスにとって、形而上学とは律法に含まれる知的な教えを意味するのであって、その倫理的教えとは区別されるものである。彼は、しかしながら、形而上学と自然学は相互補完的なものであって、(訳注2)自然学の真の知識は形而上学の真の知識にとって必要なものであると述べて、即座に読者を安心させている。というのは、啓示が信者に神のことがらについての正しい意見を与えうるとしても、自然学の知識を得たときにはじめて、彼らはそれらのことがらを理解できるようになるからである。だからこそ、マイモニデスによると、聖書は「創造の業」によって始まり、哲学者は自然学の学習から始めるのである。初めのうちは、一般民衆と知的エリートの理解の間にはまったく差はない。いずれの人たちも、聖書の中の明らかな矛盾や、あるいは、たとえの形をとった聖書の言葉により引き起こされる、哲学と啓示の間の明らかな矛盾に気づくことができない。しかしながら、一般民衆は聖書テキストの字義どおりの意味で満足するのであって、一方、潜在的な賢者は、聖書によってさらなる知識を求めることを鼓舞されるのである。しかし、自然学の学習のあとで、知的エリートは迷いを体験し、形而上学における秘義を本当の意味で理解すること、すなわち、律法を正しく理解することを求めざるをえなくなる。そのような理解というものは、時に完全な洞察と哲学的な論証はわれわれの理解を超えたものであるという、はっきりとした理解に行きつくのである。「それらの偉大な秘義が、われわれのうちの誰かに、十分かつ完全に知られるようになるなどと、あなたは考えるべきではない。秘義とはそのようなものではないのだ。とはいえ、昼間かと思うほどに、時に真理がわれわれにひらめくことがある。しかしすぐそのあとで、さまざまな状態にある事物と習慣がそれに覆いをかけ、ほとんど初めの状態のままでいたかのように、われわれは再び夜の闇にいることに気づくのである」（『迷える者の手引き』第一部序[178]7)。

マイモニデスの序論での見解から導き出され、『手引き』全体を通して繰り返される解釈の主要原則は、アリストテレス的である。『ニコマコス倫理学』のアリストテレスの言葉によると、「ものごとのそれぞれの領域において、その主題の本質が認めるかぎりにおいて正確さを求めるということは、教育を受けた人間にとっての特徴なのである」（『ニコマコス倫理学』第一巻三章 1094b24-27）。この言葉に従って、マイモニデスは形而上学と、形而上学から原理を引き出した主題といった論証的証明がふさわしくない場合には、そうした証明を求めない。主題が論証を認める度合いが小さくなるほどに、それにともなう不一致はより大きくなるからである。したがってマイモニデスによれば、最も大きな不一致は形而上学にあり、より小さな不一致は自然学にあり、数学においての不一致はまったくないのである。

彼の作品の明示された目的が、誤りにより引き起こされた迷いを解決することにあるため、マイモニデスは聖書解釈、あるいは哲学的議論が道をはずしてしまう可能性が最も高い問題に第一に焦点をあわせている。そのため、彼はまずそれぞれの探求の大部分を誤りの反駁にあて、そのあとになってはじめて、彼自身の立場を明らかにしている。『手引き』は、それゆえに弁証法的（ここでは、アリストテレスの『トピカ』第一巻の意味合いで）であり、他のユダヤ思想家からの批判を避けようとはしていないのである。マイモニデスは、しばしば哲学者たちの教え、とくにアリストテレスのものを、彼と同じユダヤ教の信奉者の教えよりも優れたものとして提示している。さて、人間性の完成に達するためには、以下の点に関わる誤りをとり除くことが最も重要であるという。それらは㈠神の非物体性、㈡創造、㈢摂理、㈣神の法、そして㈤人間性の完成、の五点である。このうち第一の点が根本的な問題であるが、この点では哲学の教えと啓示された教えは完全に一致している。神の非物体性についての明らかな不一致は、啓示に対する民衆の誤解の結果である。その他の主題に関しては、哲学と啓示された教えという二つの伝統の間にある不一致のうち、あるものは見かけ上のことであり、あるものは本物の不一致である。哲学と啓示された教えの間の不一致が、実際に論争として顕在化した場合にマイモニデスがとる立場は、しばしば論証不可能であるとはいえ、つねに哲学的に理にかなっていると見なされるような、啓示的伝統を採択することにあったのである。

神の非物体性と唯一性についての適切な理解というものは、マイモニデスによると、律法全体の第一の目的である。なぜならば、真の人間性の完成はそうした理解がなければ不可能だからである。このため、そのような理解に至るまでの大きな困難や、主題の秘義的な性質にもかかわらず、すべてのユダヤ人は神の非物体性に関する一定の理解を得て、それに対立する概念を拒絶しなければならないのである。この問題に関して、マイモニデスは徹底して非妥協的な立場をとっており、結果として、それは厳密な否定神学に帰着している。すなわち、人間理性が達しうる最も適切な神の知識というものは、神は何でないかについての理解、つまり神と被造物との間の根本的区別についての理解なのである。このため、「哲学者の君」であるアリストテレスでさえ、神が存在することについては論証できたとしても、それ以上のことはできなかったのである。彼は、月より上の世界、とりわけ第一動者についての本質、もしくは何性について、人間が知識をもつことの可能性を否定したのである。この点について、マイモニデスはまったく彼に同意している。

> 神――慈しまれ、高められますように――を否定という方法によって描写するのは、正しい描写であると知りなさい。（中略）否定以外のしかたで神を表現する方法をわれわれはもちえないということを、私はあなたに明らかにしよう。（中略）神――栄誉と尊厳がありますように――は必然的存在であり、彼のうちに複合はないということは、すでに論証されているのである。（中略）また、われわれは神が存在するという事実を理解できるだけなのであって、神の本質を理解することはできないということは、すでに論証されているのである。（『迷える者の手引き』第一部五八章[178]134-35）。

結果としてマイモニデスは、物体性が暗示されうるいかなる場合においても、律法の言葉と伝承とを比喩的に解釈すべきであると主張する。そうすることにより、彼は大部分のユダヤ人の信念と、幾人かの彼の先達、とりわけイェフダ・ハレヴィの教えに異議を申し立てているのである。多くの先行するユダヤ思想家が、擬人化した言い回しを神に帰すことの究極的な真実性は否定しつつも、ユダヤ人の大多数を宗教的に指導するためには必要だと見なしているのとは異なり、マイモニデスは、すべての擬人化は偶像崇拝につながるだけだと考えているのである。それゆえ、彼は神の非物体性について、哲学的枠組みをもつ『手引き』の中だけではなく、彼の別の著作である『ミシュナ注解』と『ミシュネー・トーラー』においても議論しているのである。彼は、「来世」（すなわち、不死）の入り口に到達するために必要と見なしている一三の信条のうちの五つを、神の唯一性と、神の非物体性を肯定することの上に基礎づけている。逆に言えば、神の物体性と、ひいてはそれを暗示する聖書の語句の字義的理解を信じることは、イスラエル共同体と来世からの排除を含意すると彼は主張するのである。したがって、『手引き』の第一部のほとんどは聖書の擬人的な語句の解説に費やされており、それが、マイモニデスが世に知られた（もしくは悪名高い）神の属性を肯定的にとらえることの否定と、類推によって神のいかなる肯定的知識であっても否定することに、いかに離れていようとも通じているのである。はたらきという神の属性、すなわち、創造された世界における結果にもとづいて描写された神の諸特性は認められるが、しかしそれらでさえも、厳密に言えば正しくはない。それらは、人間が模倣すべきはたらきの最善の手本であるために許容することはできるが、しかし、それらは神についてなにひとつ真実を表現してはいないからである。

アリストテレスとイスラームの哲学的伝統に従って、マイモニデスは神の存在についての四つの論証的証明を提示している。それらの論証はすべて因果性によるものである。すなわち、観察された物理的現象から始め、さらに原因を無限に遡及することは不可能であることから、因果関係の鎖全体における、原因のない第一原因か、あるいは第一動者が存在するはずであると結論づけている。アヴィセンナに追随しつつ、マイモニデスはアリストテレスの言う第一動者を、その存在がその本質と同一である単一の必然的存在と同じものと見なしており、その存在が本質から区別され、必然的であるよりも可能的な他のすべての存在者とは異なるものとするのである。ただし創造に関しては、マイモニデスはアヴィセンナから逸脱している。アヴィセンナが、他の存在は必然的流出によって神から生じると見なした点について、マイモニデスは因果関係の必然性が神にまで及ぶことを否定している。なぜならば、神は世界における必然性の原因であって、必然性によって縛られることはないからである。

まさに、アリストテレスが人間の自然本性的な理性の限界を認識していたことによって、マイモニデスは、論証することのできない主題に関する哲学者［アリストテレス］の思弁の代わりに、啓示された教えをその代用とすることができたのである。だからこそ、律法の中でも根本的であると見なした主題で、アリストテレスと聖書が食い違っているような主題、たとえば、創造や摂理などに関しては、マイモニデスは哲学の教えよりも啓示の教えの方に、より大きな蓋然性を置こうとしているのである。創造と摂理の両方の主題について、マイモニデスはまず、哲学的立場の弱点をあらわにし、そのうえで、啓示された教えの方がより妥当であること、すなわち、論理の要求により適合するか、あるいは感覚的経験の説明としてはよりよいものであることを示そうと試みている。

彼［アリストテレス］の見解にともなう疑念を並べ立てたことで、私を非難してはならない。（中略）しかしながら、彼の追随者が彼を扱うに際してわれわれに要求したとおりに、われわれはこの哲学者を扱おう。なぜなら、［アフロディシアスの］アレクサンドロスの説明によると、いかなる論証も不可能なすべての事例において、問題とされることがらに関する二つの対立する見解は仮説として措定されなければならず、また、どのような疑念がそれぞれに付随するかが理解されねばならないのであって、より少ない疑念をともなう見解が信じられなければならないのである。アレクサンドロスは、アリストテレスが論じ、それに関していかなる論証も可能でないような形而上の諸見解については、ものごとはかくのごとくであると述べているのである（『迷える者の手引き』第二部二二章［178］320）。

創造の問題の探究にあたって、マイモニデスは、批判に耐えうると思われる三つの主要な立場――律法の立場、プラトンの立場、アリストテレスの立場――について概要を述べている。第一の立場は、神の意志のはたらきによる無からの創造を肯定している。第二の立場は、神と永遠に共存する第一質料からの創造のはたらきを肯定している。第三の立場は、時間と運動の関係と同じように世界も永遠とし、世界とともに永遠な第一動者を肯定している。三つの立場の概略を記した後で、マイモニデスは、アリストテレスの立場が律法の基盤を損なう一方で、プラトンの立場はそれを害さないにもかかわらず、双方の哲学的な立場は、あたかもそれらがひとつであるかのように論駁されうると主張している。実際、彼は双方の立場をそのようなものとして扱いつつ、議論を進めていく。それら別個の哲学的立場を融合させていることと、哲学的立場と啓示的立場のどちらも論証不可能であるとマイモニデスが認めていることにより、マイモニデスは律法の立場を是認しながらも、律法に矛盾する彼の本来の立場、つまり世界は永遠であるという信念を隠しているのだと、学者たちが憶測することにつながったのである。しかし、彼が示した見解を尊重するだけでなく、そのような憶測を認めるよりも哲学的にさらに説得力のあるやり方で、マイモニデスの立場を説明することは可能である。説明すれば次のようになるだろう。プラトン学派の立場は、哲学的でない信者にとって律法の基盤を損なうことにならないとはいえ、それでも啓示された神概念を危うくするしかたで神の力を制限する。なぜならば、創造に先立って永遠に［神と］共存するいかなる存在（たとえば、第一質料）も、まさに創造の業に対するそのような質料の必然性のゆえに、創造の業を制限することになるからであって、そのような質料が、存在論的にある程度（いかに小さくとも）神に可能なことと不可能なことを決定することになるからである。したがって、その永遠に共存する質料は、創造された世界において「神と」ともに決定する原理でもある。素朴な信者たちは、無からの創造と、永遠に共存する第一質料からの創造の間にある差異を認識できないために、彼らにとってプラトン学派の立場は、律法の立場が創造を肯定することとは矛盾しない。しかし、『手引き』の読者である迷える哲学者にとっては、その違いを理解することが可能である。さらに、迷ってはいるが信者である哲学者にとって、プラトン学派の立場は魅力的である。というのは、律法の立場が、創造は説明を超えたものであるとするのに対して、プラトン学派の立場によって、彼らは創造を肯定しつつ、同時にそれを説明することが可能になるからである。しかし、プラトン学派の立場をとることによって、それらの思想家たちは、神の意志から独立した変化と衰退の原理を認めざるを得なくなるのである。それを認めることは、神の正義はもちろん、人間性の完成の可能性に対するゆゆしい帰結を許容することになるのである。

したがって、中心にある問題は、世界の起源は論証可能か否かなのである。アリストテレスがこの問題を哲学的に解決しようと試み、かたやプラトンは彼自身の見解を単に「ありうる話」として論じたため、律法に対して真に脅威となったのはアリストテレスの論議であって、このために注意深い検討が必要となるのである。もし、アリストテレスの論議が論証的原理よりも憶測にもとづいたものとして示されるのであれば、律法の立場は、少なくとも等しく妥当なものとして論じられるであろう。このためマイモニデスは、月下の自然学に関するアリストテレスの教説が正しいとする一方で、形而上学は言うまでもなく、天上界の自然学に関しての彼の教説は不確かで、プトレマイオスの自然学と相容れないだけではなく、いくつかのアリストテレス自身の論理的規則にも背いていることを示すためにずいぶんと苦心している。さらに、彼が多くの箇所で指摘しているように、アリストテレス自身は、世界の起源の問題は論証を超えたものであると結論づけたのであり、サアディアのような、のちのアリストテレス主義者だけが、答えは論証できると信じていたのである。(6) この結論を強調するために、マイモニデスは観察されず、唯一で、自然的世界の外の出来事だけではなく、観察されないすべての現象についての論証不可能性を主張している。

ある事物が生成され、その最終的な状態を獲得し、その最も完全な状態における安定に達した後の事物の本性からは、いかなる観点からも、その事物が生成に向けて運動している間の事物の状態に関するいかなる推論も引き出され得ない。同様に、その事物が生成に向けて運動しているときの事物の状態から、その事物が運動を始める前の状態に関するいかなる推論も引き出され得ない。この点であなたが間違って、現実態にある事物の本性から、単にそれが可能態にあるときの本性について推論を引き出すときはいつでも、深刻な疑念があなたのうちに沸き起こるのである。さらに、必然的に存在する事物が、あなたの見解においては存在が不可能となり、また他方では、存在が不可能である事物が、あなたの見解においては必然的に存在するものとなるのである（『迷える者の手引き』第二部一七章[178]295　強調は筆者）。

マイモニデスはここで、存在それ自体から存在の必要条件を演繹的に推論することが不可能であることを示すために、事実に反するたとえを上げている。彼は、人間か動物かを問わず、女性といっさい関わることなく成長したために、人間というのは生まれてくるものだということを信じられないでいる、疑り深い男を心に描いているのである。

世界の起源に関する哲学的立場が疑わしいと証明され、この問題に関する律法の立場が等しく正当であると受け入れられるならば、奇跡と預言を含んだ律法のすべての教えは、哲学的に妥当なものとして示されうるのである。とはいえ、マイモニデスによると、次の点を強調することは重要である。つまり、かりに世界の起源に関する論証というものがあるならば、たとえそれが律法の文字とは矛盾したものであっても、その結論は受容されなければならないであろうということである。

世界の起源は論証不可能だとするマイモニデスの議論は、因果の必然性が神にまで及ぶことを否定しており、あくまでも神のはたらきに関するものである。それは、自然本性的で必然的な目的論を拒むものではなく、目的論が形成された状態である、現に存在する世界に議論を制限しているだけである。とはいうものの、存在する世界への自由で非決定的な神の介入の可能性を排除するものではない。マイモニデスによると、この可能性というのは、創造のはたらきにより自然に内在せしめられるものである。したがって、奇跡的な出来事は、自然の秩序を乱すことにはならないのである。むしろ、奇跡は自然のうちにある潜在的で現実化されていない可能性であって、創造のはじめの計画を構成する一部分なのである。同じように、神とは、月下の世界に無関心な存在として表現されているアリストテレスの神というよりも、思慮深く全知な存在であると言えるのは、まさに創造のはたらきの認識的かつ意志的な本性によるのであって、それが必然とされているからではないのである。生成消滅する世界についての神の知識は普遍的である一方で、潜在的に不死であるもの——知的であるがゆえに、神の知性の似姿として造られた人間——についての神の知識は個別的である。月下の世界で、個別的な摂理は人間だけにしか及ばないとしたことは、単なる律法に対する譲歩でも、過度な知性主義の結果でもない（これはマイモニデスに対して提起された、二つの相反する非難である）。むしろ、個人の不死性についてなんら主張しないかぎりは[7]、いったん自由で意志的な創造と自然的因果関係の両方が肯定された以上、整合性をもって保持されうるのはこの立場だけなのである。必然的な因果関係の法則に支配される存在は、神に由来する普遍的法則に支配されるがゆえに、ただ種として知られるだけの存在なのである。なぜならば、彼らが永続性を有し、ゆえに真に知られうるのは、ただ種としてであるからなのである。他方で、必然的に行動するのではなく、（固有な意味での行為が知性の結果として理解される場合に）行動するか行動を控えるかの選択が可能な知的存在は、その度合いによって彼らに固有の完全性を実現し、永続性を獲得するのであり、ひとつの種に含まれる本質的には区別されない一員としてよりは、別個の個体として知られうるのである。

マイモニデスが、知性を現実にはたらかせていないような個々の人間を、神が知っていると言いうると考えていたかどうかを問うことは、この章の範囲を超えることである。彼はおそらく、それを否定したであろう。マイモニデスにとって、承認すべき重要なこととは、(一)人間として、すべての個人は厳密な意味で自然的存在にはない行動の自由を保持していること、(二)人間には律法が与えられており、それにより人間は（自分自身のものだけではなく、神の）知性に従って行動することができ、また、人間は自分自身の法を作るために、律法を選ぶこともできるし選ばないでおくこともできるということ、の二点である。非理性的な被造物が、彼らの自然本性の必然的で普遍的な法に従って、彼らに固有の完全性を獲得するのに対して、人間は、啓示された「知性的な」法を通して、自分自身の完全性を自由に獲得するのである。そうすることに失敗することは、人間の完全性を自らの意志によって堕落させることになるのであり、それによって、その個人は理性的な存在であるよりも、低い地位の存在に落とされることになるのである。「この単一の魂――その諸能力や諸部分についてはすでに述べている――は質料と同等なものであって、知性はその形相であることを知りなさい。もし、魂がその形相を得なければ、この形相を得ようとする魂の能力の存在は無となり、いわば無益なものとなるのである」（『八つの章』第一章[177]64）。その一方で、神の法を遵守し、それを理解することを求めることによって、すべての人間は「来世の分け前」にあずかることができるのである。

キリスト教とユダヤの両方の、後世の哲学に対するマイモニデスの影響というものは、強調しすぎるということはないはずである。キリスト教哲学に対する彼の影響は、トマス・アクィナスにおいて最も顕著であって、彼が「ラビ・モイゼス」の見解に頻繁に言及しているということは、たとえ彼の意見がラビと一致しない場合であっても、深い敬意を表したものと言えるのである。(8)

より純粋なアリストテレス主義――ゲルソニデス（レヴィ・ベン・ゲルソン）（一二八八―一三四四）

ゲルソニデスは、プロヴァンス地方で生まれ、生涯のほとんどはオランジュに居住し、かなりの時間をアヴィニョンで過ごしたとされている。彼のギリシアの哲学と科学についての知識は、ギリシア語とアラビア語の原典のヘブライ語訳から得たという点についてはおおむね合意されているが、彼がラテン語を読めたかどうかについては意見が割れている。いずれにせよ、彼の作品は、彼がスコラ哲学の内容と形式の両面において精通していたことを示しており、(9)さらに、彼がキリスト教思想家と教皇の宮廷――彼はそこで、数学者かつ天文学者として高く評価されていた――と相互に交流関係をもっていた、という直接の証拠も残っているのである。

ユダヤ人アリストテレス主義者としてのマイモニデスの評判と影響は、ゲルソニデスをはるかにしのぐとはいえ、より徹底的で、首尾一貫したアリストテレス主義者であるのはゲルソニデスである。この観点からすると、その時代の騒然とした風潮を鑑みれば驚くことではないとはいえ、ゲルソニデスの哲学的作品が、キリスト教の哲学的伝統には知られないままであった一方で、(10)ユダヤ伝統においては中傷され、明らかに無視され続けてきたことは皮肉である。彼の代表作、『主の闘い』（*Milhamot ha-Shem*）は、実際には「主に対する闘い」として酷評された一方で、アヴェロエスのアリストテレス注解に対する、彼の幾多の注解書は無視されたのである。彼の『分析論前書注解書注解』の英訳と、未出版の『魂について要約注解書注解』の部分訳を除いて、それらはまだ写本のかたちで隠されたままになっている。注解書注解は、それ自体興味深いものであるにもかかわらず、それらはのちのユダヤやキリスト教の哲学にはまったく影響を及ぼさなかったため、ここでは『主の闘い』に焦点を絞ることとしたい(11)。

『主の闘い』の序において、ゲルソニデスは、知的な人間性と政治的な人間性の両方の完成に到達するために、扱われるべき六つの大きな問題を列挙している。これら六つの難題のそれぞれが、別々の巻の主題となっている。㈠魂は不死であるか、㈡夢、占い、預言の本性、㈢神は個の存在を知るか否か、㈣神の摂理の本性、㈤天体の本性と運動（天文学）、㈥世界は永遠であるのか、創造されたものであるのか。最後の問題は、探究の順番では最後になっているとはいえ、重要性の順では第一であると、ゲルソニデスははっきりと述べている。これは根本的な原理であり、かつ難問なのであって、他のすべての問題はここから続くのである。彼はまた冒頭で、世界の起源に関する唯一可能な証明は経験にもとづくもの（*a posteriori*）であって、「第一原因の本質」からは、いかなる証明も引き出し得ない（サアディアの立場の暗黙的な批判）と主張している。

この問題について、われわれは世界より前なるもの、たとえば第一原因から、証明を引き出すことはできないと認識することは重要である。なぜなら、第一原因の本質についてのわれわれの知識は、ごくわずかだからである。それゆえ、われわれはそれを前提として、この問題についての証明をそこから構築することはできないのである。実際、この探究においてわれわれが利用できる類の証明は経験にもとづく証明であって、もし世界が生成されたものと仮定するならば、それは、この生成された存在［世界］より後の現象にもとづくものなのである（『主の闘い』序［323］92）。

問題が哲学的に困難なものであるかぎりは、問題に関するさまざまな見解の長所と短所を考察することによって、議論を進めていこうとゲルソニデスは語っている。それは、真と偽を見分けて疑念を消し去ると同時に、それらの問題から原理を引き出すためである。ゲルソニデスは、マイモニデスよりもさらに挑戦的なやり方ではあるが、彼の関心は探究を妨げようと試みる者にあるのではなく、「探究者」を助けることにあるのだと公言する。というのは、哲学的探究というものは「神の模倣」なのであって、しかも「律法は、われわれに誤りを信じるように強いるノモス［法、慣習、伝統］ではなく、むしろ、可能なかぎり真理の獲得に向けてわれわれを導くもの」だからなのである（『主の闘い』第一巻序[323]198　訳は修正）。

われわれが見てきたように、マイモニデスは、律法のある論題については理性的な論証を超えていると断言した上で、そのような論題における律法の地位を是認している。それとはっきりと対照的に、ゲルソニデスは、それらの論題に関する知識を得たいという欲求が自然本性的であること——これは、そうした論題（マイモニデスのものを含めて）に向けられてきた哲学的探究により明らかである——は、そのような知識が自然本性的に獲得可能なことを示していると論じている。それらの論題の中で第一に重要なものは、世界の起源と個の存在に関する神の知識という、私が次に焦点をあてる題目である。これらのことがらについて、ゲルソニデスの結論はマイモニデスの主張に異議を申し立てているのだが、それは哲学的な諸根拠によってそうしているのである。

世界の起源の探究に際して、ゲルソニデスはまず、問題に関する二つの根本的に相反する立場が理解され、また擁護されてきたさまざまな方法について概要を述べている。彼が言うには、創造は、多数の世界の継続的生成としても解釈されうるし、単一の世界の創造としても解釈されうるのであって、それぞれの解釈は二つの可能性、すなわち、無からの創造と、根源的質料からの創造を認めている。同じように、永遠性は世界の永遠存在としても解釈されうるし、神から世界が永遠に流出することとしても解釈されうるのである。以上の予備的な分析から、ゲルソニデスはさまざまな意見のうちの三つだけが、さらなる探究をおこなう価値があるものであると結論づける。それらはすなわち、アリストテレスの［世界の］永遠性を支持する議論、マイモニデスの無からの創造を支持する議論、そしてプラトンの根源的質料からの創造を支持する議論である。彼はさらに、それらの立場に賛同する、これまで進められてきたすべての議論は不十分であると断言する。最終的に彼は、プラトンの立場の説明を擁護するのだが、本質的にはアリストテレス主義的な学問的考察にもとづいて、そうしているのである。

ゲルソニデスの立場の最も人目を引く点は、彼が根源的で絶対的に無形相の質料からの非時間的な創造を支持するような議論を、自然学の諸法則にもとづいておこなった点だけにあるのではない。それは、起源の問題におけるこの立場を彼が保持した理由というものが、世界は不滅で永遠であるという、彼自身の確信をも基礎づけている点にあるのである。さらに主張するには、彼の立場は律法と完全に一致するのであって、これは奇跡についての律法の教えを含めたものだという。というのは、奇跡はつねに、既存の質料における変化をともなうものと見なされているからなのである。ゲルソニデスの見解では、絶対的に無形相の質料（「創世記」一章の虚無と原初の水）からの創造は、神の意志を制限することは決してないという。なぜならば、無形相の質料は、それが創造を形成する形相をもつようになるまでは、運動あるいは変化に対していかなる可能態ももたないからなのであって、形相をもつようになるということが、まさに創造というものだからなのである。世界の創造についての説明と同じように、世界の不滅性を支持するゲルソニデスの議論は、自然学の諸法則、とりわけ、何が本性的に必然で、何が可能で、また何が不可能であるかに関する法則にもとづいている。世界の不滅性の問題に対する彼の探究は、消滅の原因についての考察から始まっている。それは、自然的原因であるか、意志的原因であるかのいずれかである。自然的破滅は、形相によってではなく、質料のみによって起こるものである。なぜなら「形相は、可能なかぎり、存在における特定の「すなわち形成された」存在者であることを保持しようと努めるもの」だからである（『主の闘い』第六巻、翻訳は著者）[12]。それ自体として考察された個別的存在が、もし、その存在がそのはたらきの諸能力に本性的に対立し、かつそのはたらきの諸能力よりも大きい諸力のはたらきを受けるならば、それは破壊されうるであろう。しかし、そのような対立性は、その形相が完全である天体には付随しないのである。さらに、天体における完全な形相が月下の存在に形相を付与し、それらを完全にするものであるかぎり、可変的存在者の形相（種）が存在をやめることは不可能である。したがって、ゲルソニデスは、世界の破滅の自然的原因はないと結論づける。それでは、意図的な意志のはたらきによって、世界が破滅することはありうるであろうか。ゲルソニデスはこれを不条理であるとして切り捨てる。なぜなら、もし存在する事物の形相がその事物を保持し、完成しようと努めるのであれば、神はなおさらそうするからである。意志はもちろんのこと、神が世界を破壊する権能をもつと仮定することは、神に卑劣かつ遺憾なはたらきを遂行するための能力を帰することになるのである。ゲルソニデスは、さまざまな代替的な創造の筋書き（連続する世界の創造と、可能的な別の世界の創造と、無からの創造）を拒絶しているが、それと同じ根拠によって、原初的質料から創造されたひとつの世界が、未来の方向では（*a parte post*）永遠だということを、今や擁護したのである。(13)

同じように首尾一貫した哲学的自然主義が、神の個物についての知識に関するゲルソニデスの議論を活気づけている。ここでの問題は、またもや、哲学と宗教の間のおりあいをつけることである。個物としての個物の知識を必要とするような、神の正義それ自体には関心をもたない哲学者たちは、神の個物についての知識を否定する。それは、普遍的で必然的なことがらの知的把握といった、知識という名に真に値するような知識だけを神に帰すためなのである。一方、神の正義と摂理が第一の関心事である神学者たちは、偶然的な存在と行動といった、個物についての神の知識を主張する。両方の立場は、いずれにせよ、人間の自由を危うくさせているように見える。第一の立場は、個的な人間的行為と出来事を、偶然の、ゆえに空しいものにゆだねることによってであり、第二の立場は、すべての個々の人間の行動を、厳密な決定論に従うものと見なすことによってである。双方の見解のさまざまな定式化（マイモニデスのそれらをおり合わせる試みも含めて）を哲学的に不適切であると判断することによって、ゲルソニデスは、神は個物としての個物の知識を有しないと考えるのである。とはいうものの、単に哲学者の見解を是認し、神学者の見解を拒絶するというよりも、むしろゲルソニデスは双方の見解を矛盾のないやり方で再定式化している。つまり、哲学者に従いつつ、彼が主張していることとは、適切に言うならば、知識（学知）というものは普遍的で必然的なものであり、しかるに、個物の「知識」は知識ではなく感覚なのだということである。神は個物を個物として知ることはない。まさに、それは感覚されうるものであって、そのようなものとして知識となっていることはありえないからである。それでもなお、神は他の観点から、つまり、それらが知性によって秩序を与えられたものであるかぎりにおいて、個物を知るのである。

秩序づけられたものとしてのもろもろの個物についての神の知識は、それら個物に固有な知性的秩序に基盤を置いており、そうした知性的秩序は神の知性に永遠に内在するのであって、その神の知識はそれら偶然的な事物に基盤を置いているわけではないと、われわれは主張したからである。なぜなら、神はそのような個物から神ご自身の知識を得るようなことはなく、むしろ、それらの個物がそれら個物についての神の知識から自己の存在を得るからである。というのは、それらの個物の存在は、神の知性に内在する、それらに固有な知性的秩序の結果だからである（『主の闘い』第三巻五章[323] 133）。

まさに、この種の知識というものが必然的な自然法則についての理解を反映している（あるいは、むしろもとづく）ために、その理解には、何が実在的に、あるいは自然的に可能であるかといった理解を必然的に伴うのであり、またその理解には、選択と自由が関わるような種類の出来事と行動を含むのである。それゆえに、神がある特定の種類の出来事と行動がいずれにせよ起こると知っているとしても、この特定の時間において、神はこれかあれかの個物が、これかあれかの方法で行動するであろうということは知らない（知り得ない）のである。「将来の出来事についての神の知識は、予見された出来事が必然的に起こるであろうことを含意しない。むしろ、その逆がなお可能なのである。（中略）それらは選択という要因によって、偶然的なものに留まるのである」（『主の闘い』第三巻五章［323］133）。

ゲルソニデスの哲学的著作の最も過激な一面と、彼の著作がユダヤとキリスト教の哲学的正典から排除されたことを最もよく説明する一面というものは、彼とスピノザとの近似性を明白に示す一面でもある。ゲルソニデスにとって、普遍的で必然的なことに関わるわれわれの科学的知識（個別的で偶然的なことに関わる、感覚的知覚と対比して）は、神のもつ知識とは異なるものであるとはいえ、それは種類の違いなのではなく、単に程度の差なのである。したがって、個々の人間が自然本性的で必然的な事物の秩序を理解すればするほど、彼らは神の知識の一面を「共有」するようになり、より自由になるのである。

ユダヤ教徒とキリスト教徒の相互交流

形式と内容の両方の面で異なる以下の三つの相互交流の類型が、中世のユダヤ人とキリスト教徒の間の知的関係を特徴づけている。㈠文書あるいは口頭による論争的討論、㈡聖書解釈についての一方的な学問的参照、㈢相互的な哲学的交流あるいは哲学的影響。本章が哲学的な側面に焦点をあてていることを考慮し、さらに、はじめの二つの相互交流は強いられた状況で生じたことを踏まえて、これら二つの類型については、それぞれの内部での相違や、二つの間の相違の重要な点だけを述べておくことにしたい。

第一に、あらゆる討論の政治的文脈が、ユダヤ人は迫害された少数者であったという状況であったにせよ、初期の論争（およそ一三世紀まで）は、概して文書化された対話の形式をとっている。それは、架空の人物をとおした、互いの論敵のもろもろの見解の表明であるにもかかわらず、互いに相手方の伝統の源泉を熟知し、強いられたものではないことを示している。逆に言えば、のちの討論（そのあとに文書のかたちで記録されたものも含めて）は、ユダヤ人が強制改宗あるいは死の脅威の下で「参加した」、教会当局により始められた公の出来事であった。とはいえ、いずれの場合も、相互関係はもちろんのこと、本当の意味での影響関係の証拠は残されていない(14)。

第二に、聖書解釈に関するユダヤ人とキリスト教徒の相互交流と影響は、論争と哲学の間の中間の位置を占めている。一方では、キリスト教の釈義家と哲学者は、ユダヤ人の解釈者の専門的知見（文法的、文献学的、また哲学的な）を得ようとした。他方では、彼らの交流は一方的であっただけではなく、そうしたユダヤ人の専門的知見を求め、寛容を主張し、追放や他の形態による暴力的な迫害からユダヤ人を保護しようとした同じキリスト教思想家が、しばしばそうしたことと同じ理由で、たとえ短期間の排除ではあっても、暴力的かつ抑圧的な政策を正当化していたのである（たとえば、ロバート・グロステスト、ヘールズのアレクサンデル、ロジャー・ベイコン、トマス・アクィナス、ヨハネス・ドゥンス・スコトゥス、など(15)）。

先の二つの相互交流の形態とは対照的に、一三世紀以降、抑圧的な教会政治的な関心からは比較的（完全に、とはとても言えないにしても）独立しており、時おりそのような関心に暗に対抗するような、ユダヤ人とキリスト教徒の間の相互的な哲学的交流があったのである。ユダヤ・キリスト教の相互交流の特徴に関して、こうした変化の原因となった要因のうち、われわれの目的にとって最も重要なものは、㈠一二世紀後半のトレドにおける、ギリシア語、アラビア語、ユダヤ・アラビア語で書かれた、科学的および哲学的原典のラテン語訳、㈡ギリシア語、アラビア語、ユダヤ・アラビア語で書かれた、科学的および哲学的原典のヘブライ語への翻訳と、さらに主要な哲学的言語がヘブライ語（ユダヤ・アラビア語であるよりも）と少なくともひとつのロマンス語で、かつ構成員の多くがラテン語にも精通している学術的共同体の創設、㈢一三世紀前半に神聖ローマ皇帝フリードリヒ二世によってナポリに設立された、ユダヤ人とキリスト教徒の学者と翻訳家からなり、そこでの言説が教会の検閲から独立していた活発な共同体、㈣イタリアのユダヤ人とキリスト教徒の学者の間に広範な学術的協力関係を引き起こした、マイモニデスの『迷える者の手引き』のラテン語訳、の四つである。

宮廷における初期の典型的な相互交流は、ヤコブ・アナトリ――彼は皇帝の医師で、哲学的もしくは科学的な作品をアラビア語とラテン語からヘブライ語に翻訳し、ヘブライ語とアラビア語の原典をラテン語に翻訳するときに補佐したと考えられている――と、アラビア語の作品のラテン語訳で有名な翻訳者、ミカエル・スコトゥスの間のものである。二人の間柄の特徴に関するアナトリの証言は、少なくとも二つの面で際立っている。第一に、彼は律法に関する説教として書いた文章で、彼の主要著作である『学生の突き棒』(*Malmad ha-talmidim*)の序論で、最大限の賛辞をこのキリスト教思想家に与えている。第二に、彼は、ミカエル・スコトゥスには聖書釈義家としての優れた能力があるとしている。そのうえ、マイモニデスが「アヴォット注解」序(『八つの章』)(訳注3)で、彼の読者に「誰であれ真実を語る者から聞け」と、奨励したのと驚くほど似通ったやり方で、アナトリは『学生の突き棒』の読者である伝統的なユダヤ人に、人がどの宗教を信仰しているかに関係なく真理を評価せよ、と命じているのである。

こうして宮廷で始まった翻訳と協働は、共通の哲学的な資料の集成を生み出し、とくにイタリアにおいては、ユダヤ人とキリスト教徒の間の本物の対話と相互作用をはじめて可能にした。ゆえに、キリスト教哲学に対する、マイモニデスの広範囲にわたる影響を補う合うものとして、ユダヤ哲学に対しての、スコラ学的かつ新プラトン主義的なキリスト教哲学の影響についての明らかな証拠があるのである。こういった影響は、マイモニデス派と反マイモニデス派のユダヤ哲学者の両方において明白である。このようにして、たとえばサレルノのモーセス(一二七九没)は、他のテキストと同様、『迷える者の手引き』に関する彼の注釈の中でスコラ学的用語と方法を駆使しており、一方、ヴェローナのヒレルとローマのインマヌエルは、ダンテから大きな影響を受けたのである。

宮廷によって始められたイタリア内部の哲学的交流が、教義的関心と教会の管理から比較的独立していたのとは対照的に、スペインとプロヴァンス地方では、相互的な影響は公然とは認められていなかった。それどころか、ユダヤ哲学者の著作が、キリスト教哲学——とくにトマス・アクィナス、ドゥンス・スコトゥス、ウィリアム・オッカム、ペトルス・アウレオリ、ニコル・オレームらの作品——に精通していることを明らかに示しているにもかかわらず、そのような影響の特徴と度合いに関しては、これまであまり調査がなされていないのである。例外は、シュロモ・ピネスの「トマス・アクィナス以降のスコラ学とハスダイ・クレスカスと彼の先達の教え」[256]という、萌芽的な小論文である。本章で注意してきたような、ユダヤ人哲学者とキリスト教哲学者の作品の間にある驚くべき並行性にもかかわらず、しかも、当該のテキストが内在的に相互に独立しているということはありそうにはないにもかかわらず、ピネスは、影響関係についての自分の証拠と結論を、仮説としてしか提示できなかったのである[16]。

ユダヤ・キリスト教の哲学的な面での相互作用の不安定な性質、中でもとりわけ存在が明らかに認められているものが、ルネサンス期に痛ましいほど歴然としている。このもろさは、教会政治的な権力に対する哲学の脆弱な立場からして、ユダヤ教とキリスト教が哲学的に相互に影響しあったことが、いかに特別な状況であったのかについてをも明らかにしているのである。エリア・デルメディゴ（一四六〇—一四九六）は、その鮮明な例である。ヴェネツィア人の支配下にあったクレタ島で生まれたデルメディゴは、アヴェロエス派のアリストテレス主義者であり、ヘブライ語、アラビア語、ギリシア語、ラテン語、さらにイタリア語に堪能で、彼が哲学の講義をおこなった、パドヴァのタルムード学院の校長であった。彼を称賛していた幾多のキリスト教徒の中には、彼を自らの哲学とユダヤ神秘主義の師と見なしていた、ピコ・デラ・ミランドラがいた。ヴェネツィア政府の招聘で、デルメディゴが白熱した哲学的論戦の裁定人を務めるように依頼されたとき、一方の学派の思想に賛同しようと彼が裁定をくだしたことで、他方の学派の反感を引き起こしてしまった。同じような理由で、彼のアヴェロエス主義に端を発して、彼はパドヴァのユダヤ教のラビとの論争に巻き込まれてしまった。結果的に、一四九四年のピコの死後、強力なキリスト教徒の支持者を失ったことにより、デルメディゴはクレタ島に強制的に帰還させられてしまったのである。しかし皮肉なことに、そこでは、彼はユダヤ人とキリスト教徒の両方から、高く評価され続けていたのである。

注

(1) サアディアの主要な論争は、一〇世紀末に至るまでイスラーム世界ではかなりの追随者をもった、カライ派に対するものであった。カライ派は、タルムード的なユダヤ教を拒否し、ユダヤの法と解釈の伝統なしに、ヘブライ語聖書に厳格に基づいたユダヤ教を構築しようと試みた。

(2) サアディアの作品のうち、英訳で入手可能なものは、『信仰と意見の書』[106]と『神義論』[107]の二つだけである。

(3) サアディアは、これらの他にも同様の証明があると付記している。彼が提示している四つの証明は、マイモニデスが七点上げている、創造に関する標準的なカラームの証明に基づいているため、サアディアの言及は、少なくともそれらを包含するものとして理解されなければならない。

(4) 時に、彼は質料と形相は区別されていないと述べ、時に、対立するものとして論じている。同様に、時に、彼は質料と形相の起源の間にある区別を、それぞれ神の本質と神の意志にあるとして描き、時に、両方とも神の意志から同時に発していると主張している。質料の状態についての一貫性のなさは、プロティノスにさかのぼることができるであろう。

(5) 例として、イブン・ガビロルが霊的質料を仮定することに対する、トマス・アクィナスの批判(『離存的実体について(天使論)』五―八章)がある。

(6) 前述の、一七九頁および注(3)を参照。

（7）マイモニデスにとって、月下の個体化は、質料を通してのみ生じうることを注記しておかなければならない。知性であるかぎりの人間存在に関する神の知識は、異なる個々人が、彼らの理解に応じて分有する能動知性の知識である。

（8）たとえば、『霊魂論』第三問異論六および異論回答六、第八問異論一九および異論回答一九を参照。アクィナスはしばしばマイモニデスに追随している。たとえば、『ボエティウス三位一体論註解』第三問回答一、『神学大全』第二部の一第一〇一問—一〇二問、諸所、『能力論』第三問、諸所を参照。アクィナスとマイモニデス全般については、J.I. Dienstag [190]、D. Burrell [121, 189 および 500]、I. Dobbs-Weinstein [191]、また W.Dunphy [183] および [192] を参照。

（9）アクィナスの立場を反映した、『主の闘い』第一巻一章最終段落を参照。

（10）例外は、天文学に関する独立した作品としてラテン語に翻訳された、『主の闘い』第五巻である。

（11）註解書註解を無視することによりわれわれの仕事は単純化するとはいえ、そうすることで、そこで同様の問題が議論されている、ゲルソニデスの哲学的立場についてのわれわれの理解を修正し、かつ豊かなものにする可能性を見過ごす結果にもなることを、注記しておかねばならない。これは、註解書註解において、ゲルソニデスが哲学と聖書的教えを調和する必要に縛られていなかったという事実に鑑みて、とくに重要な点である。

（12）用語上の差異にもかかわらず、ゲルソニデスの論議は、努める（*hishtadlut*）という言葉を含め、顕著にスピノザの議論に類似している。

（13）マイモニデスも、世界が未来の方向では（*a parte post*）永遠であると論じていたことは付記しておくべきであろう。『迷える者の手引き』第三部二五章[178]502-506を参照。

（14）S. W. Baron [499]の、とくに55-134を参照。

（15）ロバート・グロステスト『書簡』五と七[194]、『律法的祭儀の終止について』（1232）に関するL. M. Friedmanの議論[198] 21-23、ヘールズのアレクサンデル『神学大全』第二巻第二部第三論究第八論考第一節[358]、ロジャー・ベイコン『哲学要綱』（J.S. Brewer編, *Opera quaedam hactenus inedita*, London,1859）, 472、トマス・アクィナス『神学大全』第二部の二第一〇問（レオ版のカエタヌスの註解を参照）、『ブラバンティア公爵夫人宛書簡』、ヨハネス・ドゥンス・スコトゥス『命題集註解（オルディナチオ）』第四巻第四区分第九問。

（16）中世のユダヤ・キリスト教の哲学的影響に関する研究の先駆者である、W. Kluxenはさらに慎重である。[193]を参照。

注

（訳注1）ヘブライ文字を使ったアラビア語。J・ブラウによると、ユダヤ人がユダヤ・アラビア語を使い始めたのは七世紀にさかのぼるが、九世紀より前の著作は残存していないという。

（訳注2）彼は『手引き』の序において、ユダヤ教の秘義である「創造の業」（創世記一章と二章の天地創造物語のこと）はアリストテレスの自然学と、「戦車の業」（エゼキエル書一章と一〇章に現われるエゼキエルの幻のこと）はアリストテレスの形而上学と一致する、と述べている。

（訳注3）『ミシュナ註解』におけるアヴォット（父祖）序論のこと。この部分だけ独立して、『八つの章』（*Shemonah Perakim*）と呼ばれている。

（神田　愛子　訳）

第6章　形而上学　神と存在

スティーヴン・P・メン

古代ギリシアの哲学者たちは、神や神々について語る材料に事欠かない。そのうちの幾人かは、存在についてもまた雄弁に語る（この場合の存在とは、「XはYである」と表現されるような、述語としての存在（being as predication）または同一性としての存在（being as identity）であれ、あるいは、「Xが存在する」と表現されるような、現実存在としての存在（being as existence）であれ）。しかし、古代ギリシアの哲学者たちは、神と存在というこの二つの話題を体系的に結びつけることをしない。この点に関しては、近代の多くの哲学者たちも同じである。しかし、中世は違う。存在について考えることは、神について考えることに役立つだろうか、神について考えることは、存在について考えることに役立つだろうか、と彼らは問う。私は、中世の哲学者たちが「神と存在という」この二つの主題の間に見たいくつかの連関を調べてみようと思う。また、彼らが遭遇した困難についても探るつもりだ。特定の哲学者に絞るのではなく、さまざまな哲学者がとり上げた中心的なアイデアの方に焦点を合わせたい。それらのアイデアを、とくに興味深くわかりやすく表現した哲学者の著作をもとに描き出し、さまざまな哲学者たちがさまざまな方法でそれに答えようとしたその挑戦に注意を向けることにしよう。これらのアイデアと挑戦の多くは、イスラーム教の思想家に端を発し、一三世紀以降、キリスト教の思想家がそれを引き受ける。今後の記述は、イスラーム教とキリスト教の資料の間を行き来することになる。

神の存在証明　自然学的証明と形而上学的証明

神の存在証明は、この話を始める最適の場所だ。トマス・アクィナスは、『神学大全』第一部第二問第三項で、神の存在は五つの道によって証明できると述べている。トマスの第一と第二の道は、それぞれ、運動因と作出因からの議論で、アリストテレスからとってきた自然学的な証明である。目的論からの議論である第五の道も、同じく最終的にはストア派に由来する自然学的なものである。しかし、第三と第四の道は、存在論的な議論に見える。いや、アンセルムスのあの有名な議論に似ていると言っているのではない。実際トマスはそれ［アンセルムスのいわゆる存在論的証明］を否定している（『神学大全』第一部第二問第一項第二異論解答）。そうではなく、第三と第四の道は、自然的な世界に関する偶然的な事実からではなく、（実在という意味での）存在に関する事実から出発しているように見えるという、ただそういう意味である。

第四の道は、事物がよりXであるとか、それほどXでないとか言われるときの「程度」に依拠する。さまざまなものについて、より多く・より少なく、ということは、なにか最大限にそうであるものにどれだけ近づいているかに応じて言う。たとえば、最も熱いものに近づいているものほど、より熱い。ゆえに、なにか、最も真であるもの、最も善いもの、最も高貴であるものがあり、それは結局、最大限に存在するもの［あるいは、最大限に実在的なもの］である。なぜなら、［アリストテレスが］『形而上学』第二巻で述べるように、最大限に真であるものは最大限に存在するものだから。ところで、ある類の中で最大限にこれこれだと言われるものは、その類に含まれるすべてのものの原因である。たとえば、火は最大限に熱いものなので、「熱いもの」という類に含まれるすべてのものの原因である。これも［アリストテレスが］同じ書物の中で述べている。ゆえに、すべての存在するものにとって、その存在、善性、その他なんであれ完全性の原因であるなにかが存在する。私たちは、これを神という。（『神学大全』第一部第二問第三項）

トマスの主張はこうである。たとえば火は、火以外のものが熱いことの原因である。火は最も熱く、火以外ののは、熱いにしても火ほど熱くない。ちょうどそのように、神は、神以外のものが存在することの原因である。神は最も存在するものであり、神以外のものは、存在するにしても、神ほど存在するわけではない。このトマスの議論が証明になっているかどうかは疑問だが、かりにトマスが正しいとして、私たちは彼が描こうとしている状況をどう理解すればいいだろうか。「存在する」ということに程度があるとはどういう意味だろう。「存在する」ということが、神と被造物について、違う意味で言われるのだろうか。それらは、異なる論理的タイプに属するとか、なにかそういうことなのだろうか。トマスもよく知っているように、アリストテレスは、実体と付帯性が「存在する」とき、その意味は一義的でないと言う。付帯性は、派生的で弱められた意味において、「存在する」。白が存在するのは、単に、なんらかの実体が存在し、それが白いということにすぎないのだから。同じような違いが、神の存在と、創造された実体の存在との間にあるのだろうか。かりにあるとして、神はどのようにして、より低いレヴェルの存在を、他のものに伝えるのか。おそらく、実体が付帯性の基体になることで、その付帯性に存在を伝える、というのとは違うだろう。また、火が鉄と混じり合うことによって、鉄に熱を伝える、というのとも違うだろう。しかし、これ以外に、神と世界の形而上学的な結びつきを説明するモデルはあるだろうか。

かりに、神の存在の「形而上学的」証明というものをうまく作ることができるならば、そのような証明の利点は、その証明が提示する神と存在の問題をよく考えることで、神について、また、神と他の事物との因果的な連結について、単に神を（たとえば）運動の第一原因ととらえるよりも、深い理解が得られる点だろう。

しかし、少なくともアヴィセンナ以来、この戦略が有効かどうかについて、鋭い意見の対立があった。ヨハネス・ドゥンス・スコトゥス――彼自身はアヴィセンナの擁護者だが――は、次のように述べている。

アヴィセンナとアヴェロエスの間には論争があった。アヴィセンナは、神ではなく、なにか他のものが、たとえば存在が、形而上学の主題だと主張した。というのも、どんな学問も自らの学の主題が存在することを証明することはないが、形而上学者は神や離在［非質料的］実体の存在を証明するからである。『自然学』第一巻の最後の注釈で、アヴェロエスはアヴィセンナを次のように批判している。どんな学問も自らの学の主題が存在することを証明することがない、というアヴィセンナの大前提（これはアヴェロエスも認める）にもとづき、アヴェロエスは、神は形而上学の主題であり、神の存在は形而上学ではなく自然学で証明されると推論する。なぜなら、どんな離在実体も、運動を通してしか存在を証明できないが、運動は自然学に属するからである。（『パリ報告』序文、第三問第一項。Scotus［286］に原文と翻訳がおさめられている。ここでは、翻訳に加筆修正を施した。）

これは単に、形而上学は何を研究すべきか、神の存在を証明する特権をもつのはどの学かという、学問の境界論争ではない。アヴィセンナとアヴェロエスは、それぞれかなり異なる証明を思い描き、かなり異なる（かならずしも両立不可能ではない）しかたで神を、そして、神とこの世界の関係を考えている。アヴェロエスは、伝統的なアリストテレスの手続きを擁護し、月下の事物から、それを支配する天球の永遠に一様な運動へと論じ、そしてその運動から、その動者へ、そして第一の動者である神へと論じていく。対照的にアヴィセンナは、自然的世界の事実に依存せずに神の存在証明を与えようとし、存在から始めて、存在の第一原因としての神へと進む。アヴィセンナはここで、アリストテレスの『形而上学』に対して彼が不満に思うところを補おうとする。アヴェロエスが、形而上学を、非質料的な事物についての純粋な学、つまり神および天球の動者に関する学だと考えるのに対し、アヴィセンナは、ファーラービーにしたがって、アリストテレスの形而上学が、存在一般とその普遍的な属性（これらは、質料に依存せず、質料的事物と同様に非質料的事物にも当てはまるという点で「非質料的」である）についての学でもあると考える。アヴィセンナは、時として、形而上学は存在をその主題とし、神をその対象とする、すなわち、存在を探求することから始めて、存在の第一原因としての神を証明して終わる、と言う(1)。しかし、アリストテレスの『形而上学』は、この点に関しては期待はずれである。『形而上学』は、神を一番外側の天球の回転の原因としてしか証明しないので、［それ以外のことは］神についてほとんどなにも明らかにならない。神が、天球を動かす他の「知性体」あるいは「天使」たちと比べて、どのように優れているかということさえ明らかでない。それゆえアヴィセンナは、神が、質料的、非質料的を含め、存在するすべてのものにとっての存在の第一原因であることを証明することで、『形而上学』が約束することを果たそうと考える。しかし、これをおこなうためには、トマスの「第四の道」以上の議論が必要である。なぜなら、「第四の道」は、最も存在するものが一個だけ存在し、これがすべてのものにとっての存在の原因であるということを、単に推測するにすぎないのだから。私たちは、なぜ、さらに高次の存在原因へ無限遡行が進まないのかを問題にすることができる。かりに、ここでの無限遡行が不可能だとしても、なぜ、自らを越える存在原因を必要としない、いくつかの独立した「第一」存在があると結論してはいけないのか、と問うことができる。これに対して、すべての存在が、先立つ存在原因をもたなければならないのだ、と答えることはできない。なぜなら、神は、そのような原因をもたないからである。たしかに、現に存在するXが、つねに存在するものではなく、ある時点で存在するようになったのであれば、Xに先行し、Xの存在の原因となるなにかをXが必要とすることは理解できる。しかし、私たちがこの前提を用いるならば、私たちは「存在する」という事実からではなく、「存在するようになる」という事実、言い換えれば、運動の事実から始めることになる。［かりにこの点がクリアできたとしても］さらに、なぜ、いくつかの独立した永遠の存在があってはならないのか、という問題が残る。こういったさまざまな困難が理由となり、アヴェロエスを含む多くの哲学者たちは、神の存在を証明するアヴィセンナの形而上学的な方法は間違いであり、やはり私たちは自然学から出発すべきだと結論した。

アヴィセンナの議論といくつかの反論

アヴィセンナが自分の議論を提示するとき、様相の話から始めることがある。もしXが存在するなら、その存在は必然的か偶然的かのどちらかである[2]。より正確に言うと、Xの存在は（他のどんな対象の原因性とも関係なく）X自身によって必然的であるか、あるいは、X自身に関するかぎり、偶然的かのどちらかである。もしXが存在するならば、Xが存在する十分な理由があるはずだ。もしXが自らによって必然的に存在するのであれば（wajib al-wujud bi-dhatihi）、X自身が、自己の存在の十分な理由を包含している。しかし、もしXが、自分自身によって偶然的な存在であるならば（mumkin al-wujud bi-dhatihi）、そしてもしXが事実として存在しているならば、それはなにかそれ以上の原因を必要とする。もし、Yが、Xが存在することの十分な理由を包含しているならば、Xの存在は、もはや偶然的ではない。したがってアヴィセンナは、たとえXがそれ自身によって偶然的に存在するとしても、なにか他のものによって必然的に存在する（wajib al-wujud bi-ghayrihi）、と言う。神の存在を証明するときの、アヴィセンナの最初の仕事は、自らによって必然的に存在するものが存在することを証明することである。おそらく、これが、神の存在を証明するために必要なことのすべてである。ただし、そのようなものがただひとつだけ存在すること、そして、それが伝統的な神の属性の少なくともいくつかをもっていることを証明するまで、それは神の存在論証でないのかもしれないが。

いずれにしても、この最初の仕事をやり遂げるために、現実に存在している任意の事物X（たとえば、あなた自身）をとろう。もしXが自らによって必然的に存在するならば、仕事は終わりである。もしXがそれ自身によって偶然的に存在するならば、それはなにか他のもの、たとえばYによって、必然的に存在する。Yは、自らによって必然的に存在するか、他のものZによって必然的に存在するかのどちらかである。Zについても同じことが言える。ここには無限遡行があってもよい。アヴィセンナはその可能性を排除しない（アリストテレス主義者として、彼は世界とその中のすべての生物種が永遠であり、したがって、自分の祖先を無限にさかのぼることができると考えている）。かりにXの原因の無限系列があるとしても、「ひとつひとつの原因は、それ自体において偶然的か、それ自体において必然的かのどちらかである。もし必然的であるならば、それは原因を必要としないだろう。もし偶然的であるならば、[その系列に含まれるすべての原因からなる]全体が、偶然という性格を帯びる。そして、すべての偶然的な事物は自らを超えた原因を必要とするので、[系列の]全体が、その系列の外に原因を必要とする」（ガザーリー『哲学者の矛盾』（148）82、翻訳は変更した。これはアヴェロエスの『矛盾の矛盾』[165] I 163に引用されている）。別の言い方をすれば、もしXの原因の完全な（おそらく無限の）系列をとるならば、定義により、この系列が、その外に原因をもつことはありえない。ゆえに、その系列全体は、それ自体において偶然的でない。したがって、この系列が、それ自体偶然的な事物だけから構成されることはありえない。ゆえに、その系列の中の少なくともひとつのものは、それ自体において必然的である。この必然的なものが原因をもつことはありえないので、これは、その系列の中にある、原因されざる第一原因でなければならない。

おそらく、アヴィセンナがもっと苦労しているのは、自らによって必然的に存在するものの唯一性を証明することの方である。しかし、そのようなものの存在を示す彼の議論の中に、すでに問題があった。ガザーリーは、彼の『哲学者の矛盾』の中で、アヴィセンナのこの議論を拒絶している。驚くべきことに、アヴェロエスが『矛盾の矛盾』の中で哲学を擁護するとき、彼はこの議論を「弁護」する。しかし、残念ながら、それには厳しい条件が加えられていて、アヴェロエスが弁護する修正バージョンは、言葉の上ではアヴィセンナと似た響きをもっているものの、アヴィセンナが抜け出そうとしたアリストテレスの自然学的議論に、アヴィセンナの形而上学的議論を後戻りさせるものだった。

さて、ガザーリーは、「因果系列のおのおのの項がそれ自体偶然的である」から「因果系列全体がそれ自体偶然的である」を導くアヴィセンナの推論を批判する。ガザーリーのこの批判は、とくに興味深い。なぜなら、それはアヴィセンナが用いている偶然性の概念の批判的検討にもとづいているからである。ガザーリーは次のように述べる。

> 「必然」が「それが存在するための原因がない」を意味し、「偶然」が「それが存在するための原因がある」を意味するのでないならば、「偶然」「必然」という表現は曖昧である。しかしもしこういう意味ならば、前の表現に戻って次のように言おう。「[系列の中の]おのおのの原因は、偶然的である、つまり、それを超えた原因をもつが、[系列の]全体は偶然的でない、つまり、それを越えて、それの外に、原因をもたない」、と。もし「偶然」が、私たちが意味しているのとは違うなにかを意味するのであれば、私たちはそれを理解しない。(『哲学者の矛盾』[148] 82. 翻訳は変更している。アヴェロエス『矛盾の矛盾』[165] I 164)

おそらくアヴィセンナは、必然的な全体が偶然的な部分から構成されることは不可能だ、と答えるだろう。そして、もし必然的なものと偶然的なものとが、それぞれ違う論理的ないし存在論的タイプに属するのであれば、これは正しいように思う。しかし、もしそのような存在論的概念があるとしても、アヴィセンナはそれを十分に説明していない、とガザーリーは言う。ガザーリーは、「偶然」「必然」は、それぞれ、「原因をもつ」「原因をもたない」(これらは、外的、関係的概念であり、事物の存在様式に内在するなにかではない)の大げさな表現にすぎないのではないかと考えている。もしそうなら、彼がおこなった言い換えは、この議論の誤りを暴いている。ガザーリーは次のように結論する。無限遡行を用いた議論を避けるというアヴィセンナの試みは失敗している。神の存在を確立する唯一の方法は、因果の無限遡行が不可能だということを認めることである。そしてこれは、世界(とそれに含まれる種)の永遠性というアリストテレスのテーゼを捨て、ムタカッリムーン(神学者たち)とともに、世界が時間において創造されたことを保持することによってのみ可能である。[3]

アヴェロエスは、ガザーリーへの返答で、アヴィセンナの議論に弁護可能な修正を施し、世界の永遠性を放棄せずに、神の存在を証明しようとする。彼の議論の鍵は、「偶然」「必然」の意味をめぐるガザーリーの批判に対する見事な応答の中にある。このアヴェロエスの修正版を以下に示す。

偶然的なものは、自らに先行する原因をもたなければならない。もしそれらの原因も偶然的なものであるならば、それらは原因をもつことになり、無限遡行となる。そしてもし無限遡行があるならば、原因は存在せず、偶然的なものは原因なしに存在することになる。これは不可能である。ゆえに、この系列は必然的な原因で終わらなければならない。そしてこの必然的な原因が必然的であるのは、原因によってか、あるいは、原因によらずにかのどちらかである。もし原因によるのであれば、この原因は原因をもつので、無限遡行となる。もし、ここで無限遡行が生じるならば、原因をもつと仮定されたものが原因をもたないことになり、これは不可能である。ゆえに、この系列は、原因なしに必然である原因、つまり、それ自体によって必然である原因において終わらなければならない。そしてこれこそが、かの必然的存在者でなければならない。（『矛盾の矛盾』[165] I 165，翻訳は変更している。）

このようにこれは二段階の議論である。第一段階は偶然的なものから必然的なものへ、そして必然的なものから原因をもたない必然的なもの、あるいは、「それ自身によって必然的なもの」へと進む。アヴェロエスは、アヴィセンナが、「偶然」という言葉を「原因をもつもの」という広すぎる意味で使っていると考える点で、ガザーリーと一致する（『矛盾の矛盾』[165] I 164）。そしてアヴェロエスは、この議論が証明となるために、厳密な意味での偶然的なもの、アヴェロエスの言葉を借りれば、「真に偶然的なもの」から始めなければならないと考える。

アヴェロエスが「真に偶然的なもの」という言葉で意味するところは、このアヴェロエスの議論ときわめて似ているトマスの「第三の道」で明らかになる。

私たちは事物の中に、存在することも存在しないことも可能であるようなもの［possibilia］を見出す。というのも、あるものは、生成・消滅する、つまり結果的に、存在することも存在しないことも可能であることが見出されるからである。ところで、このようなすべてのものがつねに存在することは不可能である。(訳注1) なぜなら、存在しないことが可能なものは、いつか存在しないことがあるからである。それゆえ、すべてのものが存在しないことが可能なものならば、現実になにも存在しなかった時点が過去にある。しかし、もしこれが真なら、現在、なにも存在しなかったであろう。なぜなら、存在しないものは、なにか［他の］存在しているものによらなければ、存在し始めることはないからである。ゆえに、もしも、存在しているものがなにもないならば、なにかが存在し始めることは不可能だし、その結果、今もなにも存在しなかったであろう。これは明らかに偽である。ゆえに、すべての存在者が可能的なもの［possibilia］であるわけではなく、なにかが必然的なものでなければならない。ところで、すべて、必然的なものは、自らの必然性を、他のどこかから受けとるか、それともそうでないかのどちらかである。しかし、自らの必然性の原因をもつ必然的なものどもの系列中を、無限に進むことは不可能である。これは、すでに［トマスの第二の道でそれが不可能であることが］証明されたように、作出因の系列の場合と同じである。ゆえに、それ自身によって必然的であるなにかを措定する必要がある。それは、他のどこかから必然性の原因を受けとるのではなく、それ自身が、他の必然的なものにとっての原因である。すべての人はこれを神という。（『神学大全』第一部第二問第三項）(4)

重要なのは以下の点である。アヴェロエスもトマスも、Xが偶然的ならば、ある時点で、Xは存在しなかった、と考える。これに対してアヴィセンナは、神以外のすべてのものが、天体とその動者——忠実なアリストテレス主義者として、彼はこれらを永遠だと見なしている——ですら、内的に偶然的だと考える。アヴェロエスにとって、「真に偶然的な」ものとは、つねに存在しているとは限らないもの、つまり、月下の事物である。彼はガザーリーの挑戦に、「偶然」の内的意味を解明することで応じる。あるものが偶然的なのは、それが質料的でそれゆえ生成消滅を受け入れる場合である。同様に、「必然的な」ものとは、質料をもたず、それゆえ生成消滅を受け入れないために、つねに存在するものである。（天体は、アヴェロエスにとって、質料と形相から複合されていない。ただし、それらの実体は広義の「質料」と呼ばれることはありうる。また、場所的変化は受け入れるが、生成消滅は受け入れない。）したがって、アヴェロエスの議論は、アヴィセンナの議論に非常に似ているように見えて、その意味するところがまったく異なる。アヴェロエスが偶然的なものから必然的なものへと論じるとき、彼は生成消滅しうる質料的事物から永遠的なものへと論じているが、その永遠的なものとは、まったく問題なく、天体でありえた。したがって、この証明を神の存在証明にするために、アヴェロエスは第二の段階を置く。「必然的なもの」すなわち、永遠的なものから、原因をもたない必然的なものへの議論である。天体は動かされ、したがってそれらを動かす原因が必要なので、私たちは天体を超えた原因へ到達することになる。要するに、アヴェロエスは、アヴィセンナの偶然性からの議論を、ガザーリーの批判から救おうとして、それを本質的にアリストテレス自然学の議論に戻してしまった。その結果、アリストテレスのもともとの議論に対して感じる不満が、等しくアヴェロエスにも向けられることになる。では、はたして、アヴィセンナがおこなう存在論バージョンの証明を救うことはできるのだろうか。[5]

存在と本質

偶然的なものが存在するために原因を必要とするのはどうしてなのか。偶然性は、この問いに答えるための内的な属性として想定される。もし、ガザーリーが考えるように、単にそれが「原因をもつ」ということと同義であるなら、偶然的な原因からなる無限系列が、かならずしも偶然的であるとは限らないのだから、アヴィセンナの神存在論証は崩壊する。しかし、アヴィセンナは、この批判に対する答えをもっている。それは、Xという事物と、Xの「存在」（wujud）との区別、すなわち、Xと、Xを「存在するもの」（mawjud）にしているなにかとの区別である。

この区別は、たとえば、創造を、他の種類の変化と区別して分析するときに現れる。アリストテレスは、変化を四つの基本的な種類に分類する。変質（性質における変化）、増加・減少（量における変化）、場所的運動（場所における変化）、そして生成・消滅である。最初の三つの種類の運動では、ある実体が存続していて、それが、なんらかの付帯性を失い、別の付帯性を獲得する。生成・消滅では、厳密な意味でそこに存続する実体はなく、存続するのはただ質料だけであり、それがある実体形相を失い、別の実体形相を獲得する。そのような場合、アリストテレスは、実体（質料と形相の複合体）が、（Xが単にYになるというのではなくて）「無条件的に生成する」と言うが、無から生じるとは言わない。彼は、なにかが無から生じることが可能だとは考えていない。しかし、中世の思想家たちは、先行する質料からなにかを生み出すのとは違うしかたで、神が世界を創造したと考える。イスラームの神学者たち（mutakallimun）と、ほとんどのキリスト教の著作家たちは、神は時間の始めに無から事物を創造し、それ以前には、ただ神だけが存在していたと考える。時間に始まりがあること信じない哲学者たち（falasifa）でさえ、世界は、単に、過去に神が、先在する質料から世界を生み出したという以上に、深く、因果的に神に依存していると考える。むしろ世界は、つねに、神によって創造され続けているのだ、と。本質と存在という言葉は、創造とはなにかを説明する手段を提供する。神がなにかを創造するとき、そのどの部分も先立って存在していなかった。神は、あらかじめ存在している質料をとり上げ、それに形相を与えるのではなく、それ以前には存在していなかった何かに存在を与える。コーランが言うように、「神が事物を創造しようと欲するなら、神はそれに、『在れ！』と言い、そうするとそれは在る」（コーラン一六章四二）[訳注2]。しかし、その事物が存在する以前に、それはどのような状態にあったのだろうか。神が馬に「在れ！」と言うときと、ダチョウに「在れ！」と言うときとでは結果が違うのだから、馬とダチョウとの間には、それらが存在する以前であっても、なにか違いがあるはずだ。個体としての馬が存在する以前、馬の本質が、あるいは馬の何であるか、馬がそれであるところのものが、すでに、たとえば「馬は四本足である」という命題を基礎づけている。アヴィセンナの考えでは、神が存在を与えるのは、この本質に対してである。

創造についてのこの分析は、時間の中で起こる創造に限定されない。たとえ神が、星や天使を永遠から創造するとしても、やはり神は本質に存在を与える。たとえその本質が決して存在を失わないとしても、本質はそれ自身の中に存在を含まず、神から、あるいは、なんらかの近接原因から、存在をもらう必要がある。たとえば、中世の実在論的意味論を使って、本質と存在について考えてみよう。中世の実在論者たちによれば、「ソクラテスは白い」という文において、主語はソクラテスを、述語は白性を表示する。この文が真であるのは、白性がソクラテスに内在するときである。白性は、ソクラテスにとって、彼が白くあることの原因（形相因）である。このように、少なくとも通常の場合には、ある文が真であるのは、世界の中に、文の述語構造に対応した内在構造があるときである。（ただし例外もある。「ソクラテスはソクラテスである」において、主語と述語は同一の事物を表示する。また「白いものはソクラテスである」においては、主語によって表示されるものが述語によって表示されるものに内在し、その逆ではない。また、「白いものは教養がある」において、主語によって表示されるものと述語によって表示されるものとは、どちらも、第三の事物に内在する。）同様に、「ソクラテスは人間である」が真であるのは、人間性がソクラテスに内在するときであり、「ソクラテスが存在する」あるいは「ソクラテスは存在者［mawjud / ens］である」が真であるのは、存在（wujud / esse）が、ソクラテスに内在するときである。Xがそれ自身によって偶然的な存在者であるということは、Xの本質が存在を含まないということである。XをXにするものは、Xを存在させるものを含まず、XがXであることは、Xが存在することを含まない。もしそのようなXが存在しているならば、それは、Xにとって外的な、なにか他の原因が、Xに存在を与えているからである。対照的に、Xがそれ自身によって必然的な存在者であるということは、Xの本質が存在を含むということである。XがXであるということが、すでにXが存在するということであり、Xが存在するために、それ以上の原因を必要としない。

　このように、本質と存在を区別することによって、アヴィセンナは、存在するために原因を必要とするものと、そのような原因を必要としないものとの間にある、内的な差異、しかも論理的タイプの差異を識別可能にする。

また、本質と存在を区別することで、彼はまた、偶然的な原因の無限系列が、全体として必然的でありうるというガザーリーの批判に答えることができる。無数の本質は、そのどれもが内的に存在をもっていないとすれば、やはりなにかが外からそれらに存在を与えないかぎり、存在をもつことはない。存在しているものの、その存在の最終的で十分な理由は、その本質が存在を含んでいるような、なんらかの存在者（これは複数かもしれない）以外ではありえない。したがって、もしアヴィセンナが彼の本質と存在の形而上学を保持しうるならば、彼は、自らによって必然的に存在するなにかの証明を弁護することができる。ただし、私たちがそれを神の存在証明と呼ぶかどうかは、また別の話である。

このアヴィセンナの証明が、いわゆる「存在論的」証明のかたちをとっていないことに注意しよう。つまりこの議論は、「神の概念ないし本質は存在を含んでいる、ゆえに、神は存在する」というかたちをとっていない。むしろその議論は因果的なものであり、結果、すなわち偶然的な事物から出発し、それらの事物が、その本質が存在を含むなんらかの原因をもつという結論に至る。トマス・アクィナスは次のように述べている。

> 「神は存在する」というこの命題は、それ自体として自明である。なぜなら、神はその存在であるので、述語と主語が同一だからである。（中略）しかし、私たちは神の何であるかを知らないので、それは私たちにとって自明ではない。したがって、その命題はむしろ、私たちにとってより明らかであるが本性的により明らかでないもの、つまり［神の］結果を通して論証されることが必要である。（『神学大全』第一部第二問第一項）（傍点は著者による）

トマスはここで、私たちが神の本質についての知識をもつことを否定しているが、この点については論争がある。たとえば、スコトゥスは、私たちがそのような知識をもつと考える。しかし、トマスの次の警告は正しい。「存在を含む本質」という概念は、それ自体、なんらかの限定された本質Xの概念（「Xは存在を含む」というような）

ではなく、単に、ある属性の概念であって、多くの本質がそういう属性をもっているかもしれないし、逆に、そういう属性をもつ本質がひとつもないかもしれないのだ。

必然的存在者はただ一個か

アヴィセンナもトマスも、自らによって必然的に存在するものが、少なくともひとつ存在しなければならないと論じるだけでなく、そういったものが存在しうるのは、ただひとつだけであると論じる。彼らの議論は、ファーラービーの議論に端を発する。ファーラービーは、『有徳都市の住民がもつ見解の諸原理』の冒頭で、「第一の存在者（mawjud / ens）は、他の存在者たち（mawjudat / entia）にとって、存在（wujud / esse）の第一原因である」（[95]56）と宣言している。ファーラービーは、自分が因果の無限遡行に悩む必要があるとは夢にも思っていないので、わざわざそのような第一のものが存在することを証明したりはしない。むしろ彼は、その属性を確立することに関心をもつ。一般的に、彼の議論は「第一のものはFであるはずだ。なぜなら、もしFでなかったならば、因果的にそれに先行する他のなにかがあっただろうから」というかたちをとる。とくに、ファーラービーは、第一のものはまったく単純でなければならない、つまり、あらゆる種類の複合を欠くのでなければならないと論じる。なぜなら、もしそれが複合されていたら、その複合の要素（と、それらを結びつける原因）が因果的に先行するだろうからである。そしてファーラービーは、第一原因の単純性（それが内的に一である）から、その一性（そういうものがただひとつだけ存在する）を、推論によって導き出す。その理由は、二つの単純なものは、それらを差別化するなにものももたないから、というものである。もし、二つの「第一の」ものがあったならば、それらは、なにかを共有し、さらに、お互いを区別する差異をもっていただろう。したがって私たちは、AをX

＋Y、BをX＋Zと分析できただろう。あるいは、Bが、Aと共有する要素の他に、自らをAから区別するなんらかの差異をもっていて、したがって私たちはBをX＋Zと分析でき、Aは、なんらかの肯定的な差異によるのではなく、ただZをもっていないという点で、Bから区別される、ということだったかもしれない。このどちらの場合でも、想定された「第一の」ものの少なくともひとつが、複合されたものであり、それゆえ、第一ではありえなかっただろう。それに因果的に先行するなにかがあるはずだからである。

ファーラービーは、この議論を、本質と存在の複合という概念や、アヴィセンナ流の、必然的なものと偶然的なものとの区別を用いずにおこなっている。アヴィセンナは、これらの概念を用いて、第一のものの唯一性を証明する、より入念な議論を展開する（『治癒の書』「形而上学」第一巻7）。私はここで、比較的込み入ってないトマスの議論を紹介したい（『矛盾の矛盾』[165] I 170-181にも、ガザーリーとアヴェロエスの優れた議論がある）。トマスは、神の存在についての問題の直後に、神の単純性に関する長い問題（『神学大全』第一部第三問）を置き、神がどんな観点から見ても複合されていないと論じる。神は（物体がそうであるように）量的な部分から複合されてないし、質料と形相からも、実体と付帯性からも、類と種差からも、本質と個体からも、本質と存在からも、複合されていない。トマスは、どんな複合体も、なにか先行するものをもつ（これはファーラービーが用いた理由である。とくに第三問第七項）、ということと、これらのどの複合も可能態性を含むが、第一のものは純粋な現実性である（これは、現実態が可能態に先行する、というアリストテレスの原則に従う。『形而上学』第九巻第八章。この箇所は『神学大全』第一部第三問第一項に引用されている）ということの両方を論じて、これらの結論を裏づける。本質と存在の複合については、もし神が自分自身の存在でなかったら、神の本質それ自体は、その存在に対して可能態にあることになっただろう、したがって、神は第一のものでありえなかっただろう、と論じる。さらに、もし神が自分の存在でなく、単に存在をもっているだけなら、神は分有による存在者でしかなく、したがって、第一のものではありえない（第三問第四項）。したがって、神は「付加がない存在」（第三問第四項第一異論解答）、また「自存する存在」であり、存在と異なる本質の中に内在する存在ではない。そしてトマスは、そのような存在が二つとありえないことを論じる。なぜなら、単純で「付加なしに」あるのだから、それらは、なにも個体化するものをもちえないからである。「自存する存在はただひとつだけありうる。ちょうど、もし白性が［基体に内在するのではなく］自存するのであったならば、それはひとつしかありえなかっただろう。なぜなら、白性は、受けとられるものによって多数化されるからである」（第四四問第一項）。第一のものについてのファーラービーの議論をこのように変容させることで、トマスは、次のようなファーラービーにたいする批判をかわすことができる。すなわち、二つの「第一の」ものが存在し、それらには、「第一」であり「単純」であるという単なる否定［的な共通点］（つまり、原因をもたないことと複合されていないこと）以外には、［肯定的な］共通点がなにもない、ということが想定されうるのだから、［二つの第一のものがあるとすれば、その少なくとも一方が］共通する要素と区別される要素［からなる複合］をもたなければならない、ということにはならない。［このような批判に対して］トマスの場合には、対照的に、［かりに二つの第一のものがあったならば］それらが共有しなければならなかったであろう［肯定的な］共通の本性を特定することができる。それはすなわち、存在（esse）それ自体である。

存在と本質の複合に対する批判

しかし、存在と本質の複合というアヴィセンナの理論を否定するならば、トマスの議論は破綻する。アヴィセンナとトマスは次のように考える。Xが内的に偶然的なものならば、「Xが存在する」または「Xは存在者［mawjud / ens］である」は、「XはXである」に含まれていないなにかをXについて語っている。したがって、

Xの存在（wujud /esse）は、Xの本質を越えてXにおいて出現しているなにかである。しかし、中世にはこの分析を否定する人たちもいる。この人たちは、「白いもの」が「白性」から派生する（あるいは、由来する）ようなかたちで、「存在者［mawjud / ens］」が「存在」から派生することを否定する。[6] ここで、なにかがZから派生して名づけられるというのは、それが「Z」と呼ばれず、かつ、「Z」から文法的に派生するなんらかの名前で呼ばれる場合である（アリストテレス『カテゴリー論』第一章）。「白いもの」が、文法的に「白性」から派生するというのは、その逆はともかく、疑わしいように思える（ラテン語や英語に比べて、ギリシア語やアラビア語で、このことはより顕著である）。しかし、より深い問題は、論理的あるいは因果的なこと、つまり、あるものの中に白性があるから、それは「白いもの」と呼ばれる、ということである。オッカムは、実在論の意味論を攻撃するが、「白いもの」については、この点を譲歩している。彼の言葉を借りれば、「白いもの」は、白性を併意する、併意語（connotative term）である。「白いもの」は、かならずしもつねに同じものを表示するとは限らず、何かあるものを、その中に白性があるという条件のもとに、表示する。しかし（とオッカムは言う）、「存在するもの」や「動物」は、つねに同じものを表示するのであって、「その同じものに加えて」「存在性」や「動物性」を併意していると考える理由はない。したがって、「ブーケパロス」[訳注3]という動物の存在であれ本質であれ、それがブーケパロスと違うなにかだと考える理由はない。

オッカムは、「ブーケパロスが存在する」（あるいは「ブーケパロスの本質が存在する」）が必然的真理でないことを認める。しかし、「ブーケパロスはブーケパロスである」（あるいは、「ブーケパロスの本質はブーケパロスの本質である」）もまた、必然的真理ではない、と彼は言う。これらのどの文も、ブーケパロスが存在しているときにかぎり、真である。したがって、「本質が、ある本質であることや、その本質でないことから中立的だと考えるのが馬鹿げているように、本質が、存在や非存在から中立的だと考えるのもおかしい」。ブーケパロスは、存在しているときもあり、存在していないときもある。しかしこれは、永遠の昔からそこらへんに本質が転がっていて、存在を受けとるのを待っている、ということではない。「ブーケパロスが存在する」は偶然的である。したがって、ブーケパロスを存在させるようななにかがブーケパロスを越えてある、ということは認める。しかし、そのなにかとは、ブーケパロスの永遠の諸原因であって、ブーケパロスに内在する存在（esse）ではない。また、「神が存在する」が必然的なのは、神の本質が存在であったり存在を含んだりするからではなくて、神が原因なく存在するからである。(7)

しかし、もしこの分析が正しいなら、ファーラービーとアヴィセンナが神の唯一性を証明するために採用する証明法全体が崩壊する。かりに二人の神がいたとしても、彼らが純粋な存在であるか、存在に加えてお互いを区別する差異をもつか、このどちらかでなければならないという理由はない。二人とも単純なひとつの本性であり、共通な要素をまったくもたないということもありうる。その場合にも、神が唯一であることを示すアポステリオリで自然学的な議論を与えることができる（いくつかのばらばらの第一原因がはたらいたにしては、この世界はあまりにも整然と統一がとれている。これは、トマスが『神学大全』第一部第二問第三項で示す三つの議論のうちの三番目のものである）。しかし、その議論は、せいぜい本当らしいというところであって、証明ではない。したがって、オッカムは、私たちが神の唯一性を証明することはできないと結論する。おそらくこれが意味するのは、私たちは神の存在も証明することができないということだろう。私たちは、第一の（つまり、原因をもたない）原因が存在することを証明することはできる。しかし、そのような原因がただひとつだけ存在することを証明することができない。したがって、万物の原因というものがなにかひとつ存在することを証明することもできない。神という言葉にどれだけ強い意味をもたせるかにもよるが、このことは、私たちが神の存在を証明できないことを意味しうるだろう。オッカムは、この言語的な決定を読者にゆだねている。(8)

キリスト教の思想家で、存在を受けとるのを待っている本質、というものを自分が信じていることを認める人はほとんどいないだろう。もしそのような本質が、それ自体、創造されるのでないならば、私たちは、神以外のすべてのものが神によって創造されることを否定することになる。しかしもし、そのような本質が創造されたのであれば、神はそれを、なんらかの先行する本質に存在を与えることによって創造したのだろうか。もしそうなら、それは無限にさかのぼることになる。しかしもし、本質が、先行する本質がなくても創造されるのであれば、どうして、ブーケパロスが先行する本質なしに創造されると考えたらいけないのか。私たちは（トマスとともに）、神がXの本質を創造するのは、神がそれに存在を与えるとき（つまり、神がXを創造するとき）であり、先行する本質などは存在しない、と主張することもできる。これは先の困難を回避できるが、そもそも本質と存在の間に区別の線を引いた本来の理由を、かなりの程度骨抜きにしてしまう。そして、このために、多くのキリスト教の思想家たちは、本質と存在が、ひとつの事物が他の事物から異なるようなかたちで、実在的に異なっていることはありえないと考えるようになる。なぜなら、神の他に二つの事物があるときにはいつでも、神は一方を創造せずに他方を創造することができなければならないからである(9)。

神と存在に対する批判

本質と存在の区別は、もうひとつの無限遡行問題に直面せざるをえない。Xが偶然的なものであるときはいつも、XはXの存在を通して存在する。このXの存在は、Xとは違うなにかである。しかし、Xの存在もまた、存在する。それは、さらなる存在によって存在し、そのように無限に進むのか（アヴェロエスが『矛盾の矛盾』[165] I 180–81 で問うているように(10)）。しかし、もしそれがそれ自身によって存在するのであれば、つまり、もしその本質が存在を含むのであれば、アヴィセンナの分析によって、それは内的に必然的なものである。そしてアヴィセンナは、そのようなものはひとつだけ存在する、すなわちそれは神であることを証明したと主張している。

トマスは、この問題を、存在自体が存在することを否定することで回避しようとする(11)。しかし、中世の思想家の中には、あえてリスクを取って、どんなXにとっても、Xの存在（esse）が神であることを引き受ける人たちもいる。その結果、「ソクラテスは走るものである」の「走るもの」や「ソクラテスが走る」の「走る」が、走ること（currere）を表示するように、「ソクラテスは存在するものである」の「存在するもの」や「ソクラテスは存在する」の「存在する」は、神を表示する。この見解は、アヴィセンナの哲学をスーフィズム（イスラーム神秘主義）に結びつける多くのイスラーム教の著作家によって採用されている。キリスト教圏では、エックハルトが彼の『三部作への序文』の中で採用したのが有名であり、その重要な形式は、「存在は神である（esse est Deus）」である。しかし、もっと早く、アヴィセンナとは別に、しばしばそれはボエティウスの見解だと考えられていて、またアンセルムスの見解だとも思われている。これらすべての人びとの背後にはプロクロスがいて、彼は（彼の二番目の）神をプラトンの存在のイデアと同一視し、すべてのものは存在するために、このイデアを分有しなければならないとした(12)。

トマスは、このプラトン化された見解を十分に意識している。彼はしばしば、プラトンの言葉遣いに接近する。彼は言う。神は唯一の自存する存在なので、「神以外のすべてのものは、自己の存在であるのではなく、むしろ存在を分有する」。そして彼は次のように推論する。「存在をさまざまに分有することによって異なり、その結果、存在するかたちに完全性の違いがあるようなすべてのものは、最も完全なかたちで存在するひとつの第一のものが原因となって生まれる。このことから、プラトンは、あらゆる多性に先立って、一性を置く必要があると言ったのである」（『神学大全』第一部第四四問第一項）。分有によって存在するものはなんであれ、存在するためになんらかの原因を必要とする。そしてこの原因は、分有によらずに存在するものでなければならず、そのようなものは神でなければならない。トマスは、ほとんどつねに、被造物が神を分有するという表現を避けるが、しかし、神は「単なる存在（esse tantum）」や「付加のない存在」（第三問第四項第一異論解答）であり、また、神は、「ちょうど、火が最も熱く、それがすべての熱いものの原因であるように」（第二問第三項：先に引用された「第四の道」）、他のものが存在を分有する原因である。

それにもかかわらず、トマスは被造物の存在が神であることを激しく否定する。神は、一般的な存在（esse commune）ではない。神は「単なる存在」ではあるが、すべての存在が神なのではない。神と、一般的な存在は、どちらも「付加のない存在」である。しかしその意味は異なる（第三問第四項第一異論解答）。一般的な存在は、ちょうど一般的な動物が、理性的であることに関して中立であるように、異なる付加に関して中立である。これに対して、神は、ちょうど非理性的動物と同じように、あらゆる付加を排除する存在である。「非理性的であること」に対応する、神のいわば種差に相当するのは、どんな本質の存在でもない、ということである。[13]

『対異教徒大全』第一部二六章で、トマスは、神が「事物の形相的存在」であるという見解に対して、詳細な論争を展開している。形相的存在とは、ちょうどソクラテスが、彼の白性によって、形相的に白いように、それによって事物が形相的に存在するところのもの、という意味である。（たしかに、事物は神によって存在する。しかし、それは神が事物の作出因であるという意味であり、神が事物の形相因、すなわち、「存在する」という述語で表示されるものが神であるという意味ではない。）トマスの議論は、しばしば、彼の反対者たちが、神が事物に内在し、それゆえ、実体における付帯性や質料における形相のように、神が事物に依存すると考えていることを想定している。この点だけを見ると、トマスの反対者たちが汎神論的な極論を唱えているように見えるが、実際には、トマスの反対者の方が主流に属していた。もちろん、彼らは、神が事物に内在する形相だと考えていたのではない。そうではなくて、神は、ちょうどプラトンのイデアのように、事物が存在することの、外在的な、形相因だと考えたのである。（したがって、Xが消滅するとき、Xの存在は消滅しない。それは、Xの存在であることをやめるだけである。）あるいは、このことをアリストテレスの文脈で説明すると、神以外の事物は、外的命名によって、存在するものと命名される、ということになる。つまり、事物に内在するものによってではなく、事物の外にあるものによって、派生的命名によって、名づけられるのである。（動物が「健康的な」と言われるのは、内的命名によってであるが、食事や尿が「健康な」と言われるのは、外的命名によってであり、それらが動物の中の健康を生み出したり、そのしるしだったりすることによるのである。また、ソクラテスが「知られている」と言われるのは、外的命名によってであり、彼の中にある知識によってではなく、誰か他の彼を知っている人の知識による。）

トマスは、そしておそらくトマス以後のほとんどのスコラ学者たちは、なにかが外的命名によって存在するというのは馬鹿げていると考える。事物にとって、存在以上に内的なものがあるだろうか。なにかについて、それが単に外的命名によってのみ存在すると言うことは、本当の意味ではそれは存在しないと言うのに近い。[14] 実際、エックハルトは、「神のみが厳密な意味で存在する」と結論している。ここで、アラビア語による議論で使われている「存在の一性」（wahdat al-wujud）という語句を考察することが役立つだろう。この語句は、「ただひとつの存在（wujud）がある」か、あるいは、「ただひとつの存在者（mawjud）がある」のどちらの意味にもとれる。もし、おのおのの存在者Xの存在が神であれば、無限遡行の議論によって、「存在の一性」は前者の意味［存在がただひとつ］であるように思われる。しかし、「存在の一性」が後者の意味［存在者がただひとつ］でもあることを否定することも難しいのではないだろうか。「ソクラテスが存在する」と私たちが言うとき、たしかにそれは、「神が存在する」と言う意味とは異なっているはずだ。ソクラテスが存在すると言うことは、ただ単に、ソクラテスが神にたいするなんらかの関係をもっていると言うことにすぎない。そして、この神だけが、十全な意味で存在するのである。

一義性、異義性、アナロギア

おそらくエックハルトは、トマスの時代以後、被造物の存在が神であると考えた唯一の偉大なスコラ学者である。しかしよく似た意見は、ガンのヘンリクスにも見られる。先ほど見たように、被造物の存在が神であるならば、ソクラテスが存在すると言うことは、ソクラテスが神となんらかの関係をもつと言うことに等しい。これが示唆するのは、私たちは、「ソクラテスの存在が神である」と言うべきではなく、むしろ、「ソクラテスの存在は、彼が神に対してもつなんらかの関係だ」と言うべきだということである。この関係はソクラテスに内在的であろうから、事物の存在を外在的なものにするという反論を避けることができるだろう。そして、この関係は、明らかに、「受動的に解された創造」すなわち、ソクラテスがもつ「神によって創造された」という関係であろう。しかし、ヘンリクスの見解は、もう少し複雑である。ヘンリクスは、ソクラテスの本質と彼の存在とを、二つの事物として区別するのではなく、ソクラテスが享受する二つの存在の様態を、本質存在（esse essentiae）と現実存在（esse existentiae）とに区別する。ソクラテスの現実存在とは、彼の現実的な存在であり、それは彼がもつ、「神によって創造された」という性格、あるいは、作出因としての神への関係である。他方、ソクラテスの本質存在は、彼が現実に存在するとしないにかかわらず、彼が、永遠に、人間である、動物である、等々と言われる根拠である。これは、形相因ないし範型因である神にたいするソクラテスの関係であり、彼が神の完全性を模倣するソクラテスならではのかたちである、とヘンリクスは言う(16)。

ヘンリクスの見解によれば、エックハルトと同じく、存在は、被造物について語られるときと神について語られるときではまったく異なることを意味する。それはちょうど、存在が、付帯性について語られるときと実体について語られるときとでは、異なることを意味するようなものである（白性の存在は、それがなんらかのかたちで実体に関係すること、つまりそれが実体に内在すること、すなわち実体が白いことを意味する）。しかし、ヘンリクスの見解には、循環がないかたちで「ソクラテスを創造する」を「ソクラテスに存在を与える」と説明するのが困難となる、という問題がある。なぜなら、ソクラテスについて言われる存在は、まさに、「創造されていること」を意味するからである。ただ、この点は、「創造する」を未定義の基本概念だと理解すれば回避できるのかもしれない。しかし、さらに深い問題がある。被造物の、寄生的で弱い存在は、それらがなんらかのかたちで神に関係することを意味する。しかし、同じように寄生的で弱い存在をもつ虚構のもの、たとえば、山羊鹿の存在もまた、なんらかのかたちでそれが被造物に（山羊と鹿に、あるいは、それらを想像する精神に）関係することにおいて成立する。しかし、神が傑出しているのは、神が創造するものに現実の存在を与えることができるという点であり、これに対して人間は、自分が想像するものに、単に虚構の存在を与えられるにすぎない。ヘンリクスの、あるいはエックハルトの説明では、これらの違いを説明することができず、したがって、神以外のものは現実には存在しない、という結論を避けることが、やはり困難となる。

スコトゥスが、ヘンリクスに反対して、存在は一義的に神と被造物に語られるべきだと強く主張する理由のひとつがこれである。（実体と付帯性についても一義的に語られる。なぜなら、付帯性もまた現実に存在するからである。）たまに、スコトゥスは、存在は神と被造物について異義的に言われるというヘンリクスの極端な見解に過剰反応したのだと言われることがある。もし、トマスの、存在は神と被造物についてアナロギア的に言われるという穏健な見解を知っていたならば、一義性というもう一方の極端には進まなかっただろう、と。しかし、ヘンリクスも、存在は神と被造物についてアナロギア的に言われると言っているのであり、したがって、アナロギア的に、という言葉だけで問題は解決しない。存在は、被造物と虚構についても、アナロギア的に言われる。私たちは、なぜ、被造物が、単に比喩的にではなく固有の意味で存在するのに、虚構はそうでないのかを説明したい[17]。必要なのは、後のスコラ学者たちが、存在の個的な「対象的概念」と呼んだもの、あるいは存在の性格（ratio）である。まず神がこの性格を自分でもっていて、次いで、その同じ性格を他のものに伝える。（馬の「形相的概念」は、「馬」を考える心のはたらき、あるいは思考の習慣である。「対象的概念」とは、形相的概念が、それの概念であるところのもの、異なる個々の馬が分けもつ、馬という性格あるいは本性のことである。）多くの後のスコラ学者たちが、スコトゥスに対抗して、神と被造物（そして実体と付帯性）に存在がアナロギア的に言われるという伝統的見解を擁護する一方で、彼らは、なぜ被造物が固有の意味で存在すると言われるかに頭を悩まし、しばしば、存在の対象的概念の一性を弁護する。

　中世の著作家たちは、しばしば、存在するものという名称は、第一義的に神に当てはまり、第二義的に被造物に当てはまると言う。このことは、最低限、次のことを意味する。神は他の事物に先行して存在する、完全な、あるいは無限の存在であり、有限なものがもつ存在の原因である。しかし、先行することや因果的な依存関係があること、あるいは完全性に異なる段階があることは、それだけなら、一義性と両立しうる。たとえば、三角形は他の多角形に先行する。つまり、多角形は三角形なしにはありえないし、三角形から構成されることから、それらが多くの幾何学的性質をもつことが証明される。しかし、それにもかかわらず、それらすべては「三角形も含めて」一義的に「多角形」と呼ばれる。なぜなら、「それらは、現実の存在において、あるものが他のものに先行したり後続したりすることがありうるとしても、しかし、この名称の概念（ratio）に関して、それらは等しいから」である（トマス『真理論』第二問第一項）[18]。「存在」がアナロギア的に語られるためには、「存在そのものが、どれほど抽象的にあるいは混乱をともなってとらえられようとも、それ自身の意味からして、それが第一義的に自体的に、そしていわば完全に神に属し、これを通して他のものに下り、そこにおいては、かならず神への関係（habitudo）や依存をともなって出現することが求められる。（中略）それに対して、一義的なものは、下位のもの（つまり、種やそれに含まれる個物）の間にどんな秩序や関係も設定せず、それらへ等しく下降するというかたちで、それ自体、中立的である」（スアレス[619]『形而上学討論集』28, §3, para. 17）。存在の対象的概念がただひとつであるためには、被造物に当てはまる「存在」の意味が、神にも当てはまらなければならない。それゆえ、この［一義的な共通の］「存在」が、単に「神に依存する」ことだけを意味するというのは不可能である。しかしだからとって、被造物が神に依存するという事実は、単に、被造物が存在するという事実に加わる別の事実にすぎない、というわけでもない。存在の共通の概念が［神と被造物とに］当てはまるそのしかたが、存在がより先なる意味で神に当てはまるしかたへの本質的な依存を含んでいる、とスアレスは言う。しかし、この［アナロギアと一義性との間の］中間的な立場は、説明され擁護されることができるだろうか。

さまざまな著作家が、しばしば、トマスの中に見られるさまざまな提案にしたがって、被造物の存在が劣っていることを、さまざまに説明しようとしている。カイエタヌスと他の何人かのトミストたちは、存在は、比例性のアナロギアによって、さまざまな事物について語られると言う。XはXの存在によって存在する。YはYの存在によって存在する。両者とも、アナロギア的に、存在すると言われる。なぜなら、Xの存在がXの本質に対する関係は、Yの存在がYの本質に対する関係に等しいからである。それぞれの存在は、その本質の現実性である。現実化すべき異なる可能態性があるのに応じて、異なる存在の段階がある。最高度の段階は神であり、それを受けとるどんな可能態性によっても制限されていない現実性である。しかし、スアレスは、そのような比例性があることを認めるものの、そのことが、存在がアナロギア的に語られることを含意しないという。たしかに、彼は比例性が一義性と両立すると考える（たしかに存在は、猫と犬について、比例性のアナロギアがあるにもかかわらず、一義的に言われる)。異なる種類のアナロギアに対してスアレスが課す条件は、図式的に次のように述べることができる。SとTの両方がPという述語をとり、かつ、SがPであるのは、Sの中に存在する形相Fのためであり、TがPであるのは、Tの中に存在する形相Gのためであるが、GのためにTがPであるのは、Gであるものそれ自体のためではなく、ただ単に、GがTにたいする関係が、FがSにたいする関係に等しいためであるとき、そのとき、Tは比例性のアナロギアによってPと言われる。(もしGが、SやFになんら関係なく、TをPと名づけるときは、比例性は成立するがアナロギアは成立しない。なぜなら、SとTは、一義的にPと呼ばれるかもしれないから。)また、SがSに内在する形相FによってPであり、Tが、Sに内在するその同じ形相FによってPであるとき(つまりこの場合、Tは内在的にPと名づけられるのではなく、Tがなんらかのかたちで関係するなにか他のものの中にある形相によって、外在的にPと名づけられる)、Tは、外在的な帰属のアナロギアによってPと呼ばれる。これは、食事や尿が、動物への帰属によって「健康な」と言われる場合である。外在的な帰属のアナロギアによってPと言われるとき、SとTの両方に当てはまる、ひとつの対象的概念Pは存在しない。スアレスによれば、スコトゥスは、この点のために、存在が帰属のアナロギアによって言われることを否定した。しかし、スアレスは、内在的帰属と外在的帰属を区別することによって、単一の対象的概念を保持する一方で、存在がどのようにして帰属のアナロギアによって言われるかを説明しようとする。Sが、Sに内在する形相FによってPであり、Tが、Tに内在する形相GによってPであり、そしてGは、Sに内在する形相Fへの本質的な依存関係を含んでいるとき、その時、Tは、Sにたいする内在的な帰属のアナロギアによって、Pと呼ばれる。おそらく最もよくわかるこの例は、「健康な」が、身体の臓器について言われる場合であろう。心臓は、尿とは違って、内在的な形相によって、つまり、その種の自然物が適切に機能することによって、健康である。ちょうど、動物が、その種の自然物が適切に機能することによって健康であるように。しかし、臓器の健康は、動物全体の健康に対して、本質的な依存関係を含む。心臓が適切に機能するとは、動物全体が適切に機能することに正しく貢献することである。存在が比例性のアナロギアや神に対する外在的な帰属のアナロギアによって言われたりしたら、被造物は現実的にかつ内在的に存在するのではないことになっただろう、とスアレスは考える。彼が内在的な帰属［のアナロギア］を提案するのは、被造物の現実性と、存在に関する神への本質的な依存を救うためである。おそらく問題になるのは、なぜ、「神が被造物を創造するからそれらが存在する」という事実ではその説明に不十分なのか、なぜ、その説明のために、被造物の存在から構成されることが必要となるのか、ということだろう。私は、おそらく、「心臓の健康」の例が、解決のモデルを提出していると考えている(19)。

私たちは、再び、神の存在を証明するトマスの第四の道から発した最初の問題に戻ってきた。トマスは言う。ちょうど火が最も熱いように、神は最も存在する。ちょうど火が、火ほど熱くない他のものの原因であるように、神は、神ほど存在しない他のものの原因である。トマスは、存在の段階や存在の原因について、十分に明らかにしていない（少なくともこのテキストの中では）。アヴィセンナの本質と存在の区別と、「本質に存在を与える」という創造の分析は、これらの概念を明らかにしてくれるのではないかという希望を抱かせるが、しかし困難も抱え込む。プラトン的な存在のイデアとしての神の理解、つまり、神だけが十分な意味で存在するのであり、神以外のものが「存在する」のは、なんらかのかたちで神に関係するということを意味するにすぎない、という思想、あるいは、なにかの本質の存在であることによって制限されているのではない存在、という神の理解もまた、同様である。存在のアナロギアをめぐる後期スコラの議論は、神と存在についての初期のより広範な議論と同様に、神学と存在論を結びつけるという、アヴィセンナとトマスの企てによって生じた問題との、絶え間ない戦いである。それぞれの立場が、独自の問題を抱えていて、さらなる議論へと導く。私は本論で、それらの問題を解決しようとしたのではなく、それらが中世の思想家に出現したように、ここに出現させようとした。

注

（1）形而上学の対象についてのアヴィセンナの意見については、彼の『治癒の書』I 1-4 [111] の『形而上学』を参照。アヴィセンナは、彼の『自伝』（[124] 28）の中で、アリストテレスの『形而上学』について、自分がこの書物あるいはこの学問の主要な「ねらい」や「対象」を見出せずに失望したが、アル・ファーラービーの『形而上学の目的』[93] を読んでその解答を見つけたことを語っている。

（2）mumkin という言葉は、アラビア哲学のテキストの翻訳の中で、possibile と訳したラテン語の翻訳者にしたがって、しばしば「可能」と訳される。しかし、正しい翻訳は「偶然的な」である。なぜなら、これは「不可能な」に対立するとともに、「必然的な」（wajib）にも対立する言葉だから。

（3）kalam あるいは falsafa については、本書の一二九頁を参照。

（4）トマスの「第三の道」の直接の源は、マイモニデスの『迷える者の手引』第二部第一章 [178] 247-8 である。しかし、いくつかの点で、トマスはアヴェロエスの議論に近づいており、アヴェロエスのテキスト（当時まだ翻訳されていなかった『矛盾の矛盾』ではなく、『自然学』や『形而上学』の注解の中にある関連する議論）からも直接の影響を受けているように見える。マイモニデスがアヴェロエスに従っているか、あるいは、両者がともに、アヴィセンナの議論を根本的に再構成し、アリストテレスの自然学的な議論に近づけたかのいずれかである。マイモニデスもアヴェロエスも「必然的な」を「永遠な」と解釈し、「偶然的な」を「生成消滅しうる」と解釈する。他方で、アヴィセンナにとって、神以外のすべてのものは、それ自身において、偶然的だが、現実に存在するすべてのものは必然的である。アヴィセンナの証明と、それに対するアル・ガザーリーの反応については、H. A. Davidson [583]（マイモニデス、そしてトマスの第三の道については 378-85）を参照。トマスの神存在論証と、彼の思想におけるその位置づけについては、現在のところ、J. F. Wippel [262]（第三の道の由来と解釈については 462-469）を参照。明らかに、「すべてのものが存在しないことがありうるならば、あるときに、なにも存在しなかった」というステップには問題がある。アヴェロエスの議論は、因果の遡行に許されるものと許されないものを区別することを求める。彼は、同時に無限の事物が存在することは許されないが、継時的に無限の事物が存在することは許されると主張する。すべての必然的なものは永遠に存在するので、このことは、必然的なものが無限個存在することができないことを意味する。また、必然的なものの原因もまた必然的だから、どんな必然的なものも無限の因果連鎖をもちえないことを意味する。他方で、偶然的なもの、たとえば、ある動物は、偶然的な原因の無限の連鎖をもちうるし、現にもっている。つまり、その先祖は無限に存在するが同時に存在するのではない。したがって、どうして、必然的な原因ももたなければならないのだろうか。アヴェロエスは、ある人の父親は、その人の自体的な原因ではない、つまり、その人の存在の原因ではないという。なぜなら、もし父親が彼の存在の自体的な原因であったならば、父親は、その人に存在を供給するために、つねに存在しなければならなかっただろうから。この意味は、その人が生きているあらゆる瞬間に、父親は生きていなければならず、同じようにその祖父もということになり、許されない同時的無限が生じたであろう。したがって、無限遡行は、自体的な原因ではなく、付帯的な原因においてのみ可能である。そしてアヴェロエスは、ある特定の種の中の、個々の動物の連鎖の全体は、偶然的で消滅しうるので、自体的な原因によって存在に保たれなければならないと考える。そのような自体的な原因とは、直接には太陽であり、その周期的な運動が、月下の世界の種の生命周期を規則化する。また、最終的には、不動の動者がそのような自体的な原因であり、それが太陽の恒常的な運動を生み出す。

アヴィセンナとガザーリーに対するアヴェロエスの反応は、どのような種類の無限遡行が許容できるか、そして、自体的原因と付帯的原因についての興味深い議論を生み出した。ある人の自体的な原因が太陽であり、その両親ではない、と聞くと奇妙に思うかもしれないが、アヴェロエスが言うには、両親は、太陽がその人を生み出すために使う道具である。ちょうど大工が、斧を使って別の斧を作り、はじめの斧は捨てるか、あとで使うためにリサイクルに回すようなものである。つまり太陽は、永遠を通してずっと、月下の道具をリサイクルさせている不死の大工のようなものである。スコトゥスは、彼の『第一原理についての論考』（これは、さまざまな因果系列についての中世における最も詳細な議論だが）の中で、これらの帰結を避けるように、アヴェロエスの議論を再構成している。アヴェロエスの議論と、彼の、アヴィセンナとガザーリーとの対決については、『矛盾の矛盾』[165] I 156–170を参照。スコトゥスについては、A. B. Wolter編訳の『第一原理についての論考』[278]を参照。

（6）すでにファーラービーが、『文字の書』ed. M. Mahdi（Beirut, 1990）110–117でこの点を論じている。これはアヴェロエスによって、アヴィセンナに対して取り上げられている。『矛盾の矛盾』[165] I 235–241

（7）『論理学大全』第三巻、tract. 2, ch. 27におけるオッカムの本質と存在の区別に関する議論は、翻訳とともにオッカム[311] 92–95にある。引用したテキストは94にある（ただし翻訳の文言は変更した）。併意（connotation）一般についての彼の理論については、オッカム[316]とくに第5章から第10章と、個々のカテゴリーについての章を参照。オッカム[315]第11章と、本書一一〇頁と二八五頁を参照。

（8） 神の存在が証明できるかどうかについてのオッカムの見解については、[311] 115-126 に集められたテキストを参照。神の一性が証明できないことについてのオッカムの主張、そして、このことが、神の存在もまた証明できないことを含意する点については、とくに本書一六七—一六八頁を参照。

（9） 優れていてかつわかりやすい議論は、スアレスの『形而上学討論集』（[618]の中に翻訳がある）31 である。スアレスは、第二節で、本質が存在に先行するという考えを示している。本質と存在について、対立するスコラの取り組み方については、D. Banez [238]を参照。

（10） 同じ点は（本質と存在の区別をめぐる他のいくつかの問題点とともに）スフラワルディ[388] 45-47 に記されている。

（11） ボエティウスの『デ・ヘブドマディブス（もろもろの実体はその本質において善きものであるが、しかし実体的な善であるわけではないのはいったいいかにしてであるのか）』についての彼の注解[229] II 396 の中で。これは J. F. Wippel [263] 122 で引用され議論されている。

（12） エックハルトについては、彼の『パリ討論集と序文』[363]を参照。ただし、『パリ討論集』は、神と存在の問題について、『三部作への序文』とは非常に異なるアプローチをしている点に注意（A. Maurer による序文の議論を参照のこと）。また、この『序文』から独立した『三部作』を私たちがもっていないことにも注意。ただし、これに組み込まれることが疑いなく想定されていただろうエックハルトの他のさまざまな著作はある。イスラーム教の著作家の中で、イブン・アラビーは、しばしば、「存在する」がつねに神を意味するという理論を提示した人だとされるが、この理論は、後の著作家たち、とくにムッラー・サドラー（Sadr al-din Shirazi）によって、より入念に作り込まれる。英語で最も簡単に読めるのはこの説の解説は、アル・ジャーミー[370]による短い論文である。ボエティウスについては、[86]の中にある、彼の『デ・ヘブドマディブス』を参照。アンセルムスについては、彼の『モノロギオン』1-3を参照。プロクロスについては、彼の『神学綱要』[381]を参照。プロクロスの、存在のイデアと至高の神（一性または善性のイデア）の区別は、彼に続く後のキリスト教やイスラーム教の思想家たちによってとり除かれる。たとえばイスラーム教では『原因論』[373]、キリスト教では偽ディオニュシオス・アレオパギテスがそうである。トマスは、『対異教徒大全』I, 26 で、ある人びとは、神と存在についてのこの考えを、偽ディオニュシオスの『天上位階論』4にある、「万物の存在は実体を超えた神性である」という命題によって裏づけている、と言う。

（13） トマスの「単なる存在」（esse tantum）という文句は、アヴィセンナの、wujud mutlaq に対応するが、この解釈は、イスラーム教の哲学者たちによって、同様に議論される。トマスは、時として、被造物を、神を分有するものとして語る。そのテキストは、J. F. Wippel [263] 142–48 に集められ議論されている。アヴィセンナにとって、神がすべての偶然的なものの存在の究極の原因であることで明らかに十分だが、トマスは、神がつねに存在の直接的な原因であることにこだわる。『神学大全』第一部第四五問第五項参照。トマスはここで、アヴィセンナに反対し、『原因論』に従っている。

(14) スアレスはっきりとそう言っている。『形而上学討論集』Disp. 28, §3, para. 15。また、Disp. 32, §2, para. 14 [619]

(15) マイスター・エックハルト『パリ討論集と序文』[363] 79。『序文』とこの本におさめられた付録が、この考え方全体をよく説明し、エックハルトが、どれだけ深くアヴィセンナと一三世紀以前の西洋の形而上学的、論理的、文法的伝統に根ざしているかを示している。しかし、この本には誤訳が多いことに注意。たとえば、esse album を「白い存在」と訳しているが、これは「白くあること」と訳すべきである。

(16) この見解については、ガンのヘンリクス、『任意討論集』I 9 [219]、とくに V 53–55 と『任意討論集』X 7–8 [219] とくに XIV 151–75 を参照。いくつかの章句で、ヘンリクスはエックハルトに接近しているように見える。おそらく驚くべきことに、オッカムは、ロバート・グロステストから、被造物の存在について類似した見解を好意的に引用している（形而上学的な関与はより少ないが）。

(17) スコトゥスの存在の一義性については、[286] 4–8 と 19–22 を参照。トマスの存在のアナロギアについては、たとえば、『真理論』第二問第一一項、『神学大全』第一部第一三問第五項、『対異教徒大全』I, 32–34 などを参照。神と被造物について、実体と付帯性について、現実のものと虚構のものについて、存在がアナロギア的に言われることについては、ガンのヘンリクス、『任意討論集』VII 1–2 [219 XI 26–30 を参照。スコトゥスは、[286] 17–19 で、ガンのヘンリクスの見解を要約しているが、そのスコトゥスですら、ヘンリクスは存在（など）が、神と被造物について、純粋に意義的にではなく、アナロギア的に語られると考えていることを認めている。

(18) トマスの例は、実際は、「数」である。私は、これはややわかりにくいと思う。「数」も「多角形」も、異義的にでもアナロギア的にでもなく、あるものについてより早く、別のものについてはより後で語られるものについてのアリストテレスの例である。

(19) スアレスの存在のアナロギアについては、[619] Disp. 28, §3 と Disp. 32, §2 を（さらに、存在の形相的概念と対象的概念については、Disp. 2, §§1–3 を）参照。末期スコラの対立する見解については、カイエタヌス[596]とヨハネス・ア・サンクト・トマ

[608]を参照。アナロギアの種類についてのスコラの用語はややこしい。スコラ学者たちは、アナロギア的な用語を、異義的な用語の特殊なものとして数えることもあるし、異義的な用語と一義的な用語の中間として数えることもある。異義的であったり一義的であったりアナロギア的であったりするものは、言語的な単位であることもあり、表示されたものであることもある。帰属のアナロギアではなく、比例性のアナロギアによって語られるものだけが、アナロギア的なものと呼ばれることもある。さらに悪いことに、私が（スアレスに従って）帰属のアナロギアと比例性のアナロギアのように対置させたアナロギアのタイプが、あるときには、比例のアナロギアと比例性のアナロギア、あるときには帰属のアナロギアと比例のアナロギアのように対置される（したがって、「比例のアナロギア」という用語は、異なる著作家において、私が対置させた両方の意味になるので、私はこの用語をまったく使わないことにした）。心臓の例は、私のものだが、スアレスならこれを受け入れるだろうと思う。

（上枝　美典　訳）

（訳注1）　この文は、近年、とくに英語圏で、レオニナ版にある semper を読まず、次のように読むことが一般的になっている。「ところで、すべてのものがこのようなもの［存在することもしないことも可能なもの］であることは不可能である」。

（訳注2）　ムスリム協会訳「本当に事を望む時それに対するわれの言葉は、唯それに『有れ』と言うだけで、つまりそのとおりになるのである」（一六章四〇）。

（訳注3）　アレクサンダー大王の馬の名前。

第7章　創造と自然

E・D・シーラ

自然哲学は「中世の大学で最も広く教えられた学科」[1]であった。ジョン・ダンブルトンの一四世紀中頃の著作『論理学と自然哲学のスンマ［大全］』[2]の内容を見れば、自然哲学の古典的世紀と呼ばれた一二七七年から一三七七年におけるこの学科の範囲がわかるだろう。論理学に関する第一部の後、主要な項目は以下のようになっている[3]。

二　第一原理、すなわち質料と形相。実体形相に関する諸見解。質はどのようにして強化・弱化するか。

三　場所、質、量のカテゴリーに属する運動について。運動の諸原因について。速度はどのようにして生み出され、どのようにして原因をもつか。質的変化と量的増加はどのようにして測るか。運動と時間の諸定義。

四　諸元素の自然本性とそれらの質について。各元素が二つの質を最高度にもつかどうか。諸元素相互の作用・反作用。元素の形相と質の形相の関係。濃淡とその変化。自然物の力はその大きさにどのように依存するか。単純物体と混合物体の相対的重さ。

五　「精神的《スピリトゥアリス》」作用と光について。光はとくにある元素に属するか、それとも混合物に属するか。光のような「精神的」作用を受容する媒体の自然本性について。媒体中での「精神的」作用の変化について。「精神的」作用者は瞬間的に作用するか、時間において作用するか。

六　能動的能力と受動的能力の限界について。能動［作用］の困難について。自然物の能力がその自然本性的場所ゆえにもっている限界について。元素の形相の能力は運動と同様に静止も求めるか。天上界の運動とその動者について。自然物の大きさの限界について。ある物体は内的（ex se）動者によって動かされ、ある物体はそうでないのはどのようにしてか。

七　生成消滅しうる事物の個と種について、その数と、質料と作用者の諸能力とに関する原因について。第一動者は無限の能力を有しているか、それは、世界とその運動に始まりがなかったという自然学的主張によって証明されたか。

八　実体は似た実体によって生成するということ、動物は、完全な動物や腐敗によって生成するということについて。魂の感覚的能力と知性的能力に関する数的一性について、栄養摂取的魂の作用について。

九『霊魂論』第二巻に関わる五感に関する題材について。

一〇　プラトン派が「イデア」と呼ぶ普遍について、受動知性について。人間知性の単純作用と複合作用について（この部分は書き上げられなかったようである）。

以上のようにダンブルトンの『スンマ』における自然哲学のカリキュラムは、自然学から、諸元素とその相互作用についての研究、光学、生物学、心理学に及ぶ。八と九の部分は生物学と心理学に関する部分であるが、これが著作全体のほぼ四〇パーセントを占める。基本的な枠組みはアリストテレス的であるが、光を強調するところや、欠落している一〇の部分にはプラトン的要素が見られる。ダンブルトンはこの基本的な枠組みに、ジョン・マードックが「分析的言語」と呼んだ自然哲学の基本的道具だてについての教育を加えた。それはすなわち形相の強化・弱化、極大・極小、運動における速度の比などの研究である[77]。中世自然哲学の基本的に論理学的な研究方法の諸要素については『スンマ』の一の部分で説明されている。

ダンブルトンが挙げているすべての項目についておおまかに説明するのでさえ、短い章ではまったく不可能である。以下では、一三世紀以前に何が起こったかを簡単に見た後、自然哲学と天文学の関係を考察し、その後、中世後期自然哲学におけるその発展について考察するつもりである。つまり、主として学芸学部内で起こったことと、神学との相互作用から生じたと思われることの両方を考察する。しかしまず、中世自然哲学との関係で基本的にすべての人が前提としていること、すなわち、世界は神の被造物であるということについて何がしか述べておくべきである。

創　造

本章の主題の重要な背景となる前提は、自然界とわれわれ自身は被造物である——自己創造的・自己自存的な存在ではなく、超越的な精神・理性の産物であるという信念である。だからボエティウスは『哲学の慰め』（III 9）で次のように書いた。

ああ御身、持続的秩序にしたがって世界を導く者。
天地の父、時間をよどみなく進ませる者。
御身自身は動かないが、すべての運動法則を造り、
いかなる外的原因によっても御身の業へと動かされない者。
しかし優しい願いによって、そこに妬みはなく、
御身の善さによってそれぞれの事物に御身の恵みを与え、
御身はすべての被造物の形相を最高の範型からとり、

御身の公正な心から世界を御身自身のように公正にする。
このようにして御身は、完全な各部分で完全な全体を形造る。

創造の形而上学は中世の思想家たちに考察すべき多くの話題を提供した。その考察のなかのいくつかについては本書の別な箇所で議論される(5)。本章での目的のためには、天地、物体の諸元素、動物の種、魂、天使だけでなく、時間や空間も創造されたものと見なされるのが一般的であったということを覚えておくことが重要である。だから創造「以前」にはいかなる時間も存在しなかった。アウグスティヌスが『告白』第一一巻でこのテーマを扱っているが、これは中世初期にとって古典的テキストである。その後中世アリストテレス主義者たちは、「前と後に関しての運動の数」というアリストテレスの時間の定義（アリストテレス『自然学』第四巻第一〇章―一四章）に従って、時間は宇宙の創造とともに始まると主張した。―宇宙なしには、運動する物体も、その運動を日や年単位などで数えることができる精神も、なにひとつ存在しない。それゆえ宇宙が存在する以前には時間は存在しないからである。同様に、典型的に中世的な見方では、有限宇宙の最外天球の外側には、その広がりを測ることができるいかなる物体も存在しないので、空間は存在しない。しかし、神は宇宙創造の「以前」から永遠に存在しているのとちょうど同じように、神は宇宙の「外側」のどこにも、すべての点において全面的に存在している。トマス・ブラッドワーディンやニコル・オレームのような人びとがおこなった、宇宙の外側での神の遍在に関する一四世紀の議論は、アイザック・ニュートンの絶対空間という概念とつながっているということが明らかにされている(6)。

『創世記』における創造説話は中世のユダヤ教徒、キリスト教徒にとって権威あるものであったが、しかしこのことによって、観察や論理的・理性的分析から集めることができるような世界理解を彼らが拒絶するということにはならなかった。ガリレオは、一七世紀初期に書いた『クリスティーナ大公妃への手紙』で、アウグスティヌスの『創世記逐語注解』を引用して、聖書と科学を調和させる彼自身のやり方を擁護したことは有名である。ガリレオは自身を擁護するさい、アウグスティヌスの立場を誤らず説明していた。創世記の創造説話のほぼすべての文が、解釈するには難しいために、釈義をおこなう者が提示する解釈の幅は大きくなる。だから解釈によっては、自然について確立されている知識と矛盾せずに、聖なるテキストに光を当てられるかもしれない。アウグスティヌスはとくに、聖書解釈学において「科学」すなわち自然哲学をどのように用いるべきかという問題に繰り返し戻っている。彼は自身の注解のまさに冒頭から他の多くの解釈を提示し（第一巻第一章[61]、第一九―二〇章）、経験や理性と矛盾するかもしれない読み方を教条的に採用することに対して警告を発している。

それでは、聖書の教えのためではなく、われわれ自身の見解のために、聖書の教えがわれわれの見解と一致することを願って闘うことになるだろうが、そうではなくわれわれは、われわれの見解が聖書の教えと一致することを願わなければならない。……通常、キリスト教徒でない者でさえ、地上界、天上界、その他この世界の諸要素について、星の運動、軌道、大きさ、相対的位置について、予測可能な日食や月食、年や季節の周期について、動物、低木、石などの種類について何事かを知っており、キリスト教徒でない者は、理性と経験からしてたしかなこととしてこのような知識をもつ。さてこれらの話題についてキリスト教徒が、聖書の意味を示すようにして、馬鹿げたことを語っているのを異教徒が聞くことは恥ずかしく、危険なことである。そしてわれわれは、このようなやっかいな状況を防ぐあらゆる手段をとるべきである。このような状況では、人びとはキリスト教徒のはなはだしい無知を暴露し、嘲笑することになる。……もし彼ら自身がよく知っている分野でキリスト教徒が誤っているのを見出し、われわれの本についてキリスト教徒が馬鹿げた意見を主張しているのを聞き、彼ら自身が経験と理性の光とから学んだ諸事実についてわれわれの本のページは誤りに満ちていると彼らが考えるならば、どうやって彼らは、死者の復活、永遠の命への希望、天の国に関することがらについてわれわれの本を信じるようになるであろうか（第一巻第一八章―一九章[61]、四一章―四三章）[7]。

現れとしての自然――一二世紀の自然哲学

中世初期の西洋は、自然界の知識に関して、その大部分を大プリニウスの『博物誌』やセネカの『自然について』のようなテキストに頼っていた。これらのテキストやその他ローマ時代の著作に由来する著作としては、セビリャのイシドルスの『自然について』や『語源』、ベーダ・ウェネラビリスの『事物の本性について』などのような中世の百科全書的著作があった。マクロビウスの『スキピオの夢注解』やマルティアヌス・カペラの『メルクリウスとフィロロギアの結婚』のような新プラトン主義的著作にも言及しなければならない。これらのような著作は、哲学的に研究される可能性のある自然についての経験的事実を提供したが、これらの著作はそれ自体がつねに正確、あるいは合理的に系統立てられているというわけではなかった。一二世紀以前にはまだ、アリストテレスの著作は視野に入って来なかった。そうした中、ラテン語で読めた最も重要な自然哲学のテキストは、間違いなくプラトンの『ティマイオス』17A–53Bをカルキディウスが翻訳し注解したものであった[8]。全面的に自然学的なテキストとしてではなかったが、同じくらい影響力があったのは、ボエティウスの『哲学の慰め』であった。数学では、ボエティウスがギリシア時代やその後の時代の暦計算に関する著作から翻訳したいくつかのテキストがあった。スコトゥス・エリウゲナの『ペリフュセオン［自然について］』では、汎神論だという非難を呼び起こすほど神が自然の内奥に現れる。ただしエリウゲナは、神現を強調するけれど、自然の詳細を通して何かを示すことはほとんどない[9]。

一二世紀の司教座聖堂付属学校において自然哲学は、創造の六日間（「ヘクサエメロン」）について創世記を解釈する中で、プラトンの『ティマイオス』からとられた思想というかたちで花開いた。このような一二世紀の著作には「自然の発見」が含まれていると言われてきた。[10] シャルトルのティエリは彼の『六日間の業に関する論考』の中で、創造の第一日目について創世記が述べたことと、プラトンが『ティマイオス』の中で、初めに混沌、つまり無形相な質料が在ったと述べたこととを、類似していると見なしながら、『ティマイオス』の世界霊魂は、聖霊と同じであり、「神の霊が水の面を動いていた」と創世記が述べている箇所を指示しているのだと考える。[11] 宇宙の一性は宇宙に先行し、神に由来する。神はどこにでも存在するのである。ティエリはこの一という数字から、宇宙の自然学的側面よりもむしろその他の数学的側面を検討することへと向かう。

コンシュのギヨームやベルナルドゥス・シルヴェストリス、バースのアデラルドゥス、カリンティアのヘルマヌスのようなその他の一二世紀の著作家たちも、自然哲学の点で注目に値する。[12] 彼らは自然界の詳細について、エリウゲナの『ペリフュセオン』に見出され得るよりもはるかに多くのことを語っている。たとえばバースのアデラルドゥスの『自然学問題集』は次のような話題で始まる。「なぜ植物は前もって種をまかなくても生えるのか」。「ある植物は、火質というよりもはるかに土質であるのに、どうやってそれを「熱い」と呼ぶことができるか」。（[355]85）アデラルドゥスはティエリと同様、天体は魂をもっていると考える（[355]219）。事実「天体は魂をもっていないと考える人は誰でも、その人自身がむしろ魂をもっていないのである」というのが彼の見解である。彼は星や惑星に関する彼自身の見解を「あるいはその位置から、あるいはその構成から、あるいはその作用からも」精力的に主張する。輝く汚れなき天上界が魂の運動と精神の卓越性にあずかっていないと考えるとすればそれは愚の骨頂だろうとアデラルドゥスは考える。また、「もし星の作用が、下位のものである動物の生死の原因であるならば、このような星についてどのように考えるべきであろうか。……他のものに命という結果をもたらすもの自身に命がないと信じるのは、くだらない冗談でしかない」。

一二世紀の自然哲学は、その後の時代の中世自然哲学と比べて、より文学的、記述的であり、さほど分析的ではない。宇宙論的著作にはプラトンの『ティマイオス』、創世記、キケロの『神々の本性について』などが深く浸透している。後の時代の場合よりもはるかに多く、プラトン的イデアと類似していると見なしうることが述べられ（神の言葉として解釈されてではあるが）、霊的、知的被造物がはるかに多く注目される。重要なことは、このような一二世紀の著作のすべてが、神に始まり、次に天上界（これが最も規則的である）、そして、天上界の影響を通して月下界の多様性に至るまで、自然は規則性を表すと考えているということである。だからカリンティアのヘルマヌスは、「ある種の普遍的な状態の法則」は自然本性の定義そのものに含まれるものであり、「諸事物の自然本性」はそれら諸事物の特性の基礎であるとして、次のように述べている。

副次的生成のすべての運動は、（もちろん万物の創造者の決定によってではあるが）自然本性とのある種の関係によって管理されている。……そして生物の全秩序は、普通は「自然本性」と呼ばれるある種の普遍的状態の法則によって永続するので、自然本性そのものから始めるのが最も適切であるように思われる。……「自然本性」という語は二つの概念のために用いられるのが通常である。（一）セネカが……言っているように、「宇宙全体とその部分とに挿入された神と神の理性こそ自然本性に他ならない」……。（二）しかしもう一方は、それによってプラトンが宇宙霊魂を構成するところのものである……。自然学者たちは後者の「自然本性」を引き継ぐことによって、全物体、すなわち天上界と下位世界双方の物体の自然本性を個々に説明しようとさえする。……そこで、可能なかぎり最も正確な説明だと私に思われるものは次のとおりである。自然本性とは、「宇宙において」普遍的に生じるものの、それに内属するかぎりでの、自己を増殖させ保持するある種の永続的特性のことである。……これはボエティウスが支持する諸定義の最後のものに近い。――すなわち、諸事物の自然本性とは、それ自身、諸事物に固有な種のことである。なぜなら、すべて生じるものの特性はその種に依存しているからである(『諸本質について』[365]151-55)。

天文学と占星術

中世の大部分の思想家は、天体の運動は月下界の自然のなりゆきに影響を与えると考えた。一二世紀まで天上界に関するラテン世界の知識は大部分、上述したローマ時代後期の諸著作に由来するものであった。これらの著作はすべて、数学的でないだけでなく、しばしば首尾一貫していないか、少なくとも非常に空想的であった。[13] しかしながら、アラビア天文学がヨーロッパで知られ始め、それにともなってギリシアの数学的天文学の知識がもたらされると、状況は劇的に変わった。多くの中世宇宙論において、神は天上界を地上のすべての結果の道具、つまり中間因として用いる(カリンティアのヘルマヌスの『諸本質について』はこの想定にもとづいて構成されている)。昼と夜、季節、気候、動植物の生育などの相違は、まず、恒星天球の見た目の回転に相対的な太陽、月、諸惑星の黄道上の軌道、つまり見た目の軌道の傾斜によって説明され、そして次に、太陽、月、諸惑星の黄道帯での個々の運動によって説明される。医師たちは、重要であると考えられているこれらの因果状況を、信頼できるものとして知ることができるかぎりで、人の病気を説明したり、医療処置を施す適切なタイミングを決めたりする際考慮に入れようとした。錬金術も、金属の形成に天上界からの流出が与える効果を想定した。このような理論が後の時代の大学で書かれた著作の中でさほどはっきり現れないのはおそらく、このような理論が意志の自由に対して危険なしかたで疑問を投げかけると考えられたからであろう。しかし、アルベルトゥス・マグヌスのような著名な思想家でさえ、天界が原因性をもつという原理を非常に真剣に受けとったのである。[14]

天上界に関する以上のような見解にもとづく学問について、どのように考えられるようになっていったであろうか。イスラーム世界ではアヴィセンナが、占星術を自然哲学に、天文学を数学に分類する傾向を見せ始めていた[15]。これは、これら二つの学科の相互関係について重大な問題を提起する動きであった。占星術は、天上界の自然学をとり扱う学科になったが、地上界への天上界の影響についても当然この自然学を応用した。たとえば、ラテン西方世界がアリストテレス的な自然学にはじめて触れたのは、アブー・マアシャルの『占星術大入門書』という占星術的著作の翻訳を通してであった[16]。一方天文学は、惑星の位置を追いかけるための数学的モデルを作り上げた（それゆえ、応用占星術に必要とされる月、太陽、惑星、恒星の位置の予測を提供した）。しかし天文学はしばしばこのようなモデルを、自然学から見て蓋然性をもつのかどうかということに拘束されて考えることなく「純粋な数学的モデルとして」作り上げた。

プラトンの時代から、大部分の自然哲学者たちは、詳細については相違したけれども、球状の天（これ自体があたかも玉ねぎのように、同心的な複数の殻をもっている）が球状の地を囲んでいるということでは一致していた。アリストテレスはこのような球の集合体を措定していた。これらの球はそれぞれ、それ自身の均一な運動を有しているが、それを囲む球の運動によっても動かされた。このような集合体は、一年を通して観察される惑星の「不均一な」位置を説明するためのものであった。しかしながら、ヒッパルコスやアポロニオスの時代から、多くの数学的天文学者たちは、均一に回転する同心球だけを含むモデルを使って、正確に惑星運動の「現象を救う」期待をもつことができなかった。それゆえ彼らは、宇宙の中心ではない中心を球が回ったり（周転円、離心円）、球の回転速度さえ変えたりする（エカント）モデルを提案した。このことによって、自然学的に実在論的な天上界理論を求める自然学者と、惑星の位置を正確に予測する理論を提案する数学的天文学者たちとの間で、数世紀にわたって分業がなされるようになった。

数学的天文学と自然学との間のこのような分裂は、多くの方法論的、認識論的討論をもたらし、天上界の学問を再統合しようとする多くの努力が何年にもわたってなされた。数学的天文学は少なくとも、天上界のすべての運動が円運動であるのは、このような運動が自然本性的であるエーテルからできている天球の運動であるからだと想定するさい、その前提を自然哲学から受けとったのであろうか。それとも、数学的天文学は、自然哲学を当てにする必要はなく、観察に適合する数学的理論を端的に作り上げることができる自律的学問でありえたであろうか。J・ラゲップは、イスラーム世界において天文学は時として、神学的教説に挑戦しないということを保証するために、純粋に数学的なものとして扱われたと主張している。[17] ナスィール・アッディーン・アットゥーシー（一二〇一―七四）は、『タズキラ［覚え書］』の中で、天文学者は、「推論された事実からの証明」（自然学的かつ／あるいは形而上学的原理を用いて事実の存在の必然性をもたらす）よりもむしろ、「事実からの証明」（観察と数学を用いて事実の存在をただ単に確立する）を用いて大部分の宇宙論的問題を証明すべきであるということを明らかにした[18]」。

しかしながら、トゥーシーの提案にともなう困難は、同じ惑星運動を違う方法で同じようにうまく説明することができるということを、天文学者たちはヒッパルコスの時代から知っていたということである。つまり、離心円モデルは従円、周転円モデルと同じ予測を立てることができる。算術や幾何学のような純粋数学で基礎になるのは、基礎になるものを基にして証明される定理よりも数学者たちによりよく知られている公理である。しかし天文学ではかならずしもこうではない。アリー・アル・クーシュジー（一五世紀）は、トゥーシーの『信念の要綱』について注解を書いた人であるが、彼は、「天文学に関する現象を救うかぎりでは、地球が回るモデルと、動かない地球の周りを他のすべてのものが回るモデルとを区別する方法はないと認めた[19]」。にもかかわらず天文学は、アル・クーシュジーが主張するところによれば、その前提が合理的な仮定にすぎず、絶対的に真であると主張されるわけではないがゆえに、自然哲学に依存することにならない[20]。

天上界は恒星と惑星を運びながら一日に一度回転しているという観察、「経験的事実」に、アリストテレス的な自然哲学の全体がもとづいていたということは熟考に値する。アリストテレスやアリストテレス主義者たちは、合理的で経験的な学問方法に従って、天上界は第五元素、エーテルからできていて、非質料的な不動の動者によって永遠に回転運動していなければならないと結論する。この結論は、普遍的に観察されるこの「事実」からの推論によるものであった。観察からより上位のレヴェルの一般理論へと推論していく過程は、たとえその理論による予測が正確であっても、そのより上位のレヴェルの理論が唯一真であるということを保証することはできないということが明らかである数学的天文学体系が継続的に存在している。このことは間違いなく、自然哲学が認識論的に正しいとする主張にある程度警告を与え続けることに貢献した。それは同時に中世自然哲学が、ニュートン以降の物理学がそうなるであろうような、真に数学的な学問には決してならないということを意味した。

スコラ自然哲学

アリストテレスの学問的著作がラテン語に翻訳され、ついには大学学芸学部の標準教科書となったとき、中世自然哲学は大きな変化を経験した。今や自然哲学は、神が宇宙を創造したという前提は捨てないけれども、被造物の製作者のしるしとしての被造物によりも、諸事物が自身のうちに有している自然本性に、――『自然学』第二巻第一章で言われているある特定の「運動と静止の内的原理」により焦点をあてた。アリストテレスによれば、自然哲学の目標は演繹的学問を展開することである（ギリシア幾何学の公理形式をモデルにしている）。このような学問は、観察された物理現象をその本質的原因、近接原因、遠因を通して説明する。自然学者たちは、すべての事物は運動するという観察から出発して、自然の諸原理（幾何学の定義、公理、公準に似ている）を発見するために分析的に（つまり事実からの証明によって）仕事を進めることが期待された。その後自然学者たちは、これらの原理を「原因からの」論証、つまり、推論された事実、原因のある事実からの論証［事実を、推論によって得られた事実、あるいは原因によって引き起こされた事実として示す証明］の基礎として用いながら自然のプロセスを説明するのが常であった。

以上のようにアリストテレスの学問は経験的であるー経験から出発するのであるが、しかしーこれは本質的なことでもあるー経験から理論へと至る方法は、より多くのデータを集めることではなく、むしろあるわずかな一群の経験について、それに対する洞察を得るために分析的に考えることである。だからたとえば、運動が存在するところにはどこにでも、動者が存在しなければならないと推論し、その次に、その動者はいったいどのようなものかと問うことができる。スコラ自然哲学の卓越した手段は経験的なものでも数学的なものでもなく、論理的なものである。中世自然哲学者たちは時々、アリストテレスの著作を注解した人びとと同様、アリストテレスは完成された学問体系を生み出したと考えたが、しかし、アリストテレスは、彼らが注解している著作の中で、総合的な演繹体系を明確に示すことはしておらず、むしろ、このような体系の諸原理を発見するために弁証的に仕事を進めているということに気づかざるを得なかった。さらにスコラ自然哲学者たちは、自然哲学に対して彼ら自身がなした貢献において、後の時代の固定観念で考えられるような教条主義者ではなく、非常にしばしば、新しい思想や議論に対して偏見がなかった。だから彼らは彼ら自身の問題解決を、たしかなものというよりもむしろ「蓋然的なもの」と特徴づけることができたのである。

自然哲学者たちは、大学学芸学部での彼らの講義の中で、アリストテレスのテキストを章ごと、行ごとに解釈・説明し、必要であると思われるときには、アリストテレスに対する改良点を提示した[21]。中世大学の中核となる活動として、テキストについての講義を補完するものが討論であった。これには教師と学生が参加することができた。「問題集」（対立する二つの議論と、決定・解決が後に続く問題群）を含むかたちで書かれたアリストテレス注解の中で、ある問題は、アリストテレスのテキストについて学生に教えている教師がとり上げたいと思う可能性のある問題であった。たとえば、アリストテレスが主張したように、場所とは、取り囲む物体の最も内側にある不動の境界のことである（『自然学』第四巻第一章―第五章。定義は212a20-21）というのは真であるかどうかと問われるかもしれなかった。アリストテレス注解に現れるその他の問題は、同時代に重大な見解の相違がある争点に関わっていた。自然哲学に関する以上のような問題は、あれこれのアリストテレス著作とつながりのある討論ではなく、ソフィスマ、パラドックス、まったくどんなことにでも関わる討論（任意討論）の一部である場合もあった[22]。

一三世紀の自然哲学者たちが書いた著作、――たとえばロジャー・ベイコン、アルベルトゥス・マグヌス、トマス・アクィナスの著作――は、非常にしばしば解説的で総合的である（アクィナスの著作の大部分はアリストテレスのテキストを単に説明したものにすぎない）。一方一四世紀の研究方法は、非常にしばしば分析的であり、「問題集」の形式をとっていた。――たとえばオッカム、オックスフォードの「計算家たち」、ヨハネス・ブリダヌス、ニコル・オレームの著作がそうである。（唯一の）総合的なアリストテレス的‐キリスト教的学問を目指すスコラ学者たちと、より分析的な方法をとる学者たちとを分けるひとつの要因は、ある学問の諸原理の、他の学問の諸原理・諸帰結に対する地位についての彼らの見方であった。それはたとえば自然学の諸原理の、形而上学の諸原理・諸帰結に対する地位などである。総合的な見方をとる人びとにとって、自然哲学、つまり自然学の原理は、理想的には、形而上学という、より上位の学問からの演繹によって証明され得る（あるいはより下位の学問はより上位の学問の諸原理に何か新しい原理をただ単につけ加えるだけであろう）。この見方では、究極的には、すべての学問が自明の諸原理から演繹され得るし、より下位の学問はより上位の学問に統合されるはずである。一方で、ダキアのボエティウスのように、自然学の原理は自明でもなければ、形而上学によって証明されもせず、経験の分析から「アポステリオリ（後験的）に」確立されると主張し、[23]自然哲学つまり自然学の自律性を主張する人びとがいた。[24]—彼らはまた、自然学とその原理は、時間における世界の創造のようなキリスト教信仰と統合される必要はないとも主張した。

スコラ自然哲学者たちはアリストテレスに従って、自然の結果には、作用因だけでなく、質料因、形相因、目的因もあると考えた（アリストテレス『自然学』第二巻第三章、『形而上学』第一巻第三章―第一〇章）。自然哲学はこのような考えにもとづいて、これら四つの原因すべてを持つ結果だけを説明する。これらの原因に規則的に、ある目的のために従う結果の他に、諸原因の重なりを通して稀に付帯的に起こる結果がある。しかし自然哲学者たちはこのような不規則な、つまり偶発的な出来事を説明することができるとは思わなかった。これらの出来事には目的因がないのである。だが、あるスコラ自然哲学者たち、たとえばニコル・オレームは、自然哲学が原因を発見することができる現象の領域を広げ、驚くべきこと、魔術のようなことだと考えられていることを含めようとした。[25]他のスコラ自然哲学者たち、たとえばヨハネス・ブリダヌスは、奇跡と人間の自由な意志以外、宇宙のすべては自然法則に従っていると結論した。[26]

世界には目的因、つまり神が意図する目的があるという想定によって、ある自然哲学者たちは、世界がどのようなありかたで存在しているはずであるかということを推論によって知ることができるのは、世界が現在の姿をしているのが［神の意図によって］正しいし善いからなのだろうと考えた。ボエティウスのある意味で「完成された全体」としての世界像は、中世を通じてずっと続いた。しかし神の自由を尊重する気づかいもあった。一四世紀の「主意主義者たち」は、神は人間が最高のありかたと考えるしかたで、あるいは、ひとつの善いありかたであると考えるしかたででさえ、世界を創造せざるを得ないわけではないと主張した。神は、論理矛盾を含まないことならなんでもすることができたであろうし、することができるだろう。H・オーバーマンによれば、このような見方は経験主義の主張を強化した。つまり、神はさまざまなしかたで世界を自由に創造することができるので、われわれは、実際世界がどうなっているのかを決めるには観察を用いなければならないのである(27)。

以上のように、中世のかなり後期の自然哲学の背後にある世界観によって、中世の学知理論に関する議論で時々考えられているよりも、世界はより多く偶然を含んでいるということが認められた――ただし偶然は学問の一部になり得る自然の側面ではありえなかった――(28)。そしてもし宇宙に偶然があるならばその場合、諸事物は、それらがそうであるもの以外のものであるかもしれない。二〇世紀初期、中世自然哲学の偉大な先駆的歴史家の一人であるピエール・デュエムが、中世の自然哲学者たちは、一二七七年パリでなされた二一九の異端的命題の断罪によって、神は論理矛盾を含まないことならなんでもできるという命題を受け入れるよう要求されることによって、アリストテレス自然哲学に代わるものを考察するようになったと主張したことは有名である。一二七七年の断罪は、自然哲学を刺激し、新しく実りある方向へと進ませることによって近代科学を誕生させたとデュエムは書いた(29)。

もしデュエムが正しければ、神学は一二七七年の断罪を通して自然哲学に影響を（おそらく最善の方向に）与えたのであるが、一二七七年以前に自然哲学者たちが、宇宙は偶然的で、実際にはそうではない多くの事態がありうると結論する方向へとすでに動きつつあったと論じることができる。さらに、自然哲学の推論に同じような影響を与えるスコラ哲学一般の動き――一二七七年の断罪とかならずしも結びついていない動き――によって、「想像に従って」推論する習慣、つまり、反事実的状況を提示して、そのような場合に何が起こるであろうかと問うことが習慣となっていた。中世の学芸教育において非常に卓越した役割を果たす「強制討論」や「ソフィスマ論」の討論において、学生たちはとりわけ、恣意的な仮定から、なんであれそこから首尾一貫したしかたで帰結することへと論理的に推論するよう訓練された。これは「想像に従って」推論するための完璧な準備であった。

ウィリアム・オッカムは、彼の存在論を最小限のものによって成立させるという自分の構想を追求するために、あるものは他のものなしで存在しうるかとしばしば問うた。たとえばもし、量は何か実在的なものであり、実体や質とは別なものであると考える場合、神が実体を動かさないままそこから量をとり除くと考えるとしたら、いったい何が起こるであろうか。――実体は依然として同じ体積を占めないであろうか。このようにしてオッカムは、実体と質だけで、量や運動（つまり能動と受動）のカテゴリーに入る言葉に対応して独立しているものがなにもなくても、説明する必要のあるどんなことでも説明することができると主張した[30]。オッカムはこのように「想像に従って」議論することによって最小限の存在論を採用した。しかしこのような議論の行きつく先はただひとつしかありえないというわけではなかった。たとえばヨハネス・ブリダヌスはオッカムに反対して、場所的運動はある種の内属的質でなければならないと主張した。ブリダヌスは次のように述べた。もし神が宇宙全体と、その中にあるすべての物体とを回しているとしたら、いったい何が起こるであろうか。この状況は、今そうであると考えられている状況と何か違うのであろうか。違うのでなければならないと彼は信じた（彼のこの直観は、たとえば後の時代のエルンスト・マッハのものとは反対である）。［だから］場所的運動は、内属的質に相当するのでなければならないということが帰結した。たとえそう判断するはっきりとした基準点がなくてもである。このように中世後期の自然哲学者たちはしばしば「想像に従って」推論し、自然の通常のなりゆきの中には見出されない何かを神がする可能性があると考えた。しかし彼らがそう考えた後でさえ、異なる結論に至る相当な余地があった。

科学史家たちがとくに興味があったのは、どのようなしかたで一三、一四世紀の自然哲学者たちは数学を自然哲学に導入したかということを見ることであった。[31] ここではロバート・グローステストの影響がとくに大きかった。[32] しかしながら、より普及していたのは、どんな既存の問題を解くのにも、一部は数学から、しかし大部分は論理学から分析的道具という装備を導入することであった。とくにオッカムと彼の信奉者たちは学問を、世界についての命題的知識と定義し、それゆえ、学問の諸命題が世界の諸事物の写像となるしかたを分析するため、代示の理論を用いた。[33] 大学、とくにオックスフォードの学生たちは、ソフィスマに関する討論で批判的思考を訓練されたが、ソフィスマの命題とそれに類する命題はしばしば自然哲学に由来するものであった。このことがどのように起こったかは、ウィリアム・ヘイツベリーの『ソフィスマとソフィスマを解く規則』、リチャード・スウィンズヘッドの『計算の書』、形相の強化・弱化、極大・極小、最初と最後の瞬間、連続・無限などに関する多くの著作で見ることができる。[34] 事実Ｊ・マードックは、これらの分析的言語が中世後期の哲学と神学の間に方法論的な一体性をもたらし、この一体性によって神学は、他の時代にそうであるよりもはるかに哲学的になったと主張している。[35]

方法の共有ということに関して、ここでおそらく次のことに言及しておくべきであろう。中世後期では、自然哲学と神学（あるいは形而上学）の境界は、自己包括的な演繹体系としての学問というアリストテレス的な概念を考えると、予想されるほどはっきりしていなかった。なぜなら神学者たちは自然神学の理論をすでに発展させており、それによれば自然神学は自然哲学と同様、経験から出発するからである。[36] この理論にもとづけば、人間が自然物についての感覚経験から導き出す知識は、神の存在についての人間の知識の基礎である。―これらの知識は「アポステリオリ（後験的）」な「事実からの」論証によるものであって、「アプリオリ（先験的）」な「原因からの」論証によるものではない。

真空の可能性

ヨハネス・ブリダヌスによれば、宇宙内部に真空がある可能性の問題は明らかに自然哲学と神学の両方に関わる問題である。[37]中世の自然哲学者たちは一般に、宇宙は全体が充満した球であり、その外側にはなにもなく、真空さえなく、宇宙内部にも、いかなる真空もないということに同意していた。アリストテレスは、古代原子論者による三次元真空空間という概念は首尾一貫していないということを示すために非常に熱心に努力していた。その一方で彼は、すでに見たとおり「場所」を、取り囲む物体の最も内側にある不動の表面と定義していた。アリストテレスの定義によれば真空とは、もし存在するとすれば、物体を受けとることはできるが、そこにはいかなる物体も現存しない延長であるということになる。ところがそれとは対照的に延長は、そこで測定のさまざまないわば基準点を作ることができる物体において、あるいはそれによって、つねに測ることができるとアリストテレスは主張していた。もし真空が存在するとすれば、真空の中には、より長いあるいはより短い延長を測ることができるようないかなる基準点もないということになってしまうのである。

神の絶対的能力のことを考えるというやり方は一二七七年の断罪が支持する考え方だが、この考え方によれば、神は真空を創造することができるということは、もしそうすることが論理矛盾を含んでいないのであれば、否定すべきではない。そうだとすれば、神は「神の絶対的能力によって」月天球の内側にあるすべてのものを無に帰すことができるだろうと考えることに論理矛盾があるだろうか。大部分の人びとは、矛盾はないと考えた。しかし彼らは、[神が無に帰すことによって]生じるであろう状況をさまざまなしかたで解釈した。ある人びとにとって、生じるであろう結果は基本的に、真空になった月天球の内側の場所を、どんな物体も占めることができないようなしかたで球を宇宙から切りとるということだろう。それはちょうどそこに空間がないのと同様の事態であり、また、宇宙全体の外側ではどんな物体も場所のうちには在り得ないという事態とも同様である。ブリダヌスによれば、もし神が月天球の内側にあるすべてのものを無に帰すとすればその場合、そこにはいかなる特定の次元も存在しないであろう。――この天球の内側に置かれた物体は、長時間高速で直線運動をすることができるが、月天球のどの特定の部分に対しても、そこにより近くなったり、そこからより遠くなったりすることは決してできないであろう。[38] 一方、ブリダヌスによれば、神は「神の絶対的能力によって」月天球の内側に、どの物体からも離れている測定可能な三次元延長（ユークリッド空間と呼ぶことができるもの）を創造することができたであろう。アリストテレスにとっては、延長している物体の存在しない延長は不可能であった。しかしながらここで、スコラ神学の発展によってこのような不可能性は疑問視されていた。たとえばアクィナスは、聖変化［ミサにおいてパンがキリストの体に変化すること］の後、以前はパンであったものの延長が今や、以前はパンに内属していたもろもろの質の基体として実体の役割を果たすと考えていた（このことについては以下でさらに議論する）。

だから、ビュリダンにとって、もし神が「神の絶対的能力によって」月天球の内側にあるすべてのものを無に帰すとしたら、神が月天球のうちに、いかなる物体にも内属しない量的延長も創造すると考えることには何の論理矛盾もなかった。これは、奇跡的にではあるが、ありうるということが知られていることであった。なぜなら、聖変化した聖体においてはまさにそうだったからである。そうすると、もし物体が、月天球の内側にあって物体に内属していない次元のうちに置かれるとしたら、それは月天球の一部から離れ、他の部分に向かうことができるだろう。このような状況では、運動学は通常の自然本性的運動の運動学と異ならないであろう。しかしながら、動力学は概念を変える必要があるだろう。［なぜなら］アリストテレスの動力学において速度は、運動の原因となる力と、それが出会う抵抗とに依存すると考えられた。この見方では、同じ媒体中を落下する、より大きな重さのものは、より小さい重さのものよりもより早く落ち、一方、同じ重さのものは、より抵抗の小さい媒体の中を、より抵抗の大きい媒体中よりも早く落ちるだろう。

もし物体が真空中を動いているとしたら、まず第一に、その運動は自然本性的運動か（重い物体の落下のように）、あるいは強制運動か（投射体の運動のように）を決定する必要があるだろう。真空の中には「上に」も「下に」もないので、真空中の物体は、それに自然本性的な場所に向かって動いたりしないと考えることができるだろう。あるいは、真空中にある場所が、以前は火、空気、水、土に自然本性的な場所であった場所によってなんらかのしかたで同定され続けると考えることができるだろうが、どちらの場合にも運動の抵抗となる媒体は存在しないであろう。その場合、アリストテレスの通常の動力学によれば、どんな力であれ、それに動かされる物体の速度はすべての有限速度を超えるだろうということが帰結した。しかし、この推論の通常の流れに従えば、実無限であるような速度は論理矛盾である。なぜなら、物体はその運動の目的地に直接到着してしまうが、その目的地に到着する前に、ある特定の道筋の中間地点に到着することはなくなってしまうからである。事実アリストテレスは、宇宙にいかなる真空も存在しないと主張する論拠のひとつとして、実無限であるような速度が論理矛盾であることを用いていたのである。しかしもし、神の全能を適切に考慮するならば、神は「神の絶対的能力によって」真空を創造することができるのでなければならず、その真空中の運動のうちに物体を置くこともできるのでなければならなかったが、そうであればその場合、外的抵抗がなくても、そこから、自己矛盾した無限速度が生じることはありえないということが帰結した。有限速度が生じるのでなければならない。このことはどのようにして理解することができるであろうか。抵抗がなくても距離さえあれば、運動に時間がかかる理由を説明するのに十分であると主張することもできたであろう。いかなるある特定の力も、ある最大限の有限速度の原因となるだけであり、この速度はどんな媒体の抵抗によっても減少させられると主張するように動力学を変更することもできたであろう。数学的に言えば、速度は「力—抵抗」か、あるいは「（力—抵抗）／抵抗」に比例していると考えることができたであろう。また第三に、このような真空中に投げ込まれたボールはその「インペトゥス」

（通常はその質量と速度に比例する、つまり質量×速度に比例すると考えられる）によって動かされるだろうと考えることができたであろう。それは、インペトゥスは通常の意味での力ではないと考えてのことである。ヨハネス・ブリダヌスのような中世の自然哲学者たちは、この三番目のように推論することによって、投射体は、神の絶対的能力から生じると考えられる非自然本性的な状況のうちにあるものだけではなく、一般的にインペトゥスによって動かされ、インペトゥスは投射体に内属する質であると考えられると結論した。[39]

中世の自然哲学者たちは［たしかに］宇宙内部に真空がある可能性について研究した。［しかし］その自然哲学上の動機は、アリストテレスがそれに反対して、真空の可能性を論点としていたという事実以外にはほとんどなかった。そのような論点を後に『自然学』第四巻を教授したすべての教師が討論で繰り返しとり上げて解説することになったのである。投射体の運動に関しても同様に、投射体運動の原因に関するアリストテレスの理論が不自然で説得力を欠いているということ以外に、関心をもつ理由が彼らにはほとんどなかった。スコラ神学にも、真空の可能性に、あるいは投射体運動の原因に関心をもつ理由はほとんどなかった。この一例のように、自然学的不可能性と論理学的不可能性とを区別するために、「想像に従って」推論する、つまり、神の絶対的能力に訴えるという技術が自然哲学的思考を動かすのに役立った。結果としてアリストテレスの思想から離れ、ガリレオやニュートンの思想に近づくことになったので、そのかぎりでこのことは進歩的であったと考えられている。他の人びとは、中世の自然哲学者たちが、理詰めで（クモのように自分の網でしばられ）、新しい観察をする時間をあまりにもわずかにしかもたなかったことで非難するかもしれない。しかしわれわれはむしろ、アリストテレスの自然哲学を、自然に関する経験的で論証的な学問として合理的に構築したことで彼らを賞賛してよいであろう。

自然哲学と神学の相互作用

アンネリーゼ・マイアーは、中世後期自然哲学に関する彼女の研究の中で、自然哲学的著作と同様に、神学的著作も研究したが、彼女は通常、神学的著作を用いるさいには、後の時代の科学史との関連で興味ある話題に集中するため、議論の神学的文脈は脇に置いた。しかしながら、中世後期自然哲学における知的変化の原動力を理解するには、自然哲学的議論を復元するだけでなく、このような議論を引き起こした神学的問題を見てみることも不可欠である。中世自然哲学は本来的に神学的であったかどうかということがしばしば議論される（なぜなら中世自然哲学は本質的に神本位だったから）。あるいはその一方で、中世自然哲学は神学的関心から完全に切り離されていたかどうかということも時々議論される。[40] しかしながら事態は、この両方の立場が純粋に理解された場合に認められる事態よりも複雑だったと思われる。たしかに神学は中世自然哲学に大きな影響を与えたけれども、しかしそれだからといって、自然哲学が学問的であったり、よい哲学であったりすることが妨げられたわけではない。ある場合には、神学の影響は学問的に有益であった。影響が逆の方向へと向かう場合も時々あった。神学部で教える教師たちはしばしば、神学的問題を解決するのを助ける自然哲学に頼った。だから、神学と同様自然哲学についても、他の誰にも劣らず知っている「神学者―自然哲学者」[41] が存在した。アクィナス、スコトゥス、オッカムのような思想家の哲学的著作と神学的著作との相対的年代確定に関わる問題で、どちらの文脈が支配的であったかということを証明するのは難しい。だがそれにもかかわらず、革新が起こるきっかけはしばしば、ある特定の神学的問題に由来したであろうと思われる。それはたとえば、パンとワインがキリストの身体と血に聖変化するということ、このことは聖体において神のはたらきによって起こると信じられていたのであるが、このとの自然学的に正確な説明と呼べるものを与えるといったような問題である。[42]

聖変化と存在論

聖体で用いられるパンを神がキリストの身体に奇跡的に聖変化させた後もパンの外見は現存し続けるが、ただしその外見はいかなる物体にも内属しないと考えられた。このような事態についてさまざまな神学者―自然哲学者たちが与える説明は互いに衝突し、そのことが、自然哲学自体に影響を与える存在論の相違を彼らにもたらした。トマス・アクィナスにとって、以前パンであったものの量、延長は、聖体においては今やパンの実体の代わりであり、もろもろの質は、以前はパンに属していたが、今はこの延長に内属している。一方ウィリアム・オッカムにとって、以前パンであったものの質はそれ自体で延長的場所を占め、そのうちにキリストの身体があるのだが、キリストの身体に対して質はどんなしかたであれ関係を有していない。[43]神学者たちは、どのようにしてキリストは「本当に」聖体のうちに存在しうるかを説明するために、アリストテレスの諸概念をできるかぎり用いた。しかし神学者たちは、神学的教説がアリストテレスの結論を修正することを必要としているように思われる場合には、――たとえば、聖体に量あるいは質が、実体に内属することなしに存在しているということを認めるために――、アリストテレスの見方に対する修正案を提出したり、しばしばそれを採用したりした。アクィナスのような人びとは、聖体の中にパンとワインの量的、質的「付帯性」が、いかなるパンもワインもなしに存在しているということを説明するために、特別に「昇華された」自然哲学を発展させた。一方ウィリアム・オッカムのような哲学者は、このような昇華された自然学を避け、その代わり、事態はまったく奇跡的なことであると述べるか、あるいは、通常の自然哲学そのものを、神学的に特殊な例という観点で修正する他なかった。たとえばオッカムは、聖変化した聖体がどのようにして動いたり作用したり、作用をこうむったりしうるかということの自然学的説明（たとえば、聖体にはいかなる実体形相もないので、いかなる自然本性的場所もなく、同様に、強制運動に対するいかなる自然本性的抵抗もないであろうと思われる、といった）を与えようとせず、その代わり、神は、聖体の運動のあらゆる瞬間に起こる奇跡の原因であるだろうと示唆した。そうかと思うとオッカムは、聖体におけるキリストの現存のしかたに関連して、量が分離して存在するということを否定したとき、結果的に彼は自然哲学全体を通して、量が分離して存在するということを否定したのである。

このような事例において、アリストテレス自然哲学は神学に対して、神学が自然哲学に対するよりもより多く影響を与えたように思われる。しかし、神学者―自然哲学者たちが自然哲学という手段を使って聖変化を説明しようとするのを止めてしまった後も、彼らの及ぼした効果は本来の自然哲学内部で影響力をもった。たとえば一四世紀の多くの自然哲学者たちは、量や質が実体に内属することなく存在しうる（このことは聖体において起こる）という結論と、量は実体と質から離れている何かではない（量は、キリストが聖体のうちに存在するとき、キリストのうちに在って離れていない）という結論とを受け入れた。哲学的神学が自然哲学に返した理論はこのようなものであった。このような理論はしばしばそれ自体が合理的であり首尾一貫していた。事実歴史家たちは時々、新しい理論を自然哲学内部での進歩を表すものとして賞賛しながら、それが神学的問題を解決するために発展した形跡に注目しなかったのである。(44)

天使の自然学

『命題集』注解における、天使の場所と運動に関する神学的議論と、『自然学』注解における、諸元素の自然本性的運動に関する議論との相互作用は、一四世紀において神学と自然哲学が互いに実り豊かなものとしあったしかたのもうひとつの印象的な例を与える。ちょうど一二世紀の自然哲学者たちが、聖霊とプラトンの世界霊魂とを同一視していたのとちょうど同じように、アリストテレスの学問的著作の再発見後の自然哲学者たちは、アリストテレスの第一動者と天使とは、両者とも非質料的実体であり、同一視することができると考えた。この同一視は、初期新プラトン主義理論において天使はしばしば、（一組以上の翼のことはともかくも、）エーテル的、空気的な身体、乗り物をもっていると考えられたのに、中世後期において天使は、本質的に非質料的であり、身体をもたないと考えられた理由を説明するだろう。(45)

典型的に中世後期的な考えでは、天使は被造物の一部であり、おそらく、神が第一日目に「天と地を創造した」と創世記が語った「天」として言及されるものである。自然哲学者たちは、第一動者つまり天使はどのようにして天球を動かすか（これは明らかに自然哲学の一部である）ということを理解しようとしたが、この同じ存在者、あるいはこれと非常に類似した種類の存在者（非質料的実体）が、どうやって神によって使者として地上に遣わされ得るかということも説明しようとした。トマス・アクィナスは天使の「場所」に関して、天使は彼らの作用によってのみ場所に存在し、彼らが及ぼす作用によって、より大きい、あるいはより小さい体積を占めることができると主張した。興味深いことに、一二七七年に断罪された命題のひとつに、「実体は作用なしに場所に存在することはない」というものがあった。スコトゥスはこの断罪に言及して（『命題集注解（オルディナティオ）』第二巻第二区分第一―二問題 200[281]VII 244）、天使はその実体によって場所にあるのであり、その作用だけであるのではないと主張した。この点でのアクィナスとスコトゥスの違いは、『命題集』注解で一般的に問われた問題に影響を与えた。その問題とは、天使はA地点からB地点へ、その間の距離を通過することなく移動することができるか、というものである。天使は通常、宇宙外にある浄火天に存在すると考えられた。それでは、天使が地上に遣わされるとき、地上に到着する前に、エーテルでできたすべての天球を通過しなければならないのであろうか。アクィナスの理論ではかならずしもそうはならなかった。もし天使が天上から地上へ至る道に沿って作用を及ぼさないとしたらその場合、A地点とB地点の間にある延長のうちに一度も存在することなく、A地点を離れてB地点に現れることができたであろう。たしかに、もし天使が、作用を及ぼそうとする場所にだけ現存することだけができるとしたら、そして天使はそれ自身不可分なものであるとしたらその場合、天使の運動は必然的に非連続的であるだろうということが帰結するように思われた。だからガンのヘンリクスを含むある神学者たちは、天使はある種の原子的つまり不連続な時間のうちに存在すると主張したのである（スコトゥス『命題集注解（オルディナティオ）』第二巻第二区分第二部第七問題 497 を参照）。

ドゥンス・スコトゥスの見方では、もし天使が自然界内部に使者として遣わされるならば、おそらくそこで自然本性的に作用するであろうが、

天使は、物体的条件を分有するかぎりで（つまり、天使と物体において、本質的特性が同じ何かが存在するかぎりで）、物体の尺度をもなんらかのしかたで分有すると考えることは不合理ではない。ところで天使は、場所的に運動するかぎりで場所を分有し、このことは、天使と物体においてなんらかのしかたで自然本性が同じ物体的受動である。だからこの物体的受動は第一物体の運動（すなわち天上界の運動、これが時間の第一の尺度である）という尺度によっても測ることができる（『命題集注解（オルディナティオ）』第二巻第二区分第二部第七問題「天使は瞬間的に移動することができるか」501[281]VII380）。

次の問題、すなわち、天使は端から端まで、途中にあるものを通過せずに移動することができるかという問題に対してスコトゥスは次のように答えた。

できないというのが蓋然的であるように思われる。なぜなら、上位の作用者によって前もって確立された秩序

は、そのように秩序づけられている諸事物に作用するどの下位の作用者にとっても必然的であるように思われるからである。たとえば、自然物の生成において互いに連続する自然物の形相の秩序は、自然の確立者によって規定されている。だからいかなる自然物の作用者についてもそれは必然的である。それはちょうどどんな自然物の作用者もワインからでなければ酢を直接作ることはできないのと同様である。それゆえ、いかなる被造的作用者、被造的能力にとっても、宇宙の主要部分の秩序は神に由来するがゆえに、この秩序を有する事物に作用すると考えられている場合には、この秩序は必然的であると思われる。したがって天使は、この秩序を有する物体を通して自らを動かすとき、いかなる秩序もなしに、自らを他の特定の場所からある特定の場所に直接存在させることはできない。なぜならその場合、どんな距離も天使の作用を妨げないように思われることになろうからである（『命題集注解（オルディナティオ）』第二巻第二区分第二部第八問題 515[281] VII 386–387）。

このようにスコトゥスは、地上に遣わされた天使は、不可分であるけれども、自然の秩序の一部になると考えたのである。

アリストテレスは『自然学』の中で、不可分なものは動き得ないと主張していた。これは、宇宙で唯一永遠な運動は天球の回転であり、他のすべての運動は必然的に静止の瞬間、時間によって寸断されるという彼の主張の一段階であった。不可分な物体の運動に反対する主張はこの一連の主張の一部であった。しかし、どの中世後期の神学者──自然哲学者でも言うであろうが、われわれは聖書から、天使は動くということを知っている。マリアに対するガブリエルの受胎告知のことを考えてみればよい。アリストテレスは、不可分なものは動き得ないと主張した点で誤りを犯しているに違いないということが帰結する。アリストテレス『自然学』のこの部分を注解する者はどうすべきであろうか。キリスト教自然哲学者たちは一四世紀初頭までに、アリストテレスを注解するさいに考えるべきこと、もしかすると矛盾するかもしれない動機づけを多く抱えていた。まずトマス・アクィナスや他の人びとは、アリストテレスによる第一動者の存在証明を、神の存在を宇宙論的に主張するほぼ最後の段階として用いた。そのかぎりで注解者はおそらく、第一動者に関するアリストテレスの証明を崩したくなかったであろう。一方、第一動者に関するアリストテレスの証明は、世界は永遠であることの証明だと彼が考えているものと非常に深く織り交ぜられていた。だからキリスト教徒のアリストテレス注解者は、第一動者の存在証明を保持することを望んだかもしれないが、その一方で永遠世界の証明には疑問をもった。不可分なものは動き得ないという主張はアリストテレスのより大きな主張の一段階であった。

注解者は、『自然学』第七、八巻でのアリストテレスの議論をさらに考察していけば、動いているものはすべて他の何かに動かされなければならない（究極的にはすべての運動が、ひとつ以上の不動の第一動者にさかのぼり得る）というアリストテレスの主張に出会っただろう。このことを慎重に論証しようとする中でアリストテレスは、動物や人間についてでさえ自分自身を動かすということを否定した。人間の自由な意志を守りたいキリスト教徒は、人間は自分自身のはたらき、運動の原因ではないと主張することに躊躇を感じたであろう。アリストテレスはさらに、人間や動物の場合にそなえて、自然本性的運動をする諸元素でさえ自身を動かさないと主張した。これは明らかに彼が以前「自然本性的」運動を、動いているもの内部に源をもつこととして説明した（「強制」運動とは反対のものとして。強制運動では変化の源は外部にある）のと矛盾するが、このようなことはアリストテレスの議論には避けられないことであった。

このような問題に直面してアクィナスは、元素という物体の自然本性的運動の原因には、この物体を生じさせたものと、この運動の障害をとり除くものとがあると述べて、『自然学』第八巻でのアリストテレスの主張をきわめて巧妙に擁護した。こうして諸元素は、自然本性的運動において動くことへの受動的可能態だけを有しているのであって、能動的可能態は有していないことになる。この主張はドゥンス・スコトゥス以来、結果が生じるときはいつでも、現存して作用している原因が存在しなければならないという非常に蓋然的な根拠にもとづいて否定された。重い物体が落下している間、それを生じさせたものと、その運動の障害をとり除いたものとは存在しなくなっているかもしれない。だからスコトゥスと、彼に従ったジャン・ド・ジャンダン、ブリダヌス、他多くの者たちは、諸元素の自然本性的運動の原因は、その物体に内属する形相、その実体形相か、あるいは、実体形相の道具として作用するその重さのどちらかであると結論した。

元素は自然本性的運動において自分自身を動かすことができるとスコトゥスに結論させたものはいったい何だったのであろうか。たしかにこの結論を支持する強力な議論はあるが、しかしこの結論が『自然学』第七、八巻の一連の主な議論を破壊するということは否定できない。スコトゥスは最初、天使の運動を説明するためにこの結論に至る証明方法を練ったというのは非常にありそうなことである。スコトゥスの著作年代は確実にはわからないけれども、彼の『形而上学注解』の校訂者が主張するところによれば、天使の運動をスコトゥスが扱っている巻は、彼の『ペトルス・ロンバルドゥス命題集注解』よりも後に書かれた。そして『命題集注解（オルディナティオ）』バリック版には、天使の運動の問題の導入部と結論の間に、諸元素の自然本性的運動に充てられた大きな分量の部分（二二頁）が存在する。このように、諸元素の運動に関する新しい理論は、天使の運動を説明する助けとして登場したのであろう。

つまり、天使に関する中世後期の討論が自然哲学に大きな影響を与えたのはたしかであろう。しかし天使に関する理論化が中世自然哲学に影響を与えたとしても、その理論化において用いられた基本原理の大部分は、もともと自然哲学に由来したということも認識すべきである。—見たとおりスコトゥスは、使者として遣わされた天使は通常の自然法則に従うと考えているのである。神学者—自然哲学者たちは、その方法において厳密で詳細なキリスト教—アリストテレス的自然哲学を発展させようと中世の大学内部で決断した。その厳密さ・詳細さは近代初期に数学的科学がそうなるであろう姿と同じほどである。われわれはこのような決断の結果を、上記のように天使に関する討論の中に詳しく見ることができるのである。

注

（1）E. Grant [514]148.
（2）A. Maier [521] V382.
（3）第二部と第三部についてはE. Sylla [378] 133-134参照。
（4）J. Murdoch [524] 280-287.
（5）神の永遠性の時間に対する関係については本書第一章参照。ユダヤ哲学における主たる話題としての創造については本書第五章参照。被造物が神に対して存在論的に依存しているということ（世界には有限な過去があると考えられるにせよ、考えられないにせよ）については本書第六章参照。
（6）E. Grant [516]173-175参照。
（7）トマス・アクィナスの非常に類似した視点についてはW. P. Carvin [506] 44-45参照。
（8）T. Gregory in *CH12* 54参照。
（9）Scottus Eriugena [90], J.Marenbon [3].
（10）M.-D. Chenu [507], ch.I; T. Gregory in *CH12* 63-64; B. Stock [533].
（11）[89]564-565.
（12）*CH12*参照。
（13）B. Eastwood [511] 参照。
（14）J. Hackett [204] 114-115; P. Zambelli [202] 参照。
（15）J. Ragep [531] 52. 同じ想定はカリンティアのヘルマヌス『諸本質について』にも見られる。C. Burnett [365] 6-10参照。
（16）R. Lamay [519]; C. Burnett [365] 8-9.
（17）J. Ragep [531] 50, 53-63.

(18) Ibid. 59.

(19) Ibid. 62.

(20) Ibid. 62, 70.

(21) スコラのアリストテレス的自然哲学がアリストテレスのテキストの単なる解釈を超えていった八つの理由についてはC. Leijenhorst 他[42] 参照。

(22) アリストテレス自然学著作に関する諸問題の一覧表についてはE. Grant [517] 199-210 参照。『命題集』注解を含むより広い範囲の著作に由来する宇宙論に関する諸問題についてはE. Grant [516]681-741 参照。

(23) E. Sylla [534].

(24) ダキアのボエティウスについては本書第一一章とE. Grant [516]53-55 参照。「二重真理説」を含むようなボエティウス他の人びとの「ラテン・アヴェロエス主義」についてはA. Maier [521] IV, part I 参照。

(25) B. Hansen [350] 参照。

(26) A. Maier [521] IV, part V 参照。自由の形而上学については本書第九章参照。道徳的自由については本書一〇章参照。

(27) H. Oberman [530] 408-411 参照。

(28) E. Serene *CHLMP* 496-517. 神の予知についてはC. Schabel [307].

(29) [509]412 の vol. II (1909) と vol.III, ⅧでP.デュエムが最初にした主張の要約についてはJ. Murdoch [527, 528, 523]参照。短い意見表明としてはE. Grant *CHLMP*537-539.

(30) 本書第八章参照。

(31) J. Murdoch [525].

(32) A. C. Crombie [197] 参照。

(33) 本書第3章参照。

(34) E. Sylla *CHLMP* 540-563 and [377]; A. Maier [521]II; E. Sylla [536] 参照。形相の強化・弱化についてはR. Sorabji [531]参照。極大・極小についてはJ. Longeway [348] and C. Wilson [349] 参照。最初と最後の瞬間についてはN. Kretzman [518] and J. Murdoch [529] 参照。無限と連続性についてはJ. Murdoch in *CHLMP* 564-591and E. Sylla [340] 参照。

（35）J. Murdoch〔524〕.

（36）S. Marrone〔522〕, ch. 15.

（37）E. Grant〔517〕50–51 参照。

（38）E. Sylla〔343〕.

（39）A. Maier〔521〕III chs. 4-5 参照。

（40）この議論に関する最近の射程については A. Cunningham〔508〕and E. Grant〔513〕参照。

（41）E. Grant〔512〕174-175.

（42）聖変化の教義は一二一五年の第四ラテラノ公会議の第一教令で公布された。H. Denzinger〔24〕260, no.802 参照。

（43）E. Sylla〔535〕.

（44）A. Maier〔521〕IV Part III, and E. Sylla〔535〕364 参照。

（45）http://www.newadvent.org/cathen/01485a.htm 参照。

（小林　剛　訳）

第8章　本性——普遍の問題

ジュラ・クリーマ

アリストテレスの考えによれば、学問が目指すのは事物の本性（natura）を定義すること、それから、本性のせいで事物がかならずもつような特性を定義にもとづいて論証することである。そのためアリストテレス主義者たちには哲学的に避けることのできないひとつの問いがあった。そもそも本性とは何であるのか、という問いである。本性とは、その本性をもつ個々の事物の上に（あるいは、もしかしたら個々の事物の「うち」に）存在するような、ひとつの実在的なものなのだろうか。それとも、それは心的な構成物なのであり、われわれがいろいろな事物を理解するとき、その理解のうちに存在するにすぎないのだろうか。もし後者だとしたら、どのような基礎にもとづいて構成されるのだろうか。これが中世における普遍の問題である。あるいは少なくとも問題についてのひとつの見方である。

この問題についての古典的表現のひとつの中で、ボエティウスは普遍の問題を「類」と「種」の実在性に関する問題として提示している。ここでいう類と種とは普遍のタイプの中でもとくに重要な二つであり、アリストテレスの考えでは事物の本性の定義のうちにかならず含まれるものである（たとえば「人間とは理性的な／言語を用いる動物である」と定義される。この定義は、われわれ人間を「動物」という類のうちに置き、それから、「理性的な」とか「言語を用いる」という「差違（つまり種差）」を指摘することで、その他の動物からわれわれの種を区別している）。ボエティウスは言う。

> プラトンの意見によれば、類と種やその他のもの〔固有性、種差、付帯性などポルフュリオスの『イサゴーゲー』が扱う五つの普遍〕は、普遍的なものとして理解されるだけではなく、物体を離れて存在し、自存している。これに対してアリストテレスの意見によれば、類と種は非物体的で普遍的なものとして理解されはするが、あくまでも可感的事物に内在している。(1)

以上で述べられたようなボエティウスの試論を出発点にして、ひとつの厳密な議論の伝統がはじまった。伝統の中心を占めたのはアリストテレス流の考え方である。だが、もっとプラトンに近い解答もあった。ボエティウスから一世紀ほど前のアウグスティヌスが提示したものであり、こちらもその後ゆたかに展開してゆく。

範型論的実在論――神のなかの理念としての普遍

プラトンのイデア論とは違い、アウグスティヌスは普遍的本性を心から独立した存在だとは考えない。むしろ、普遍的本性は神の知性のうちに存在するとされる。だが、そのようなものであるがゆえに、普遍的本性は「プラトンのイデアと」同じく、対応する個物のモデルになるという役割を担うことができる。というのも普遍的本性は神の創造の普遍的範型だからである。中世の著述家がよく引用する箇所で、アウグスティヌスは彼の説を次のように提示している。

> 「イデア」というギリシア語は「形相〔forma〕」とか「形象《けいしょう》〔species〕」というラテン語に訳すことができる。この場合には対応する語の間で翻訳がなされているようだ。しかし「理念〔ratio〕」と訳す場合には逐語訳から離れ

る。というのも「理念」というラテン語は、ギリシア語ではもともと「ロゴス」と言うのであって「イデア」とは言わないからである。しかしながら、もし「理念」という語を使いたいと思っても、ことがらそのものに反するわけではない。なぜなら、イデアとはある種の枢要な、堅固でゆるぎない、事物の形相ないしは理念だからである。イデアは［自分以外のものから］形相を与えられたのではない。それゆえ永遠であり、つねに同じありかたを保つ。そして、神の理解のうちに包含されている。(2)

そうすると、アウグスティヌスは実際にはプラトンとアリストテレスを調和させたのだと言えるかもしれない。じっさい、ボエティウスの定式を使ってアウグスティヌスの立場を説明すると「普遍性は理解のうちにある」という立場になる。というのも［アウグスティヌスによれば］普遍は神の理解のうちにあるからである。［これはアリストテレス的な立場である。］けれども、この考えはプラトンの洞察にも意義を認めている。つまり、目に見える世界の儚《はかな》い個物に必然的で可知的な特性がそなわるのは、そうした個物の存在の源になにかしら普遍的範型が存在するからだという洞察である。なぜかといえば、神の知性のうちにあるかぎりで、イデアは神の創造の原型という役割を果たすからだ。というのも神はイデアを介して被造物を永遠に、あらかじめ把握しているのだからである。くわえてこのことから、感覚的経験から獲得される知識よりもはるかに確実な種類の知識を手に入れる方法が、われわれにはあるのだということもわかる。アウグスティヌスの文章は次のように続いている。

イデアは生成消滅しない。しかし、生成消滅しうるようなものや、現にいま生成消滅しているものはどれもイデアに応じて形相を与えられると言われる。普通の魂がそのようなイデアを直視することはできないが、理性的魂だけは例外である。……しかも理性的魂ならどれでもよいわけではない。……イデアを直視できるのは聖なる純粋な理性的魂だけだ。……いまだイデアを直視できる段階にはないとはいえ、敬虔な信仰をもつ人であるなら、いったい誰が次のことをあえて否定するだろう。あるいは、それについて公言しそこなうだろう。すなわち、存在するすべてのもの、つまり存在するにあたって固有の本性をもつ自己の類のうちに包摂されるすべてのものが、製作者である神によって産出されたのだということ、また命あるすべてのものが同じ製作者のおかげで命をもつのだということ、また変化してやまない諸事物が時間のなかの定められた過程を一定周期で繰り返すことができるのがそのおかげであるような諸事物の安寧と秩序が、いと高き神の法によって維持され主宰されているのだということを。……すべてのものは理念によって創造される。けれども、人間は馬と同じ理念によって創造されるのではない。そのようなことは考えるだに不条理だ。したがって、個々の事物はそれぞれに固有な理念によって創造される。しかし、そのようなひとつひとつの理念は、創造者の知性のうちにでないならいったいどこに存在すると考えられるだろう。……存在するものは、どのようなしかたで存在するのであろうとすべて、そのような理念を分有することで存在を得るのである。だが、神によって創造された諸事物の中でもとりわけ理性的魂は他のものすべてに優っており、もし純粋であるならば神に最も近い。理性的魂は、愛によって神にすがりつく程度にあわせて、ある特別なしかたで神の可知的な光に浸《ひた》され、照明され、そしてもろもろの理念を識別できるようになる。……このような直視によって理性的魂はこの上なく至福となる。これらもろもろの理念は、われわれが述べたように「イデア」とも「形相」とも「形象」とも「理念」とも呼ばれてよく、多くの人たちは何とでも好きなように呼ぶことが許される。しかし、真にその何であるかを見ること［が許されるの］は、ごくわずかな人たちだけなのである。(3)

アウグスティヌスの説からはいくつかのやっかいな形而上学的問題が出てくる。ひとつには、神的なイデアが「多数」であること——「すべてのものは理念によって創造される。だが人間は馬と同じ理念によって創造されるのではない」——と神の本性が「単純」であることとを両立させるにはどうしたらよいかという問題であった。(4)

もうひとつの問題は――こちらの方がわれわれのテーマと関連が深いけれども――人間の認識が神のもつイデアに近づけるのはどこまでか、また神のもとにあるイデアが人間の認識の中で果たす役割はなにかという問題であった。右に引用した箇所からわかるように、アウグスティヌスは神の照明に依存するような真理があることを認める。神の照明とは神のイデアからでてくる可知的光の照射とでもいうようなものだが、このような照明を受けることができるのは「聖なる純粋な」少数の人たちだけであるとされる。けれども無神論者やキリスト教以外の宗教の信者にも学識者がいることは経験的事実である。さらに、学問的論証に必要な第一原理は純粋に自然本性的な［啓示や奇蹟によらない］経路からもっぱら経験を通じて得られるのだ、というのがアリストテレス主義の前提である。アウグスティヌスの主張は、これらの事実や前提と矛盾するように見える。

そこで、後の時代のアウグスティヌス主義者たちは、照明を受けるための道徳的な要件を引き下げた照明説や、照明に依存する度合いを下げた知識論を提案した。たとえばアクアスパルタのマタエウス（一二三八頃―一三〇二）は、ボナヴェントゥラの言葉を踏まえて「原型となる可知的世界およびイデア的理念から、認識の本質全体が到来する」という［マタエウスによればプラトンの］立場は誤りだと書いている。というのも「そのような光が認識の、すべての、またただひとつの根拠なのだとしたら、御言葉《みことば》［つまり神の子なるキリスト＝ロゴス］における諸事物の認識と、その諸事物の通常のしかたでの認識との差異がなくなってしまうし、また理性による認識と啓示による認識との差異がなくなってしまう」からである。反対に「認識の本質全体が下位のものどもに由来して、つまり、われわれの能動知性の自然の光と協働する感覚・記憶・経験を通じて原因され、到来するのだ」という［マタエウスによればアリストテレスの］立場も、やはりまた誤りであるとされる。なぜならそのような見解は「英知という［超自然的な］認識の道を破壊してしまう」からだ(5)。

では、この種の理論［つまり改訂された照明説］の中で範型ないしイデア的理念が果たす役割はなんだろう。ガンのヘンリクスはこの問いに興味深い答えを寄せている。第一に、ヘンリクスは真なる事物［vera res］の認識と、事物の真理［veritas rei］の認識とを区別している。実在的に存在するものはどれも（時には何か別のものに見えることがあるにせよ）とにかく真に［本当に・空想ではなく］存在するものである。それゆえ実在的に存在するものについての認識はどれもみな真なる事物の認識である。けれども、真なる事物についての認識は、その真理の認識をともなわなくとも生じうる。というのも事物の真理の認識とは、人間や神の精神のうちの範型に対して事物が適切に対応しているということの認識だからである。「人間の心のうちの範型」ということでヘンリクスが意味しているのは、われわれが経験を通じて自力で［神の特殊な援助なしで］獲得しうるような、事物の概念のことである。「しかしながら」とヘンリクスは言うのだが、「［経験を通じて］獲得されてわれわれのうちにあるようなこの種の範型を通じて、絶対確実で誤りのない真理の認識を得ることは、われわれにはできない」。できないとする理由は三つある。三つの理由はそれぞれ、(1)範型がそこから抽象される事物、(2)範型がそこに受容される魂、および(3)魂のうちに受容された、事物についての範型それ自体にもとづく。

(1)第一の理由は次のとおり。このような［経験を通じて獲得された］範型は可変的な事物から抽象されたものである。そのため、同じく「可変的」という性格をもたざるをえない。……だからこそアウグスティヌスは［『八三問題集』の第九問で］……身体の感覚から純正な真理（syncera veritas）が得られると期待してはいけない、と述べたのだ。……

(2)第二の理由は次のとおり。［大前提］人間の魂は可変的であり、誤謬に陥る可能性がある。そのため、自らと同等ないしはそれ以上に可変的なもののうちのどれによって補正されたとしても、誤謬に陥ることを免れ〈真理の正しさのうちにとどまるようにな〉ることは不可能である。(訳注1)［小前提］ところで、人間の魂が自然界の事物から受けとった範型は、どれも魂それ自体と同等ないしはそれ以上に可変的であることが必然である。というのも、そのような範型は魂より低いレヴェルの本性をもつからである。［結論］そのため、そのような範型が魂を補正して、その結果、魂が誤謬のおそれのない真理のうちにとどまることができるようになるということはとうてい不可能である。……

(3)第三の理由は次のとおり。［大前提］この種の範型は可感的事物の、表象像（phantasma）から抽象された観念もしくは形象である。そのため、真なる事物に対して類似するのと同じくらい、偽なる事物に対しても類似しており、その範型それ自体の側からは真偽を見分けられない。じっさい、われわれが夢や狂気の中で事物のイメージを事物それ自体と取り違えて判断するのと、健全な覚醒状態で事物それ自体について判断するのとでは、可感的事物から得られた同じイメージが用いられる。［小前提］ところで、純正な真理は、それを偽なるものから見分けることなしには認識されることができない。［結論］したがって、そのような［経験を通じて獲得された］範型を用いて真理の確実な知識や確実な認識を得ることは不可能である。

以上［三つの理由］から、もし、われわれが真理の確実な知識を得ようとするなら、感覚や、可感的な事物や、（それがどれほど普遍的であり、また可感的なものから抽象されたものであろうとも）すべての観念から精神を背けさせ、精神を超えて存在する不可変の真理へと精神を、向かわせなければならない。(6)

ヘンリクスが言うには、神的なイデアを直視できるのは天使と至福直観にあずかる祝福された魂との二つだけである。現世の魂にそのような直視が許されるのは、宗教的エクスタシーあるいは預言者のヴィジョンという、ごく稀《まれ》な、奇跡的事態だけである。真なる認識のもっと普通のケースでは、必然的に「創造されたのではない真理がわれわれの概念の上に自らを刻印して、われわれの概念を自らと同じ性格へと転化させる。そして事物それ自身が第一真理［創造されざる真理、つまり神］のもとでもつ［つまりイデアがもつ］のと同じ似姿によって、われ

われの精神を事物の表出された真理で充《み》たす」のである。（『定期討論集（大全）』第一項二問［222］fol.７I）

ヘンリクスの主張の要点をまとめてみよう。心の外の事物は神的な範型の（多かれ少なかれ不十分な）模写である。経験を通じてわれわれが獲得するのは、さらにいちだんと不十分な模写の模写（人間的な範型）である。だから、そのような模写の模写を補正するためには［模写にではなくて］おおもとの範型に頼らなければならない。たとえて言うと、名画のお粗末な複製に筆を加えて補正しようと思うなら、さらにいちだんとお粗末なリプリントに頼るのではなくオリジナルの名画そのものに頼らなければならないということだ。ところで、心の外の事物は神的なイデアを模して創られているわけだから、われわれの経験的概念が神的なイデアの刻印によって「手直し《レタッチ》」されるなら、事物の真理のもっとマシな表現が得られるはずだ。そのような「手直し《レタッチ》」の結果、「手直し《レタッチ》」された概念を用いることで、個々の事物が自らの属する種の理念［イデア］をどれだけ十全に実現できているのかということぐらいならわれわれにも判定できるようになるはずだ。

たとえば「円」という語の使いかたを学んだときに私が獲得した円の大まかな観念は、それ以外の図形から円を区別するぐらいには役立つ。しかし「円とは一点から等距離にある各点からなる線である」ということを本当に理解したなら、私は、自分の最初の概念の中で最初のうち大まかにぼんやりと理解されていたものがいったい何であったかを明晰に理解できるようになるだろう。円の概念に対して真に適合するものはなんであろうとすべて円の定義が記述するとおりのものでなければならない、ということを私が理解したときに起こる理解の「ひらめき」は、たしかに［神の］照明を受けとることの一例であると言える。しかし、これは［宗教的エクスタシーのような］特殊な奇跡的啓示とは違う種類のものだ。

ところで、事物の本性について明晰な理解を得るためには可感的対象から最初に獲得された概念をもっと補正しなければならないのだ、というヘンリクスの意見に賛成するにしても、次のような疑問をもつことはまったくもって当然である。つまり、もしかしたらこの補正をなしとげるには、われわれの心の自然本性的な［生得的な］能力だけで十分なのではないか。言いかえれば、心の自然本性的なはたらきを保全してくれる神の一般的影響が前提されるなら、もうそれだけで必要なことはみたされるのであって、［ヘンリクスが言うのとは異なり］われわれの概念を「上から」特別に、直接に「補正」する神の助力など必要ないのでないか。このような疑問である。先ほどの比喩をもう一度使おう。［経験を通じて］獲得された概念は、原型となる名画のお粗末な複製の、さらに不完全な複製にたとえられるのであった。すると、貧相で不明瞭な複製だろうとも、ともかく数をたくさん集めれば、それぞれの欠損箇所は異なっているわけなので、長い時間をかけて丹念に相互対照を繰り返せば、もとになっている原本の形を識別でき、その結果、直接の複製よりもずっと原本に近いような模写を作りだすことができるのではないか。しかもそのさい、原本を少しも見る必要はないのではなかろうか。

このような考え方はアリストテレス主義の考え方であり、一二世紀初めのペトルス・アベラルドゥスの時代以来、中世における普遍の議論の中でだんだんと支配力を強めてきたものだ。(7) この考え方によれば神の照明というのは要するに他でもなく、神が人間の精神を［あらかじめ］自己の経験を照明できるようなものとして創造したということ［であり、ただそれだけ］なのだと理解される。たとえばトマス・アクィナスが言うには、神は人間を創造するにあたって「創造されたのではない光［神の知性］の、分有によって得られたある種の似姿」を与えてくれたのである（『神学大全』第一部の第八四問五項）。ここで言う「創造されたのではない光の似姿」とは「能動知性」と呼ばれるもの、つまり経験から（本性とその諸特性についての学問的知識のために十分であるような）普遍を抽象（intellectus agens）する［人間の知性の］一能力のことである。

共通な本性・個的な存在者・能動的な精神

けれども、人間がもつ認識の普遍性を説明するためにわざわざ超越的な源泉からの照明などを引き合いに出す必要はないのだ、とするアリストテレス主義の構想からは、それ固有の問題が生じてきた。というのも、このような構想に関しては、当然ながら次のような疑問が出てくるからである。つまり、心のうちの抽象された普遍とはいったい何なのか。それが心のうちに存在するとはどういうことなのか。それはもろもろの個物とどのように関係しているのか。個物の中にどのような実在的基礎をもつのか。われわれの普遍的知識の構成においてそれが果たす役割は何か。普遍的知識を人間のさまざまな言語において記号化し情報伝達するにあたって、このような普遍が果たす役割は何か。これらの疑問は普遍の問題に新たな相を与えた。すなわち意味論的な［言語が実在に対してとる関係について考察する］相である。

一三世紀およびそれ以後のラテン語世界での議論に絶大な影響を及ぼした、ひとつの区別があった。その区別はアヴィセンナが考案したものであり、⑴普遍的本性の絶対的［他から切り離した］考察と、⑵本性が存在の場所であるさまざまな基体のうちに内在するかぎりで当の本性に当てはまることがらとの区別である。アヴィセンナの説は次の箇所で簡潔に要約されている。

たしかに馬性［馬であること］の定義のうちに普遍性［普遍であること］が含まれている必要はない。むしろ普遍性は馬性の定義に付帯する［非必然的に属する］と考えるべきだ。したがって、馬性それ自体はまったく馬性以外のなにものでもない。なぜならば、それ自体としての馬性は多でも一でもないし、しかじかの可感的諸事物に内在するのでもなければ魂に内在するのでもない、また、それが馬性の定義のうちに含まれているという意味では、可能態においても現実態においても、これらのうちのどれでもないからである。むしろ、［馬性それ自体は］馬性だけから［なるの］である。[8]

トマス・アクィナスは『存在者と本質について』という小著の中で、この区別を詳細に解説している。

しかしながら、本性あるいは本質は……二種類のしかたで考察されることができる。［イ］第一に、本性は、固有の［内的な］概念内容に即して考察されることができる。これは本性の絶対的考察である。この場合、本性について真である［本性を主語にして当のものを述語として帰属させた場合に言明全体が真になる］のは、本性であるかぎりの本性に当てはまるものだけである。なんであろうとそれ以外のものが本性に対して帰属されるなら、そのような帰属は誤りである。……［ロ］第二に、［本性は、］特定のもの［あれこれの個体］のうちでそれ［本性］がもつような存在に即して考察されることができる。この場合、そのうちに本質［本性］が存在する当のものを理由にして、なんらかのものを本質［本性］に対して付帯的に［非必然的に］述語づけてよい。たとえば、「白い」ということは、人間であるかぎりの人間には当てはまらないけれども、ソクラテスが［今・ここで、たまたま］白いということを理由にして「人間が白い」と言ってもよい。

後者［ロ］のように考察された本性は二種類の存在をもつ。［ロ1］第一に、もろもろの個物における存在であり、［ロ2］第二に、魂における存在である。そしてどちら［の種類の存在］に即しても、上述のような本性には付帯性が随伴する。さらに、もろもろの個物のうちでの本性［ロ1］は、個物どうしの異なり［たとえば、ソクラテスとプラトンの異なり］に応じて、さまざまな存在［の現実態］をもつ。これに対して、本性を第一のしかたで［イ］、つまり絶対的に考察するならば、このような［本性が個物においてたまたま有するような］存在のどれひとつとして本性に帰されることはない。というのも人間であるかぎりの人間の本質［本性］が特定のこのもの［たとえば、ソクラテス］において存在をもつなどと言えば、偽に決まっているからある。じっさい、もしかりに特定のこのもの［たとえば、ソクラテス］における存在が、人間であるかぎりの人間に当てはまるのだとしたら、人間は特定のこの個体［つまり、ソクラテス］以外のところ［たとえば、プラトンのうち］では存在できなくなってしまうだろう。同様に、もしかりに特定のこのもの［たとえば、ソクラテス］における非存在が、人間であるかぎりの人間に当てはまるのだとしたら、人間は特定のこの個体［つまり、ソクラテス］のうちに存在することができなくなってしまうだろう。けれども、人間であるかぎりのではないような人間が、あれこれの特定の個体のうちで、あるいは魂のうちで存在をもつのだと言うなら、そのような言明は真である。それゆえ、絶対的に考察された人間の本性は、あらゆる存在から抽象されているけれども、どのような存在も排除しないのだ、ということは明らかである。そして、このように［イ］考察された本性が、それぞれの個体に述語づけられる本性なのである。(9)

この文章で最も驚くべきことは、本性がどこにおいてもつ存在からも切り離して「考察されうる」というだけでなく、同じ本性が異なる諸事物のうちに存在しうるとまでアクィナスが述べていることだ。もちろん、ここで言われた「同じ」ということが個別的存在者のもつ数的一性のことでありえないのは明らかだ。なぜなら本性の絶対的考察においては、まさしく「存在」からの抽象がなされているからである。(10)スコラ哲学者たちはしばしば、この箇所に出てくる「同じ本性」の「同じ」ということを「数的一性よりも弱い一性」と呼ぶ。それは厳密な意味では同じでないけれども、多くの具体例を通じて同じだと認められるものの一性のことであると言えるかもしれない。たとえば、印刷された何部数もの複製のうちに存在する書物の同一性である。あるいは、もっと一般的に言えば、複数の複製が作られたり、さまざまな記録媒体に保存されたりできるような共通の内容について「同じ」であると言う場合の同一性のことである。つまり、ここで問題になっている「同じ」とは、タイプにおいて異なる項目だけを「異なる」ものとして数えあげる場合に用いられるような意味での「同じ」ということなのである（もちろん、ここで言いたいのは、それは普遍がもつような同一性だということだ。しかし、ボエティウスの用語を使うなら、普遍はさまざまな個的存在者に「内在する」のであり、それが「理解されて」いる場合にかぎって普遍なのである）。たとえば、作家の業績の数とは、その人が書いた異なる著作の数のことを言うのであって、同じ著作の印刷部数のことを言うわけではない。著作一覧に記載された著作ひとつひとつは、あくまでも同じひとつの著作であるが、この同じ著作は何部数もの印刷物の中に存在するかもしれないし、異なる版のうちに存在するかもしれないし、異なる担い手のうちに存在するかもしれない（たとえば紙やCD-ROM、電子書籍、インターネットのウェブサイトなど）。そして、同じ作品は、いわば異なった「受肉」のありさまに応じて、根本的に異なる付帯的［偶有的・非必然的］性質を帯びることだろう。だが、この例が意味することは、さまざまな記録媒体における個々の具体例の上に覆いかぶさるような、ひとつの「普遍者としての著作」が存在する、ということではない。むしろ反対に、さまざまな記録媒体においてさまざまな存在のありかたをもつ個々の具体例があるとき、そういう個々の具体例から抽象された場合にかぎって、このひとつの著作を、まさにひとつの同じ著作として語ることができるということである。

けれども、このような説明からはさらなる問題が生じてくる。本性の絶対的考察は心の外のさまざまな個物における存在から抽象するだけでなく、心のうちの存在からも抽象するのだ、とアクィナスは述べていた。しかし、まさにこのような「考察をする」ことで、本性はもう心のうちに存在をもってしまっているのではないだろうか。というのも心が本性をそれぞれの事物における個体化の条件から抽象して考察する場合にのみ、本性は共通なものとして認識されることができるとされているからである。それでは、本性が心のうちにある場合にのみ抽象されたものでありそれゆえ普遍でもあるのに、本性が心のうちの存在から抽象されていると言うことができるのは、いったいどのような意味でなのだろう。

ここで必要なのは、それ自体としてのその本性について言えることと、その本性が特定の基体のうちに存在する場合に、ある特定の条件のせいでその本性について言えることとの二つを区別するよう注意することである。このような注意をしないと、同じ書物が紙に印刷された版と電子書籍版とでまったく異なる付帯的性質をもちうる、ということが理解できなくなってしまう（たとえばその書物は紙に印刷された版では二〇〇ページあるかもしれないが、ウェブ版ではそもそもページの区切りというものが存在しないかもしれない）。同様に、本性が個々の心のうちに存在するかぎりで普遍であるということと、固有の意味で普遍と言われるのは心のうちの存在としてのみであるということとの間の違いを認識するためにも、このような注意が必要なのだ。このことをアクィナスは次のように述べている。

「抽象された普遍」と言われるときには二つのものが含意されている。［イ］ひとつには事物の本性それ自体であり、［ロ］もうひとつには［それに付帯する］抽象ということ、あるいは普遍であるということである。それで、認識されること・抽象されること・あるいは普遍であるという規定［ロ］がそれに対して付帯する本性それ自体［イ］は、あくまでも個々の事物のうちに存在する。けれども、認識されること・抽象されること・および普遍であるという規定［ロ］は知性のうちに存在する。このことは、感覚での事例を用いた類推によって説明できる。視覚はリンゴの香りなしにリンゴの色を見る。ここで「香りなしに見られた色はどこに存在するのか」と尋ねられるなら、見られた色が存在するのはまさにリンゴのうちにであることは明らかである。しかし、香りなしに知覚されるということは視覚のおかげでリンゴに付帯する（accidit ei）ことである。というのも、視覚のうちに色の似姿は存在するけれども、香りの似姿は存在しないからである。同様に、認識された人間性はあくまでも個々の特定の人間のうちに存在する。にもかかわらず、個体的条件なしで人間性が把握されるということそのことは——これは要するに人間性が抽象されるということであり、普遍性の概念はこのことに随伴するのだが——知性によって知覚されたせいで人間性に付帯する（accidit humanitati）のである。というのも、知性のうちに「種」の本性の似姿は存在するけれども、個体的原理の似姿は存在しないからである。[11]

したがって、普遍的な本性、つまり異なる個物について述語づけられるような本性は絶対的に考察された共通本性それ自体なのであるが、「複数の個物について述語づけられるような」ということ［つまり「普遍的な」という限定］がそのような本性に当てはまるのは、絶対的考察に即してではなくて、抽象する知性によって把握されているかぎりでのみである。つまり、そのような本性が精神の概念であるかぎりでのみである。

このような答えが可能だとしても、こうした概念枠を採用すればどんな種類の難問が生まれるかは容易にわかるはずだ。同じひとつの本性が、異なるかたちで具体化（例化）されたり、異なる存在様態をもったりするのに応じて、互いに矛盾する複数の属性をもつことができるのだと主張するなら、同一性と差異についてのどのような基準にもとづき、どれについて何を語っているのかということを丁寧に切り分けて話を進めないと、つねに矛盾に陥る危険がある。そういうわけで、このような概念枠を用いる著作家たち――彼らは後に「古い道（via antiqua）」と呼ばれることになる――が、心のうちの存在に即して本性に付帯する特性と、[12]心の外の存在に即して本性に付帯する特性との間の区別を、さらにいっそう細々《こまごま》と練り上げたのは当然のなりゆきであったのだ。[13]

共通な語・個的な本性

「古い道」の形而上学的な煩雑さには、もううんざりだと言うのなら、問題の根本《ねもと》を再検討する必要があった。つまり、すべての難問の原因である意味論的枠組を叩かなければならなかった。これが、ウィリアム・オッカムの選んだ方針だった。オッカムは「新しい道（via moderna）」と呼ばれるまったく新しい概念枠の開拓者である。彼によれば、「古い道」の考えを推し進めると次のような馬鹿げた結論がつぎつぎに出てくるのである。

「柱は右性のゆえに右にある」「神は創造性のゆえに創造主であり、善性のゆえに善であり、正義性のゆえに正しく、力能性のゆえに力あるものである」「付帯性は内属性のゆえに内属し、基体は基体性のゆえに基体となる」「適するものは適性によって適する」「キマエラは無性のゆえに無であり、盲目な人は盲目性のゆえに盲目である」「物体は可動性のゆえに可動的である」などなど無限に同様な事例があげられる。[14]

これら馬鹿げた結論のおおもとにはすべての誤謬の源がある［とオッカムは考える］。つまり「言葉がある数と同じだけ、存在するものの数を増やすこと」である。「……しかし、このことは誤謬であり、真理から遠ざけるもの」なのだ。[15]

意図的なのかはわからないが、たしかにオッカムは「古い道」の存在論的なゆきすぎを論理的に誇張している。しかしオッカムは、たんに論敵たちの無益な――あるいはおそらく無益らしく見えるにすぎない――存在論的コミットメント［ある主張を真にするために必要な存在者はどれだけかという考え］をとりのぞこうとしているだけではない。むしろそのようなコミットメントを取り除くための（無理ではないがかなり複雑な）テクニックを用いて、概念装置全体を簡素なものに作りかえようとしているのである。そういうわけでオッカムは、根本的な意味論的諸関係に関する根元的な再解釈の上に、彼の計画を据えつけるのである。

ところで、「古い道」の場合と同じくオッカムにとっても、普遍が存在するのはただ心のうちに（あるいは音声や書かれた表現のうちに）だけであり、心の外の存在者はどれもみな個物である。けれどもオッカムの考えでは、存在するものはこれ［心の外の個物と心という個物］だけで全部なのだ。心の「うち」に、あるいは世界の「うち」

に内在するような共通な本性や本質などというものは、そもそも最初から存在しない。それゆえ「本質があれこれの個物のうちに存在するのは、どのようにしてなのか」という問いは、忽然《こつぜん》と、魔法のようにあざやかに消えてしまう。「絶対的に」考察されることができ、心のうちの存在や心の外の存在に即してそれぞれ異なる付帯性を受けとるような本質などというものは、もうどこにもありはしないのだ。(16)

くわえて、実在的な事物を根本的に異なるものどうしに分類する項目の種類［つまりカテゴリー］の数を、オッカムは削減し、「実体」と「性質」という二種類だけを残した。もしかりに実体と性質のカテゴリーに属する単純な概念を用いて、この二種類以外のカテゴリーに属する複雑な概念を十分に分析できるのだとしたら、われわれが量や関係その他のアリストテレス的カテゴリーを用いて世界について言い表そうとする内容はどれも、実体と性質のカテゴリーだけを用いて表現できることになる。すると、この二種類以外の実在性を事物それ自体のうちにつけ加える必要はないことになる。(17)

したがって、オッカムの計画のかなめは、われわれが単純な［非複合的な］普遍的概念を形成するプロセスにある。というのもわれわれの概念体系の全体を実在にしっかりと結びつけるのは、このような概念だからである。このプロセスから、心的言語［mental language］を構成する主要な「語［項辞 terminus］」が生まれる。心的言語とは、あらゆる人間にとってなんらかのしかたで同じであって、慣習的に定められた書き言葉や話し言葉がそれに従属するような言語のことである。さらに、オッカムの心的言語における普遍は、意味作用においても自然本性的［natural 非規約的］である。たとえば、「人間」という心的な語は、自然本性的に、また直接に——過去・現在・未来における、また単に可能的であるだけにすぎないものを含めて——個々の人間個体全員［人間という集合のメンバー全員］を、かつそれらだけを「無差別に」表示する。このような主張は次のような事実にもかかわらず、あえて採用されているのである。第一に、語が形成されるのは、それが表示する個体群のごく小さなサンプルの直接経験からである［たとえば、われわれが人間全員を直接経験することはできない］。第二に、それらすべての事物が共有し、語によって直接に表示されるような単一の人間本性などというものは存在しない。

意外なことではないが、学問的な目的のために十分な言語を得ることができたというオッカムの主張に対して、誰もが「そのとおりだ」と納得したわけではなかった。その理由はとりわけ、われわれが事物について現にそうしているような分類をおこなう原因（つまり、ある意味でそれを正当化する理由）はいったい何かという問いを、オッカムが無視したからである。そういうわけで、オッカム以後も「古い道」はトマス派やスコトゥス派というかたちで存続し、中世後期にも支持者を集めた。また「新しい道」を選んだ人たちであっても、オッカムのせっかちで狭隘な方針に留まることに困難を感じることがしばしばあった。たとえば、実体の単純概念を獲得する力量がわれわれの能力にあることを疑う同時代の懐疑主義者に対する論争という場面で、ヨハネス・ブリダヌスは彼の認識論のなかで「抽象」についての古い考え方に訴えている（もっとも、ブリダヌスはこの古い考え方を自分自身の「新しい」意味論の中で完全に整合的なかたちでは提出できていないのだが）[18]。

唯名論者の意味論的改革は、たしかに実在論者の存在論的諸問題を回避することに成功した。けれども、それによってすぐさま新しい認識論的諸問題がつぎつぎに生まれてきたのだ。こうして、「新しい道」の思想は、近代に主要な争点となった方向［つまり認識論］へ哲学者たちの興味を向かわせる手助けをしたのである[19]。

注

（1）ボエティウス『ポルフュリオスの『イサゴーゲー』への注解』（ちなみに『イサゴーゲー』自体がアリストテレスの『カテゴリー論』への注解である）。P. V. Spade [20] 25を参照。

（2）アウグスティヌス『八三問題集』四六問の二。P. V. Spade [6], 383を見よ。

（3）同所。同じく彼の『自由意思論』第二巻を参照。その箇所でアウグスティヌスは次のような議論をしている。われわれは経験を通じてある種の対象の不完全性を認めることができる（たとえば、完全に等しいわけではない対象とか、多くの部分からなるために完璧に均一であるわけではない対象などである）。しかし、そのような不完全性を認めることができるのは「対象が完全に等しい」とか「完全に均一である」ということがどういうことなのかをすでに知っている場合だけである。けれども、こうしたことがらの完璧な具体例は経験からは与えられない。だから、われわれは感覚経験とは異なる源泉からそのような概念を得ることができるのだということになる。つまり、心の内奥に、しかし心を超えて存在するような「真理」によってである。

（4）筆者は次の論文でこの問題に対するトマス・アクィナスの解決を手短に論じた。Gyula Klima, "The Medieval Problem of Universals," [543]. 下記を参照のこと。トマス・アクィナス『神学大全』第一部一五問二項、および『命題集注解』第一巻三六区分二問一から三項。ガンのヘンリクス『定期討論集（大全）』第二巻六五項五問［222］。ヨハネス・ドゥンス・スコトゥス『命題集注解（オルディナチオ）』第一巻三五区分単一項［281］。サットンのトマス『任意討論集』第四巻五問［389］。先立つ時代よりも洗練に欠ける近代哲学での議論についてはC. Hughes [242]を参照。

（5）Bonaventure *et al.* [215] 94-96.

（6）ガンのヘンリクス『定期討論集（大全）』第一項二問［222］fol.5 E-F.

（7）しかしながら、範型論的実在論はジョン・ウィクリフの『普遍について』で目覚ましい返り咲きを遂げる。*On Universals*, ch.2 [352] 特に pp.14-15.

（8）アヴィセンナ『形而上学』第五巻一章［116］II 228, trans. [6] 441.

（9）トマス・アクィナス『存在者と本質について』第三章。

（10）アクィナスにおける「一」と「存在」の関係の理解に関するさらなる考察は、G. Klima [244]を参照。

（11）『神学大全』第一部八五問二項第二異論解答。

（12）たとえば、「刻印された形象（species impressa）」と「表出された形象（species expressa）」の区別や、「形相的概念（conceptus formalis）」と「対象的概念（conceptus obiectivus）」の区別である。「刻印された形象」とは個物の感覚的イメージ、つまり表象像から、能動知性によって抽象された可知的データのことである。この可知的形象は能動知性によって可能知性に刻印され、それ以後の概念形成の活動——「形成（formatio）」と呼ばれる——の原理となる。このような概念形成の活動の結果が「表出された形象」であり、これは「形相的概念」、つまり個々の精神のうちに存在する普遍的概念に他ならない。Cajetan [594] 163; J. Poinsot [380] 170, 255-68 を参照。「対象的概念」とは、「形相的概念」によって表象された内容（representational content）であり、心の直接的・抽象的・普遍的な対象であるかぎりで心のうちに存在するようなものとしての、さまざまな個物に共通な本性のことである。Suárez [619] 360-361; Cajetan [594] 67-71, 121-124.

(13) 普遍の問題に最も密接に関わる形而上学的問題は、（1）個体化の問題、および（2）本質と存在の区別（あるいは両者の「複合」）の問題である。最初の問題が答えを求める問いは次のようなものである。この牛やあの牛のうちにあるいったい何が、それを普遍の寄せ集めではなく、まさにこの牛やあの牛にしているのだろうか。この問題に関しては J. Gracia [541-542]を参照。本質と存在に関しては本書の第六章を参照。実体形相の単一性と複数性をめぐる論争や、実体以外のアリストテレス的カテゴリーの存在論的身分をめぐる論争においても、厳密さの程度はさまざまながら、普遍についてのいろいろな説明が見られる。実体形相については本書の第九章を参照。実体以外のカテゴリーについては本書の第三章を参照。

(14) オッカム『論理学大全』第一巻五一章[308] *OPh* I. 169.

(15) 同所 171.

(16) P. V. Spade [20] 114-231 および *Ockham's Theory of Terms* [316] 77-88. オッカムに共感的だが最終的には態度のはっきりしない解説としては M. M. Adams [318] 143-313. 同じく *CCOck* における Spade と Karger を参照のこと。

(17) *Ockham's Theory of Terms* [316] 126-188; M. M. Adams [318] 143-313.

(18) J. M. M. H. Thijssen [544] および G. Klima [342]を参照。

(19) 本論文で論じられたいくつかのことがらについては、G. Klima [543]を参照。

(訳注1) 著者の英訳は、ヘンリクスのラテン語の〈 〉に対応する部分を訳し落としていたため、和訳にあたって補った。

（横田　蔵人　訳）

第9章　人間の自然本性

ロバート・パスナウ

中世哲学におけるどんなテーマであっても、人間の自然本性という話題ほどは激しく議論されなかった。議論された数多くの問題には、魂の自然本性、魂と精神との間の関係、感覚と知性のはたらき、感情の役割、人間の自由の範囲、そして神の恩寵や神の照明にわれわれがどの程度依存しているのかなどといったものがあった。ところで、こうした討論は、たしかに広範囲に及ぶものではあるけれども、たくさんの基本的な問題に関する一般的な合意はあるのだという文脈の中で争われていた。すなわち、人間は魂をもっているがしかし単に魂だけの存在ではないという合意、つまり、人間とは魂と身体とからできている複合体なのだという一般的な合意があったのだ。また、人間の魂は非質料的であり神によって創造された、言い換えれば、人間以外の動物たちの魂が自然の力で存在するようになるといったようなしかたでは、人間の魂は存在するようになるのではないという合意もあった。これらのテーゼと同様に、ほとんどすべての人たちが同意していたのは以下のような三つのテーゼであった。すなわち、魂が身体に先立って存在することはないというテーゼ[1]、そして、いったん胎児が十分に発育した段階で、神が人間の魂を存在させるようになるというテーゼ、さらに、いったん創造されると人間の魂は永遠に存在するようになるということ、つまり、人間の魂が消滅してしまうことはありえないというテーゼであった。人間の自然本性に関わる中世思想の物語は、この一般的な枠組みがどのようにしてさまざまなしかたで、また、論争を引き起こすようなしかたで発展してきたのかということや、これらのさまざまなテーゼがいやしくも実際に証明されうるのであれば、いったいどのようにしてそれらのテーゼが哲学的なしかたで証明されうるのかということと関係しているのである。

精神と身体と魂

人間の自然本性に関する中世思想の出発点として、アウグスティヌスの著作ほどに印象的なものを思い浮かべるのは難しい。「外へ行くのをやめよ」と彼は忠告した。「あなた自身へと帰れ。真理はあなた自身の中に住んでいるのだ」（『真の宗教について』第三九章第七二節）。こういった類の発言は、哲学的な思想において、ある主要な方向転換を告げ知らせていた。根本的な真理を求めて物理的な世界や抽象的なもろもろのイデアの領域に目を向けるよりもむしろ、一人称的方法論をアウグスティヌスは提案したのだった。つまり、自分自身の中に目を向けろ、と。

アウグスティヌスが探し求めた真理は、われわれ自身に関わる真理だけではなかった。自分自身の中へと目を向けることによって、三位一体というキリスト教の教義において公言されているような、神の自然本性に関するなんらかの理解をわれわれは手に入れることができると彼は考えたのだった。つまり、「人間の精神がもつ」記憶・知解・意志は区別されるものでありながらも、それぞれお互いに含み込みあっている。そしてこうしたありかたにおいて、「人間の」精神は非常にかけ離れた似像ではあるとはいえ、神である三つのペルソナの似像とされるのである（『三位一体論』第一〇巻―第一五巻）。しかし他方で、こうした高みへと向かって努力することにおいて、アウグスティヌスはわれわれ自身の自然本性に関する根本的な結論を打ち立ててもいた。つまり、「身体とは何か？」という問いに対して、部分は全体よりも小さな空間を占めるというようなしかたで空間を占めているような何かだと答えている（第一〇巻第七章第九節[2]）。それでは、「精神とは何か？」という問いに対してはどうだろうか。物理的世界のイメージと感覚に固着した人たちが想定していたのは、精神とはある種の物体である、ないしは、ひょっとしたら身体の調和した状態であるかもしれないということだった。われわれの精神がこうしたものだと想定してしまうのは、まさにその精神そのものと感覚的な印象とをわれわれの精神が混同してしまっているということになる。つまり、精神が自分自身だと知っているものに何か物理的なものをつけ加えるということになってしまうのである。「精神は自分自身だと思いなしているところのものを脇に置いておくべきである。そして、精神が知っているものをはっきりと認めるべきである」。（『三位一体論』第一〇巻第一〇章第一三節）。精神が知っているもの、つまりあらゆる精神が知っているものとは、精神とは思考するものだということなのである。

自分が生き、想起し、知性認識し、意志し、思考し、知り、判断するということをいったい誰が疑うだろうか。というのも、もし疑うのであればその人は生きているのだし、もし疑うのであればその人はなぜ自分が疑っているのかを想起しているのだし、もし疑うのであればその人は自分が疑っているということを知性認識しているのだし、もし疑うのであればその人はそれが確実であることを意志しているのだし、もし疑うのであればその人は思考しているのだし、もし疑うのであればその人は自分が知らないということを知っているのだし、もし疑うのであればその人は軽率に同意するべきではないと判断しているからである（『三位一体論』第一〇巻第一〇章第一四節[3]）。

自分自身のことについて以上のようなすべてのことを知る場合に、精神はまさに自分自身を知っているということになる。意志することや知性認識することは何かもっと偉大な本質に内属している特性だと想定する人たちがいる一方で、アウグスティヌスが主張するのは、精神が確実性をもって精神そのものの自然本性をとらえているということなのである。すなわち、「ある事物の実体が知られていないときには、どんな意味であってもその事物が知られているとは言われない」（『三位一体論』第一〇巻第一〇章第一六節）と。だから、精神とは何なのかということをわれわれが知るのは、ただわれわれ自身の中に目を向けることによってだけなのである。つまり、われわれの精神とは、ちょうどわれわれ自身が思考すること、意志すること、そして知性認識することなのである。このような自分の中へと向かっていく手法は、何世紀もの間西洋思想を支配していたのだった。一〇七七年にアンセルムスがかの有名な神の存在証明を始めたのだが、「あなたの精神の個室に入れ。そして、神と、神を探し求めるためにあなたの助けとなるもの以外のあらゆるものを排除せよ。そしてそれから、戸を閉めて神を探し求めよ」（『プロスロギオン』第一章）という命令とともにその証明は始まったのだった。一二五九年のボナヴェントゥラにとって、神へと向かう精神の旅路は外部世界とともに始まり、そしてそれからわれわれを「自分たち自身の中へと、すなわち、神の似像が輝いているわれわれの精神の中へと再び入っていくこと」（『魂の神への道程』第三章第一節）へと導いたのだった。しかし、ボナヴェントゥラが最善を尽くしたのにもかかわらず、哲学は、アリストテレスやイスラーム思想からの影響を吸収していくにつれて、一三世紀には劇的にその進むべき方向性を変えてしまったのだ。トマス・アクィナスやヨハネス・ドゥンス・スコトゥスのような著作家たちはアウグスティヌスとアリストテレスを融合させようと非常に苦心したのだけれども、人間の自然本性に対するその両者のアプローチは、これ以上ないほどに異なっていたのだ。実際、「精神」に焦点を絞るときには身体を背後に退ける方向に向かうといった内観主義的な方法論をとったのがアウグスティヌスだったのだが、アリストテレス主義者たちは、こうした方法論をとる代わりに、本質的には生物学的であるような「魂」についての考え方をモデルケースとしたのだった。言い換えれば、他の動物たちの自然本性について理解するのと同じしかたで、われわれ［人間］の自然本性についても理解するということなのである。こうして、アリストテレス主義者たちは、思考を精神の本質として扱う代わりに、思考を精神の単なるはたらきとして扱い、そして、精神を人間の魂がもつひとつの機能だと解したのだった。そして、魂そのものに関して言えば、魂の自然本性は知られていない、あるいは少なくとも［魂の自然本性を知るためには］内観［という手段］は使えない、と言われることになった。このことを、トマス・アクィナスは次のように述べる。「人間の知性は知性認識活動そのものでもなければ、知性認識活動の第一対象が自分自身の本質であることもない。そうではなくて、何か外的なもの、つまり質料的事物の自然本性、それが知性の第一対象なのである」（『神学大全』第一部第八七問第三項）と。

このように言っているからといって、スコラ哲学期のアリストテレス主義者たちが魂を完全に不可解なものと見なしていたわけではない。ただ、魂が「生命の第一原理」——つまり、どうして植物や動物が生きているのかということに対する最も基本的な内在的説明（アリストテレス『霊魂論』第二巻第一章を参照）——であるということが彼らにとっては公理だっただけなのだ。だから、この説明によれば、生きているということはまさしく、すべてのないしはいくつかの生物を特徴づけるはたらきに携わることなのである。言い換えれば、栄養を摂取したり、成長したり、繁殖したり、動いたり、知覚したり、欲求したり、思考したりするはたらきに携わることが、生きているということに他ならないのだ。だからこそ、魂はこれらのさまざまな機能を生み出すために分類された能力をもっていると考えられていて、魂はこれらの機能をもつ諸部分に区分けされていたのだった。つまり、アリストテレスによれば五つの部分に区分けされ、また、アヴィセンナのもっと標準的な説明においては栄養摂取的・感覚的・理性的という三つの部分に区分けされていたのだった（なお、アリストテレスはこれら三つの部分の他に、欲求的部分と場所的に動く部分とを加えていた）(4)。さて、魂とは身体を現実活動態にするものである。それはつまり、魂と身体とは形相が質料と関係しているのと同じようにそれぞれに関わっていると言うことと等しい。こうしたことから、「魂とその身体とがひとつであるかどうかを探求する必要はないのであって、それはちょうど、封蝋とその印形とがひとつであるかどうかについてわれわれが探求しないのと同様である」（『霊魂論』第二巻第一章，412b6-7）というアリストテレスの言明に促されて、スコラ哲学期の著作家たちは、この種の質料形相論的な（すなわち、質料―形相関係の）枠組みが、魂と身体とを統合することに関する長年続いた問題を解決することができるという前提に立ったのだった。ただ、この枠組みを採用する際のやり方がたくさんあるために、実はその解決法は自明ではないということが、以下のように提示されることになる。

魂と身体との関係に関するスコラ哲学者の説明は、大きく二種類に分類される。第一の種類には、人間を質料と一連の諸形相との複合体と見なすというものがある。この説明は、最初の形相づけられていない質料（基礎的な質料［prime matter］ないしは、もっと字義どおりに言えば、「第一質料［first matter］」）が物体的形相によって形相づけられ、そしてこの「形相―質料」という複合体が同時にさらに別の形相によって形相づけられ、この連なりが最終的な形相である理性的魂に至るまでずっと続くという理論であった。初期スコラの著作家たちの間では、一一世紀のユダヤの哲学者であるイブン・ガビロル（アヴィケブロン）に従って、人間とはこういった多くの本質的形相ないしは実体的形相、すなわち物体的形相、栄養摂取的形相、感覚的形相、理性的形相、そしてひょっとしたらもっと多くの形相から複合されている（『生命の泉』第四巻三章）ということを支持するのが標準的な立場であった。またガンのヘンリクスやドゥンス・スコトゥスといった後期スコラの著作家たちにとっては、人間とはただ二つだけの実体的形相、すなわち身体にとっての物体的形相とそれに加わる理性的魂から複合されているのである[5]。［魂と身体との関係に関する説明の］第二の種類には、理性的魂が人間の唯一の実体的形相であると主張するものがある。この説明は、理性的魂が身体を形相づけることと生命に関連するすべての諸能力を生み出すことの両方をおこなうという理論であった。この実体的形相単一説による説明は、トマス・アクィナスによってはじめて明瞭に表明されたのだった。そして、この理論はおそらく、アクィナスによる哲学への貢献の中で最も独自性に富んだものであったが、しかし同時に最も論争を引き起こすものでもあった。実際、批判者の一人であるペトルス・ヨハニス・オリヴィは、この立場に対して「野蛮な誤謬」だと言及し、さらにこの理論は、歴代のカンタベリー大司教たちによって強く非難されたのだった。(6)

この問題がこれほどまでに論争を引き起こしたのには、いくつかの理由があった。まず初めに、実体的形相とは、それが何を形相づけるのであれ、形相づけられるもののアイデンティティの条件を決定すると考えられていたからだった。つまり、ある物体がその同じ物体であり続けるのは、その物体が同じ実体的形相を維持しているかぎりにおいてだけだということだ。ところが、もし人間がひとつの実体的形相しかもっていないとするならば、その場合には、魂と身体とが分離する死の瞬間には、身体は存在しなくなってしまうことになるはずである。アクィナスはこの帰結を完全に認めてしまって、次のように言及した。「いったん魂が去ってしまえば、動物の絵画や彫刻についてわれわれが語るように同名異義的に語るというのでなければ、それを動物や人間とは言わない。これとちょうど同じように、手と目や肉と骨も動物や人間とは言わないのだ」(『神学大全』第一部第七六問第八項。アリストテレス『霊魂論』第二巻第一章四一二b一九-二二を参照)と。この帰結は、さまざまな神学上の問題を提起するのにくわえて、あまりにも馬鹿馬鹿しいものだという印象を多くの人びとに与えたのだった。(7) たとえば、オッカム(『任意討論集』第二巻第一一問題)は、生きている身体によって保有されているすべての物理的な諸性質(ないしは潜在的にもっているすべての諸性質)をともなったままで、死んだときには何か新しいもの(死体)が存在するようになるのはどうしてなのかという点を、いったいどうすれば説明できるのかといぶかしがった。たしかに、同じ身体が死を経ても同じものであり続けると想定する方がはるかに簡単である。ところが、こうしたことがそのとおりでありうるのは、魂から分かたれたときにも、身体がそれ固有の実体的形相をもっている場合であり、かつその場合に限るのである。

この論争の背後に潜んでいたのは、アクィナスによる説明の妥当性に関わるさらにもっと一般的な懸念であった。すでに述べたとおり、理性的魂が非質料的であるということに、あらゆる立場の人びとが賛意を示していた。ところが、その理性的魂が非質料的でありながら、同時に身体の形相であるというのはいったいどのようにして可能になるのだろうか。これは、すべてのスコラ学者が直面せざるをえない問題であったし、また、一三一二年のヴィエンヌ公会議で「理性的魂ないしは知性的魂が、自体的には（per se）また本質的には人間身体の形相ではない(8)」と主張することが異端であると宣言されたので、とりわけ一三一二年以降注目される問題となったのだった。さて、この問題が重くのしかかったのは、アクィナスと彼の追随者にとってであった。なぜなら、彼らには理性的魂が身体に形姿を与えること、また、理性的魂が、身体の栄養摂取作用を生み出したり、感覚作用の背後にある内在的原理であったりすることが必要だったのであり、なおかつそれと同時に、理性的魂が非質料的であることも必要だったからである。そうすると、この理性的魂が、これらのすべてのことがらをおこないながらも、他方では非質料的であるなどといったことが、いったいどうしたら可能になるのだろうか。アクィナスの解答（『神学大全』第一部第七七問）は、魂の本質と魂の能力との間の区別に依拠している。魂は、自分自身の資格において実体的形相であるのだが、魂の本質は知られていない、ないしは少なくとも隠されている。魂についてわれわれが知ることができるのは、われわれが魂のはたらきについて観察することができるものであり、そしてこうした観察によって、魂がある諸能力をもっているということをわれわれは推察するようになるのである。これらの諸能力は魂の本質から「生じる」のだが、しかし、これらの諸能力がその本質であることはないのだ。だから、人間の魂は食べ物を消化する能力を生み出すのであり、これは自然界のあらゆることがらと同じく物理的なプロセスなのである。ところが、人間の魂はまたわれわれの思考能力をも生み出すのだが、これが物理的なプロセスではないということにはすべての人たちが同意していた。アクィナスは魂と魂の能力とを区別したので、これらの役割を調停させることには、彼は何の困難も見ていなかった。他方、アクィナスの対論者たちは、アウグスティヌスによる精神についての考え方にもっと厳密に忠実であったので、魂の本質と魂の能力とを区別することを拒んだのであり、そのスタンスは実体的形相に関する複数説によって、より理解しやすいものとなったのであった。

理性的魂を人間の唯一の実体的形相と同定することによって、アクィナスは自分自身と彼の追随者たちにかなりの難問をもたらしてしまった。しかしながら、アクィナスは、自分の説明にはひとつの際だった利点があると主張した。すなわち、自分の説明が心（魂）身問題を解決するのに貢献しているということだ。これは、正確なところではどういった問題だったのだろうか。初期近代の思想家たちとは対照的に、中世の哲学者たちは心（魂）身問題を因果論に関わる問題だとは見なしていなかった。つまり、質料にはたらきかける非質料的な存在という考え方は問題ではないと考えられていたのである。また、それとは逆方向［身体から魂］に向かう因果関係は、一般的には認められていなかったのだけれども、一方向［魂から身体］に向かう因果関係さえあれば、作用関係を説明するのに十分なのであった。身体が魂の非質料的な能力である知性や意志へとはたらきかけるということは、単に身体的な情報が知性によって非質料的な状態へと転換されるにすぎなかった(9)。その代わりに、心（魂）身問題の中世のバージョンは、プラトン主義的二元論にどのように応答すべきなのかという問題だったのだ。プラトンの著作は直接的にはほとんどなにも知られていないのだけれども、四世紀のエメサのネメシオスのような著作家たちが描き出したプラトンは、「動物が魂と身体とからできあがっているということは主張しなかったのだが、身体を使用して（いわば）身体を着ているようなものが魂だということは主張した」プラトンだった。ネメシオスが見てとったとおり、「この主張は次のような問題を提起することになる。すなわち、いかにして魂が自分の着ているものとひとつになることができるのかという問題である。なぜならば、シャツはシャツを着ている人間とひとつになることはないからだ」（『人間の本性について』第三巻、［375］51-52）。アウグスティヌスは、人間とは「魂＋身体」なのだと主張した（『神の国』第一九巻第三章）。けれども、魂と身体という組み合わせの二つの部分がどのようにして一緒に結びついているのかということについては、彼はほとんどなにも語らなかった。アリストテレス的な質料形相論では、可能態において生命をもつ身体を現実態にするものを魂だと理解していたのだけれども、それだけでは一個人としての人間という統一性の問題を解決することにはならなかった。スコトゥスは、中世において他の誰よりも広範にそして深淵に形而上学的問題を追い求めたのだけれども、そのような彼でも単に次のことを認めたにすぎなかった。すなわち、「なぜこの現実態とあの可能態とが自体的に（per se）ひとつのものになっているのかということへの原因はなにもない。ただし、これはあれとの関係においては可能態であり、あれは［これとの関係においては］現実態であるということを除いてではある」（『命題集注解（オルディナティオ）』第四巻第一一区分第三問第五三項、［282］第八巻，652-653）と。スコトゥスにはこれ以上言えることはなにもないだろう。

しかし、アクィナスはもう少し何かを言うことができるかもしれない。少し前に述べたとおり、実体的形相は、ひとつの身体とその身体のそれぞれの部分に対してアイデンティティを与える条件を提供している。それぞれの部分が存在しているのは、そのそれぞれの部分を含む全体の形相によって、まさにその全体が現実態にされているかぎりにおいてのことなのである。さらに言えば、実体的形相はある実体の内在的特性を維持することにおいて因果的な役割を果たすと理解されていた。つまり、実体が現にもっている特性をもち続けるのは、その実体を他のものから区別する形相が基盤となっているからなのである。[10]形相についてのこうした考え方によって、実体レヴェルでの統一性に関する格段に明確な説明が生まれる。すなわち、その実体の形相は実体のすべての部分を個体化し、また、因果的に保持しているのだから、それらの部分の内のどんなものも、その形相を離れては存在することも持続することもできないのである。だから、もし人間の魂が、人間のもつただひとつの実体的形相なのだとしたら、身体は最も強い意味で魂からは分割されえないものであると判明するだろう。この説明には説得力がある（とはいえ、身体から分離して魂が存在するための余地は、それでもなお残っている）のだから、アクィナスの単一説による説明が、中世の終わりまで主要な位置を占めていた[11]ということは驚くべきことではないのは明らかだろう。

認　識

古代のさまざまな哲学の学派の中で、懐疑主義ほどにキリスト教信仰に深刻な挑戦を突きつきたものはなにもなかった。アウグスティヌスのようにキリスト教信者でありかつプラトン主義者である者もいれば、アクィナスのようにキリスト教信者でありかつアリストテレス主義者である者もいれば、あるいはキリスト教信者でありかつストア主義者である者もおそらくはいたことだろう。しかし、一人のキリスト教徒の信仰が、あらゆる信念［信仰］を保留せよという懐疑主義と、どうすれば調停されることができるのかは理解しがたいことだ[12]。アウグスティヌスは『告白』の中で、一時期どれほど自分が懐疑主義の影響下で揺さぶられていたのかを描写しており、「真理を発見するすべての希望を失ってしまった」（『告白』第六巻第一章）とか、「生命の道を見出すことができるとはまったく信じなかった」（『告白』第六巻第二章）とかいったような人間になってしまったと記していた。彼はすぐにこの姿勢を拒絶するようになり、確実性に関する誤った基準を間違ったしかたでもち続けるような立場の人だと懐疑主義者を診断するようになった。「7＋3＝10が確実だと思えるほどに、私が知ることのできないことがらについて確実だと思えるように私はなりたい。……私は他のことがらもまさにこのようになることを望んでいるのだ」（『告白』第六巻第四章）と。自分たちの信念をこのテストに合格するものに限定するような人たちは、ほとんどすべての場合において同意を差し控えるように運命づけられることになるだろう。しかし、どうしてこのことが十全な正当化に対する基準となるべきなのであろうか。どうしてその種の確実性が唯一の容認されうる種類の確実性なのであろうか。アウグスティヌスが一種の確実性を求めて自己知に訴えていたのを、私たちはすでに見てきた。そして［自己知に訴えるのとは］別のケースとして、アウグスティヌスはもっと柔軟な正当化の基準を擁護している。すなわち、正当化の基準として、感覚の明証性を、そして決定的な点となるのだが、他の人たちによる権威づけというものを有力候補とする余地を残しているのである。

自分が実際には見たことがないことがら、自分がそこに居合わせなかったときに起こった出来事、……私がかつて一度も見たことのない場所や都市に関する多くの事実、友人や医者や他の人びとの言葉によって受け入れた多くのことがらについて、私はなんと数え切れないほどの多くのことがらを信じていることかと考えていた。もし自分たちに語られたことがらを私たちが信じなければ、この世で私たちはまったくなにもおこなうことができないだろう（『告白』第六巻第五章）。

日々の生活の中でこうしたことが真実なのだとすれば、宗教的信念が関わるところでは、こうしたことはよりいっそう真実だということになるだろう。このようにして、アウグスティヌスは、懐疑主義の困難をキリスト教信仰の利点へと転じて、一神教の信仰を脅かすような確実性の欠如を認めることは、事実上われわれの信念すべてを脅かすことになってしまうのだと論じるのである。そうすると、われわれが考えなければならないのは次のことになる。すなわち、包括的な懐疑主義を拒絶するのに十分な理由をわれわれがもっているのだとすると、その場合には、これらの理由がまた宗教に対する懐疑主義を拒絶するのに十分な理由にもなりうるのかどうか、と

いうことである。(13)

後代の思想家たちは、こうした問題に関するアウグスティヌスの処置を決定的なものだと見なしていたようだ。懐疑主義は中世の終わりまではまったく議論の主要なトピックにはならなかった。その代わりに注目が集まったのが、どのようにして知識は獲得されるのかということであった。ここでの問題は、知識をどのように定義するべきなのか——この問題はそもそもプラトンが提起した問題であり、二〇世紀後半の認識論においては主要な問題であったのだが——ということではなく、知識を生み出す認識活動をどのように理解するべきなのかということであった。一三世紀と一四世紀に発展した複雑ではあるが洗練された認識理論にはさまざまなルーツがあった。最も明白なものとしては、アリストテレスによってなされた知性に関する簡潔な言及と感覚作用に関する「知性よりも」より詳細な議論があった。また、それと同じくらいに重要であったのが、『三位一体論』やその他の著作においてアウグスティヌスが記した、精神と知覚に関する広範囲にわたる観察結果であった。三番目の主要なソースはイスラームの伝統であり、とりわけアルハゼンによって著され、影響力のあった光学（視覚論）に関する論考と、アヴィセンナによってなされた、アリストテレス思想に関する聡明で独創的な展開であった。

認識に関する中世の著作はすべて、感覚と知性との間の基本的な区別をその基盤としていた。感覚能力はたしかに魂に備わっている能力だと見なされていたのだが、それらはまた身体器官を必要とする能力でもあり、また、われわれ［人間］が非理性的動物と共有している能力でもあると考えられていた。デカルトは人間以外の動物たちを感覚知覚しない機械として描写したのだが、彼より半世紀ほど前に著作活動をおこなったフランシスコ・スアレスは、自分と同時代の何人かがデカルトと似たような方向性の主張をしていることについて言及していた。「この［デカルトと似たような方向性の］見解は容認しえないものだし、とてつもなく奇妙なものだ」とスアレスは著述していた（『霊魂論』第一巻五章）。こうした評価は、われわれ［人間］が［動物たちと］同じ感覚器官を内部的にも外部的にももっており、ある刺激に反応して同じ種類の振る舞いをし、さらには個々の感覚印象の記憶を保存するという同じ能力をもっているということを考えてみれば、当然のことだろう。結局のところ、スアレスが論じたのは、幼児や発育の遅れた人たちに感覚作用があるという証拠と同じだけの証拠を、われわれは動物たちにおいても認めることができるということなのであった。

とはいえ、中世の思想家たちにとって、人間は動物たちの中でも特別な存在でもある。なぜならば、われわれは精神をもっている、すなわち脳の部分でもなければ他のどんなありかたにおいても物理的ではないような認識能力をわれわれはもっているからだ。このような非質料性を土台として、精神が抽象的で概念的な思考にどのように携わるのかを彼らは説明したのだった。身体的な感覚が個別的な印象や対象の把捉に制限されていたのに対して、知性はそれが表象できる範囲においては制限を受けないと考えられていて、個々の性質だけをとらえるのではなく、その性質がもつ自然本性そのもの、つまりその性質を所有している個々の存在者すべてにおいて同じであるような自然本性をもとらえることができると考えられていたのだった(14)。それゆえ、精神的なものだという指標となるのは、志向性ではなく概念化という活動である。そして、物理的なものと非物理的なものとを区別する境界線は、意識ではなく、抽象的な思考に位置づけられていたのであった。

中世の哲学者たちは精神［の探求］に主に注意を払っていたのだけれども、感覚［の探求］が無視されていたわけではなかった。アヴィセンナが提案したのは、基盤となるような区別を設けることであり、その区別とは、形相と志向［intention］という二種類の感覚対象を分けることであった（『霊魂論』第一巻第五章、［115］86)。一般的には、「形相」とは五つの外部感覚が把捉するのに適している類の感覚対象である。つまり、色・大きさ・形・音等々である。「志向」とは、対象に備わっている形相によって伝達されて手に入るのだけれども、五つの外部感覚そのものによっては検知されないような対象の特徴のことである。この用語法によって、アヴィセンナは感覚知覚のプロセスを二つのレヴェルに区別することができるようになった。その二つのレヴェルを、彼は外部レヴェルと内部レヴェルとして記述している。つまり、外部感覚とはなじみ深い五つの感覚のことであり、これら五つの感覚の対象は個別的な感覚的諸性質なのである。それと同様に、内部感覚にも以下のような五つのものがある（『霊魂論』第一部第五章、第二部第二章、第四部第一章、[115] 第一巻，87–90, 117–119, 第二巻，1–11:『救済の書』第二部第六章第三節［119］30–31）。

- 共通感覚（またはファンタシアとも呼ばれる）——これは五つの外部感覚すべてからの感覚印象を集めるものである
- 表象力（または形相保持能力とも呼ばれる）——これは共通感覚に集められた心象を保つものである
- 想像力（人間の場合：思考力）——これは感覚的印象を複合分割するものである
- 評価力——これは外面的な現れを超えるような判断をするものである（羊が狼から逃げなければならないと認識するようなものである）
- 記憶力（人間の場合：想起力）——これは評定力によって形成された印象を保持するものである

こうした用語法は大部分がアリストテレスから引かれているのだが、複雑に絡み合った初期イスラームの伝統の中で増強されている。[15] しかしながら、アヴィセンナはアリストテレスが不明確に示唆しているにすぎないことがらを超えて、これらの異なった性格をもつ諸機能を内部感覚の名の下に集め、それらの諸機能に脳の中の特定の場所や明確な役割を割り当てたのである。顕著なのは、アヴェロエス（『医学大全』第二巻第二〇章）、アルベルトゥス・マグヌス（『人間について』第三五問—第四一問）、そしてアクィナス（『神学大全』第一部第七八問第四項）なのだが、後期中世の著作家たちは、内部感覚についての自分たち自身の説明を発展させたのだった。ただし、それはアヴィセンナの提案を基にして作り上げたのであり、また入り組んだしかたでその用語法を修正したのであった。

感覚認識の理論は感覚的表象についてのなんらかの説明を要求するものである。内部感覚においては、物体の知覚されうる特性が「表象像」によって表象されると言われていた。もっと一般的には、外部世界からの情報は、一連の形相や「スペキエス（形象）[species]」を通じて、諸感覚に投げ渡され、それから知性へともたらされるのだと言われていたのである。アウグスティヌスは、このようなスペキエスとして、次の四つのものについてすでに語っていたのだった。すなわち、対象の中のスペキエス、感覚の中のスペキエス、記憶の中のスペキエス、精神の中のスペキエスである（『三位一体論』第一一巻第九章第六節）。だが、この領域における最も重要な中世の著作は、一一世紀のイスラームの著作家アルハゼン（イブン・アルハイサム）によるものなのである。彼の『光学（視覚論）』は、知覚に関する前近代の最も印象的な説明と見なされなければならないだろう。アルハゼンは、視覚に関する物理的な土台と精神的な土台とを注意深く詳細にわたって研究しており、媒体を通って目へと至る視覚的形相の伝播を追いかけて、われわれがそこで色や距離や形や大きさや動きなどなどといった対象に関するさまざまな感覚されうる属性に関する情報を獲得するその方法を探究していた。ラテンの著作家たちは、ロジャー・ベイコンを先導者として、一三世紀にこの著作を研究したのである。この研究のおかげで、認識とは、形相やスペキエスが空気を通って感覚器官の中へと至り、最終的には知性にまで到達するという増殖作用の結果として生み出されるのだとする見解がすぐに標準的な立場となった[16]。

抽象的な「可知的」スペキエスまで含め、こうしたスペキエスはすべて、なんらかのしかたで対象の類似性であるという理由で対象を表象しているということは、一般的に合意されていた。しかしながら、こうした合意以上に、スペキエスがどのようにして何かを表象する役割を果たしているのかという点については、かなりの意見の相違があった。たとえば、一三世紀の著作家たちの中でもロバート・キルウォードビは、アウグスティヌスのいくつかの見解に従って、感覚されうる諸性質は感覚器官に物理的な刻印を与え、そこでスペキエスを生み出しているのだと主張し、そしてそのさいに非質料的である感覚的魂がそれらの刻印をとらえる場合に感覚作用が生じるのだと主張したのであった（『想像力について』第三章）[17]。対照的に、アクィナスはもっとアリストテレス的な路線を採用し、感覚器官によるスペキエスの受容こそがまさに感覚作用なのだと主張した[18]。この種の見解においては、感覚作用は物理的な出来事であり、外部世界から感覚器官への受動的な刻印作用なのである。一三世紀後半にオリヴィが攻撃したのは、この二番目の種類の見解については受動性に対してであり、そして一番目の種類の見解については内的な刻印を感覚知覚の対象とすることに対してであった。オリヴィ自身の見解では、感覚知覚が生じるのは、外側、つまり対象そのものへと向かって精神が「実質的に目を向ける［virtual attention］」という理由によってなのである[19]。この説明のメカニズムは曖昧模糊としたものであるが、しかし、オリヴィが対象そのものの直接的な把捉に賛意を表して、可感的スペキエスと可知的スペキエスの両方を排除しようとしていたのは明らかである。アクィナスは、スペキエスとは知覚される事物そのものではなく、むしろ外的事物がそれによって知覚されるものだと主張した（たとえば、『神学大全』第一部第八五問題第二項を参照）のだけれども、他方でオリヴィは次のように主張した。すなわち、スペキエスは、必然的に「外的事物をヴェールに包むことになり、その結果、外的事物がそれ自体として現前しているかのように見られるのを妨げる」に違いないということであった（『命題集注解』第二巻第五八問第一四異論解答、［271］第二巻、469）。この議論は中世を通じて続けられて、ロックと彼の批判者たちによって再開されたのだったが、今度は［スペキエスではなく］観念（idea）をめぐる議論となるのであった。

　感覚に関するいくつかの問題には知性との平行関係がある。オリヴィや後期オッカムのような可感的スペキエスを拒絶する人たちは、また可知的スペキエスをも受け入れなかった。[20] 感覚の受動性に関するアクィナスの説明は、また知性のレヴェルでも維持されている。「われわれの知性のはたらきは、なんらかのしかたではたらきを受けることにおいて成立する」（『神学大全』第一部第七九問第二項）。これは言い換えれば、可知的スペキエスを受けとることにおいて成立するということなのである。しかしまた、感覚的レヴェルと知性的レヴェルとの間には非常に大きな相違点もあるのだ。最も重要なものとしては、アリストテレス的伝統にある哲学者たちが二つの知性的能力を区分けしたことであった。すなわち、能動知性と可能知性がそれである（あるいは、もっと適切なしかたで言えば、作用知性と受容知性となる）。可能知性はタブラ・ラサ［白紙状態］として始まるのであり、感覚的な入力情報を通して概念的な知識を築き上げていくのである。能動知性はそうした感覚的データを何か可知的なものへと変換する仕事を担っている。つまりは、能動知性は抽象という過程を通して質料的で個別的である情報を受けとり、そして、そうした情報を何か非質料的で抽象的なものにするのである。このようにして、一匹の黒い猫に関する知覚が、「黒い」という概念や「猫」という概念を生み出すことを可能にするのである。

能動知性に関することはすべて曖昧であり、また論争を生み出すものであった。抽象作用によって変換するはたらきを遂行するということは前提されているのだけれども、しかしながら、どのようにしてそうした能動知性が機能するのかという点では、ほとんど共通了解がなかったように思われる。[21] この問題が無視されていたひとつの考えうる理由は、中世の人たちが精力を注いだのはもっと基本的な問題であったということだろう。すなわち、能動知性は人間の魂のまさに一部なのだろうかという問題である。この問題に関するアリストテレスの言及（『霊魂論』第三巻第五章）は謎めいたものであったし、また後期中世の著作家たちは、哲学的な諸権威が混乱を極めるほどに入り乱れた状況に直面していた。とりわけ影響力のあった見解を提示したアヴィセンナは、能動知性をひとつの分離実体として考えており、太陽がわれわれの目と関係しているのと同じように、能動知性は人間の魂と関係していると考えていたのであった（『霊魂論』第五巻第五章、［115］第二巻, 127）。この見解は、ロジャー・ベイコン（『第三著作』第二三章、*Opera ... inedita*, ed. J.S. Brewer [London, 1859]）やガンのヘンリクス（『任意討論集』第九巻第一五章）を含む主要なキリスト教徒によって支持されていたのだった。同じく影響力があり、しかももっとはるかに論争を引き起こしたのがアヴェロエスであった。彼は時々能動知性と可能知性との両方が分離実体であると考えていたように見える（【例】『霊魂論大注解』第三巻五章）。知性単一説――この教説に従えば、ひとつの知性がすべての人間によって共有されているということになるのだが――というこの風変わりな響きがする教説は、一三世紀の何人かの学芸学部の教師たちによって信奉されたのであり、とりわけ、ブラバンのシゲルス（彼の『霊魂論第三巻問題集』を見よ）によって信奉されたのだった。しかしながら、ボナヴェントゥラやアクィナスのような神学者たちによって辛辣に拒絶されたのだった。ボナヴェントゥラは一二五〇年代の初期に著作を執筆して、「どんなにこの見解を着飾って（coloret）みようとも、それはひどいものでありまた異端のものである。というのも、それはキリスト教という宗教に反するものであり、……正しい理性に反するものであり、……感覚的な経験に反するものだからである」（『命題集注解』第二巻第一八区分第二問第一項）と主張したのだった。(22)

いったいどうしたらすべての人間が単一の知性を共有しているということを信じることができるというのだろうか。とはいえ、この理論はもっと広範な文脈において考えた場合にはそれほど奇妙には聞こえないのである。まず初めに、知性に関するアリストテレスの簡潔な言及は、そのような結論を招くように多くの人には思えたのである。(23)さらに、キリスト教徒にとっては、この分離した知性は神と同一視される可能性をもっていた。つまり、神の照明というアウグスティヌスの概念装置とうまく調和するかもしれないと思わせるタイプの考え方の可能性があったのだ。少なくともいくつかの人間の知識は、神によってわれわれが照明される場合に、その場合にかぎり獲得されうるとアウグスティヌスが論じていたのは有名である。

われわれが精神によって、すなわち知性や理性によって把握する事物を論議する場合には、われわれは真理という内的な光――その内的な光という観点においては、いわゆる内なる人が照らされて喜びが与えられるのだが――において直接的に見ている事物について語っているのである。……私が真理を語っているときでさえも、これらの真理を見ている人に教えているのは私ではない。彼が教えられるのは私の言葉によってではなく、神が諸事物を露わにしたときに内奥で明らかにされる事物そのものによってなのである（『教師論』第一二章第四〇節）。

アウグスティヌスは人間が自分自身の知性を欠いているなどとは決して想定していなかったけれども、彼は精神を超えた真理の光に私たちが依存していることを非常に強調したので、精神そのものが不完全なものに思えるようになったのである。

神の照明は、それがアリストテレス的な経験論によって徐々に置き換えられる一三世紀まで、中世の認識論において中心的な位置を占めていた。ボナヴェントゥラは忠実なしかたで次のように述べていた。「創造された知性の光では、永遠的な御言葉の光がなければ、どんな事物であってもそれを確実に把捉するのには十分ではないのだ」（『すべての者の唯一の教師キリスト』第一〇章、CT第三巻84）と。しかしながら、アリストテレスの影響力は認められなければならないということに彼は十分に気づいており、そしてだからこそ、彼は折衷案を求めたのだった。

アウグスティヌスによれば、魂はなんらかのしかたで能動知性の最上の力と理性のより高貴な部分を通じてその光へと到達するのだから、魂は永遠法と結びつけられている。それにもかかわらず、哲学者［アリストテレス］が言っていることを維持し続けるとすると、疑いなく真実であるのは、感覚・記憶・経験――それらから普遍が私たちにおいて成立し、その普遍が技術や知識の源泉となっているのだが――を通して認識が私たちの中に生成されるということなのである（『すべての者の唯一の教師キリスト』第一八章、CT 第三巻 88）。

これが衝撃的であるのは、ボナヴェントゥラが『分析論後書』第二巻第一九章の経験論の余地を残しているからだけではない。最初の数行のアウグスティヌスの言葉でさえも、アリストテレス的な能動知性に感染されてしまっているからでもあるのだ。一三世紀の終わりまでには、次世代の偉大なるフランシスコ会の巨匠であるドゥンス・スコトゥスが完全に照明を不要なものとしたのだった。「疑念や欺瞞のないまったく誤りのない真理」についての知識のことになると、人間は「純粋に自然本性的な手段によってこれに到達することができる」（『命題集注解（オルディナティオ）』第一巻第三区分第一部第四問第二五八項）とスコトゥスは主張したのだった。つまり、神はある意味で実際に精神を照明しているのだが、しかしながら、神がそうしているのは、世界を可知的なものにすることによって、言い換えれば、われわれの精神が自分たちの力で科学や数学や哲学において真理をつかむことができるようにするために、ある構造と首尾一貫性とを世界に与えることによってなのである。[24]

照明説論者による認識論の黄昏時期は懐疑主義への新たな関心と軌を一にしていた。ガンのヘンリクスは、一二七〇年代にあってもまだなお照明説理論を守っており、懐疑主義と照明説に関する一連の項から彼の影響力のある神学的な『大全』を始めたのだ。第一項は詳細に古代の懐疑主義を検討するものであるが、そこでは懐疑主義とは反対に、人間は事物を「あるがままに、どんな誤りも欺瞞もないしかたによって」（『定期討論集（大全）』第一項第一問、CT 第三巻 97）把捉できると論じている。もしこれが事物を知るということが意味している中身なのだとしたら、その場合には人間は知識をもつことができるということをガンのヘンリクスが結論づけていることになる。ところが、まさに次の問題において、彼は続けてこの主張を劇的なしかたで限定し、もしわれわれの訴えかける手段を自然本性的な手段に限定するのであれば、その場合には「われわれが完全に確実で誤りのない真理の認識をもつことは完全に不可能だ」（第二問、CT 第三巻 119）と言及しているのである。このようにして、ヘンリクスは神の照明のための場所を見つけようとし続けるのである。

一四世紀までには、照明説はもはや真剣な探求に値するような話題ではなくなってしまっていた。懐疑主義や人間の知識の限界に関する議論は、今や抽象認識と直知認識という二つのタイプの認識の間の区別という文脈の中で最も頻繁に出てくるようになったのだ。スコトゥスがこの用語法を導入したのは、「あらゆる存在から抽象する」認識と「ある事物がその存在において現前しているかぎりにおけるそのある事物に関してありうる」認識との間の区別としてなのである（『命題集注解（レクトゥーラ）』第二巻第三区分第二部第二問第二八五項）。そうすると、想像力は抽象認識と見なされることになり、他方、知覚は通常の意味においては直知認識と見なされることになる。この区別には何の害もないように思えるかもしれないが、実際にはこの区別は絶大な影響力をもち、そして論争を引き起こすものとなったのだ。とりわけ、その二種類の認識をいかにして定義するべきなのかをめぐる議論と非存在の対象に関する直知認識はありうるのかどうかをめぐる議論とがあったのだ。こうした問題は、今度は、感覚的な幻覚と知性的な誤謬の可能性をよりいっそう深刻なしかたで考慮するように哲学者たちと神学者たちとを導いたのであり、これはアウグスティヌスの時代以来、深刻には追い求められてこなかった類の問題だったのだ。[25]

中世の懐疑論が最高潮に達したのはオートルクールのニコラウスによってであった。オートルクールのニコラウスは一三三〇年代にフランシスコ会士であるアレッツォのベルナルドゥスに手紙を書き、ベルナルドゥスの次のような直知認識の定義への言及から始める。すなわち、直知認識とは、「それを通じてある事物が存在するとわれわれが判断するところのものであり、そこではその事物が本当に存在しているかどうかは問題ではない」という定義である。そして、オートルクールのニコラウスが論じるのは、この定義から帰結するのは、感覚知覚が真理を告げているという確信をもつことは決してできないことになるということだ。その結果として、「われわれの感覚はつねに真である」（『霊魂論』第三巻三章、428a11）というアリストテレスの主張に反して、オートルクールのニコラウスは、「五感の対象の存在について、あなたが確信をもつことはできない」（『第一書簡』第一一項）と結論づける。さらには、「どんなものであっても、それがそもそもあなたに現れているかどうかについて、あなたが確信をもつことはできない」（『第一書簡』第一二項）のだし、また実際には、「あなた自身の知性が存在するのかどうかについても、あなたは知らないのだ」（『第一書簡』第一五項）と進んでいくのである。そして、『第二書簡』においてオートルクールのニコラウスはさらにもっと進んでいき、確実な知識のための確固たる基盤となる唯一のものは、無矛盾の原理だけなのだと論じているのである。しかしながら、哲学的な知識と認められたものの内で、その原理から導き出されるものなど実質的にはなにもないのだから、「アリストテレス自身の自然哲学や理論的哲学の全体を見渡してみても、彼がこのような確実性をもって所有していた結論はわずかに二つだけであり、そしておそらくはその内のひとつでさえも所有していなかったことだろう」（『第二書簡』第二三項）。

意志、感情そして行為

意志は中世に発見されたものであり、そして人間の自然本性に関する古代の理論は、こういった類のあらゆる機能が完全に欠けたままで発展してきたのだと言われることがある。こうした発言は論争を引き起こすものだとしても、(26)明らかであるように思えるのは、現代的な意味での意志に似たものとして、意志に関する詳細な説明を与えた最初の主要な哲学者がアウグスティヌスだったということだ。アウグスティヌスの方法論を見てみると、彼は『告白』の中で自分自身の場合についての内省を通じて、つまり宗教的回心へと向かう自身の苦悩に満ちた道行きを分析するということを通じて、意志に関する詳細な説明を与えるといった適切な方法を採用したのだった。実際、その自伝の最初の章は彼の知的な旅路の跡をたどるものであり、その旅路は軽率な青年期からマニ教徒時代、懐疑主義時代、新プラトン主義時代を経て、そして最終的にはキリスト教信仰を完全に受け入れるまでに至るものである。しかし、本当のドラマが始まるのはようやく「疑いの余地はまったくなくなった」（『告白』第七巻第一〇章）という箇所に至ってからなのである。疑いがなくなれば物語は終焉を迎えるだろうと、彼はおそらくは想定していたことだろう。しかし、アウグスティヌスは、『プロタゴラス』におけるソクラテスに反して、正しいことを知るということでは、正しいことをおこなうのには十分ではないということを発見するに至るのである。何が問題であったのだろうか。

私はしっかりと縛られていたのだが、それは他人の鉄鎖によってではなく、むしろ自らの鉄の意志によってであった。敵は私の意志をしっかりと握りしめており、そしてそこから私に鎖をして私を縛りつけていたのだった。転倒した意志から肉欲が生じて、そして肉欲に奉仕することでそれが習慣化したのだった。習慣に対しての抵抗がなくなると、必然性が帰結することになる。これらの束縛によって、いわばお互いに結びあわされて（だから、私の用語は鎖なのだが）、つらい隷属状態が私を拘束の下に縛りつけたのだった（『告白』第八巻第五章）。

アウグスティヌスは、知的には自分の人生を変える用意ができていたのにもかかわらず、彼の意志は「そのようには」意志していなかったのだ。どうしてこうしたことがありうるのだろうか。この点で必要であったのは、意志するという活動だけだったのだ。「単に行くことだけではなくて、そこに到着することもまた、行くと意志することだけしか必要とはしなかっただろう」(『告白』第八巻八章)。いったい何が彼を妨げて、自分の望むことを意志させなかったのだろうか。この問題は、彼の意志が二つに分裂されたということなのである。つまり、必要なものは「強くそして完全なしかたで意志するということであって、半ば傷ついた意志であちこちに向き返ったりもがいたりすることや、一方が下がれば他方が上がるという状態で格闘することではなかったのだ」(『告白』第八巻第八章)。

後期中世の著作家たちは、意志と知性との間の関係や意志と感情との間の関係を詳細に議論していた。これらの議論の中でおそらく最も重要であるのは、複合的な状態に従属する機能として意志を考えてみることである。精神とは信念や時間という枠を超えた記憶を獲得するものだとわれわれが一般的に考えているのとちょうど同じように、アウグスティヌスは、意志とは習慣的な決定によって形成されるものだと考えているのである。『ニコマコス倫理学』の中で、幼年期から正しい種類の習慣をどのようにして身につけていくのかということは「非常に重要であり、実際上この上なく重要なことなのである」(『ニコマコス倫理学』第二巻第一章一一〇三b二五)、とアリストテレスは説明していた。もちろんアウグスティヌスはアリストテレスの弟子ではまったくなかったのだが、アウグスティヌスはアリストテレスと同じ論点をかなり発展させて、意志に関する自分の理論の中に習慣を位置づけるのである。この点は、後期中世の倫理学にとってきわめて重要なこととなるだろう。というのも、後期中世の倫理学によれば、愛と正義というこの上なく重要な徳とは意志の状態だからである。(27) さらに言えば、アウグスティヌスの恩寵の理論を形成したのは、意志に関するこうした考え方なのであった。本物の知性認識には、知性が神によって照明されることが必要であるのとちょうど同じように、倫理的な善性には、意志が徳で満たされることが必要なのである。アウグスティヌス自身がそうであったように、若い頃から悪いしかたで習慣づけられてきたような意志は、自分が必然性という鉄の鎖で拘束されているのを見出すことがありうる。こうした必然性のために、アウグスティヌスは自分の力では回心することがまったくできなかったのだ。「あなたが開示するまでは、私の前にはただ労苦があるだけなのだ」（『告白』第一一巻第二二章）。アウグスティヌスは年を重ねるにつれて、恩寵の役割をよりいっそう強く強調するようになり、恩寵を自由に受容することでさえも、恩寵を必要とすると主張するようになった。そしてついには、異端と見なされていた同時代人のペラギウスにうまく反論したのだった。こうした問題は、中世思想の中心であり続ける宿命にあった。一四世紀、トマス・ブラッドワーディンはいくつかの新しい見方に困惑したために、『ペラギウスに対して、神が原因であることについて』という詳細な論考を著し、「いかなる哲学的ないし倫理的徳も真なる徳ではなく、徳を完成させる愛や恩寵がなければ、絶対的に正しかったり正当であったりすることもない」と主張したのだ。つまり、これらのものがなければ、「あらゆるそのような行為はなんらかのしかたで罪である」（[339] 327C）としたのである。

恩寵に関するこれらのよく知られた議論によって日陰に回らされたのは、行為理論におけるいくつかの非常に巧妙な後期中世の研究であった。最も研究されている事例をとり上げてみると、アクィナスの行為理論では「知性と意志による」一二個の区別されたステップを経て、最後に意志による行為へと至ると言われるのが一般的である。[28] この領域の中で最も執拗に問われた問題群には、理性と感情との間の関係という問題があった。聖パウロが記述した有名な箇所では、「肉が渇望するところは霊に反し、霊が切望するところは肉に反する。肉と霊とは互いに対立しあっており、それだから、あなたは自分がしたいと思うことができないのだ」（「ガラテア信徒への手紙」五章一七節）ということが言われていた。アウグスティヌスは自分自身の若い頃をそのような言及の証左と見なしていた（【参考】『告白』第八巻第五章）。彼はその現象が意志の失敗だと分析するようになった。つまり、われわれが今そう呼ぶような「意志の弱さ」だと分析するのではなく、むしろ意志が欠陥を抱えた状態にあるのだと分析しており、その欠陥を抱えた状態では「強力にそして全面的に」意志してその効力を発揮することは不可能なのである。

この聖パウロのテキストが提示しているのは、霊と肉とが対等な戦いにおいて争っているということなのだけれども、中世の著作家たちが向かった先は意志と感情との間の関係を非対称的なものと見なすというところであり、それは、意志（voluntas）だけしか意志的な行為を生むことはできないというかぎりにおいてのことなのである。[29]パウロが提示したとおりに感情が文字どおりに意志を支配することがあるのだとしたら、結果として出てくる行為は意志的ではない行為となってしまうだろう。その結果、こうした行為に対して行為者は直接的には責任を負わないことになってしまう（そのようなケースはきわめて稀だろう。しかし、そうした場合であっても、このような抵抗できないほどの感情をもつに至った状態にあるということに対して、直接的ではないにしろ責任を負うことにはなるかもしれない）。さらには、大半の後期中世の著作家たちは、意志を「理性的な欲求」と同一視していたのであり、その意味するところは、意志が選択するのは知性が善いものだと判断したことがらであるということだ。このことによって、意志と感情との間の闘争はなおいっそう困惑させるものになってしまう。なぜならば、いまや感情は意志に影響を及ぼすには不適格であるように見えるからである。とはいえもちろん、われわれはみな実際に誘惑に苦しんでいる。事実、アダムとイブの原罪がそのような誘惑を現世の逃れられない部分にしてしまったと考えられたのだった。こうして、聖パウロでさえも、肉が霊に反して情欲を求めることから身を守ることができなかった。この影響力を筋が通るように理解するために、肉は間接的に、つまり精神が状況をとらえるしかたを肉の方が定めることによって、作用を及ぼしていると見なされていたのだった。[30]

ところで、意志を理性的欲求として記述することそれ自体が批判を受けないなどといったことはなかった。最も興味深い批判のひとつはスコトゥスの批判であり、彼は意志の内部に二種類の傾向性を提示したのだった。アンセルムス（『悪魔の堕落について』第一四章、『自由選択と予知、予定および神の恩寵の調和について』第一九章）によってなされた提案を発展させて、スコトゥスは自己自身の利益へと向かう傾向性（affectio commodi）と正義へと向かう傾向性（affectio justitiae）との間に区別を設けた。最初の傾向性は、われわれ自身にとって善いものへと向かう傾向性だと説明される。つまり、この傾向性は、「理性的欲求」というフレーズによってとり押さえられるとスコトゥスが考えているわれわれの意志の側面を表している。そして、その理性的欲求という理由で、われわれは自分たち自身の幸福に最も寄与するようなものを追求するのである。他方で、われわれはまた、自分たち自身となんらかのつながりをもつかどうかとは関係なく、善いものをおこなうように傾けられる。この正義へと向かう傾向性は、純然たる自己利害に抵抗することのできるわれわれの自由のことだと説明される。スコトゥスの見解では、この正義へと向かう傾向性は、自分たち自身の報酬のためよりもむしろ神自身のために神を愛するというわれわれのきわめて重要な能力の根拠となっているのである[31]。

自由と不死

人間の自然本性に関する考えが異なっていれば、直接的に倫理学や政治学の理論における意見の相違へと行きつくことになる。これは、本書の次の三つの章で焦点をあてることになる。さて、この人間の自然本性に関して、中世の著作家たちにとって基本的な重要性に属する二つの確信がある。一方は、人間は自由であり、そしてそれゆえ称賛と非難とを受ける主体であるという確信であり、他方は、人間は不死であり、そしてそれゆえ永遠の幸福ないしは永遠の苦しみに服するという確信である。これらの命題に対してどのように分析し議論するのかという点において、哲学者たちは異なった立場をとっていたのだけれども、この二つの命題の真理性についてはほとんど普遍的と言っていい信念があった。たとえば、ブラッドワーディン自身はまったくの反ペラギウス主義者

［人間の自由意志によって功徳を積むだけで救済されるという主張に反対する立場の人たち］であったのだが、そうした彼でさえも次のことを認めていた。すなわち、「すべての神学者、すべての論理学者、すべての倫理学者、そしてほとんどすべての自然哲学者は全員一致して、自由決定力が措定されなければならないと証言している」（『ペラギウスに対して、神が原因であることについて』、［339］443D）のだと。それにもかかわらず、意志の自由が、一方では神の摂理や恩寵や予知と調和し、他方では知性が意志を決定する影響力をもつということと調和するのはどのようにしてなのかという点に関しては論争があった。後者［意志の自由と知性の決定力］の影響関係においては、知性と意志のどちらに与える役割がより大きいかより小さいかに応じて、ある理論がより「主知主義者」に近いとかより「主意主義者」に近いとかと語るのが一般的ではある。けれども、こうしたレッテルは、議論を理解するのにはあまり役に立たない方法である。なぜならば、意志は自由決定力のためには欠くことのできないものだということに、すべての者たちが同意していたからである。だから、中心的な問いは、意志がその決定的な仕事を「どのようにして」遂行するのかということなのであった。具体的に言えば、意志が知性や他の力によってどのようにしてまたどの程度規定されるのかという問いである。現在の哲学者たちは、意志がたとえ外部の要素によって規定されるのだとしても自由でありうると信じている「両立論者」と、意志が自発的に自分自身を動かすことができると論じる「自由意志論者」とを区別している。そして、ほぼ同じ問題が中世でも論じられていたのだが、しかし中世で問題になっていた種類の決定論とは、典型的には神の恩寵と摂理、または何が最善かということに関する知性の判断に関わるものであった。ここでアウグスティヌスがもう一度影響力をもつようになった。しかし、彼の自由意志に関する言及は広範に及ぶもの（たとえば、『自由意志論』第三巻と『神の国』第五巻第一〇章を参照）であったために、このきわめて重要な問題に関する彼の見解は、特定するのがしばしば困難なのである。[33]アンセルムスの見解もアウグスティヌスと同様に解釈するのが難しいのだが、しかし彼は両立論者により近い立

場にいるように思える。つまり、意志が自由であるためには、ある瞬間にあることがらを意志が選択することも選択しないこともできる能力であることを必要とするという点を、アンセルムスは明示的に否認しているのである。こうして、罪を犯すことができないほどに高潔である人の方が、罪を犯したり罪を犯さなかったりすることができる人よりもより自由である、とアンセルムスは論じているのである（『選択の自由について』第一章）。アンセルムスは「意志する準備はできているが、しかしまだ実際にはなにも意志していない」という状態で創造された天使の場合を考えている（『悪魔の堕落について』第一二章）。この天使は、意志するという最初の行為へと自分自身を動かすことができなかった、とアンセルムスは主張する。その理由は、「意志することへと自分自身を動かすものはなんであれ、最初に自分自身をそのように動かすことを意志する」からだ、と。議論の前提からして、天使はなにも意志することはないのだから、意志することへと自分自身を動かすことはできない。そしてそうだからこそ、天使は自分自身を動かすために他の何かを必要とするのである。こうして、アンセルムスは、意志が自発的に自分自身を動かすための能力をもつことを否認しているように思えるのである[34]。

スコラ哲学者たちはこの問題に精力的に取り組んだ。アクィナスははっきりとどちらかの立場を弁護することはなかったのだが（いずれにしても、スコラ学者たちはこの点に関しては一致していなかった[35]）、次世代の哲学者たちは明確な立場を表明したのだった。ガンのヘンリクス、オリヴィ、そしてスコトゥスは自由意志論者的な説明を弁護した。フォンテーヌのゴドフロワとその後のヨハネス・ブリダヌスは結果的には両立論者であった[36]。ゴドフロアは一二八九年に執筆した自由意志を論じている箇所で「われわれは第二のものについて知らないとか疑わしいといったことを理由にして、第一で最も確実なものを否定するべきではない」と提案した。そして、それに当てはまるある確実な原理とは、なにも自分自身を動かすことができないということなのである。

だから、ある人には、意志が自分自身を動かせないということを前提してしまうと、自由―その人の見立てでは、その自由を、より後なるものにもとづいて認められるようにして意志の中に措定しようとするのだけれども―を保持するのは困難であると思われるかもしれない。しかしたとえそう思われるとしても、より先で確実であるものを否定する方向へと進むべきではなく、むしろ前提しなければならないより先なるものの確実性のために、より後なるものがより先なるものとどのようにして両立するのかを研究していかなければならないのである（『任意討論集』第六巻第七討論、[275] 170）。

言い換えれば、なにものも自分自身を動かすことはできないという形而上学の基本原理を捨て去るよりも、むしろ、自由が必要とするものに関する想定の方をわれわれは再考するべきなのである。他の者たちは、この申し立てられた形而上学の原理に疑問を抱くことだろう。スコトゥスは意志の自発性を守ろうとする最も影響力のある擁護者であったが、彼はあることがらが不確定になるかもしれないような二つの場合の間に区別を設けたのだった。つまり、あることがらが十分には実現されていないので、それが不確定であるような場合と、ある事物が「有り余るほどの充足」を有しており、その充足のために多種多様にある方法のどれをとってみても自分自身を動かすことができるので、それが不確定であるような場合である（『形而上学問題集』第九巻第一五問三一―三二、[285] 683; [284] 610）。意志が特別であるのは、この二番目の場合において不確定だからである。だから、意志がこのように例外的な自然本性をもっているとすると、「能動的な原理についての普遍的な命題を意志に適用するということは、本当に愚かなことのように思えるのである」（『形而上学問題集』第九巻第一五問四四、[285] 687; [284] 614）。なぜ意志がこのような能力をもっているのかという点に関してスコトゥスが言及したのは、身体と魂の合一に関しても言及した（上述の箇所を参照）のだけれども、これ以上なされるべき説明はないということだった。「どうして意志がこのようなしかたで選択するのかということに対して与えられうる理由は、意志とはそういうものだということを除いては他になにもない。……それが意志だということを除いては、他にはなにも理由はないのだ」（『形而上学問題集』第九巻第一五問二四、二九、［285］681-682; ［284］608, 610）[37]。

それでもなお、このような意見の相違があるにもかかわらず、意志の重要性と人間の自由の実在性に関しては、中世の著作家たちは広い意味で一致していた。この点に関して、彼らの意見が一致しえたのは、自由と倫理的な責任との間の連絡関係に彼らが同意していたという理由からだ。アクィナスの場合には、単に当たり前のことを叙述していたにすぎなかった。つまり、彼が述べたのは「自由決定力がなければ、いかなる功績や罪悪も、また、いかなる正当な罰も報酬もありえないだろう」（『真理論』第二四問題第一項）ということだった。しかしながら、正当な罰と報酬に関する中世期の見解が典型的に投影されていたのは、現世を超えたところであった。使徒信条についての説教集においてアクィナスが述べたのは、来世のより善き生への希望がなければ、「死は疑いなく激しく恐れられることになるだろうし、また人間は死に苦しむ前になんでも悪いことをしてしまうだろう」（『使徒信条注解』第一一章一〇〇一、［229］第二巻215）ということだった。だから、自由意志が倫理的責任を可能にする一方で、個々人が不死であるために、永遠なる救済や永遠なる断罪を見通せるようになり、このことによってこうした倫理的責任が大きな意味をもつことになったのである。

人間の不死という事実に関しては、ほとんど意見の相違はなかったのだが、しかし人間の不死が証明可能かどうかに関しては議論の積み重ねがあった。アクィナスはそれが証明可能だと信じていた。彼の中心的な議論は、人間の魂がいかなる身体的器官もなしに遂行できる機能、すなわち知性認識という機能をもっているということを示すことに依拠していた。そこで、彼は次のように推論を組み立てた。もし魂がそのような機能をもっているならば、魂は身体がなくとも存在することができる。そしてそれゆえ、身体が滅んだとしても、魂が滅びるということは起こらないだろう（『神学大全』第一部第七五問題第六項）、と。ところが、この推論は「人間」が不死であるという結論を生み出すことはない。完全な人間の不死とは身体の復活を必要とするだろうが、これは一般的には証明可能だとは考えられないことだろう。

さて、魂そのものが不死であることの証明可能性でさえも、多くの後期著作家たちによっては拒否されたのだった。その著作家には、スコトゥス（『オックスフォード講義録』第四巻第四三区分第二問、［286］149）やオッカム（『任意討論集』第一巻第一〇問題）、カイエタヌスというルネサンス期の偉大なアクィナスの注解者（『アリストテレス霊魂論注解』第三巻第二章）が含まれている。[38] スコトゥスは次のように議論した。知性がいかなる身体的な器官もなしに機能するのだとしても、このことは知性の機能が身体なしに持続することができるということを示すことにはならない。なぜならば、知性の機能が身体に依存するような別の方法があるかもしれないからだ。ところが、事実上、アクィナスとスコトゥスは、われわれの知性がその通常のはたらきをおこなうためには、実際上は身体を必要とするのだという点で意見の一致を見ている。つまり、知性は抽象的に知性認識している最中にも、感覚的印象（表象像）へと絶えず向かっているのでなければならないということを、両者とも支持したのだ。だから、まさに魂の不死を有意味なものとするためにも、アクィナスはさらなる何かを打ち立てる必要があった。つまり、アクィナスが打ち立てる必要があったのは、魂がいったん身体から離れてしまうと、魂は新しい認識のありかたを採り始めることになるだろうということだったのだ。[39] アクィナスは、まさにちょうどそのことを論じる準備をしていたのだった。われわれの魂は、いったん身体から分離されてしまうと、より劣ったしかたでではあるけれども、天使たちと同じように知性認識するだろうとアクィナスは考えたのだった（『霊魂についての問題集』第一五問—第二一問、『神学大全』第一部第八九問題）。このことが証明可能かどうかということに関して疑義があったのは驚くべきことではない。スコラ哲学がその方法論においてますます厳密になっていくにつれて、「証明可能性」に関するこのような議論はますます一般的なものになっていったからである。

注

（1）オリゲネスのような何人かの初期のキリスト教信者は、魂の持つべき身体が創造されるより前に、魂が創造されると主張した。アウグスティヌスはこの問題を未解決のままにしていた（たとえば、『告白』第一巻第六章を参照）。しかしながら、アクィナスの時代までには、［魂の］先在はもはや真剣な議論に値するような選択肢として論じられることはなかった。そして、受胎の時点より後に十分な時を経て魂が吹き込まれるということが、ほとんど一般的な同意として成立していた。一三世紀の見解に関する研究としては、R. Dales［545］を参照せよ。

（2）この注意深い定義のおかげで、精神は物体ではないけれども、ある特別なしかたで身体の全体を通じて拡がりを持つとアウグスティヌスは言うことができたのである。つまり、「精神は身体全体において全体としてあり、そして身体のそれぞれの部分において全体としてある」（『三位一体論』第六巻第八章）と。

（3）また、『三位一体論』第一五巻一二章二一節、『自由意志論』第二巻三章、『神の国』第一一巻第二六章を参照せよ。アウグスティヌスの一人称的方法についてのさらなる議論に関しては、G. Matthews［73］や本書の第3章—第4章、第12章を参照せよ。

（4）アヴィセンナ、『霊魂論』第一巻五章、［115］I, 79-80; アリストテレス、『霊魂論』第二巻三章、四一四a三一—三二を参照せよ。魂の能力に関する初期スコラ学の記述に関しては、*CT* 第三巻 9-34 を参照せよ。これは、無名者の著作であり、一二二五年頃に年代特定されている。

（5）一三世紀初期に関しては、たとえば、フィリップス（総長）の『善についての大全』第四巻八章、［379］284 を参照。最も有名な後期スコラの複数説論者たちは、ガンのヘンリクス（『任意討論集』第四巻第一三章）、ヨハネス・ドゥンス・スコトゥス（『命題集註解（オルディナティオ）』第四巻第一一区分第三問題、［282］第八巻, 604-656）、ウィリアム・オッカム（『任意討論集』第二巻第一〇問題—第一一問題）である。ところが、彼ら三人とも全員が、それぞれお互いにさまざまなしかたで反論している（M. M. Adams［318］647-669 を参照せよ）。この領域における諸見解について、詳細な調査研究として、R. Zavalloni, *Richard de Mediavilla et la Controverse sur la Pluralité des Formes*（Louvain, 1951）を参照せよ。

（6）アクィナスは自身の見解をさまざまな箇所で明瞭に表している。簡潔な言明としては、『神学大全』第一部第七六問題第三項—

第四項を参照せよ。オリヴィに関しては、『命題集註解』第二巻第七一問題、［271］第二巻, 637 を参照せよ。オックスフォードの断罪に関して、最初は一二七七年にロバート・キルウォードビによって公示され、そしてそれから一二八四年にジョン・ペッカムによって公示された。これに関しては、D. A. Callus［239］と J.-P. Torrell［260］304-305 を参照せよ。

（7） 聖体拝領においてキリストが現実に現前しているということと、キリストの体が墓の中で生き続けていたということに議論の焦点が当たっていた。簡潔な説明としては、M. M. Adams［318］650-652 を参照せよ。

（8） H. Denzinger［24］no.902 を参照せよ。この断罪のターゲットは先に言及したオリヴィであった。彼は理性的魂をなんらかの「霊的質料」を形相づけるものだと考えていた。その「霊的質料」とはもちろんわれわれが身体と呼んでいる物体的質料とは区別されるものである（『命題集註解』第二巻第五一問題、そして R. Pasnau［274］を参照せよ）。この布告は一五一三年のラテラノ公会議において再度確認され、初期近代における新世代のカトリックの哲学者たち全体に対して問題を提起することになった。

（9） スコラ哲学の著作家たちにとって、この変換する役割が標準的に果たされたのは能動知性によってであった（たとえば、アクィナス、『神学大全』第一部第七九問題第三項；第八四問題第六項を参照せよ）。アウグスティヌスは感覚作用でさえもこの種の精神的変換を必要とすると考えていたように思える（『創世記逐語註解』第一二巻一六章）。オッカムはまったく正反対の立場に立っており、彼は質料的なものが非質料的なものにはたらきかけることができると信じていたという点で特異な立場にあった。たとえば、『命題集註解（レポルタチオ）』第二巻第一二問題―第一三問題、［308］*OTh* V 275 を参照せよ。

（10） たとえば、次のアクィナスの主張を参照。「自然的物体はすべて、なんらかの特定の実体的形相を有している。それゆえ、付帯性は実体的形相に付随するのだから、特定の付帯性が特定の形相から結果として生じるということは必然である」（『神学大全』第一部第七問題第三項）。

（11） D. Des Chene［546］第四章の議論を参照せよ。この見解の一致に対する後期スコラの例外に関しては、一六世紀のパドヴァの哲学者であるヤーコポ・ザバレッラ［622］395 を参照せよ。

（12） 古代懐疑主義についての情報に関しては、M. Burnyeat［38］を参照せよ。

（13） アウグスティヌスの方法論に関するさらなる議論については、N. Kretzmann［71］を参照せよ。アウグスティヌスは、『アカデミア派論駁』、『信の効用』、『三位一体論』第一五巻、『神の国』第一一巻を含む多くの箇所で、この問題へと立ち戻っている。

（14） たとえば、アクィナス、『神学大全』第一部第一四問題第一項、第八四問題第二項を参照せよ。

(15) H. A. Wolfson [553]・D. L. Black [479] を参照せよ。

(16) 初期イスラーム理論を発展させることにおいてベーコンの果たした役割に関しては、K. Tachau [552] 第一章を参照せよ。

(17) アウグスティヌスはこの説明をさまざまな箇所で提案している。たとえば、『音楽論』第六巻第五章（【翻訳】R. C. Taliaferro (New York, 1947)）『創世記逐語註解』第一二巻である。議論に関しては、G. O'Daly [75] を参照せよ。

(18) たとえば、次の『神学大全』第一部第八五問題第二項第三異論解答を参照。「感覚的部分には二つのはたらきがある。一方のはたらきは、刻印という観点において生じる。このしかたにおいては、感覚のはたらきは、何か感覚されうるものからの刻印を感覚が受け取ることによって完成される。他方のはたらきは形成するということであり、この形成するという観点においては想像力が目の前にない事物や決して見られたことのない事物であってもそうした事物のイメージをそれ自身に向けて形成するというものがある」。アリストテレス、『霊魂論』第二巻第一一章、四二三b三二「感覚するとはなんらかのしかたで作用を受けることである」を参照。

(19) 『命題集註解』第二巻第二三問題；第五八問題第一四異論解答；第七二問題、第七四問題とR. Pasnau [551] 第四章—第五章を参照せよ。

(20) このような主張はまた心的言葉へと拡張される（本書の第3章を参照せよ）。そして、オリヴィは心的言葉を知性認識の活動と同一視したのだった（*CT* 第三巻 136-151）。オッカムに関しては、E. Stump in *CCOck* 168-203 を参照せよ。また同様に、A. Hyman and J.J. Walsh [17] 670-679 において翻訳されたテキストも参照せよ。

(21) この点の議論に関しては、P. King [549] を参照せよ。

(22) その理論への別の辛辣な解答に関しては、アクィナスの短編論文『知性の単一性について—アヴェロエス主義者たちに対する論駁』を参照せよ。パリ大学の学芸学部教師による無名者の知性単一説擁護論に関しては、*CT* 第三巻 35-78 を参照せよ。

(23) 能動知性について語っている最も有名な箇所は、『霊魂論』第三巻第五章である。「この知性は離存し、作用を受けず、混じり気なく、本質において現実活動態である。……この知性には、ある時には知性認識し別の時には知性認識しないといったことは当てはまらない。そして、この知性は、分離されたときにはまさにそれであるところのものであり、そしてこの知性だけが不死であり永遠である」（四三〇a一七-二三）。

(24) 鍵となる問題についてのテキストや翻訳に関しては、ヨハネス・ドゥンス・スコトゥス［286］96-132を参照せよ。神の照明についてのさらなる議論に関しては、R. Pasnau［550］を参照せよ。

(25) とりわけ重要なのは、ペトルス・アウレオリやウィリアム・オッカムの見解である。アウレオリに関しては *CT* 第三巻 178-218 を参照せよ。オッカムの見解はずっと広範な議論の主題となってきたのであり、また現代にあっては解釈の相違があった。最も近年のものとしては、E. Karger in *CCOck* 204-226 を参照せよ。一三三〇年代初期における懐疑主義の衝撃的な事例に関しては、*CT* 第三巻 245-301 でのウィリアム・クラットホーンからの抜粋を参照せよ。直知認識と抽象認識についてのスコトゥスの見解に関しては、R. Pasnau in *CCScot* 285-311 を参照せよ。

(26) A. Dihle［547］はアウグスティヌスの重要性を強調している。T. Irwin［548］はアリストテレスにおける意志に関して論じている。C.H. Kahn［69］はこの問題全体に関する複雑さについて良い見通しを与えてくれる。

(27) B. Kent［558］と本書の第10章を参照せよ。

(28) A. Donagan in *CHLMP* 642-654 を参照せよ。

(29) たとえば、アンセルムス、『選択の自由について』第五章—第七章、アクィナス、『神学大全』第二部の一第七七問題第一項を参照せよ。

(30) この領域におけるアクィナスの見解に関しては、P. King［243］と N. Kretzmann［247］を参照せよ。

(31) Scotus［288］179-181 と 469-473 を参照せよ。議論に関しては、A. Wolter［301］を参照せよ。どの程度これら二つの傾向性に比重が置かれているのか。われわれが自分自身よりも神を愛するということが理にかなっているということは、アクィナス（『命題集註解』第三巻第二九区分第一問題第三項）とフォンテーヌのゴドフロワ（*CT* 第二巻 271-284、301-306）によって弁護されていた。また、オッカムによっても弁護されていたように思えるだろう（*CCOck* 273-301）。

(32) 「自由決定力」とは「liberum arbitrium」の翻訳である。この「liberum arbitrium」という言葉は、われわれが自由意志と呼んでいるものに対応する標準的な中世のフレーズであり、アウグスティヌスからアンセルムスを通じてスコラ学者たちへと受け継がれていったのだった。ただ、「意志（will）」が自由なものであると語ることは、中世の著作家たちの間で習慣となっていたわけではなかった。とはいえ、多くの著作家たちは、結局のところ、自由決定力が意志に属する能力であると結論したのだった。だから、習慣とはなっていなかったとはいえやはり、この中世の用語法は役に立つ。なぜならば、自由決定力に対するわれわれの能力が、本当にわれわれの意志の能力の産物であるのかどうかについての問題を未決定のままにしているからである。

(33) C. Kirwan [70]とE. Stump in *CCAug* 35-78を参照せよ。

(34) アンセルムスを一種の自由意志論者として読んでいるS. Visser and T. Williams [147]を参照せよ。

(35) 三つの非常に異なった説明として、E. Stump [259]、S. MacDonald [249]、R. Pasnau [255]を参照せよ。

(36) Henry of Ghent [221]における抜粋集とR. Pasnau [273]でのオリヴィの議論を参照せよ。ブリダヌスに関しては、J. Zupko [345]とBuridan（*CT* 第二巻 498-586）を参照せよ。[21] 第一巻 において、ロタンは一三世紀全体を通した多くの興味深いラテン語テキストを提示している。

(37) 議論に関しては、P. King [296]とT. Williams [299]を参照せよ。

(38) ルネサンス期のスコラ学者たちの間での討論に関する議論に関しては、本書の第13章を参照せよ。

(39) アクィナスにおける表象像への立ち返りについては、『神学大全』第一部第八四問第七項とR. Pasnau [255] 第九章を参照せよ。スコトゥスに関しては、『命題集註解（レクトゥーラ）』第二巻第三・二区分第一問題第三〇〇項：『命題集註解（オルディナティオ）』第一巻第三・三区分第一問題第三九二項：『命題集註解（オルディナティオ）』第一巻第三・一区分第三問題第一八七項を参照せよ。魂の不死性を打ち立てることにおけるアクィナスの困難さについては、J. Owens [254]を参照。

（辻内　宣博　訳）

第10章　道徳的な生

ボニー・ケント

中世のはじめから終わりまで道徳理論家たちが苦心して解明しようとしていた問題がある。人間的基準から言って何が人を善い人にするか。死後の生で幸福にあずかるのに必要な条件は何か。そして、これら二つに関係があるとすれば、はたしてどんな関係があるか、という問題である。古代の哲学者たちによる世俗的な倫理学を強く批判する人もいれば、重要な道徳的洞察の点で古代人を賞賛する人もいた。しかし、中世の一流の思想家は誰でも、現代のほとんどの哲学的倫理学や倫理神学の大学教授の試みよりも、はるかに包括的なかたちで道徳的な生の説明を展開しようと努めていた。真剣な神学者は古代の倫理学を研究や議論に値しないと見なして拒絶できるという考え方は容認されなかった。これは、真剣な哲学者が魂の不死や神の本性に関する問いを、人間社会の道徳生活には無関係だとして退けることができるなどという考えが許されなかったのと同じである。

本章では、倫理学におけるアウグスティヌスの先駆的業績の概要を述べ、同時にそこから生まれるいくつかの難問を紹介することから始めようと思う。カンタベリーのアンセルムスが、敬意を払いながらもかなり重大な修正をアウグスティヌスに加えた様子を見た後で、今度は大学という素晴らしい新世界に目を向けることにする。異教徒アリストテレスがすぐに無視できない権威として現れてきたのが大学であった。アリストテレスとアウグスティヌスの洞察を織り合わせようとする努力は一三世紀半ばに始まったが、たちまちきわめて複雑な様相を呈し、白熱した学問的論争のきっかけとなる。誕生から一世紀もたたないうちに、大学は早くも、「多文化主義」

というはじめての激動の実験に巻き込まれることになった。

道徳的行為者はどんな種類の自由を必要とするか。私たちはつねに幸福を求めて行動すると同時に、つねに自分の行動をなんらかの意味で善いものと見なしているか。悪いと十分にわかっている行動を選択することは可能か。他の何にもまして神を愛するとはどういう意味か。そういう行動のできる人はどんな人か。これらの問題を考察し議論することによって、トマス・アクィナス、ドゥンス・スコトゥス、ウィリアム・オッカムたちは、人間の動機に関する綿密な分析を生み出す仕事にともに加わったのだが、その分析は今なお他に例を見ないものと言ってよい。中世の道徳理論家は、神を愛するとはどういうことかを理解しようと懸命に努力する中で、そもそも誰かを愛するとはどういうことかをじっくり考えていた。

アウグスティヌスと古典的倫理学

倫理学は至高の善の探求だという考え方を、アウグスティヌスは古代の哲学者たちと共有している。至高の善とは、さらなる別の目的のためにではなく、それ自体のために私たちが求めるものであり、同時に私たちを幸福にしてくれるものである。(1) 彼はまた、すべての人間は本性的に幸福であることを欲するという確信を古代の人びとと共有している。さらに、幸福とは客観的に見て幸せな状態なのであって、何か偶然いだいた欲望が満たされることで——それがどれほど思い違いで自己破壊的だとしても——人が得るかもしれない単なる快楽とは違うという点にも彼は同意する。この共有された枠組みから出発しながらも、アウグスティヌスの思考は彼を［ギリシア・ローマの］古典的倫理学からはるか遠くにまで導いていく。次のように彼は論じている。幸福は死後の生において、神と聖人たちとともにある状態ではじめて可能になる。私たちには自分を幸福にすることはできず、せいぜい、死後の生で幸福という報酬を得られるよう期待することができるだけである。幸福が神の恩寵による賜物であるのと同じく、徳もまた無償の賜物である。徳は、私たちが自分自身の自然本性的な能力によって、あるいは自分だけの力による功績によって獲得できるものではない。アウグスティヌスは最終的に、真の徳はすべて神から与えられる愛に根ざしていると主張する。聖パウロが「コリントの信徒への手紙一」一三章で称揚する愛（ラテン語でカーリタース（caritas）、ギリシア語でアガペー（agape））である。異教徒はこの愛をもたないから、彼らが身につけている徳のように見えるものはすべて実際には悪徳であり、彼らの行動はすべて罪である。(2)

もちろん、異教徒であっても他者の善や、さらに共同体の善も増大させることができる。それにより、アウグスティヌスが「市民的」徳と呼ぶものを彼らは身につける。だが、アウグスティヌスはこの種の徳を二級品だが偽物ではないとして容認することは決してなく、むしろそれを悪徳だと断言する。この中傷とも思える見解は明らかに説明を要する。

たとえば、愛の徳をそなえた一人のキリスト教徒が、赤ん坊の泣き声で朝四時に起こされたが、気づかないふりをして眠り直すのではなく、息子をあやす行動を選んだとしよう。他方、異教徒の女性がまったく同じように行動するとしてみる。アウグスティヌスはこのキリスト教徒を賞賛するだろう。彼女は神が至高の善であること、厳密な意味でそれ自体のために、他の何にもまして愛されるべき唯一の善であることをはっきり理解しているという理由からである。人間がただ人間であるというだけで有する価値は、決して人間本性の創造主たる神から独立したものと考えてはならないと彼女は知っている。彼女はまた、自分がそなえているどんな徳も神の賜物であること、したがって、それにふさわしい謙虚さをもって行使すべきものであることを知っている。彼女がわが子をあやすとき、その行動は永遠の幸福を目的とし、神に属するものとしての子供への愛に由来し、神の恩寵に対する感謝をともなっている。

これに対して、アウグスティヌスは異教徒の母親の方を、地上的な目的だけを目指し、ゆがんだ動機から行動していると言って非難するはずである。ただ自分のものだからという理由で子供に抱く愛情から行動しているとすれば、その母親は何か私有財産に似たものとして息子を大事にしているだけである（動物でも自分の子には優しい気づかいを示すのだから、なぜこれを徳による行動と考えることができようか）。また、もし単に赤ん坊の世話が楽しいのだとしたら、自分の喜びや満足を求める欲望から行動しているにすぎない。だが、もしこの異教徒の女性がたまたまストア派の賢者であるとしたら、アウグスティヌスの評価はもっとよくなるはずである。そこで、彼女がストア派の賢者だと仮定してみよう。アウグスティヌスと同じく彼女はこう考えている。徳はもっぱら精神のうちに存するものだとはいえ、有徳な精神を実際にそなえた人は誰でも、広範囲にわたる具体的活動をおこなう、あるいは少なくともおこなおうとするものである。たとえば、かりに赤の他人の子であっても、有徳な人なら泣く子をあやすのに朝四時にでも起きると彼女も考える。しかし彼女はストア主義者なので、幸福は有徳な精神にのみ由来し、したがって、徳と幸福は両方とも完全に個人の支配のうちにあるとも考えている。この点に対してアウグスティヌスは反論する。

たしかに徳をそなえた精神はとても賞賛に値するものです。［……］素晴らしいもの、実に立派なものです。ストア学徒よ、力のかぎりそれを称えたまえ。しかし私に教えてほしい。それはいったいどこから来るのか。あなたを幸せにしてくれるのは、断じてあなたの徳をそなえた精神などではありません。その徳をあなたに与えた方、徳を欲するよう促した方、徳を受け入れる力を授けた方なのです。［……］徳があなたを喜ばせるのは善いことです。あなたがそれを渇望していることもわかっています。しかし、徳の飲み物を自分に注いでやることはできません。（『説教』一五〇第九節）(3)

彼らの行動がいかに他人のためになり、さらには社会全体のためになるとしても、ストア主義者は人間の支配が及ぶ範囲を過大評価しすぎている。そして、アウグスティヌスの考えでは、この態度は単に事実に関する誤りによるものではない。彼らは自分を有徳で、なおかつ幸福な人間にできていると認められたいと望むあまり、人間の能力と自己充足性を誇張しているのである。

動機に関するこの分析は、原罪によって傷ついた人間本性の現状をアウグスティヌスがどう考えているかを反映している。アダムの堕罪以降人類はみな、アウグスティヌスが「高慢」と呼ぶ無秩序な自己愛をもって生まれてくる。愛という神の賜物によってはじめて、私たちは神と他人を、そして自分自身さえをもしかるべきしかたで——ふさわしい程度より多すぎることも少なすぎることもなく、それら本来の価値に応じて——愛することができる。解放してくれる神の恩寵がなければ、私たちの動機と価値判断は癒しがたいほど自己中心的なままにとどまる（『神の国』第一二巻第八章、第一四巻第二八章、第一五巻第二二章）。

アウグスティヌスによる神中心の道徳理論は、古典的倫理学のエリート主義と主知主義に対する聖パウロの批判を進展させたものである。パウロとアウグスティヌスの考えによれば、徳とはもはや、選ばれた少数者だけが幼年期に始まる長年の学習と訓練を通じて獲得する道徳的習慣ではない。しつけや教育がどんなに悪くても、生まれつきの知性がどんなに平凡であっても、人生を変えるような道徳的向上の望みのない人など決していない。神の恩寵があれば、最悪の罪人でさえ徳の方へ身を向け変える可能性がある。この世の生において希望をまったく断たれた人がいないのと同じく、堕落の危険から完全に免れている人もいない。私たちの社会で聖人とされる人でも、苦しみながら誘惑に抵抗し続けなくてはならない。

私たちみなが共有する傷ついた人間性をつねに強調することで、アウグスティヌスの道徳理論は、「生涯を通じた回復の道のり」(4)と表現されるのが適切な構想を描き出す。私たちが自分の生を支配するには無力であることを認め、自分よりも大きな力を信じるようになったときにようやく、この道のりは始まる。そこで私は想像してみるのだが、アウグスティヌスはきっとアルコホーリクス・アノニマス〔ミーティングによる経験の共有などを通じてアルコール依存からの回復を目指す会〕や、これを手本にしたプログラムには高い評価を与えるのではないだろうか。ただ、アウグスティヌスがすべての人と道徳的生の全体に適用できる真理だと考えたものを理解できるほどには私たちの社会は謙虚だが、しかし実際に回復の途にある常習者はこの社会のうちのほんの少数であることを知れば彼は嘆くだろうが。

アウグスティヌスは、根本的な徳の位置に知恵に代えて愛をおくことで、理性や知性に焦点をあてる古典的な標準形から西洋倫理学を転換させる。こうして、徳は何よりも善い意志を必要とすることになる。さらに、人間社会に蔓延する悪と不正のただ中で、有徳な性格が私たちを悲惨から守ってくれる保証はもはやなく、幸せにしてくれる保証はなおさらないことにも注意しなくてはならない。徳を幸福な生の本質的構成要素だとする古典的な論じ方を、アウグスティヌスは壮大な嘘として退け、死後の幸福を人に得させるものという新たな役柄を徳に与える。「神から授けられたこれらの徳によって、私たちは今は善き生を送り、後にその報酬として永遠に続くはずの幸福な生を与えられる。同じこれらの徳がここでは活動としてあり、あそこでは結果としてある。徳はここではたらき、あそこで支払われる。ここには徳の作用が、あそこには徳の結実がある」(『手紙』一五五第一六節)。

未解決の問題

アウグスティヌスの著作は後世の哲学者や神学者の心のうちに多くの疑問を引き起こした。道徳的生に関するアウグスティヌスの説明の細部はどんなふうになっているのか。首尾一貫した理論であるためにそれは修正を必要とするか。彼はいくつかの点で単に間違っているだけなのか。[5] たとえば、〈すべての人間は本性的に幸福でありたいと欲する〉という主張を考えてみよう。それ自体として見れば、この主張がキリスト教の道徳思想に対して問題を惹起することはない。しかし、「幸福主義の原理（the eudaimonist principle）」と以下で呼ぶことにする考え方と組み合わせると問題が生じてくる。それは、〈私たちが意志するものはすべて、それを私たちは幸福のために意志する〉という考え方である。私たちのあらゆる行動が幸福への欲求を動機としているとしよう。その場合、ある行動を選ぶときに、それがおこなうのに正しいことだと考えているからというのがおもな理由だということはおそらくありえないし、これが唯一の理由ということはなおさらありえない。では、幸福主義の原理は愛とは両立可能だろうか。私たちが自分個人の幸せをひどく犠牲にしてまで友人や家族の幸せを増大させようと行動するとき、それでも私たちは自分自身の幸福を追求していると言えるのか（もちろん拡大された意味、利己主義的でない意味の幸福追求であるが）。それとも、私たちは自分の幸福に対する関心はときには脇におき、主として他者への愛から行動することができるのか。[6]

徳は人を幸福に値するものにするという考えからは、さらに難問が生じてくる。神は人間の徳に対して幸福で報いるようなんらかの意味で拘束されているのか。もしそうしなければ、神は不正だということになるのか。功徳と報賞という図式は、幸福と徳の両方を神の恩寵の賜物だとする考え方とどのようにしたら整合するだろうか。アウグスティヌスが晩年にかけてペラギウス主義者との論争に巻き込まれていくにつれて、人間の功徳に対する言及は彼の著作からほとんど姿を消した。代わりに彼が強調した功徳はキリストの功徳である。この段階でアウグスティヌスは、徳それ自体が恩寵による「無償の賜物」であり、徳に対して神は幸福で報いるよう拘束されることはないという主張を確立することに主力を注いだ。もしかりに神がなんらかのかたちで私たちに幸福を与える義務を負っているとしたら、恩寵はもはや恩寵とは言えないということになる。実際、人間の功徳に応じて幸福が与えられるとしたら、恩寵はもはや恩寵ではないことになってしまう（『ユリアヌス駁論』第四巻第三章第一五節、『ペラギウス派の二書簡駁論』第二巻第二章第三節、第四巻第七章第一九節）。

幸福と道徳

堕落した人類は恩寵がなければ罪を犯すしかないという点で、カンタベリーのアンセルムスも同意見であった。彼がアウグスティヌスと意見を異にするのは主に、神が創造したかぎりでの理性的本性［天使と人間］の分析においてである。アンセルムスの考えでは、自然本性的に幸福だけしか意志することのできない被造物は、道徳的に見て善でも悪でもありえないし、正しいものでも不正なものでもありえない。幸福主義の原理を攻撃することで、アンセルムスはさまざまなかたちで今日まで続く西洋倫理学上のひとつの論争を開始した。話を英米圏に限っても、哲学者たちの意見は分かれていて、合理的疑いの余地なく幸福主義の原理を信奉する人もいれば、その原理は誤りであると同時に道徳に対する脅威だと考える人もいる。これから述べるように、中世における議論は人間に実行しうるさまざまな具体的活動とはほとんど関わりがない。議論の中心はむしろ、何か行動する場合に私たちがどんな動機をもっているかという点にある。

正義それ自体のための正義

アンセルムスは意志の二つの基本的な性向（affectiones）を明確に区別することで新たな面を切り開く。ひとつは正義あるいは真っ直ぐさを求める性向、もうひとつは幸福や自分の利得になるものを求める性向である（この区別はあくまでも二種類の善の区別であり、正義への善い性向と利己的目的や不正への邪悪な性向との区別ではない）。正義を意志する人は誰でも、正義それ自体のために正義を意志しなくてはならないとアンセルムスは論じている。たとえば、節税対策のため救世軍に寄付するという場合のように、幸福のためにある行動をしようとする人は幸福以外の別のものをなにも意志していない。だから、神から与えられたある被造物の本性からして幸福というものが意志することの可能な唯一の目的であるとしたら、その被造物は動物と同じく道徳とは無関係なレヴェルにとどまっている。犬が子犬や主人を気にかけるように他者を気づかうことはできるが、それは単に、自分自身の幸福追求や自己実現の中に他者の幸福を含めようとする本性的性向によるものにすぎない。これに対して、ある被造物の本性が幸福への性向を欠いているが正義への性向は含んでいて、正義以外にはなにも意志できないほどだとしたら、この場合もやはり当の被造物は道徳と無関係なレヴェルにとどまることになる。アダムと悪魔に対する神の罰によって明らかなとおり、人間と天使は本性上罪を犯す可能性をもつことを考えれば、意志の両方の性向をそなえたものとして神は理性的本性を創造したのだとアンセルムスは結論づける。正義を求める意志は幸福を求める意志を制御するよう意図されていた。したがって、天使と人間は幸福を求める意志を限度内に保っておくこともできただろうが、同じように、境界線を踏み越えることもできただろう（『悪魔の堕落について』第一二―一四章）。

しかし、現在のところ、人間の本性はアダムの堕罪によってもたらされた損傷を受けている。人を道徳的行為者にする自由選択（liberum arbitrium）の能力は保持しながらも、私たちはこの能力を行使するのに必要な正義への性向を失ってしまっており、今や私たちがそれを回復できるのは神の恩寵によるしかない(7)。正義への性向がなければ人は心理的に中毒患者に近くなる。ひどく不幸でありながら幸福を求める欲望の奴隷になっていて、他のものを意志することができない。「正義を捨て去ってしまったせいで、［意志は］自分の力に関しては不正義の奴隷となったまま、必然的に不正な状態にとどまる。というのも、自分の力で正義へと戻ることはできないからである。そして、正義なしには意志は決して自由ではありえない。なぜなら、正義がなければ自然本性的な選択の自由は無益だからである」（『自由選択と予知、予定および神の恩寵の調和について』問題三第一三節）。

善の相のもとで意志する

一三世紀半ば以降、意志、幸福、道徳に関するスコラ学の議論を形作るのに大いに貢献したのはアリストテレスの著作であった。いくらかの著作家は、意志を「知性的欲求」と考えるようになった。意志は幸福のために行動するよう定められてはいるが、幸福のありかたをさまざまに解釈し判断する自由が知性にはあるので、そこに意志の自由は由来する。(8) この新たな意志概念がアウグスティヌスの思想とどれほど異質だとしても、幸福主義の原理を是認していると思われる彼の見解とは少なくとも一致していた。論争を呼ぶ第二の原理は、しばしばアリストテレスに帰せられるが、〈何を意志するとしても、私たちはそれを「善の相のもとで（sub ratione boni）」意志している〉と言明する。アクィナスの著作を読めばすぐに、これら二つの原理がゆるぎなく支持されていることがわかる。(9)

アクィナスは『神学大全』第二部を始めるにあたって以下のように論じている。すべての人間的行為はある究極の目的のためにおこなわれる。そして、このような目的はひとつだけであり、それを私たちは善の相のもとで希求する。この唯一の究極目的が幸福である（『神学大全』第二部の一第一問第六‐八項、第八問第一項）。自己破壊的に行動する場合であっても、私たちは実際にはこの目的の成就を追い求めている。たとえ快楽へのゆがんだ欲求を満たすだけだとしても、その時私たちは自分の行動をなんらかの意味で自分にとって善いものと考えている。私たちは必然的に幸福を意志し、意志するもののすべてを幸福のために意志する。こう主張することでアクィナスは、人びとが幸福について実に多様な考え方をもつことを否定しようとしているわけではない。また、人は道徳的向上の終極点に到達することができ、それ以降は以前と同じ幸福の考え方をずっと求め続けるよう決定されると言おうとしているのでもない（アリストテレスはこれをありえることと考えたが）。至福直観という完全な幸福を示された場合にのみ、私たちはそれを必然的に意志するよう動かされるとアクィナスは言う。他のものが示される場合には、その対象の善い側面を考察しこれを意志しうるが、しかし同じように、その対象が完全な善さを欠いている点を考慮し、それを拒絶することもある（同書第一〇問第二項）。

アウグスティヌスと対照的にアクィナスは二種類の幸福を認めている。私たちの自然本性的な能力によって到達できる、地上の生における不完全な幸福と、神の恩寵がなければ到達できない、死後の生における完全で超自然的な幸福である。アウグスティヌスとの不一致は単に表現上の違いとして片づけるべきではないが、逆に誇張するのもよくない。アクィナスの言う「不完全な幸福」は、神があってはじめて可能になる完全な幸福とは、程度が違うだけでなく種類が異なっている。トマスの道徳理論では、唯一の究極目的、すなわち、私たちを完全に満たすことのできる唯一の幸福が死後の生にしかないことは疑いの余地がない（『神学大全』第二部の一第一問第七項、第五問第五項）。

それでは、自分自身、隣人、世界の他のすべてのものよりも神を愛せという命令と、幸福主義の原理をアクィナスはどのように調停するだろうか。二つの区別が注目に値する。第一に、私たちが獲得しようと欲する「もの」、すなわち、私たちを幸福にするもの――絶対的に完全な善としての神――と、こういったものの「使用、獲得、ないし所有」としての幸福との区別である（『神学大全』第二部の一第二問第七項）。第二に、厳密に個人として自分の善を求めることと、本質的にあらゆる個人の善よりも優れた、共有された「共通の善」を求めることとの区別である。「人は愛の徳によって、すべての者の共通善である神を自分自身よりも愛するべきである。なぜなら幸福は、この幸福を分けもつことができるすべての者にとっての共通の源泉のうちにあるというしかたで、神のうちにあるからである」とアクィナスは述べている（『神学大全』第二部の二第二六問第三項）。

「主知主義者」の代表として私はアクィナスを選んだのだが、たしかに選択が善の把握によってつねに決定されるという考えを採用しているとはいえ、同時代の基準からすれば、彼は実際にはきわめて穏健な立場だったことを言い添えておかねばならない。パリには他に、自分たちが無修正のアリストテレス哲学だと考えるものを、はるかに強く提示し擁護する人びとがいた。一三世紀末の神学者でさえ（顕著なのはフォンテーヌのゴドフロワだが）、ときにアクィナスを論難した。道徳的生における過大な役割を意志に与えた点で、アリストテレスの教説から逸脱したというのである。逆に、アリストテレスの教説を無批判に信奉することは、道徳に対して深刻な危険を及ぼすと案じる神学者もいた。私たちが意志するものはすべて幸福のために意志され、同時に、ある状況下で幸福を増大させると判断したものにあわせて選択するよう私たちが決定されると仮定する。その場合、すべての悪いおこないは、実際には幸福を増進させるつもりで選んだ行動方針の判断に知的面でのなんらかの誤りがあり、その結果として生じてくるものにすぎないように思われる。

〈私たちが意志するものはすべて、それを私たちは善の相のもとで意志する〉という原理は、とくに激しい論争を引き起こした。もしこのことが単に、なんらかの意味で望ましいと判断しないかぎりある行動を選択できないという意味だとしたら、この原理は正しいとはいえ、わざわざ言うほどのことではないと思われるかもしれない。一三世紀末としてはおそらく最大の反アリストテレス主義思想家であるペトルス・オリヴィですら、その原理をこのように解釈した上で受け入れる姿勢を示した。しかし、この原理は道徳にいったいどんな影響を及ぼしうるというのか。たとえば、今この具体的状況で姦淫するといった同一の行動が、ある観点からは望ましく、別の観点からは望ましくないと見なされうるとオリヴィは論じる。その行動が道徳に反する（inhonestus）と正しく判断すれば、行為者はそれを選択することはできないはずである。だが、感覚にとって快いと正しく判断すれば、行為者はきっとその行動を選択できる。同一の行動を同じ瞬間に二つの別のしかたで見ることさえできることになる。ある行動を快いものであると同時に道徳に反するものであると判断することになんら矛盾はないからである。人は自分の行動をさまざまなしかたでとらえ、それに応じて選択する。なぜならそうすることを彼が意志しているからである。無知であるとか、彼の精神は明らかな道徳的事実をなぜか見失ってしまったに違いないとかいった理由からではない（『命題集注解』第二巻第五七問異論解答一五）。

奪うことのできない自由

オリヴィと同じく主知主義的動向を懸念して、ドゥンス・スコトゥスはアンセルムスによる意志の二重の性向の理論を（決定的な違いをつけ加えた上でだが）復活させるのがふさわしいと考えた。アンセルムスの理論では正義を求める性向は原罪によって失われ、神の恩寵によってのみ回復可能とされるのに対して、スコトゥスの倫理学において正義への性向は、意志に内在する奪うことのできない自由の根源となる。私たちが複数の意志のはたらきをもっている事実だけからして、すべての人間は両方の性向をそなえている。さまざまな善をそれに固有の価値のゆえに、善それ自体のために愛する性向だけでなく、自己実現を望み、自分のために善いものを求める自然本性的性向もある。幸福や自己実現を目指す性向にはなんら非難されるべき点はない。それは、神から与えられた私たちの自然本性の一部であるだけではなく、徳としての希望の心理的基盤を形成する。他方、希望よりも優れた徳である愛の心理的基盤を形成するのが、正義を求める性向である（『命題集注解（オルディナティオ）』第三巻補遺第二六区分、英訳［288］178–180）。正義を求める性向によって、自己実現を何よりも求める自然本性的な衝動から私たちは解き放たれる。私たちは神や他人を愛するさい、彼らが愛に報いてくれるとか、私たちを幸福にしてくれるとか、他のなんらかの意味で自分の利得になるといったことを第一の理由としてではなく、まず第一に相手そのもののために愛することができる。

スコトゥスは意志を知性的欲求とする考え方を攻撃して次のように論じる。たしかにある被造物は、何が自分の幸福を増大させるかを判断し、それに応じて選択し行動するという点できわめて知性的でありうる。しかし、もし幸福追求が唯一の動機づけであるような構造になっているとしたら、その被造物は道徳的責任に必要な自由をそなえていない。固有の意味で「意志」と呼ばれるものをそれは欠いている。なぜなら、意志をもつ存在は自分自身の幸せを求める本性的欲求に逆らって行動しうるからである（『命題集注解（オルディナティオ）』第三巻第一七区分、第二巻第六区分第二問［288］180-182, 464-470）。スコトゥスの考えでは、私たちは幸福を最もよく増大させると判断した行動方針を選ぶよう決定されるなどということは実際には決してない。このことを私たちは自分の内面を眺め、経験を通じて知っている。いつも幸福のために行動するということは、ある行動を選択する際に、自分自身の幸福のために期待されるさまざまな結果をいつも比較考量しなければならないということをも示唆する（『形而上学問題集』第九巻第一五問、『命題集注解（オルディナティオ）』第四巻補遺第四九区分第九－一〇問［288］152, 194）。もしこれが正しければ、多くの場合人の性格を最もよく示すのは、意図せず自然におこなう親切な行動である――あるいは逆に、意図せず自然におこなう卑劣な行為である――というよくある想定は誤りだということになるだろう。

しかし結局のところ、スコトゥスが幸福主義の原理を拒絶するのは、純粋に記述的で経験的な心理学によってそれが反証されると考えたからではない。その原理が道徳を破壊するものであり、したがって道徳心理学の原理として許せないと考えたからである。[10] 道徳的行為者は、最も自分自身の利得になると考えるものを目指す本性的欲求を統制するために、正義を求める性向をどうしてももたねばならない。

正義を求めるこの性向は利得を求める性向の第一の制御役である。利得を求める性向が向かう対象を意志が現実に求めることは必然的ではなく、また、意志が他のすべてよりもこれを優先して求めることも必然的ではない（すなわち、利得を求める性向がその気にさせる程度まで意志は対象を求めるにすぎない）というかぎりにおいてである。正義を求めるこの性向こそ意志に本来的に内在する自由であると私は言う。なぜならそれが利得を求める性向の第一の制御役だからである。（『命題集注解（オルディナティオ）』第二巻第六区分第二問［288］468）

もし幸福を求める本性的欲求によって行為選択が決定されるとしたら、道徳的行為者としての人間の地位は、ぐらつく大地の上に成り立っていることになるとスコトゥスは確信していた。そこで彼は、私たちは至福直観という完全で永遠の幸福を提示されたとしても、それを意志しないことができると論じる。なるほど私たちは、拒絶する（nolle）ことができないようなしかたで幸福を意志するよう定められてはいる。しかし、アクィナスとその支持者の考えとは違って、私たちは提示された幸福を単に意志しない（non velle）ことができる（『命題集注解（オルディナティオ）』第四巻補遺第四九区分第九－一〇問［288］192-194）。

スコトゥスは、幸福になろうと努めることに道徳的に見て非難を受ける面があるとでも言うかのように、幸福への本性的欲求を道徳的生から締め出すことを意図したのだろうか。決してそんなことはない。彼の説明ではつねに、正義への性向は幸福への性向を根絶するものではなく、それを抑制したり、和らげたり、適切な限度内に保ったりするものだからである。[11] このことは、善い天使が悪魔とどう違っていたかをスコトゥスが説明する場面でとりわけ明らかになる。善い天使たちは幸福を拒絶することもできなかったし、拒絶しようと望むこともなかった。それでも彼らは自分の幸せよりもはるかにいっそう神の幸いを意志したのである。悪魔の罪は自分の幸福を意志したこと自体にあるのではなく、度を超えてそれを意志したことにある。本来は悪魔も正義への性向をそなえていたので、他の何よりも自分の幸福を求めたり、自分だけのために幸福を求めたり、あまりに性急に幸福を求めたり、それに値するはたらきをせずに幸福を求めたりせずに、幸福への欲求を限度内に保つことが可能だったし、そう義務づけられていた（『命題集注解（オルディナティオ）』第二巻第六区分第二問［288］468-474）。

愛と快

幸福主義の原理をきっぱりはねつける点で、オッカムはスコトゥスよりもさらに先まで進む。どんなに素晴らしい幸福が示されたとしても、意志はそれをきっぱり拒絶できるとオッカムは論じている。幸福を拒絶する私たちの自由は至福直観という完全な幸福にまで及ぶ。いったいそれを拒絶するどんな理由があるのかといぶかしく思うだろう。オッカムが示唆しているのは、人は神を自分に不利益なものと見なし、これを理由に神を拒絶することがありえるかもしれないということである。この人の判断はもちろん誤っているだろうが、そういう判断が可能であるかぎり、意志はその判断のとおりに行動しうるだろう。神の本質をはっきりと見ることのできる人によってさえ、神が不利益なものという相のもとで見られ拒絶されうる証拠として、キリストが体験した身体の苦しみが挙げられている（『命題集第一巻注解（オルディナティオ）』第一区分第六問［308］*OTh* I 503-506）。

〈何を意志するとしても、それを私たちは善の相のもとで意志する〉という主張を吟味して、オッカムは明確化の必要性を見出す。もし人が「善」ということで意味しているのが、望まれたものや望ましいものにすぎないとしたら、いつも善の相のもとで意志するというのは当然である。こう解釈すると、トマスの立場は正しいけれど当たり前でとるに足らぬものとなる。これに対して、「善」ということで意味されているのが、道徳的に優れたもの（honestum）、有益なもの、快いもののいずれかであるとしたら、この主張は偽として退けなくてはならない。人はこれらのどれでもないしかたで善いと見なした行為を意志することができるからである。たとえば、偽りの神々を崇拝することのように、自分では悪いことだと正しく判断している行動さえ人は意志することができる（『雑問集』第八問［308］*OTh* VIII 442-444）。

人は道徳的に善いとも有益とも感覚に快いとも思わない行為を意志することができることを多くの哲学者が認めるだろうが、しかしやはり、当人は自分の行動を別のなんらかの意味で快いものと考えているはずだと哲学者たちは主張するだろう。さもなければ、彼にはその行為をする動機がなにもないことになってしまう。だがオッカムはまったく異なる見方をしている。Xを意志するとき私たちが経験する快は、Xを意志することの原因ではなく結果である。まさに相手を愛しているからこそ、その人を愛するときに快を経験する。愛と快は結びついて生じるのが普通だが、ものとしては別々のものである（『命題集第一巻注解（オルディナティオ）』第一区分第三問、第六問、『任意討論集』第三巻第一七問［308］*OTh* I 403-428, 486-507; IX 186-188）[12]。誰かを愛するのに快という動機を必要とすることは決してなく、私たちは快を感じることなしに愛することも、愛し続けることもできる。ここでも悪魔が有益な実例となる。この堕天使は自分を過剰に愛することによって罪を犯したのだが、その後もさらに自分を愛し続けている。だが、悪魔の永遠の住処である地獄は自己愛さえ快を生み出すことのない場所である（『命題集第一巻注解（オルディナティオ）』第一区分第三問［308］*OTh* I 411）。

さらに、〈何を意志するとしても、それを私たちは善の相のもとで意志する〉という主張を退けなくてはならない理由は他にもあるとオッカムは論じる。すべての神学者が承認する、無知からなされる罪と邪悪さからなされる罪との区別、その土台をこの主張は掘り崩してしまうからである。無知による罪を説明して、道徳の原理を知らないことに由来する罪だと言う論者もいれば、行為者がおかれた特定の状況に原理を適用する方法がわからないことに由来する罪だとする論者もいるかもしれない。しかし、もし関連する原理とその場での適用の両方を知りながら罪を犯すことがありえないとしたら、いったい邪悪さから罪を犯すことはどのようにして可能になるというのか（『雑問集』第七問第三項［308］*OTh* VIII 365-366）[13]。

オッカムは邪悪さによる罪の説明をたずさえて激戦区に参入する。パリ大学神学部は一二八五年までには、「理性における誤りやなんらかの知の欠落がないかぎりは、意志のうちに邪悪さ（malitia）はありえない」[14]という命題を公に承認していた。公式の承認にもかかわらず、この命題は当のパリにおいてさえ白熱した論戦を引き起こし続けた。ここで、道徳に関わるスコラ哲学の用語を簡単に説明しておくのが、その論争について解明する手助けになるだろう。

邪悪、悪、悪徳、罪

ロバート・グロステストは『ニコマコス倫理学』を翻訳するさいに、アリストテレスのギリシア語の意味の幅を保つことに全力を傾けた。「ハマルティア（hamartia）」、「ハマルテーマ（hamartema）」という単語が好例である。これらは「的を外すこと」、目標に達しないこと、あるいはなんらかの基準に合致しないことを表す。基準からの逸脱は故意である可能性があり、その場合は道徳的非難を受けるべきものである。だが反面、弓の射手が的を射そこなう場合のように、単なる技術的な失敗であるかもしれない。これは、彼が射手としての卓越に達していない証拠ではあっても、人間として不十分な証拠などでは断じてない。グロステストが訳語として「ペッカートゥム（peccatum，あやまち）」を選んだのは理にかなっていた。なぜならこのラテン語も、道徳的意味を含まない逸脱を表しうるからである。アクィナスもこのようなしかたでその語を用い、音楽家の演奏のミスさえ「あやまち」と呼んだ。あやまちの部分集合で行為者に罪責（culpa）を負わせるものだけを、彼は道徳的に悪い行為として扱っている[15]。他の神学者の中にはオッカムのように、peccatumという語をより限定的に、はっきり道徳的意味で用いる人もいるが、やはり彼らも広範囲の行為にこの語をあてた。誰もがたとえば以下の例に同意するだろう。自宅で自分が使うため会社からボールペンを持ち出し、自分は盗みをしているのではないと心から、しかし間違ってそう思っている人がいるとする。この場合、たとえ無知によるにすぎないとしても、この人はたしかにあやまちを犯したのである。また、ある人が異常な食欲をもち、自分が適切と判断する以上に食べたい誘惑に屈してしまうという場合、弱さあるいは情念によるにすぎないとしても、やはり同じくあやまちを犯していると見なされるはずである。

今日の英語話者の大部分は、sin という語を完全に避けるか、あるいは、典型的には他人への危害をともなうような、故意による凶悪な道徳的悪行を表すときに限ってこの語を用いる。したがって、peccatum を sin と訳す慣例的な翻訳は、厳密に宗教的意味で使う場合であっても誤解を招きやすい。グロステストによるアリストテレスの翻訳が登場する以前にも、中世の著作家たちは、何が peccatum であり何がそうでないかをキケロが詳しく書いているのを知っていた。それで彼らは、自分たちは古代に始まった道徳的対話を継続し拡張しているのだと考えていたのであり、キリスト教徒、ユダヤ教徒、イスラーム教徒だけが理解でき、討論する価値があると考えることのできるような、何か新たな主題に自分たちが切り替えたとは考えていなかった。

スコラ学者は実にさまざまな方法で罪を分類した。彼らはまず全人類がアダムから受け継いだ原罪と、もっぱら個人として犯す自罪とを区別する。また、深刻さと罪にともなう罰によって罪を分け、小罪、つまり「赦されうる」罪と大罪を区別した。大罪（mortal sin）は神からの決定的な離反に相当し、神との関係を断ち切るものであり、神が関係の回復を選ばないかぎり地獄行きの結果につながる罪である。さらに、罪の内的、心理的原因として、無知、情念、悪意（malitia）の区別がなされた（この順で罪の重大さが増す）。最後に、罪と悪徳の区分であるが、彼らは罪を悪い行為とし、そういう行為へ人を向かわせる固定的性質を悪徳と見なした。

ギリシア語の「カキアー（kakia）」は形容詞 kakos（悪い）から派生する抽象名詞であるが、これを翻訳するさいにも、グロステストはやはりこの単語のもつ道徳的に中立の含意を保存しようとした。彼が選んだラテン語は malitia で、これは形容詞 malus（悪い）から派生する抽象名詞である。おそらく彼は、malitia が語の最も広い意味で「悪」あるいは「悪事」と理解されることを意図したのだと思われる。(16) この用語で読者は、道徳的性質の悪さだけでなく、自然の悪（あるいは悪事。たとえば病気や自然災害などの災いにおける悪）をも抵抗なく読みとれたはずである。しかしながら、malitia［悪、悪いという性質、邪悪さ、悪意など多義的］ゆえに罪を犯すということに関するアリストテレスの説明をめぐって、スコラ学者たちの意見は真っ向から対立した。一方には、悪意から罪を犯す人はみな、自分が何をすべきかをなんらかの意味で知らないのだという主張を支持する人びとがいた。逆に、このような主張は主知主義の皮をかぶった新手の異教運動に他ならないと考える人もいた。知りながら悪いことをおこなう可能性を否定するのは、邪悪さから罪を犯す可能性を否定するに等しいと批判されたのである。駆り立てる情念なしに、あるいは知性の側の何の誤りもなしに悪を意志することは、スコトゥスの言葉で言えば、「最も十全な意味での罪」であった（『命題集注解（オルディナティオ）』第二巻第四三区分第二問［288］478）。

七つの大罪

今日最もよく知られたかたちでは、七つの大罪（seven deadly sins）［死に値する罪、致命的な罪］のリストは、「高慢、強欲、肉欲、怒り、大食、嫉妬、怠惰」である。これを地獄行きの断罪につながる罪の一覧だと思ってしまうと［つまり、前述の mortal sin の概念と混同すると］、中世人が風変わりな価値観をいだいていた証拠のように見えるかもしれない。実際、背信や不正など、罪としてはるかにふさわしい候補は含まれていないのに、なぜ大食や怠惰がリストに入っているのか。罪の重大さの点から考えると、高慢と強欲に次いですぐ肉欲が並ぶこの特異な順序にはどんな理由があるのか。[17]

一三世紀の大学教授たちもこのリストはやっかいだと思っていた。ただし彼らは運よく、もっと筋の通った古い形のものを受け継いでいたのではあるが。彼らに最もなじみのあった形のリストは、グレゴリウス一世（大教皇）が考えたもので、ペトルス・ロンバルドゥスの『命題集』に含まれている。そこでは、死に値する罪ではなく、「主要な悪徳」と呼ばれており、最も深刻と考えられる「霊的」悪徳から始まり、なんらかの意味で肉体に関わる悪徳へと進む。[18]高慢、嫉妬、怒りが初めにきて、真ん中に「アケーディア（acedia）」（別名「怠惰」）という悪徳をはさみ、強欲、大食、肉欲が後ろにくる。ダンテの『神曲・煉獄篇』もこの順序にぴったり従っている。

中世の大衆文学、説教、告解の手引きには、「死に値する罪」という表現が非常に頻繁に現れる。教会が一般信徒に対して年に一度の告解を義務づけた一二一五年以降、人びとは自分の罪がどんな罪かを確定し、それを記憶しておくための説明書を必要としていた。七つの罪の枠組みは、もとは修道士の訓育のために発達したのだが、こうしたより広い実践的目的のために翻案され、長く輝かしい経歴を歩むことになった。ただし大学においては別である。大学では、この枠組みに合理的説明を与えるのはきわめて困難だと考えられ、一四世紀初めまでには理論化の取り組みはほとんど放棄された。

ボナヴェントゥラの『命題集注解』（一二五〇―五二）によってすでに示されていた不服が、一三世紀末にはごく標準的な見解になった。七つの主要な悪徳（capital vice）は「死刑に値する」犯罪（capital crime）をモデルにして考えることはできない。というのも、もし最も罰に値する悪徳が挙げられているのだとしたら、その中に不信心が入っているはずだからである。だが実際には、七つのリストは徳としての希望に対立する悪徳を含まないのと同様、信仰という徳に対立する悪徳もまったく含んでいない。さらに、悪徳というものを過剰と不足という両極端として、すなわち、徳をそなえたなんらかの「中庸」に対立する一対のものとして考えると、やはり七つの主要な悪徳のリストは意味をなさない。強欲（avaritia）は含まれているのに、なぜ浪費が含まれないのか。なぜ悪徳は一四ではなく七つなのか（『命題集注解』第二巻第四二区分疑問三）。

ボナヴェントゥラは七つの悪徳という構想を合理的に説明しようとして、ある悪徳が「主要（capital）」と呼ばれるのは、子だくさんの一家の主のようなもので、非常に多くの罪を心理的に生み出すからだと述べている。七つの悪徳のそれぞれが、把握された善に対する魂の反応をどんなふうにゆがめるかという説明をボナヴェントゥラは続けておこなっている。アクィナスも心理的な繁殖力という論点に訴え、行為のゆがみを彼なりに説明している（『神学大全』第二部の一第八四問第四項）。しかし残念ながら、これらの理屈も他に提案された理論的解釈も、七つの悪徳という構想がはらむ深刻な問題を解消することはできなかった。道徳の理論化が徳を中心とするようになった時期には、とくに重要だと認められた七つの徳のどんなリストとも、七つの悪徳のリストはまるで対応しなかった。このリストは、やっかいな悪徳をまず確定しておいて、次にそれら悪徳の治療法として徳を提示するという、過去の論じ方を反映していたからである。徳とは悪徳を矯正するものだという考え方は説教師には長らく人気があったが、神学の領域では支持を失ってしまっていた。徳を中心とする倫理学の枠組みから離れて漂いながら、心理的な因果に関する怪しげな主張だけにかろうじてピン留めされた状態では、七つの主要な悪徳は、うわべだけの学問的興味をひく話題としてさえ、それ以上生き延びることはできなかった。

徳——対神徳とその他の徳

本当の徳はすべて恩寵の賜物であるとするアウグスティヌスの見解は、一二世紀にそれ自体が恩寵を、つまり人気を失った。最初に異議を唱えた人物はおそらくペトルス・アベラルドゥスである。アベラルドゥスはキケロの著作とボエティウスによるアリストテレス『カテゴリー論』の注解に影響を受け、習慣（habitus）としての徳という古典的な語り口をよみがえらせた。習慣とは、自然本性的能力をはたらかせる実践経験を通じて徐々に発達し、その結果、きわめて変化しにくい「第二の本性」となった、そういう性質のことである（アベラルドゥス『倫理学』第二巻）。古典的「語り口」と言ったのは、アベラルドゥスも一二世紀後半の神学者たちも、習慣の概念を拡張し、神から与えられる徳も含めて考えたからである。洗礼という秘跡の恩寵を通じて、それは幼児にまで及ぶ。[19] グロステストによるアリストテレスの翻訳が大学での必読書となる一三世紀後半までには、すべての徳を習慣だとするのは教授たちのお決まりの分類法になった。異教徒であっても長年の経験を通じて獲得できるような徳だけではない。たとえば愛のように、恩寵の賜物として神からキリスト教徒に「注入される」徳もまた一種の習慣とされる。[20] 古代哲学とはまるで異質なこの独特の習慣概念がスコラ学の道徳理論において確固としたものになった。

獲得的な徳のリストはアリストテレスが論じた徳のほぼすべてを含むようになったが、神学者はストア派や教父に従って、思慮、正義、節制、勇気という「枢要徳」に特別の地位を与えることが多かった。スコラ学者はアリストテレスによる「知的徳」と「倫理徳」の区別を受け入れ、枢要徳のうちでは思慮だけを唯一の知的徳と見なして扱った。また、最もよく論じられた三つの注入徳は信仰、希望、愛である。この三つはすべて、死後の生での幸福と神への方向づけのゆえに「対神徳」と呼ばれる。[21] アクィナスとその支持者は、注入される対神徳に加えて注入される思慮や倫理徳もあると考えた。スコトゥス、オッカムらは、必要以上に徳を措定しているとしてトミストを批判する一方で、自分たちの方もあえて、自然本性的な力によって獲得される信仰と愛を措定した。

なぜこんなに多くの種類の徳が論じられたのか。中世後期の神学者は、死後の生で神とともにあってはじめて可能になる完全な幸福に「値する」のに何が必要かに加え、現世で人間を道徳的に善い人にするのは何かをも説明しようとしていた。善良で勤勉な働き手が賃金に値するというような意味では誰も永遠の幸福に値することはない。この点ではすべての論者の意見は一致していた。また、神の恩寵はなんらかのしかたで功徳にとって不可欠の基盤をなす要素だという点でも見解は一致した。それでもなお、さまざまな形の恩寵とそれに関連する功徳の形については、十分な議論の余地が残されていた。アリストテレスの教説に重大な留保をつける人びとでさえ、彼の洞察をいくぶんかは自分の著述の中に組み込むことが普通だったので、論争の理由はその分いっそう広がった。(22) 古代の道徳思想とキリスト教の道徳思想の総合を進めようとする試みが、この時代の規範となる。理論がどうあるべきかをめぐって多くの論争がおこなわれたが、それだけの努力を払う価値があるのかどうかについて論争は比較的わずかであった。

一二七七年のパリにおける司教の禁令は、この総合の企てを終わらせるのに役立ったかというと全然そうではなく、むしろ大学の理論家は相変わらず自由にこの企てに取り組み続けることを許されていた。司教の怒りが向かった先は主に若手の哲学教授たちである。彼らは古代の倫理学とキリスト教倫理学の衝突をことさら強調し、キリスト教の教説は誤っているか、さもなければ信仰にもとづいてのみ受け入れるべきものだという印象を与えていると見なされた。こうして、糾弾された二一九の命題のうちにはたとえば、「幸福はこの世の生において得られるのであり、別の生においてではない」、「幸福は神によって直接引き起こされることはできない」といった命題が含まれる。第二の命題は、神と人間の両者によって幸福が直接引き起こされる可能性を未決定のままにしている。これと同じく、第一の命題は、この世の生と別の生の両方をあわせて幸福が得られる可能性は未決定のままにしている。(23)

この禁令の力があまりに弱く、大学は異教の倫理学による誘惑の声にさらされたままであることを、アウグスティヌスならおそらく懸念したに違いない。彼の不安には十分な理由があったと言える。というのも、アウグスティヌスが反ペラギウス主義の著作群で示した道徳理論が、中世の教会によって大幅に採用されたことは結局一度もなかったからである。ローマ教会が異教徒の徳に関する公式見解を明らかにしたのは、ようやく一六世紀後半になってからであった。その時点までには、恩寵のもとにあるキリスト教徒と他のすべての人を峻別する二分法は、プロテスタントの宗教改革者たち、つまり、マルティン・ルターやジャン・カルヴァン、増大する彼らの信奉者の一団とすでに強く結びついていた。これに対して、アクィナスとスコトゥスが作り上げた中世の伝統は、異教徒でも有しうる道徳的善性と、もっぱら神の恩寵に依存する功徳による善性とを区別するものだった。教皇ピウス五世はこの伝統に即して、あるカトリック神学教授を、「不信仰者の行為はすべて罪であり、哲学者の徳はすべて悪徳である」という教説のかどで〔一五六七年の大勅書によって〕糾弾したのである。[24]

神による救いの恩寵なしに人間は本当の徳を養うことができるという点でスコラ学者たちは一致していたが、しばしば意見が分かれたのは、自然本性的な力によって獲得されるこれらの徳を道徳的生の詳細な説明においてどう位置づけるかに関してである。次に、アクィナスとスコトゥスがとった異なる立場を素描することにしよう。神とともにある場所での幸福の獲得と善い道徳的性質には（もしあるとすれば）どんな関係があるのか、これを彼らが懸命に説明しようとするさいに生じてきた問題のいくつかに対する入門的考察として、この素描が役立つかもしれない。

アクィナス——神の与える倫理徳

この時代のほとんどすべての大学教授と同じく、アクィナスも原罪がアウグスティヌスの考えたほど人を道徳的に無力にさせるものだとは考えなかった。愛という神の賜物なしに人間が本当の徳を養うことができることをアクィナスはまるで疑っていない。しかしながら、『神学大全』を丁寧に読めば、自然本性的な力によって獲得されるこれらの徳は、一般に予想されるよりもずっと控え目な役割しか果たしていないことが明らかになる。たとえば、「徳とは、私たちを正しく生かし、誰にも悪用されず、神が私たちのうちで私たちなしにはたらかせる、そういう精神の善い性質である[25]」という、標準教科書的な徳の定義をアクィナスがどう扱っているかを考察してみよう。アクィナスはこの定義を支持するが、二つの修正を提案している。第一に、「性質」の代わりに「習慣」と置き換えるべきである。第二に、すべての徳、すなわち獲得的な徳と注入徳の両方に定義が及ぶように、「私たちなしに」の一句を省くべきである（『神学大全』第二部の一第五五問第四項）。この二つの修正案が、アリストテレスの著作に多くを負う習慣論の直後に位置することもあって、読者は獲得的な徳がアクィナス自身の道徳理論において際立って重要な役割を演じていると思い込んでしまうかもしれない。しかし、『神学大全』第二部の一のすぐ後の箇所を読むとわかるが、アクィナスは愛という注入徳をあらゆる徳の「形相」と見なし、神によって愛とともに注ぎ込まれる一連の倫理徳の全体を措定している。神の与える倫理徳は無条件の徳である。他方、自然本性的な力によって獲得される倫理徳は本質的に不完全ないし未完成（imperfectus）であり、ただ相対的、類比的な意味でのみ徳であるにすぎない。それらは神の与える倫理徳とは種的に異なっている（第六三問第三-四項、第六五問第一-二項）。

これら二種類の倫理徳の違いはいくら強調してもよいだろう。獲得的な倫理徳は地上の社会の不完全な幸福に向かい、人間的見地から人を道徳的に善くするものである。これに対して、注入的な倫理徳は死後の生における完全な幸福へと向かい、その幸福を得ることを可能にしてくれる。獲得的な倫理徳は思慮が定める中庸を守り、人間理性の規則に従って欲望と行動を吟味する。注入的な倫理徳は神が指定する「中庸」を守り、神的な規則に従って吟味する（たとえば、ものを食べるときに、体を害したり理性の力を弱めたりするのを避けるような食べ方を人間の理性は命じるが、他方で神は飲食の潔斎により禁欲せよと命じるというような場合である）。獲得的倫理徳は関連する行為をより容易にするが、注入的倫理徳はそうではない。獲得的倫理徳は一連の悪い行為の蓄積を通じてのみ失われるのに対して、注入的倫理徳はたった一度の行為によって破壊されうる。獲得的倫理徳は自然本性的な力によって生み出されるのだから、自分自身の努力を通じて自然本性的な力で増大させることができる。注入的倫理徳は神によって超自然的に引き起こされるのだから、それを増大させることができるのは神だけである。人は思慮がなければひとつの倫理徳も獲得できないし、すべての倫理徳がなければ思慮は獲得できない。しかし、唯一無条件の倫理徳は、思慮ではなく愛に根ざした恩寵の賜物である。キリスト教徒は、自分の自然本性的能力を通じてなんら倫理徳を獲得することがなくても、これらの注入徳をすべてもつ可能性がある（『神学大全』第二部の一第六三問第四項、第六五問第二-三項、第二部の二第二三問第七-八項、『徳一般について』第一〇問異論解答一四）。

アクィナスが無条件の倫理徳をもつために愛が不可欠だと考えるのは、目的論的な理由からである。愛を欠く人は完全な幸福という究極目的を得ることは決してできない。同時に、アクィナスはアウグスティヌスに従って、愛の必要性を堕落した人類の自己中心的性格に関連づける。原罪は人間の自然本性をきわめて深く腐敗させてしまっているので、恩寵がなければ、私たちが自分一人だけの善を特別に大事にすることは避けられない。その場合、有徳な行動を実行しているときでさえ、私たちの行動は、原初状態の人間本性には可能であった種類の愛に由来するのではなく、劣った動機に由来することになる。したがって、愛がなければ、他の何よりも神を愛せという掟を人は守ることができない（『神学大全』第二部の一第一〇九問第三-四項）。

自分の道徳的性質を変容させるには私たちは愛を必要とするとアクィナスは考え、この愛という徳は単に私たちのうちではたらく聖霊ではなく、神の与える習慣でなくてはならないと論じている。彼の推論は以下のように進む。もしかりに行為者の習慣になにも変化がないとしたら、人間の愛の行為は不本意なものということになってしまい、神だけが作用因で、人間は神の意志の道具にすぎないということになる。この場合、愛の行為は神の行為であって、まったく人間自身の行為ではないことになってしまう。同様に、人が愛の行為を容易に、喜びをもって実行することは不可能になるだろう。人が容易さと喜びを経験できるのは、その行動が内面的に習慣づけられている場合、つまりその行動が「第二の本性」となっている場合だけだからである。たとえ、その第二の自然本性それ自体は超自然本性的にもたらされたものだったとしても、そうである（『神学大全』第二部の二第二三問第二項）[26]。

スコトゥス――完全に道徳的な異教徒たち

すでに見たように、スコトゥスの考えでは、他者をその内在的価値に即して愛する力は、人間の意志が有する奪うことのできない自由に属している。彼はまた、「べきである」は「できる」を含むと考えている。堕落した人類は恩寵がなくてもやはり、隣人を自分自身のように愛すべきであり、何よりも神を愛すべきである。それゆえ、死後の生で可能なほど完全にはできないとしても、私たちにはそういう愛し方ができるはずである。スコトゥスは自分の立場を支持する証拠として、異教徒たちが祖国の善のために戦場で死ぬのをいとわないという事実を挙げている。自然本性的な理性に従って行動する人でも、公共の善が自分の命よりも大きな善であると正しく判断でき、純真に公共善の方をいっそう愛することができ、自分の命よりも公共善を守ろうと意志することができる。こういう人なら同様に、神が最大の善であると判断することができ、他のすべてに優先して神を愛することができるはずである（『命題集注解（オルディナティオ）』第三巻補遺第二七区分［288］434-440）[27]。

自然本性的な力によって獲得される倫理徳は注入された愛を欠き、完全な幸福という目的につながらないという意味で、たしかに不完全である。しかし、それらは倫理徳としてはやはり完全でありうるとスコトゥスは論じる。神の与える愛は、完全に道徳的な人間になるために必要なのではなく、完全に幸福な人間になるためにのみ必要なのである。アウグスティヌスの教えるとおり、私たちがどれだけ善い人間になろうとも、永遠の幸福は依然として神による無償の賜物のままである（『命題集注解（オルディナティオ）』第三巻補遺第三六区分［288］414-416）。

ではなぜ、神によって注入される有徳な習慣などというものを考えることが道徳理論に必要なのか。愛の行為を実行するためにそのような習慣が必要とされる理由はないというのがスコトゥスの考えである。同じく、迅速に、容易に、喜びをもって愛の行為を実行するためにそれが必要とされる理由もないと彼は考える。さらに、神の与えるなんらかの愛の存在を証明するものは、私たちの経験の中にはなにもない。実際、同じ愛の行為と動機が、自然本性的な力で獲得される友愛の徳によって説明できる。神がなぜ他の人ではなくある人びとに永遠の幸福を与えるのかを説明することが目的なら、スコトゥスの考えでは、正しい答えは単に神がそうすることを選んだからということにつきる。注入徳は神がこれらの人を選んだ理由を説明できない。なぜなら、それらの徳自体が恩寵による無償の賜物だからである。もし、注入徳が救いを得るために必要だと神が実際に定めたのだとしても、神はその絶対的能力によって注入徳を不要にすることができたはずである。そういう徳には、それらを救いにとって本質的に必要なものとするような性質はなにもない。それらの徳は、神がそれを通じてはたらくことを選んだ第二原因という位置づけを有するにすぎない。したがって、それらの原因としての役割は、神が人類と結ぶことを自由に選んだ契約に徹底的に由来する[28]。

もしかりに誰かが、上述のような理由から、神は選ぶために有していたよりも手の込んだ救済計画を実際には選んでいるではないかと抗議するとしたら、スコトゥスはそれを喜んで認めるだろう。神はしばしば倹約するよりは惜しみなくふるまうのだ。神によって注入される有徳な習慣を措定する理論上の必然性に異を唱えるスコトゥスの議論は、オッカムによって反復され拡張された。彼もまた、人は自分の自然本性的能力によって他の何にもまして神を愛することは可能だと明言する。さらに彼は、注入される有徳な習慣は本質的あるいは存在論的に必要ないことを示そうと努めた。神の与える愛が必要とされるのは、神が実際は結ぶことを選んだが、その絶対的能力によって結ぶことをやめることもできた契約のゆえにすぎない（『命題集注解』第三巻第九問［308］*OTh* VI 279-282）。ここでもまた、守ることを最初からあてにできる契約を結ぶという神の寛大さを強調することが目的であった。あたかも神が私たちに契約遂行の義務を「負っている」という意味で、約束を破れば神は不正だというのではない。そうではなく、神は首尾一貫して寛大であり、神は自分がした約束を守ることを「自分自身に負っている」のである。

オッカムに連なる神学的伝統の中で教育を受けたマルティン・ルターは、注入徳は事実としても救いにとって必要ないと後に結論づけることになる[29]。ルターは、神の与える習慣という理論的装置をまるごと、かの悪魔の落とし子アリストテレスがスコラ神学全体に及ぼした壊滅的影響のさらなる実例にすぎないとして退けた。結果的に、スコトゥスとオッカムはルター主義への道を開くという役割を与えられることになった。もちろん二人のスコラ学者はどちらも、人間には自分を（幸福な人ではなくとも）道徳的に善い人にしうる奪うことのできない自由があることを信じ、この信念によって堅牢に形作られた理論を創出した点で、ルターとは明らかに異なっている。ルターはこの自由を否定するところまで進んだので、彼と比べればついにはアクィナスさえ、「有徳な異教徒」を擁護するペラギウス主義者に近く見えてくる。

注

（1）本書第11章を見よ。

（2）『神の国』第五巻第一九―二〇章、第一五巻第二二章、第一九巻第一―四章および第二五章。『ユリアヌス駁論』第四巻第一九―二三章［57］。私の要約は主にアウグスティヌスの後期著作にもとづく。長く波乱に満ちた生涯において、アウグスティヌスの思想がどのように展開したかを最もよく説明するのは、今なおP・ブラウンによる伝記［66］である。

（3） *PL* 38, 808-814. この章における翻訳はすべて私自身による。この説教については、アウグスティヌス『説教』trans. E. Hill (New Rochelle, 1992), 30-39 を参照。

（4） R. Markus［418］54.

（5） B. Kent *CCAug* 205-233 がアウグスティヌスの道徳思想をより詳細に扱っている。道徳に直接関わらないさまざまな問題についてアウグスティヌスの見解を見通しよく概観するには、J. Rist［76］を見よ。

（6） これらの問題に関するアウグスティヌスの視点について、W. O'Connor［74］が洞察に満ちた分析を示している。

（7） アンセルムスは、罪を犯したり犯さなかったりしうる能力は、幸福と正義のどちらかを選択する自由を本質的に必要とすると論じている。だがこの議論を誤解して、幸福と正義のどちらかを選択する自由が、罪を犯したり犯さなかったりしうる能力を本質的に必要とする（さらには、その自由がこの能力そのものである）という主張だと考えてはならない。神は自由であり、なおかつ罪を犯すことができないとアンセルムスは考え、第二の主張を断固として拒絶するからである。スコトゥスとカントがどれほどアンセルムスと（そして二人がお互いに）違っているとしても、第一の主張を擁護し第二の主張を拒絶する点では二人ともアンセルムスに従っている。

（8） 本書第9章を見よ。

（9） S. MacDonald［250］を見よ。

（10） J. Boler［290］を見よ。

（11） M. Ingham［295］を見よ。

（12） A. S. McGrade［319］を参照。

（13） Ockham［317］124-127, 242-243 も見よ。

（14） この命題はアエギディウス・ロマヌスのいくつかの著作に由来するものであるが、アクィナスも擁護していた命題だと見なされた。これに関連するパリでの論争を説明したものとして、アエギディウス・ロマヌス『弁明』［269］110-117, 179-224 を見よ。

（15） 『神学大全』第二部の一第二一問第一項、『悪論』第二問第二項。D. Gallagher［241］がアクィナスの用語法と、問題になる概念の区別について明確な説明を与えている。

(16) この点では、『ニコマコス倫理学』の英訳はもっと誤解を生みやすい。ギリシア語のアレテー（arete）を訳すのに、virtue（徳）ではなく excellence（卓越性）としている箇所でも、カキアー（kakia）とその関連語の方は機械的に vice（悪徳）と訳してしまっている。vice という語へのこの不可解なまでの愛着は、アリストテレスの自然学と倫理学の連続性――グロステスト訳を読んだスコラ学者たちには明らかだった連続性――を見えにくくしがちである。

(17) 七つの大罪に関する学術文献は最近かなり広範囲に及ぶようになってきた。「古典的」研究は M. Bloomfield [554] と S. Wenzel [563][564] に含まれる。Wenzel の著作は、欽定訳聖書の英語で sloth（怠惰、倦怠）の罪と呼ばれるようになった概念の展開をたどるのにとりわけ有益。

(18) グレゴリウス『道徳論（ヨブ記講解）』第三一巻第四五章（*PL* 76, 620-623）、ペトルス・ロンバルドゥス『命題集』第二巻第四二区分第六章を見よ。

(19) O. Lottin [21] III, section 2, part 1; C. Nederman [560]; M. Colish [555] を見よ。

(20) 注入徳に関する聖書の主たる典拠は「ローマの信徒への手紙」五章五節である。パウロは信によって私たちがいかに「義とされる」かを論じて言う。「私たちに与えられた聖霊を通じて、神の愛が私たちの心の中に注がれている（diffusus）」。スコラ学者が標準的な形容詞として採用したのは、infusus（注入された）という語だが、水のイメージは同じである。アクィナスが神を幸福の「共通の源泉」と呼ぶ、先に引用した表現もこのような意味である。

(21) 「コリントの信徒への手紙一」一三章のパウロの感動的な表現を見よ。この章は、「それで、信仰、希望、愛（caritas）、この三つが残る。だが、そのうち最も大きいのは愛である」と結ばれている。

(22) 道徳的善性と功徳に関する中世後期の論争の解説として薦めたいのは、D. Janz の著作 [556] と A. McGrath [559] I 12-16, 40-50, 100-119 である。マクグラスは概念の変化と緊張関係、とくにアリストテレスの正義概念とキリスト教神学の「義化」の説明との関係をきわめて手際よく説明している。

(23) 一次資料への言及と、意志の自由に関する命題を含め、倫理に関連して糾弾された諸命題に関するさらなる議論としては、B. Kent [558] 68-79 を見よ。

(24) ミシェル・バーユスに対するこの糾弾は H. Denzinger [24] 427-437 で報告されており（とくに no.1925 を見よ）、興味深い読み物となっている。彼の誤謬の非常に多くは、アウグスティヌスの著作中に、さらにはパウロ書簡にも見出すことができる。スコラ学者を侮蔑しパウロと教父の教えへの回帰を求めるには、バーユスは最も巡り合わせの悪い時勢を選んでしまったということになるだろう。

(25) ペトルス・ロンバルドゥス『命題集』(第二巻第二七区分第五章)に見られるこの定義は、アウグスティヌスのさまざまな言葉を継ぎ合わせたものである。

(26) アクィナスの道徳思想に関する二次文献は、多くの場合正確さと面白さの両面で遺憾なところが多い。最近の研究のうち哲学的に最も魅力があると私が思うのは、R. McInerny の著書 [252] と S. MacDonald and E. Stump [251] 所収の諸論文である。S. Pope [257] は『神学大全』第二部を読むのに有益な手引きとなる。このアンソロジーはトマスの長大で難解なテキストに関する一連の注解的論文に加え、その構造と方法についての解説を含む。

(27) 神を愛する自然本性的能力をめぐる中世後期の論争には、自己愛や自己犠牲など道徳心理学上のやっかいな話題に関する魅力的な議論が含まれていることが多い。ひとつの好例として、フォンテーヌのゴドフロワとヴィテルボのヤコブスのやりとりを見よ(*CT* II 271-306)。

(28) スコトゥス『命題集注解(オルディナティオ)』第一巻第一七区分第一部第一—二問 [281] I とくに 200-203, 215,『任意討論集』第一七問三〇—三四 [283] 397-398.

(29) ルター神学の中世後期における背景に関して今や大量の学術文献がある。P. Vignaux [562] と H. Oberman [561] の著作がこの分野の古典。内容に富む最近の研究の中では、A. McGrath [559] が際立っている。

(松根　伸治　訳)

第11章　究極的諸善——幸福、友愛、至福

ジェームズ・マッケヴォイ

中世屈指の幾人もの思想家たちはそれぞれ、ときには、少なくとも第一義的には神学者として、またときには、意味は多様ではあるが哲学者として活躍し、人間の幸福について熟考を重ねた。「幸福とは何か」とか「人間はどうすれば幸福をつかめるか」とかいった問題に関して抜きん出て注目に値する諸説が、三人の偉大な思想家たちによって打ち立てられた。その三人とはアウグスティヌス、ボエティウス、トマス・アクィナスである。私はまずこの三人それぞれの説を取り上げる。そのうえで私はダキアのボエティウス（最盛期一二七〇）による、幸福や哲学的生についての短い論考を検討することにする。というのはこの短い論考は、抜きん出て注目に値する先行諸説と著しい対照を成すからである。他の重要な著作家たちや、この幸福というテーマに関する議論の進展についてもまた触れるつもりである。

友愛は幸福に深く関わる。このことを哲学の古代の諸学派はみな主張しただろう。もちろんこの諸学派は、それぞれに特徴的なしかたで哲学に取り組んだので、それに応じて適切だと考えられた強調点の置き方は異なっていたが。中世の思想家たちもまた、友愛と幸福の間に密接な関係があることについて異存はなかっただろう。実際この関係は（とくにアウグスティヌスと、リーヴォーのアエルレドゥスによって）明確にされたこともあったし、テーマとして取り上げられないままにされたこともあった。中世の思想家たちにおけるこの関係についての説明は、本章ではテキストをいくつか挙げておこなうことにする。そのさい私は、アウグスティヌスの思想を検討す

るにあたっては、幸福と友愛を一まとめに論じることにする。というのは彼は複数の重要な箇所において、この二つのテーマを相互に関係させているからである。私は、他方ボエティウスとアクィナスを考察するにあたっては、ほとんどの場合にこの二つのテーマを分けて論じるつもりである。

中世の思想家たちが幸福と友愛というこの二つのテーマを受けとったのは、古代哲学とキリスト教という二つの異なる出所からであった。出所・典拠が異なることはみなよく知っていた。一例を挙げよう。聖書のもろもろの幸福論は、「詩編」あるいは真福八端［イエスが「山上の説教」冒頭で幸福な人びとについて言った八つのこと］（「マタイによる福音書」五章［三節－一二節］）において展開されているが、これらは、ウァロあるいはキケロの著した最高善・最高の幸福や最高悪についての諸論考とは異なる。この異なりをアウグスティヌスは十分に承知していたのであった。そのうえでアウグスティヌスは、彼自身の諸目的のために（たとえば『告白』の場合司牧的自伝であることを目的に、『神の国』の場合キリスト教の護教論であることを目的に）、どちらの種類の典拠にも依存して彼自身の考えを自由に展開した。だからアウグスティヌスは二つの典拠、言い換えればキリスト教以前の古代の知恵探求と、聖書とくに新約聖書にもとづく信仰のそれぞれから影響を受けてはいた。しかし、彼がそれら二つの異なる典拠を解釈することによって、それらの混ざり合ったものを作り出すことを意図していたのだとか、結局おわりにはそのようなものを作り出すことになったのだとかとは考えられるべきでない。それらの違いを批判的に見定めるという考えの方がアウグスティヌスによる熟考の成果にはふさわしい。

アウグスティヌスと幸福を求める普遍的な欲求

アウグスティヌスが終生のテーマとしたものはいくつかあり、幸福はそのひとつである。このテーマは彼のほとんどの著作、すなわちさまざまな文学ジャンルにおいて繰り返し論じられた。そのさい新たな角度やものの見方から論じられることもあったし、かねてからよく知られていた見解に修正が施されて論じられることもあった。彼がもっとも執拗に繰り返し論じた説は二つある。ひとつは、人間はどんな状況にいようと何を選択しようと、あるいはまた何に傾倒しようと、一人の例外もなくみな幸福になりたいと欲求するということである。もうひとつは、各自が何をおこなうにしてもそのおこないは、心の奥底にあるこの欲求によって促され、その欲求をなんらかのしかたで表すということである。アウグスティヌスが以上の二つの説に次いで、他の説に優先すると確信していたことがある。すなわち幸福を求める人の欲求は、どんな人によってもどんなものによっても満たされえない。人はどんな経験によっても、欲求のどんな対象によっても、たとえその対象を獲得したときであっても、完全・確実に幸福になることはできない。人類に実現可能な最高の理想、たとえば知恵を探求したり愛したりすることによってさえも、そうなのである。アウグスティヌスは以上のように確信していた。アウグスティヌスが最初期におこなった「幸福（beatitudo）」についての諸考察は、彼が三八六年に著した対話篇『至福の生（*De beata vita*）』に見られる。このテーマは彼が円熟期に著した四つの偉大な作品のうち三つにも現れている。その三作品とは『告白』、『詩編注解』、それに『神の国』である。私はこのうち『告白』と『神の国』における幸福と友愛についての彼の諸議論に焦点を合わせることにする。

アプリオリなイデアとしての、幸福と真理

アウグスティヌスは『告白』第一〇巻において、神すなわち被造物を超えるとともに被造物に内在する者を探求する。彼はこの探求の過程で場面の転換を幾度か図っている。転換する場面と場面は彼のある行為によって結びつけられている。彼のこの行為を繰り返し表現するのは「私は超えていく（transibo）」という動詞である。こ

の行為は神すなわち愛の絶対的な目標を探求するための行為である。被造的世界はその美しさでもって声を上げ、「彼は私たちを造った方だ」と叫んでいる（第一〇巻六章）。しかしながら魂は身体に生命を与える源である以上、自身の本性においてこの世界よりも優れている（第一〇巻七章）。「私は超えていく」。魂の生命を与える力の上には、さらに魂が身体に与える感覚知覚のための能力（これは非理性的動物の魂も有する能力である）を超えて、精神つまり自己がある（第一〇巻七章）。記憶のうちには感覚知覚によってもたらされた、あらゆる種類の心象が貯えられている。私はそこで自己に出会い、「私は何であるか、私がしたのは何か、私はそれをしたときどんな気持ちであったかを思い出す」（第一〇巻八章）。記憶は、感覚知覚の保持するもろもろの心象以上のものを保持する力である。もろもろのイデア、数学的諸対象、感情経験、それに「忘れてしまった」ということさえもが、すべてなんらかのしかたで記憶のうちに現在するのである（第一〇巻一六章）。「記憶の力は偉大です」。「これは深く無限に多様なものです。これはしかも私の精神であり、私自身なのです」（第一〇巻一七章）。

しかし「私は超えていく」。「私が記憶を超えていくとき、あなたをどこで見出せるのでしょうか」〔（第一〇巻一七章）〕。精神的にして感情的な生の最根底、すなわち前意識のもっとも深い次元にあるのは何か。人がおこなうことすべてに形を与えるのは、どんなアプリオリな形相すなわちイデアであるのか。アウグスティヌスの確信するところではイデアに類する二つのものがある。それは幸福と真理である。この二つのものは、私たちには十分には意識されもしなければ変えられもしないしかたで、私たちの精神的で感情的な生の全体に統一性を与えるのである。私たちが考えたり欲求したり、あるいはまたおこなったりするものはどれも、そのもっとも根源的なところで促すこの二つのものによって形成されており、これらを表すのである。この二つのものが一体となるとき、すなわち私たちが「真理に接しての喜び（gaudium de veritate）」を見出すとき、不在にして超越する神が現在することが明白となる（第一〇巻二三章）。この場所は特定されえない場所（locus non locus）であり、神すなわち「万物を超えて不変で」あり続ける者が、個々の精神のうちで占有する場所である（第一〇巻二五章）。神は自身の力によりその姿を「いつも古くいつも新しい美」としてひとたび現せば、神は超越しつつ現在する者、すなわち「真理から生じる喜び」によって精神や記憶のうちに作られる場所を満たすようになる者として、記憶により認識されることになるのである（第一〇巻二七章）。

記憶についてアウグスティヌスがおこなっている内省は、霊的修練である。彼はこの修練を通して、意識の諸内容の低い段階から高い段階へと上昇しようと試みている。それは神が魂のうちに現在することを、自己を認識することによって明らかにするためである。彼は自己をよく知れば知るほど、神が被造物を超越することをよりよく理解できるのである。神は、けれども、自身が超越することに即して現在することの特徴的な痕跡を、人間の自己意識の最深部に残しておいた。その痕跡とはすなわち「真理に接しての喜び」である。この喜びは（アウグスティヌスの信じるところでは）人の精神や記憶から完全には取り去られえないものである。(1)

友愛と幸福

友愛と幸福という二つのテーマを、アウグスティヌスは彼自身の二つの著作において結びつけている。それは『告白』と『神の国』である。友愛は強い幸福感の源として描かれているが、それだけでない。同時に、友人が喪われるときに悲嘆や深い悲しみが生じる場所としても、あるいはまたさまざまな波乱を免れず、多くの悪や苦しみにさらされて生きる人びとへの不安が生じる場所としても、友愛は描かれるのである。アウグスティヌスが友愛の古典的な理想とその実践に積極的な価値を認め、それを持ち出してくるのはたしかである（彼は実際友愛（amicitia）についてのキケロによる定義、すなわち「神的なことがらおよび人間的なことがらすべてについての、好意と親愛の情による意見の一致」［『友情について』六章二〇節］を用いさえするのである）。しかしながらアウグスティヌスは、友愛のより高次の姿はキリスト教的な諸価値によって明らかにされると信じてもいる。その諸価値とはすなわち、神に信頼を置くことや摂理を信じること、死を誰も免れないものとして受け入れること、それにとりたてて有徳であるわけでない、すなわち道徳的にしっかりしているわけでない人びとのために配慮すること、すすんで赦すこと、天国で神を見ることに真の幸福があると確信することである。したがってアウグスティヌスが実践を提案する友愛とは、以下のようなものであることになる。すなわち、道徳上の弱さや肉体の死に関する間違った考えから解放されたり、私たちの愛する相手を偶像化することを免れたり、さらには悲劇について現実的になったり、謙遜やすべての人に共通の弱さへの理解から、あらゆる人にすぐになんらかの善意を示すことができたりするような友愛である。以上のようにしてアウグスティヌスは、古典的な意味での友愛の理想を承認すると同時に、友愛や愛についてのキリスト教的な理論を展開する。じじつ、この理想を彼は青年時代に実現したし、この理論のうちには信・望・愛の価値が最高度に認められるのである。

アウグスティヌスが二〇歳頃の生活と喪失を物語るさい、友愛と幸福それに死は密接に関連している。彼はその頃、同い年の親友の死を経験したのであった。アウグスティヌスが当時のことを『告白』において」およそ二五年後に自伝作家として回顧したとき、彼は次のように考えるにいたった。すなわち、彼が経験した深い悲しみからくるひどい惨めさ、彼が味わった憂鬱、それに「死があらゆる人間的価値を破壊してしまう」という、彼が襲われた虚無的な感覚といったものはどれも、「彼が親友をあたかも死なない者であるかのように愛していたこと」（『告白』第四巻六章）に起因していたと考えるにいたった。彼の考えでは、友を「死を免れない者である」と弁えながら愛することに幸福はあるはずである。実際人はそう弁えることによってのみ、「今この瞬間」それぞれのもつかけがえのない価値を味わえるのである。彼の考えではまた、このような幸福は神の摂理にもとづく愛や永遠の生命を信じることなしには獲得されえない。だから彼は聖書のいくつかのフレーズを用いて個人の至福を次のように書き表している。「あなたを愛し、あなたにおいて友を、あなたのために敵をも愛する人は幸いです」(『告白』第四巻九章)と。友愛、幸福、悲惨、それに誰も死を免れないことは、『告白』第六巻一六章でも相互に関係づけられている。

『神の国』第一九巻で考察されるのは、古代の哲学者たちとキリスト教が人生の究極目的を叙述した、それぞれに違う対照的なやり方である(考察されるこのことがらに関して、古代の哲学者たちがそれぞれどのような見解をもっていたかをアウグスティヌスが知ったのは、ヴァロとキケロを通してであった)。人間が実現に向けて懸命に努力する最高の目標は、どこに見出されるべきであるのか。それは快楽においてであるのか、徳においてであるのか、それともこの両者が混合したものにおいてであるのか。あるいはまた実践的生においてであるのか、観想的生においてであるのか、それともやはりこの両者が混合した生においてであるのか。ヴァロの示したところでは、幸福についての以上の諸見解には全部で二八八のバリエーションがある。他方アウグスティヌスの主張したところでは、人生や幸福の本性は傷つきやすく偶然的である。実際人間の経験を徐々にその根柢から信頼できないものにしてしまう苦難や不幸がどれほど数多くあることか。不正義や戦争、個人の悲惨や過ち、病気や狂気はその苦難や不幸の例である。「真の友人たちの、偽りのない誠実さと相互的愛」(第一九巻八章)は、この世においてもたらされる幸福の一番の源ではある。しかしここでさえも幸福は、悲惨ときわめて曖昧なしかたで混ざり合っている。実際私たちは自己欺瞞に陥ったり幻想を抱いたりしているかぎり、平和や心の安らぎが完全に実現する理想的な状態には到達しえない。しかも私たちは友人を数多くもてばもつほど、彼らを悩ます苦難、あるいはまた彼らを通して私たちを傷つけ私たちに悲痛な思いをさせる苦難に関して、ますます心配することになる。さらに友人たち一人ひとりの死にさいしては、「友人をもっという」慰めや喜びは悲しみや悲嘆に変わってしまうのである。アウグスティヌスが与えたいと思っている教訓は、友人たちにたいして無感情になり、自己防衛のための城の中に住むことではない。むしろうれしいときも苦痛を感じるときも、あらゆる現実を、ほんの一部分しか目に見えない摂理の秩序の現れとして肯定することである。実にこの秩序のうちで神の国は、今は地上を旅しながら、来るべき永遠の平和に備えているのである。もし私たちが、自分が信仰や希望の道を歩む巡礼者であることを受け入れるのであれば、どんなに悪いことが私たちに振りかかろうと私たちが幸福であるのは無理ではない。人生がひじょうにたくさんの善いことをもたらしてくれるのは、その理由のひとつである。しかしその理由の主なものは、私たちが、待ち望むべき揺るがせにされない無条件的な至福への希望をもっていることなのである（第一九巻二〇章）。

アウグスティヌスが『神の国』において、幸福、友愛、それに至福者たちの生について伝えようとしたことがらは、中世と初期ルネサンスを通して、同書の読者たち（そこにはエラスムスやトマス・モアが含まれる）によって吸収された。実際、シトー会の修道士リーヴォーのアエルレドゥス（一一六七没）が示唆した次のことは、真にアウグスティヌス的な説を展開させたものであった。彼の示唆とはすなわち、天国の幸福は満ちたりた友愛として見なされうるが、これにたいしてこの世での友愛は、その制約にもかかわらず、その経験にもとづいて、天国の喜びをあらかじめ味わわせるということであった（『霊的友愛について』第三巻七九章）。アエルレドゥスの同時代人カンタベリーのアンセルムスもまた、同じように考えた（『プロスロギオン』二五章）。ところでアエルレドゥスは天国の喜びに言及したさいに、「フェーリーキタース（felicitas）」という語と「ベアーティトゥードー（beatitudo）」という語を同義語として用いていた。しかし中世も後期になると、「フェーリーキタース」という語の方は、アリストテレス『ニコマコス倫理学』のラテン語訳の影響を受けて、幸福を指す一般的な語として、哲学的な議論において使用される頻度がやや高くなる傾向にあった。これにたいして「ベアーティトゥードー」という語は、より明確に、永遠の生命に属す究極的な至福を指すために用いられがちであった。

アウグスティヌスの思想の強みは、彼が経験、とりわけその感情的な絶頂やどん底にある経験にたいして誠実に向き合える力をもっていたことにあった。実際彼は、それまで無視されてきた経験（とくに彼自身の経験）の諸部分をも考慮に入れようとしたし、選択が善悪の間で揺れることを承認しようともした。しかも彼は友愛や愛について書いたとき、その裏に潜む悲惨や強迫観念、それに幻想についても考えたのであった。彼が人間のありようについて抱く見解は、心の分裂し傷ついている状態に関して洞察力のあるものである。しかし彼は「被造物は善いものである」、「苦しみは贖罪的意味をもちうる」と確信することによって、希望をも保持するのである。

ボエティウス――哲学にはそれなりの慰めがある

「アウグスティヌスはアフリカ人にして心理学者、それに聖人であった。他方、ボエティウスはローマ人にして学者であった」[2]。マンリウス・セウェリヌス・ボエティウス（五二四没）は、イタリアを支配していたゲルマン民族の王によって、牢獄に、獄死するまでの一年間、幽閉された。この幽閉は、彼がこの王にたいして反逆を企てたという、いわれのない告発を受けてのことであった。ボエティウスの『哲学の慰め』は、獄中文学の最高の模範のひとつである。彼は獄中で死の恐怖に脅かされながら過ごし、ついには無残にも死刑に処せられたが、この間、執筆することを通して「慰め」を得ようとした（「慰め（consolatio）」は、伝統的には、死者の残した友人たちに慰めを与えた一ジャンルであったが）。こうして慰めを得ようとボエティウスは、ソクラテスやローマのストア学派の哲学者たちの何人かのことを思い起こそうとした。彼は彼らを、暴政によって生み出された罪のない犠牲者仲間として見なしていたのであった。回りまわって［後世の］トマス・モアは、同様の苦難をこうむったとき、ボエティウスの『哲学の慰め』を思い出すことになった。

この『哲学の慰め』という著作は、罪のない人が不当な苦しみをこうむることについてボエティウスが続けた熟考を伝える作品である。現実に牢獄に幽閉され死を待っているのに幸福であることが可能であるとすれば、それはどのようにしてか。ボエティウスは心の安らぎを哲学に求めた。「私は若い頃からその〔哲学の〕家をよく訪れていた」（第一巻三）。彼は、古代哲学における最善にしてもっとも高貴なものすべてを広範に、しかもたいへん芸術的に検討した。「芸術的に」というのは、この検討が散文と韻文を交互に並べる形式で書き表されたからである。この著作はまた、「哲学」とボエティウス自身の精神の間で交わされる対話の形式をとった作品でもある。「哲学」は、気品のある堂々とした婦人の姿で彼に現れる。最初「哲学」は、苦しみ嘆く囚人にいくつかの教えをあらためて告げることを余儀なくされている。彼が本来の自己を忘れてしまっていたので、そのいくつかの教えも忘れられていたからである（第一巻二）。その教えに従えば真の自由は内的なものであるので、手枷・足枷によっては破壊されえない。実際（家族や友人たちといった）人生で受けた本物の恵みの数々は、逆境にあっても忘れられえず、幸せなもろもろの記憶の源として存在する。幸福は個人の外側にあるわけでも幸運のもたらす諸善にあるわけでもない。幸福は自制できる、したがって外部のどんな力によっても圧倒されえない自由な心のうちにあるのである。

第二巻においては、主に、真の幸福（felicitas）の問題が取り組まれる。「哲学」の主張するところでは、幸福とは「人間がいったん獲得すれば、もはやこれ以上に欲求が生じるどんな余地も残さないような善」である（第三巻二）。というのはこの善の中には、他のあらゆる諸善が含まれているからである。この善は、富、名誉、権力、栄光、それに快楽（あるいは、満足を生み出すこの五つの源が混合したなんらかのもの）にあるとしばしば考えられている。「哲学」はこの五つのものそれぞれにたいして異議を申し立てる。第一に、富を所有するからといって、不安が取り除かれるわけではない。第二に、名誉や栄達は、徳を涵養するものではない（しかし徳なしに、どうすれば幸福はありうるのか)。第三に、ボエティウス自身はあらためて思い知る必要などないことだが、権力は不安定である。王たちの権力であってもそうである。権力が引き寄せるのは、いざというときに頼りにならない友人たちだけである(第三巻五)。第四に、栄光は人を欺くものである。すなわち栄光は、知恵あるいは自己を知ることへと人を導かないのである。第五に、快楽は、人間だけでなく獣も所有するようなものである。以上の五つのものはどれも、幸福を約束してもそれを提供することのないものであり、そのどれにおいても幸福はないのである。他方、完全な幸福は、以上の五つの不完全な善を包含することによって、この諸善すべてを結びつけているはずである(第三巻九、散文)。しかし、このような完全な幸福が探し求められうるのは、どこにおいてか。この宇宙つまりこの世界の内側ではない。ボエティウスは、プラトンが彼自身の諸対話篇においてしばしばおこなったのと同じように、神に、この探求に力を貸してくれるよう祈る。第三巻九を締め括る詩は、ボエティウスの諸著作中でもっとも美しいくだりであり、その中では『ティマイオス』[『プラトンの著作』]の教えが提示されている。宇宙と魂はどちらも、超越的で神的な善を表現するものである。幸福はこの善すなわち神に参与することにあるはずなのである。

父よ、あなたが座しておられる荘厳な場所にまで、私の心を上昇させてください。
善の源泉を私によく見せてください。見るための光を私に与えてください。私の心のはっきりと見る力のある目に、あなたを見つめさせてください。
この世のものが課す、暗い影を落とす重さを四散させ、
あなたの輝きを放ってください。実にあなたこそは、あなたを敬う人たちにとって、
影のない晴れやかさであり、静かな憩いなのです。あなたを知ることが彼らの目標ですし、

あなたが始原、御者、指導者、道、終極であるのですから。

『哲学の慰め』の残りは、宇宙が神によって支配されていること、および神はどんな悪をもなしえないことを証明するための、ひじょうに長い議論によって占められている。第四巻においては、悪徳が徳にたいして、また権力が善良さにたいして一見、勝利をおさめるように思われることが検討される。しかし、この勝利は最終的な本物の勝利ではありえないことが、やはり同巻において示される。そのさいボエティウスは『ゴルギアス』におけるプラトンの議論（五〇七C）を取り上げている。ボエティウスは「哲学」との対話において、摂理が宇宙全体を支配し、摂理は個人にまで及ぶという結論を、理性的な説得によって受け入れるようになっている。第五巻の考察は、摂理と人間的自由についての最大の諸問題に当てられている。

以上の展開の中に私たちは、諸テーマと論法が、ストア的なものからプラトン的なものへと変化しているのを認めることができる。この二つのものを結びつける役割を、第三巻が果たしている。その変化と並行して、幸福の中心的な要素が徳から観想（見ること）へと変わっていく。ボエティウスは、プラトンとアリストテレスのテキストをじかに読んでいたし、ギリシア後期の新プラトン主義のテキストに精通してもいた。彼は『哲学の慰め』においてこれらの資料すべてを活用し、何としても古代における倫理学上の、また形而上学上の最高の諸展開すべてを踏まえるような統一的な思想を生み出そうとしているのである。

しかしそれにしても、無実の罪による苦しみが提起する、忍耐や摂理それに成就の問題が検討されるさいに、この信仰の厚いキリスト教徒が、まずもってヨブあるいはイエス・キリストを考察しなかったのはなぜか。『哲学の慰め』には、キリスト教的であることがはっきりした要素がないのはなぜか。さまざまな研究の示唆するところでは、このキリスト教徒は「『哲学の慰め』の執筆中に」なんらかの計画にそって取り組み、彼自身が若いときにアテナイで受けた哲学教育を徹底的に実践していた。じじつ『哲学の慰め』で用いられているいくつかの言葉は、実によく聖書のラテン語訳を思い起こさせるように見えるとはいえ、聖書のラテン語訳からの引用がなされているわけではない。この作品は、摂理にたいする、また宇宙と人事を神が統治することにたいする弁明書となっているが、しかしそれでも完全に古代哲学の範囲内で著されているものなのである。

『哲学の慰め』がもっとも高い評価をもっとも絶え間なく受けていたのは、信仰の時代においてであった。純粋に哲学的である同書は、中世を通じて好意的に受け入れられたことで、次のことを示唆することになった。すなわち第一に、摂理する神の支配下にある人間と宇宙の実相を明らかにする単一の説明があるということを、第二に、本質的な点すべてにおいて、この説明の妥当性は、古代の哲学者たちによって展開させられた理性的諸原理にもとづいて確立されるということを、示唆することになった。この点でボエティウスは、中世の諸学派によって取り組まれた信仰と理性の関係をめぐる諸問題に大きな影響を与えたのであった。

トマス・アクィナス

アクィナスは『命題集注解』や『対異教徒大全』を含む彼自身のさまざまな著作において、幸福を、哲学や神学の他の重要な諸問題と並べて論じた。このテーマについての彼のもっとも成熟した思想は、彼の晩年に著された『神学大全』第二部の一の第一問から第五問までにおいて明らかにされている。この一連の五つの問題で取り上げられるのは、人生の究極目的の一般的性質（第一問）、それに、このような目的の必要条件を満たすものとしてアクィナスが提示する、完全な幸福つまり至福（beatitudo）という特殊な概念（第二問から第五問まで）である。ここには比較的に自己完結した論考がある。この論考は、このテーマについての、中世において、もしかすると過去のあらゆる時代において生み出された諸説明の中で、おそらくはもっとも一貫した説明である。じじつこの論考においてアクィナスは、古代ギリシア語やラテン語で著述した哲学者たちのもっとも優れた伝統との連続性を保ちながら、哲学的方法を使用することを徹底したのであった。しかしこの論考の背景は神学的である。実際至福（beatitudo）つまり究極目的は、天国で神を見ること、つまり神の至福直観であると主張されている。こうしてアクィナスは、『神の国』の中でのアウグスティヌスによる記述と同じように、古代哲学によって作り上げられた諸道具を用いて、キリスト教護教論の素晴らしい作品を生み出したのであった。

「徳倫理がアクィナスの倫理思想にとって、また人間本性に特徴的な諸能力やその諸成果についての彼の考察にとって最重要である」という認識が、近年高まっている。彼が諸徳についての研究や評価をおこなうとき、彼はアリストテレスと堅く結びついている。実際トマスの論じるところでは、幸福（beatitudo）は、快楽や富のような身体的・物体的な、つまり質料的な諸善にはない。人間に獲得可能な最高の幸福は、真理を観想することにある。彼はこう論じることにより、幸福を、倫理的諸徳や観想的諸徳と関連させようと努めているのである。

『神学大全』第二部の一第一問から第五問までの各問には、項が八つずつ含まれているので、実際には全部で四〇問が問われ、解答が与えられている。これとあわせて、通例どおり、複数の異論が挙げられるとともに、異論ごとに解答も与えられている。異論と異論解答は、アクィナスの思想に弁証法的な性格を与えるものである。彼は、彼自身の採用した立場が道理にかなっていることをより明確にしようと努めたし、また真理についての彼自身の理解を豊かにしようとも努めた。彼は、彼に提出された、あるいは彼によって選択された諸異論に含まれている真理がどのような真理であろうと彼は熟慮の上で取り入れることにより、以上のようにしようと努めたのであった。

第一問では、つづいて論じられることすべての前提が検討される。すなわち、人間存在の究極目的（最終目標、最終到達点）が実際に存在しなければならないという前提である。アクィナスはそのさい、人間に特徴的な、意図的で目的意識をともなった活動を論じている。私たちが善を識別したり獲得したりしようと自由に試みる場合、この試みが展開するのは、この活動においてである。彼の主張するところではまた、人間が意志するものはすべて、善のために意志されている。実際どんなものも、それが悪であることのゆえには欲求されえないし、意志もされえない。どんなものも、欲求されたり意志されたりしうるのは、それが善であると見えている（すなわち主観的にそう示されている）場合だけなのである。こうして私たちは、もっとも一般的な次元においては、必然的に究極的善を追求するのである。アクィナスは後続する諸問題において、この究極的善の真の本性についての、古代のプラトン的かつアリストテレス的な探究に取りかかる。

第二問の八つの項でトマスが問うのは以下の諸問である。すなわち、幸福は富にあるか（第一項）、名誉にあるか（第二項）、名声や栄光にあるか（第三項）、権力にあるか（第四項）、身体に賦与されているものにあるか（第五項）、快楽にあるか（第六項）、魂に賦与されているなんらかのものにあるか（第七項）、なんらかの被造的善にあるか（第八項）である。第一項、第三項、第四項、それに第六項の場合、権威ある見解（反対異論（sed contra））として引かれているのは、まさにボエティウスの見解である。アクィナスの論じるところでは、幸福は富にはありえない。なぜなら金銭は私たちのために作られているのであって、私たちは金銭のために作られていないからである。幸福は名誉にもありえない。なぜなら（アリストテレスによれば）名誉は、名誉を与えられる側の人にではなく、名誉を与える側の人にあるからである。幸福はまた、栄光とも同一視されえない。栄光は、人間の真の価値に無縁の偽りでありうるからである。権力もまた、幸福を正確には表現しない。権力は善にも悪にも関わりうるのであり、したがってそれが善用されるかどうかは徳にかかっているからである。さらに人間の身体は、魂とくにその人間的な諸活動のためにある。だから人間の身体は、それ自体としては幸福の中心に位置しえない。

感覚的な快楽もまた同様に位置しえないものである。さらに幸福は、どんな被造的善においても実現されえない。なぜなら被造的善は、定義上、人間が欲求しうるものをことごとく包含することはできないからである。神すなわち完璧な善だけが、幸福（beatitudo）への人間の生来的欲求を満たすことができるという確信をアクィナスが表明するとき、彼がそう表明するために訴えるのは、当然のことながらアウグスティヌスである。

しかしアクィナスにとっては、神が私たちの至福であることの本質的な点は、神的本性を直接に見ること、すなわちこの上ない認識活動にある。ここにいたって彼は、伝統的なキリスト教的プラトン主義の立場から提起される異論に取り組まなければならない。この異論によれば、幸福（beatitudo）が成立するはずなのは、知性のはたらきにおいてではない。意志のはたらきつまり愛においてである。第三問第四項においてアクィナスは、この立場を支持する五つの議論を提示している。そのうち二つの議論は、アウグスティヌスの名前を挙げており、そのさいひとつの議論は、彼の主張「自身が欲求するどんなものをも所有し、悪しきどんなものをも欲求しない人が幸福である」［『三位一体論』第一三巻五章］を引用している。アクィナスは、以上の諸議論に答える基盤となる彼自身の立場を、以下のように明らかにしている（その最後には彼は、特有のしかたでアウグスティヌスを、アクィナス自身の見解に適合させ直している）。

既述のように、幸福には二つのものが必要とされる。ひとつは幸福の本質であるところのものであり、もうひとつは、いわば幸福の自体的な付帯性、すなわち幸福に結びついている快楽である。だから私の見解を言えば、幸福は、その本質そのものに関して、意志のはたらきにあることは不可能である。というのは、既述のことから明らかであるように、幸福とは究極目的を獲得することである。しかし目的を獲得することは、意志のはたらきそのものにはないからである。なんとなれば、意志が目的へと向けられるのは、意志が目的を欲求するときのように、目的が現在しないときか、それとも、意志が目的において憩うことにより快楽を覚えるときのように、目的が現在するときかのどちらかである。ところで明らかに目的への欲求そのものは、目的を獲得することではなく、目的へと向かう動きである。また快楽が意志に生じてくるのは、目的が現在するからであって、その逆ではない。すなわち意志がものにおいて快楽を覚えるという事実によって、当のものが現在するようになるわけではないのである。したがって、目的が当の目的を欲求する人に現在するのは、意志のはたらきとは別のものによらなければならないのである。

以上の事情は、諸感覚によって知覚されうる諸目的の場合に明白である。たとえば、金銭を獲得することがもし意志のはたらきによるとすれば、欲深い人は金銭を所有したいと意志した瞬間に金銭を所有するはずである。しかし実際には、その瞬間に彼が金銭を所有することはない。彼が金銭を獲得するのは、金銭を握りしめるとか同じようなことをするとかによる。その時にいたって彼は、獲得された金銭に快楽を覚えるのである。この事情は、知性によって認識されうる目的の場合も変わらない。すなわち、私たちが可知的な目的を獲得したいと意志し始めても、私たちが実際にこの目的を獲得するのは、この目的が知性のはたらきでもって私たちに現在せしめられるに至ることによる。この目的が獲得されるに至ったときに、意志はこの目的において快楽を覚え、憩うのである。

以上のような次第で、幸福の本質は知性のはたらきにある。しかし幸福に由来する快楽は意志に属するのである。幸福とは「真理に接しての喜び［(gaudium de veritate)］」であるとアウグスティヌスが言うのは、この意味でのことである。つまり喜びそのものは幸福の帰結であるから、彼はそう言うのである。（『神学大全』第二部の一第三問第四項［解答］）

第四問の終わり（第八項）では、友愛の価値が検討される。「幸福は、友人たちとの仲間付き合いを必要とするか」、これがその論題である。アクィナスはこのような問題においては常識を尊重する。彼の主張するところでは、私たちがこの世での人生を送る間に希望できる、条件付きの種類の幸福（この世での人生においては、身体と魂の健康、それにある程度の財産が、幸福の適切な諸条件である）のことを考える場合には、この幸福のためには、友人たちはぜひとも必要である。というのは私たちは愛を必要とするからである。他方、私たちが、完全な、天国での幸福（beatitudo）のことを考える場合には、幸福のこの状態において、無限にして神的な善への愛は、どんな補完するものをも必要としない。友愛はどんな意味においても完全な幸福の条件ではなく、完全な幸福に付随するものである。

アクィナスと彼の同時代人たちが、「完全な幸福、すなわち聖人たちが将来の状態において獲得するだろうものと、この世での不完全な幸福」の間での区別を継承したのは、オーセールのギヨームからであった(3)。アクィナスは、多くの先人たちがしていたように、この世での人生の悲惨と不幸を強調することもできたはずである。しかし実際に彼が選んだのは、完全な幸福に積極的に結びつけられるこの世の人生での諸経験や諸成果を重んじ、それらが善いものであると示唆することであった。彼は賢明にも、この世において獲得可能な幸福を、よくても不完全なものにすぎないと見なしたのであるが、しかし彼ははっきりと次のように主張した。すなわちこの幸福は、完全な幸福と意味のまったく異なる、単に同名異義的に理解される幸福ではない。完全な幸福との類比にもとづいて理解される幸福であると主張したのであった。

幸福は知性的であるのか、それとも意志に由来するのか

アクィナスによって提出された、至福についての主知主義的な説明は、ヨハネス・ドゥンス・スコトゥスの側から批判を浴びた。彼らそれぞれの支持者たちは、主知主義と主意主義の間での論争として知られるものによっ

て、中世後期を通して対立し続けた。スコトゥスが人間の尊厳の極みを見出したのは、諸概念を形成するはたらきあるいは知性的な見るはたらきにおいてではなかった。むしろ、意志の自由な動きにおいてであった。すなわち、単に他のもののために使用される（uti）べき手段として愛に価するのではなく、自分自身のために真に愛に価するある対象を、喜び（fruitio）を覚えながら抱きしめる、愛のはたらきにおいてであった。この論争は、「どのようにして完全な幸福（beatitudo）つまり天国での無条件的な幸福は享受されるのか（すなわちこの享受は、知性が神を把握することによるのであり、意志はこうして神的実在へとどうにか近づけるようになるのか。それともこの享受は、意志が意志自身の愛を自由に与えることによるのであり、認識は享受のための必要条件にすぎないのか）」についての神学的論争であったとはいえ、かなり大きなもろもろの哲学的相違に関わっている。

アクィナスは、アリストテレスの倫理的な認識論を採用し精緻にした。アクィナスの主張したところでは、意志はその向かう先を善によって決定される。意志はただ善へとのみ向かわされるのであるが、しかし、何が善であるかを知る力をもっていない。何が愛好や可能なはたらきの諸対象であるかを明らかにし、それらを意志に告知することは、もっぱら知性の仕事である。意志は、このようにして自身にもたらされた光が照らし出す範囲内で、熟慮し選択するのである。意志が客観的に悪い選択をしたときでさえ、その悪い選択は、意志がそれでもこの根本的な決定を受けていることを明らかにする。すなわち、意志はものを、ただ善としてのみ選択しうるのである（しかし意志はもちろん、諸善の間での正しい関係を取り違えてしまう可能性をもつ。この取り違えは、意志が、より大きな善に優先してより小さな善を好むことか、あるいは本物の善に優先して単なる見かけ上の善を好むことによる）。

他方スコトゥスは、自己原因としての意志についてのアウグスティヌス的な強調を高く評価した（じじつ彼は神に関して「［「意志が意志したわけ」は、］意志は意志である［ということ以外にはなにもない。なぜならそれに先立つ原因はなにもないからである］（['quare voluntas voluit' nulla est causa nisi quia] voluntas est voluntas [… quia nulla est prior causa]）」と言った［『命題集注解（オルディナティオ）』第一巻第八区分第二部単一問二九九］）。さらにスコトゥスは倫理的な非決定論に近づいた。じじつ彼によれば、神が命令することがらが正しいのは、あるいは神が禁止することがらが悪いのは、神がそのことがらを命令する、あるいは禁止するというだけの理由によるのである。またスコトゥスがトマスに同意して主張したところでは、欲求あるいは快楽は、幸福の中核を成すことはできない。なぜなら欲求は、幸福が現在していないことを示し、他方、快楽は、幸福がすでに現在していることを前提するからである。そのうえスコトゥスは、もろもろのはたらきが起こるさいにそれぞれ従う順序関係——実際疑いなく知性のはたらきの方が、意志のはたらきより先に起こる——よりも、むしろ本来的な価値の順序関係を重んじた。後者の順序関係においては、意志の愛をもたらす自由なはたらきが、無比無類の価値に関わる。意志はこの自由なはたらきをその価値の範囲内でおこなうかぎりで、自由に関与することの本質全体をそなえるのである(4)。

知的生における幸福

中世に「知識人」はいたのか。私たちが用いるこの言葉の意味が、「当人の最高の褒賞やもっとも深い満足感が、快楽を越えて純粋な思考の領域にある人」のことであるとすれば、その場合には明らかに知識人であった中世の思想家を、私たちは数多く見出すことができる。それだけでない。私たちは、自分のこのような知識人としての経験や熱望を力強く表現した著作家をも、幾人も見出すことができるのである。以下では知識人の対照的な例となる二人の人物を見ることにしよう。

エリウゲナ

ヨハネス・スコトゥス・エリウゲナは、彼の大作『ペリフュセオン（自然について）』において、彼の読者を前にして、ただの一度だけ第一人称を用いている。

聖書に取り組む人たちに贈られる褒賞は、まさにその純粋にして完全な理解である。おお、救い主イエス・キリストよ、聖霊に導かれて発せられたあなたの言葉を、純粋に、偽りの思弁による誤謬なしに理解すること以外には、私はどんな褒賞もどんな幸福もどんな喜びも、あなたに求めない。なぜならこの理解が私の最上の幸福であり、完全な観想の目標だからである。「完全な観想の目標である」というのは、もっとも清められた魂であっても、この理解以上のものを見出せないだろうからである。実際この理解以上のものはなにもないのである。（『ペリフュセオン』第五巻三八）

エリウゲナの主張したところでは、「誰も哲学によらなければ天国に入ることはできない」〔『マルティアヌス・カペラ注解』五七・一五〕。また「哲学つまり知恵の追求は宗教に他ならない」。というのは「真の哲学は真の宗教であり、逆に真の宗教は真の哲学である」からである〔『予定論』第一巻一〕。彼は知恵の追求を、神への理性的崇拝として、また真理探究や真理把握にある幸福への唯一の道として、さらには天国で味わえる楽しみを先取りしたものとして理解した。彼は哲学と神学を区別しなかった。彼は知識人の探究やその探究に由来する満足感を、知識人の利用できる、真理の出所となるあらゆるもの――そこには聖書と初期キリスト教文学が含まれる――にもとづくものと見なしたのであった。

ダキアのボエティウス

つづいて私たちが中世の知識人の第二の例として見るのは、一三世紀のあるデンマーク［ダキア］人である。彼はパリ大学学芸学部の若い教師として、『最高善（あるいは哲学者の生）について』と題された小論を著した。パリ大学の神学者たちの中には、ダキアのボエティウスの諸見解にかなりの苛立ちを覚えることになった者たちもいた。彼らはこの諸見解を、幸福についてのキリスト教的教説にたいする、論議を呼ぶいくつもの異議申し立てとして見なしたのであった。ボエティウスの名前は、「一二七七年の断罪」のきっかけとなった学芸学部の教師たちによる急進的運動において、ブラバンのシゲルスの名前と結びつけられる。ボエティウスが哲学的生を惜しみなく称賛したことを解釈して、彼を自然主義あるいは合理主義の支持者として見なす者たちが現れたのであった。しかしボエティウス自身は、キリスト教あるいは教会に反対したわけではなかった。哲学的生についての彼の小論が著されたおそらくは数年後に（一二七〇頃）、彼がドミニコ会に入会したと信じるもっともな理由があるからである。

ボエティウスによって引用された古代のある哲学者（この哲学者を、ボエティウスはアリストテレスすなわち「哲学者（Philosophus）」であると誤解した）は、こう言っている。「獣たちの間に数え入れられている人たちに災いあれ。当人たちのうちにある神的なものに耳を傾けない人たちに災いあれ」と。そこでボエティウスが主張するところでは、人間のうちに神的なものがあるとすれば、それは知性である。したがって至高の善は、思弁の領域においてであれ実践の領域においてであれ、精神を使用すること（すなわち真理を認識すること、真理を享受すること、それに正しい善いことをおこなうこと）にあるはずである。実際アリストテレス（『形而上学』第一二巻第七章、一〇七二b二四）によれば、神はあらゆる幸福の中で最大の幸福を所有する。なぜなら神的な自己認識においては、最高の知的能力と最高の知的対象が、釣り合い、合一しているからである。ところで人間知性の善は、普遍的に言えば、快楽をもたらす真理であるが、実践的知性の善にかぎって言えば、倫理的徳にある。要するに「真理を知ること、善をおこなうこと、そしてこの両方に快楽を覚えること」が、私たちに獲得可能な最高の善である。言い換えれば、倫理的諸徳と知性的諸徳の涵養が、この世において私たちに獲得可能な真実の幸福なのである。ここでボエティウスは幸福の他の状態に言及する。すなわち来世における幸福を、私たちは信仰を拠り所として信じる。私たちがこの世で享受するものは、このより高次の至福へと私たちをいっそう近づけ、私たちにそのより高次の至福を享受できるための準備をさせるものなのである。ボエティウスはさらに、意図や行為を普遍的に判断するための倫理規範を明かし始める。案の定この倫理規範は、プロティノスあるいはエリウゲナが提示できたかもしれない種類の主知主義的なものであることが明らかになる。最高善へと導くあらゆる思考や行為は正しい当然のものであり、本性に合致している。その本性とはすなわち、まさに倫理的諸徳と知性的諸徳によって実現される理性的本性である。ボエティウスは言葉を換えて次のように言う。

幸福な人は幸福をもたらすおこない、あるいはこのおこないに彼がより強くより善く適した者となれるようにするおこない以外のどんなことをもしない。だから幸福な人は眠っていようと起きていようと食べていようと、こうしたおこないを幸福をもたらすおこないにより強くなるためにするかぎりで、幸福に暮らすのである。したがって、既述の人間のこの至高の善へと向けられていない人間の行為はすべて、この至高の善に対立するものであろうと対立も調和もしない中立のものであろうと、人間において多かれ少なかれ罪を形成するのである。〔265〕30)

ボエティウスの認めるところでは、彼自身の提示する主知主義的な倫理学はエリート主義的である。すなわち少数の人たちだけが知恵の追求に専念し、他方、多くの人たちは怠惰であるか富や快楽を追求するかのどちらかであるので、至高の人間的善を逃してしまうのである。ところで哲学者は知性的な快楽を味わっているのであるが、その快楽を多く覚えすぎることはない（至高の善の領域において過度はないことを、ボエティウスは励ますように彼の読者に思い起こさせている）。哲学者の知りたいという欲求は、絶対的な者に到達できなければ決して満たされることはない。ボエティウスはここで「注解者（Commentator）」すなわちイブン・ルシュドを引き合いに出す。彼の主張では、知識と真理は快楽を覚えさせるが、しかし知識と真理がわれわれに引き起こす驚嘆の動きと愛の動きは、第一原因が哲学的に把握されていると言えないようでは静められえない。この第一原因は、有限な諸事物すべての始原、中間、終極である者である。

ボエティウスの小論は、『ニコマコス倫理学』第一巻および第一〇巻、それに『形而上学』第一二巻においてアリストテレスによって詳述されている幸福、徳、それに観想に関する教えを、体系的に凝縮して提示していると言ってもよいだろう。ボエティウスは、哲学者の提示した第一原理と、栄光に満ちた至高なる神——「彼こそは永遠に祝福された者である。アーメン」——が同一であることを承認することで、この小論を締め括っている。

ブラバンのシゲルスは、学芸学部においてボエティウスの同僚であった人物であり、彼もまた、幸福についての書物つまり『幸福論（*Liber de felicitate*）』を著した。この書物は今では失われているのであるが、しかしその内容の幾らかは、アゴスティノ・ニフォ（一四七二—一五三八）による同書の報告を通して知られている。(5) シゲルスは、幸福についての哲学的概念と神学的概念の間に相違を認めることを拒否した。ボエティウスと同様に、彼は幸福の実践的な側面を強調しなかった。幸福（felicitas）は神の本質を観想することにあると彼は考えた。一二七七年に断罪された諸命題のひとつは、彼の書物に向けられていたと見られる。その命題とは、「われわれはこの世の人生において、神をその本質において理解できる」である（第三八命題）。

しかしキリスト教徒は知的な次元で語る場合に、教会に異議を申し立てたり、自分自身の信仰を危うくしたりすることなしに、アリストテレス主義に戻ったり、幸福な生についての哲学的な理念を実践することに戻ったりできるのだろうか。これは、パリ大学学芸学部の急進的なグループが、運命の年一二七七年までのおよそ一〇年間、同じ大学の神学者たちと対立していた、まったく新しい問題であった。それに先立つ数十年間には、アリストテレスの『自然学』、『形而上学』、『ニコマコス倫理学』、それに『政治学』が再発見され、ラテン語へと翻訳されていた。大学はこれらの書物に対処しなければならない状況にあった。じじつこれらの書物は、倫理学、政治学、自然哲学における、しかもある意味では宗教における重要な問題すべてに解答を提出するのである（私たちがすでに見ているように、ボエティウスは神的本性に関して『形而上学』を参照する）。ものの見方が統一されているとか説明が完全であるとかいうことを、これらの書物が要求することに引きつけられる神学者たちも現れたが、しかしこの要求は多くの神学者たちに異議を申し立てるものであった。この要求を表現する言葉遣いは過激であったし、また、この要求は例の二人の若い有能な哲学教師たちすなわちシゲルスとボエティウスを［キリスト教的教説を考慮しない立場へと］転向させたからである。この異議申し立ては、この二人がイブン・ルシュド［ラテン名アヴェロエス］がアリストテレスの最高の解釈者として選んだことで激化した。そしてイブン・ルシュドをアシゲルスとボエティウスに影響を及ぼしたことから、当時を論じた名高い歴史家たちは、彼らを「ラテン・アヴェロエス主義者たち」と表現した。(6) しかしながら、シゲルスとボエティウスの理想であったのはもちろん彼らの崇拝の的でさえあったのは、アリストテレスであった。彼らは、アリストテレスは他の誰とも比較しようのない人物であるとして、総じてアリストテレスの立場を堅持したのであった。彼らがとった徹底的なアリストテレス主義は彼らに知的な力を与え、彼らに彼ら自身の学部が自律しているように感じさせた。この徹底的なアリストテレス主義は、いろいろなかたちで彼らを彼ら自身の取り上げたテーマの影響下に置くことで、彼らの独立性を弱体化させたというのに。

信仰や神学との関連において哲学が自律しているということが何を意味するかは、至高の善についてボエティウスが著した小論を読めば推測がつく。ボエティウスの主張は、行為と観想の両方における哲学的生が、私たちの実現できる最高の理想であるとか、この世では、この哲学的生によって与えられる幸福に比肩するものはないとかいうものである。彼の以上の主張は、どんな宗教的関心や宗教的職務に照らしても、あるいは「山上の説教」中の真福八端（「マタイによる福音書」五章三節‐一二節）に照らすことでは、緩められない。ここには俗人の精神がはたらいているのだろうか。ボエティウスはむしろ、信念体系よりも原理体系・方法論によっていっそう動機づけられていたようである。彼はおそらく次のように答えたであろう。すなわち、彼は哲学者としてのみ、しかも「哲学者（Philosophus）」［アリストテレスのこと］の謙虚な解釈者としてのみ語っていた。「哲学者」が以上の主張すべてをおこなっていたのだった（ボエティウスもシゲルスも独創性があるとは主張しなかったし、実際彼らはこの種の概念を理想として掲げることさえ拒絶した）。信仰との比較は、自由学芸や哲学の教師としての彼の任務ではなかった。彼自身は、来世や天国があることを心から信じていた。哲学の諸真理は合理的な性格をそなえているのにたいして、信仰は権威や奇跡それに信頼にもとづいている。ボエティウスはおそらく以上のように答えたであろう。しかし以上のことが考慮されても、下級学部［学芸学部］が上級学部［神学部］に与えた衝撃をなくせたとは考えられない。じじつ、新しいなじみのない教えを調査するために設置された神学委員会は、とくにボエティウスの小論によって強い衝撃を与えられ、彼の大胆な主張に異議を唱えた。彼のその主張とは、この世での最大の幸福は哲学者の幸福であるとか、哲学者は彼自身の道徳的な人格や思弁的な生を、まったく彼自身の力だけで作り上げるとかいうものである。

この神学委員会が、キリスト教の文脈において受け入れられない教えであると認定し、パリ司教が彼自身の勧告により断罪した（一二七七年三月七日）、二一九箇条に及ぶ諸命題の中には、以下のような諸命題がある。これらはボエティウスの小論中の教えを反映するものである。「哲学を研究することほど卓越した状態はない」(第四〇命題)、「世界中で唯一知恵のある人たちは、哲学者たちである」(第一五四命題)。断罪の序文は、急進派のさまざまな主張から生じた混乱した態度に目を向けさせた。急進派は「あたかも対立する二つの真理があるかのように」振る舞ったのであった。この文書において表向き誰かの名前が挙げられたわけではなかったし、ボエティウスもシゲルスも二重真理説のようなものを主張したわけでもなかったとはいえ、彼らが提起した方法論的問題は根本的に重要であった。すなわち哲学と神学は、そもそもそれらが由来するところにおいて異なる。哲学の場合その由来するところは理性であるし、神学の場合その由来するところは信仰や伝統なのである。ところで、ボエティウスとシゲルスの経験したこの知的な困難は、二通りのしかたで深刻化した。ひとつは、彼らが学芸学部で神学を教えることは許されていなかった(「それは神学者たちに任せよ」と彼らは命じられた)ことによる。もうひとつは、彼らのある明らかな確信による。すなわち、誰も哲学者としてアリストテレスに勝ることはできないはずである。人はその代わり、アリストテレスの考えに疑問を投げかけることあるいはその考えの枠組みを越えることなく、彼がどういう考えなのかを明らかにしたり彼の考えだけを教えたりすることで、満足しなければならないのである。彼らのある明らかな確信とは以上のようなものである。歴史家たちの中にはさまざまな理由で(当の歴史家がたとえばマルクス主義者であるとか自由主義者であるとかいった理由で)、精神の自律(すなわち宗教的な権威・信念からの解放)を思考のための大前提と見なす人たちがいるが、このように見なす歴史家たちから、ボエティウスとシゲルスは、最初の近代的な哲学者たちとして熱烈な称賛を受けてきた。現実には、ボエティウスとシゲルスの制度的な背景や知的な地位が障壁となって、この急進的アリストテレス主義者たちは、理性と信仰の関係について十分にはよく考えられなかったのであった。以上で私たちが見てきたボエティウスの小論は、この理性と信仰の関係を紀元前四世紀に逆戻りさせてしまったと見えるほどに、この関係について無頓着である。この著作家はキリスト教を考慮から外すことで、しかも経験についての充実したアウグスティヌス的な諸探究を無視することで、さらにアリストテレスの教えを三段論法の形やラテン語に移すことで、単に何世紀も以前へと性急に戻っているだけなのである。急進的アリストテレス主義が与えた衝撃やその引き起こした動揺は、部分的には、アリストテレスの教えを素朴に、歴史を踏まえずに、また時代に縛られることなく復活させることがその中核的な目論見だったことによるのは疑いないところであろう。

友愛についての諸説

友愛についての中世の諸説はすべて、古代の人びとの思想とのある程度の連続性を見せる。実際ピュタゴラス、プラトン、アリストテレス、ストア、それにエピクロスの各学派はすべて、豊かな遺産となる諸説になんらかの寄与をし、それを中世およびルネサンス期のキリスト教著作家たちは自由に利用した。(7) この諸説の中でもっとも広く受け入れられたものは、ピュタゴラスから得られた。それは、「友人たちはあらゆるものを共有する」である［ディオゲネス・ラエルティオス『ギリシア哲学者列伝』第八巻一章一〇節］。修道士であるか学者であるか教師であるかを問わず、中世の著作家で、共有というこの考えを想起させることなしに友愛について書いた者はいなかったと言ってもよいだろう。たとえばアウグスティヌスは次のような記録を残した。すなわち、彼もその一員であった友人どうしの集団は、「家財を自分たち全員に共通のひとつのものにしたいと希望していた。友愛の完全な信義に信頼して、これはこの人のもの、あれはあの人のものとはせず、ひとつのものが自分たちの所有物すべてから作られ、その全体が自分たち一人ひとりのものであるとともに、あらゆるものが誰の所有物でもあるように、そう希望していたのであった」（『告白』第六巻一四章）。以上の計画は失敗に終わった。しかしアウグスティヌスは後に、修道院を設立したり、共同体主義的な書き方をしたりすることによって、この計画を救済したのであった。彼はまた、エルサレムの初期キリスト教共同体（『使徒言行録』二章四二節・四七節、四章三二節・三五節）を、共同体主義的な観点から提示したのであった。リーヴォーのアエルレドゥスは同様に次の見解を打ち出した。すなわち修道院共同体においては、「各自個人的に所有しているものは全員の所有物であり、すべてのものは各自の所有物である」と。彼はさらに次のように付言した。すなわち天国、それは至高の善が共有される場所であり、そこにおいては各自の幸福は全員のものとなり、幸福の全体は各個人のものとなると(8)。

キケロとセネカは、彼らの読者にストア学派の数多くの説を伝えた。セネカは個人的な友愛を、主としては、円熟したある哲学者からある初学者に与えられた精神的指導の観点から考えた。これは彼の『道徳書簡集（ルキリウス宛て）』において十分に例証されているとおりである。キリスト教時代における霊的友愛の理論と実践は、類似した起源をもっていた。どちらも教育的な愛のあらわれであり、したがって、どちらもその愛のもたらす自己認識の深まりにもとづいているという点で、ソクラテス的な性格をもっていた。キケロは決してセネカほど純粋なストア主義者ではなかったが、彼の諸著作は、中世におけるストア学派の思想の主要な出所となった。キケロの主張したところでは、友愛の起源は、必要性あるいは欲求に求められてはならない。自然本性そのものに求められるべきである。すなわち友愛は、人類の自然本性的な社会性や、徳すなわち「自然本性と一致して生きること」［ディオゲネス・ラエルティオス『ギリシア哲学者列伝』第七巻一章八七節］に由来するのである。［後世の］アクィナスは同じような趣旨で次の主張をすることになった。すなわち「一種の普遍的愛によって、誰もが他のどんな人とも自然本性上、友人である」。この普遍的愛は、見知らぬ人にたいしてさえも友愛として遂行されうると（『神学大全』第二部の二第一一四問第一項［第二異論解答］）。もちろんキリスト教があったから、その愛（これは敵への愛でさえありうる）や赦しの教説を通して、この普遍的愛とともに、その特有の種類の普遍性がもたらされたのであった。しかしそれでも今引用されたばかりの見方は、古代ストア学派を思い出させるように思われるのである。

アリストテレスは、友愛および関連のある諸テーマ（たとえば市民の信頼や家族の情愛）についての、古代のもっとも包括的な教説を打ち立てた。彼は「自己」が同名異義的な存在であると主張した。実際卑しい自己愛によって、寛大であるはずの友愛が不可能となることがある。しかしもし私たちが、私たち自身のより善なる部分を愛するならば、その場合には私たちは、私たち自身を愛するのと同じ程度に、他者を愛することができる。この好ましい友人が「もう一人の自己」となるのである。もし私たちが自己認識や寛大さを深めたければ、私たちは友人たちを必要とする。この必要性は私たちにおいては弱さではない。といっても神においては弱さであるだろうが。知恵との友愛（哲学）は、人間が経験しうる最高の知的な交わりを生み出すのである。

『ニコマコス倫理学』の全文がロバート・グロステストによってラテン語に翻訳されたことを受けて、アリストテレスの教えは影響を及ぼし始めた。アクィナスは、アリストテレスの言葉「友人はもう一人の自己である」〔『ニコマコス倫理学』第九巻四章、一一六六a三一-三二〕と、福音書の命令「あなたの隣人をあなた自身のように愛せよ」（「マルコによる福音書」一二章三一節）の間での、言葉の上での類似を見て、たいへん強い印象を受けたようである。彼は私欲のない友愛の概念（好意によって特徴づけられる愛、他者を他者自身のために、すなわち他者を手段としてではなく目的として愛する愛）には、友人たちだけではなく、「他の自己」すべてを尊重する道徳的態度への、きわめて重要な手がかりがあると受けとったのであった（『神学大全』第二部の一第二六問第四項および第二八問第三項）。ガンのヘンリクスもまたアリストテレスによって影響され、次のことを教えた。すなわち、私たちが私たち自身を愛するのと同じように他の誰かを愛するためには、しかるべき自己愛が必要とされると。[9]

友愛についての中世の説のとくにキリスト教的な次元は、どのように特徴づけられうるのか。今近年の研究にもとづいて、いくつかの示唆を与えることができる。[10] 教父時代および中世の著作家たちは、友愛への聖書中の諸言及について意識的に熟考を重ねた。とくに熟考が重ねられたのは、ダビデとヨナタンの物語〔「サムエル記」〕、「箴言」からとられた諸節、それに新約聖書中の関連のある諸節（たとえば「ヨハネによる福音書」一五章一五節）であった。霊的友愛の基礎は、イエス・キリストの人格中にあると認定された。[11] 友人たちのために祈ること、すすんで赦すこと、犯したもろもろの罪の赦しをすすんで受けること、互いの重荷を担い合うこと、[12] それに敵をも赦すこと、以上のことをひとつのものとして考えてみると、以上は明らかに、友人間の平等や、徳が類似していなければならないことといった、古典時代に強調されていた点を弱めるものであった。学識のある二人の著作家たちすなわちサン＝ヴィクトルのリカルドゥスとガンのヘンリクスは、友愛の三位一体論的な基礎を築こうとさえした。すなわち、三つの神的位格間の友愛は、独占欲のない献身的な友愛（amicitia）すべての範型であり、だから友愛は、超自然的な愛にもっとも近づいている自然本性的な徳なのである。[13]

以上のような、（古代の諸説と比べての）もろもろの新しさの最後のものはまた、ことによると、もっとも決定的な新しさであるかもしれない。この最後の新しさは、友愛と、天の諸宮廷の幸福との間に生み出される特有の結びつきにある。友愛の喜びは、人びとがともにする人生行路、すなわち天国そのものの前触れにおいて経験される相互的な励まし合いとして、広く認められていた。「この世においては私たちが少数の人たちにしか認めないこの友愛が、〔あの世においては〕万人にまで拡大され、万人によって神にまで拡大されることになる。なぜなら『神はすべてのものにおいてすべてのものとなる』〔「コリントの信徒への手紙一」一五章二八節〕からである」（アエルレドゥス『霊的友愛について』第三巻一三四章）。

歴史の終わりにおける幸福と平和――フィオーレのヨアキム

このテーマについて書いた中世の思想家たちはみな、幸福を個人の観点と社会の観点の両方から考えた。「人間は自然本性上、社会的である」という確信は議論の余地のないものであった。宗教も哲学もそう教えたのであった。一方で、中世においては、幸福についての本格的な社会的（あるいは社会主義的）ユートピア説も、プラトンの『国家』のどんな文学的模倣作品も、トマス・モアの『ユートピア』のどんな先駆的作品もなかった。しかしながら、キリスト教的終末論のある解釈、すなわち黙示思想の一形態があった。これは（「ヨハネの黙示録」二〇章一節から三節までを取り上げるものであり）、キリスト本人による支配下でのメシア的な平和と正義の千年間を待望するものであった。フィオーレのヨアキム（一一三五頃―一二〇〇）は、カラブリア地方［イタリア南部］の修道院改革者であり、彼は、「ヨハネの黙示録」についての自身の諸注解において、以上の諸テーマを展開した。そのさい彼は、モンタヌス派あるいは千年王国説という、初期キリスト教の異端をいくつかの点で繰り返していた。[14] これは結局は、歴史の終わりにこの世での幸福状態が実現するのを期待することを意味した。一三世紀には、期待される平和な終末がいつ歴史に現れるかや、その時世の中がどのような形をとるかを（どちらも黙示文書である「ダニエル書」および「ヨハネの黙示録」中の、象徴的なもろもろの数にもとづいて）予言しようとするさまざまな試みがおこなわれさえした。世の中がとる形とは、すなわち、諸宗教（キリスト教、ユダヤ教、イスラム教）がひとつの教会において統一されること、諸組織が衰退し、人間性が霊的なものとなること、戦争が廃されること、（三位一体論的な観点から見て）真に霊的な時代（あるいは人類の第三段階）をもたらす聖霊が現在すること、世界を支配する皇帝、つまり天使的な教皇が出現することであった。以上のような思潮は影響力の強いものであり、ときには教会にとってやっかいなものにさえなった。とはいえその思潮は、少数派以上のものを組織することはとうとうできなかった。実際「ヨハネの黙示録」についての聖アウグスティヌスによる解釈は、千年王国説を認めず、キリストの再臨の時期がいつかを教会にとって未知のままにしておいた。この解釈はあまりに有力だったので、結局、覆されなかったのであった。しかしながら、歴史がいやおうなく統一、正義、平和、それに幸福に向かって歩を進めることを説く教説の、世俗的な諸形態（啓蒙主義、ドイツ観念論、それにマルクス主義における）は、少なくとも一般的にはヨアキム主義の影響を受けて、それぞれの形をとるに至っていると論じられてきた。(15) 中世の哲学者たちは、人間本性の根本的な尊厳および自由、それに創造された秩序の善性といったものを信じていたが、彼らはまた、歴史における人間の行為の大きな欠陥のある性格を認めてもいた。次章で明らかにされるように、以上の諸前提を踏まえて詳論された政治思想は、かなりの道徳的理想主義を抱いており、ときには、平和、正義、それに共同体の福利といったものを、この世で本当に実現しうることとして描いて見せた。しかしながら、幸福という究極的な人間的善の実現に関しては、中世思想の実際の姿のほとんどを、来世的で神中心的な性格をもつものとして描くことができるであろう。

注

（1）幸福すなわち「真理に接しての喜び」と、神の間に結びつきがあることを、アウグスティヌスは『自由意思論』第二巻において論じている。とくにその第二巻一三章「人間が真理を享受すること」を参照のこと。また A. Fitzgerald [67] におさめられている、自由や幸福それに真理についての諸論考、およびアウグスティヌスの個々の著作に当てられている諸論考も参照のこと。

（2）D. Knowles [8] 55.

（3）G. Wieland. *CHLMP* 679n.

（4）スコトゥスはアクィナスの名前こそ挙げていないが、彼の立場を検討し、彼の立場に反対している（『命題集註解（オルディナティオ)』第四巻第四九区分第四問)。オッカムもまた、享受(fruitio)が認識的なはたらきではなく意志的なはたらきであるとした。オッカムは、意志そのものが、関連のある快楽の直接の原因であることを主張したし、さらに、神を見ることへの愛よりも、むしろ神への愛が享受の本質であることを主張した。Ockham *CT* II 349-417を参照のこと。

(5) G. Wieland, *CHLMP* 682.

(6) たとえばE. Gilson [9]387-402を参照のこと。

(7) J. McEvoy [565].

(8) リーヴォーのアエルレドゥス『霊的友愛について』第三巻七九章—八〇章 [356] 111。

(9) 友愛についてのヘンリクスの説については、J. McEvoy [223]を参照のこと。一三〇〇年頃から一四五〇年頃にかけての、大学教授たちによるアリストテレスの倫理思想の受けとられ方は、一貫しては、あるいは詳細にはほとんど研究されていない。なぜなら彼らの諸注解のほとんどはまだ写本のままであり、その多くは第五巻の最後で終わっているからである。

(10) J. McEvoy [565] 34-36.

(11) 「マタイによる福音書」一八章二〇節を参照のこと。

(12) 「ガラテヤの信徒への手紙」六章二節を参照のこと。

(13) サン=ヴィクトルのリカルドゥス『三位一体論』第三巻一二章‐一五章 [387]。ガンのヘンリクスについてはJ. McEvoy [223]を参照のこと。

(14) M. Reeves [566].

(15) 同166-75.

(山口　雅広　訳)

第12章　政治哲学

アナベル・S・ブレット

中世における政治哲学の存在そのものが、ときとして問題にされる。人間的生のとりわけ政治的な次元を形成していると考えられる活動や問題が、中世の時期には、人間的活動の他の次元から、とくに宗教という次元からは切り離すことができないと見なされているからである。たしかに、この世の施政の領域である「王権（regnum）」は、人間の統治全体のただ半分に、しかもより小さな半分にすぎなかった。他の半分は「教権（sacerdotium）」で、可能なかぎり、われわれがこの地上的な存在を越えるように導くものである。この世での統治は、多種多様の王国、公国、都市国家、そして中世ヨーロッパの封建領土にゆだねられていた。これに対し、宗教的統治は、教会とその長である教皇にゆだねられていた。言い換えるならば、われわれが政治と呼ぶものは、中世では、宗教に従属した分野にすぎなかった。少なくとも理論上では、まさに教会がこの世での人間的生に関する支配者的な統治をおこなっていたように、神学はこの世での人間的生に関する支配者的な学問であった(1)。

私は、政治的なことがらへの中世的な態度について、このような見方で考えることには賛成しない。私がこれから示すように、中世の思想家たちは、相互に関係しあっている人びとの活動や問題を、「共通の公的空間」という人間的生に特有な領域内部における活動と問題として取り組むことにかけては、きわめて有能であった（そして、そのうえ、この取り組みに深く関心をいだいていた）。このことは部分的には、中世の思想家たちが、政治的なことを語ること［演説］がただちに政治をおこなうことであった古代的な言説の継承者だったからである。

たしかに中世の思想家たちは、この意味における政治の原理的説明を、人間的生の原理的説明全体に関する問いから切り離して考えようとはしなかった。そして、この問いは、彼らを直接的なしかたで宗教や教会に関わる問いへと巻き込んでいった。しかしこのことは、彼らの議論を非政治化することでも、一地方に局限された歴史的現象に還元することでもない。それどころか、この人間的生の包括的説明こそが、彼らの政治に対する重大な関心を持続させた源泉なのである。なぜなら、中世の政治哲学にとって重要な点は、「政治とは何であるか」という問いが「政治をどのように評価するか」という問いから切り離されえないということだからである。言い換えるならば、政治と呼ばれるのが適切であるような人間の活動にとって特有な領域が存在すると立証することは、政治がわれわれにいかなる善を提供するのかを立証する、ということを含んでいる。

政治と人間的善とが結びついているという考えは、古代の政治的な言説での根本原理であった。中世の哲学者は、この根本原理の内部で、この原理にもとづいて仕事をした。古代の政治哲学は、ただ「都市国家」であるポリスについての論究を意味していたにすぎない。おそらくその最も有名な古代ギリシアの代弁者であるアリストテレスは、以下のように彼の『政治学』を書き始めている。

> あらゆる国家はある種の共同体であり、そして、あらゆる共同体はなんらかの善を目的に構成されている。（中略）しかし、すべての共同体がなんらかの善を目指しているならば、すべてのうちで最も高位であり、残りのものをことごとく含むところの、国家ないし政治的共同体は、他のいかなる共同体よりも高度な段階における善を、そして最高度の善を目指している。(2)

「政治的共同体［ポリス］」（強調点は著者）という用語によって、アリストテレスがもくろんでいるは、国家を、他のいかなる形態の共同体からも区別することである。すなわち、それへと人間が——自然本性的にコミュニケーション能力のある動物として―関与している共同体から区別することである。この種の政治的関与は、家族という限界やさらに村を形成している広範囲の親族集団という限界を超えて、人間の幸福にとって不可欠なものであるとアリストテレスは考えている。すなわち、人間の卓越性、ないし徳であるところの、倫理的で思弁的な理性にもとづく生という幸福にとってである。この生こそが人間的な善なのであり、それを踏まえることなしには国家というものはそもそも理解できない。ちょうど、その善を踏まえることなしにはわれわれがわれわれ自身を理解することができないようにである。(3) それゆえ、国家は、それがわれわれの自然本性を可能にし、完成させるという意味において、われわれにとって自然本性的なのである。

国家を人間の目的に不可欠なしかたでそなえつけられているものと見なす方法で、アリストテレスがそのように国家と一体化し傾倒したのは、古代ギリシアの政治組織のためであった。この体系において、ポリスは統治の中心であると同時に、洗練された、教養のある生の中心であったからである。この国家を基盤とした文化形態は、古代全体の中で最も有名な都市国家であるローマによって共有された。ローマはひとつの広大な帝国へと拡大したが、その領土の中では、国家あるいは「都市共同体(civitas)」を中心として、同一の市民組織と市民文化が存続していた。「国家共同体(res publica)」あるいは「共和国」の理念によって親密に結びつけられて、都市共同体は単なる国家を意味しているのではなく、文明社会、野蛮状態に対立する人間性、動物としての獣性に対立する徳、すなわち人間の卓越性を意味していた。アリストテレスにとってと同様に、ローマの哲学者キケロにとっても、国家とそこでの生は、理性にもとづく生と道理にかなった弁論における人間の諸可能性の実現であり、食欲と性欲という、より動物的な衝動にまさることを表現していた。(4)

人間がその自然本性によって国家に属しているという考えは、アリストテレスにとってもキケロにとっても、もろもろの国家が、それらを構成する個々人や、国家よりも下位の共同体から、なんらかの有機的で対立のないしかたで、自然本性的に連合しているということを意味してはいない。両哲学者は、さまざまな個々人や諸集団が利害と欲求を有しており、それらはいつも相互に平和的なしかたで調和するとはかぎらないことを理解していた。その結果、両者は、いかなる共同体も正義という徳なしにはまとまりえないと主張した。正義とは、他者に対して、正当なしかたで彼ら自身に属するものを与えるという徳である。(5) 正義は、人間をしてただ自分自身の世話をすることを可能にするだけではなく、さらにまた他者の利害を考慮に入れることを可能にする。それゆえ、正義は、人間が相互的なしかたでひとつの「公共のことがら（res publica）」を生み出すことを可能にする。このように、正義はいかなる政治的な社会に関してもその基礎であり、支配者の正義あるいは法は、この公共的な状況に関する善を守り、促進するべきとされる。「共同善」は、古代においても、中世の全般をわたっても、そしてそれ以降も、政治哲学の鍵となる用語なのである。

もし、アリストテレスとキケロが、政治と政治的なことがらに関する、そして人間のために政治は何をなすことができるかという点に関する一般的な理想を共有していたとすると、その結果として彼らは、もし何かが政治的に失敗したならばどのくらい損失をこうむるか、という感覚をも共有していた。われわれの魂そのものが、国家と一蓮托生なのである。政治的な悪や政治的な悪徳は、国家を統合する徳に対立する不正義として理解された。正義が各人に彼らに属するものすべてを与えるならば、不正は彼らから彼らに属するもの—所有権—を奪い去り、そして彼らを他の者の所有権に従属せしめる。このことが、支配であり、奴隷制であり、専制である。そして、国家が支配の形態にまで腐敗するという可能性は、プラトンの『国家』以降、古代政治哲学の中心的な問題であった。しかし、ラテン西洋キリスト教の最初の偉大な哲学者であるアウグスティヌスが古代の政治的な言説全体への根源的な批判を提供したのは、まさにこの点であった。

唯一の真なる国家

アウグスティヌスによると、いかなる人間の国家も支配という腐敗を避けることはできない。なぜなら、人間は、自らの罪によって、自らの魂を根本的なしかたで腐敗させてしまったからである[6]。このことは、最も深遠な自然本性の変化である。しかし、アウグスティヌスは中世ラテン西洋世界の最初の哲学者である一方、彼はまた最後の古代ローマ哲学者の一人でもあった。市民的教養、国家、そしてそこにもたらされるものすべてに関する古代の理解の継承者であり、また多くのしかたでこのような理解に傾倒していた。人間的生についての彼の偉大な著作は『神の国』であるが、そのタイトルがこのことを実証している。しばしば、この本は、政治理論ではなく神学の著作であると言われる。しかし、これは間違った二分法である。アウグスティヌスは、われわれの幸福がただ真なる国家において、自由と正義にもとづく他者との交流のうちにもたらされるという主要な理解を、古典文化の政治理論と共有していた。問題点はむしろ、「その真なる国家とは何か」、「どのようにして人はそこでの市民権を獲得できるのか」ということであった。アウグスティヌスのキリスト教的なヴィジョンが先行する人びとのヴィジョンから非常に重要なしかたで分かたれるのは、まさにこの点である。というのは、彼の解答によると、われわれは、地上の国、人間の国家ではなく、ただ神の国において完全に人間となりうるのであり、神の国での市民権は恩寵のみによってもたらされる。

アウグスティヌスはこのようにして、古典的な政治理論における相互に結びついたもろもろの中心概念—善、自然本性、理性、そして正義—を活用するが、しかし彼はそれらを非常に異なった使用法で用いた。アウグスティヌスにとって、神は人間の自然本性を創造され、しかもそれを善いものとして創造された。人間は神を認識して生きるための理性や理解力を与えられた。また、人間は正しいものとして創造された。しかしここで、アウグスティヌスは、政治的なことがらに関する古代の語彙において、根本的な革新をなしたのである。プラトンを利用しながらも、ローマ法の専門用語を駆使しながら、彼は正義そのものを支配という点から分析した。すなわち、上位の者の下位の者に対する支配ないし主権は正当なものとされたのである。すべてのものに対して正当的なしかたで支配している上位者とは神であり、そしてそれゆえ、神の被造物［したがって神より下位の者］である人間にとっての正義とは、神を正当な主人として認めることから成立しなければならない。人間はこの正義のうちに創造されたが、堕罪によって、自らの主人、神から背き、従順から退却することにより、不正へと、絶対的な自律というぬぼれや邪悪な支配［独裁］へと転落していったのである。

結果として、神から切り離された、人間どうしの関係という領域―支配とは正反対に位置する古代における政治的領域―は、アウグスティヌスにとって、必然的に、支配の、不正の、腐敗の領域である。真に正義である唯一の状態とは神の国であり、「真の正義はキリストがその創設者であり支配者であるかの国家においてのみ見出される(7)」。帰結として、人間的な政治の目的地は、ひとつの正当な国家の樹立ではありえない。そのかわりに、それはある種の平和である。法、役人、そして軍隊にもとづく国家の強制的な構造を通じて、この世の国家はわれわれ人間の「支配への欲望（libido dominandi）」による最悪の結果を阻止しうる。この平和は、唯一真なる平和である神の平和、すなわち、「神の享受において、そして神における相互の享受において、ひとつの完全に秩序づけられ、完全に調和した社会（societas）(8)」ではない。しかし、この世の国家の平和でさえ、なんらかのしかたで自然本性の完全性を保持しており、そしてそれゆえ、神の善性に対するいくらかの関係を有している(9)。その平和は、正しい人びとによって用いられ、支持されることもできるし、またそうでなければならない。この世の平和が究極的な価値をもつとは見なされないにしても、である。それゆえ、アウグスティヌスは人間の政治の価値をまったく奪ってしまったわけではないが、しかし、彼は人間の善を人間の国家の外側に存するものとして認識している。この世における巡礼の旅での神の国（アウグスティヌスは、教会の成員のうちに神に選ばれた者だけでなく神から見捨てられた者がいることを認めながらも、神の国を教会と同一視する傾向がある）(10) の一員であることのうちに、そして義人たちの家のうちにである。われわれの魂の善が一蓮托生とされるのは、人間の国家においてではない。

中世でのアウグスティヌスの継承者は、この世の政治について考えるための主要なパラダイムとして、アウグスティヌスの「唯一の真なる国家」という見方を受け継いだ。しかし、彼らは、このパラダイムをある意味では改造しながら、ある意味ではそこから抜け出すことになった。この展開の中心にあったのは、政治的なことがらに関する価値の問題を、明白にキリスト教の宗教的枠組みの中で問い直すということだった。

理性・自然本性・人間的善

これから先では、「中世の政治哲学」という用語を限定し、第一義的には中世の大学の形式化された学問であるスコラ学の一部という意味で理解することにしよう。しかしこのことは、中世の時代において政治的な言説が大学に限定されていたということではない。「支配のための技術」、善い施政の特質、そして理想的な君主の諸徳に関わる文学が盛んに書かれていた。それらは、宮廷における文学でもあったし、大衆における文学でもあった。ときには、この言説と大学での学問との直接的なつながりも認められる。たとえば、北イタリアの諸都市国家における共和主義者の修辞学とパドヴァのマルシリウスの著作との関係である。さらにまた、諸大学と施政の実地的な場である「広場・フォーラム（forum）」にまたがって活躍した法律家たち―市民法と教会法の両方―は、もろもろの政治的な主体、団体、権力、そして関係を概念化し定義づける点において、決定的に重要な影響力をもっていた。それにもかかわらず、私はここで、大部分は大学の神学者たちによる、この主題に関する自覚的に思弁的で反省的な論述を主に扱うことにしよう。最も重要な神学者のうちの何人かの仕事を用いて、政治に関する中世的考察が対象としたいくらかの主要な論題を説明していこう。

一三世紀にラテン西洋世界でアリストテレスの倫理的・政治的思想が再発見されたことは、しばしば人間的な統治の領域に関する中世の再評価にとって、不可欠な契機であると考えられている。しかし、それは決して、人間の自然本性と善にもとづく政治的な議論が、それ以前において知られていなかったということではない(11)。第一に、「都市共同体」に関する、そして都市という文脈でのわれわれの義務に関するキケロの理解は、古典的世界の消滅ののちにも、ずっとよく知られ続けていた。主には彼の『義務について』を通じてであるが、さらに他の論文を通じて、またラテン教父たちによって伝えられ、議論されてきた彼の著作の断片においてである。正義のきずなによって結びつけられた社会という、人間の共和国に関するキケロの理解をアウグスティヌスがすでに明白に退けていたとはいえ、アウグスティヌスは［われわれが確かめたように］、キリスト教徒がこの共和国の中で、それなりの義務を有していることを容認してもいた。したがって、徳という点から、それゆえ人間の善という点から、市民としての生に関する積極的な再評価へと、道は開かれていった。ソールズベリーのヨハネスによる『ポリクラティクス』がこの動向の例である(12)。そのうえ、キケロを通じて、国家はわれわれにとって自然本性的であるという古代の議論が利用可能であった。自然本性にもとづくキケロの議論というのは、都市が必然的だが非暴力的なしかたで発展するのだと想定しているのではなく、むしろ最初の野生状態から徳と周到な教育によって移行するのだと物語るものである。それゆえにこのキケロの議論は、歴史と人間の罪深さに関するアウグスティヌス的な考察の次元に受け入れられうるのだと、提案されていたのである(13)。

このようにして、アリストテレスのテキストが再利用されるようになる前に、自然本性と善、そして人間の国家を結びつけた古代の遺産のいくつかは利用可能で、そして積極的に展開されていった。[14] この思考様式に貢献したのは、古代のもうひとつの巨大な知的遺産であった。一二世紀の初期よりイタリア半島の図書館で再発見され、そこの諸大学で学ばれかつ適用された、ローマ市民法の集大成である。[15] ローマ法のテキストは、彼らの社会関係において人間を治めている自然法の存在を示唆していた。自然法とは強制的な拘束力に裏づけられた法というよりはむしろ倫理的法であって、[16] 国家における強制的な法体制は、この本来の規範的な体制の後に続く存在として理解された。この法体制も人間関係を発展させる原動力を示唆しており、それがアウグスティヌス主義的なキリスト教の歴史的展望に結びつけられるかもしれないと見なされていた。教会法もまた、この方向への示唆を与えた。教会法学者たちは人間における自然の「権利（ius）」――自然本性的な権利、正しさ、あるいは法――の考えを発展させるためにテキストを用いたのであり、この自然権の考えによって彼らは自然本性的なしかたで悪から善を識別することができるとした。[17] 最終的に、共和国すなわち「政治的身体」と人体すなわち「自然的身体」との間の、広く受け入れられた有機的な類似は、再び、自然本性と善にもとづく議論にとって主要なトポスとなった。次には、一連の道において、一三世紀中頃のアリストテレスの倫理学的そして政治学的テキストが再利用されるようになる前に、自然本性にもとづく議論は明確にキリスト教的な枠組みの中で展開されていった。しかしながら、これらのテキストが、議論をさまざまなそして挑戦的な形態のうちに導いたということは正しい。中世の政治哲学の歴史において、それらのテキストが再利用されるようになることによって得た地位がどの程度支配的となったのかということは、それと平行したトマス・アクィナスの得た地位によってわかる。アクィナスは、これらのテキストの解釈を彼の知的努力の中心部分とした神学者、そして哲学者であった。

伝統的に一二六六年頃と推定される、キプロスの王にあてて書かれた『王制論』という彼の論文において、われわれが道理にかなった方法でわれわれの生を営むことから実現される卓越性のゆえに、われわれは単なる動物ではなくさらに理性的動物であるという点で、アクィナスはアリストテレスに同意している[18]。そのような生は、個人にとって、他の理性的な存在とのコミュニケーションを通じて可能になる。「というのは、人間がお互いに一緒に集まるのはまさにこのためであって、彼らが一緒に善い生を営むであろうし、その生は彼らのおのおのが別々に生活することによっては実現することができないからである[19]」。しかし、このコミュニケーションがアリストテレスによって主張された政治的共同体であるということは、ただちに明らかであったわけではない。その利益は、単に人間社会から生じる。そして、この社会は明らかにわれわれを社会的動物にするものであるが、かならずしも政治的な動物にするわけではないと思われたのである。しかし、ここで、アクィナスはアリストテレスのテキストに、彼自らの方法で手を加えた。われわれは、もともと社会を必要としている。しかし社会は、もっぱら彼ら自身の善を追求している個々人によって構成されており、その社会を共同善へと導く何か共通した力がないかぎり、崩壊してしまうであろう。この力とその命令、そして力が作り出す共同社会の秩序こそが、本来の意味で政治的な領域を構成する。それゆえ、アクィナスは「人間は自然本性によって社会的で政治的な動物である[20]」――第一に社会的であり、直接的な帰結として政治的である――と[テキストに手を加えて]述べることにより、アリストテレスを自らのものとしたのである。

このことがアクィナスの政治理論における最初の素描であるか、それとも実際にはこの主題に関する彼の最終的な考察であるか[21]、はともかくとして、われわれは、この点で、政治的なことがらは特殊的に人間の善にとって決定的なしかたで重要であるが、しかし、その善を構成するものではないということを知る。さらに、この政治的領域の補助的な役割は、アクィナスが人間の善の中でなした区別によって強調された。われわれが見てきたように、アクィナスは、この善の一部が人間の共同体のうちに実現されうることを認めた。この善の一部とは、道徳的すなわち倫理的な善であり、人間の自然本性的な徳による生であった。しかし、一人のキリスト教徒として、アクィナスは、その善が人間の生の目的であり、人間の可能性の究極であるということを受け入れなかった。アウグスティヌスと同様にアクィナスにとっても、究極的な善は神であり、被造の善はすべて神へと関係づけられている。それゆえ、われわれが自らの自然本性的な能力によって実現することができる生は、目的としての、つまりそれゆえ善としての「ラチオ（ratio）」―理性的な性格―をまさに有してはいるけれども、その生は恩寵という超自然本性的な恵みを通じて可能になり、そして超自然本性的に付加される対神徳［信仰・希望・愛徳］が、究極的な目的と最終的な善の性格を有する唯一の徳である。同時に明白なしかたで、アクィナスは、自然本性的な目的を実現するための条件である政治的なことがらはまた、より上位の目的に仕えなければならないと論じている。そうでなければ、それは善という「性格（ratio）」―完全に理性的な構造―から切り離されてしまうのである。結果として、アクィナスは、キリスト教徒の王たちは宗教的な統治者に、つまり教皇に、彼らが主なるイエス・キリスト自身に対してそうであるように従わなければならないと述べることを、ためらってはいなかった。[22] アクィナスはしばしば、政治がその一分野である、自然本性的な倫理的生という考えを回復させたことで知られているが、彼にとって人間の政治的な領域における倫理的自律は無条件のものではなかったということは、はっきりと認識されなければならない。

彼の権威ある『神学大全（Summa theologiae）』においてアクィナスが政治に関する問いを設定したのは、彼の最も偉大な業績のひとつである、法の概念に関する包括的な論述の枠組みにおいてであった。『王制論』で示されているのは、アクィナスが理性の理解を用いて、アリストテレス的な自然本性的目的論をキリスト教の終末論に結びつけている点である。われわれが理性的な被造物であるからこそ、われわれは、人間の共同体において、それがもたらす善を獲得しながら生きるだけではなく、さらにまたその共同体を超えて、神に関する永遠の観想へと進むことができる。『神学大全』において、アクィナスは、共同体をひとつの目的や善へと導く理性が、もし当の理性がその共同体に対する主権を有しているならば、法としての理性的な性格をもつと主張する。だから、法とは「共同体の配慮を有する者によって公布された、理性による共同善への秩序づけ（『神学大全』第二部の一第九〇問題第四項）」と定義される。[23] 第一の法は、万物の統治者で主である神の永遠法である。そして、この法は、万物をそれぞれの定められた目的や善へと導くという局面における神の理性に他ならない。次に、個々の人間は、神の似姿へと造られた者として、理性と選択力をもつことによって自らの行為を導くことができるという意味で、自然本性的なしかたで自らへの主権を有している（『神学大全』第二部序言）。神による宇宙の理性的な指導管理のこの「分有」が、人間のうちに自然本性的なしかたで存している法、すなわち自然法である。

他の諸動物の中で理性的被造物は、自己自身と他のものを配慮するかぎりで摂理を分有しており、より卓越的なしかたで神の摂理に服属している。それゆえ、理性的被造物自身においては、それによってしかるべきはたらきと目的への自然本性的な傾きを有するところの、永遠なる理念がまた分有されており、そして、理性的被造物における永遠法のかかる分有が、「自然法」と呼ばれる。[24]

個々の人間がなすことすべてが、この法に従うべきである。しかし、もしわれわれがわれわれの求める善を獲得したいならば、自然法そのものはわれわれを、個人の利益を超えて他者とともに共同体へと進むように導く。「第三は、人間にとって固有な、人間の理性的本性にとっての善に向かう傾きが人間に内在している。実際、神について真理を認識することや、社会のうちに生きることに関する自然本性的な傾きを人間は有している。そして、それゆえに、この傾きへの関連を有するものすべてが自然法に属している[25]」。

このように、政治的な共同体は、自然法の命令によるひとつの帰結である。そしてそのため、アクィナスは、人定法―政治的共同体の共同善のために政治的な統治者によって公布される法―は自然法に一致しなければならないのであり、そうでなければ、法としての真なる特質を欠くことになると主張している。政治的な統治者による法は、社会一般の倫理性に関する論点を含みながら、われわれの生の局面全体に及ぶ。それゆえ、『王制論』とは違って、人定法はもはや社会にとって単に補助的なものではない。しかし、人定法は最終的な法ではないことから、そして、この法が導く善が最終的な善ではなく社会で共通的に実現されるかぎりでの人間の自然本性的な善にすぎないことから、この法は、それ自身、われわれの共同的な生においてさえ、究極的なしかたでわれわれへの主権を有しているわけではない。だから、第四の法、キリストによる救済の法が最高の法である。したがって、政治的共同体のもろもろの法が目指すべき共同善は、「神の正義にそくして規制された善」である。(26) もし、これらの法がかかる善をなすならば、その時、政治的な共同体の一員であるということは、それ自体が個人の善に貢献するであろう。もしそうでなければ、これらの法は人を善き市民にするとしても、しかし善き人間とするわけではない。

アクィナスは、一方では自然法による要求と他方では神法からの要求の間で板ばさみになって、政治的なことがらとその法のためにたくさんの余地を残したように思われないと、反論されるかもしれない。政治的統治者が自分自身を自分にとっての法とすることをアクィナスは決して容認しないであろうということは、真実である。しかし、われわれが神の主権、自然法のもとでの個人の主権、政治的な主権のどれについて論じるにせよ、主権、統治、または自由が（真なる）法によって限定されたり無効にされるところの何かでは決してないということは、アクィナスの神学にとって中枢的である。自分自身を理性的に導くことと、理性的な指令に従うことは、同じコインの両面なのである。

アクィナスは、どのようにして法は正当なものとなりうるか、そして、なぜわれわれは法に従うべきか、という点に関する説明を与えた。そして、理性的な人間存在に対する理性の支配力という点から、ほとんど完全なしかたでかかる説明は組み立てられた。アクィナスは、人びとによるあれこれの特殊な団体に対する、あれこれの政治的な統治者の特殊な権力にも、あるいは彼らの統治者の権力を確立することに関する人びとの役割にも、中心的な関心を寄せていない[27]。これらの問題に直接的なしかたで取り組んだ一人の著者が、イギリスのフランシスコ会修道士、ヨハネス・ドゥンス・スコトゥスであった。彼の立場と関心を理解するために、われわれは彼が属していた修道会について少し知る必要がある。フランシスコ修道会は功徳のある清貧という教義を公言した[28]。清貧は意のままにできるいかなる能力も放棄すること、すなわち、何か他の物（者）に対するいかなる種類の権利の放棄や財産の放棄を意味していた。フランシスコ会修道士は、これら二種類の主権を放棄することによって自分たちはキリストの人間としての生を模倣しているのだと理解した。キリストは、人間であるかぎり、自分自身の所有物をなにももっていなかったと見なされていたのである。キリストの生についてのこのようなとらえ方は、この世の領域を支配の世界とするアウグスティヌス的な理解への暗黙の傾倒をともなっていた。その世界とは、堕罪した人間による歴史の帰結であり、人間の正義による偶発的な秩序にすぎない。唯一の偽りなく義にかなった人間であるキリストは、たとえこの世界を非難することも倒すこともしなかったとしても、この支配の世界にはいっさい関係していない。

選択と同意

以上の枠組みのもとで、スコトゥスはペトルス・ロンバルドゥスの『命題集』注解において、窃盗それゆえまた財産の本質を、人間の国家の発生に関する説明にもとづいて明らかにした[29]。スコトゥスの解釈は歴史に関する説明であった。すなわち、堕罪以前と以後での人間関係に関する解説である。最初の無垢の状態では、ある人間にだけ属し、他の人間には属さないようなものなどなかった。大地は共通のものとして所有された。「無垢の状態の時代では、自然法あるいは神法によって、事物に対する他から区別された所有権など存在しないということを、われわれの第一の結論としよう[30]」。しかし、堕罪以後、人間の邪悪さは、財産の共有を維持不能にさせた。そしてそれゆえ、財産の共有についての自然法の教えは無効にされ、個々人に対して事物を彼ら自身のものとする認可を生み出したとスコトゥスは言っている。しかし、このことはただそれだけで、個人財産に関する新しい状況を合法化するわけではない。「第二の結論。一度すべてのものを共有することに関する自然法のこの教えが無効にされ、そしてその結果、これらの共通なものすべてを専有し、分割することの認可が与えられたとしても、実際の分割は自然法と神法によっておこなわれなかったということ[31]」。新しい、そして明確な人定法が新しい秩序を合法化するために必要とされた。しかし、人定法が公布されるには、今度はその公布をなす権力が必要とされた。どのようにして、その権力は獲得されたのか。

> 第五の結論は以下のようである。その権力ないし支配者の地位には二通りがある。すなわち、父権的なものと政治的なものである。また、政治的な権力はそれ自身二通りあり、すなわち、一人の人間における権力か、共同体における権力である。父権的なものという第一の権力はまさに自然法によるのであり、それによってすべての子供が彼らの両親に従う義務がある。(中略) これに対して、外部の者を対象とする政治的な権力は、[それが一人の人間に属するとしても、共同体に属するとしても]、共通の合意とその共同体そのものによる選択によって公正でありうる[32]。

政治的な権力は、父親の彼の子供に対する権力とは異なり、自然本性的なしかたで生じるのではなく、人びとの集団から単数あるいは複数の特定の個人へと譲渡されなければならない。

スコトゥスの議論に対して、二つのことが注目されよう。第一に、彼の考えにおける政治とは、正義と平和による新しい人間の秩序の創設に関するものである。その秩序は、基本的には人間の善の実現に関わるのではなく、彼らの財産と権利を守ることに関わっている。それと平行して[第二に]、スコトゥスは政治的な領域における理性の役割を否定していない—実際、彼は法が理性的であり、実践的な理性の所産であることを要求している—が、政治的な統治者となさしめるのは、基本的に理性なのではない。彼らの権力は、彼らの支配する力がどれほど大きいものだろうと、彼ら自身に由来しているのではなく、その権力を主権者に最初に与えた人びとに由来している。結果として、スコトゥスは、政治的な権力一般に関する正しさではなく、なぜ一人の個人やひとつの集団が特定の共同体に対してそのような権力をもつべきであるかということの正当性に関して、非常に明白な説明を与えることができる。政治的な支配力の源泉は、人間の自然本性のうちに存しているのと同様に、人間の歴史のうちに存している。

権力の源泉は譲渡のはたらきにあるとすることを中心としたもうひとつの、とはいえかなり異なった著作があった。一三世紀後半の、パリのヨハネスによる『王権と教皇権について』である。ヨハネスは、アクィナスと同じ修道会であるドミニコ会修道士であり、そして、彼の政治理論はとりわけドミニコ会的であると見なされることがしばしばあった(33)。たしかに、ヨハネスは自然本性を通じた政治的な共同体の形成に関するトマス—アリストテレス的な説明から着手した。そして、いくつかの節で彼は、自然本性的な倫理的徳による生を提供するものとして、自然本性的な人間の国家を擁護した。「その目的は市民たちの共同善である。それは、不特定の善では決してなく、徳にしたがって生活するべきであるという善である」[34]。しかし、ヨハネスの主な関心事は、単に政治的な共同体の本性を理解することではなく、それが教会という宗教的な共同体に対する関係、そしてとくに政治的な共同体と宗教的な共同体それぞれの諸権力間での関係を理解することであった。われわれはこのことを、アクィナスにおける暗黙の問題として認めた。アクィナスは、政治的な共同体の自然本性は、政治的な共同体が教会の指導者たち、そしてその長である教皇の支配下にあることを必要としていると、主張したのである。アクィナスから一世代後、ヨハネスが執筆したとき、この世の領域の支配的な管轄権を国王と教皇の両者がますます執拗に主張するようになっていたために、王権と教権それぞれの権力関係に関するこの問題をより公然と論じることが必要となったのである。

ヨハネスはこの議論を、政治的な共同体における本性に対して、信者たちの共同体における本性を区別することから着手した。「キリストに従うひとつの民を構成しているすべての信徒によるひとつの教会」が存在し、ペテロの後継者としての教皇による単一の支配権によって統治されているとしても、「普通の信徒たちが神法によって、俗事においてどんな一人の最高の君主にも従うべきであるということが帰結するわけではない」[35]。このことは、いろいろな理由のために「帰結しない（non sequitur）」と言われる。その理由として非常に重要なのは、第一に、人間の身体はさまざまな土地にそくして異なっているけれども、人間の魂は一般的に等しいという理由であり、第二に、政治的に有益であるものは場所によって異なっており、それゆえ政治的に言って信徒のすべてをひとつにまとめることはできないけれども、信徒たちは「それなしには救済がないという、ひとつの普遍的な信仰」を共有しているという理由である。宗教的なものと世俗的なものは、二つの非常に異なった共同体であるから、それぞれ異なった目的に仕えている。ヨハネスはこれらの共同体を、アクィナスがおこなった方法ではつなげなかった。実際、世俗的な共同体の自律性を擁護するため、彼は、財産に関する論争の仲裁者としての統治者について、よりスコトゥス主義的な考えを展開した。彼の管轄権は彼が統治する人びとによって譲渡されたのである。「ときとして各人の平和はこれらの所有のために妨げられたという理由で、（中略）統治者は、このような状況の管理を引き受けるために人びとによって就かされた[36]」。ヨハネスの意味するところでは、このことが世俗的な領域における権力の源泉であり、そしてこの理由のために教皇は教会の安全が脅かされている場所以外では世俗的な権力をもたないことになる。しかし、宗教的な共同体のうちでの教皇の権力とは何であるのか。一方では、ヨハネスは、教会の指導的地位が人びとのいかなる団体に由来しているのでもなく、「まさしく主ご自身の言葉に[37]」由来していることを確信している。しかし他方では、以上の理由から、たとえもし教皇が彼の権力を乱用しても教会という組織がそれに対抗するいかなる権力ももってはいないということを、彼は容認しないであろう。そのような状況においては、教皇は権力から退けられ、追放されうるのであり、それは「そのことがある意味で本性的だからである[38]」。

それゆえ、もし、われわれが本性という観点から語るならば、権力は共同体「それが政治的な共同体であれ、宗教的な共同体であれ」の組織に帰属しており、そして共同体の善のために上位者に譲渡される。共同体は、団体としての利害をもつだけではなく、さらに団体として行動するのである。この決定的に重要な点において、ヨハネスは、ローマ法の遺産とその法人という理論を利用している。法人においては、ひとつの集団の個々人が、単に、まとまりのない集合体としてではなく、むしろ、ひとつの団体へと「法人化された」ものとして理解されることができる[39]。この団体は、代理人や代表者の命令を通じて、ひとつのものとして活動することができる。この法人の理論を、教会を理解するために用いることによって（これが「公会議主義（conciliarism）」として知られる運動となる）、またそれを政治的な共同体を理解するためにも用いることによって、中世の政治的な思想家たちは共同体という団体に代理権を帰することができるようになった。そして、このことは、政治的な共同体と

その統治者との契約関係という理論への道を、ついに開いたのである。(40)

位階秩序と恩寵

他の人間に対する管轄権の人間的な起源をはっきり表現することにおいて、スコトゥスとパリのヨハネスは、現世においても教皇が普遍的な管轄権をもっているとする主張を支持するために展開された、ほぼ同時代のテーゼとは、真正面から対立していた。すなわち、アウグスティヌス主義者であるアエギディウス・ロマヌスは、一三〇二年頃の彼の著作『教会の権力』で、位階秩序と恩寵という一対の原理を用いて次のように主張していたのである。支配をともなう人間どうしの関係はすべて、―他の人間に対するもの（管轄権ないし統治権）であれ、事物に対するもの（所有権）であれ―教皇の支配に従属することによって正当となる。偽ディオニュシオス・アレオパギテスの著作(41)を利用しながら、アエギディウスは位階秩序を、最も下位の者の最も上位の者への媒介された服従によって、多数のものがひとつのものへと還元されることとして理解した。究極の単一性ないし「一者」は、もちろん、神であり、創造の位階秩序全体は、最も上位の天使から最も下位の無生物に至るまで、神に依存している。アエギディウスは同じ原理を用いて、人間の人間に対する、そして財産に対する位階秩序は、同様に、これらの関係に関する正義の源泉である「一者」、すなわち、この世におけるキリストの代理人としての教皇に依存していると主張したのだ。

まさに全世界の統治においてひとつの源泉があるように―一なる神が存在しており、あらゆるの権力は神のうちにあり、他のすべての権力は神から由来し、そして、すべての権力は神へと帰せられる―、同様にまた人間の統治において、そしてすべての戦う教会において、ひとつの源泉がなければならない。つまり、そこに権力が充満している一人の長が存在しなければならない。そこに、神秘体すなわち教会そのものに対するほとんどあらゆる権力があり、両方の剣［すなわち、宗教的な領域と世俗的な領域の両方を治める剣］がある。(42)

物質的なものを宗教的なものの統率に服せしめるための鍵として位階秩序の関係を利用することで、アエギディウスは、ただ「宗教的な人間」への服従においてのみ、世俗的ないし物質的な領域に関する法の指示（管轄権そして所有権）はなんらかの合法性を有すると主張した。この議論はさらに次のような主張に依存している。すなわち、世俗的なものは、それ自体では、正当性や合法性の原因ではないという主張である。アクィナスの立場に反対して、アエギディウスは堕罪以後の「自然本性」が固有の善を有してはいないと確信していた。その善とは、それによって人間の所有権と管轄権――一般的な意味での主権――が自然本性的にないし倫理的に合法であると理解されうる善である。恩寵の外部では、主権は端的に不正な支配であり、「事実上」そうだというだけの領域は公正さと対立しているかもしれないのである。

正当な主権が恩寵に依存しているという論点は、一四世紀の終わり頃、イングランド人、ジョン・ウィクリフによって、おそらくリチャード・フィッツラルフの著作を経て、再興した。ウィクリフの動機は完全に明確ではない。しかし、恩寵の優越が彼に、当時のイングランド教会の状態に対して非難することを容認させた。そしてさらに、所有権と管轄権に対する教会の要求が根拠のないものであることを示し、そうすることで（他のことがらにもまして）聖職者に対する国王の課税を正当化したのである。(43)ウィクリフの考えは、強烈なしかたで、とりわけパリの神学者ジャン・ジェルソンによって反駁された。ジェルソンがあらゆる自然本性的な存在における一種の自然本性的な権利という自らの議論を展開したのは、部分的には、ウィクリフの極端なアウグスティヌス主義への応答としてであった。[44] ウィクリフの教えは、一四一四年のコンスタンツ公会議で異端として非難された。そして、一六世紀にトマス主義の復興においてもう一度反対された。フランシスコ・デ・ビトリアは、アメリカインディアンは罪人で不信仰者であるから真実の主権をもってはいない（そしてそれゆえ、彼らの所有権を正当に剥奪することができる）という議論を拒絶したときに、まさにコンスタンツ公会議の教令を引用したのである。[45]

歴史・自律・権利

この最終節において、私は二人の思想家に注目したい。彼らは、それぞれ非常に異なったしかたで、アリストテレス主義とアウグスティヌス主義にもとづく議論を組み合わせて用いた。最初の思想家は、中世における最も革命的な政治学の著述家の一人である、パドヴァのマルシリウスである。彼の驚くべき主著である『平和の擁護者』を理解するためには、時代背景を少し知る必要がある。[46] マルシリウスは北イタリアの都市国家、パドヴァの共和制支持派出身である。その地域では、以前の、都市国家における共同統治のシステム・コムーネの組織が、「シニョーリ（signori）」すなわち大君主らの支配によってますます奪われていった。同時に、その地域は教皇と神聖ローマ皇帝との主要な戦場であった。両者は、富裕で戦略的に重要なもろもろの都市に対する支配権や影響力を獲得しようと取り組んでいた。マルシリウスが『平和の擁護者』を書いたとき、皇帝は、その選出が教皇によって無効であると見なされていたが、皇帝が正当なしかたで帝国に属していると要求した都市に対する自分の管轄権を再構築することに着手していった。結果としてその時期には、皇帝は教皇によって破門されたままで、激しい党派争いがすでに勃発していた。教皇による破門に対抗して、今度は皇帝の方は、教皇こそキリストの清貧を異端的なしかたで否定しているから罷免されるべきであると要求していたのである。その結果、フランシスコ会修道士たちと皇帝支持者たちの不安定な同盟が結ばれていたのであるが、マルシリウスが手を組んだのは、この党派であった。しかし、マルシリウスは、都市というものを明確に共和制支持者として理解した点において、一貫して忠誠であった。この忠誠ゆえに、彼がその論争の範囲を超えて、人間の自然本性、政治、そして宗教の三者の関係に関するまったく新しい理解を生み出すことができたのである。

共和制支持者として、マルシリウスは都市の自律性という思想に傾倒した。都市は、生の必要性のためにも、法に関しても、それ自身だけで充足的だという思想である。したがって、彼はトマス主義的な政治理論を退けざるをえなかった。その理論では、政治に関するアリストテレス的な説明が、一方では自然法、他方では神法の間に板ばさみになっており、政治的な立法者は自然法と神法の両方に責任をともなっていたからである。それにもかかわらず、マルシリウスは都市での生が人間の自然本性的な活動の一部であると論じるために、自然本性にもとづくというアリストテレス的な議論を用いようとした。そのため、政治的なことがらに関する都市にとって外部でそれに先行する基準としての自然法を導入しないですむような、自然本性の理解が必要であった。彼はこの理解を、規則性という自然本性の生物学的な概念のうちに見出した。病気や外的な諸存在によって妨げられることがないとき、すべての人間が実際に遂行することは、自然本性的で善いことだという概念である。このことから、彼は、すべての人間が他者とのコミュニケーションや共同体を自然本性的なしかたで求めていると主張することができた。それは、十分に足りる者となるために、そして善い生、すなわち、孤立した居住者には入手できない卓越し教養ある生を獲得するためにである。「それゆえ、われわれは以下のことを、ここで論証されるべきすべてのことがらの原理として規定しよう。それは、自然本性的なしかたで保持され、信じられ、すべての人によって自由に容認される原理である。すなわち、本性を損なわされたり、他のしかたで妨げられたりしてはいないすべての人間は、自然本性的なしかたで十分な生を欲求し、そのうえ有害であることを回避し、避けるのである」[47]。自己充足と教養が国家においてその極みに達する。それゆえ、政治的な共同体はわれわれにとって自然本性的である。しかし、このことは、政治的な共同体が「自然状態」や人間の原初的状態において存在したに違いないということを意味していない。マルシリウスは、もし人間が罪へと堕落しなかったならば、十分な生を生み出す必要がなかったであろうから、いかなる政治的な共同体も存在しなかったことを確信している。十分な生はすでに手元にあったからである[48]。ところが［堕罪によって］人間はその原初の善を奪われてしまった。そして、人間の歴史は人間自らの欠乏を修復しようとする人間の試みを伝えている。このようなしかたで、罪、歴史、そして人間的な秩序の創設に関するアウグスティヌス的な思想は、自然本性と善に関するアリストテレス的な概念と融合された。われわれの現在の状態における自然本性的な人間の善は、国家においてともに十分な、善い生を生きることであり、その善き生のための条件が平穏と平和なのである[49]。この生は、争いと分裂によって脅かされている。そこで、マルシリウスの著書の大部分は、「不穏」というこれらの悪を避けることに関する規定となっているのである。

　われわれが確かめたように、マルシリウスにとってトマス的な意味での自然法は存在しない。しかし、法と正義―すなわち不正を定義しそれを正すこと―が十分な生のために要求される。そうでなければ、共同体は不和と闘争へと崩壊するであろう。それゆえ、人間は自分自身のために法を生み出し、そしてその法にしたがって正義を遂行する権力を生み出さなければならない。マルシリウスによると、この人定法は、人間が善く生きるためにさまざまな共同体へと集められているかぎりにおいて、人間によって生み出された法である。人間による立法の根源―「人的立法者」―は、おのおのの人間の共同体であり、（マルシリウスが書き加えているように）、「そのより重要な部分」である。「立法者、あるいは法の第一義的で本来的な動力因は、選挙すなわち市民の全体集会における言葉によって表明された意志を通じての、人民や市民の全団体、あるいはそのより重要な部分である[50]」。

これ以外に人的立法者になることができるものは、また人間が彼らの共同社会の生においてともに法律を制定することを要求することができるものは、なにひとつ、また誰一人いない。人間の共同体における共同善を決定する能力があるものは人民以外にはなにひとつ、また誰一人いないからである。その法を遂行するために、すなわち、管轄権を行使するために、マルシリウスの共同体は「支配的部分」を設置する。この部分は動物の心臓という全体を存続させる部分に似ている。それにもかかわらず、支配的部分はそれ自体が法なのではなく、さらにその法である、共同体の法に従わなければならない。

したがって、マルシリウスのこの説明は、政治的なことがらに関する定義を与えている。それは、共同体が歴史的・地理的には多様であるにもかかわらず、共同体がそもそも政治的な共同体であると見なされるために、かならずそなえていなければいけないような、基本的で本質的な構造である。政治的な領域に関する機能不全や腐敗は、この有機的な構造がなんらかのしかたで欠陥を拡大し、そしてそれゆえ崩壊し始めるときに起こる。このような分裂の主要な原因は、二つの存在のそれぞれが、自分こそ支配的「部分」なのだと要求するときに生じる。北イタリアでのマルシリウスの時代には、これは皇帝と教皇を意味していた。世俗的な権力と教会の権力が衝突するというこの問題に対する、マルシリウスの解決法は過激である。彼は、キリスト自身の模範に訴えながら、現世での人間に対するいかなる教会の権力も——強制的な管轄権という意味で——端的に存在しないと主張した。それゆえ、そのような権力に対する教皇の要求、そしてその権力の世俗的な領域への拡大は、単に正当でないだけでなく専制的でもある。教権やアエギディウス・ロマヌスのような教皇擁護者の要求とはまったく正反対に、マルシリウスは、教会は世俗に服従すべきであると主張した。

キリスト自身がまさにこの世における支配者の地位と強制的な管轄権を拒絶し、このことによってキリストは彼の使徒たちや弟子たち、そして後継者たちに対して同様にふるまうよう模範を与えただけではなく、キリストはさらにすべての人間が、聖職者も非聖職者も、財産においても身柄においても、この世の支配者の強制的な判断に従うべきであるということを、言葉によって教え、模範によって示したのである。(51)

マルシリウスは真なる教会の管轄権が本当に存在すると考えていた。それはキリストによる管轄権である。しかし、この世の目的にとって、教会の領域は教育や教化の領域であり、それゆえに国家の一部分であって、国家を超えてその上位に位置する何かではない。教会による教化もそれが［人びとに］強制されるかぎりでは、その強制力というものは国家の権力に属しているのである。

マルシリウスのひとつの読み方によれば、彼は世俗的で、共和制の政治理論を提供しているということになる。すなわち、政治のいかなる部分からも教皇を排除する手段としての、政治理論の提供者である。しかし、私がすでに示したように、マルシリウスは人間の国家における支配的部分が宗教的な教えを強制するかもしれないという可能性を無視してはいない。そして彼は、市民がどのような宗教的な教えを受けるかは重要であると考えている。マルシリウスは、単に人間の政治ではなく、キリスト教徒の政治に関する説明を提供した。そしてそれゆえに、彼は篤信の人的立法者に、教会の公会議を召集し、そこでの決定事項を強制することにおいて積極的な役割を与えたのである。(52)マルシリウスにとっては、政治的領域と教会の領域の両方が正しく機能するということは、篤信の人的立法者である神聖ローマ皇帝がすべてのキリスト教徒に対して妨げられることのない管轄権をもっているということにも依存していた。(53)このように、マルシリウスの理論は、単に人間の国家の理論ではなく、キリスト教国家の理論である。その国家とは、そこにおいて人間の要求とキリスト教という宗教の要求がともに満たされることができるような国家に他ならない。

さて［第二に］、マルシリウスの見解を、私が論じようとする最後の思想家、イングランド人フランシスコ会修道士、ウィリアム・オッカムの見解と対比させよう。オッカムもまた皇帝の保護のもと、ミュンヘンで晩年の破門された生活をすごした。彼はまた神聖ローマ皇帝の権利を擁護し、当時の教皇職［その時代はアヴィニョンに在住］による世俗的な管轄権の要求に反対した。しかし、彼は、教皇がこの世での人間に対するいかなる独立した管轄権も有していないという理由で、これらの教皇の要求を否定したのではない。オッカムにとって、教皇が独立した管轄権をもつということは明白なことだった。しかし、それは霊的な管轄権ないし最高権力であって、世俗的な権力ではない。それゆえ、オッカムの大仕事を全体的に突き進めたものは、世俗的な管轄権に対立するものとして、何が教会の管轄権であるかを決定することであった。

世俗的な管轄権を説明するために、オッカムは、彼に先立ってアクィナスとマルシリウスがおこなったように、人間の自然本性を頼みとした。それにもかかわらず、彼の自然本性に関する説明は、両者とは異なっていた。自然法ないし生物学的な規則性という点から自然本性の要請を解釈するかわりに、オッカムは自然本性的な権利という根拠をもとに話を進めた[54]。彼が一般に考える権利は、法律上の能力ないし合法的な力である。そのため、「使用権」とは、「なんらかの外的な事物を使用する合法的な権力であり、この権力は何者も彼の側での過失なしに、そして合理的な理由なしに、彼の意志に反して奪われるべきではない。さらに、もし彼がそれを奪われるのであれば、彼は、彼から奪う人物を法廷に呼び出すことができる[55]」。しかし、「使用権には二種類ある。というのは、自然本性的な使用権があり、また、実定的な使用権も存在する。自然本性的な使用権はすべての人間に共通している。この権利は、なんらかの［自然本性に］後続する制定にともなうのではなく、自然本性にもとづいて保有されるからである[56]」。人間には地上の事物を使用する自然本性的な権利が備わっているというこの考えは、マルシリウスの出発点となった非司法的な自然本性とは異なっている。さらにまた、自然法に関するアクィナスの理論体系からも異なっている。自然本性的な権利—オッカムは個々の人間がもっていると考えていた—は、正しい理性の命令としての自然法、すなわち、神によって裁可された自然法に対立していたわけではない。しかし、それにもかかわらず、この自然本性的な権利は主観的である。それは、自然本性的な権利にもとづいて、この権利をもって行為している個人は、彼の行為を彼自身によって正当化させたという意味においてである。その正当化は、(少なくとも直接的なしかたで)より上位の秩序によってなされるのではない。オッカムにとって、この権利が、この世での人間の生のもつダイナミックな性格を満足させ、正当化するわけである。

オッカムは、われわれには少なくとも自己保存に関する基本的権利が自然本性的なしかたで備わっていると断定する。しかし、堕罪以後の現世での生存可能な人間的生のために必要な、二つのさらなる段階を認める点において、スコトゥスに従った。所有権と管轄権の確立である。しかし、スコトゥスが認可と現実という点から提供した解釈の代わりに、オッカムは、われわれが財産を獲得する権利と管轄権を生み出す権利を自然本性的なしかたで有していると考えた。これらの権利は、そこで人間が生活する国家の構造に関する説明でもあり、その正当化でもある。オッカムの聖書解釈によると、これらの権利は、神によって与えられた権利であるけれども、それらは、キリスト教という宗教も含むいかなる宗教からもまったく独立している。「この世の事物を自分の所有物とし、支配者に管轄権を確立するという、この二種類の権力は、それが神の命令のもとにあり、純粋に倫理的な内容として見なされるようなしかたで、神が信仰者だけではなく非信仰者にも媒介なしに与えたのである。それゆえ、この権力は信仰者も非信仰者も同様に、すべての人を拘束している」[57]。オッカムは、とくにローマ帝国の管轄権に関するキリストの暗黙の承認を頼みとして、合法的な国家の諸構造、とりわけ帝国の構造は、キリスト教に先立っており、それらの世俗的な本性は現在まで無傷のまま存続していることを、繰り返し主張している。

このように、世俗的な領域は、われわれがわれわれの自然本性的な法律上の能力にもとづいてその領域を生み出すという点で、われわれにとって自然本性的なのである。しかし、このことは、政治的な関係が無垢の状態において存在していたということを意味していない。私がすでに示したように、政治はオッカムにとって堕罪以後の歴史の中での、人間の創造性の領域である。それは合法的で正当化されている。しかし、それにもかかわらず、政治は、アウグスティヌス的な視野において、堕罪後の人間の特徴となっている支配への衝動によって特色づけられている。いかなる世俗的な人間の国家が支配や専制を免れることができるかという点に関して、オッカムは曖昧である。ひとつのことが彼に明白である。人間の国家や世俗的な管轄権がどのようなものであれ、教会のないし宗教的な管轄権は、そもそも宗教的な管轄権として見なされるためには、支配を避けることができるだけでなく、避けなければならない。

教皇の首位性は、その地位の名誉や利益のためではなく、その地位のもとにある人びとの善のためにキリストによって制定されたことは、キリスト自身の言葉から明白に知られうることから、それゆえ、それは「専制的」な首位性や、「君主の地位の」ひとつではなく、「奉仕者の」首位性と呼ばれるべきである。そうであるから、キリストによって定められているかぎりにおいて、その地位は、つねに他者の権利と自由を尊重しながら、魂の救済にとって、そして信者の統治と統制にとって必要であることがらに関してのみ及ぶのである。(58)

教会の中には権力がある。しかし、福音は「自由の法」であるから、その権力は自由な人びと（たとえ一時的に隷属の状態にあるにせよ、キリスト教徒としての自由）に対して行使される。したがって、信者の正当な自由に対する権威主義的な侵害は専制である。それゆえ、逆説的なことであるのだが、教会の共同体は—オッカムが明白に指摘しているように—自由と正義に関する古典的な国家の要求が真に満たされる唯一の共同体である。当時の「アヴィニョン教会」の罪は、その文脈はまったく変わったのであるが、国家を専制・支配へと変えてしまうという、古代人たちによって確認された根本的な欠陥なのである。

結語

われわれの出発点に立ち返ると、中世の政治理論は、中世ヨーロッパと中世の教会、それに教会のこの世に対する管轄権の要求という、歴史の特殊な状況によってある意味で支配されていたのだと理解することができる。世俗の領域と教会の領域の間に正しい関係を達成することに、中世の理論家たちの心は奪われた。それにもかかわらず、われわれが同じく確認したように、このことは、実地的な政治に関する差し迫った問題という理解のためだけではなかった。基本的な問いが教皇や皇帝、そして王の権力に関してではなく、全体として正しい人間の統治に関するものであったがゆえに、世俗の領域と教会の領域の関係は重要であった。この世における十分な生を許容すると同時に、人間は自然本性的な被造物以上のもので、世俗的な要求と同様に宗教的な要求も有するというキリスト教的な前提に答えることになる支配構造の正当化ないし設立が問題だったのである。このような視野から政治的な諸問題に取り組むことにおいて、中世の思想家たちは多数の概念を生み出し、発展させていった。その諸概念は、歴史上のしかるべき変更や転換をともないながら、それ以来ずっとわれわれの公共的な人間の生に関する議論を具体化させていったのである。すなわち、それらの概念とは、自然本性的な権利、自らの方向決定のための人間の能力、市民的自治、単に個人としてではなく組織として活動する人びとの能力、そして自由と専制といった考えである。しかし中世の思想家が政治に関して、何にもまして、また、最も永続的な重要性をもつものとして提出し探求した最も基本的な問いとは、「政治とは何か」、「政治はどのような善であるのか」という問いだったのである。

注

（1）中世の宗教的─世俗的な二元性とその政治的な状況に関しては、多くの優れた入門的論述がある。J. H. Burns[13]における J. P. Canning と J. A. Watt の論文、あるいは J. P. Canning[14]での Canning による非常に優れた序論を参照。

（2）アリストテレス『政治学』第一巻第一章。翻訳は、ed. S. Everson（Cambridge,1996）。アリストテレスの倫理的そして政治的思想に関する最近の有益な概論を、C. Rowe と M. Schofield が編集した、*The Cambridge History of Greek and Roman Political Thought*（Cambridge, 2000）の第一五章─第一九章に見出すことができる。

（3）『政治学』第一巻第一章、1252b29-1253b1、Everson 13-14 参照。

（4）キケロ『創案について』第一巻第二章、翻訳は H. M. Hubbell（Cambridge, MA/London, 1949）5-7 参照。

（5）アリストテレス『ニコマコス倫理学』第五巻第一章、翻訳は J. A. K. Thomson and H. Tredennick（London, 1976）173-174。キケロ『義務について』第一巻第二〇章─第二三章、ed. M. T. Griffin and E. M. Atkins（Cambridge, 1991）9-10。この文脈におけるキケロの思想についての優れた概略的分析に関しては、注（2）に示した C. Rowe と M. Schofield 編集著書での E. M. Atkins の論文（477-516）参照。

（6）ヒッポのアウグスティヌス『神の国』第一三巻第一二章─第一四章[58]522-523。

（7）同著第二巻第二一章[58]75。ここではキケロの国家の定義、すなわち「共同体の隆盛」、「正義についての共通理解と利害の共有によって結びつけられた結合体」という定義が批判されている。

（8）同著第一九巻第一七章[58]878。

（9）同著第一九巻第一一章─第一七章[58]865-878。

（10）同著、たとえば第二〇巻第一一章[58]920 参照。神の国と教会の関係は、R. A. Markus[72]117-125 で論じられている。

（11）これらの議論の概略は、G. Post[585] のうちに見出すことができる。また、D. Luscombe[579]参照。

（12）ソールズベリーのヨハネス『ポリクラティクス』[158]。

（13）C. J. Nederman[582]。

（14）さらにまた、アリストテレスの実際のテキスト─主として『ニコマコス倫理学』と『政治学』─の再利用以前に、アリストテレスの思想体系に関するある種の主要な術語がさまざまな資料からすでに利用可能であったことを知るべきである。C. Flüeler[576]

I 1-15 と G. R. Evans[574]15-16 参照。

(15) この時期における政治思想に関する論点への法の適用についての概略的な論述として、K. Pennington[584]参照。

(16) とくに、『学説彙纂』の最初の題名による「正義と権利について」というテキスト[577]。

(17) この言語は、B. Tierney[589]第二章で分析されている。

(18) この論文（それは、『君主統治論』としても知られている）は、ごく最近、J. M. Blythe によって、ルッカのプトロマエウスによる『君主統治論』[382]という、より大きな著作の一部として編集され英語に翻訳された。そこでは、その『君主統治論』は一般にアクィナスのものとされている『王制論』の続編とされている。Blythe の序論が著作年代と原作者の問題に関する優れた概観を提供している。また、C. Flüeler[576]I 27-29 参照。私が翻訳に用いたラテン語のテキストは、H. F. Dondaine によって『王制論』[224]XLII 449-71 として編集されている。

(19) 同著第二巻第三章、[224]XLII 466。[しかし、この記述は同著第一巻第一四章のものであるように思われる]。

(20) 同著第一巻第一章、[224]XLII 449。

(21) C. Flüeler[576]による引用の立場で論じられるように。同様に、Flüeler による年代決定と、『王制論』をアクィナスの政治哲学の円熟した陳述とすることを受け入れている、J. Miethke[581]25-45 における議論を参照。

(22) 同著第二巻第三章、[224]XLII 466。[しかし、この記述は同著第一巻第一四章のものであるように思われる]。

(23) アクィナスの法に関する考察は、『神学大全』第二部の一第九〇問題から第九七問題[233]vol.28 に認められる。このうち、第九〇問題が「法の本質について」、そして第九一問題が「法の多様性について」である。

(24) 『神学大全』第二部の一第九一問題第二項。

(25) 『神学大全』第二部の一第九四問題第二項。アクィナスの自然法思想に関しては、膨大な量の文献がある。その思想の紹介は、D. E. Luscombe in *CHLMP* 705-719 によって与えられている。また、D. J. O'Connor[253]参照。さらに最近、J. Finnis が彼の *Aquinas*[240]79-94 に自然法に関する議論を含めており、219-274 ではアクィナスの政治思想を論じている。

(26) 『神学大全』第二部の一第九二問題第一項。

(27) 私は、『神学大全』第二部の一第一〇五問題第一項での「混合政体」という記述によって、人間性の欠陥のために、とくにそこで彼らの法が問題にされているユダヤ人の想定された貪欲さのために、アクィナスがこの箇所で人びとの役割を次善の解決であることを明白にしていると、確信しているわけではない。異なった見解に関しては、J. M. Blythe[571]47-56参照。このことは、アクィナスが人間の腐敗をまさに真実の問題として、そして政治的なことがら本来の領域の一部であると理解していることを否定するものではない。

(28) 清貧の思想とそこから間接的に生じる司法上の難点に関する一般的な概論として、Coleman[573]参照。ごく最近そして完全なものとして、S. Lambertini[578]参照。

(29) ドゥンス・スコトゥス『命題集注解』第四巻第一五区分第二問題、Opera omnia, 26vols.（Paris, 1891-95）XVIII 256-271。私は[312]14-17への序論で、このテーマをより詳細に論じている。

(30) スコトゥス同著256。

(31) 同著265。

(32) 同著266。

(33) J. Coleman[280]。以下では、私はこの小冊子の著者に言及するために、習慣的であるので、原著者の問題が論争されていることは認めながらも、「パリのヨハネス」の名前を用いることにする。

(34) パリのヨハネス『王権と教皇権について』第一章全体と第一七章[279]182。

(35) 同著第三章、84-85。

(36) 同著第七章、103。

(37) 同著第三章、84。

(38) 同著第二五章、252。

(39) B. Tierney[588]のとくに132-178参照。

(40) 公会議主義とその世俗の政治的理論との関係についての多くの二次文献が存在している。C. Fasolt[575]のうちに公会議主義とその展開についての善い論述が、そして二つのより以前の研究がA. Black[568-569]によってなされている。世俗の政治の理解にとって公会議主義がどのような帰結をもったかについては、[583]に集められた。F. Oakleyの影響力の大きな評論のうちに扱われている。J. Quilletは[586]でこのような考え方に関するより世俗的な次元の梗概を与えている。

(41) J. Quillet[586]66参照。

(42) アエギディウス・ロマヌス『教会の権力』第三巻第二章[270]147。その文脈に関して、W. Ullmann[590]参照。より最近のものとしては、J. Miethke[581]45-56参照。

(43) M.J.Wilks[354]参照。また、A. Black[570]79-82の見解を参照。

(44) B. Tierney[589]ch.9とA. S. Brett[572]ch.2参照。

(45) フランシスコ・デ・ビトリア『アメリカインディアンについて』第一巻第二章[621]240-243。

(46) この時代背景に関するより完全な説明として、Q. Skinner[587]I 12-22参照。

(47) パドヴァのマルシリウス『平和の擁護者』第一講第四章第二節[303]12。

(48) 同著第一講六章。

(49) 同著第一講の最初の章[303]3で立案されている。

(50) 同著第一講第一二章第三節[303]45。マルシリウスは、同じ章の第四節と第五節で、「より重要な部分」によって彼が何を意味しているかをはっきり説明している。それは「統治組織の名誉ある慣習」によってか、アリストテレスの原理［量的考察と質的考察の混合］にしたがって決定される。そして、共同善が何人かの人間の「ゆがんだ自然本性」によって妨げられないように、それは全体としての市民を「代表する」と言われる。批評家らは、マルシリウスの都市における人民の主権のために、このことの意味が正確に何であるかという点に関して、意見が異なったままである。

(51) 同著第二講第四章第九節[303]119。また、とくに第二講第九章と第二五章参照。

(52) 同著第二講第二一章。

(53) 皇帝と篤信の人的立法者に関するこの同一視は、公会議を招集する権力について論じている、同著第二講第二一章において明白である。同著第一講第一二章第三節におけるマルシリウスによる立法者の定義は、「主要な立法者」がその役目を一人か複数の人間に委託することを明確に容認している。ローマの人びとからローマ皇帝への立法権の移動過程は、『(平和の）擁護者小論』第一二章[304]において明らかに想定されている。それにもかかわらず、最終結果は、皇帝がキリスト教徒全体に対して、最高の支配的部分と最高の立法者の両方であるように思われ、何人かの学者は、『平和の擁護者』第一講におけるいくつかのより共和制よりの論述に矛盾していると考えた。『平和の擁護者』に関する「皇帝よりの」解釈としては、とくにJ. Quillet[305]参照。「共和制よりの」解釈としては、N. Rubinstein[306]参照。

(54) 自然本性的な権利という構想は、オッカムがこの概念を使うようになる前でさえ、複雑な展開をなしていた。B. Tierney[589]とA. S. Brett[572]第一章参照。ごく最近では、V. P. Mäkinen[580]参照。フランシスコ会の清貧に関する再開された論争に関連したオッカムの考えの発展については、J. Miethke[321]参照。

(55) ウィリアム・オッカム『九〇日間の書』第二章[310]24。

(56) 同著第六一章[309]II559。

(57) ウィリアム・オッカム『専制的な施政に関する小論』第三巻第八章[314]。オッカムの政治思想の領域全体は、A. S. McGrade[320]で詳細に論じられており、そして *COck*3 02-35でJ. Kilcullenによって概説されている。

(58) ウィリアム・オッカム『皇帝と教皇の権能について』第七章[312]90。

（佐々木　亘　訳）

第13章　中世哲学はどのように後世の思想に足跡を残したか

P・J・フィッツパトリック、ジョン・ホールデン

中世哲学史が書かれる場合、たいてい最後の方の章に書いてあるのは、スコラ的な総合体系はいかにして崩壊したのか、だとか、スコラ哲学がいかにして退潮し無視されるようになったのか、といったことである。しかし、本書の立場から見れば、事態はこのような説明よりもずっとややこしい。本書はスコラ哲学と中世哲学を同じものだとは考えないし、体系的な総合が哲学の目指す最高の理想だとも見なさないからだ。もちろん、中世哲学が後世の思想にどのような足跡を残したかということについて十分な歴史を描こうとすれば、ゆうに一冊の本を書かなければならない。だから、この章ではいくつかの重要な点に触れるだけにしたい。スコラ哲学が退潮し無視されるようになったことはやはり取り上げようと思う。だがそれだけではなく、中世哲学への関心が再び高まっていることを説明してしめくくりたい。じっさい、本書もそうした関心の高まりの結果のひとつであり、同時にそうした関心をさらに高めるのに寄与したいと願うものであるだからだ。

ルネサンスと一七世紀

P・J・フィッツパトリック

チョーサーの『カンタベリー物語』に、「アリストテレスとその哲学」に関する書物を俗世の楽しみよりもはるかに好むようなオックスフォードの学者が出てくる。この種の伝統に属する哲学者たちのことを、フランシ

ス・ベイコンは一五九七年に『学びについて』というエッセイで」「ゴマ粒の分類屋（cymini sectores）」と呼んでいる。「どうでもよいことをこまごまと区別する人たち」という意味である。つまり、この人たちの書物を読んだとしても事物をこまごまと区別する役に立つだけだ、というのだ。またモリエールは一六七三年に『病は気から』という喜劇に」同種の人々を登場させている。阿片が眠りを誘う理由を説明するために、阿片の「催眠力」なるものを理由にする人々である。

さて、このようなカリカチュアから三つのテーマを得ることができる。第一に、アリストテレス哲学の位置づけである。第二に、区別の意義である。第三に、近世の様々な新発見に直面した中世哲学のありようである。

［以下、この順番に論じてゆくことにしよう。］

アリストテレス哲学の位置づけ

スコラ哲学がアリストテレスを吸収したとき、トマス・アクィナスが果たした役割は強調に値する。その理由のひとつは、アリストテレスからたくさんの思想を取り入れたことである。しかしもっと強調すべき理由は、一見したところキリスト教の信仰と調和しそうにないアリストテレスのテクストを信仰と整合的に解釈できるだけの力が、アクィナスにあったということだ。ところが、われわれがルネサンスと呼んでいる時代になると、古代の文学や哲学が非常に多様きわまりないことがわかってきた。また、古代世界とキリスト教ヨーロッパとのあいだに大きな隔たりがあったこともわかってきた。その結果、古代の思想とキリスト教の信仰とを整合的に総合することは、急務であるとは見なされなくなった。むしろ、ギリシアとローマの思想は、それ自体として、それ自体の言葉で研究されるべきものとなる。じっさい、古代世界では哲学の書物はたいていギリシア語で書かれたのだが、中世の人たちは古代の書物をラテン語訳で、場合によっては［アラビア語などからの］重訳で読まなければならなかった。しかしルネサンス期には［文献学が進んだ結果］こんなことをする必要はなくなったのである。

一般にカイエタヌスとして知られるトンマーゾ・デ・ヴィーオ・ガエターノは、彼の生きた時代［一六世紀］にあって卓越した人物だ。彼はトマス・アクィナスの『神学大全』に註解を書いたが、これは後に『神学大全』についての標準的な註解となる。また、ドミニコ会の総長となり、後には枢機卿にもなった。皇帝マクシミリアン一世は、十字軍遠征の提案に関してカイエタヌスの意見を尋ね、教皇クレメンス七世は、ヘンリー八世の離婚の提案に関してカイエタヌスの意見を尋ねた。教皇レオ一〇世は教皇特使としてカイエタヌスをルターとの会談に派遣した。そういうわけで、一五三四年に死を迎える頃には、カイエタヌスはやがて教皇になるだろう、と噂されていたのも驚くことはない。しかし、カイエタヌスはこれ以外にも重要なことをした。われわれの目下の関心に直接に関係するのは、この出来事である。一五一二年から一五一七年にかけて第五ラテラノ公会議が開催された。そこでは、魂の不滅というキリスト教の信仰を［哲学的に］弁護する義務を［大学の］哲学教師たちに課す、という議案が審議された。このとき反対票を投じた参加者はたった二人だけだったが、その一人がカイエタヌスだった。カイエタヌスがこのとき議案に反対したという出来事は、中世が終わりを迎えるにあたり哲学に生じつつあった変化の、ひとつの具体例であると言える。

一五〇三年の待降節にローマで行った説教や、一五〇七年に書いた『神学大全』への註解を見るかぎり、カイエタヌスはまだ魂の不滅性について従来通りの標準的な証明を行っている。その第一の論拠は、知性の活動が身体から独立している、ということであり、第二の論拠は、だれもが永遠の生命を求めている、ということである。たしかに待降節の説教は、この問題について多くの思想家が感じた難点に言及している。けれども、ここでカイエタヌスは、自分の説がそのよう難点を解決するものなのだと主張している（Laurent［593］XXIII）。同じく『神学大全』への註解も、アクィナスが『神学大全』第一部七五問で提示した一連の証明に異論を唱えてはいない。

ところが、カイエタヌスは一五一〇年にアリストテレスの『霊魂論』への註解を公刊する――『霊魂論』でアリストテレスが考察しているのは、何よりも魂の地位、ならびに魂と身体の関係についてである――そしてこの註解には、一五一三年のラテラノ公会議でカイエタヌスが反対票を投じた理由が示されている[1]。

カイエタヌスは『霊魂論』の第一章に含まれる二つのテクストに何度も言及する。その箇所でアリストテレスが言うには、魂の活動のなかには、その定義のうちに身体を含むようなものがある。たとえば「怒り」がそうである。続けてこう言われる。「知性認識の活動こそが（魂に）もっとも固有のものであるように思われる。しかし、もし知性認識の活動がファンタシアー［表象のはたらき］であるか、あるいはファンタシアーなしでは成立しないものだとすると、知性認識の活動も身体なしに存在することはできないことになるだろう（四〇三a五―一〇）」と。アリストテレスの著作のなかで「ファンタシアー（phantasia）」という言葉がどういう意味なのかは、かならずしも一つに限定されない。けれども、カイエタヌスの理解では「ファンタシアー」は感覚の活動である。またカイエタヌスは「ファンタシアー」という語を「ファンタスマ［表象像］（複数形ファンタスマタ）」と置き換え可能な語として用いている。それで、カイエタヌスの理解では、アリストテレスが右の文章で考えていたことは次のようになる。すなわち「ファンタシアー」が知性認識にとって不可欠なものであるという事実は、知性の活動が「魂に固有のものである」こと、つまり知性認識がその本質のうちに身体を含まない活動であるということに対する、大きな障礙となりうる、と。たしかに知性の活動は身体の活動と区別できるかもしれない。けれども、区別があるということは、別々な事物として分離できるということと同じではない。むしろ、ここで言われる区別とは、われわれが幾何学の図形について行うような区別［つまり、抽象すること］なのである。その証拠に、アリストテレスは同じ章で次のように書いている。「直線は、それが直であるというかぎりで、それに付帯するさまざまな性質を持つ。たとえば、青銅の球に一点で接触するということである。しかし、もし抽象されるなら、そのように接触することはない（四〇三a一二）」と。

カイエタヌスは、これらのテクストを詳しく論じ（第一巻要約および三一・四〇・四七節）、アリストテレスの結論は次のようなものだと述べる。知性認識の活動と身体とのあいだに認められるのは「形相的分離（separatio formalis）」だけである。つまり、幾何学の図形とそれが物理的に具体化されたものとのあいだに見られるような区別と同様な区別だけである。しかし、このような区別ができるからといって、幾何学の図形はその物理的な具体化なしでも存在できるという結論を導くことはできない。［それゆえ同様に、知性認識の活動が身体から区別されるからといって、それが身体なしで存在できるという結論を導くこともできない。］

『霊魂論』第三巻で、魂が身体から分離できるかということを論じる箇所を註釈する際にも、カイエタヌスは上述の一節を念頭に置いている。魂が身体から分離できると認めてよいのは、知性認識が魂に固有の活動であると認めてよい場合にかぎる。しかし、カイエタヌスは言う。当の活動が「身体に依存しない」と言われるとき、ここに当てはまりうる「身体に依存しない」ということには二種類があるのだ。第一に、知性認識の活動には対応する身体器官が存在しないという意味で、知性は「身体に依存しない」ということである。アクィナスや他の哲学者たちはこの意味で「身体に依存しない」ということを考えている。第二に、もっと強い意味で「身体に依存しない」ということである。つまり、身体へのあらゆる種類の依存を否定するものである。カイエタヌスによれば、アリストテレスはこの第二の意味で「身体に依存しない」ということを考えている（[592]第三巻［二章］一〇六―一〇八節）。ところで、中世の著作家たちは、アリストテレスが行った可能知性（intellectus possibilis）――すなわち、われわれがそれによって知性認識するような知性――と能動知性（intellectus agens）――すなわち、われわれが感覚器官から得られた表象像を、それによって知性認識可能なものにするような知性――との区別をさらに発展させていた。この区別を踏まえてカイエタヌスは、アリストテレスの考えを次のように解釈する。強い意味で「身体へ依存しない」ということは、能動知性だけに当てはまる。じっさい、可能知性の活動はどれも表象のはたらきと、つまり感覚のはたらきと混ざり合っている。これに対して、能動知性だけが、自分自身の本質にもとづいて中断なく知性認識することができる。それゆえ、能動知性だけが「存在において分離されている（separatus in essendo）」のであり、可能知性はたんに「形相的に分離されている」だけである（カイエタヌスは、ここでも幾何学図形の比喩を引用している）。したがって、身体から分離可能で不滅なのは能動知性だけであり、可能知性は可滅的である（第三巻［一章］九三―九五節）。カイエタヌスの考えでは、以上のような解釈は、アリストテレスの他のテクストとも整合的である。そのテクストでは次のように言われている。われわれ人間が幸福になりうる可能性は限定されており、永遠なものではない。なぜならわれわれの魂は、ただ能動知性の光を分かち持つあいだだけ知性的であるからだ、と（第三巻［二章］一一五節。カイエタヌスが参照しているのは『ニコマコス倫理学』［第一巻］である）。

カイエタヌスは、自分の関心はもっぱらアリストテレスの見解を説明することだけであり、アリストテレスを攻撃したり擁護したりする役目を担っているとは見なされたくない、と繰り返し主張している（第三巻［一章］一節）。また『霊魂論』第三巻への註解のもっと後の箇所では、自分は「哲学的な諸原理に基づいて」可能知性の不滅性を証明しようとしたのでは決してなかった、と明確に述べている。とはいえ、カイエタヌスの註解は、真理には異なる二つのレベルがあるのだという［いわゆる二重真理］説に訴えるものではない。キリスト教の教理は「魂は可滅的である」という命題が偽であることを示している。そして、偽である命題が他の真である命題（つまり哲学的諸原理）から導かれることはありえない。カイエタヌスは次のように続ける。「私は、このギリシア人の（istius Graeci）意見をたんに説明しようとしているだけである。そして、この意見は哲学的諸原理からしても偽であることを後で証明しよう」と（第三巻［二章］一〇二節）。じっさい、カイエタヌスは、続く箇所でこの証明を試みている（一〇三節以下）。だが、彼が提示する解決を検討する前に、カイエタヌスが行ったアリストテレスの意見の説明が実際に反発を招いた理由を見ておく必要がある。

トマス・アクィナスが提案した魂についての見解は、アクィナスが考えるアリストテレスの思想と、従来のキリスト教の信仰とを、一つに総合しようとするものだった。人間の知性認識の源泉は感覚や、感覚から得られる表象像（phantasmata）であるというアリストテレスの説明を、アクィナスは受け入れた。だが、アクィナスにとって、この説明は魂の不滅性を排除するものではなかった。じっさい、知性認識が表象像に「依存している」のは、表象像が認識の対象であるかぎりにおいてである、とされる。つまり、知性は器官であるかぎりの身体に「依存している」わけではない（この点で、視覚が眼に依存しているのとはちがう）。知性が身体から切り離されたときには、認識の対象であるかぎりの表象像の欠如を、神の力が補填してくれるだろう（たとえば、『神学大全』第一部八九問第一項）。このようにして、［アクィナスの場合には、］キリスト教の信仰と両立するのみならず信仰の支えとなるような哲学的枠組を、アリストテレスが提供してくれると考えられていた。

しかし今や、卓越した神学者であり［アクィナスと同じく］ドミニコ会士で、しかも枢機卿であるような人物［カイエタヌス］が、以上のような総合に反する思想家としてのアリストテレス像を描いたわけだ。［これはショッキングなことだったろう。］カイエタヌスの挑戦を引き受けたのは、二人のドミニコ会士、バルトロメウス・スピナとアンブロシウス・カテリヌスであった。カイエタヌスに対する二人の攻撃は怒りに満ちた激しいものだった。いわく、アリストテレスは、すでに神学者たちと哲学者たちがともに受け入れる知恵の一部となっていた。それなのに、アリストテレスをこのような伝統から引き離すことで、カイエタヌスは自己の才能を浪費し、恐れと失望を惹起した、と。(2)

カイエタヌスが、アリストテレスの間違いを哲学的原理にもとづいて証明しようと請け合っても（第三巻［二章］一〇二節）、また、魂の不滅性はアリストテレス自身の認める原理に依拠して証明できると主張しても（第三巻［一章］一〇三節）、敵対者たちのいらだちは鎮まらなかった。カイエタヌスは、アクィナスが用いた議論（『霊魂論註解』第三巻六八〇節）を引き合いに出す。すなわち、知性には身体的器官がない、ということだ。そのため、知性が身体に依存していることは――このことはアリストテレスにとっては無条件にその通りだったが――実際には付帯的に［非本質的に］（per accidens）でしかない。したがって、アリストテレスが指摘した難点、つまり、知性認識が表象像に依存しているなら知性認識は「魂に固有の」活動ではないことになりかねない、という難点は回避できる。（第三巻［二章］一二〇節）。しかしながら、魂の身体への依存を「付帯的な」ものであると見なすことは、知性的魂は身体の形相であるというアクィナスの主張（『神学大全』第一部七六問第一項）と、容易に両立するものではない。のみならず、アクィナスが区別した、器官であるかぎりの身体への依存と、認識の対象であるかぎりの表象像への依存という区別は、ここでは考慮に入れられていない。というより、カイエタヌスにとって、このような区別は維持しがたいということだったのかもしれない。というのも、カイエタヌスの解釈では、知性的な活動が身体に根源的に依存しているという主張こそが、アリストテレスの真意だったからである。おそらくカイエタヌスの敵対者たちにとってもっともいらだたしかったことは、一連の証明をしめくくるにあたって、カイエタヌスがさらに次のような論拠を提示したことであろう。この論拠はたしかにアクィナスの著作にも見られはする（『対異教徒大全』第二巻六八章）。しかしその本当の起源は新プラトン主義なのだ。すなわち、宇宙の調和のためには、質料的な形相の上位、天使の霊的形相の下位に、これら二つのレベルを共有するようなありかたをする形相が存在しなければならない、という論拠だ（第三巻［二章］一二二―一二三節）。そしてカイエタヌスが付け加えて言うには、ただこのような形でのみ、人間の魂の地位は保障されるのである。なんとまあアリストテレスから遠くまで来たことである。(3)

以上から、カイエタヌスが第五ラテラノ公会議で投じた反対票にどのような意味があるのかを、はっきりと理解することができる。カイエタヌスの目の前には、アリストテレスを中心に置く宗教的思索の伝統があった（アリストテレスを中心に置くことは、アクィナスが成し遂げた総合の成果であった）。同時にカイエタヌスの目の前には、古代世界の思想をそれ自体の言葉において理解しようとする同時代の人たちの挑戦があった。そして、この二つのことがらは単純に調和するものではなかった。しかしながら、カイエタヌスは、知性が身体に根源的に依存しているというアリストテレスの主張に強く心を動かされていた。そして、この主張に反論しようとするカイエタヌスの試みは、アクィナスが書き残したことがらと容易に折り合うものではなかった。アリストテレスの威光には依然として影響力があった。しかし、その影響力の向かう方向は、他の人々が好ましいと思うものではなかったのだ。カイエタヌスは後年の『ローマの信徒への手紙』に対する註解のなかで、魂の不滅性を、神の予定によって提起された謎の一つに数えいれている。つまり、魂の不滅は信仰に関わることがらであり、論証に関わることがらではないとされたのだ。総合と調和は中世の特徴である。カイエタヌスの著作は、そうした時代が終わったということを示している。

区別の意義

たしかに扉を見分けることを学ぶことは猫にもできる。しかし、そこから「四角」という概念にたどり着けるのは人間だけだ。アクィナスによれば（本書第九章の「認識」の箇所を参照）、概念を形成するということは、感覚から得られたデータ、つまり感覚器官のうちに存在する個別的な表象像（phantasmata）を、能動知性が新たに普遍的な存在様式へと引き上げる、というプロセスである。言い換えれば、表象像のうちに含まれていた共通本性を、個別化する質料的な条件なしに表現するようなもの〔可知的形象〕を、能動知性が可能知性のうちに産出するということだ。だからこそ、われわれは扉を見て、そこに書籍のページの形がもつのと同じ性質をもつ形を「見る」ことができるのであり、二つの形をどちらも「四角」と呼ぶことができる。以上のような説明は、大昔から今日までずっと続いている哲学的問題〔つまり、概念や普遍の問題〕に答えようとするものである。〔この問題に関する〕目下の時代の二人の著者たちの意見のちがいを検討すれば、中世哲学に関連するもうひとつの重要な問題を考える助けになるだろう。すなわち、区別するとはどういうことかという問題である。

二人の著者のうちの一人は、すでに紹介したカイエタヌスである。ただし、ここでは、カイエタヌスがトマス・アクィナスの『神学大全』について書いた註解を取り上げることにしたい（この註解は、『神学大全』のレオニナ版にいっしょに収録されている）。もう一人の著者は、カイエタヌスの一世紀後の人物、スペインのイエズス会士フランシスコ・スアレス（一五四八―一六一七）である。カイエタヌスとスアレスは、アクィナスがこの主題〔概念の形成〕を論じた箇所を検討し、能動知性が不可欠であると主張するアクィナスの論拠に同意する。しかし、概念を形成する際に能動知性はいったい何をしているのだろう。このさらなる問いに二人の著者は取り組む。

カイエタヌスは（『神学大全』第一部七九問三項に対する註釈で）能動知性と表象像がなんらかの共同作業をするという考えに反対するような、中世のある反論を紹介している。それは次のようなものだ。表象像が質料的〔物質的〕なものだとしたら、知性に働きかけることはできないだろう。というのも知性は〔質料的なものよりも〕高いレベル〔霊的なもの〕に属するものだからだ。そして、このような働きかけの不可能性は、かりにもし能動知性の〔表象像に働きかける〕能力が認められたとしても問題として残るだろう。じっさい、表象像は質料的なものであり、質料的なものは霊的なものに影響を及ぼすことができないからだ。〔以上のような反論である。〕――このような反論に対して、カイエタヌスは次のように答える。表象像について、表象像が自分のうちに最初から概念を含んでいて、能動知性は単にそれを引きだすだけでよいと考えることは正しくない。事実、表象像は質料的な存在のレベルに属し、またそのレベルから出ることはない。したがって、能動知性が［表象像に］加える作用とは、むしろ次のようなものだと考えられる。つまり、それまで他と独立に存在していた表象像を、何か他のもののために役立つようなものにすること、これである。かくして、表象像は、それまでなしえなかった役割を果たすことができるようになる。その結果、能動知性は、可能知性そのものから概念を引き出すことができるようになるのだ、と（第四および第五段落）。

カイエタヌスは、さらに続けて、表象像を普遍的な可知的レベルにまで引き上げるプロセス、つまり「抽象（abstractio）」について取り上げ、詳細に検討する。このためにカイエタヌスは、まず［比喩として］光の作用の二種類の結果を区別する。第一に「形相的（formalis）」な結果［新しい形相を導入する］である。これは、光の媒体（medium）となるものが、つまり中世の用語で言うところの「透明体（diaphanum）」が照明されるということである。第二に「対象的（obiectivum）」な結果［新しい形相を導入するわけではない］である。これは、［光を投射された］物体が照明されるということである。同様に、表象像は能動知性の光によって「対象的に」照明される。このとき、表象像に含まれるすべてのものが照明されるのではなく、個別性を伴わない本性のみが照明される。これに対して、可能知性のうちに形成される概念は、能動知性の作用の「形相的な」結果である。そして、この概念は、その本性それ自体からして［個別性から］抽象されており、霊的なものである。他方、対象的に照明された表象像も抽象された霊的なものであると言えるのだが、そうであるのは、能動知性の照明を受けているかぎりのことである（第九段落と第一〇段落）。

スアレスは『霊魂論註解』第四巻で同じ問題を検討している。彼は、表象像と能動知性という二つのものがどちらも必要であることを認める。そのうえで、次のように問いを立てる。表象像を照明するという能動知性の機能をどのように理解したらよいだろうか（[616]第四巻二章四節）。カイエタヌスの主張はどのようにしたら受け入れられるだろうか。能動知性のすべての活動は霊的なものである。だとしたら質料的なものである表象像に働きかけることができるのはなぜか。逆に、表象像それ自体は変化しないのだとすれば、表象像が照明されると言われるのは、いったいどのような意味でなのか（第四巻二章五節）。［以上のような問いである。］これに続けてスアレスは言う。以上のような問いに対して次のような回答を示唆した人々がいた。すなわち、表象像は能動知性の「道具（instrumentum）」であり、表象像と能動知性のあいだには、ある種の力能的な接触（contactus virtualis）があるのだ、と。――だが、［スアレスの考えでは］このような主張はたんに言葉遊びにすぎない。じっさい、低いレベルに属する道具が、それよりも高いレベルに属するものに働きかけることができるのはどうしてなのか。神学者たちは、神が［霊的な存在である］悪魔を罰するために［物質的な存在である地獄の］炎を用いることができるのはなぜなのかを説明するときに、すでにいやというほどのアポリアに出くわしたのではなかったか（第四巻二章七節）。能動知性と表象像のあいだに想定できるもっとも密接な結びつきは、両者がどちらも同じ魂に根ざしているという事実である。しかし、この事実だけでは、上記のような「道具」としての役割を十分に説明できない。じっさい、次のように反論することもできるからだ。すなわち、表象像が霊的な魂に根ざしているのであるとしたら、表象像は最初から［質料から抽象された、霊的なレベルにあるのだから］能動知性を必要としないではないか、と（第四巻二章八節）。

それゆえ、次のように述べるのがもっともよい、とスアレスは結論する。表象像の役割は質料因であり、作用因ではない、と（第四巻二章一〇節）。これは、霊的なものである概念が、質料的なものである表象像から引き出される、という意味ではない。そうではなく、同じ魂のうちにある能動知性と表象像とが結びつくことで、表象像は、なにか質料のようなものを能動知性に提供し、能動知性がそうしたものに働きかけることができるようにするということだ。このとき表象像は、いわば見本（exemplar）のようなものとなる。このような結びつきのおかげで能動知性と表象像のあいだには、驚くべき秩序と協和（consonantia）が成り立つ。知性が機能すると、まさにそれゆえに表象像も連動するのである――ただし、スアレスはここでは［表象像という語ではなく］想像（imaginatio）という語を用いている（第四巻二章二節）[4]。

ゴマ粒の分類屋（cymini sectores）。カイエタヌスとスアレスのあいだの以上のような意見のちがいからは、中世において「区別する」とはいかなることであったかがわかる。

そもそも、区別するということは、切り分けることではない。たとえば、リンゴの形と色を区別するということは、リンゴの皮をむくのと同じことではない。たしかに、切り分けるということは、ある事物と他の事物が異なる事物であるということを示すためのいちばん明白で分かりやすい方法である。あらゆる言葉を名詞のモデルに従って理解したい［異なる語には別々な事物が対応すると考えたい］という誘惑には、いつの時代の哲学者たちにとってもあらがい難い魅力があった。だからこそ、哲学者が区別を詳しく分析するとき、対象を切り分けているのだと見なされてしまいやすいのだと思う。もっとも、それは見ることも触ることもできないレベルでの切り分けだ、ということになるのだろうが。［たとえば、リンゴから円い形を抽象したとき、円い形だけをリンゴから切り離しているのだと見なされやすい。ところが、そのような形は見ることも触れることもできない形であるだろう。］

さて、この問題についてアクィナス自身が書いていることと、カイエタヌスやスアレスについてこれまで見てきたこととのあいだにはちがいがある。このことに注意を向けてゆきたい。アクィナスは『神学大全』第一部六七問一項で、「光」という言葉を霊的な事物に用いることは適切なのか、と問うている。アクィナスはこう答える。言葉のもともとの意味（prima impositio）と、言葉の応用（usus nominis）とを区別しなければならない。たとえば「見る（visio）」という語は、もともとは視覚について用いられるが、そこから意味が拡張されて、他の感覚にも応用される。これと同じように「光（lux）」という語は、もともとは視覚に対して事物を明示するものを指すために用いられるが、そこから意味が拡張され、あらゆる種類の認識に関して、対象を明示するものを指すようになる、と。じっさい、すでに見たように、光に関する語彙が能動知性に対して応用されていた。だがこれに対しては、次のような異論がある、とアクィナスは言う（『神学大全』第一部七九問三項第二異論）。すなわち、能動知性の働きに「光」に関する語を用いることはできない。じっさい、視覚にとって光が必要なのは媒体（medium）を照明するためであるが、知性の働きには媒体は必要ない。したがって、表象像を照明する必要はない。以上のような異論である。――これに対するアクィナスの応答はこうである。光の役割に関しては二つの意見がある。⑴第一に、光は対象に直接的に作用する、という意見。⑵第二に、光はまず媒体に作用する、という意見。どちらの意見を選ぶにせよ、能動知性は光に似ていると言える。なぜなら光が視覚のために必要であるのと同様に、能動知性は知性認識のために必要だからである。ただし、第一の意見⑴を採用した場合には、類似の程度は高くなる。というのも、光が色［つまり視覚の対象］を［現実態において］可視的なものにするように、能動知性は概念［現実態において可知的なもの］を作り出すからだ。これに対して、第二の意見⑵を採用した場合には、両者の類似は、視覚においては光が必要であり、認識においては能動知性が必要である、という一般的な必要性に留まる。この場合、光と能動知性の比較に媒体は関与しないことになる。

別の言い方をすれば、視覚に関する語彙を知性の領域にまで拡張したとしても、概念形成のメカニズムについて特定の立場に組することにはならない、とアクィナスは考えている。重要なのは、感覚器官から得られるデータから、実際に用いられている概念にまで至る道のりを追跡しうるということだ。そして、概念に関しては「明示する」という事態が成立しているのだから、そのかぎりで光にまつわる語彙を用いてよい[5]。

光に関する語彙を転用することは、ある意味で、自己完結した仕事である。要するにこの比喩は、色がそれだけでは視覚の成立を説明しないのと同じように、表象像はそれだけでは概念の成立を説明しない、と言っているにすぎない。この比喩を十分だと思う人もいるだろうし、もっと補足が必要だと思う人もいるだろう。いずれにせよ比喩それ自体からは、概念形成のメカニズムについて得られるものはない。それどころか、そもそも概念形成などということが本当に起きているのか、それともたんに混乱した理解が生じているだけなのかもわからない。光の比喩だけでは、エウクレイデスによる四角形の分析［科学的知識］を、骨相学者の「慈愛の大きさを示す頭部当該箇所の隆起」［トンデモ学説］から区別することはできない。そもそも「概念形成（conceptualization）」という言葉それ自体があまりにも一般的すぎて、役に立たないものなのかもしれない。これらの点についてどのように考えるかということについて、あらためて光の比喩に訴えても意味がない。光の比喩をどれだけ洗練させたとしても、認識の成立するプロセスについては何も教えてはくれない。にもかかわらず、カイエタヌスやスアレスが行っていることは、まさにこういうこと［無駄な洗練］なのだと思う。たとえば、能動知性の霊的な活動が質料的な表象像に作用できるのはどうしてか、と問うことは、そもそも知性認識を光に喩える比喩の要点を見逃している。というのも、この比喩の要点は、端的に言えば、視覚が成立するために色にとって光が必要であるのと同様に、知性認識が成立するために表象像にとって、より高い普遍的なレベルに引き上げられることが必要だ、ということだからだ。比喩それ自体をメカニズムの説明だと誤解し、それから、この比喩はメカニズムの真のありように関する説明としては正しくないと言うなら、それは節違いなのだ。

ここまでカイエタヌスとスアレスの意見のちがいについて検討してきた。この節を終えるにあたり、二人の共通点を考えてみよう。アクィナスによれば、一般化を行うわれわれの能力は「能動知性」と呼ばれ、この能力を説明するために光に関する語彙が拡大適用される。ところが、カイエタヌスとスアレスにとっては、光の比喩それ自体が別の問題の発端となる。カイエタヌスの場合は、表象像は知性に働きかけることができない、という問題であり、スアレスの場合は、知性は表象像に作用を及ぼすことはできない、という問題である。先ほど述べたように、個人的には私は、問題へのこのような取り組み方にまったく賛成できない。けれども、このような取り組み方からは、二人の思想家が共有していたものがわかる。つまり、概念の形成という論点に関して、カイエタヌスもスアレスも「質料的」なレベルと「霊的」なレベルを、アクィナスがそうしてはいなかったような仕方で切り離していたということだ。すでに時代は、延長と思惟を完全に切り離そうとする時代へと向かいつつあったのである。そこで、次の節では一七世紀の世界に目を向けることにしよう。

伝統と革新

「私は、知性という望遠鏡と理性という顕微鏡とを用いて〔原子を〕発見してみせよう」。一六七四年に「ペリパトス主義者の原子論」についての本を書いたある人物は、このように述べている。これはスコラの伝統に原子論をつなぎ合わせようとする試みだった(6)。この著者の言葉遣いの目新しさに注目するところから、この節を始めたい。じっさい、一七世紀には、非常に多くの新しい出来事が次々に起こった。たとえば、ウィリアム・ギルバートによる磁気の研究、ジョン・ネイピアによる対数の発見、ケプラーの惑星軌道の発見。ガリレオは望遠鏡を天空へと向け、オットー・フォン・ゲーリケは真空ポンプを発明した。ロバート・ボイルは物質の組成を探求するための新たな立脚点が必要だと自覚した……。多くの新しい事物が発見され、多くの新しい問いが生まれた。こうした新発見の数々は、今日の観点からすれば「科学」と呼ぶべきなのだろう。しかし、不安を呼びおこす新しい試みは、哲学にも同じくらいたくさんあった。たとえばフランシス・ベイコンは一六二〇年に『新オルガノン』(*Novum Organum*)の冒頭で、自分は旧来の伝統から離反する、と明言している。トマス・ホッブズは、一六五一年の『リヴァイアサン』（第一巻八章）で、スアレスの一節を「内容を欠いた空疎なおしゃべり」の一例として引用している。また、内容はともかく言葉遣いとスタイルに関して、デカルトの『方法序説』（一六三七年）は新機軸を打ち出しているように思える。それでは、中世から受け継がれた伝統の側には、こうした革新に比肩するようなものは何もなかったのだろうか。

この節ではあまり知られていない人物たちを考察する必要がある。というのも、これらの人物たちの著作を見れば、（革新派に対してスコラ的な方法を擁護する人であれ、スコラ的な方法の誤りを自ら認める人であれ）スコラ的な方法で知的訓練を受けた人々の関心のありどころがおおむねどのあたりにあったのか、わかるだろうからだ。また、この調査から、中世哲学で論じられたいろいろな「区別」が、哲学的実践のための新しい環境のなかでどのように補填されたのか、ということもわかるだろうと思う。(7)

アリストテレス的な伝統に対するありきたりの批判は、伝統的な考え方は何も有益な情報をもたらさないではないか、というものだった。これについてはすでにモリエールの揶揄を見たとおりだ。［『病は気から』の中で言われた］「阿片が眠気をもたらすのは『催眠力』で説明できる」という台詞のことだ。これは喜劇のなかのカリカチュアにすぎないと思われるかもしれない。しかし、似たようなことはどこでも言われていた。たとえば、デカルトの哲学を英国へ持ち込んだとされるアントワーヌ・ル・グランは、月や金星の満ち欠けを説明するのにスコラ的な「形相」という概念を持ち出したところで何の意味があるか、と問うている（[610]第一巻四章七の六節）。――それにひきかえ、イニャス＝ガストン・パルディがデカルト主義に対して行った再反論は一本調子ではなく、いろいろな方面からのものである。そのため、これを検討するのは興味深い。パルディはまず次のように尋ねる。デカルトは植物の生長を説明して、それは「ある種の形（形態）」の変化だと言うけれど、そのような説明は「形相の挿入（intussusception）」という考え方によるスコラ哲学者の説明に比べて、どれだけ有益な情報をもたらすというのだろうか、と（[614]五九-六〇節）。ここでパルディは、デカルト的な説明で重要な位置を占める機械的で数量的な方法論から距離を取ろうとしている。次にパルディは新旧の方法論の異なりを示す理論的な相違点を指摘する。デカルト主義者が事物の表面に留まっているのに対して、旧来の哲学はさまざまな形相について論じることで事物の根拠にまで達している。新しい哲学の擁護者たち［デカルト主義者］は「自分たちは自然界を探求する準備を整えているにすぎない」と言うかもしれない。しかし、われわれ旧来の哲学の擁護者はそれにとどまるものではない。神学に対しても心（esprit）を開き、視野のうちに入れておきたいと思っているのだ、と（[615]八五節）。以上のようなデカルト主義への再反論に、パルディはさらに次のような社会的考察を付け加える。デカルト主義者の精神は教養ある紳士（les honnêtes gens）にはふさわしくない。たとえば、鍵で扉を開けることができるということを言うためなら、鍵には「解錠力」がそなわると言う方が、鍵の凹凸とその機能を詳細に記述するよりも確かに教養ある紳士にふさわしい。鍵の凹凸やその機能にこだわることは、哲学を錠前屋の仕事場に変えてしまう、と（[614]七六-八一節[8]）。

パルディが行ったもう一つの再反論がある。デカルトの考えているような物質（matter）は、あまりにも均質すぎて、世界に存在する事物の多様性を考察するには不適切である、という議論である。この議論は、論争の当事者の双方が関心をもっていた別の主題につながる。伝統的なアリストテレス主義者が認めていた質料（matter）と形相とのあいだの根源的な区別という主題である。この区別は（この伝統における他のことと同様に）生物に適用された場合に、もっとも説得的であると思われる。じっさい、生物に関しては、対象の、時間を通じた同一性や連続性［これは形相によって説明されうる］と、時間経過とともに変化する物理的組成［これは質料によって説明されうる］とが容易に区別されるからだ。しかしながら、一七世紀に多くの関心を集めつつあったのは、無生物の本性であった。たとえば、物体はどのように運動するか。物体どうしが衝突した場合に何が起こるか。惑星の運動にはどのような法則があるか。われわれを取り巻く世界を作り上げている素材はどのように結合分離するか、といった問題である。では、こうした新しい文脈の中で、質料と形相という古い区別から得られそうな利点は何だったのだろうか。

　アントワーヌ・グダンによれば、混合物には二種類がある。不完全なものと完全なものである。前者は、混合物の構成要素が各自の本性を維持している場合であり、後者はそうではない場合である。そして、完全な混合物の場合、混合物の形相は、構成要素である元素の寄せ集め（contemperatio）ではなく、何かそれ以上のものである、とグダンは言う。つまり、混合物全体の形相は、独立した実体形相である（[606]二、二）。じっさい、もしかりに混合物がただの寄せ集めにすぎないなら、それはさまざまな素材を寄せ集めてできた服のようなものになるからである（同所）。この点について、アリストテレス的な古い伝統を擁護する別の一人、ジャン＝バティスト・ド・ラ・グランジュは、次のように不平を述べる。実体形相、とりわけ無生物の実体形相について、アリストテレス的伝統に属する哲学者が十分な証明を与えたのを見たことがない、と（[600]序文四五段落）。ド・ラ・グランジュ自身が付帯的形相の具体例としてあげるのは、人間の精神に属することがらである。たとえば「知識」や「徳」は、人間の精神それ自体とは別な形相だと見なされる（同書、第四章一–二段落および第三章二段落）。杖がある方向には曲がりやすく、他の方向にはそうでないということを説明するために、杖とは別の存在を持ち出す必要はない。これに対して、正義の徳を持つ人には善い行為へと向かう傾向がある、ということを説明するためには、精神とは別の存在［つまり、徳という付帯的形相］を持ち出さなければならない（第三章八段落）。スコラ哲学者たちが実体形相の変化を認めざるをえない事例として、ド・ラ・グランジュ自身は、まさに無生物からの事例をひとつあげている。燃焼である。燃焼において火は煙に変化し、煙は水に変化する。そこにはたんなる形態の変化や部分の運動以上のものがある（この点で柱から彫刻を彫り出す場合とはちがう）。むしろ、一つの存在者［火］が消滅し、新たな存在者［煙］が産出される。つまり、火の質料が火の［実体］形相を失い、空気の［実体］形相を得るのだ（第一巻三章）。

グダンも燃焼について似たような説明をしている。火は木材に働きかけて付帯的な形相の変化を引き起こす。そして、火の［実体］形相を木材の質料のうちに導入することで、ついには木材を破壊してしまう（［606］一、一）。しかも、完全な混合物［全体］のうちには、構成要素のそれぞれ［部分］がもつ性質よりも高貴な性質がある。このことのひとつの具体例は植物［全体］とその組織［部分］に見られる。また別の具体例としては、鉱物（metalla）の持つ不思議な力がある。たとえば磁石、金と水銀の混合物（金と水銀のアマルガムは、二つの金属を平均したよりも密度が高くなる）、ヒスイの鎮痛力、碧玉の止血力などである（二、二）。しかし、以上を説明し終えた後でグダンはある留保を付け加える。形相を擁護する議論は「少なくとも動物にとっては」妥当なのだ、と（二、二・二）。このように、スコラ主義の哲学者［グダン］は、アリストテレスを擁護するために経験的な実例に訴えている。だが、このような実例がはたして決定的な証拠となるのかどうかについて、どうやらグダンは疑っているように見える。われわれの目から見ても、こうした具体例が決定的な証拠になるかどうかは怪しいかもしれない。

ここまで、中世哲学の専門用語に関するいろいろな意見を見てきた。それは何の情報ももたらさない、とか、その適用範囲［生物か無生物かなど］はどうなのか、とか、アリストテレス的な［質料と形相の］区別を擁護するために具体例に訴えること、などである。ここからはもう少し強い反論を見てゆくことにしよう。中世哲学の専門用語も、そこに組み込まれたいろいろなアリストテレス的な区別も、誤謬の元であり理解不能である、という批判である。

なぜこのような批判がされたのかを知るために、まずは簡単な具体例からはじめよう。冷たい水をいれた容器を熱すると、水の温度が上昇する。このとき変化の前後を通して、容器に入っているのは常に水である。変化の前と後とで物が同じである場合、そのような変化を当の物の「質（quality）」の変化、あるいは「付帯的（accidental）」な変化だと言うことができる。これに対し、容器のなかのワインが酢に変化した場合、「変化の前後を通して常に容器の中にあったものは何か」と問うことはできない。なぜなら、変化の前と後とで、そこにあるのは異なる種類の物だからだ。この場合には「付帯的」な変化ではなく「実体的（substantial）」な変化がおきていると見なされる。さて、水の温度の上昇という事例に当てはまる区別を、ワインと酢の例に当てはめてみよう。するとこうなる。前者では、同じ水が最初は冷たく、次いで熱くなった。同様に後者では、同じワインの「質料（materia）」が、最初はワインの「形相（forma）」を受け取り、次いで酢の「形相」を受け取ったのだ。また、前者では、同じ水が「可能態において（potentialiter）」冷たくもあり熱くもある［そして、冷や熱の付帯的形相を受け取ることで、現実態において冷たくなったり熱くなったりする］。同様に後者では、同じ質料が「可能態において」ワインでもあり酢でもあるのだ［そして、ワインや酢の実体形相を受け取ることで、現実態においてワインや酢になる］。

以上の例について考察すべき点は二つある。第一に、質料に関することであり、第二に、形相に関することである。まずは質料に関することを考察しよう。もしかりに異なる二種類の実体的変化の事例があるとしよう。たとえば、ワインが酢になることと、木材が灰になることである。どちらの場合にも同じ質料がある、と推論することはできない。つまり「どのような実体的変化においても、最初に或る仕方で、次いで別の仕方で形相を与えられるような或る質料がある」という命題から「どのような実体的変化においても同じ質料があり、それが最初は或る仕方で、次いで別の仕方で形相を与えられる」という結論を導くことはできない。しかし誤謬推理を避けようとすれば、今度は、あらゆるものはあらゆるものに変化するということを認めることになる。だが、われわれはいま、ワイン、酢、木材、灰などの下には同じ一つの質料があるという前提を維持しようとしている。しかしながら、このような前提には証明が必要である。にもかかわらず、当時の用語で「第一質料（material prima）」と呼ばれた質料は、中世においても、後の時代においても、たいてい、このようなもの［あらゆる変化の根底にあるもの］だと考えられていた。たとえば、ヴァレリアーノ・マーニは、旧来の見方を説明して、次のように述べている。あらゆる生物が滅びると無生物に変化する。また無生物が滅びると元素に変化する。そして元素は互いに転化しうる。これに対して、第一質料はすべての変化の下にある究極の基体である。つまり、第一質料はあらゆる事物になりうるものだ、と（［620］第一巻七章）。ジャン＝バチスト・デュアメルにとって、こうした説明は悩みの種だった。かりにもしこの説明が正しいとしても、あらゆる変化の下にあり続けるこの未限定の質料とは、いったい何であるのだろう。だれもがこのような質料を引き合いに出すけれど、だれひとりとして、それが何であるかを説明していない。それならいっそ次のように考えたらよいのではないか［とデュアメルは考える。］。元素こそ質料であり、元素はたがいに転化しないのだ、と。元素はそれぞれが特定の性質を有している。これに比べて、第一質料のような曖昧模糊として未限定なものがどうして存在しうるだろうか（［602］、『調和について』（*De consensu*）第二巻二章。ヴァレリアーノ・マーニも［620］第二巻六章で同様の指摘を行っている）。

　続いて、二番目の点、つまり形相に関わることがらを考察してみよう。ここで、質料と形相をあたかもそれ自体が「事物」であるかのように考えてはならない。もしそのように考えると、アリストテレス自身が注意しているように、質料と形相という事物に質料と形相との区別を再び適用しなければいけなくなり、その結果、無限遡行がおこるからである（『形而上学』第七巻八章）。しかし、質料と形相を事物の一種だと考えたくなる誘惑は、とりわけ実体の変化の場合には非常に大きい。じっさい、ワインが酢へと変化する際、変化の前後を通して容器の中に常にあったものは何かと問うことはできない。というのも、この問いには何の意味もないからである。ところが、もしかりに変化の前後を通じて、容器の中には常に何らかの未限定のものがあり、それが最初はワインの形相によって限定され、次いで酢の形相によって限定されるのだ、と仮定するなら、こうした問いに見かけ上の意味を与えることができる。［それゆえ、実体的変化の場合には、質料を事物だと考えたくなる］。だが、そう仮定するとさらに別の問題に直面することになる――あるいは、それはわれわれ自身の本性に根ざした難問なのかもしれない――すなわち、そうした形相は、どこから来てどこへ行くのか、という問題である。形相に関するこのような批判は、これまで見てきた旧来の区別に批判的な著者たちにも数多くみられる。たとえば、ル・グランは次のように批判している。スコラ哲学者たちは、日々無数の実体の変化が生じていることを認めるにちがいない。だが、そうだとすると、実体の変化と同じ数だけ、形相の創造と無化の働きが生じていることになるだろう。だが、こうした創造と無化の働きはどのような力によっておこるのか。また、そのような働きが生じているという証拠は何か、と（［610］第一巻四章七・一一―三）。同じく、デュアメルは次のように批判している。形相もまた、ひとつの存在（entitas）である。すると、もし形相が最初は存在しなかったのだとしたら、それは創造されたのだということになる。あるいは、かりにもしスコラ哲学者たちが言うように、形相は「質料の可能態から引き出される」のだとすれば、質料がこれほど多くの形相を無尽蔵に提供できるのはなぜなのか、と（［602］第二巻二・七）。ヴァレリアーノ・マーニも、上記のようなスコラ哲学的な説明に言及し、それは理解しがたいものだと述べている。質料が有している可能態とはいったい何なのか。形相は質料を限定するものであるはずなのに、どのようにして限定されるはずの質料から形相が「引き出される」というのか（［620］第二巻六章）。

ここで元の議論［ワインと酢の関係］に立ち戻ってみると、もしかしたら非難されるべきなのは旧来の区別を批判する人たちの方ではないか、という気もしてくる。というのも、彼らはこうした哲学的区別の要点を理解していないようにも見えるからだ。じっさい、実体形相が持ち出されたのは、事物の統一性、活動、特性を的確に記述するためだった。ライプニッツがスコラ的伝統を賞賛しているのはこの点についてであり、ライプニッツの見るかぎりデカルトの無視した何かをスコラ的伝統が主張しているからなのだ（『形而上学叙説』第一〇—一二節）。じっさい、ライプニッツは一六七〇年の著作の最後に、アリストテレス主義と当時の思想のあいだの調停を行おうとする書簡を置いている。しかし同じ書簡でライプニッツはスコラ哲学者たちを批判してもいる。現象の詳しい分析は、大きさ、形状、運動によって与えられねばならない、ということをスコラ哲学者たちが認めないからだ（[611]）。またライプニッツは同時代のアリストテレス主義者たちのあるものに対して、この人たちは実体形相をまるである種の「小さな神（deunculi）」であるかのように扱おうとしているという非難を加えている。

哲学とわれわれが今日「自然科学」と呼ぶものとが混同されている、という批判は、当時よく用いられた次のような事例を見ればなおいっそうよくわかる。この事例は、グダンにも（[606]一、三、一）、ヴァレリアーノ・マーニにも（[620]第二巻六章）見られる。ただし、前者はこの事例に一貫した説明を与えることができると思っており、後者は簡単には解決できないと考えている。［グダンのバージョンを見てみよう。］それは次のような事例である。ある兵士を考えてみよう。髭は伸び、傷だらけの兵士だ。そんな兵士が、敵の剣に倒れ、われわれの目の前で息絶えるとする。そのとき、われわれの目の前にあるものは何だろうか。われわれが見ているのは、彼が生きているときわれわれの目の前にあったものではない。じっさい、兵士の死によって、彼の身体の形相であった魂は消滅した。それとともに彼の身体は一瞬のうちに崩壊し、第一質料に戻った。そして、即座にまた一瞬のうちに「死体としての形相（forma cadaverica）」を受け取った。いま目の前にあるのはこれなのだ。もし「いま現在目の前にあるものは、以前に目の前にあったものと同じものだ」と考えるなら、それは類似性によって欺かれているのだ。たとえば、酷似した二個の卵を同じだと考えるようなものだ（[606]一、三、一）。もちろん、或る意味ではグダンは正しい。死体は生きた身体ではないからだ。事実、トマス・アクィナスも、死体の眼は同名異義的に「眼」と呼ばれるにすぎないと言っている（『神学大全』第三部五〇問五項第一・第二異論とそれに対する解答）。

だが、ここでの要点は、哲学的な問題、あるいは言うなれば論理学の問題である。一瞬の変化で二個の物が入れ替わる物理的な手品のカラクリを云々したいのではない。もし、問題になっているのがそうしたものなのだと言うなら——しかし、どうやら、二つの卵の比喩を見るかぎり、グダンはそうした主張をしているようにも見えるのだが——カイエタヌスとスアレスに見られると私が述べたような種類の混乱に陥ることになる。つまり、哲学というものを、眼に見えないメカニズムについての議論だと誤解することになる。カイエタヌスとスアレスの場合、誤解のもとは能動知性の働きであった。今度の場合、問題を引き起こしているのは、未限定の質料と、それを補完する「小さな神（deunculi）［実体形相］」なのである。

私が思うに、スコラ哲学者たちがこのような論じ方をしたがる理由のひとつは、同時代にあまりにもたくさんの革新がなされたからだろう。「事物はどのように機能するのか」という問いに答えることが求められ、実際に日々成果が積み重ねられていた。このような成果を可能にしたのは、大雑把に言えば、大きさ、形状、運動の観点から物事の説明を試みることだった。そういうわけで、おそらく旧来の伝統の側でも、同時代の状況にせかされて、前の世代から受け継いだ区別は、実はそれ自体一種のメカニズムの説明なのだ、と考えるようになったのではないか。逆に、革新の側も、自らを伝統的立場のライヴァルだと自認していた。たとえば、［先に見たように］デュアメルは元素を「第一質料」に代えようとしたが、同じく、元素の適切な混合状態を「形相」に代えようとしてもいた。私はこの節の冒頭で、一七世紀におこった新たな発見の多くは、今日の観点からすれば「科学」と呼ばれるだろうと述べ、次いで、そのような発見と対になる当時の「哲学」の側での具体例を挙げていった。しかし、一七世紀という時代が目撃していたのは、この「科学」と「哲学」という二つの分野の間の区別がまさに生まれつつある状況だったのである。そして、そこには痛みと苦労が伴わないわけにはいかなかったのだ。

しかし、この論争［質料と形相をめぐる論争］は、新旧二つの立場のあいだのもう一つの対立点を教えてくれる。

ル・グランは、スコラ哲学者たちの形相についての議論を無駄なおしゃべりだとして退けるのだが、このような態度はデカルト派の伝統全体に典型的な特徴であった。ここで、イエズス会士トマス・コンプトン・カールトン（ラテン名「コンプトヌス」）の反論を見てみることは示唆に富むだろう。カールトンは上のような形相否定論に対し実体形相を擁護する反論を最初に行った人物だと言われている（P. Di Vona [601]）。カールトンの反論の大筋は、先ほどライプニッツにおいて確認したものと似ている。すなわち、事物における多様性と事物の振る舞いの一貫性を説明するためには、何か統一性の原理がなければならない、というものである（[597]、『自然学討論集』第一一討論）。しかし、カールトンは、実在的な付帯的形相（accidentia realia）が必要であることについてはあれこれと言うのだが、実体形相についてはそれほど語ろうとしない（同書、第一二討論）。また、カールトン自身が明確に述べているように、彼の理由は神学的なものである。というのも、聖体の秘蹟に関する神学には、このような付帯性が必要だからである。カールトンが別の箇所で述べているように「正しく哲学したいのであれば、神学に通暁していることも重要なのである」（『霊魂論討論集』第七討論）。

「実体変化（transsubstantiatio）［聖体拝領の際、聖餅の実体がパンの外観を維持したまま、キリストの肉体に変化すること］」という教理のためには、パンとワインの付帯性が実体なしで存続しうるということを認める必要があったのだ。もちろん、哲学にこの教理が証明できる、と主張されていたわけではない。しかし、形相と質料との間のアリストテレス的な区別は、少なくとも実体変化の教理と整合的だと見なされてきた。そして、この教理に関して説明するためには、「質」の本性について理論的に考察する必要があった。じっさい、トリエント公会議は一五五一年に、聖体の秘蹟に「もっとも適合的な」説明は「実体変化」であると宣言した。言い換えれば、中世から受け継がれた用語は——ある主張によれば——神学に利用されることで、ある意味で聖別されていたのだ（ラ・グランジュ[600]、序文）。したがって、デカルトは自然に関わるテーマだけに関わっていたのだ、と言うだけでは十分な弁明にはならなかった。というのも、そのように言うだけで十分であるとするならば、［自然と信仰という］互いに無関係な二つの真理の秩序があるという説を認めなければならないからだ（パルディ［614］第六―七節）。古い伝統が新しい立場と区別されるべきだと主張されていたのは、たんに哲学の領域だけでなく神学の領域でもそうだったのだ。

ところで、実体形相は付帯的形相に比べるとあまり注目されなかったのだが、それ以上に注目されなかった――それどころか、私の知るかぎりまったく注目されなかった――ことがあった。しかも、それは今日のわれわれが、デカルトにおけるもっとも偉大な新しさだとみなすようなものなのだ。それはデカルトの方法的懐疑、つまり精神を他のあらゆるものから遠ざけることであり、懐疑の試みに抗う究極のものとして神と自己だけに訴えることである。このような出発点は、アクィナスのような思想家に見られるような立場とは、控えめに言っても異質である。にもかかわらず、中世以来の伝統を擁護する人々の批判のなかでこの点が顧みられることはない。スティーヴン・メンが最近の著作（［612］）で行った説明はこうだ。デカルトは聖アウグスティヌスへと連なる伝統の上に立っているのだと見られたのかもしれない。というのも、アウグスティヌスもまた神と魂だけをその他すべての事柄の基礎としたからだ。アウグスティヌスは中世のさまざまな論争よりはるかに前の時代の人だったおかげで、後の時代の論争に関して中立的な位置を占めることができた。それで、これまで見てきたとおり一七世紀にはアリストテレスに繋がる伝統が重い重圧を受けていたけれど、これに比べてアウグスティヌスの威信は向上の一途にあった。じっさい、神学論争では双方の側がアウグスティヌスを引き合いに出していたのだ。――だからといって、デカルトの思想や関心をアウグスティヌスのものと単純に同一視するのは誤りであろうまたデカルトとアウグスティヌスのあいだのつながりは、聖体の秘蹟に関する攻撃からデカルト主義者たちを免責するものではなかった。しかし、デカルトの出発点は（むろん新しいものであったことは明らかだが）現代のわれわれにとってそうであるほどには当時は新奇なものでなかったのである。

あるいは、こう言った方が良いのかもしれない。デカルトの出発点自体はそれほど新しいものではなかったけれど、彼の思想の幅と体系性は真に新しいものであり、その出発点から出てくる哲学は独自の肥沃で多様な道を進んだのだ、と。これに対してライプニッツ（さらに、派生的にヴォルフも）は、自ら明言して、アリストテレス的な伝統の要素を保存した。また、どのような哲学者であれ、本人はそうと知らずに、中世の哲学者がすでに直面していた問題に出会うということがよくあった。とはいえ、中世の伝統それ自体は、発展に背を向けた状態に閉じこもるようになっていった。(9) そして、神学校のなかでなんとか存続した。というのも、神学校では神学用語を理解するために、過去の遺産の幾分かを習得することが必要だったからだ。とはいえ、聖体の秘蹟に関してデカルトの見解が引き起こす諸問題についてカールトンのような人たちが注意していたにもかかわらず、一九世紀半ばにいたるまでデカルト主義の聖体論を教える神学校がいくつかあったということは指摘に値する。(10) 中世哲学の伝統が神学校以外の場所でどのように生き延びていたかということは、重要というよりは小話に類するものだ。たとえば、一九世紀の改革前のオックスフォード大学での学士号授与の肩書きは（当時すでに無意味なものだったが）「アリストテレスのあらゆる論理学著作に関して」講義資格を与える、というものだった。また、ダラムのウシャウ大学には私の時代まで残っていた風習があった、朝の二度寝のことを「アリストット」と呼ぶのだ。これはフランス語でアリストテレスのことなのだが、つまり、アリストテレスその人に「催眠力」があると認められていた、という落ちなのだ。

現在の関心

ジョン・ホールデン

ここまで本書をお読みになった読者にはもうおわかりのことだろうが、中世哲学の影響は近世思想のかなりの部分に及んでいる。たしかにデカルトはアウグスティヌスではない。また自然科学の堅固で確実な基礎付けを求めるデカルトの関心をアウグスティヌスは共有していない。けれども、二人の思想家は一人称［つまり「私」］という出発点を共有しているのであり、そこからまたいろいろな一致点が出てくる。いずれにしてもアウグスティヌスの『告白』には神学や文学に関心のある読者が常に存在した。その他、二人の偉大な大陸合理論者、スピノザとライプニッツに関しても、中世哲学とのつながりは以前から注目されてきた。なるほどルネサンスの思想家はアクィナスのアリストテレス解釈に背を向けたし、一七世紀の科学者はアリストテレス的な世界観全体を見たところ拒否したように思われる。けれども、（プロテスタント側でもカトリック側でも）スコラ的アリストテレス主義は、それをもっとも公然と拒否していた人々が採用した立場の多くにとって——やがてわかるように、その中にはデカルトもいたのだが——下地をなしていた。中世のテクストを直接に読んでいたかどうか定かではないような人々に関しても、（きわどいところもないわけではないが）有益な対比研究はできるだろう。たとえば、実在的本質と唯名的本質に関してロックとアベラールを対比したり、印象と観念に関してヒュームとオッカムを比較したりといった具合に。

しかしながら、実際のところは広い影響があったにもかかわらず、中世哲学が後代の哲学に重要な関係をもつという事実は、一七世紀から一九世紀の大部分にいたるまで一般に広く認められることはなかった(11)。それゆえ本書が扱うような主題に関する現在の生き生きとした関心は、わりあい最近の現象なのである。歴史的な認識と哲学的な関心がこのように刷新された契機は何だったのか。これから、手短かにではあるが、その源泉のいくつかに遡ってみたい。合わせて、現代の動向の中に現れているこの刷新の例をいくつか提示したい。

刷新の諸源泉

一九世紀の半ばまでに中世思想に対する広い興味が生じてきた。この動向は一般的な文化運動から出てきたものだった。たとえば、芸術、建築、文学における、ゴシック様式のリヴァイヴァルや、中世史研究の発達などである。［中世文化はカトリックのものだったが、］イギリスのようなプロテスタントが優勢な国でも、フランスのような世俗主義の潮流が最高潮に達していた国でも、折衷主義者ヴィクトール・クザン（彼の影響は［ラルフ・ワルド・エマソンなど］アメリカの超越主義者たちにまで及んでいた）や多才な歴史家ジャン＝バルテルミー・オレオーのような人たちが中世文化を再発見したことは、中世哲学の再興に好ましい情勢を生んだ。近代哲学の動きそのものが非常に多様な方向に発展していったおかげで、中世の思想家たちに関心をもつことが正当化されるようになった。中世の思想家たちは新鮮なアイデアを供給してくれると見られるようになったのだ。中世哲学の大部分に関して言えることだが、研究のための資料は神学のテクストに求められる。その資料の数を劇的に増やした出来事は、一八四四年から一八六六年にかけてなされた、J・P・ミーニュ監修の『ギリシア教父集成』（一六二巻）と『ラテン教父集成』（二二一巻）の出版であった。それ以外の中世の資料もこれに続いた。しかもたいていの場合、質のあがった校訂版として出版された。

とりわけトマス・アクィナス研究に関しては、教皇レオ一三世の回勅『エテルニ・パトリス』（一八七八年）が大きな刺激を与えた。この回勅はアクィナスを賞賛して、比類のない、スコラ哲学者たちの「頭であり指導者」であると言っている。

彼［アクィナス］がかつて詳細にまた徹底的に論じなかったような哲学の部門はひとつもない。推論の法則に関して、神や非物体的実体に関して、人間や他の可感的諸事物に関して、人間の行為やその原理に関して、彼の議論はきわめて詳細であったため、問題の配列全体、さまざまな部分の巧みな配置、議論を進める最良の方法、妥当な原理と強固な議論、明晰で優雅な論じ方、深遠なことがらを説明する手腕、こうしたことで彼に欠けたものは何もなかった(12)。

このような大絶賛がカトリックの人々に顧みられないはずがなかった。二〇年ほどのあいだに次のようなことがおきた。まず、アクィナスの全著作の校訂版を出版するという使命を帯びたレオニナ委員会が設置された［一八七九年］（この計画は現在進行形である）。またローマには聖トマス・アカデミー［一八七九年］が、ベルギーのルーヴァン大学には哲学高等研究所が創立された［一八八九年］。この二つはアクィナスの思想を研究できるようにするための場所であった。

一九世紀の中世哲学復興の成果としてこれまであげてきたこと、およびその他のことのなかで、ヨーロッパと特に北米での中世哲学研究一般の動向――たんにアクィナスに関してだけでなく、またたんにカトリック信徒による研究だけでもない――について言うと、その動向を形作るのに飛びぬけて重要な役割を果たしたのは、ルーヴァンの研究所であった。ルーヴァンの重要性は次の三つの領域にある。第一に、この研究所が真剣で体系的な研究を行ったおかげで、中世の思想家に関する研究水準は、哲学史の他の領域に見られる最良の水準にまで高まった。第二に、この研究所は、その方法論的ならびに歴史記述上の諸前提に関して、自覚的な反省を次第に深めていった。中世思想の知的一体性、その源泉の多様性、著作形態の多彩さ、その目的の異なりなどに関する問題を投げかけたのだ。第三に、この研究所は、中世哲学を同時代の哲学や科学との知的な対話に従事させようと試みた。それは、新しい理論や概念の光のもとで古い伝統を更新しよう、そして現実世界の形而上学的構造を理解するために、たとえばアクィナスのような人の思想体系が現在でも有意義であることを示そう、という期待をこめてなされたことだった。

『エテルニ・パトリス』はアクィナスに卓越した地位を与えた。実際、彼は「このうえもなく偉大であり、このうえもなく真である」とされた。しかし、この卓越した地位は、他の思想家についての解釈をアクィナス解釈と調和させねばならないというプレッシャーを生んだ。しかも、教父や独創的なスコラ哲学者たちのあいだには学説的な一致が存在すると想定されていたのだ。しかし、新しい研究動向からは、中世の思想家たちのあいだの相違が明らかになってきた。相違の広がりと深みは、後続する研究によってますます明白になった。［このような状況のなかで］モーリス・ド・ヴルフ（一八六七―一九四七）は、キリスト教西洋の包括的な哲学史を書く、という企てに取り組んだ。数度の改訂を経て、ド・ヴルフの『中世哲学史』が果たした重要な役割は、［『エテルニ・パトリス』によって］称揚された中世哲学の総合的な一体性というものがその上に据えられるかもしれないような一連の基礎の候補をもたらすことであった(13)。とはいえ、後の世代の学者たちはド・ヴルフが与えたものを［中世哲学の一体性のための］唯一の基礎と見なすのを拒む傾向がある、ということは述べておくべきだろう。この傾向は、中世の数世紀は実は相当に多様な時代だったのだ、という現在多くの人たちが共有する見解に棹さすものである。つまり［現在共有されている見解によれば］、中世思想のスペクトルの一方の端には本質的に宗教的な著作がある。反対の端には神学的文脈から完全に独立した著作がある。そして両者の中間には、宗教的な思想とのつながり方に関して形態も深浅もさまざまであるような多くの著作があるのだ。

フランスとアングロ・サクソンで現在支配的な哲学のありかた［現象学・解釈学と分析哲学］を考えてみるといささか皮肉なことなのだが、英語圏での中世哲学研究にとってもっとも重要な展開の起源はパリにあった。

ジャック・マリタン（一八八二―一九七三）とエティエンヌ・ジルソン（一八八四―一九七八）がそれだ。じっさい、なるほど（それぞれ流儀は異なるものの）二人はどちらもトマス主義者だったけれど、彼らがトマス・アクィナスに対して試みたアプローチは、中世の他の思想家にも応用可能だったのだ。マリタンにとって、大胆に「現代の言葉遣いに」言い換えられたトマス主義は、宇宙に関して、世界に向けて、また人生の意味をめぐって語りかける哲学を提供するものだった。第二次世界大戦をまたぐ時期の他のどんな学者にもましてマリタンは中世の思想体系を、価値ある代替案として、哲学全体の広い交わりのなかに提示したのだった。[14] ジルソンにとって、アクィナスに至る道は彼のデカルト研究から始まった。それはデカルト思想の知的背景を調べる過程の到達点だった。彼にとって予期せぬことだったのだが、デカルト思想の知的背景を発掘してみたら、出てきたものはいちじるしくスコラ的なものだった。スコラ思想の痕跡をたどるなかで、ジルソンはアクィナスの思想へと遡っていった。そして、アクィナスの思想は最初に研究しようと選んだ思想家［デカルト］のどんな思想よりも優れたものである、と思うようになった。思想史的な発見に刺激を受けて、ジルソンは中世の思想家たちの考えを体系的に探査しはじめた。膨大な（ギリシア、ユダヤ、イスラム、および西洋の）一次資料を渉猟し、それぞれの時代について歴史を超えた広汎な理解を展開していった。その結果、ジルソンは依然としてトマス主義者であり続けながら、トマス・アクィナスとはまったく異なる思想家についても寛大な肯定的説明ができるようになった。たとえば、アウグスティヌスやボナヴェントゥラ、スコトゥス、そしてある程度まではオッカムに関して、である。[15]

ヨーロッパで勃発した戦争［第二次世界大戦］が理由や機会となって、マリタンとジルソンは北米を訪問するようになった。やがて彼らは定期的に北米に来るようになる。ジルソンは［一九二九年に］カナダのトロント大学に教皇庁立中世研究所（PIMS）を設立し、この研究所はすぐに北米での中世思想研究の中心拠点となった。数世代にわたる学者たちを輩出し、この学者たちは中世再興の輪を北米中に広げた。この人たちの研究成果は、おおよそにおいて、ジルソン的な時代状況重視の歴史記述を堅持するものである。

合衆国における中世哲学研究は、他にも次のような学者たちに負うところが大きい。フィロテウス・ベーナー。この人はジルソンの早くからの協力者であり、ニューヨーク州のセント・ボナヴェンチュール大学にフランシスコ会研究所を設立し、オッカムに関する真剣な研究と校訂版の出版とを促した。アーネスト・ムーディ。この人の一四世紀の論理学と経験主義に関する研究はベーナーの同様な研究を補うものだった。ハリー・ウルフソン。この人はハーヴァード大学で何年も教鞭をとり、中世ユダヤ哲学(16)、およびその延長としてイスラム哲学の研究に大きな弾みをつけた(17)。またノーマン・クレッツマンもいる。彼自身の印象的な研究とは別に、クレッツマンはアンソニー・ケニーやヤン・ピンボアと共に『ケンブリッジ後期中世哲学史』(*CHLMP*)を編集したが、この通史の影響力は大きかった。また、彼はイェール大学中世哲学双書の編集者の一人であった。一九六六年から在籍したコーネル大学で、クレッツマンは数世代にわたる研究者や哲学者の育成を助けた。こうして育った哲学者たちは、新スコラ主義者［教会の立場からトマス思想の現代化をはかる人たち］とはまた違ったしかたで、中世哲学に取り組み、そこから得られる洞察を理論的に利用した。

上であげた学者たちやその他の学者の仕事がもたらした頼もしい成果のひとつは、幅の広がりである。キリスト教・ユダヤ教・イスラム教の研究、思弁的・分析的アプローチ、初期・後期の時代別研究など、中世哲学の実にさまざまな潮流が出版物や、学術集会、たとえば、アメリカ中世・ルネサンス哲学会の研究大会ならびに、国際中世哲学会(SIEPM)が主催する国際学会やセミナーなどで一緒に検討されることになったのだ。

頼もしい発展のもうひとつは、中世思想が哲学のメインストリームに加わったことである。たとえば、道徳哲学の領域についてである。二〇世紀を通じてアクィナスの哲学的思想に対する関心は、むろん宗教哲学的な関心はあったが、同じくらい道徳哲学に対する関心と結びついていることが多かった。しかし一九六〇年代までたいていの場合、トマス主義倫理学が研究されるのは、英米圏の主要な潮流と切り離されたかたちでだった。けれども、エリザベス・アンスコムやその夫であるピーター・ギーチの重要な研究が出て、アリストテレス・トマス主義の諸見解の重要さと力強さを分析哲学の読者層に教えた。同じことは論理学の領域についても言える。『形式論理学史』を書いたI・M・ボヘンスキーと『論理学の発展』を書いたウィリアム・ニールとマーサ・ニールは、ストア派以後現代以前の論理学には見るべき成果はほとんどなかっただろうという以前の著者たちの偏見を指摘し、この偏見を訂正するべく、論理学と意味論のなかでスコラ哲学者が活躍していた領域を見つけ出した。この人たちやその他の中世論理学の専門家の著作、たとえばムーディの著作が読まれるようになり、また〔原典の〕学術的な校訂版や翻訳が出版されるようになるにつれて、次第に本職の論理学者たちも関心を寄せ始めた。その中にはたとえばアーサー・プライアーやピーター・ギーチのような哲学的論理学の大家も含まれていた。(18)

現在の状況

現代哲学の現象学的・解釈学的伝統は、その始まりからして中世哲学と深い関係を持っていた。(19)もっと最近の事例でも、この伝統のなかで（あるいはこの伝統のあれこれのポストモダン的変種のなかで）物を書いている著者たちは、アクィナスとハイデガー、あるいはアウグスティヌスとデリダ、といった具合に、中世と現代の思想の間の類比点を見つけ出そうとしてきた。(20)このような試みと関連して、しかしもう少し神学寄りの関心にもとづくものとして、自称「急進的正統派（radical orthodoxy）」というグループ〔ポストモダン思想を神学に利用する人たち〕の仕事がある。(21)近代以前の思想に対する関わりかたで、いわゆる「大陸の」思想家や「急進的正統派」の側で現在おこなわれているようなものに関しては、注目に値することが二つある。第一に、これらの動向は、論理学や（実体・性質と関係・同一性・因果性・随伴などに関する）形式化された存在論には、ほとんど関心を示さない。このことは分析哲学とは対照的である。第二に、これらの動向は、アクィナスやスコトゥス、オッカムといった、いわゆる「黄金時代」の思想家たちよりも、古代末期ないし初期中世、あるいは後期中世に注目を向けることが多い。こうした違いは、現在の大陸哲学と分析哲学とのあいだに――両者が歴史的関心とは独立に、哲学として実践される場合に――存在するとされる、大まかな、またしばしば議論される異なりに関連していると言える。

私が考えるに、事態は次のように説明できる。分析哲学の「科学的な」性格と、アクィナスのような人々のスコラ的アリストテレス主義との間には平行関係がある。それとは別に、現在の解釈学研究の「文学的な」性格と、アウグスティヌスやエックハルト、ルネサンス期の新プラトン主義者たちの経験的で想像力にあふれた著作とのあいだにも、平行関係がある。また、非常にテクニカルな議論を特徴とする分析哲学が目下のところ支配的であるという情勢に対して不満を感じている人たちが多くいるが、このような不満は、「論理でなぎ倒す」ような、また「煩瑣のきわみである」ようなスコラ哲学の特徴に対してルネサンスの著作家たちが行った非難と、まさに平行関係にある。それゆえ、これから数十年の間にまったく別な関心や思想のありようが生まれて、分析哲学は中世の側の対応物［スコラ哲学］と同じように敗退してしまうのだろうか、ということを観察するのは面白いことだろう。

ポスト現象学的なアプローチの他に、現在おこなわれている中世哲学との関わりかたには三つの重要な形態がある（この三つは多かれ少なかれ結びついていることが多い）。第一に、主に、中世の思想家を理解したいという欲求から来るものである。これは哲学史の別の時期の思想家や考えを理解したいという欲求と同じことである。第二に、論理学、言語学、および科学（中世の側で対応するのは「自然哲学」）の領域で、現代の理論と中世の理論とを対比的に研究してみようと試みるものである。そうすれば、比較対照される双方をよりよく理解できるのではないか、という希望から出たものだ。第三に、スコラ哲学の一般的な伝統を受け継いで哲学探究を続行しよう、という試みに関わるものである。ただし、探求にあたっては現代の分析哲学の思想の道具や洞察を手助けとして用いる。これら三つの関わり方の形態を、私はそれぞれ「歴史志向型」「比較志向型」「実践志向型」と呼ぶことにしたい。再度繰り返して言うが、これらはしばしば結びついている。また言い足しておくが、これらはどれも自立したアプローチではなく、むしろ大まかな傾向だと理解してほしい(22)。

歴史志向型のアプローチに関して言うと、このタイプのアプローチは実に多様な背景や関心を持つ学者たちによって行われている。主に個人を扱う研究者もいるし、時代を扱う研究者もいる。形而上学とか倫理学というような広い学問領域それ自体を扱う研究者もいるし、そうした学問が、異なる著者や異なる著作形態（たとえば註解、その都度の討論、拡張された体系的な論考など）においてどのように論じられているか、ということを研究する狭い研究領域を選ぶ人々もいる。このアプローチにとって特別に重要なことは、校異のための批判的な異同一覧を備えた信頼できる批判的校訂版として出版されたテクストと、それを踏まえた正確で有用な翻訳を手に入れることである（テクストの異同は、解釈のもつれが必要な場所では解釈のもつれを引き起こす。だからといって木で森を隠してしまうということはない）。このようなテクストが刊行されるのは、ひとつには中世の著作家の全集を出版するという枠組みのなかである。たとえば、アルベルトゥス・マグヌス、アクィナス、ガンのヘンリクス、スコトゥス、オッカムの全集は現在刊行中であり、またアウグスティヌスの全著作のはじめての英語訳も出版されつつある。しかし、単独の校訂版や翻訳も続々と登場しており、これらは個々の学者のさまざまな思想家に対する幅広い関心を映したものである。たとえば、アベラルドゥス、グロステスト、ブラッドワーディン、コーンウォールのリチャード・ルフス、ロバート・ホルコットなどのテクストが出版されている。このような出版の流れのひとつの特徴としては、アクィナス、スコトゥス、オッカムといった人たち――つまり、その著作の研究が長いあいだ中世哲学研究を支配していたビッグネームたち――の時代に比べてもっと前だったり後だったりするような時代の思想家たちや時期に関する、より大きな研究につながってゆくということがある。

歴史志向型のアプローチは、その内在的な価値とは別に、第二の比較志向型のアプローチの追求を多いに助けるものである。なぜならば、中世の思想と現代の思想とを対比研究するためには、中世の思想が厳密には何を含意していたのかについて、あらかじめよく理解しておかなければならないからだ。過去になされた比較研究のなかには、表面的な読解に基づいていたり、「中世人」が考えていたことや彼らの著作についての大ざっぱな一般化にもとづいていたりするようなものもあった。歴史を重視するテクスト密着型の学者のおかげでこのような表面的な読解が訂正されたため、比較対照する仕事はよりいっそう正確さを増した。またそれに伴って、これまで気づかれなかった特徴がますます明らかになった。具体例をあげると、たとえば、アクィナスのような思想家における精神、因果性、存在などの理解の複雑さだとか[23]、スコラ哲学者によって同定されていた様相の種類と程度だとかに関しての評価が高まったということがある[24]。

比較研究のための豊饒な領域としては、論理と言語の広い領域がある。一九七〇年代以後、継続的に出版がなされている。そのなかには単著もあるが、多くは単数ないし複数の著者の論文集である。扱われている領域は、真理、演繹、パラドックス、誤謬推論、指示、様相、それからいろいろな種類の応用的で非標準的な論理がある。たとえば、「べき」のような様相を扱う」義務論理、「知る」のような様相を扱う」認識論理、「時間様相を扱う」時相論理、「ならば」などの論理結合子を検討する」適切さの論理である[25]。これと並んで、E・J・アシュワースやガブリエル・ニュッヘルマンスが、中世と後期スコラの時代の言語哲学に関するとても重要な著作を書いた[26]。

比較研究のためのもうひとつの実り豊かな領域は、哲学的神学である。これは第三のアプローチ、つまり中世の思想家の問題意識を受け継いで哲学を実践するというアプローチにつながるものでもある。第二次世界大戦前後の長い期間にわたって、宗教的な考えを英語圏で支配的な言語分析のスタイルに適応させようという努力が続けられた。やがて、伝統的なキリスト教の教義に関心をいだく理論哲学者たちはこうした努力に疑念を抱くようになった。このような制限を設けることは神学的な思考それ自体にもとづくのではなく、むしろ優勢な哲学的正統派がもっている経験主義的な前提にもとづくものではないか、と。そこで、アルヴィン・プランティンガやリチャード・スウィンバーンのような思想家は別の可能性を探求し始めた。この動きは、ソール・クリプキやヒラリー・パトナムのような他の分析哲学者たちが伝統的な形而上学を再発見しはじめた時期と重なった。加えて、アンソニー・ケニーやノーマン・クレッツマンなど中世哲学の研究についての十分な訓練を積み、分析哲学にもよく熟達した人々が、これら二つの源泉［中世哲学と分析哲学］を同時に利用する可能性を見て取った。かくして、幅広い流れができてきた。そのひとつの現われは、キリスト教哲学者協会の設立［一九七八年］である。機関誌『信仰と哲学』はアクィナスやスコトゥスとウィリアム・アルストンやスウィンバーンを同列に扱おうと思う人のために、今日まで格好の研究の場所を提供してきた。

先ほど指摘したように、コーネル大学でノーマン・クレッツマンに師事した研究者たちは、中世哲学それ自体の価値を信じて中世哲学に取り組んでいる人たちの典型的な例である。そこで、この人たちは私の用語で「実践志向型」の研究者にふさわしい。ここで私が念頭に置いているのは、マリリン・マコード・アダムスやエレノア・スタンプである。クレッツマンはある論文で、アウグスティヌスを出発点にして、現代の哲学的神学にとっての「理解を求める信仰」という計画を提示した(27)。彼の生涯の終わり頃に、クレッツマンは自らの計画をアクィナスに対する批判的な対話というかたちで追求した(28)。このような視点は主としてスタンプに引き継がれた(29)。他方、神学教授でもあったアダムスは、アンセルムスやオッカムのような多様な思想家に洞察を見いだしていた(30)。

別の方向から中世思想に取り組むようになった実践志向型の研究者にアラスデア・マッキンタイアーとジョン・フィニスがいる。マッキンタイアーの『美徳なき時代』は一連の著作の一冊目である。それら一連の著作でマッキンタイアーは、現代の倫理思想に対する批判を展開し、現代の倫理思想に代わるものを提供しようとして、アクィナスの思想に（もう少し正確には、アクィナスによって修正されたアウグスティヌスの思想に）依拠する度合を深めていった。[31] フィニスは、はじめは英語圏の分析的法学の分野で仕事をしており、やがてアクィナスを法や社会倫理に関する重要なアイデアの源泉として提示するようになった。そしてこれを端緒に、アクィナスの思想を現代の諸問題に応用するようになった。このような応用は彼自身の著作だけではなく、彼のかつての学生だったロバート・ジョージの著作でも行なわれている。[32]

他の領域と同様に、中世の思想家に関する歴史的研究や比較研究は、目下の哲学的実践を豊かなものにする下地となりうる。このような育成が、どのように、またどれほどうまくいくかということの大部分は、それまで中世哲学に何の関心ももっていなかったような哲学者たちの受容力にかかっている。また、中世の諸伝統の現代的な変種のなかで哲学を実践している人たち、たとえば「分析的トマス主義」の人たちにかかっている。[33]

中世哲学に対する現代の関心の際立った特徴は、それぞれの関心のちがいの大きさである。この場合「歴史志向型」「比較志向型」「実践志向型」といった名前で呼ぶことができるような方向性のそれぞれに応じた関心のちがいよりはむしろ「分析哲学」と「急進的解釈学」という名前で呼ぶことができるような方向性のそれぞれに応じたちがいの方が大きい。中世哲学のどの点に焦点を合わせるのかという各人の選択にはたしかにちがいはある。それはそうなのだが、次のように考えたくなるのにあらがうのは難しい。現在求められているのは、中世の人たち自身がかつて成し遂げたような総合に類比的な、ひとつの総合の一局面なのだ、と。中世の思想家たちは哲学の科学的側面と知恵としての側面とを後の時代の思想家たち（われわれ自身の世代も含めて）よりもっと効果的に結び合わせた。中世の思想家たちがそれを成し遂げたいろいろなやりかたに注目してこそ、われわれは今言ったような総合をもっともうまく成し遂げることができる。このことを私は指摘しておきたい。それが現実のものとならんことを。ともあれ確かなことは、中世の思想は現在、古代ギリシア・ローマの哲学と同等に哲学史の一部分を占めているということである。このことだけでも大きな喜ばしい前進を示している。いま、この前進は、さらに前に進むための道を敷いたところなのだ。

注

本章の第一部、ルネサンスと一七世紀に関する箇所は、P・J・フィッツパトリックによる。第二部の現在の状況に関する箇所は、ジョン・ホールデンによる。

（1）カイエタヌスの註解を引用する場合、私はG. PicardとG. Pellandの版［592］の巻数と段落を指示する。Laurentを参照している箇所は、I. Coquelleが編集した最初の二巻の古い版［593］に対してLaurentが書いた序論に対するものである。文献［605］で、E. Gilsonは、Laurentが書いたことを展開して膨らませ、当時のイタリアにおける魂の不滅性をめぐる論争についての明解な状況調査を与えてくる。アクィナスの『霊魂論』に対する註解［225］を引用する場合には、講（lectio）と段落を指示する。

（2）スピナの憤慨はE. Gilsonが［605］で引用している言葉から見ることができる。

（3）カイエタヌスのテクストに添えられている注記と補足はあまり助けにならないだろう。第三巻のはじめで、カイエタヌスは読者に対して、アリストテレスは自分が与えた知性と感覚との類比関係を正当化していない、と指摘し、この証明は同書の後の箇所で提示されるだろう、と付け加えている。ところが「その証明をよく検討するなら、あなたは、われわれの無知がどれほど大きなものであるかを理解するだろう」と言われている（［592］［一章］七節）。また「ファンタシアー」への依存が不可欠だというアリストテレスの指摘に対する弥縫策の後には、アリストテレスはこの依存が無条件のものだと考えていたという指摘が続いている（［592］［二章］一一一節）。また「新プラトン主義的な」証明は、魂に、霊的で不滅の形相という身分を保証するための唯一の手段だと言われているのだが、「ただし、いくらか曖昧さは残るものの（［592］［二章］一二二—一二三節）」と言われている。さらに、著者が採用した立場に対していくつかの反論が提示されているが、これらに対しては「初心者にふさわしいように、これらは放置しておくことにしよう」と言われている（［592］［二章］一二四節）。スピナのような人々やラテラノ公会議の参加者たちは、おそらく、さらなる説明を求めたことであろう。

（4）ここにライプニッツの「予定調和説」の先取りを見た人々もいる（E. Kesseler［609］516）。ライプニッツはスアレスの『形而上学討論集』を、まるで小説を読むように読んでいたと言われている（E. J. Aiton［591］13）。ライプニッツがスアレスを参照している箇所についての調査はA. Robinet［615］の研究に見られる。しかし、予定調和説のコンテクストでなされている参照は、すべて祈りと恩寵に関するものであり、知性や「想像力」に関するものではない。スアレスの『形而上学討論集』は長い間多くの大学で教科書として用いられた。それゆえ、気難しいショーペンハウアーさえもそれに言及しているくらいなのだ（『余録と補遺』第一巻、観念と実在の歴史のスケッチ、第六節）。

（5）カイエタヌスは『霊魂論』に対する註解のある箇所では、光の比喩に関する細部も捨ててしまっているように見える（［592］［一章］七八節）。しかし、このことは彼のその後の考察を妨げるものではなっていない（［592］［二章］八〇―八一節）。

（6）トゥールーズのカジミール、『ペリパトス主義者の原子』（*Atomi Peripateticae*,［598］II 55.）

（7）スコラ的伝統を擁護する人たちの代表として三人の著作家を選んだ。また同じ伝統の内部から惹起されるいろいろな難点を述べている人たちの代表としてさらに三人の著作家を選んだ。擁護する側の三人とは、ドミニコ会士アントワーヌ・グダン（一六九五年没）［606］、イエズス会士イニャス＝ガストン・パルディ（一六八三年没）［607］、オラトリオ会士ジャン＝バティスト・ド・ラ・グランジュ［600］である。留保的な意見を述べている側の三人は、まず、バヨー司教区の尚書ジャン＝バチスト・デュアメル（一七〇六年没）である。この人ははっきりと折衷主義の立場をとり、スコラ哲学に対して点が辛かった。次に、フランシスコ会のイングランドにおける伝道師であったアントワーヌ・ル・グラン（一七〇〇年頃没）、そして、ヴァレリアーノ・マーニ（一六六一年没）である。最後の人はピカルディー出身のカプチン会士であり、パスカルの『プロヴァンシアル』のなかで言及されている［620］。これらの著作家たちの書物にはいろいろな版があり、頁で参照すると間違いがおこりやすい。これに対して、章や節などの区分は明瞭なので、以下ではそのような方法で参照を行う。Casimir［598］の序文に記載された著作家たちのリストは有益である。この主題に関する最近のすぐれた論考――彼らに対して私よりも好意的なもの――としては、D. Des Chene［599］を参照。

（8）パルディの数学や機械学の能力や、彼の他の著作に見られるデカルト主義の調子（そして、私はこれも付け加えるべきだと思うが、彼が鍵について書いている際の優雅なスノッブ）は、彼の攻撃の真剣さについていささか疑念を催す。おまけにこの攻撃は最初、匿名で発表された。彼が刊行する用意があったのは『新一般図書目録』（*Nouvelle bibliographie générale*）だけであるようだし、この書物は彼自身の手によるものではない。

（9）中世哲学の伝統を受け継ぐと主張するいくつかの組織においては、むろん変化はあった。また、ヴォルフの影響はこのことを示していた。J. E. Gurr［607］は、この点に関する研究を行い、多くの情報と示唆を与えてくれる。

（10）P. J. FitzPatrick［603］で詳細を簡潔に述べた。

（11）一八世紀後半と一九世紀前半の新スコラ主義は重要な例外である。これに関しては*CHLMP* 838-852のP. J. Fitzpatrickの記事を見ること。ただし、中世哲学に対する現在の関心はこの動向につながるものではない。

（12）『エテルニ・パトリス』のテクストについてはV. B. Brezik［623］173-197を見よ。引用した箇所は一八七頁である。同じく『ラウトレッジ哲学百科事典』のJ. Haldenによる「トミズム」の項目を見よ。

（13）ド・ヴルフの『中世哲学史』の初版は一九〇五年に出版された。フランス語第六版の英訳は一九五二年に出版されている。

（14）たとえば、J. Maritain［633］を見よ。

（15）ジルソンに関しては［9］［68］［218］の他に［403］を、また以下の注（27）を見よ。

（16）ユダヤの哲学者の間では、中世における自らの先人たちの重要性に対する意識がつねにあり続けた。さまざまな反応については本書の第五章、およびO. Leaman and D. Frank［12］を見よ。

（17）中世のイスラム思想に関する現代の研究は、ラテン語圏の哲学の研究よりも新しく、またより専門分化した領域である。T.-A. Druart［626］および本書の第四章、およびS. H. Nasr and O. Leaman［11］を見よ。

（18）とりわけP. T. Geech［627］を見よ。

（19）この伝統の創立者たちの幾人かはスコラ哲学に親しんでおり、カトリックであったり、カトリックであったことがあったりした。フランツ・ブレンターノとアントン・マルティは司祭だったことがある。マルティン・ハイデガーは最初イエズス会の修練士であったが、その後すぐに脱会した。［ブレンターノはアクィナスの影響を受けたアリストテレスの研究書を書いているし、ハイデガーの教授資格請求論文はスコトゥスについてのものだった。］

（20）ハイデガーとアクィナスに関してはJ. Caputo［625］を、アンセルムスとハイデガーに関しては特にG. Schufreider［144］を、フーコーについてはP. Rosemann［636］を、より一般的にはM. S. Brownlee *et al.*［624］を参照せよ。

（21）J. MilbankとC. Pickstock［634］を見よ。

(22) これとは別なもっときめの細かい分類は、J. Marenbon ［465］を見よ。

(23) たとえば、A. Kenny ［631］や J. F. Wippel ［262］を見よ。

(24) S. Knuttilla ［464］を見よ。

(25) S. Read ［47］, P. V. Spade ［475］, M. Yrjönsuuri ［51］を見よ。

(26) 本書の第三章、および G. Nuchelmans ［468］を見よ。

(27) N. Kretzmann ［71］を見よ。それより前にジルソンが「キリスト教的哲学」という考えを提唱したことについては、A. Pegis ［635］177-191 にある E. Gilson の論文、および E. Gilson ［628-629］を参照せよ。ジルソンの計画に対する批判に関しては、F. van Steenberghen ［637］を見よ。

(28) N. Kretzmann ［245-246］を見よ。

(29) たとえば、S. MacDonald and E. Stump ［251］および E. Stump ［259］.

(30) M. M. Adams ［318］に加えて、M. M. Adams ［142］を参照。および彼女の論文「諸徳の連結に関するスコトゥスとオッカムの立場」を参照。これは L. Honnefelder *et al.*, eds., *John Duns Scotus: Metaphysics and Ethics* （Leiden, 1996）, pp. 499-522 に収録されている。

(31) A. MacIntyre ［632］を見よ。

(32) J. Finnis ［240］を見よ。

(33) J. Haldane ［630］を見よ。

（横田　蔵人 訳）

第14章　伝播と翻訳

トマス・ウィリアムズ

伝播と翻訳。これらの語を書きながら、書架の、装丁の魅力的な一六巻セットが私の目に入る。そのおのおのは、背にJ. Duns Scotus Opera Omniaの語を抱いている。『ヨハネス・ドゥンス・スコトゥス全集』だと思いたくなるだろう。あいにく、中世哲学においては、ことはなかなかそう単純ではない。このセットに収録された作品には、スコトゥスによるものではまったくないが、かつて彼に帰されていたものがある。スコトゥスの真作でありながら収録されていない作品も、ペトルス・ロンバルドゥス『命題集』のレクトゥーラを含めていくつかある。そして、このセットがスコトゥスの後期の（そしてとても重要な）『レポルタティオ』第一巻として提示するものは、実は『レポルタティオ』ではまったくなく、その真正性と出典が熱心に議論されている別の作品である。

さらなる問題がある。魅力的な現代の装丁は、実際の出版年を見誤らせる。どれでも一冊を開けば、あなたが目にするのは、一六三九年にはじめて公刊された版のリプリントなのだ。（編者の名から、ワッディング版として知られる）その版は、批判校訂版、つまり、厳密にスコトゥスが何を言ったかあるいは書いたかを可能なかぎり正確に確実に定めるために、確立されたテキスト研究の原則にしたがってすべての写本証言を比較検討して作った版ではない。編者は、多くの場合、単に手近の一、二の写本を見て、時にはできあがったテキストが十分意味をなすかたいして気にもせず、そこに見つけたことを転写した。悲しいかな、スコトゥスの作品の多くは、この欠陥版がわれわれのもつ最良の版である。したがって、これを使わざるをえないが、大いに注意して用いなければならない。

ワッディング版の落とし穴は、中世哲学研究の一般的な特徴を示している。印刷版のページ上に見るラテン語——さらには翻訳内で目にする英語——と、そこから学ぼうとする中世思想家の真の言葉との間には、裂け目があるのである。本章の目的は、この裂け目の性質と大きさの双方をつまびらかにすることであり、それは中世哲学を学ばんとする学生を当惑させるためではなく、正しく向き合う心構えができるよう危険を説明するためである。中世哲学がわれわれのもとに伝わった伝播経路を一般的に論じることから始めよう。それから、三つの具体的な事例に移り、異なる種類、異なる時代のテキストに適用される共通点をいくつか描く。その過程で、中世の講義者の口頭の言葉から現代の批判校訂版のテキストに至るまでのさまざまな伝播の舞台に介入しがちな間違いの種類に注意を喚起し、こうした間違いを減じるために、とりわけ批判校訂版がない場合に、注意深い中世哲学史家が用いるツールとテクニックを概説する。

章後半は翻訳の問題に移る。読者が、時にラテン原文を調べることすらなく翻訳の間違いを見つけうる次第、翻訳が、時にテキスト解釈について議論ある見解を反映する次第を例示する。続いて、ミスリーディングを引き起こしがちな定訳のいくつかを論じ、またキータームの訳語の幅についていくらかの示唆を与え、個別のタームの訳に目をやって、章を閉じる。

伝播経路

理想的なケースでは、注意深く作成された読みやすい自筆文書（つまり、作者自身の手書きのテキスト）があるだろう。そのような理想的なケースはきわめて稀である。そして、自筆文書が存在する数少ない例にあっても、テキストは問題を呈しうる。作者が自作のチェックにぞんざいであったり、その手書きがひどいものであったりしうる。たとえば、トマス・アクィナスは、上の空で間違った語や文を書き留めることで有名であり、また彼の手書きは非常に読みにくく、ひとにぎりの専門家しか解読できない(1)。

自筆文書が（信頼しうるか判読可能か否かにかかわらず）ない場合は、いくつもの仲立ちを経て伝わってきたテキストに拠らなければならない。こうしたテキストには、（一極端として）作者自身によって保証された写しから、（もう一極端として）自分が書き留めている議論に完全についていけてすらいないかもしれない学生が最初に記録した講義ノートから遠く伝わってきたものまで、幅がある。とりわけ、哲学が、講義や公式の公開討論を通じて、主として口頭で行われていた時代は(2)、われわれの手にするテキストと作者の間の中間段階の数、そしてそれゆえ誤りや破損が入り込む機会は、やっかいなばかりに大きいものとなりうる(3)。

たとえば、開講されたどの講義（あるいは連続講義）も、そもそもの最初から二つのバージョンのかたちで存在しうる。教師本人が口述したものと、受講した学生が書きとったものである。一三五五年十二月一〇日と日付のあるパリ大学の規則は、哲学教師は「聴衆が、心では呑み込めるが手ではついていけないくらい早く言葉を発するように」、実際「ノートをとるものが眼前にないかのように話すように」と求めている(4)。こうした習慣があるところでは、学生による記録《レポート》、いわゆる「レポルタティオ reportatio」は、ことのほか省略、書き写し違い、誤解を含みがちである。このような「レポルタティオ」を他の学生が写すこともあり、こうして同一の講義や討論について競合するバージョンの数が増えていく。討論は、ことのほか相矛盾する「レポルタティオ」をうみがちである。講義以上に複雑（かつ無秩序）だからというばかりでなく、問に対する教師の結論が、その記録にあったりなかったりしうるからである。

自分のテキストについてより決定的なバージョン、つまり「オルディナティオ ordinatio」を確定したい教師は、自分のノートと学生の「レポルタティオ」の双方を見直し、推敲し、大学公式の本屋、つまり「スタティオナリウス stationarius」に提出して、配布する。(歴史家がスコラ哲学の作品の「公刊」について話すとき、念頭にあるのは「スタティオナリウス」に公式に提出することである)。「オルディナティオ」を作る上で、教師は議論を再度組み立てたり新しい要素を加えたりする。もとのテキストにあった誤りのいくつかは修正されるだろうが、新しい誤りも入ってきやすい。実質的な見直しが、テキストを通して一貫して行われたのではない場合は、なおさらである。もとの講義から「オルディナティオ」まで、何年もかかることがしばしばである。教師は、それまでに進展した見解にあわせて作品を改訂しようと決めることもあるが、逆に、以前の講義をもって自分の講義は著作上完成しているとし、実質的な見直しは控えることもある。

「オルディナティオ」は、それから、全体ではなく「ペキア pecia」と呼ばれる(通常)十六ページ単位の綴りのかたちで出回る。ヤン・ピンボアは説明する。

「スタティオナリウス」は、普通、同一性の度合いの異なる「ペキア」を、ひとつのテキストにつき少なくとも二セット用意するので、そして「ペキア」は一帖ずつ賃貸されるので、写字生は、自分の複写書に二つの異なるソースから作られた「ペキア」を綴り合わせる、つまり批判校訂上の価値の異なる諸部分をテキストに組み立てることがある。そのうえ、「ペキア」自体、安定したものではない。摩滅するものであり、語や、それどころか文章全体が読みにくくなり、不注意な借り手による(しばしばまったく見当違いな)修正や欄外注記が加えられ……、等々といったことが起こりうる。より受け入れやすい教説にするべくテキストが変えられた兆しが見られることすらある。(5)

さらなる誤りや変質が、テキストを十分に理解できるだけ哲学的に洗練されていない写字生や、出来高払いで筆写を請け負い、それゆえ正確さよりもスピードに熱意を燃やす写字生、さらに、テキストそれ自体としては興味がなく、ただ自分が有用だと見なしたわずかな部分の写しを作りたいだけの写字生により、容易に混入しうる。単に疲れてしまう写字生もいる。アンネリーゼ・マイアーは、ウォルター・バーレーの「まったく無益な題材を扱ったページをまるまる」写すことを拒否する不機嫌な写字生の例を引いている。(6)

間違いを起こしやすいものであることは疑いないが、これらの写本は、われわれにとって、あるテキストの唯一の原資料であったり、批判校訂されていない版を修正する上で欠くことのできない資料であったりする。今日、写本を利用するには、三つの総見出しの元に教えられる専門スキルが必要である。「古書体学 paleography」、「テキスト編集 text editing」、「古書冊学 codicology」である。「古書体学」は、単純に書体の学問である。写本に使われる手書き文字の種類について知識が必要とされるが、とりわけ重要なのが、筆記人が時間短縮と文具節約のために使う複雑な省略記号のシステムである（挿入図参照）。幸い、この分野ではそこそこの能力――テキスト研究家になることを第一としない中世哲学史家にとって十分な助けになるだけの能力――は、驚くほど容易に身につけられる。中世古書体学の一学期講座をとることで、それどころか手持ちの手引き書を通して勉強することで、十分なスタートを切れるだろう。(7)「古書冊学」は、厳密に言えば、単純にコーデックス（codex 手書きの本）の学問である。中世哲学史家にとってのこの学問の価値は、伝播過程をさかのぼって調べる上で時に助けとなることである。「テキスト編集」は、個別の写本の信頼性や相対的な優劣を決め、関連する写本群を同定し、（理想的には）相次ぐ写字生によりもたらされ増えていった変質を逆行して、可能なかぎりオリジナルに近いテキストを作る、そのための法則やテクニックの学問である。(8)

中世哲学のテキストが今日に伝わる過程で次なるステップは、初期印刷本［incunabula］である。続くケーススタディで明らかになるように、これらの初期印刷本はとくに学術的なものではない。にもかかわらず、いくつかの中世テキストについては、われわれにとって唯一の印刷資料であり、印刷版の拠り所となった写本がもはや存在しない場合は、批判校訂して再構成する上で考慮しうるテキストについて、独自の証言を提供する。現代の批判校訂版は、最後のステップである。現代の編者は、あらゆる写本証言（と、初期出版が独自の証言を提供する場合は初期出版の証言）を考慮し、写本伝承の展開や、さまざまな写本の相対的な批判校訂上の重みについて仮説を立て、確立されたテキスト研究の原則にしたがって、オリジナルのテキストを再構成する。しかし、批判校訂本ですら絶対確実なものでないと気付くことが重要である。たとえば、編集上の決定は、どの読みが文脈上もっともよく哲学的意味を伝えるかという編者の判断に拠っていることがあり、しかしその判断は、［テキスト研究的根拠ではなく］哲学的根拠ゆえに議論の余地あるものであることがある。幸い、批判校訂版は異なる読みについて異文考証注 apparatus［criticus］を付しているので、疑わしく思える一節があった場合、疑いをもった読み手は必要な情報を得ることができる。さらに、テキストの句読点は、――文や節の分け方も含めて――ほとんど完全に編集によるものである。写本は一般に、テキストの意味を導く上でほとんど何の意味もない、ランダムドットとでもいうべき点の打ち方をしているからである。それで、批判校訂版にすらミスリーディングな、あるいは明らかに間違った点の打ち方が見つかることは稀ではなく、そのような間違いは文の意味を完全に変えてしまうことがある。これに対する最良のアドバイスは、単に、編者の句読点をまるまる無視することである。

スコトゥス［Reportatio examinata］の一節。

掲載許諾：Vienna, Österreichische Nationalbibliothek, cod. 1453, fol. 122 va, lines 22-29。

下に、書き起こした文、訳、解説を記す。

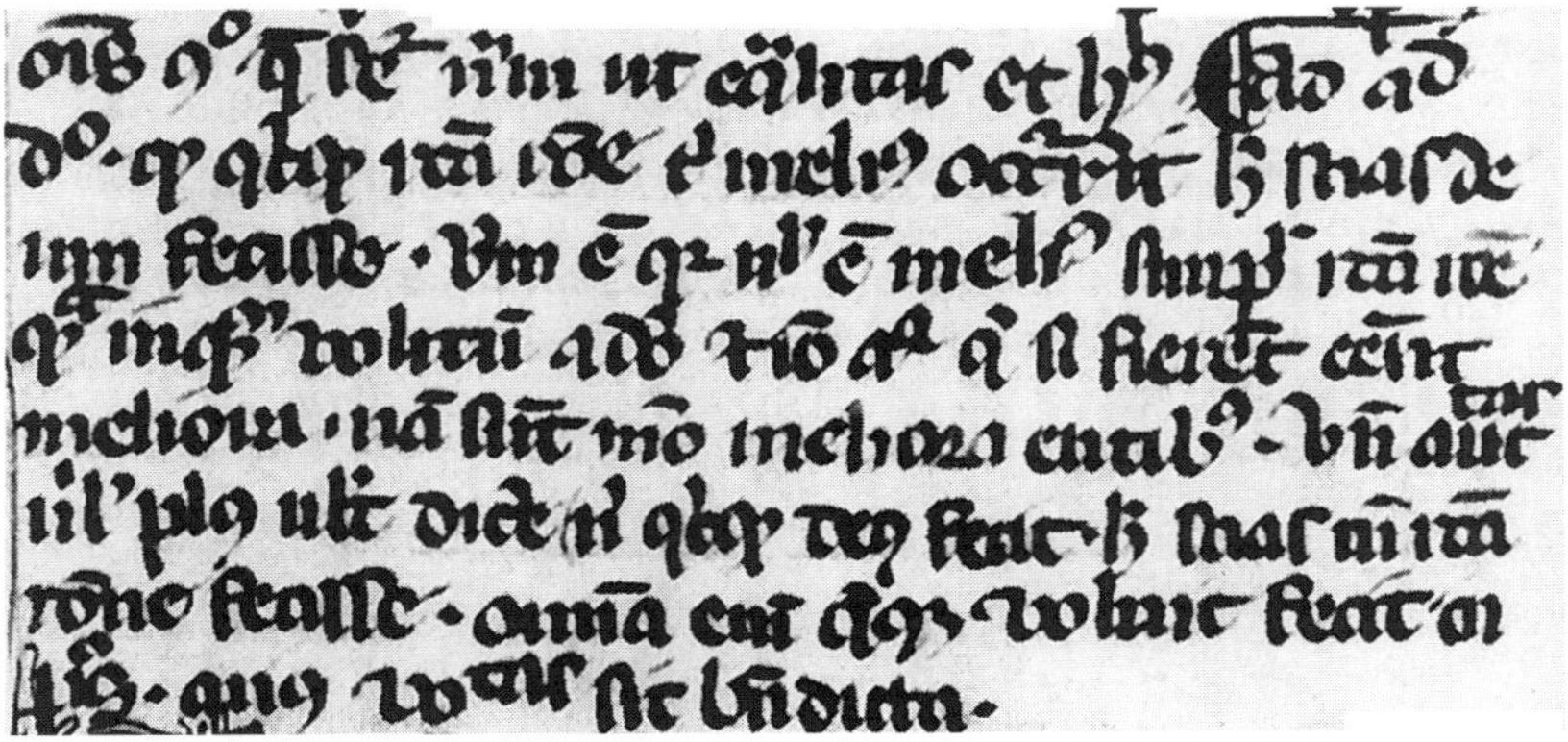

omnis con[diti]o quae se[quit]ur na[tura]m, ut [a]eq[u]alitas et huiusmodi. ¶ Ad a[liu]d | d[ic]o quod “q[u]icquidrecta ratione t[ib]i melius occurrerit, hoc scias De|um fecisse”: ver[u]m est quod nihil est melius simpl[icite]r recta ratione | quaminquantum volitum a D[e]o. Et ideo a[li]a quae, si fierent, essent | meliora, non sunt modomeliora entibus. Unde auc[tori]tas | nihil plus vult dicere nisi “q[u]icquid Deus fecit, hocscias cum recta ratione fecisse; omnia enimquaecumque voluit fecit”, in | Ps[alm]o — cuius vo[lun]tas sit benedicta.

【訳】 本性から帰結するすべての特質、たとえば等しさとかそのようなもの。¶ 他〔の議論〕について、私は次のように主張する。「正しい理性によって君に生じるより善きものは何であれ、神がなさったのだと知れ」。神が望む限りにおいてより他には何ものも、端的に正しき理性にしたがってより善いということはない、というのは本当である。それゆえ、その他のものが作られることになってより善いものであるとしても、実は［現に］存在しているものより善くはない。それゆえ、権威ある一節は次のこと以上のことは言わないのである：詩編に〔書かれているように〕「神は、なさったことは何であれ、それを正しき理性を以てなさったのだと、君は知らなければならない。神は、望まれたことを、何であれすべてなさったからである」——神のご意志の祝されんことを。

【解説】 この手稿の年代は 14 世紀以降、英行書 English semicursive の使い手により書かれている。省略を多用するスタイルは、この時代に特徴的である。手稿中、標準的な記号で表された文字は、書き起こし文では下線が引かれている。語から省かれた文字は、角括弧でくくってある。たとえば、手稿第一行の上線のついた「ois」は、「omnis」と書き起こされている。水平の線は、「m」もしくは「n」が省略されていることを示す一般的な記号だからである。つづく組み合わせは「con[diti]o」と書き起こされている。最初のマークは「con」もしくは「cum」を表す標準記号であり、最後の「o」は行の上に書かれ、間にはさまれた文字は単に抜かされているのである。行の途切れは縦線で示してある。これらの決まり事を用いれば、辛抱強い読者は、手稿の文字から汲んだものをつなぎ合わせて書き起こすことができるだろう。見てわかるように、書き起こし文中の句読点は、主に編集によるものである。

テキストは、ヨハネス・ドゥンス・スコトゥス「吟味されたレポルタティオ」d. 44, q. 2. 末尾の異論回答である。第二回答の意味についての議論は、次を見よ。Williams [300] 195–98。

三つのケーススタディ

具体的な思想家の作品を吟味することで、中世の哲学テキストがこうむるさまざまな運命について、より勘がつかめるだろう。ここに、三つのケーススタディを用意した。カンタベリーのアンセルムス（一〇三三―一一〇九）、ヨハネス・ドゥンス・スコトゥス（一二六五／六―一三〇八）、ロバート・ホルコット（一三四九没）の作品を今日まで運んだ経路についての短い叙述である。このケーススタディには、二つの目的がある。まず、読者に、中世哲学を学ぶときに何に注意すべきか、総括的な考えを与えることを意図している。総括的な教えとは、ある中世哲学者について踏み込んだ研究を始める前に、その作品の写本や出版の状況を知っておくのは非常に望ましいということである。より具体的な注意は、論を進めるうちに明らかになるだろう。そう信じている。第二に、このケーススタディは、中世哲学においていまだにどれだけテキスト上の、また校訂上の作業がなされなければならないか示すことを意図している。こうした線上にどれだけ興味深い作業が残されているか、総括的に有益な話をするのは不可能だと思われるので、作品の現状のテキストの信頼性がまったく異なるレヴェルにある三人の思想家を選んだのである。

アンセルムス(9)

幸いなことに、伝播過程における混乱の多くは、アンセルムスの作品には当てはまらない。アンセルムスの作品は、講義ではなく執筆された作品として生まれたからである。そのうえ、妥当な確実性をもって筆記人を特定できる写本が、少なくとも一本ある（Bodleian 271）。この筆記人は、カンタベリー大聖堂の修道士であり、『処女懐胎について』の一節の正しい読みについて、アンセルムス本人とやりとりしていたことが知られている。[10] アンセルムス自身、複写を許可する前に作品を見直し完成させることにことのほか心を砕いていたようであり、(もっとも、彼はある場所で、「あるそそっかしい人物」が順番を間違えて問答を写したと嘆いているが)[11]、実際彼は時々立ち返って小規模の見直しや改良を加えている。たとえば『プロスロギオン』は、もともと異なる題を掲げており、章分けもしていなかった。これに関連して、中世のテキストの章見出しは、しばしば後代の筆記者による付加であることを注記しておくべきであろう。このような本人のものではないテキストから解釈の成果を上げようとする解釈者が、ともすれば忘れる問題である。しかし、アンセルムスの作品の章題は、作者本人によるものである。本人のものでないのは、現代の版や翻訳における「配置」である。アンセルムスは、作品の冒頭に章題のリストをまるまる置き、本文それ自体の中で繰り返すことはなかったのである。[12]

アンセルムスの初期印刷本は、批判校訂上の価値はほとんどない。一四九一年にニュルンベルクで出版されたこの最初の版は、ペトルス・ダンハウザーという、どちらかといえば無名の学者によって編まれた。F・S・シュミットは、こうコメントしている。

彼が、この版のベースとしてどの（単数もしくは複数の）写本を使ったかは知られていない。版の展開のしかたから全体的にも部分的にも判断すると、もっぱら利用の容易な後代の写本であったに違いない。くわえて、ときおり、この若き人文主義者は、手にしたテキストに改良目的で手を加えたという印象がぬぐえない。[13]

後代の出版のほとんどは、程度の差はあれ無批判に彼のテキストにしたがっているので、みな等しく信頼がおけない。それどころか、ダンハウザーがアンセルムスの名の下に組み入れた偽書に数を追加して、事実上事態を悪くした版もある。一六七五年のガブリエル・ジェルベロンの版に至ってはじめて、多数の写本をベースに、異読の異文考証注にも近いものを付して、伝わったテキストを校正しようとする試みが見られるようになる。しかし、この時もまだ最古かつ最良の写本は使われていない。一九六八年に刊行されたF・S・シュミットの批判校訂本は、したがって、本質的に完全に新しい試みであった。シュミット版は、一人の中世思想家の完結した真作をすべて、一人の手で編んでひとつのシリーズとして刊行するかたちで収録し(14)、アンセルムスのテキストの現状を羨望せんばかりに問題のないものとしたという点で、異彩を放っている。数ある異読のどれをとるか、シュミットの編集者としての決定について、私は疑義をはさむ余地をほとんど見出せなかった。段落分けひとつをとっても、アンセルムスのテキストへの素晴らしい感性が見受けられる。したがって、アンセルムスの作品を学ぶものは、驚くべきレヴェルで、そのラテン語のテキストが信頼できると、単純に考えておくことができる。

ヨハネス・ドゥンス・スコトゥス

すでに導入部で示唆したように、スコトゥスの作品はとりわけ混乱した状態で今日に伝わっている。彼の全作品の話をするのは、ごくごく短い話にしようとしても枚数を要しすぎるので(15)、ここでは、スコトゥスの『オルディナティオ』、すなわち一二九〇年代の終わりにオックスフォードで学士としておこなった講義を見直したものを論ずることで、その難しさを例示したい。見直しのベースとなったのは、彼のもともとの講義ノート、『レクトゥーラ』である。少なくとも二層の見直しがはっきり認められる。最初の見直しは一三〇〇年の夏に着手され、スコトゥスがパリに発った一三〇二年に未完に終わった。おそらく第二巻をほとんど終えていない。さらなる見直しは、パリで行われた。スコトゥスは、一三〇四年まではまだ第四巻の問題を口述していたこと、同様に、まだオックスフォードにいたときにすでに見直した部分を改訂していたことがわかっている。この改訂は、通常、欄外に付記するかテキストを挿入するかたちで、スコトゥスがパリで教えたことを反映させていた。しかしながら、この第二層の見直しの性質や範囲は、いまだにはっきり見通しがついていない。それはひとつには、『オルディナティオ』の［最新の批判校訂版である］ヴァティカン版は第二巻の終わりにまでしか至っておらず、パリ時代の『レポルタティオ』の校訂本もまったくないからである。(16) 『オルディナティオ』が、どれだけオックスフォードでのスコトゥスの見解を表しているか、それを、パリでの見解の進展を反映させるために彼がどれだけ見直したかを理解するには、まだまださらなる研究が成されなければならない。しかし、目下、もっとも妥当な見方は、アラン・B・ウォルターのものであろう。彼は、こう書いている。

スコトゥスについて書こうとする研究者たちが、『オルディナティオ』を、オックスフォードで着手されスコトゥスがパリからケルンへ発ったときに未完に終わった作品というよりも、継ぎ目のない一枚衣のように見なすのは、重大で弁解の余地のない誤りである。これまでに印刷された十一巻［現在は十三巻］のヴァティカン版の基準テキストを、単に部分々々が後にパリで教えた見解へと改訂されているからという理由で、スコトゥスの最終見解を必然的に表すものだと考えるのは、とりわけ浅慮なことである。(17)

そして、ウォルターは、『オルディナティオ』の第一巻は単にスコトゥスの初期の見解のより熟した表現であり、ケンブリッジとパリでの講義の記録［レポルタティオ］――その大部分が未刊行の記録(18)――に見られる後期の彼の立場によって補完されなければならないと、説得力をもって論じている。(19) それゆえ、『レポルタティオ』の写本、同様に『オルディナティオ』のいまだ批判校訂されていない諸部分の写本を読むのに必要な古書体学のスキルは、真摯にスコトゥスを学ぶものには非常に望まれるものである。ヴァティカン版の編集者は、すでに『オルディナティオ』のどの写本が最も信頼おけるか見極めているが、これらの写本、そして数少ない入手可能な『レポルタティオ』の写本における異読の利点を量るには、それ相応のテキスト編集の能力が必要である。(20)

ロバート・ホルコット

オックスフォードのドミニコ会士、ロバート・ホルコットは、正当に評価されず他と混同されることはなはだしかった多くの重要な中世哲学者の一人である。現代のホルコットへの関心はいくぶん散発的であるが、中世における彼の影響は大きかった。それは、彼の作品の一四―一五世紀の写本の膨大さに明らかである。[21] 彼の『命題集』問題集は四十八の写本（オッカムの『命題集』注解の写本が三十六であることと比較してほしい）、そして、チョーサーの『尼院侍僧の話』に影響を与えた『知恵の書』注解は、驚くべきかな百七十五の写本があるのである。[22] 彼は言語学、未来の偶然事についての神の知に関する討論、運命、恩寵、功徳に関する議論、より総括的にいえば哲学的神学への重要な貢献をした。ここではもっぱら『命題集』問題集の運命について論ずる。

キャサリン・タカウは、「ホルコットの『命題集』問題集については、「ペキア」のシステムが普及の基盤であった証拠が色濃い」と解説している。[23] 写字生の、「手に入りしだい順不同に「ペキア」を書写していて十分なスペースがなくなったテキストを欄外に押し込める」という言葉にあるように、多くの写本がこのシステムの痕跡を残している。[24] テキストのかなりの部分が、伝播の過程で明らかに抜け落ちているケースもある。たとえば、二つの初期写本において、第二巻第二問中の、最初の方の異論への反論がわずか二行で中断され、続く三つの異論への反論はすべて紛失している。しかる後に、さらなる四つの異論への反論が続くのである。いくぶん後代の写本では、この最後の四反論もまた抜けて落ちている。「ほぼ確実に、ばらした一帖から一葉抜けたがためである」。[25]

ホルコットの『命題集』問題集は、一四九七年にリヨンで出版された。この版への添え状で、ヨドクス・バディウスは、写本の見直しを任された研究者がテキストが無秩序な状態にあることを発見したこと、彼は入手可能な写本からは信頼しうるテキストを確定することができなかったことを記している。残念ながら、この版が今日手にしうる唯一の『命題集』の印刷版である。[26] ホルコットの『命題集』問題集の写本はいまだ完全に校合されておらず、私の知るかぎり、いかなる校訂本も準備されていない。結果的に、ホルコットは、テキスト学と哲学の双方の面で、その作品の研究の機が熟した領域となっている中世思想家の顕著な例となっている。

中世哲学を翻訳する

英訳は、中世哲学テキストの伝播の最後の、そして必然的に最も問題をはらむステップであると考えられる。それはもちろん、その題材に興味はあるが専門家になろうとは思わない人びとに広く中世哲学を普及させるためのみならず、専門家の育成のためにもまたきわめて必要なステップである。たとえば、アラン・B・ウォルターの翻訳を通してスコトゥスを真剣に研究するに至った人がどれだけ多いか、言うまでもない。より一般的には、最も広く訳された中世思想家は最も広く学ばれた思想家でもあるというのは、もちろん偶然ではない。翻訳が研究を促進し、研究が翻訳を促進するからである。

本章に与えられた目的から、私はここで、これら翻訳を可能なかぎり最も有効に用いることができるよう、英訳の読者が注意すべき問題に集中したい。まず第一に、ラテン語の知識は、ささやかな量であっても、英語訳とラテン原文を並行して学ぶ上で非常に有用であることに留意したい。概して単純な構文と、限定された数のたいていは専門的な語彙でつづられた一三―一四世紀のテキストの場合は、なおさらである。（同一のテキストについて複数の訳を検証するという、古典テキストには当たり前の贅沢をする人は滅多にいない。素晴らしく有用でありうるのだが）。翻訳がどれだけよくても、訳者が予期し得ない誤解をある文章が招くことがあるが、少々のラテン語の知識があれば、読者はただちにたどるべき道に戻ることができるのである。

ラテン語の知識がまったくなくても、誤訳が、修正されないまでも察知されることがある。広く使われているアンセルムスの『プロスロギオン』の翻訳から、次の一節を考えてほしい。

多くの言葉が不適切に使われている。たとえば「あらぬ」の代わり「ある」と、「しない」あるいは「なにもしない」の代わりに「する」と言うように。それゆえわれわれは、しばしば、何かが存在することを否定する人に言うのである。「君がそうであると言ったとおりである」。しかし、「君がそうでないと言ったとおりそうでない」と言う方が適切であろう。同様に、われわれは、「あの男は［何かを］している」と言うのと同じように「この男は座っている」と言い、「あの男は［何かを］している」と言うのと同じように「この男は休んでいる」と言う。しかし、「座る」ことは何かをすることではなく、「休む」ことはなにもしないことなのである。［アンセルムス『プロスロギオン』第七章］

終わりから二つ目の文は誤りである。この訳者が文章に手を加えたために、アンセルムスが予期した例、つまり、「しない」あるいは「なにもしない」の意味で「する」が使われる例を呈していないのである。しかも、この文は、「同様に」の語から予期されるのとは裏腹に、前の文と正しくパラレルになっていない。こうして、単に議論の内容に哲学的な注意を払うことで、訳に何かおかしい点があると知ることができるのである。ラテン原文を見れば、この文を次のように正すことができる。

同様に、われわれは、「あの男がしているのと同じように、この男は座っている」とか、「あの男がしているのと同じように、この男は休んでいる」と言う。「座る」ことは何かをすることではなく、「休む」ことはなにもしないことであるにもかかわらずである。

今や文章はアンセルムスが読者に予期させた例らしきものを呈している。留意すべきは、最初に引いた訳は、与えられたラテン語のテキストから、文法的にはありうるということである。ただ、哲学的に意味を成さないのである。この手の誤訳は、訳者が修飾句、とくに副詞句を間違った部分に付加するときに生じる。繰り返そう。誤りに気付くのに必要なすべては、哲学的な注意である。それを修正するにはラテン原文に拠ることが必要であるが。

別のケースで、訳は文脈上十分に意味を成すので、ラテン原文と比べるまではそれが誤りであると気づかないということもある。スコトゥスの一節の、次の競合する訳を見比べてほしい(27)。どちらも文脈上完全に意味を成す。

A　私は次のように主張する。神は、端的な意味で、神自身の善、つまり神は愛するという善に関してより他には義務を追う者ではない。しかし、被造物が関わる場合、神は被造物の本性が要するものを被造物に与えるが、被造物におけるこの要求は義しきもの、いわば神の義の第二の対象として定められたものであるという意味において、神はむしろ、神の寛大さに対して義務を負う者である。しかし、実際は、神の外のものはなにものも、以下の条件が加えられな

B　私は次のように主張する。神は、端的な意味で、神は愛するという神自身の善にのみ義務を負う者である。被造物に対しては、しかしながら、神は、被造物の本性が求めるものを被造物に授けるという神の寛大さゆえに義務を負う者である。この要求は、神の義の第二の対象として、被造物のうちに定められている。しかし、実際は、神の外なるものは、ある点を除いては、つまり「それが被造物の一部であるかぎりは」という条件がなければ、義ではない。端的に義であるのは、第一の義

ければ義であると言われえない。つまり、端的な意味で、被造物が関わる場合、神はただ己の第一の義に関してのみ義である。というのはつまり、そのような被造物は神の意志により実際に望まれたからである。

に関わるもののみである。というのはつまり、実際に神の意志に望まれているからである。

まず、訳者Aは、神は己の寛大さに対して義務を負う者であると言っているのに対し、訳者Bは、神は己の寛大さゆえに義務を負う者であると言っていることに留意してほしい。この食い違いは教訓的だ。翻訳が同時にどの程度まで、訳されているテキストの、哲学的に動機づけられた（そしてそれゆえ偏向的な可能性のある）解釈であるかを示すからである。訳者Aは数々の影響力ある論稿や本において、スコトゥスによれば神は神自身に対して被造物を善とする義務があり、それゆえ神の被造物への寛大さはそれ自体義の問題である、つまり神自身に対する義であり、（厳密に言えば）被造物に対しての義ではないと論じてきた。「己の寛大さに対して義務を負う者」という表現が、そうした解釈を裏打ちしている。訳者Bは、逆に、数々の論稿を著して、スコトゥスによれば、神の神自身に対する義は、個々の被造物や造られた宇宙全体をどう扱わなければならないかについて何の拘束力もないと論じてきた。「己の寛大さゆえに義務を負う者」という言葉は、被造物を特徴づける完全性を神が被造物に与えるのは、ただ寛大さの問題であると示すことを意図するものである。(28)

節の最後の部分の訳も、解釈上の見通しがどうはたらいているかをあらわにしている。スコトゥスは神の「第一の義」を神自身に関する神の義としている。訳者Aが、神が「被造物の本性が要するものを被造物に与える」

とき「神はただ神の第一の義に関してのみ義である」と言う時、Aは、被造物に完全性を授けるときスコトゥスの神は、実は被造物に対してではなく自分自身に対して義であるのだという自分の見解を伝えている。対して、訳者Bの訳文は、徹底した主意主義者としてのスコトゥス、端的に義なるものは単に神が望むあらゆるものであるという読みを裏打ちする。

単に哲学的に目を光らせることでは誤訳を見つけられないこのようなケースでは、翻訳の利用者は、翻訳者の全般的な信頼性から判断を形成できなければならない。訳者の評価について先輩の中世学者の意見を参考にするのは有用でありうるが、ここで注意が必要である。参考にする中世学者がその人自身翻訳者である場合は、なおさらである。翻訳者は、性質上、他の翻訳者の仕事の欠点を大げさに言う傾向にあるように思われるからである。(29) よりよいアプローチは、訳者の代表的な論稿を選り集めて読み、その哲学的な鋭敏さについて自分自身の判断を形成することである。ずさんな哲学者はずさんな翻訳者であろうし、信頼できない解釈者は信頼できない翻訳者であろう。実際、ある程度までは、翻訳者の散文のスタイルは、その翻訳の質をよく示してくれる。習慣的に不確かな英語を書いている翻訳者は不確かな翻訳を生産するだろうが、厳密に書く者は厳密に訳すだろう。おそらく、優美な英語を書く者は優美な訳を生むというのもまた真実である。しかし、優美さは、読者を喜ばせはするが、哲学的な意味はほとんどなく、そして、優美さへの欲求は、テキストへの厳密な忠実さから逸脱させるお決まりの誘惑である。

対応する語と落とし穴

テキストに厳密に忠実であるには、むろん、個々の語の訳を選ぶ上での堅実な判断が必要であり、そうした判断は、ラテン語を使いこなす能力に拠るのと同様、哲学的な感性や英語慣用句の正しい認識にも拠っている。この節では、訳者が直面する困難を、よく誤訳される語や正確な訳を妨げる語を論じることで例示したい。また、いくつかの哲学のキータームについて、訳語の広がりを示そう。

もっともよくある誤訳は、［ラテン語と英語で］語源を同じくする語の選択がずさんであることに由来する。二つだけ例を挙げると、しばしば *malitia* は malice と、*officiosum* は officious と訳される。さて、*malitia* は malice（加害の欲求）も意味しうるが、より多くの場合、単に「悪」を意味する。「善」の反対であって、「善意」の反対語ではないのである。*officiosum* は、もっとも一般的には、嘘の三分類、*perniciosum*、*officiosum*、*iocosum* で見られる。これを pernicious、officious、jocose と訳すのは、まったくずさんなことである。officious は「おせっかいな」や「助けや助言をする上で攻撃的に熱心な」を意味するが、*mendacium officiosum* は、「おせっかいな嘘」ではなく、「有用で（それゆえ）害にならない嘘」のことである。（英語の officious の「好意的な」の意味は遠く廃れてしまっている）。*malitia* にしても *officiosum* にしても、正しい訳は同語源の英語からではなくラテン語そのものの形成過程から決まる。*malitia* は「悪いこと」を意味する *malum* から派生した抽象名詞である――それゆえ「悪」という意味である。*officiosum* は「機能」や「奉仕」を意味する *officium* から派生した形容詞である――それゆえ「機能的な」や「喜んで助ける」を意味する。ラテン語を学ぶ上で、語形成の一般的なパターンに注意するのは、この種の誤訳を防ぐ最良の方法のひとつである。

malitia と *officiosum* には［意味の上で］完全に相当する英語があるが、不注意で見落とされている。その他の多くの語については、正確に相当する英語がないので、似た語で何とかしなければならない。たとえば、「傾向」、「性向」、「欲求」、「指向づけられていること」といったアリストテレスの用法での *appetitus* には、正確に一語で対応する英語がなく、似た語が、ある文脈では正しい意味を伝えるが、別の文脈では伝えない。実際的な約束事

は、読者は appetite がテクニカルタームであると気付くであろうとの了解のもと、appetite を *appetitus* の定訳として用いることである。同様の約束事によって、*potentia* を potency や potentiality と訳すこと、（ある意味での）*actus* を act や actuality と訳すこと、*accidens* を accident と訳すことが正当化される。こうした定訳がいかに不正確であろうと、これらはミスリーディングとは言いがたい。まともに訓練された中世テキストの読者であれば、それらがテクニカルタームであると気付くからである。(30) 実際、potentiality のように非テクニカルな一般用法がない語を使うのは利点がある。

しかしながら、ある語がテクニカルタームどうか、さらにはテキストを通じて厳密に同じ意味で使われているかどうか、はっきりしない場合がある。たとえば、*honestum* は、特定の思想家の道徳存在論における何かひとつの特質（たとえば内在的価値）をそのすべてが表しているような項目を記述しているのか、それとも、種々の場合における正確な意味が文脈によって決まる、より一般的な賞賛のタームなのか。前者の場合は、*honestum* に一貫した訳語を当てるのがおそらく望ましい。もっとも、一貫した訳語がどれであるべきかは、議論ある解釈上の問題でありがちである。後者の場合は、*honestum* に一貫した訳語を当てるのは完全にミスリーディングである。むろん、可能性はこの二つのケースにつきるわけではない。また、ある語がある著者においてはテクニカルタームであるという事実は、その語が他のいかなる著者においてもテクニカルタームであることを意味するわけでもない。さらに言えば、一人の同じ著者が同じタームを、ひとつの作品の中ですら、テクニカルタームとしても非テクニカルタームとしても使うこともある。この手の問題は、*principium*（「始まり」、「起源」、「前提」、「原理」、「開始点」）や *ratio*（「議論」、「根本原理」、「概念」、「定義」、「本質的本性」、「特色」、「根拠」、「可知的本性」、「意味」、「設計図」、「理由」、「理論的説明」）のような変幻自在の用語に直面する翻訳者を悩ませる。実によくあることだが、ラテン語の能力ではなく解釈的かつ哲学的な鋭敏さによって、訳者は、ある語がどう使われているか、それゆえどう訳すべきか決定するのである。

励ましの言葉

この章で、私は、中世哲学の学生が直面する障害に焦点をあてた。しかし、読者は、こうした障害を乗り越えるのに必要な作業を、単なる骨折り仕事だと思ってはならない。大間違いである。わが同僚、キャサリン・タカウが好んで洞察するように、古書体学の作業をするのはクロスワードパズルをするにも似る。推理小説を楽しむ者なら誰でも、古書冊学的探索やテキスト編集を楽しむだろう。手がかりを拾いあつめ推論結果を導くという、まったく同じスキルを用いるからである。そして、難しい哲学思想を表現する適切な語を見つけることに喜びを見出す者なら誰でも、翻訳という難題に深い満足を見出すだろう。

しかし、他の何にもまして、中世の哲学者の真の言葉を再生する努力はやりがいがある。単純に、これらの言葉は哲学的にとても興味深いからである。中世思想への関心が復活して数十年たってもなお、未調査の第一級の哲学——技法的に熟達し、論において創意に富み、永遠の関心の対象である問題に注意を払った第一級のそれ——が驚くほど残っている。これらのテキストを研究で利用可能にするために要した努力は、豊かな哲学的遺産という宝を再生する機会ができたことによって、大きく報われるのだ。

注

（1） たとえば、次を見よ。http://www.handwriting.org/main/samples/aquinas2.htm
（2） 本書四一—四二、六五—六七頁参照

（3）概説で最良のものはやはりA. Kenny and J. Pinborg *CHLMP*, 34-42のそれであり、続く記述はこれに大きく拠っている。伝播経路についてのより詳しい解説は次を参照。J. Destrez [642], A. Dondaine [643], G. Fink-Errera [644-45]

（4）*Chartularium universitatis Parisiensis* III 39-40. 英訳は次にある。L. Thorndike [650] 237-38. このようなペースで読む慣習は、すでに普通のこととして紹介されている。この法規は、単に、ゆっくり口授するというもうひとつの慣習を禁じたのである。この法規は、明らかに、講義と討論の双方に適用される。学生の不満は予期されているようである。この法令が、「自分自身で、あるいは従者や仲間を使って、叫ぶ、ヤジを飛ばす、騒音を立てる、石を投げる、などしてわれわれのこの規則の執行に反対する聴衆」に対して厳しい罰を用意しているからである。

（5）*CHLMP* 37-38。G. Pollard [648]も参照のこと。また、中世後期の大学における本の生産についての詳しい情報については、L. J. Bataillon *et al.* [638]参照。

（6）*CHLMP* 41に引用あり。

（7）この目的では、B. Bischoff [640]を勧める。省略記号の手引の定番はA. Cappelli [641]とA. Pelzer [647]である。ボーフム大学は省略記号のCD-ROM [651]をプロデュースした。省略記号の知識は、写本を読むためだけでなく、間違いを見つけるためにも有用である。複写書における間違いは、省略記号の読み間違いに拠ることがしばしばだからである。B. Bergh [639]参照。スコトゥスのヴァティカン版の第八巻で、編者は、「省略記号の解釈ミスに起因する」スコトゥスの写本の異読について有用な表を提供している（[281] VIII 69*）。結果は、（「*satis patere* 十分明らかである」が「*satisfacere* 満足させる」と書き写される場合のように）単にやっかいなものから、（「*diaboli* 悪魔の」が「*Domini* 主の」と書き写される場合のように）完全にミスリーディングなものまでさまざまである。

（8）古書体学の講座にはしばしば古書冊学とテキスト編集の指導が組み込まれており、これらは指導と初心者実習によって最もよく習得できる。とりわけテキスト編集は、コンパクトに概説書にまとめることが困難である。テキストの種類が異なれば、要求される編集技能も異なるからである。オンラインの古書体学の講座は、メルボルン大学によりプロデュースされた[652]。その他のリソースとしては、Notre Dame Summer Medieval Institute [646]やToronto Summer Latin Course [653]がある。

（9）アンセルムス作品の伝播についてのF・S・シュミットによる議論の一部始終は[138] I（I）I*-239*にあり、私の言もここに拠っている。

（10）Ibid. 226*-39*. R. W. Southern [145] 238n は、筆記人の特定に関して、シュミットに異論を唱えている。

（11）『真理について』、『選択の自由について』、『悪魔の堕落について』[141] の訳者序言参照。

（12）F. S. Schmitt [138] I（I）37*.

（13）Ibid. 10*（訳はウィリアムスによる）。

（14）実は、元々はばらばらの巻のかたちでさまざまな出版社から刊行されたのだが、一九六八年に、加筆修正の上、批判校訂についての長い序を付して、Friedrich Frommann Verlag から再発行されたのである。

（15）*CCScot* 1-14 のウィリアムの概説を参照。

（16）さらに複雑な問題は、スコトゥスのパリ時代のレポルタティオには競合する複数のバージョンがあるという事実にある。第一巻のレポルタティオは四バージョン（スコトゥス本人により吟味され、それゆえ「吟味されたレポルタティオ *Reportatio examinata*」と呼ばれるバージョンも含む）、第二巻は二バージョン、第三巻は四バージョン、第四巻は二バージョンある。［現在は、「吟味されたレポルタティオ」は、批判校訂版ではないながらもトランスクリプションが Franciscan Inst Pubs から出版されている］。

（17）A. B. Wolter [302] 39-40.

（18）第一巻で例外は、ヴァティカンの編集者によりパリ講義のレポルタティオ 1B と同定されたバージョンであり、これは一五一七年にパリで刊行された版に収録されている。しかし、すでに見たように初期印刷本は注意して使わなければならず、そしていずれにせよレポルタティオ 1B は、いまだ未校訂の「吟味されたレポルタティオ」（レポルタティオ 1A）にはるかに価値が劣る。［現在の出版状況については注（16）参照］。

（19）A. B. Wolter [302] 50.

（20）T. B. Noone [297] はレポルタティオ 1A, d. 36 の校訂版を収録し、pp. 392-394 に写本についての議論を載せている。既知のスコトゥス作品の写本はすべて、ヴァティカン版第一巻の序でリスト化されている [281] I 144*-54*。

（21）P. Streveler and K. Tachau [337] 2-3, 36-38 参照。キャサリン・タカウによる本書序文は、ホルコットの経歴および作品伝播の詳細についての非常に情報豊かな資料である。『命題集』問題集の伝播に関する私の議論は pp. 35-46 にもとづいている。

（22）R. A. Pratt [649].

（23）P. Streveler and K. Tachau [337] 41.

（24）Ibid.

（25）Ibid. 45.

（26）P. Streveler and K. Tachau [337] は、部分的に第二巻第二問の校訂版を載せている。ホルコットの『任意討論集』も同様にまばらに校訂されており、四問が同書に、三問が H. G. Gelbert [335] にある。これらを除けば、リヨン版が唯一の印刷資料である。

（27）*Ordinatio* IV, d. 46, q. I, ne. 12: dico quod non simpliciter es debitor nisi bonitati suae, ut diligat eam; creaturis autem est debitor ex liberalitate sua, ut communicet eis quod natura sua exigit, quae exigentia in eis ponitur quoddam iustum, quasi secundarium obiectum illius iustitiae; tamen secundum veritatem nihil est determinate iustum et extra Deum nisi secundum quid, scilicet cum hac modificatione, quantum est ex parte creaturae, sed simpliciter iustum tantummodo est relatum ad primam iustitiam, quia scilicet actualiter volitum a divina voluntate.

（28）R. Cross が言うように、「主張すべきは、神は本質的に寛大であるということではなく、『義務を追う者』というタームが隠喩的に使われているということである」。（[293]63）

（29）私はかつて、ある学者が、第二章のある一語の訳に賛成できないという理由で『プロスロギオン』の訳全体を切って捨てるのを聞いたことがある。しかし、私には、他の訳との間に何の哲学的違いも見出せなかった。より慣用にかなった英語が何であるかについてくだらない見解の相違があるのみであった。

（30）同様に、*eudaimonia* を happiness とする定訳は、お決まりながらも不正確である。しかし、アリストテレスの『倫理学』についてひとつでも講義を受けたことのある者ならみな、そこに何の問題があるか正確にわかっており、どの英語によっても呼び起こせない *eudaimonia* の概念を、通常 happiness の語で呼び起こされる概念に、難なく置き換えることができるのである。

（三邊　マリ子　訳）

訳者あとがき

哲学的思惟というもの、あるいは少なくとも西洋の哲学を考えようとするとき、その出発点であるギリシアに立ち返ってみることが有益であることは当然である。人文学のどんな分野においても、その学問の祖型には原初的ではあっても豊かに育つ種が蒔かれているものだからである。また、哲学の過去を振り返る場合であっても、振り返っている私たち自身はいつも「今」を生きている。だから、今と直接につながる近代あるいは現代の哲学から多くを学ぶべきであることもまた当然であろう。しかし、古代と近代（現代）はいわゆる「中世」をへて繋がっており、中世の理解を欠いたまま哲学の歴史を語ることは不可能である。このような理解は、一昔前に比べると、日本でもかなり一般的なものとなってきたことは喜ばしい。一般的な西洋中世史の書物が書店の棚の多くを占めるようになってきただけではなく、哲学分野に限っても中世に関連した著作や訳書が、私の学生時代には想像できなかったくらいに、質と量の両面において充実してきている。

そのような中で、本書『中世の哲学』を哲学に関心をもつ人々にお届けすることにした。本書は、さまざまな哲学者や哲学的概念について、学問的な水準を守りながらコンパクトに紹介する「ケンブリッジ・コンパニオン」シリーズの一冊である。このシリーズでは『古代ギリシア・ローマの哲学』につづく二冊目の訳書ということになる。

本書の特徴としては、次の二点をあげることができるであろう。第一は、中世哲学を通史としてではなく、哲学的トピック別に俯瞰するように構成されていることである。我が国でも、中世哲学を時代順にそれぞれの哲学者を紹介しながら解説する「中世哲学史」の書物は数多く見られるようになっている。しかし、当然のことながら、個々の哲学者は一つの哲学的論点だけを扱ったのではなく数多くの論点を取り上げ論じている。だから、複数の哲学者を横断しながら「中世哲学全体」において、例えば「中世論理学にはどのような特徴があるのか」や「中世の政治哲学にはどのようなタイプがあったのか」を知りたいと思うとき、通史の形態の哲学史では少し不便である。本書はこのような不便さに応えるものとなっている。このタイプの中世哲学の著作としては、古くはE・ジルソンの『中世哲学の精神』（服部英次郎訳、筑摩書房）という名著がある。だがこの名著も現在では古くなり訳書も入手困難となっているというだけでなく、トマス主義者としてのジルソンの立場が色濃いものである。本書はそれぞれの哲学的論点についての一級の研究者たちが集い、現在の研究状況をできるかぎり中立的に（章によって濃淡はあるが）紹介しようとする点で、中世哲学に関心をもつ人々にとって、極めて有益なものであると信じている。

本書の特徴の二番目は、イスラームとユダヤの哲学思想がそれぞれ第4章と第5章で特化して紹介されているだけではなく、他の章においてもそれぞれのトピックとの関係でさまざまな影響関係が記述されていることである。本書は一応「西洋の」中世哲学を扱ったものであるが、キリスト教中世の哲学がギリシアの学芸を受け入れたイスラーム思想圏の影響を抜きに語れないことは今や常識に属する。マイモニデスをはじめとするユダヤ思想についても、同様である。西方キリスト教、イスラーム、ユダヤ教という一神教の伝統をもつ世界（本来は東方ビザンツ世界をも含めるべきであろうが）で成立した哲学的営為をいわば一体のものとして捉えようとする傾向は一般的となっており、本書もその動向を反映したものとなっているのである。

以上二つの特徴にも現れているように、本書は中世哲学の歴史的側面と理論的側面とについてのバランスの良い記述となっている。北米を中心としたいわゆる「分析系」の研究は、中世哲学のもつ理論的意味を取り出そうとするのに性急であるように見える場合がある。逆に、ヨーロッパの中世哲学研究には歴史的詮索に多少偏った面が見られることがある。それぞれの研究スタイルのメリット・デメリットを知ることが、日本の中世哲学研究の状況では重要であり、バランスの良い本書が「コンパニオン」としては役立つことと思う。そして何よりも、編者マクグレイドも言うように、本書によって少しでも多くの人々が中世哲学の「内部へと」導かれることを願っている。

＊＊＊＊

本書の各章の翻訳を担当してくれたのは、すべて「京大中世哲学研究会」のメンバーである。この集まりは故山田晶先生が一九八〇年に立ち上げられ、それ以来、現在まで二二四回の研究会を重ね、毎年学術雑誌『中世哲学研究 Veritas』を刊行している。当初は京都大学文学研究科の西洋中世哲学史研究室のメンバーが中心の研究会であったが、現在ではそれ以外の大学・研究室の出身者も増えて、全国的な広がりを持つ研究会となっている。研究発表題目の一覧を眺めていると、初期には研究発表の大半がアウグスティヌスとトマス・アクィナスに限られていたのだが、世紀が変わる頃から論じられる内容の多様性がおおきく高まっていることが分かる。日本の西洋中世哲学史研究の歴史の一端を見る思いがする。

昨年の春ごろ、本書の原著を読みながら、同時にこの研究会の現在の（比較的）若いメンバーの顔ぶれを思い浮かべていた時、この翻訳の計画を思いつくことになった。各章のタイトルを見ていると、「この章はあの人、次の章はあの人」というように、翻訳の適任者が自然に思い浮かんだのである。そこで二〇一一年五月に翻訳の依頼を行い、すべての方が快諾されたので翻訳作業を進めた。その作業は、これだけの数の翻訳者による共同作業としては、少し珍しい（と思う）方法を用いることにした。メーリングリストを作り、各自が担当部分を訳し終えたらその訳稿をメーリングリスト上で共有し、他のメンバーがその訳稿にコメントを寄せ、担当者が改訂を行うというやり方をとったのである。時には熱い議論も交えながら訳文の作成が行われたのであるが、私自身を含めて、翻訳チームのメンバーはこのような作業から得るところが大きかったと思っている。本書はこのような共同作業の成果ではあるが、訳文の最終的な責任は各担当者と監訳者である私にあることは言うまでもない。読者諸賢のご批判を得ることができれば幸いである。

＊＊＊＊＊

本書が刊行できたのは、まずもって翻訳者の方々のご協力によることは言うまでもなく、ともに出版を喜びたいと思う。また、『ギリシア・ローマの哲学』の監訳者である内山勝利先生には、出版社への仲介の労をとっていただきました。この労がなければ、現在の厳しい社会状況の中でこのような学術書の出版には至らなかったはずで、内山先生には深く感謝申し上げます。さらに、先に述べたメーリングリスト上での共同作業では、横田蔵人さんには全般にわたって極めて熱心にコミットしていただきました。横田さんのご努力には敬意と感謝を表したいと思います。

最後になりましたが、京都大学学術出版会の國方栄二さんには、最初から最後までお世話になりました。編集実務の面でご面倒をお掛けしただけではなく、訳文の内容にも関わる極めて有益な助言も頂戴いたしました。ありがとうございました。

川添　信介

（京大中世哲学研究会のウェブサイト：http://www.ksmp.net/）

訳 者 一 覧

川添　信介（かわぞえ　しんすけ）【編者，序文，第1章】
京都大学大学院文学研究科教授
京都大学博士（文学）

主要業績

『水とワイン　西欧13世紀における哲学の諸概念』（京都大学学術出版会，2005年）

井澤　清（いざわ　きよし）【第2章】
甲南大学文学部非常勤講師
京都大学大学院文学研究科博士後期課程単位取得退学

周藤　多紀（すとう　たき）【第3章】
山口大学人文学部准教授
京都大学博士（文学），PhD（セントルイス大学）

主要業績

Boethius on Mind, Grammar and Logic: A Study of Boethius' Commentaries on Peri hermeneias （E.J. Brill, 2012）

沼田　敦（ぬまた　あつし）【第4章】
立命館大学非常勤講師
京都大学博士（文学）

主要業績

「イブン・シーナーの存在論」（『イスラーム哲学とキリスト教中世Ⅰ　理論哲学』岩波書店，2011年所収）

神田　愛子（かんだ　あいこ）【第5章】
同志社大学神学研究科博士後期課程在学，レオ・ベック・カレッジ研究生
マンチェスター大学大学院宗教神学修士課程修了（MA）

主要業績

「マイモニデスにおける神への道程──『迷える者の道案内』III:51より」（『中世思想研究』2011年）

上枝　美典（うええだ　よしのり）【第6章】
慶應義塾大学文学部教授
京都大学大学院文学研究科博士後期課程単位取得退学
主要業績
「トマス・アクィナスにおける本質の構造」（『理想』2009年）

小林　剛（こばやしごう）【第7章】
明治学院大学他非常勤講師
京都大学博士（文学）
主要業績
『アルベルトゥス・マグヌスの感覚論』（知泉書館，2010年）

横田　蔵人（よこた　くらと）【第8章，第13章】
神戸女学院大学非常勤講師
京都大学博士（文学）
主要業績
「フィクトゥム再考──オッカムの初期概念論について」（『中世哲学研究』2007年）

辻内　宣博（つじうち　のぶひろ）【第9章】
京都大学大学院文学研究科助教
京都大学博士（文学）
主要業績
「14世紀における時間と魂との関係──オッカムとビュリダン」（『西洋中世研究』2011年）

松根　伸治（まつね　しんじ）【第10章】
南山大学人文学部准教授

京都大学博士（文学）
主要業績
「悲しみとしての嫉妬——トマスにおける invidia の考察」（『中世哲学研究』2011年）

山口　雅広（やまぐち　まさひろ）【第 11 章】
龍谷大学非常勤講師
京都大学博士（文学）
主要業績
「トマス・アクィナスにおける選択の自由——その晩期における議論の意味」（『中世思想研究』2005 年）

佐々木　亘（ささき　わたる）【第 12 章】
鹿児島純心女子短期大学教授
京都大学博士（文学），神戸大学博士（経済学）
主要業績
『トマス・アクィナスの人間論——個としての人間の超越性』（知泉書館，2005年）

三邊　マリ子（さんべ　まりこ）【第 14 章】
京都大学大学院文学研究科博士後期課程単位取得退学
主要業績
Lignum scientiae boni et mali. L'Admonitio II di Francesco d'Assisi（*Convivium Assisiense*, 2005）

人名索引

ア行

アヴィケブロン（Avicebron） →イブン・ガビロル参照
アヴィセンナ（Avicenna） →イブン・シーナー参照
アヴェロエス（Averroes） →イブン・ルシュド参照
アヴェンパケ（Avempache） →イブン・バーッジャ参照
アウグスティヌス、アンコナの（Augustinus de Ancona） 56, 61
アウグスティヌス、ヒッポの（Aurelius Augustinus） 8～13, 21～24, 26～28, 36, 51, 58, 60～63, 65, 69～71, 105～108, 111～114, 118, 121, 124, 132, 135, 248, 249, 280～284, 296, 297, 300～302, 307～311, 314, 315, 317～320, 322～324, 327, 332～335, 337～344, 346, 347, 358, 360, 361, 363, 365～369, 371～379, 384, 386, 387, 389, 398, 403, 408～413, 415, 418, 423～425, 427, 432, 434, 465, 467, 471, 473～475, 477, 478
アウレオリ、ペトルス（Aureoli, Petrus） 204, 335
アエギディウス・ロマヌス（Aegidius Romanus） 56, 94, 367, 423, 424, 428, 437
アエルレドゥス、リーヴォーの（Aelredus Rievallensis） 371, 378, 399, 401, 404
アタナシオス（Athanasios） 61
アダム、バルシャムの（プティ・ポンの Adam Balsamiensis, Parvipontanus） 135
アッシジの聖フランチェスコ（Franciscus Assisiensis） 94
アデラルドゥス、バースの（Adelardus Bathensis） 38, 39, 68, 70, 251
アブー・マアシャル（Abu Mashar） 254
アブー・ヤアクーブ（Abu Ya'qub） 155
アベラール →アベラルドゥス
アベラルドゥス、ペトルス（Abaelardus, Petrus） 33, 36～41, 53, 67, 135, 287, 358, 359, 467, 475
アポロニウス（Appolonios） 254
アラン・ド・リール（アラーヌス・アブ・インスリス， Alanus ab Insulis） 91, 92, 102, 124, 171, 496
アリストテレス（Aristoteles） *passim*
アルガゼル（Algazel） →ガザーリーを参照
アルハゼン（Alhazen） 311, 314
アルベルトゥス、ザクセンの（Albertus de Saxonia） 109, 137
アルベルトゥス・マグヌス（Albertus Magnus） 50, 66, 81～83, 109, 115, 137, 253, 258, 313, 475
アレクサンデル、ヴィルデューの（Alexander de Villa Dei） 107
アレクサンデル、ヘールズの（Alexander de Hales） 79, 81, 202, 206
アレクサンドロス、アフロディシアスの（Alexandros of Aphrodisias） 170, 189
アンセルムス、カンタベリーの（Anselmus Cantuariensis） 10, 33, 35, 36, 43, 63, 70, 77～80, 99, 105, 113, 118, 123, 132, 210, 230, 241, 302, 325, 327, 328, 335～337, 344, 345, 349, 367, 378, 477, 481, 491～493, 497, 498, 504
アントニオス、エジプトの（Antonios） 26, 27
アンブロシウス、ミラノの（Ambrosius Mediolanensis） 22, 23, 61

イアンブリコス（Iamblichos） 101
イェフダ・ハレヴィ（Yehudah ha-Levi） 140, 188
イサアク・イスラエリ（Isaac Israeli） 133, 181
イシドルス、セビリャの（Isidorus Hispalensis） 24, 68, 108, 114, 250
イブン・アラビー（Ibn al-ʻArabi） 241
イブン・アルハイラーン（Ibn al-Haylan） 156
イブン・ガビロル（Ibn Gabirol） 32, 71, 174, 180〜182, 205, 304
イブン・シーナー（Ibn Sina） 31, 32, 52, 65, 71, 93, 108, 112, 116, 123, 126, 139〜142, 150〜153, 156〜160, 163, 166, 168, 169, 182, 188, 189, 212〜226, 228, 230, 238〜242, 254, 288, 297, 303, 311〜314, 316, 332
イブン・ダウド、アブラハム（Ibn Daud, Abraham） 182
イブン・ティボン、サミュエル（Ibn Tibbon, Samuel） 183
イブン・トゥファイル（Ibn Tufayl） 142, 154, 155, 168
イブン・バーッジャ（Ibun Bajjah） 153, 170
イブン・ハズム（Ibn Hazm） 166, 172
イブン・ミスカワイヒ（Ibn Miskawayh） 165
イブン・ルシュド（Ibn Rushd） 32, 51, 65, 66, 108, 123, 139〜150, 152, 155, 160〜163, 166, 167, 170, 195, 204, 205, 212〜220, 225, 229, 239, 240, 276, 313, 317, 334, 394, 395
インノケンティウス二世（Innocentius II） 40
インノケンティウス三世（Innocentius III） 45, 55
インノケンティウス四世（Innocentius IV） 55, 97
インマヌエル、ローマの（Immanuel of Rome） 204
ヴァラ、ロレンツォ（Valla, Lorenzo） 97
ウァロ（Varro） 372, 377
ウィクリフ、ジョン（Wyclif, John） 57, 96, 103, 424, 425
ウィリアム、シャーウッドの（William of Sherwood） 109, 115
ヴォルフ、クリスティアン（Wolff, Christian） 466, 481
ウルバヌス二世（Urbanus II） 70
ウルリヒ、シュトラスブルクの（Ulrich von Straßburg） 53
エックハルト（Echardus） 53, 230, 232〜234, 241, 242, 474
エベラルドゥス、ベテュヌの（Evrardus de Béthune） 107
エラスムス、デジデリウス（Erasmus, Desiderius） 97, 378
エリア・デルメディゴ（Elijah del Medigo） 204, 205
エリウゲナ、ヨハネス・スコトゥス（Eriugena, Johannes Scottus） 29, 65, 91, 101, 125, 250, 251, 391, 393
偽エンペドクレス（Pseudo-Empedocles） 181
オッカム、ウィリアム（Ockham, Guillelmus de） 54, 56, 57, 61, 66, 68, 100, 109, 116, 119, 121〜123, 131, 204, 227, 228, 240〜242, 258, 261, 262, 267〜269, 293〜296, 298, 305, 315, 331〜335, 338, 352〜354, 359, 365, 366, 404, 430〜432, 438, 467, 471, 472, 474, 475, 477, 482, 495
オリヴィ、ペトルス・ヨハニス（Olivi, Petrus Johannis） 49, 305, 315, 328, 333, 334, 336, 348, 349
オリゲネス（Origenes） 20, 26, 31, 51, 332
オレーム、ニコル（Oreme, Nicole） 54, 204, 248, 258, 259
オレオー（Hauréau, Jean-Barthélemie） 468

カ行

カール大帝（Charlemagne） 29
カールトン、トマス・コンプトン（Carleton, Thomas Compton） 464, 466
カイエタヌス、トマス・デ・ヴィオ（Caietanus, Thomas de Vio） 236, 242, 331, 441〜451, 453, 454, 463, 479, 480
ガザーリー（al-Ghazalī） 140, 141, 143, 145, 146, 149, 153, 156, 160, 161, 171, 215〜220, 223, 225, 239, 240
カッシオドルス（Cassiodorus） 23, 24
ガリレオ・ガリレイ（Galileo Galilei） 249, 266, 454
カルヴァン、ジャン（Calvin, Jean） 103, 361
カルキディウス（Calcidius） 250
ガレノス（Galenos） 142, 164, 166
カント、イマヌエル（Kant, Immanuel） 3, 4, 31, 367
キケロ（Cicero） 21〜23, 108, 114, 252, 355, 358, 372, 375, 377, 399, 407, 408, 412, 434
ギヨーム、オーセールの（Guillaume d'Auxerre） 388
ギヨーム、オーベルニュの（Guillaume d'Auvergne） 90〜93
ギヨーム、コンシュの（Guillaume de Conches） 124, 251
キルウォードビ、ロバート（Kilwardby, Robert） 100, 115, 135, 315, 333
偽キルウォードビ（Pseudo-Kilwardby） 120
ギルベルトゥス・ポレタヌス（ポワティエの、Gilbertus Poretanus） 108, 124
キンディー（Al-Kindi） 31, 33, 140, 142, 163, 166
クーシュジー、アリー・アル（Ali Al-Qushji） 255
クザン、ヴィクトール（Cousin, Victor） 468
グダン、アントワーヌ（Goudin, Antoine） 457, 458, 462, 463, 480
グラティアヌス（Gratianus） 42
クラットホーン、ウィリアム（Crathorn, William） 335
グレゴリウス一世（Gregorius I） 61, 90〜92, 357
グレゴリオス、ナジアンゾスの（Gregorius Nazianzenus） 61
グレゴリオス、ニュッサの（Gregoros Nyssa） 101
クレスカス、ハスダイ（Crescas, Hasdai） 204
クレメンス、アレクサンドレイアの（Clemens, Titus Flavius） 20
クレメンス七世（Clemens VII） 441
グロステスト、ロバート（Grosseteste, Robert） 49, 65, 97, 354〜356, 359, 368, 475
ケプラー、ヨハネス（Kepler, Johannes） 454
ケマール・パシャザーデ（Kemal Pasazade） 143
ゲラルドゥス、クレモナの（Gerardus Cremonensis） 39
ゲルソニデス（Gersonides） 174, 195〜201, 206
ゲルベルトゥス、オーリヤックの（Gerbertus Auriliacensis） 108
ゴドフロワ、フォンテーヌの（Godefridus de Fontibus） 50, 68, 328, 335, 348, 369
コレット、ジョン（Colet, John） 97
コンスタンティヌス帝（Constantinus） 20

サ行

サアディア・ガオン（Saadiah Gaon） 174〜180, 183, 191, 196, 205
サービト・ブン・クッラ（Thabit ibn Qurra） 139
ジェルソン、ジャン（Gerson, Jean） 424
シゲルス、ブラバンの（Sigerus de Braban-

tia） 51, 53, 119, 317, 392, 394〜396, 397
ジャーミー、アル（Al-Jami） 241
ジャン・ド・ジャンダン（Johannes de Janduno） 274
ショーペンハウアー、アルトゥール（Schopenhauer, Arthur） 480
ジルソン、エティエンヌ（Gilson, Éienne） 140, 471, 472, 481, 482
スアレス、フランシスコ（Suárez, Francisco） 236〜238, 241〜243, 311, 312, 448〜451, 453, 454, 463, 480
スウィンズヘッド、リチャード（Richardus Suisseth） 262
スピノザ、バルーフ・デ（Spinoza, Baruch de） 201, 206, 467
スフラワルディ（al-Suhrawardi） 142, 241
セネカ（Seneca） 250, 252, 399
ソクラテス（Socrates） 28, 110, 129, 133, 138, 141, 222, 230〜234, 289, 290, 322, 379, 399

タ行

ダンテ・アリギエリ（Dante Alighieri） 204, 357
ダンブルトン、ジョン（Dumbl(e)ton, Johannes） 246
チョーサー、ジェフリー（Chaucer, Geoffrey） 439, 495
ディートリヒ、フライベルクの（Theodoricus Teutonicus） 53
ティエリ、シャルトルの（Theodoricus Carnotensis） 120, 251
ディオゲネス・ラエルティオス（Diogenes Laertios） 398, 399
偽ディオニュシオス・アレオパギテス（Dionysios Areopagites） 24, 29, 31, 53, 69, 73, 87, 88, 90〜92, 94, 95, 97, 98, 101, 125, 241, 423
デカルト、ルネ（Descartes, René） 59, 157, 311, 455, 456, 462, 464〜467, 471, 480
テミスティオス（Themistios） 170
デュアメル、ジャン=バチスト（Duhamel, Jean-Baptiste） 461
デリダ、ジャック（Derrida, Jacques） 473
テルトゥリアヌス（Tertullianus） 18, 19, 39, 62
ド・ヴルフ、モーリス（De Wulf, Maurice） 470, 481
ド・ラ・グランジュ、ジャン=バプティスト（De La Grange, Jean-Baptiste） 457, 464, 480
トゥーシー（al-Tusi, Nasir al-Din） 142, 166, 172, 255
ドゥンス・スコトゥス、ヨハネス（Duns Scotus, Johannes） 50, 68, 100, 119, 127, 160, 182, 202〜204, 206, 212, 223, 234, 235, 237, 240, 242, 267, 270〜274, 296, 297, 302, 304, 308, 319, 320, 325, 326, 328, 329, 331, 332, 335, 336, 338, 349〜352, 356, 359, 361, 364〜367, 369, 388〜390, 403, 418, 419, 420, 422, 423, 431, 436, 471, 474, 475, 477, 481〜483, 491, 493, 494, 496, 498〜500, 504, 505
ドナトゥス（Donatus） 106, 107
トマス・アクィナス（Thomas Aquinas） 11, 12, 50, 52, 55, 57, 58, 62, 65, 66, 68, 71, 81, 82, 85〜87, 94, 95, 100, 101, 105, 111, 112, 115, 118〜121, 124, 126, 127, 129, 133, 159, 161, 194, 202, 204〜206, 210, 211, 213, 218, 219, 223〜226, 228〜236, 238, 239, 241, 242, 258, 264, 267, 268, 270, 272〜275, 287, 289〜292, 297, 302〜309, 313, 315〜317, 324, 328, 330〜336, 338, 346〜348, 351, 354, 358, 359, 361〜363, 366〜369, 371, 372, 383〜386, 388〜400, 403, 413〜418, 420, 421, 424, 430, 435, 436, 440, 441, 443, 445〜448, 451〜454, 462, 465, 467〜479, 481, 485

ナ行
ニコラウス、オートルクールの（Nicholaus de Autricuria） 320, 321
ニフォ、アゴスティノ（Nifo, Agostino） 394
ニュートン、アイザック（Newton, Isaac） 248
ネメシオス、エメサの（Nemesios） 307

ハ行
バーレー、ウォルター（Gualterus Burlaeus） 131, 487
ハイデガー、マルティン（Heidegger, Martin） 3, 173, 473, 481
パウルス、ヴェネツィアの（Paulus Venetus） 66, 109
パコミオス（Pachomios） 26
パスカル、ブーレーズ（Pascal, Blaise） 480
バフヤ・ベン・パクダ（Ibn Paqudah） 166
パルディ、イニャス=ガストン（Pardies, Ignace-Gaston.） 455, 456, 465, 480
ピウス五世（Pius V） 361
ピコ・デラ・ミランドラ、ジョヴァンニ（Pico della Mirandola, Giovanni） 97, 204
ヒッパルコス（Hipparkos） 254, 255
ビトリア、フランシスコ・デ（Vitoria, Francisco de） 425, 437
ヒューム、デイヴィド（Hume, David） 467
ヒルドゥイヌス（Hilduinus） 101
ヒレル、ヴェローナの（Hillel of Verona） 204
ヒンクマルス、ランスの（Hincmarus Remensis） 90, 91
ファーラービー（Fārābī） 139, 148〜150, 152, 153, 155〜158, 160, 163, 165, 166, 168, 171, 183, 213, 224〜226, 228, 239, 240
フィチーノ、マルシリオ（Ficino, Marsilio） 97
フィッツラルフ、リチャード（FitzRalph, Richard） 424
フィリップ四世（Philippe IV） 55, 98
フィリップス（総長 Philippus Cancellarius） 79〜81, 332
フィロポノス（Philoponos） 141
フーゴー、サン＝ヴィクトールの（Hugo de Sancto Victore） 91, 103
プトレマイオス（Ptolemaios） 191
プトロマエウス、ルッカの（Ptolomaeus Lucensis） 435
ブラッドワーディン、トマス（Bradwardin, Thomas） 65, 248, 324, 326
プラトン（Platon） 23, 28, 38, 62, 65, 97, 110, 129, 132, 133, 141, 142, 149, 152, 153, 164, 190, 191, 198, 230, 232, 238, 246, 250〜252, 254, 269〜281, 283, 289, 290, 307, 311, 381, 382, 385, 398, 402, 408, 410
フリードリヒ二世（Friedrich II） 202
プリスキアヌス（Priscianus） 105, 106, 123
ブリダヌス、ヨハネス（Buridanus, Johannes） 54, 66, 109, 119, 130, 134, 135, 258, 259, 261, 263, 264, 266, 274, 296, 328, 336
プリニウス（Plinius） 250
ブレンターノ、フランツ（Brentano, Franz） 481
プロクロス（Proclos） 23, 24, 31, 53, 69, 88, 101, 141, 181, 230, 241
プロティノス（Plotinos） 20, 21, 53, 101, 141, 205, 393
ベイコン、フランシス（Bacon, Francis） 439, 454
ベイコン、ロジャー（Bacon, Roger） 109, 168, 202, 206, 258, 314, 317
ヘイツベリー、ウィリアム（Heytesbury,

William） 131, 262
ヘーゲル、ゲオルク・W・F（Hegel, Georg W. F.） 31, 173
ベーダ・ウェネラビリス（Beda Venerabilis） 29, 33, 250
ベッサリオン（Bessarion） 97
ペトラルカ、フランチェスコ（Petrarca, Francesco） 58
ペトルス・ヒスパヌス（Petrus Hispanus） 66, 109
ペトルス・ヘリアス（Petrus Helias） 106
ペトルス・ロンバルドゥス（Petrus Lombardus） 42, 67, 105, 274, 357, 368, 369, 418, 483
ベネディクトゥス、ヌルシアの（Benedictus de Nursia） 27, 70
ペラギウス（Pelagius） 324, 366
ベルナルドゥス、アレッツォの（Bernardus de Aretia） 320
ベルナルドゥス、クレルヴォーの（Bernardus Claraevallensis） 39, 40, 70
ベルナルドゥス・シルヴェストリス（Bernardus Silvestris） 251
ヘルマヌス、カリンティアの（Hermannus de Carinthia） 251～253, 275
ベレンガリウス、トゥールの（Berengarius Turonensis） 35
ヘンリクス、ガンの（Henricus Gandavensis） 50, 68, 74, 99, 233, 234, 242, 271, 283～287, 297, 298, 304, 317, 319, 320, 328, 332, 400, 401, 404, 475
ヘンリー八世（Henry VIII） 441
ボエティウス（Ancilius Manlius Severinus Boethius） 14, 23～26, 28, 31, 35, 37, 53, 63, 65, 73, 75～77, 81, 85, 86, 100, 108, 114, 118, 120～122, 124, 163, 206, 230, 241, 247, 250, 252, 259, 276, 279～281, 291, 296, 359, 371, 372, 379～383, 385, 392～396, 397
ボエティウス、ダキアの（Boethius de Dacia） 51
ホッブス、トマス（Hobbes, Thomas） 454
ボナヴェントゥラ（Bonaventura） 49, 50, 62, 63, 93, 94, 102, 115, 132, 182, 283, 302, 317～319, 357, 358, 471
ボニファティウス八世（Bonifatius VIII） 55, 94, 98
ホノリウス・アウグストドゥネンシス（Honorius Augustodunensis） 91
ホルコット、ロバート（Holcot, Robertus） 495, 496, 505, 506
ポルフュリオス（Porphyrios） 20, 21, 31, 65, 101, 108, 280, 296

マ行

マイアー、アンネリーゼ（Maier, Anneliese） 267, 487
マクシミリアン一世（Maximilian I） 441
マクロビウス（Macrobius） 250
マタエウス、アクアスパルタの（Matthaeus ab Aquasparta） 283
マッハ、エルンスト（Mach, Ernst） 261
マーニ、ヴァレリアーノ（Magni, Valeriano） 460～462, 480
マーニー・アルマジューシー（Mani al-Majusi） 139
マリウス・ウィクトリヌス（Marius Victorinus） 101, 107
マリタン、ジャック（Maritain, Jacques.） 471
マルシリウス、インヘンの（Marsilius de Inghen） 130
マルシリウス、パドヴァの（Marsilius de Padua） 56, 57, 411, 425～430, 437
マルティアヌス・カペラ（Martianus Capella） 106, 250
マルティヌス、トゥールの（Marutinus Turonensis） 28, 69
ミール・ダーマード（Mir Damad） 142
ミカエル・スコトゥス（Michael Scotus） 203
ミシェル・バーユス（Michael Baius） 368

ムッラー・サドラー（Mulla Sadra） 142, 241
モア、トマス（More, Thomas） 402
モーセス、サレルノの（Moses of Salerno） 203
モーセス、ナルボンヌの（Moses Narbonensis） 168
モーセス・マイモニデス（Moses Maimonides） 32, 65, 140, 174, 178〜180, 182〜195, 197, 199, 203, 205, 206, 239
モリエール（Molière） 440, 455

ヤ行

ヤコブ・アナトリ（Jacob Anatoli） 203
ヤコブス、ヴィテルボの（Jacobus de Viterbio） 56, 68, 369
ヤフヤー・ブン・アディー（Ibun ‘Ady, Yahya） 139, 165
ユスティニアヌス１世（Justinianus I） 25
ユスティノス（Ioustinos, Justinus） 19, 25
ヨアキム、フィオーレの（Joachim de Floris） 402, 403
ヨアンネス・クリュソストモス（Ioannes Chrysostomos） 61
ヨハネス・ア・サンクト・トマ（Johannes a Sancto Thoma） 242
ヨハネス、ソールズベリーの（Johannes Saresberiensis） 49, 108, 412, 434
ヨハネス・パグス（Johannes Pagus） 130
ヨハネス、パリの（Johannes Parisienisis） 56, 96, 420, 423, 436
ヨハネス二二世（Johannes XXII） 56, 61

ラ行

ラージー、アブー・バクル（Al-Razi, Abu Bakr） 141, 142, 163〜165
ライプニッツ、ゴットフリート・ヴィルヘルム（Leibniz, G. W.） 461, 462, 464, 466, 467, 480
ラルフ・ストロード（Radulphus Strodus） 135
ランフランクス、カンタベリーの（Lanfrancus Cantuariensis） 35, 37
ランベルトゥス、オーセールの（Lambertus Autissiodorensis） 116, 118, 136, 137
リカルドゥス、サン=ヴィクトルの（Richardus de Sancto Victore） 74, 99, 401, 404
リチャード・ルフス、コーンウォールの（Richardus Rufus Cornubiensis） 475
ル・グラン、アントワーヌ（LeGrand, Antoine） 455, 461, 464
ルター、マルティン（Luther, Martin） 97, 98, 103, 361, 366, 369, 441, 494, 496
レオ一〇世（Leo X） 441
レオ一三世（Leo XIII） 468
ロスケリヌス（Roscelinus） 35
ロック、ジョン（Locke, John） 315, 467

事項索引

サ行

タ行

ナ行

ハ行

マ行

ヤ行

ラ行

年表（中世の哲学者と主要な出来事）

以下の哲学者の年表では、得られている情報が没年あるいは活動の最盛期だけである場合には、寿命は60年として記されている。また、活動の最盛期とはその人物が40歳の時とみなされている。

4世紀から6世紀

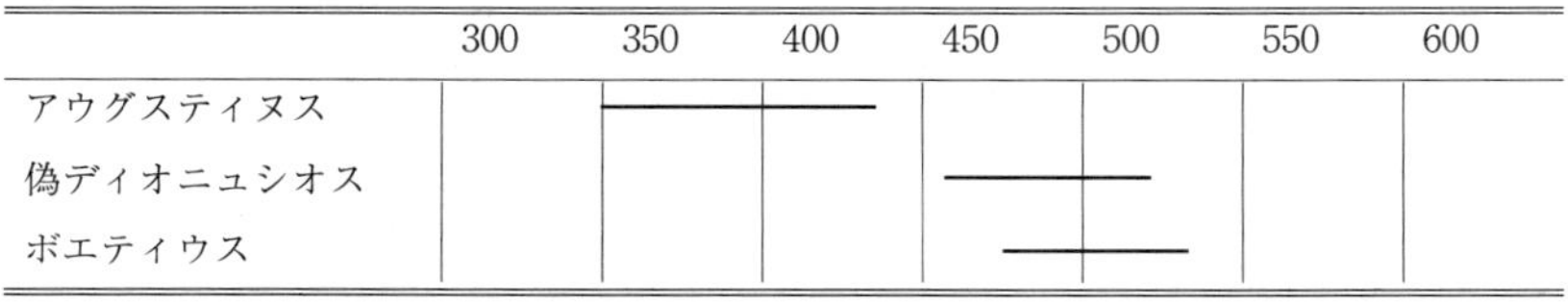

9世紀から12世紀

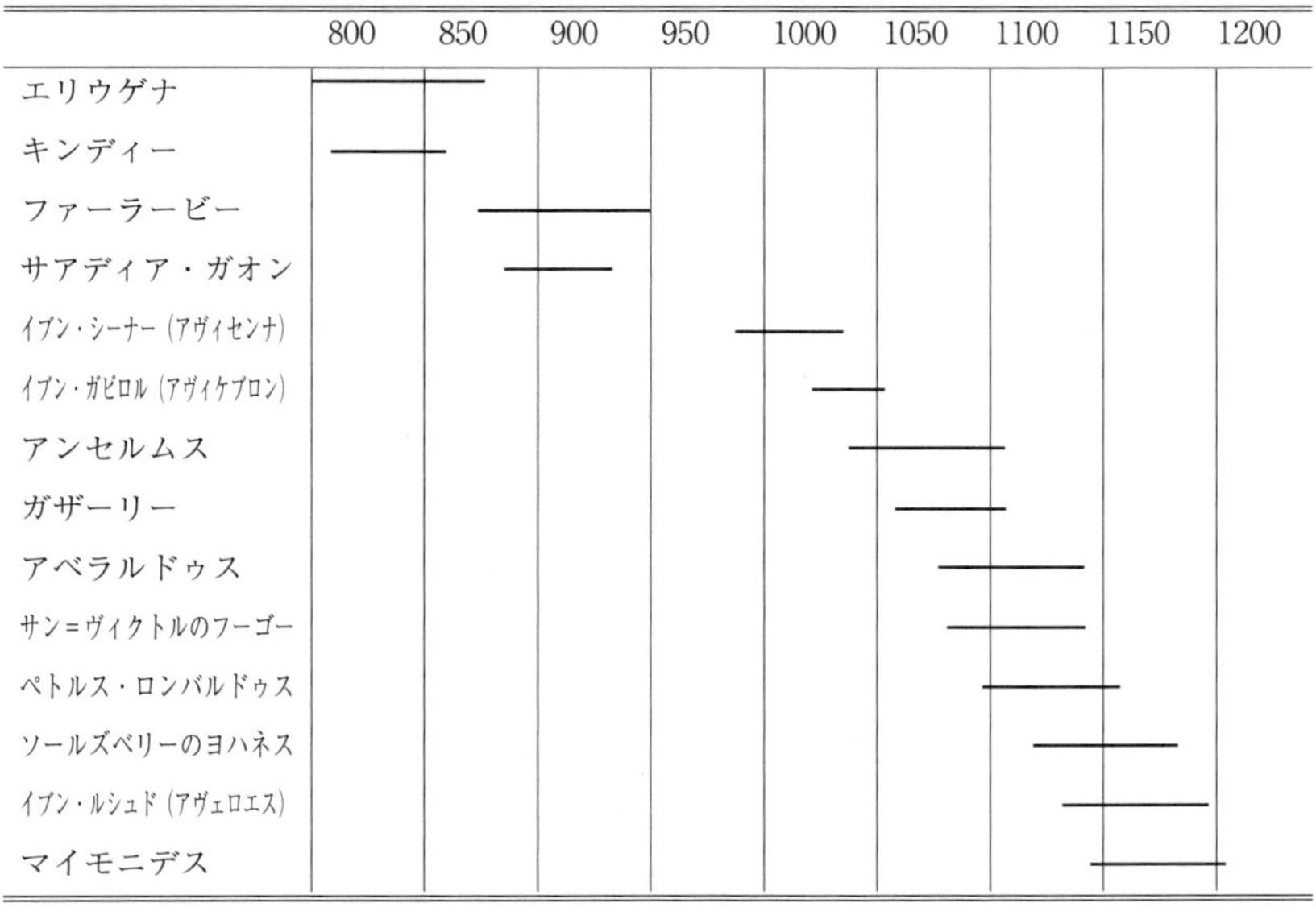

13世紀と14世紀

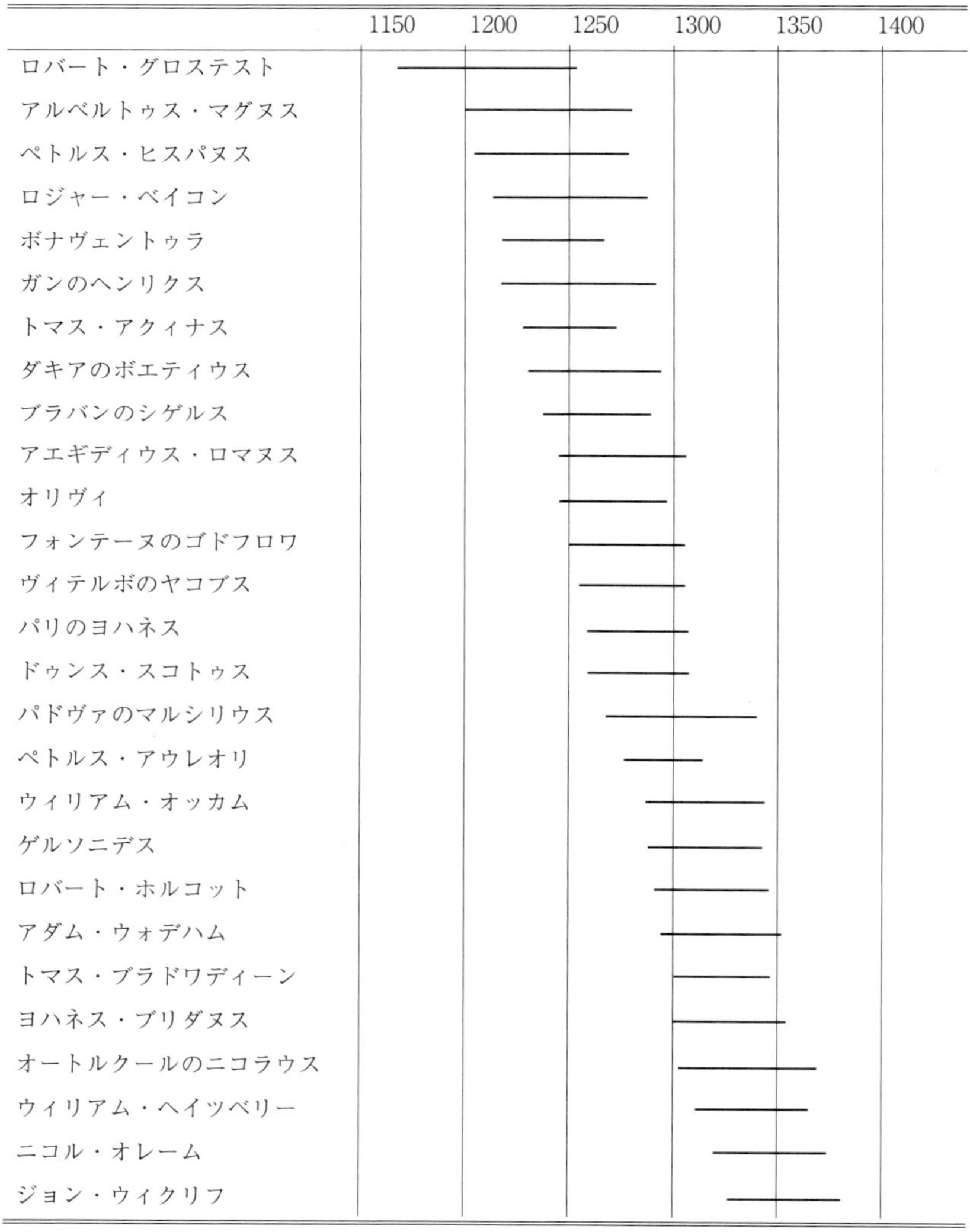
1150
1200
1250
1300
1350
1400
ロバート・グロステスト
アルベルトゥス・マグヌス
ペトルス・ヒスパヌス
ロジャー・ベイコン
ボナヴェントゥラ
ガンのヘンリクス
トマス・アクィナス
ダキアのボエティウス
ブラバンのシゲルス
アエギディウス・ロマヌス
オリヴィ
フォンテーヌのゴドフロワ
ヴィテルボのヤコブス
パリのヨハネス
ドゥンス・スコトゥス
パドヴァのマルシリウス
ペトルス・アウレオリ
ウィリアム・オッカム
ゲルソニデス
ロバート・ホルコット
アダム・ウォデハム
トマス・ブラドワディーン
ヨハネス・ブリダヌス
オートルクールのニコラウス
ウィリアム・ヘイツベリー
ニコル・オレーム
ジョン・ウィクリフ

中世史の主要事項

315 年	コンスタンティヌス帝のキリスト教改宗
325 年	ニカイア公会議（コンスタンティヌス帝が招集。キリストの神性が肯定される）
381 年	第 1 回コンスタンティノポリス公会議（ニカイア信条の公式化）
410 年	西ゴート族のローマ略奪。アウグスティヌス『神の国』執筆開始
451 年	カルケドン公会議（キリストの神性とともに十全な意味での人性が宣言される）
529 年	聖ベネディクトゥスの戒律（西方修道制の基礎）
529 年	アテナイにおける哲学諸学派の学校の閉鎖（？）（本書 25 ページ参照）
622 年	ヒジュラ（ムハンマドがメディナに入り、イスラーム時代のはじまり）
732 年	カール・マルテル、ポワティエでイスラーム教徒を破り、西ヨーロッパへの侵攻をとどめる
800 年	カール大帝（シャルルマーニュ）、教皇レオ 3 世によって戴冠
1054 年	東西教会の分裂
1077 年	カノッサの屈辱（皇帝ハインリッヒ 4 世が教皇グレゴリウス 7 世の教会改革に抵抗したことを、カノッサにおいて悔悛）
1090-1153 年	クレルヴォーのベルナルドゥスの生涯（アベラルドゥスの神学を批判したシトー修道会士）
1096-99 年	第 1 回十字軍（エルサレム略奪）
1187 年	サラディンが暴虐をなさずにエルサレムを再奪還
1200 年以前	オックスフォード大学とパリ大学の成立

1202-04年	第4回十字軍（十字軍がコンスタンティノポリスを略奪）
1208-13年	アルビジョワ十字軍（南フランスのカタリ派への十字軍）
1215年	第4回ラテラノ公会議（西欧における最初の公会議）
1220年代	フランシスコ会とドミニコ会の創設
1277年	パリ司教が神学と自然哲学にかかわる219の命題を断罪
1265-1321年	ダンテの生涯
1309-76年	教皇のアヴィニョン滞在［アヴィニョン捕囚］
1356年	神聖ローマ皇帝カール4世の金印勅書（皇帝選挙に対する教皇の認可の必要性を拒絶）
1338-1453年	イングランドとフランスの間の百年戦争
1340-1400年	チョーサーの生涯
1340年代後半	黒死病のはじまり
1378-1417年	教会大分裂［ローマとアヴィニョンの2教皇並立］

主要な中世哲学者の略歴

以下の略歴は、1(1)頁の図表と同様、年代順である。各略歴項目の末尾の大括弧で囲んだ数字は、文献表の中でその人物の著作あるいは関連研究を見つけるための入り口となるためのものである。ここにあるよりも多数の中世哲学者の略歴については、*CHLMP* 855-92 を参照のこと。

アウグスティヌス（354年—430年）は、現在のアルジェリアのタガステで生まれた。カルタゴで勉学し、ローマとミラノで修辞学を教えた。現存しないキケロの『ホルテンシウス［哲学の勧め］』の影響ではじまったアウグスティヌスの知恵の探求は、マニ教、懐疑主義、それに新プラトン主義を経由して、最後に386年/87年のキリスト教の改宗へと至った。388年にタガステに戻り、396年からはその近くの沿岸の都市ヒッポ・レギウスの司教となった。彼は北アフリカの教会やそれを越えた地域へ大きな影響を及ぼし、その影響はヴァンダル族がヒッポの町を攻囲している間に没する時まで続いた。アウグスティヌスは後世の思想に対して計り知れない影響を持ったのであるが、それは聖書のテキストに関する多くの現存する注解や説教、それに次の3つの傑作のためである。一つは『告白』である。これは神に向けられた自伝であるとともに、記憶、創造それに時間についての考察を含んでいる。次は『三位一体論』であり、そこでは神の三一的本性（これについての主要な公式の定式化はアウグスティヌスの生存中になされた）と［人間の］精神と知覚の構造が、お互いに解明し合うようになっている。最後は『神の国　異教徒論駁』である。これは、410年にローマが西ゴート族によって略奪されたのはキリスト教を優遇し［ローマの］伝統的な神々を放棄したためだとする非難を論駁するために企てられた著作である。しかし、この著作はこの目標を越えて拡大され、人間の起源と運命についての説明となっている。つまり、楽園とそこからの追放からはじまり、この世における「地上の国」と「天の国」の歴史を経て、最後の審判と永

遠の罰と至福にいたるものである。これ以外の著作で哲学にとって特に興味深いのは、『アカデミア派駁論』(『三位一体論』とともにアウグスティヌスのデカルトに対する影響の源となったもの)、『自由意思論』、それに『教師』(ウィトゲンシュタインはその『哲学研究』の冒頭で『告白』の［言語の獲得についての］行動主義を批判しているが、これよりも微妙な言語の説明を含んでいる)である。[55]

偽ディオニュシオス(500年ころ活躍)は、キリスト教徒の新プラトン主義者で、自分を聖パウロによって改心したアテナイ人(「使徒言行録」17章34節)だとしている(また、後期中世とルネサンスの間は実際にそうだとみなされていた)。このようにみなされていたために西洋では、13・14世紀のアリストテレスの影響力がもっとも強かった時期にさえ、その著作は大きな権威を持っていた。[77]

アニキウス・マンリウス・セウェリヌス・ボエティウス(480年頃—525/26年)は、ローマの貴族の家に生まれ、イタリアがゴート族に支配されギリシアの知識が西洋では稀有になりつつあった時代に、学問を公務と結びつけて仕事をした。プラトンとアリストテレスのすべての著作をラテン語に翻訳するつもりであったが、アリストテレスの論理学の論考までしか及ばなかった。彼の『哲学の慰め』は、反逆のかどで刑の執行を待つ間に牢獄で書かれたものである。[84]

ヨハネス・スコトゥス・エリウゲナ(800年頃—877年頃)は偽ディオニュシオス(その著作をラテン語に翻訳もした)、ギリシア語の他の資料、そしてアウグスティヌスを1つのキリスト教的プラトン主義にまとめあげた。その中心にあるのは「創造し創造されない」、「創造され創造する」、「創造されるが創造しない」、そして「創造されることもなく創造することもない」という4つの自然という思想である。[90]

アブー・ユースフ・ヤークーブ・ブン・イスハーク・キンディー(866年—73年頃没)は、「アラブの哲学者」と呼ばれ、バクダートで活躍し、ギ

リシアの哲学者とくにアリストテレスをアラビア語に翻訳するように勧め、それらの資料を自分自身の思想において利用した。初期において哲学とコーラン的あるいは聖書的な一神教の統合に貢献したものには、もう一つ[キンディーとは]別の重要なものがあった。それは『原因論』であり、この著者は不明であるが、おそらく9世紀にバグダートで書かれた新プラトン主義的な論考である。12世紀以降、この書物は西洋で影響力を持った。[91]

アブー・ナスル・ファーラービー（870年頃―950年）は、（アリストテレスに次ぐ）「第2の教師」と呼ばれるが、同時に「イスラーム新プラトン主義の父」とも呼ばれており、このことが彼の哲学的視野の広さを示している。政治哲学、形而上学、また論理学において重要な業績を残した。[93]

サアディア・ガオン（882年―942年）は、本来的な意味における最初のユダヤ哲学者であるが、上エジプトのファイユームで生まれた。928年に彼は現在のイラクになる地のスーラ教学院の学院長（ガオン）となった。その哲学上の主著である『信仰と意見の書』は、プラトン主義思想、アリストテレス思想やストア思想についての知識、それにイスラームのムータジラ派の影響をも示している。理性と啓示の調和に対するサアディアの擁護は、ユダヤ思想において並ぶものがないが、マイモニデスの批判にとっての典拠であった。[106]

アブー・アリー・アルフサイン・イブン・シーナー（アヴィセンナ）（980年―1037年）は現在のウズベキスタンにあるブハラの近くで生まれた。高度に体系的で創造的な思想家であって、イスラーム哲学だけでなくラテンの哲学にも大きな影響を与えた。形而上学に対するアヴィセンナのもっとも独創性に富んだ貢献は、本質と存在の区別であった。この区別は神以外のあらゆるものに適用可能な区別であり、神においてのみ両者は同じであるとされた。哲学的心理学においては、魂は非物体的で、不死で、また善悪の選択をなす行為主体であると主張した。[111]

ソロモン・イブン・ガビロル（アヴィケブロン）（1021/22年—1057/58年）は、ユダヤ哲学者で詩人。イスラーム化したスペインに居住し、ヘブライ語とアラビア語の両方で書いた。創造者である神の意志を強調したことによって、ユダヤの伝統においてはよく見いだされるものである決定論を欠いた、新プラトン主義的な実在観を提起することになった。その『生命の泉』はユダヤ哲学には何の影響も与えなかったが、それが含むきわめて独自な質料形相論はラテンのスコラ学者たち、とりわけアクィナスとドゥンス・スコトゥスの真剣な注目を受けることになった。[135]

カンタベリーのアンセルムス（1033年—1109年）は、現在のイタリアのアオスタで生まれた。ノルマンディーのベックの修道士として、並外れて鋭敏な分析的精神をもって、真理、意志の自由、悪魔の堕落といった主題を論じた。『プロスロギオン』でアンセルムスは哲学史でもっとも有名な証明、すなわち神の存在のいわゆる「存在論的証明」を定式化した。1093年にアンセルムスはノルマン朝の第二代カンタベリー大司教となり、そこで教会の自律のために熱心に闘うと同時に、哲学的神学に関するさらなる仕事をした。そのなかには、神が人間として受肉することの必然性（『神はなぜ人となられたか』）や神の予知・予定・恩寵と人間の自由選択との調和を論証する試みが含まれていた。[138]

アブー・ハーミド・ガザーリー（1058年—1111年）は、北部イランで生まれ、最大のイスラーム法学者の一人であり、またイスラーム圏内ではイブン・シーナーでピークに達することになるヘレニズム化された哲学の伝統に対するもっとも先鋭的な批判者であった。その『哲学者の矛盾』で、哲学は啓示された真理を受容する基礎を提供することはできないという確信を得てから、ガザーリーはスーフィー神秘主義に移り、その用語で伝統的な宗教テキストを再解釈した。[148]

ペトルス・アベラルドゥス（1079年—1142年）は、ブルターニュの騎士の長子としての相続権を放棄したのだが、それは弁証論という武器を得るためであった。彼は名高い教師、詩人、そしてエロイーズの家庭教師、愛

人、そして（エロイーズの意志に反して）夫であった。エロイーズはパリの高位聖職者の姪でその家にアベラルドゥスは寄宿していたのである。エロイーズの伯父の命令によって去勢され、彼が改革に乗り出していた修道院の無軌道な修道士たちに殺されるのではないかという脅威を受け、自分の正統信仰に対してクレルヴォーのベルナルドゥスから度重なる攻撃をこうむった。このような不幸な出来事にあいながら、アベラルドゥスは中世スコラ学の基礎を築く人物となった。彼は一般に、聡明だが批判するだけで非体系的な思想家だと見なされてきた。だが、最近の研究では、論理学と神学の両方において、とりわけ道徳神学における彼の業績には、建設的で体系的な性格があると強く弁護されている。[152]

サン＝ヴィクトルのフーゴー（1141 年没）は、パリのサン＝ヴィクトル修道院において、キリスト教の秘跡と聖書の瞑想的読解を中心としていた修道院的エートスに哲学を組み入れた教育課程を創始した。[155]

ペトルス・ロンバルドゥス（1095/1100 年― 1160 年）は、『命題集 4 巻』において幅広く初期の著作家たちの見解（sententiae［命題］）を収集し議論した。この書物は 13 世紀から 14 世紀を通じて神学の主要教科書となったので、アクィナス、ドゥンス・スコトゥス、オッカムその他の、哲学的に重要な思想の出発点となったものである。ロンバルドゥスは新プラトン主義には批判的で、アリストテレス的思想に対しては容認的であった。[156]

ソールズベリーのヨハネス（1120 年頃― 1180 年）は、知恵と雄弁との合一を擁護して、王の宮廷の虚栄と教会の世俗性と闘った。ヨハネスの道徳を中心とした精力的なキリスト教人文主義は、ローマのモデルに依拠していたが、それは文法と修辞学の重要性の点だけではなく、暴君殺害を擁護する点にも及んでいた。[157]

アブー・アルワリード・ムハンマド・イブン・ルシュド（アヴェロエス）（1126 年― 98 年）は、イスラーム圏のスペインで著作を行った。そのアリ

ストテレスの諸著作の膨大な解説のゆえに「注解者」として知られるようになった。哲学はイスラームの教えに対立するという批判に対してアヴェロエスは哲学を擁護し、哲学研究は知的なエリートには義務であるが、一般の信者には禁じられるべきであると主張した。ユダヤとラテンでのアヴェロエス的伝統では、哲学的生こそが可能な限り最上の幸福への道だというアヴェロエスの理想が保持された。[160]

モーセス・マイモニデス（1138年頃—1204年）は、中世の重要なユダヤ哲学者であり、その影響は現在まで続いている。彼はイスラーム圏のスペインのコルドバで生まれたが、ムワッヒド朝がアンダルシアを征服したのちの1148年に、彼の家族はその地から逃避せざるをえなかった。彼は1168年以前にフスタート（カイロ）に落ち着き、そこで医者として活動し著作を行った。マイモニデスは当時のユダヤ人共同体の指導者で、その共同体のために権威あるユダヤ法の法典を作成した。彼のアラビア語で書かれた『迷える者の手引』において、聖書の思想と哲学的（主としてアリストテレスの）思想との間の明白な諸矛盾に対峙した。『手引』にあるマイモニデスの主知主義では、預言者の啓示とはわれわれ人間の自然本性の低俗で物質的な側面のための便宜だとされている。しかしそこでは、哲学と宗教との間の（困難ではあるにしても）相互に実り多い関係も示唆されている。つまり、マイモニデスは道徳的純粋さが必要であることを主張し、主要な伝統的信仰箇条は哲学的に維持できるものだと弁護し、神についての哲学的認識には限界があることを強調したのである（この最後の点はアクィナスに重要な影響を与えた）。[176]

ロバート・グロステスト（1170年頃—1253年）は、オックスフォードで教え、そこでフランシスコ修道士たちを支持した最初の人物だった。そのフランシスコ会修道士の１人であるロジャー・ベイコンは、グロステストをその時期の第一の思想家だと見なしていた。グロステストはリンカーンの司教として（「リンカーンの」ロバートという呼名はここに由来する）、ラテン西洋ではそれまで入手できなかった、あるいは十分には入手できなかったアラビア語とギリシア語のテキストを翻訳し注解をするという、壮

大な計画を継続した。そのようなテキストのうちで特筆すべきは、アリストテレスの『ニコマコス倫理学』とそれに対する初期の注解書であった。アリストテレスの再導入という点でグロステストの役割は大きかったのではあるが、彼自身はもっとも深い意味でアウグスティヌス主義者であり新プラトン主義者であった。これらに対する親近感は彼の哲学において示されているだけではなく、イングランド最大の司教管区の説教者や司牧者としての活動においても示されていた。[194]

アルベルトゥス・マグヌス（1200年—80年）は、ラテン西洋でアリストテレスの作品を全体として解釈した最初の人であった。哲学と神学を鋭く区別し、哲学的問題は哲学的に解決されるべきだと強調すると同時に、新プラトン主義的主題を自分の解釈に統合した。その点でアルベルトゥスの提示したアリストテレス主義は、彼の生徒であったトマス・アクィナスよりも、後になって純粋に哲学的な生というものを擁護した人々［アヴェロエス主義者］の方にいっそう親近的であった。アルベルトゥスはパリ大学で教師となった最初のドイツ人であった。[201]

ペトルス・ヒスパヌス（1205年頃—1277年）は、スペインのドミニコ会士で、盛期スコラ学の主要な論理学教科書を著した。現在では、医学書とアリストテレスの『魂について』の注釈書を書いたポルトガル人で後に教皇ヨハネス21世となった人物と同一人物であるとはみなされていない。[206]

ロジャー・ベイコン（1214年頃—1292/94年）は、イングランドの短気なフランシスコ会士で、オックスフォードとパリの両方で活動した。その『大著作』で詳細なカリキュラム改革を提示しているが、そこでは数学、実験的科学、道徳哲学、それに言語の研究が強調されている。ベイコンは過去の思想家の権威に依存することを軽蔑していたが、哲学と科学における非キリスト教徒の業績を賞賛するのをためらわなかった。その業績とて、あらゆる知識の源泉である神の照明に拠るものだとしていたからである。[208]

ボナヴェントゥラ（ジョヴァンニ・フィダンツァ）（1217年頃―1274年）は、1243年から1257年にフランシスコ会総長に選ばれるまで、パリで神学を教えた。彼は大学での研究が自分の修道会にとって重要であると弁護したが、『魂の神への道程』のような著作においては、知的なものと情愛的なものとの総合を目指した。ボナヴェントゥラは当時のアリストテレスへの熱狂に対しては敵対的だったが、「哲学者［アリストテレス］」の思想を巧妙に自分自身の思想のために展開した。ボナヴェントゥラとアクィナスはパリで同時代を生きたが、アリストテレスに対する態度や他の問題でお互いに対立していた。この対立が、フランシスコ会とドミニコ会というそれぞれの修道会の後代の教説に反映することとなる。だがダンテは『神曲』において（天国篇第11歌―第12歌）、両者に相手の修道会の創設者たちを賞賛させている。[211]

ガンのヘンリクス（1217年頃―1293年）は、1276年にはパリで神学教師となり、伝統的な新プラトン主義的でアウグスティヌス的な立場を擁護した（1277年のパリ司教による断罪のために、哲学と神学に関する主にアラビア・アリストテレス的な219の命題を準備する委員会の1員であった）。しかし、長期の知的な発展において、アリストテレスの多くを自分自身の複雑で著しく「本質主義的」な見解のなかに統合した。ヘンリクスはしばしばフランシスコ会の思想家たちによって引用されたが、それはヘンリクスを自分たちの見解の引き立て役とするためであった。[219]

トマス・アクィナス（1225年頃―1274年）は、ナポリとローマの間のロッカセッカの城で生まれた。その城はアクィノ一族の分家である自分の家族の所有であった。ナポリ大学で自由学芸と哲学を学んだ後、家族の強い反対を乗り越えてドミニコ会に入会した。パリとケルンでアルベルトゥス・マグヌスのもとで哲学と神学を学んでから、パリ大学をかわきりに（1251/52年―1259年と1268年―1272年）、ナポリ、オルヴィエート、ローマで神学を教えた。トマスは聖書のテキストとアリストテレスの主要著作に対する影響力を持った注解書を書いたが、そのアリストテレスの著作には『分析論後書』、『自然学』、『魂について』、『形而上学』（12巻まで）、

『ニコマコス倫理学』、それに『政治学』(1280a6まで) が含まれている。彼自身の哲学は第1義的には、神学的著作の中に埋め込まれている。その神学的著作には、三つの総合的論考が含まれる。すなわち、(1) 初期のパリ大学での、ペトルス・ロンバルドゥスの『命題集』の講義、(2)『対異教徒大全』(『カトリックの信仰についての真理の書』という名でも知られている。1259年—1265年)、(3)『神学大全』(1265年—1273年、未完) である。その他、哲学にとって重要なのは、『存在者と本質について』、『世界の永遠性について』、また真理、悪、魂といったトピックに関する討論集がある。アクィナスの思想は枠組みとしてはアリストテレス的であるが、キリスト教に特徴的な諸源泉とともに、プラトン主義の多くを取り入れたものである。[224]

ダキアのボエティウス (1275年頃活躍) は、パリの学芸学部で教え、哲学を通じて幸福を獲得するという可能性を擁護した。彼は自然哲学を含む哲学と神学の両者は、相互に独立した思想体系だと論じた。[265]

ブラバンのシゲルス (1240年頃—1284年) は、ダキアのボエティウスと同様、パリの学芸学部で教えた。彼は1277年の断罪に含まれているアリストテレス的立場を展開し、時としてそれを擁護した。だが、ダンテは天国においてトマス・アクィナスに、シゲルスを「三段論法で真理を証した」者として紹介させている (『神曲』天国篇第十歌136-138)。[266]

アエギディウス・ロマヌス (1243/47年頃—1316年) は、アクィナスの第2回パリ大学教授の時期に、そこで神学を学んだ。彼自身が挑発的なほどアリストテレス的な路線をとって、1277年に断罪されることになる多くの命題がその『命題集注解』に含まれることになった。そこでアエギディウスはパリを離れ、アリストテレスを注解する仕事に乗り出した。1285年に、自身の修道会であるアウグスティヌス隠修士会の最初の正教授としてパリにもどった。彼の著作は1287年にその修道会の公式教説とされ、1292年に総長に選出された。アエギディウスは本質と存在の区別に関する議論に寄与して影響力を持った。また、二つの重要な政治論を著した。1つは

『君主の統治』という将来のフランス王フィリップ4世（美麗王）のために書かれた、統治のためのマニュアルである。もう一つは『教会の権力』であり、フィリップ王に最終的に敵対することになる教皇ボニファティウス8世を支持し、教皇の権威を包括的に擁護するものであった。[269]

ペトルス・ヨハニス・オリヴィ（1247/48年—1298年）は、フランシスコ会士で、その終末説、またキリストと使徒に倣うという聖フランチェスコの理想を保持するための「清貧」という生活スタイルを唱道した点で、論議をよんだ人物である。オリヴィはまた、当時の主要な哲学的討論にも参加したが、その際アリストテレスに対してほとんど敬意を示さず自分自身の独自の立場をとった。[271]

フォンテーヌのゴドフロワ（1250年頃—1306/09年）は、アクィナスが2回目の神学正教授を務めている間のパリで、ブラバンのシゲルスのもとで自由学芸を学び、次にガンのヘンリクスのもとで神学を学んだ。ゴドフロワは1285年からパリで神学を教え、1277年の断罪を激しく批判し、アクィナスの多くの見解を擁護し、ヘンリクスとしばしば対立的なものとなった対話を行った。彼は存在者を認識的存在者と実在的存在者に区分し、被造物においてさえ本質と存在は実在的にも「志向的に」も区別されないと主張した。[275]

ヴィテルボのヤコブス（1255年頃—1308年）は、パリで神学を学び、1293年にアウグスティヌス隠修士会の講座をアエギディウス・ロマヌスから引き継ぎ、神学を教えた。彼がもっとも有名なのはその『キリスト教的統治』において教皇の権威を擁護したことであるが、形而上学的論点についても著作を書いた。[277]

パリのヨハネス（ヨハネス・キドール）（1260年頃—1306年）は、被造物における本質と存在の複合、個体化の原理としての質料、またその他の争点に関するアクィナスの立場を擁護した、初期のドミニコ会士である。教会の権威と世俗の権威の相互の独立性に賛成する議論を行った。[278]

ヨハネス・ドゥンス・スコトゥス（1265/66年—1308年）は、フランシスコ会士で、オックスフォードとパリの両方で学び教えた。「精妙博士」と呼ばれたスコトゥスは中世における最大の思想家の1人であった。彼の主要著作には、ロンバルドゥスの『命題集』に関する少なくとも三セットの講義、アリストテレス『形而上学』に関する問題集、相当な量の任意問題集が含まれている。スコトゥスの思想の重要な特徴としては、存在の一義的概念、神の存在の独特の論証、事物の「実在的に」は同一の特質（「このもの性」を含む）の間の「形相的」区別、神の照明によってよりは直観的認識によって基礎づけられる知識、そして意志が選択をしているその瞬間においても自由であるとする理論、が含まれる。[281]

パドヴァのマルシリウス（1275/80年—1342/43年）は、医学と自然哲学を、最初はおそらくパドヴァ大学で学んだ。1313年には短期間パリ大学の学長だった。1324年に彼が著した『平和の擁護者』は、後期中世で最も革命的な政治論であった。そこでマルシリウスは、共同体がそれ自身に関わる事柄を統御する権能を持っているという理論を実質的に完全な仕方で提示し、また、教皇や聖職者が政治的権力を持つべきという要求は市民の平安にとって主要な脅威だと攻撃している。[303]

ペトルス・アウレオリ（1280年頃—1322年）は、パリで教えたフランシスコ会士。表象説に関わる当時の論争においてペトルスがなした主な貢献は、オッカムによる批判を招くことになった「現れているものであること(esse apparens)」という概念である。[307]

ウィリアム・オッカム（1287年頃—1347/48年）は、イングランドのフランシスコ会士で、オックスフォードで学んだ。オックスフォードとフランシスコ会の学院で教えるとともに、論理学、アリストテレスの自然学、神学について広範な著作を著した。これらの著作が基礎となって、オッカムは哲学と神学における「新しい道」を始めた唯名論者としての名声を得ているが、その名声は時には強調され過ぎたものである。1320年代中ごろに、オッカムは恩寵、自由意思、その他の論点に関する自分の教説を、ア

ヴィニョンの教皇の宮廷で弁護するように要求された。そこにいる間にオッカムは、キリストと使徒たちが完全に合法的な意味で清貧であったことを、教皇ヨハネス22世が否定している点で異端だと考えるに至った。この教説を当時の多くのフランシスコ会士は、キリスト教信仰にとって本質的なものだと見なしていたのである。1328年にはオッカムは自分の修道会の総長と他の数人の同僚修道士とともに教皇庁から逃亡し、バイエルン公ルートヴィヒ［4世］のもとに避難した。ルートヴィヒは神聖ローマ帝国皇帝としての自分の地位の正統性に関して教皇と争っていたのである。それからオッカムはヨハネス22世の教えに反対する著作を書き、異端についての膨大な対話を作り、世俗的統治と宗教的統治の基礎と機能をある程度議論した。ミュンヘンで、おそらくペストの大発生の間に没した。[308]

ゲルソニデス（レヴィ・ベン・ゲルソン）（1288年—1344年）は、南フランスに居住したユダヤ人の哲学者、天文学者、数学者であった。その天文学の諸著作は簡約化して翻訳されたが、それを依頼したのは教皇クレメンス6世であったし、ケプラーはそれを引用することになった。ゲルソニデスは『主の闘い』で、自分をマイモニデス以上に一貫したアリストテレス主義者として示しており、そのことで後のユダヤ人のサークルでの名声を損なうことになったほどである。彼は無からの創造（否定）、神の全知（未来の偶然事については拒絶）、そして個人の不死性（魂の理性的部分に限定）といった、中世の哲学的神学の中心論点について独自の立場をとった。[323]

ロバート・ホルコット（1290年頃—1349年）は、イングランドのドミニコ会士で、神学的知識と自然本性的知識の範囲を問題としたが、信仰に達するための意志の自然本性的能力を肯定した点で、セミ・ペラギウス主義者とみなされている。[335]

アダム・ウォデハム（1298年頃—1358年）は、イングランドのフランシスコ会の神学者。オッカムのもとで学びその多くの見解を擁護した。だがウォデハムは独自の思想家でもあって、創造と救済が神に依存しているこ

とを強調した。オッカムとは対照的であるが、学問的知識の対象は命題ではなく事態であると主張した。[338]

トマス・ブラドワーディン（1300年頃—1349年）は、多くの独創的で影響力を持った著作において、自然哲学に論理学と数学を適用した。神学では、神の全知に関する強硬な見解、また人間のあらゆる善行における恩寵の第一義性を擁護した。彼はその死の直前にカンタベリー大司教として確認された。[339]

ヨハネス・ブリダヌス（1300年頃—1358年以降）は、パリの学芸学部教師で、論理学とくに意味論について書き、アリストテレスの多くのテキストに注解を行った。彼の議論したところでは、人間の自由が存在しているのは私たちが理性の命じるように生きるようになるためであり、私たちが世界について十分に知ることができるのは、理性が私たちの究極的幸福である神についての知識と愛へと私たちを導くためであった。[341]

オートルクールのニコラウス（1300年頃—1369年）は、アリストテレス的な知識の資格に対して矛盾律を精力的に適用し、きわめて懐疑主義的な結果をもたらすこととなった。[346]

ウィリアム・ヘイツベリー（1313年以前—1372年）は、「オックスフォード計算家たち」の１人（他には、ブラドワディーン、リチャード・スウィンズヘッド、リチャード・キルヴィントン、そしてジョン・ダンブルトン）で、等加速度の数学や、熱のような物理的性質の数学的扱いを発展させた。彼の影響力をもったソフィスマタについての論考は、自己言及のパラドックスや志向的内容に由来する諸問題を包括的に論じている。[348]

ニコル・オレーム（1325年頃—1382年）は、自然哲学に数学的テクニックを適用した点で、オックスフォード計算家たちの先例に従い、速度や質の強度についての洗練された分析を展開した。また、経済学について書き、

シャルル5世の庇護のもとで、アリストテレスの『ニコマコス倫理学』と『政治学』の注釈つきの翻訳をなしたが、それは当時の状況を反映したものだった。[350]

ジョン・ウィクリフ（1330年頃—1384年）は、オックスフォードの学芸学部の在俗の［修道会に属さない］教師で、後に神学教師となった。近年の研究によって、彼の形而上学、とりわけ普遍の問題に関してその当時流行していた唯名論に対立したことが、重視されることが多くなっている。だが今でもウィクリフがもっとも著名なのは、彼が教会の富に対して根本的に反対したこととその予定説のためである。この両方の論点は、真正のキリスト教と当時の制度としての教会との間にあった大きな隔たりを示唆するものだったのである。[351]

文　献　表

この文献表では、各章の中で角括弧の数字（例：P. Brown [66]）によって引用されたすべての著作への完全な書誌を載せる。また、これらの書誌で提供される中世のテキストには、巻や章なども付されるが、これは特定の版に合わせたものではない（例：アウグスティヌス『告白』第十巻三章）。これ以外のやり方で情報源が同定される場合は限られている。また、「序論」の前の箇所ですでに提示されている略語によって引用される文献は、以下では再録されていない。

この文献表の構成は以下の通りである。

以下の海外雑誌については略語が使用される。

ACPQ	*American Catholic Philosophical Quarterly*
AHDLMA	*Archives d'Histoire Doctrinale et Littéraire du Moyen Age*
ASP	*Arabic Sciences and Philosophy*
BEO	*Bulletin d'Etudes orientales*
CJP	*Canadian Journal of Philosophy*
DSTFM	*Documenti e Studi sulla Tradizione Filosofica Medievale*
ESM	*Early Science and Medicine*
FP	*Faith and Philosophy*

JHI	*Journal of the History of Ideas*
JHP	*Journal of the History of Philosophy*
JJS	*Journal of Jewish Studies*
JQR	*Jewish Quarterly Review*
JTS	*Journal of Theological Studies*
MPT	*Medieval Philosophy and Theology*
MRS	*Mediaeval and Renaissance Studies*
MS	*Mediaeval Studies*
NS	*The New Scholasticism*
PAAJR	*Proceedings of the American Academy for Jewish Research*
RM	*Review of Metaphysics*
RTAM	*Recherches de Théologie ancienne et médiévale*

［日本語版文献表の注記］

以下の文献表の日本語の文献については、中世の原典テキストの和訳の情報と原書に掲載されている文献の和訳だけを掲載し、しかも現在入手容易なものに限った。日本語で書かれた二次研究文献は一切省略した。なお原著の刊行時点で近刊とされていて現在既に刊行されている文献については刊行年を付した。

中世の原典テキストの和訳については、原著の文献表のなかの各思想家の部分に掲げた。その中世の原典テキストの和訳については、編訳・監修上智大学中世思想研究所『中世思想原典集成』（全20巻＋別巻、平凡社、1992-2002）を「集成１」などの略語によって示す。以下に全巻のタイトルを掲げておく。

集成１　『初期ギリシア教父』（編訳・監修　小高毅）
集成２　『盛期ギリシア教父』（編訳・監修　宮本久雄）
集成３　『後期ギリシア教父・ビザンティン思想』（編訳・監修　大森正樹）
集成４　『初期ラテン教父』（編訳・監修　加藤信朗）
集成５　『後期ラテン教父』（編訳・監修　野町啓）
集成６　『カロリング・ルネサンス』（編訳・監修　大谷啓治）
集成７　『前期スコラ学』（編訳・監修　古田暁）
集成８　『シャルトル学派』（編訳・監修　岩熊幸男）

集成 9 『サン=ヴィクトル学派』(編訳・監修 泉治典)
集成 10 『修道院神学』(編訳・監修 矢内義顕)
集成 11 『イスラーム哲学』(編訳・監修 竹下政孝)
集成 12 『フランシスコ会学派』(編訳・監修 坂口昂吉)
集成 13 『盛期スコラ学』(編訳・監修 箕輪秀二)
集成 14 『トマス・アクィナス』(編訳・監修 山本耕平)
集成 15 『女性の神秘家』(編訳・監修 冨原眞弓)
集成 16 『ドイツ神秘思想』(編訳・監修 木村直司)
集成 17 『中世末期の神秘思想』(編訳・監修 小山宙丸)
集成 18 『後期スコラ学』(編訳・監修 稲垣良典)
集成 19 『中世末期の言語・自然哲学』(編訳・監修 山下正男)
集成 20 『近世のスコラ学』(編訳・監修 田口啓子)

中世哲学史

[1] Armstrong, A. H., ed. *The Cambridge History of Later Greek and Early Medieval Philosophy* (Cambridge, 1967).
[2] Schmitt, C. B. and Q. Skinner, eds. *The Cambridge History of Renaissance Philosophy* (Cambridge, 1988).
[3] Marenbon, J. *Early Medieval Philosophy (480-1150). An Introduction,* revised edn (London/New York, 1988).
ジョン・マレンボン『初期中世の哲学 480-1150』(中村治訳、勁草書房、1992)
[4] Marenbon, J. *Later Medieval Philosophy* (1150-1350) (London/New York, 1987).
ジョン・マレンボン『後期中世の哲学 1150-1350』(加藤雅人訳、勁草書房、1989)
[5] Marenbon, J. *Medieval Philosophy* (London/New York, 1998).
[6] Spade, P. V. *A Survey of Medieval Philosophy*, version 2.0.
http://www.pvspade.com/Logic/docs/Survey 2Interim.pdf
[7] Copleston, F. *A History of Philosophy,* vol. III, *Late Medieval and Renaissance Philosophy* (New York, 1963).

F・コプルストン『中世哲学史』(箕輪秀二・柏木英彦訳、創文社、1970)
[8] Knowles, D. *The Evolution of Medieval Thought* (London, 1962).
[9] Gilson, E. *History of Christian Philosophy in the Middle Ages* (London, 1955).
[10] Corbin, H. *History of Islamic Philosophy,* trans. L. and P. Sherrard (London, 1993).
アンリ・コルバン『イスラーム哲学史』(黒田壽郎・柏木英彦訳、岩波書店、1974)
[11] Nasr, S. H. and O. Leaman, eds. *History of Islamic Philosophy,* 2 vols. (London, 1996).
[12] Leaman, O. and D. Frank, eds. *History of Jewish Philosophy* (London, 1997).
[13] Burns, J. H., ed. *The Cambridge History of Medieval Political Thought c.350-c.1400* (Cambridge, 1988).
[14] Canning, J. P. *A History of Medieval Political Thought 300-1450* (London/New York, 1996).

テクストと翻訳

[15] MacDonald, S., ed. *The Cambridge Translations of Medieval Philosophical Texts,* vol. IV, *Metaphysics* (Cambridge, forthcoming).
[16] Williams, T., ed. *The Cambridge Translations of Medieval Philosophical Texts,* vol. V, *Philosophical Theology* (Cambridge, forthcoming).
[17] Hyman, A. and J. J. Walsh, eds. *Philosophy in the Middle Ages: The Christian, Islamic, and Jewish Traditions,* 2nd edn (Indianapolis, 1983).
[18] Kraye, J. *et al.* , eds. *Pseudo-Aristotle in the Middle Ages: The Theology and Other Texts* (London, 1986).
[19] Bosley, R. and M. Tweedale, eds. *Basic Issues in Medieval Philosophy. Selected Reading Presenting the Interactive Discourses Among the Major Figures* (Peterborough, Ontario, 1997).
[20] Spade, P. V., ed. *Five Texts on the Mediaeval Problem of Universals: Porphyry, Boethius, Abelard, Duns Scotus, Ockham* (Indianapolis/Cambridge, MA, 1994).

[21] Lottin, O. *Psychologie et morale aux XIIe et XIIIe siècles*, 6 vols. (Louvain, 1942–60).
[22] Lerner, R. and M. Mahdi, eds. *Medieval Political Philosophy* (Ithaca, NY, 1963).
[23] Peters, E., ed. *Heresy and Authority in Medieval Europe. Documents in Translation* (Philadelphia, 1980).
[24] Denzinger, H., ed. *Enchiridion Symbolorum*, revised A. Schbönmetzer, 33rd edn (Barcelona/Freiburg/Rome/New York, 1965). Latin texts of creeds and related documents.
ハインリヒ・デンツィンガー『カトリック教会文書資料集－信経および信仰と道徳に関する定義集（改訂　A・シェーンメッツァー）』（浜寛五郎訳、エンデルレ書店、1996）

論文集

1958年に設立されて以来、国際中世哲学会（SIEPM）は、中世哲学に関する国際的な会議を開催してきたのだが、初めは3年毎、その後には5年毎の開催となり、それぞれの会議では一つの広範囲のテーマのもとで行われていた。1989年以降は、この学会は特定の研究トピックと関連させたシンポジウムも開催するようになった。こうして、これら両方の種類の会議記録は多くの場合は英語で残っている。SIEPMの会議での発表記録が以下の論文集として公刊されている。

[25] Wenin, C., ed. *L'Homme et son univers au moyen âge* (Louvain-la-Neuve, 1986).
[26] Asztalos, M. *et al.*, eds. *Knowledge and the Sciences in Medieval Philosophy*, 3 vols. (Helsinki, 1990).
[27] Bazán, B. C. *et al.*, eds. *Les Philosophies morales et politiques au moyen âge/Moral and Political Philosophies in the Middle Ages*, 3 vols. (New York/Ottawa/Toronto, 1995).
[28] Aertsen, J. A. and A. Speer, eds. *Was ist Philosophie im Mittelalter?/Qu'est-*

ce que la philosophie au moyen âge?/What is Philosophy in the Middle Ages? (Berlin/New York, 1998).

SIEPM のシンポジウムでの発表記録（Rencontres de philosophie médiévale 叢書）

[29] Santiago-Otero, H., ed. *Diálogo filosófico-religioso entre cristianismo, judaísmo e islamismo durante la Edad Media en la Península Ibérica* (Turnhout, 1994).
[30] Wlodek, S., ed. *Société et Eglise. Textes et discussions dans les universités d'Europe centrale pendant le moyen âge tardif* (Turnhout, 1994).
[31] Marenbon, J., ed. *Aristotle in Britain during the Middle Ages* (Turnhout, 1996).
[32] Benakis, L. G., ed. *Néoplatonisme et philosophie médiévale* (Turnhout, 1997).
[33] Brown, S. F., ed. *Meeting of the Minds. The Relations between Medieval and Classical Modern European Philosophy* (Turnhout, 1999).
[34] Hamesse, J. and C. Steel, eds. *L'Elaboration du vocabulaire philosophique au moyen âge* (Turnhout, 2000).
[35] Boiadjiev, T. *et al.*, eds. *Die Dionysius-Rezeption im Mittelalter* (Turnhout, 2000).

SIEPM 以外の論文集

[36] *Les Genres littéraires dans les sources théologiques et philosophiques médiévales. Définition, critique et exploitation* (Louvain-la-Neuve, 1982).
[37] Bazán, B. C. *et al.*, eds. *Les Questions disputées et les questions quodlibétiques dans les facultés de théologie, de droit et de médicine* (Turnhout, 1985).
[38] Burnyeat, M., ed. *The Skeptical Tradition* (Berkeley, CA, 1983).
[39] Flint, T. P., ed. *Christian Philosophy* (Notre Dame, IN, 1990).
[40] Gill, M. L. and J. G. Lennox, eds. *Self-Motion. From Aristotle to Newton* (Princeton, NT, 1994).
[41] Kretzmann, N., ed. Meaning and Inference in *Medieval Philosophy: Studies in Memory of Jan Pinborg* (Dordrecht/Boston, MA/London, 1988).

[42] Leijenhorst, C. *et al.*, eds. *The Dynamics of Aristotelian Natural Philosophy from Antiquity to the Seventeenth Century* (Leiden, 2002).
[43] Long, R. J. *Philosophy and the God of Abraham. Essays in Memory of James A. Weisheipl* (Toronto, 1991).
[44] Morewedge, P., ed. *Islamic Philosophical Theology* (Albany, NY, 1979).
[45] Murdoch, J. and E. Sylla, eds. *The Cultural Context of Medieval Learning* (Dordrecht/Boston, MA, 1975).
[46] Nauta, L. and A. Vanderjagt, eds. *Between Demonstration and Imagination* (Leiden/Boston, MA/Cologne, 1999).
[47] Read, S., ed. *Sophisms in Medieval Logic and Grammar* (Dordrecht/Boston, MA/London, 1993).
[48] Ridyard, S. and R. Benson, eds. *Man and Nature in the Middle Ages* (Sewanee, TN, 1995).
[49] Savory, R. M. and D. A. Agius, eds. *Logos Islamikos* (Toronto, 1984).
[50] Sylla, E., and M. McVaugh, eds. *Texts and Contexts in Ancient and Medieval Science* (Leiden/New York/Cologne, 1997).
[51] Yrjonsuuri, M., ed. M*edieval FormaI Logic: Obligations, Insolubles and Consequences* (Dordrecht/Boston, MA/London, 2001).

百科事典

Craig, E., ed. *The Routledge Encyclopedia of Philosophy,* 10 vols. (London/New York, 1998。また、ウェブサイト（http://www.rep.routledge.com/）の方は更新もされている。これと、*Concise Routledge Encyclopedia of Philosophy* は中世哲学の採録範囲に関しては、一般的なものでありまた信頼できるものである。

[52] *The Stanford Encyclopedia of Philosophy*, ed. E. Zalta.
http://plato.stanford.edu/

Speculum (the journal of the Medieval Academy of America) と *JHP* は書評と雑誌論文に多くの頁を費やしており、書評の方は *International Medieval Bibliogra-*

phy で再録されており、これは紙の形と CD-ROM の形でリーズ大学から出版されている。中世哲学に関する進行中の研究や特定のトピックに関する文献表についての有益な情報は以下の書物において見つけられることだろう。

[53] *Bulletin de Philosophie Médiévale*, ed. Société Internationale pour l'Etude de la Philosophie Médiévale.

イスラーム哲学に関しては次の書物を参照。

[54] Daiber, H. *Bibliography of Islamic Philosophy*, 2 vols. (Leiden, 1999).

個々の哲学者とトピック

アウグスティヌス

『アウグスティヌス著作集』(赤木善光・泉　治典・金子晴勇・茂泉昭男：責任編集) 全 30 巻予定、現在 28 巻が既刊、教文館、1979 －) がある (http://www.kyobunkwan.co.jp/Publish/cat107.htm)。以下ではこの著作集に含まれない個別著作の和訳のみを掲げる。

[55] Augustine. *The Advantage of Believing*, trans. L. Meagher (New York, 1947).

[56] Augustine. *Against The Academicians* and *The Teacher*, trans. P. King (Indianapolis, 1995).

『アカデメイア派論駁』(翻訳と註解が『アウグスティヌスの懐疑論批判』(岡部由紀子著、創文社、1999) に収められている)

『アウグスティヌス　教師論』(石井次郎・三上茂訳、明治図書出版、1981)

[57] Augustine. *Answer to the Pelagians II*, trans. R. J. Teske (Hyde Park, NY, 1998). Includes *Answer to the Two Letters of the Pelagians* (97-219) and *Answer to Julian* (221-536).

[58] Augustine. *The City of God against the Pagans*, trans. H. Bettenson (London, 1972).

アウグスティヌス『神の国』(服部英次郎・藤本雄三訳、全 5 巻、岩波文庫、1982-1991)

[59] Augustine. *Confessions*, trans. F. J. Sheed, revised edn (Indianapolis, 1993).
アウグスティヌス『告白』(渡辺義雄訳、筑摩書房・世界古典文学全集 26、1966)
アウグスティヌス『告白』(山田晶訳、中央公論社・世界の名著 14、1968)
アウグスティヌス『告白』(服部英次郎訳、全2巻、岩波文庫、1976)
[60] Augustine. *De Dialectica*, trans. B. D. Jackson (Dordrecht/Boston, MA, 1975).
[61] Augustine. *De genesi ad litteram, The Literal Meaning of Genesis,* trans. J. H. Taylor, SJ, 2 vols. (New York/Ramsey, NT, 1982).
『創世記逐語的注解』(清水正照訳、九州大学出版会、1995)
[62] Augustine. *Of True Religion,* trans. J. H. S. Burleigh (Chicago, 1964).
[63] Augustine. *On Christian Doctrine*, trans. D. W. Robertson (Indianapolis, 1958).
[64] Augustine. O*n Free Choice of the Will*, trans. T. Williams (Indianapolis/Cambridge, MA, 1993).
『自由意志論』(今泉三良・井沢彌男訳、創造社、1969)
[65] Augustine. T*he Trinity*, trans. E. Hill (Brooklyn, NY, 1991). New chapter divisions.
アウグスティヌス『三位一体論』全訳(中沢宣夫訳、東京大学出版会、1975)
アウグスティヌス『三位一体論』第 15 巻のみ(加藤信朗・上村直樹訳、集成 4 所収)
[66] Brown, P. *Augustine of Hippo* (Berkeley, CA, 1967; revised edn 2000).
P・ブラウン『アウグスティヌス伝』上下(出村和彦訳、教文館、2004)
[67] Fitzgerald, A. *St. Augustine Through the Ages: An Encyclopedia* (Grand Rapids, MI/Cambridge, 1999).
[68] Gilson, E. *The Christian Philosophy of St. Augustine* (New York, 1960).
[69] Kahn, C. H. "Discovering the Will. From Aristotle to Augustine," in J. M. Dillon and A. A. Long, eds., *The Question of Eclecticism. Studies in Later Greek Philosophy* (Berkeley, CA/Los Angeles, CA/London, 1985), 234–59.
[70] Kirwan, C. *Augustine* (London, 1989).
[71] Kretzmann, N. "Faith Seeks, Understanding Finds: Augustine's Charter for

Christian Philosophy," in [39], 1-36.

[72] Markus, R. A. *Saeculum: History and Society in the Theology of St. Augustine* (Cambridge, 1970).

R・A・マークス『アウグスティヌス神学における歴史と社会』(宮谷宣史・土井健司訳、教文館、1998)

[73] Matthews, G. *Thought's Ego in Augustine and Descartes* (Ithaca, NY, 1992). Cf. [612].

[74] O'Connor, W. "The Uti/Frui Distinction in Augustine's Ethics," *Augustinian Studies* 14 (1983), 45-62.

[75] O'Daly, G. *Augustine's Philosophy of Mind* (Berkeley, CA, 1987).

[76] Rist, J. *Augustine: Ancient Thought Baptized* (Cambridge, 1994).

偽ディオニュシオス

ディオニュシオス・アレオパギテス『天上位階論』、『神秘神学』、『書簡集』(今義博訳、集成3所収)

ディオニュシオス・アレオパギテース『神名論』『神秘神学』(熊田陽一郎訳、教文館・キリスト教神秘主義著作集第1巻、1992)

[77] Pseudo-Dionysius the Areopagite. *Dionysiaca*, ed. P. Chevallier, 2 vols. (Paris, 1937-50).

[78] Pseudo-Dionysius the Areopagite. T*he Complete Works*, trans. C. Luibheid (New York, 1987).

[79] Pseudo-Dionysius the Areopagite. *Celestial Hierarchy. Denys l'Aréopagite, La Hiérarchie céleste*, ed. G. Heil, 2nd edn (Paris, 1970).

[80] Mahoney, E. P. "Pseudo-Dionysius's Conception of Metaphysical Hierarchy and its Influence on Medieval Philosophy," in [35], 429-475.

[81] Rorem, P. *Pseudo-Dionysius: A Commentary on the Texts and an Introduction to their Influence* (Oxford, 1993).

[82] Théry, G. *Etudes dionysiennes*, 2 vols. (Paris, 1932, 1937).

[83] Wenger, A. "Denys l'Aréopagite," *Dictionnaire de spiritualité* III (1957) cols. 307-09.

ボエティウス

『ポルフュリウス・イサゴーゲー注解』（石井雅之訳）、『三位一体論』『エウテュケスとネストリウス駁論』（坂口ふみ訳、以上集成5所収）

『哲学の慰め』（畠中尚志訳、岩波文庫、1934）

『哲学の慰め』（渡辺義雄訳、筑摩書房、1966）

[84] Boethius. *De consolatione philosophiae, Opuscula theologica*, ed. C. Moreschini (Munich/Leipzig, 2000).

[85] Boethius. *Consolation of Philosophy*, trans. J. C. Relihan (Indianapolis/Cambridge, 2001).

[86] Boethius. *The Theological Tractates*, trans. H. F. Stewart and E. K. Rand (Cambridge, MA, 1973).

[87] Marenbon, J. *Boethius* (New York, 2003).

[88] Marenbon, J. "Le Temps, la prescience et le déterminisme dans la *Consolation de Philosophie*," in A. Gallonier, ed., *Boèce ou la chaîne des savoirs* (Louvain/Paris, 2003), 159–174.

[89] Thierry of Chartres and his school. *Tractatus de sex dierum operibus*, in N. M. Häring, ed., *Commentaries on Boethius by Thierry of Chartres and His School* (Toronto, 1971).

ヨハネス・スコトゥス・エリウゲナ

『ペリフュセオン（自然について）』部分訳（今義博訳、集成6所収）

[90] John Scottus Eriugena. *Periphyseon* (*The Division of Nature*), trans. I. P. Sheldon-Williams, revised J. J. O'Meara (Montreal/Washington, DC, 1987).

キンディー

『知性に関する書簡』（竹下政孝訳、集成11所収）

[91] *Al-Kindi. Al-Kindi's Metaphysics: A Translation of Ya'qub ibn Ishaq al-Kindi's Treatise "On First Philosophy,"* ed. and trans. A. L. Ivry (Albany, NY,

1974).
[92] Druart, T.-A. "AI-Kindi's Ethics," *RM* 47 (1993), 329-357.

ファーラービー

『有徳都市の住民がもつ見解の諸原理』、『知性に関する書簡』(竹下政孝訳、集成 11 所収)

[93] Al-Farabi. *On the Aims of the Metaphysics*, trans. in part in [124], 240-242.
[94] Al-Farabi. *Al-Farabi's Commentary and Short Treatise on Aristatle's* De interpretatione, trans. F. W. Zimmermann (London, 1981).
[95] Al-Farabi. *Al-Farabi on the Perfect State. Abu Nasr al-Farabi's Mabadi' Ara' Ahl al-Madina al-Fadila*, trans. R. Walzer (Oxford, 1985).
[96] Al-Farabi. *Alfarabi's Philosophy of Plato and Aristotle,* trans. M. Mahdi, revised edn (Ithaca, NY, 1969; reprinted 2001). (Includes *The Attainment of Happiness.*)
[97] Al-Farabi. *The Political Regime*, partial trans. F. M. Najjar, in [22], 31-57.
[98] Al-Farabi. *The Political Writings: Selected Aphorisms and Other Texts*, trans. C. E. Butterworth (Ithaca, NY/London, 2001). Includes the *Book of Religion and The Harmonization of the Opinions of the Two Sages: Plato the Divine and Aristotle.*
[99] Druart, T.-A. "AI-Farabi, Ethics, and First Intelligibles," *DSTFM* 8 (1997), 403-423.
[100] Druart, T.-A. "Le Sommaire du livre des 'Lois' de Platon (Gawami' Kitab al-Nawamis li-Aflatun) par Abu Nasr al-Farabi," *BEO* (Damaseus) 50 (1998), 109-155.
[101] Galston, M. *Politics and Excellence: The Political Philosophy of Alfarabi* (Princeton, NJ, 1990).
[102] Gutas, D. "Galen's Synopsis of Plato's Laws and Farabi's Talkhis," in G. Endress and R. Kruk, eds., *The Ancient Tradition in Christian and Islamic Hellenism* (Leiden, 1997), 101-119.
[103] Lameer, J. *Al-Farabi and Aristotelian Syllogistics: Greek Theory and*

Islamic Practice (Leiden, 1994).
[104] Mahdi, M. *Alfarabi and the Foundation of Islamic Political Philosophy* (Chicago /London, 2001).
[105] Parens, J. *Metaphysics as Rhetoric: Al-Farabi's* Summary of Plato's 'Laws' (Albany, NY, 1995).

サアディア・ガオン

[106] Saadiah Gaon. *The Book of Beliefs and Opinions,* trans. S. Rosenblatt (New Haven, CT, 1948).
[107] Saadiah Gaon. *Saadiah ben Joseph al-Fayyumi's Book of Theodicy, a Tenth Century Arabic Commentary and Translation of the Book of Job,* trans. L. E. Goodman (New Haven, CT, 1988).
[108] Finklestein, L., ed. *Rab Saadia Gaon — Studies in His Honor, JTS* (1944).
[109] Freimann, A., ed. *Saadia Anniversary Volume,* Proceedings of the American Academy for Jewish Research, 1943.
[110] Rosenthal, E. I. J., ed. *Saadya Studies, JQR* 33 (1942-43).

イブン・シーナー(アヴィセンナ)

『救済の書』(小林春夫訳、集成11所収、本書で『治癒の書』と訳した書物に含まれる霊魂論の部分訳)
『医学典範』(檜學・新家博・檜晶訳、第三書館、2010)
『医学典範』(五十嵐一訳、佐藤達夫校閲、朝日出版社・科学の名著『イブン・スィーナー』、1981)

[111] アヴィセンナが著した浩瀚な哲学百科全書が『治癒の書』である。これを主として抜粋によって後に簡約化したのが『救済の書』である。
The Metaphysics of The Healing, by Avicenna: A Parallel English-Arabic Text. By Michael E. Marmura (Utah: Brigham Young University PRESS, 2004).
[112] Avicenna. *Healing: Metaphysics* I 5, trans. M. E. Marmura, in [49], 219-239.
[113] Avicenna. *Healing: Metaphysics* VI 1-2 [on causes], trans. A. Hyman, in

[17], 247-255.

[114] Avicenna. *Healing: Metaphysics* X 2-5, trans. M. E. Marmura, in [22], 98-111.

[115] Avicenna. *Avicenna Latinus. Liber de anima seu sextus de naturalibus,* ed. S. Van Riet, 2vols. (Louvain/Lei den, 1968-72).

[116] Avicenna. *Avicenna Latinus. Liber de philosophia prima sive scientia divina,* ed. S. Van Riet, 3 vols. (Louvain/Louvain-Ia-Neuve/Leiden, 1977-83).

[117] Avicenna. *The Life of Ibn Sina*, trans. W. E. Gohlman (Albany, NY, 1974).

[118] Avicenna. *On the Proof of Prophecies and the Interpretation of the Prophet's Symbols and Metaphors,* trans. M. E. Marmura, in [22], 112-121.

[119] Avicenna. *Avicenna's Psychology. An English Translation of Kitab al-Najat,* Book II, Chapter VI, F. Rahman (London, 1952).

[120] Avicenna. *On Theology, trans.* A. J. Arberry (London, 1951).

[121] Burrell, D. *Knowing the Unknowable God: Ibn Sina, Maimonides, Aquinas* (Notre Dame, IN, 1986).

[122] Corbin, H. *Avicenna and the Visionary Recital*, trans. W. R. Trask (London, 1960).

[123] Gutas, D. "Avicenna's Eastern ('Oriental') Philosophy: Nature, Contents, Transmission," *ASP* 10 (2000), 159-180.

[124] Gutas, D. *Avicenna and the Aristotelian Tradition. Introduction to Reading Avicenna's Philosophical Works* (Leiden, 1988).

[125] Gutas, D. "Intuition and Thinking: The Evolving Structure of Avicenna's Epistemology,"in [133], 1-38.

[126] Hasse, D. N. "Avicenna on Abstraction," in [133], 39-72.

[127] Janssens, J. L. *An Annotated Bibliography on Ibn Sina (1970-1989)* (Louvain, 1991).

[128] Janssens, J. L. *An Annotated Bibliography on Ibn Sina. First Supplement (1 990-1994)* (Louvain-la-Neuve, 1999).

[129] Marmura, M. E. "Avicenna's 'Flying Man' in Context," *Monist* 69 (1986), 383-395.

[130] Marmura, M. E. "Avicenna and the Kalam," *Zeitschrift für Geschichte der*

Arabisch-Islamischen Wissenschaften 7 (1991–92), 172–206.

[131] Marmura, M. E. "Avicenna on Primary Concepts in the *Metaphysics* of his *al-Shifa'*," in [49], 219–239.

[132] Rahman, F. "Essence and Existence in Ibn Sina: The Myth and the Reality," *Hamdard Islamicus* 4, 1 (1981), 3–14.

[133] Wisnovsky, R., ed. *Aspects of Avicenna* (Princeton, NJ, 2002).

[134] Wisnovsky, R. "Notes on Avicenna's Concept of Thingness (šay'iyya)," *ASP* 10 (2000), 181–221.

イブン・ガビロル(アヴィケブロン)

[135] Ibn Gabirol. *Fountain of Life*, trans. A. B. Jacob (Philadelphia, 1954).

[136] Ibn Gabirol. *The Improvement of the Moral Qualities*, ed. and trans. S. S. Wise (New York, 1901; reprinted 1966).

[137] Löwe, R. *Ibn Gabirol* (New York, 1990).

カンタベリーのアンセルムス

『アンセルムス全集』(古田暁訳、聖文社、1980)

『プロスロギオン』『言の受肉に関する書簡(初稿)』『哲学論考断片(ランベス写本五九)』『瞑想』(古田暁訳、集成7所収)

聖アンセルムス『プロスロギオン』、『モノロギオン』、『クール・デウス・ホモ－神は何故に人間となりたまひしか』(長澤信壽訳、岩波文庫、1942, 46, 48)

[138] Anselm of Canterbury. *Opera omnia*, ed. F. S. Schmitt, 6 vols. in 2 (Stuttgart–Bad Cannstatt, 1968).

[139] Anselm of Canterbury. *The Major Works*, ed. B. Davies and G. R. Evans, 2 vols. (Oxford, 1998) and *Anselm of Canterbury*, trans. J. Hopkins and H. Richardson, 4 vols. (Toronto/New York, 1976) both include *On the Trinity; The Harmony of the Foreknowledge, the Predestination, and the Grace of God with Free Choice*; and *Cur Deus homo* (Why God Became Man).

[140] Anselm of Canterbury. *Monologion and Proslogion with the Replies of Gaunilo and Anselm*, trans. T. Williams (Indianapolis, 1996).

[141] Anselm of Canterbury. *Three Philosophical Dialogues: On Truth, On Freedom of Choice, On the Fall of the Devil*, trans. T. Williams (Indianapolis, 2002).
[142] Adams, M. M. "Romancing the Good: God and the Self According to St. Anselm of Canterbury," in G. Matthews, ed., *The Augustinian Tradition* (Berkeley, CA/London, 1998), 91-109.
[143] Normore, C. "Anselm's Two 'Wills', " in [27], 759-766.
[144] Schufreider, G. *Confessions of a Rational Mystic* (West Lafayette, IN, 1994). Text and trans. of *Proslogion*, 310-375.
[145] Southern, R. W. *St. Anselm and His Biographer* (Cambridge, 1963).
[146] Southern, R. W. *Saint Anselm : A Portrait in a Landscape* (Cambridge, 1990).
[147] Visser, S. and T. Williams "Anselm's Account of Freedom," *CJP* 31 (2001), 221-244.

ガザーリー

『イスラーム神学綱要』『光の壁龕』(中村廣治郎訳、集成 11 所収)
『哲学者の意図－イスラーム哲学の基礎概念』(黒田壽郎訳・解説、岩波書店、1985)
『誤りから救うもの－中世イスラム知識人の自伝』(中村廣治郎訳注、ちくま学芸文庫、2003)

[148] Al-Ghazali. *The Incoherence of the Philosophers*, ed. and trans. M. E. Marmura (Provo, UT, 1997).
[149] Al-Ghazali. [autobiography] *Freedom and Fulfillment*, trans. R. J. McCarthy, S. J. (Boston, MA, 1980; reprinted as *Deliverance from Error*, Louisville, KY [1999?]).
[150] Marmura, M. E. "Ghazali and Ash'arism Revisited," *ASP* 12 (2002), 91-110.
[151] Marmura, M. E. "Ghazalian Causes and Intermediaries," *Journal of the American Oriental Society* 115 (1995), 89-100.

ペトルス・アベラルドゥス

『ポルフュリウス註釈（イングレディエンティブス）』（清水哲郎訳）、『然りと否』（大谷啓治訳）『倫理学』（大道敏子訳） 以上集成7所収
アベラールとエロイーズ『愛の往復書簡』（沓掛良彦・横山安由美訳、岩波文庫、2009）
アベラールとエロイーズ『愛と修道の手紙』（畠中尚志訳、岩波文庫、1964）

[152] Peter Abelard. Abelard to a Friend: *The Story of His Misfortunes, in The Letters of Abelard and Heloïse,* trans. B. Radice (New York, 1974), 57–106.
[153] Peter Abelard. *Peter Abelard's "Ethics,"* ed. and trans. D. Luscombe (Oxford, 1971).
[154] Marenbon, J. *The Philosophy of Peter Abelard* (Cambridge, 1997).

サン=ヴィクトールのフーゴー

『ディダスカリコン（学習論）－読解の研究について』（五百旗頭博治・荒井洋一訳）、『魂の手付け金についての独語録』（別宮幸徳訳） 以上集成9所収

[155] Luscombe, D. E. "The Commentary of Hugh of Saint Victor on the Celestial Hierarchy," in [35], 159–175.

ペトルス・ロンバルドゥス

『命題集』（山内清海訳、集成7所収）

[156] Colish, M. L. *Peter Lombard,* 2 vols. (Leiden, 1994).

ソールズベリーのヨハネス

『メタロギコン』（甚野尚志・中澤務・F・ペレス訳、集成8所収）

[157] John of Salisbury. *The Metalogicon of John of Salisbury,* trans. D. D. McGarry (Berkeley, CA, 1955).
[158] John of Salisbury. *Policraticus,* trans. C. J. Nederman (Cambridge, 1990).

[159] Wilks, M., ed. *The World of John of Salisbury* (Oxford, 1984).

イブン・ルシュド（アヴェロエス）

『矛盾の矛盾』（竹下政孝訳）、『霊魂論注解』（花井一典・中澤務訳） 以上集成11所収

『《(アルガゼルの) 哲学矛盾論》の矛盾』（田中千里訳、近代文藝社、1996）

[160] Averroes. *The Epistle on the Possibility of Conjunction with the Active Intellect by Ibn Rushd with the Commentary of Moses Narboni,* ed. and trans. K. P. Bland (New York, 1982).

[161] Averroes. *On the Harmony of Religion and Philosophy,* trans. G. F. Hourani (London, 1976).

[162] Averroes. *Liber de medicina, qui dicitur Colliget,* in Aristotle, *Omnia quae extant opera* (Venice, 1552), X, fos. 4-80.

[163] Averroes. *Middle Commentary on Aristotle's* De anima, ed. and trans. A. L. Ivry (Provo, UT, 2002).

[164] Averroes. *Averroes on Plato's "Republic,"* trans. R. Lerner (Ithaca, NY/London, 1974).

[165] Averroes. *Tahafut al-Tahafut* (*The Incoherence of the Incoherence*), trans. S. Van den Bergh, 2 vols. (London, 1954, reprinted 1969).

[166] Black, D. "Consciousness and Self-Knowledge in Aquinas's Critique of Averroes' Psychology," *JHP* 31 (1993), 349-385.

[167] Davidson, H. A. "The Relation between Averroes' Middle and Long Commentaries on the *De anima,*" *ASP* 7 (1997), 139-51; A. Ivry's "Response," 153-155.

[168] Endress, G. and J. A. Aertsen, eds. *Averroes and the Aristotelian Tradition. Sources, Constitution and Reception of the Philosophy of Ibn Rushd (1126-1198)* (Leiden, 1999).

[169] Hyman, A. "Averroes' Theory of the Intellect and the Ancient Commentators," in [168], 188-198.

[170] Ivry, A. L. "Averroes' Middle and Long Commentaries on the *De anima,*"

ASP 5 (1995), 75-92.

[171] Ivry, A. L. "Averroes' Three Commentaries on De anima," in [168], 199-216.

[172] Renan, E. *Averroès et l'averroïsme* (Paris, 1852; 3rd revised edn 1866; reprinted with preface by A. de Libera, Paris, 1997).

[173] Rosemann, P. W. "Averroes: A Catalogue of Editions and Scholarly Writings from 1821Onwards," in [53] 30 (1988), 153-221.

[174] Sylla, E. "Averroism and the Assertiveness of the Separate Sciences," in [26], III, 171-180.

[175] Taylor, R. C. "Remarks on Cogitatio in Averroes' *Commentarium Magnum in Aristotelis De Anima Libros*," in [168], 217-255.

モーセス・マイモニデス

[176] Moses Maimonides. *Crises and Leadership: Epistles of Maimonides*, trans. A. Halkin (Philadelphia, 1985).

[177] Moses Maimonides. *Ethical Writings of Maimonides*, trans. R. L. Weiss and C. E. Butterworth (New York, 1975).

[178] Moses Maimonides. *The Guide of the Perplexed*, trans. S. Pines, 2 vols. (Chicago, 1963).

[179] Moses Maimonides. *Mishneh Torah: The Book of Knowledge*, trans. M. Haymson (Jerusalem, 1965).

[180] Moses Maimonides. *Maimonides' Treatise on [the Art of] Logic*, trans. I. Efros (New York, 1938).

[181] Altmann, A. "Maimonides on the Intellect and the Scope of Metaphysics," in *Von der mittelalterlichen zur modernen Aufklärung* (Tübingen, 1987), 60-129.

[182] Buijs, J. A. ed. *Maimonides: A Collection of Critical Essays* (Notre Dame, IN, 1988).

[183] Dunphy, W. "Maimonides' Not So Secret Position on Creation," in [186], 151-72.

[184] Hyman, A., ed. *Maimonidean Studies*, 4 vols. (New York, 1991-96).

[185] Kraemer, J., ed. *Perspectives on Maimonides: Philosophical and Historical*

Studies (London, 1996).
[186] Ormsby, E., ed. *Maimonides and His Times* (Washington, DC, 1989).
[187] Pines, S. and Y. Yovel, eds. *Maimonides and Philosophy* (Dordrecht, 1986).
[188] Strauss, L. "The Literary Character of the *Guide of the Perplexed*," in Strauss, *Persecution and the Art of Writing* (Westport, CT, 1952) 38-94.

比較研究として以下のものがある

[189] Burrell, D. "Aquinas' Debt to Maimonides," in R. Link-Salinger *et al.*, eds. , *A Straight Path* (Washington, DC, 1988), 37-48.
[190] Dienstag, J. I. *Studies in Maimonides and St. Thomas Aquinas* (New York, 1975).
[191] Dobbs-Weinstein, I. *Maimonides and St. Thomas on the Limits of Reason* (Albany, NY, 1995).
[192] Dunphy, W. "Maimonides and Aquinas on Creation: A Critique of Their Historians," in L. P. Person, ed., *Graceful Reason* (Toronto, 1983), 361-379.
[193] Kluxen, W. "Maimonides and Latin Scholasticism," in S. Pines and Y. Yovel, eds., *Maimonides and Philosophy* (Dordrecht, 1986), 224-232.

ロバート・グロステスト

『物体の運動と光』、『真理論』、『命題の真理』、『神の知』（降旗芳彦訳、集成 13 所収）

[194] Robert Grosseteste. *Epistolae*, ed. H. R. Luard (London, 1861).
[195] Robert Grosseteste. *On the Six Days of Creation*, trans C. F. J. Martin (Oxford, 1996).
[196] Callus, D., ed. *Robert Grosseteste: Scholar and Bishop* (Oxford, 1955).
[197] Crombie, A. C. *Robert Grosseteste and the Origins of Experimental Science 1100-1700* (Oxford, 1953).
[198] Friedman, L. M. *Robert Grosseteste and the Jews* (Cambridge, MA, 1934).
[199] McEvoy, J. *Robert Grosseteste* (Oxford, 2002).
[200] Marrone, S. P. *William of Auvergne and Robert Grosseteste* (Princeton, NT,

1983).

アルベルトゥス・マグヌス

『形而上学』(宮内久光訳)、『ディオニュシウス神秘神学注解』(須藤和夫訳)、『動物論』(小松真理子訳) 以上集成 13 所収

[201] Albert the Great. *Opera omnia*, ed. P. Jammy, 21 vols. (Lyon, 1651). *De homine* in vol. XIX.

[202] Albert the Great. *Speculum Astronomiae*, ed. and trans. S. Caroti *et al.*, in P. Zambelli, *The* Speculum Astronomiae *and its Enigma. Astrology, Theology, and Science in Albertus Magnus and his Contemporaries* (Dordrecht/Boston, MA/London, 1992).

[203] Albert the Great. *Summa theologiae*, ed. D. Siedler (Munster, 1978) (*Alberti Magni opera omnia*, XXXIV. 1).

[204] Hackett, J. "Necessity, Fate, and a Science of Experience in Albertus Magnus, Thomas Aquinas, and Roger Bacon," in [48], 113–123.

[205] Weisheipl, J., ed. *Albertus Magnus and the Sciences* (Toronto, 1980).

ペトルス・ヒスパヌス

『論理学論集』(山下正男訳、集成 19 所収)

『論理学綱要－その研究と翻訳－』(山下正男、京都大学人文科学研究所、1981)

[206] Peter of Spain. "Syllogisms," "Topics," "Fallacies (selections)," in *CT* I 216–161.

[207] De Libera, A. "The Oxford and Paris Traditions in Logic," in *CHLMP*, 174–187.

ロジャー・ベイコン

『大著作』(高橋憲一訳、集成 12 所収)

「『大著作』第四部 数学の有用性について」、「第五部 光学について」、「第六部 経験学について」(高橋憲一訳、朝日出版社・科学の名著『ロジャー・ベイコ

ン』、1980)

[208] Roger Bacon. *The Opus Majus of Roger Bacon*, trans. R. B. Burke, 2 vols. (Oxford, 1928).
[209] Lindberg, D. *Roger Bacon's Philosophy of Nature* (Oxford, 1983).
[210] The September 1997 issue of *Vivarium* is devoted to articles on Bacon.

ボナヴェントゥラ

『すべての者の唯一の教師キリスト』(三上茂訳)、『無名の教師に宛てた三つの問題についての書簡』(三上茂訳)、『諸学芸の神学への還元』(伊能哲大・須藤和夫訳)、『討論問題集－キリストの知について』(長倉久子訳)、『命題集注解』(須藤和夫訳) 以上集成12所収
『神学綱要』(関根豊明訳、エンデルレ書店、1991)
『魂の神への道程　注解』(長倉久子訳註、創文社、1993)
『ソリロクィウム観想録』(関根豊明訳、エンデルレ書店、1994)
『マリア神学綱要――聖母祝日説教集』(関根豊明訳、エンデルレ書店、1994)
『愛の観想―生命の樹・神秘の葡萄の樹―』(小高毅訳、あかし書房、2002)
『観想の道　三様の道・生命の完成』(小高毅訳、サンパウロ、2004)

[211] Bonaventure. *Opera omnia*, 10 vols. (Ad Claras Aquas, 1882-1902).
[212] Bonaventure. *Collationes in Hexaemeron*, ed. F. Delorme, *S. Bonaventurae Collationes in Hexaemeron et Bonaventuriana quaedam selecta* (Ad Claras Aquas, 1934).
[213] Bonaventure. *Saint Bonaventure's Disputed Questions on the Mystery of the Trinity*, trans. Z. Hayes (St. Bonaventure, NY, 1979).
[214] Bonaventure. *Itinerarium mentis in Deum*, trans. P. Boehner, ed. S. Brown, *The Journey of the Mind to God* (Indianapolis, 1993).
[215] Bonaventure, *et al. De Humanae Cognitionis Ratione: anecdota quaedam Seraphici Doctoris Sancti Bonaventurae et nonnulorum eius discipulorum* (Ad Claras Aquas, 1883).
[216] Bougerol, J. G. "Saint Bonaventure et la hiérarchie dionysienne," *AHDLMA*

36 (1969), 131-167.
[217] Bougerol, J. G. "Saint Bonaventure et le Pseudo-Denys l'Aréopagite," *Actes du Colloque Saint Bonaventure,* 9-12 *sept.* 1968. *Orsay, Etudes franciscaines* 18 (1968), annual supplement, 33-123.
[218] Gilson, E. *The Philosophy of St. Bonaventure*, trans. I. Trethowan and F. Sheed (Paterson, NJ, 1965).

ガンのヘンリクス

『任意討論集』(八木雄二・矢玉俊彦訳、集成 13 所収)

[219] Henry of Ghent. *Opera*, ed. R . Macken (Leuven/Leiden, 1979-).
[220] Henry of Ghent. *Quodlibeta* (Paris, 1518; reprinted Louvain, 1961).
[221] Henry of Ghent. *Quodlibetal Questions on Free Will*, trans. R. J. Teske (Milwaukee, WI, 1993).
[222] Henry of Ghent. *Summae quaestionum ordinariarum theologi recepto praeconio solennis Henrici a Candavo* (Paris, 1520; reprinted St. Bonaventure, NY, 1953).
[223] McEvoy, J. "The Sources and Significance of Henry of Ghent's Disputed Question, 'Is Friendship a Virtue?'," in W. Vanhamel, ed., *Henry of Chent* (Leuven, 1996), 121-138.

トマス・アクィナス

集成 14 には以下の著作が収録されている。『聖書の勧めとその区分』、『聖書の勧め』、『存在者と本質について』、『ボエティウス三位一体論註解』、『ボエティウス デ・ヘブドマディブス註解』、『命題論註解』、『形而上学註解』、『知性の単一性について――アヴェロエス主義者たちに対する論駁』、『リゾン的実体について(天使論)』、『使徒信条講話』、『種々の敬虔な祈り』、『兄弟ヨハネスへの学習法に関する訓戒の手紙』(訳者名は省略した)

『神学大全』(全 45 巻、高田他訳、創文社、1960-2012)

『神学大全』(山田晶訳、中央公論社・世界の名著続 5 、1975)

『トマス・アクィナスの心身問題 「対異教徒大全」第 2 巻より』(川添信介訳註、

知泉書館、2009)
『在るものと本質について』(稲垣良典訳註、知泉書館、2012)
『形而上学叙説(有と本質とに就いて)』(高桑純夫訳、岩波文庫、1935)
『自然の諸原理について』(長倉久子・松村良祐訳註、知泉書館、2008)
『真理論　真理論第一問　ペトルス・ロンバルドゥス命題集註解』(花井一典訳、哲学書房、1990)
『言と光　ヨハネ福音書註解』(津崎幸子訳、新地書房、1991)
『神秘と学知　『ボエティウス「三位一体論」に寄せて』翻訳と研究』(長倉久子訳註、創文社、1996)
『君主の統治について　謹んでキプロス王に捧げる』(柴田平三郎訳、岩波文庫、2009)

[224] Thomas Aquinas. *S. Thomae Aquinatis Doctoris Angelici Opera Omnia* (Rome, 1882-). *ST*, vols. IV-XII; *ScC*, vols. XIII-XV; *Quaestiones disputatae de veritate*, vol. XXII; *Quaestiones disputatae de malo*, vol. XXIII; *Quaestiones disputatae de anima*, vol. XXIV/1 ; *De regno*, vol. XLII; *De unitate intellectus*, vol. XLIII.
[225] Thomas Aquinas. *A Commentary on Aristotle's* De anima, trans. R. Pasnau (New Haven, CT/London, 1999).
[226] Thomas Aquinas. *Commentary on Aristotle's* Physics, trans. R. Blackwell et al. (Notre Dame, IN, 1999).
[227] Thomas Aquinas. *On Being and Essence*, ed. J. Bobik (Notre Dame, IN, 1965).
[228] Thomas Aquinas. *On the Eternity of the World*. Medieval Source Book. http://fordham.edu/halsall/basis/aquinas-eternity.html
[229] Thomas Aquinas. *Opuscula Theologica*, ed. R. A. Verardo *et al.*, 2 vols. (Turin, 1954).
[230] Thomas Aquinas. *Quaestiones disputatae*, ed. R. Spiazzi, 2 vols. (Turin/Rome, 1949). *De virtutibus in communi*, II, 703-751.
[231] Thomas Aquinas. *Selected Writings*, trans. T. McDermott (Oxford, 1993).
[232] Thomas Aquinas. *Summa contra Gentiles*, trans. A. C. Pegis *et al.*, 5 vols.

(Notre Dame, IN/London, 1975; first published Garden City, NY, 1956 as *On the Truth of the Catholic Faith*).

[233] Thomas Aquinas. *Summa Theologiae*, ed. T. Gilby *et al.*, 61 vols. (London/New York, 1964-80). The Blackfriars edition: Latin and English, with extensive supporting material.

[234] Thomas Aquinas. *Truth*, trans. of *Quaestiones disputatae de veritate* by R. W. Mulligan *et al.*, 3 vols. (Chicago, 1952-54; reprinted Indianapolis, 1994).

[235] Ashworth, E. J. "Analogy and Equivocation in Thirteenth-Century Logic: Aquinas in Context," *MS* 54 (1992), 94-135.

[236] Ashworth, E. J. "Aquinas on Significant Utterance: Interjection, Blasphemy, Prayer," in [251] 207-234.

[237] Ashworth, E. J. "Signification and Modes of Signifying in Thirteenth-Century Logic: A Preface to Aquinas on Analogy," *MPT* 1 (1991), 39-67.

[238] Banez, D. *The Primacy of Existence in Thomas Aquinas*, trans. B. S. Llamzon (Chicago, 1966).

[239] Callus, D. A. *The Condemnation of St. Thomas at Oxford* (London, 1955).

[240] Finnis, J. *Aquinas* (Oxford, 2000).

[241] Gallagher, D. "Aquinas on Goodness and Moral Goodness," in D. Gallagher, ed., *Thomas Aquinas and his Legacy* (Washington, DC, 1994), 37-60.

[242] Hughes, C. *On a Complex Theory of a Simple God: An Investigation in Aquinas' Philosophical Theology* (Ithaca, NY/London, 1989).

[243] King, P. "Aquinas on the Passions," in [251], 101-132.

[244] Klima, G. "Aquinas on One and Many," *DSTFM* 11 (2000), 195-215.

[245] Kretzmann, N. *The Metaphysics of Creation : Aquinas's Natural Theology in* Summa contra Gentiles *II* (Oxford, 1999).

[246] Kretzmann, N. *The Metaphysics of Theism. Aquinas's Natural Theology in* Summa contra Gentiles *I* (Oxford, 1997).

[247] Kretzmann, N. "Warring against the Law of My Mind: Aquinas on Romans 7," in T. V. Morris, ed., *Philosophy and the Christian Faith* (Notre Dame, IN, 1988), 172-195.

[248] Luscombe, D. E. "Thomas Aquinas and Conceptions of Hierarchy in the

Thirteenth Century,"in [264], 261-277.

[249] MacDonald, S. "Aquinas's Libertarian Account of Free Choice," *Revue Internationale de Philosophie* 52 (1998), 309-328.

[250] MacDonald, S. "Egoistic Rationalism: Aquinas's Basis for Christian Morality," in M. Beaty, ed., *Christian Theism and the Problems of Philosophy* (Notre Dame, IN, 1990), 327-354.

[251] MacDonald, S. and E. Stump, eds. *Aquinas's Moral Theory* (Ithaca, NY, 1999).

[252] McInerny, R. *Ethica Thomistica*, revised edn (Washington, DC, 1997).

[253] O'Connor, D. J. *Aquinas and Natural Law* (London, 1967).

[254] Owens, J. "Aquinas on the Inseparability of Soul from Existence," NS 61 (1987), 249-270.

[255] Pasnau, R. *Thomas Aquinas on Human Nature: A Philosophical Study of ST 1a* 75-89 (Cambridge, 2002).

[256] Pines, S. "Scholasticism after Thomas Aquinas and the Teachings of Hasdai Crescas and his Predecessors," *Proceedings of the Israel Academy of Sciences and Humanities* 1 (1967), 1-101.

[257] Pope, S., ed. *The Ethics of Aquinas* (Washington, DC, 2002).

[258] Rosier, I. "Signes et sacrements: Thomas d'Aquin et la grammaire spéculative." *Revue des sciences philosophiques et théologiques* 74 (1990), 392-436.

[259] Stump, E. "Aquinas's Account of Freedom: Intellect and Will," *Monist* 80 (1997), 576-597.

[260] Torrell, J.-P. *Saint Thomas Aquinas, volume I, The Person and His Work*, trans, R. Royal (Washington, DC, 1996).

[261] Wippel, J. F. "The Latin Avicenna as a Source for Thomas Aquinas' Metaphysics," *Freiburger Zeitschrift für Philosophie und Theologie* 37 (1990), 51-90.

[262] Wippel, J. F. *The Metaphysical Thought of Thomas Aquinas: From Finite Being to Uncreated Being* (Washington, DC, 2000).

[263] Wippel, J. F. "Thomas Aquinas and Participation," in [505], 117-158.

[264] Zimmerman, A., ed. *Thomas von Aquin* (Berlin, 1988).

ダキアのボエティウス
『最高善について』、『表示の諸様態あるいはプリスキアヌス大文法学問題集』（大野晃徳・八木雄二訳、集成 19 所収）

[265] Boethius of Dacia. *On the Supreme Good. On the Eternity of the World. On Dreams,* trans, J. F. Wippel (Toronto, 1987).

ブラバンのシゲルス
『世界の永遠性について』（八木雄二・矢玉俊彦訳、集成 13 所収）

[266] Siger of Brabant. *Quaestiones in tertium de anima, de anima intellectiva, de aeternitate mundi,* ed. B. Bazán (Louvain, 1972).
[267] Van Steenberghen, F. *Maître Siger de Brabant* (Louvain/Paris, 1977).
[268] Wippel, J. F. *Medieval Reactions to the Encounter Between Faith and Reason* (Milwaukee, WI, 1995).

アエギディウス・ロマヌス
『哲学者たちの誤謬』（箕輪秀二訳、集成 13 所収）

[269] Giles of Rome. *Apologia,* ed. R. Wielockx, volume III. 1 of *Aegidii Romani Opera* (Florence, 1985–).
[270] Giles of Rome. On Ecclesiastical Power, ed. and trans, R. W. Dyson (Woodbridge, Suffolk, 1986).

ペトルス・ヨハニス・オリヴィ
『受肉と贖罪についての問題集』（神埼忠昭訳、集成 12 所収）

[271] Peter John Olivi. *Quaestiones in secundum librum Sententiarum,* ed. B. Jansen (Quaracchi, 1922–26).
[272] Boureau, A. and S. Piron, eds. *Pierre de Jean Olivi (1248-1298): Pensée Scolastique, Dissidence Spirituelle et Société* (Paris, 1999).

［273］ Pasnau, R. "Olivi on Human Freedom," in ［272］, 15–25.
［274］ Pasnau, R. "Olivi on the Metaphysics of Soul," *MPT* 6 (1997), 109–132.

フォンテーヌのゴドフロア

『任意討論集』（加藤雅人訳、集成 18 所収）

［275］ Godfrey of Fontaines. *Les Quodlibet Cinq, Six, et Sept*, in M. de Wulf and J. Hoffmans, eds., *Les Philosophes Belges* 3 (Louvain, 1914).
［276］ Wippel, J. F. *The Metaphysical Thought of Godfrey of Fontaines.* (Washington, DC, 1981).

ヴィテルボのヤコブス

［277］ James of Viterbo. *On Christian Government: De regimine christiano,* ed. and trans, R. W. Dyson (Woodbridge, Suffolk, 1995). Also see *CT* II 285–300, 321–325.

パリのヨハネス

［278］ John of Paris. F. Bleienstein, ed., *Johannes "Quidort von Paris." Über königliche und päpstliche Gewalt. De regia potestate et papali* (Stuttgart, 1969).
［279］ John of Paris. *On Royal and Papal Power*, trans, J. A. Watt (Toronto, 1971).
［280］ Coleman J. "The Dominican Political Theory of John of Paris in Its Context," in D. Wood, ed., *The Church and Sovereignty c. 590-1918* (Oxford, 1991), 187–223.

ヨハネス・ドゥンス・スコトゥス

集成 18 に以下の著作が含まれている。『命題集註解（オルディナティオ）第一巻』（八木雄二訳）、『命題集註解（オルディナティオ）第二巻』（渋谷克美訳）、『任意討論集』（八木雄二訳）、『第一原理についての論考』（小川量子訳）
『存在の一義性　定本－ペトルス・ロンバルドゥス命題註解』（花井一典・山内志朗訳、哲学書房、1989）

[281] John Duns Scotus. *Opera omnia*, ed. C. Balić *et al.* (Vatican City, 1950–). *Ordinatio* I–II, vols. I–VIII; *Lectura* I–II, vols. XVI–XIX.
[282] John Duns Scotus. *Opera omnia*, ed. L. Wadding, 16 vols. (Lyon, 1639; reprinted Hildesheim, 1968). *Ordinatio* III–IV, vols. VII–X; *Reportatio*, vol. XI.
[283] John Duns Scotus. *God and Creatures: The Quodlibetal Questions*, trans. F. Alluntis and A. B. Wolter (Princeton, NJ, 1975).
[284] John Duns Scotus. *Questions on the Metaphysics of Aristotle*, trans. G. Etzkorn and A. B. Wolter (St. Bonaventure, NY, 1997).
[285] John Duns Scotus. *Quaestiones super libros Metaphysicorum Aristotelis*, ed. R. Andrews *et al.* in *Opera Philosophica*, vols. III–IV (St. Bonaventure, NY, 1997).
[286] John Duns Scotus. *Philosophical Writings*, trans. A. B. Wolter (Edinburgh, 1962; reprinted Indianapolis, 1987).
[287] John Duns Scotus. *John Duns Scotus: A Treatise on God as First Principle*, trans. A. B. Wolter (Chicago, 1966; revised edn 1983).
[288] John Duns Scotus. *Duns Scotus on the Will and Morality*, trans. A. B. Wolter (Washington, DC, 1986).
[289] Adams, M. M., ed. *The Philosophical Theology of John Duns Scotus* (Ithaca, NY, 1990).
[290] Boler, J. "Transcending the Natural: Duns Scotus on the Two Affections of the Will," *ACPQ* 67 (1993), 109–126.
[291] Cross, R. *Duns Scotus* (Oxford, 1999).
[292] Cross, R. "Duns Scotus on Eternity and Timelessness," *FP* 14 (1997), 3–25.
[293] Cross, R. "Duns Scotus on Goodness, Justice, and What God Can Do," *JTS* 48 (1997), 48–76.
[294] Cross, R. *The Physics of Duns Scotus* (Oxford, 1998).
[295] Ingham, M. "Duns Scotus, Morality and Happiness: A Reply to Thomas Williams," *ACPQ* 74(2000), 173–195.
[296] King, P. "Duns Scotus on the Reality of Self-Change," in [40], 227–290.
[297] Noone, T. B. "Scotus on Divine Ideas: *Rep. Paris. I-A*, d. 36," *Medioevo: Rivista di storia della filosofia medievale* 24 (1998), 359–453.
[298] Pini, G. "Signification of Names in Duns Scotus and Some of His

Contemporaries," *Vivarium* 39 (2001), 20–51.
[299] Williams, T. "The Libertarian Foundations of Scotus's Moral Philosophy," *Thomist* 62 (1998), 193–215.
[300] Williams, T. "A Most Methodical Lover? On Scotus's Arbitrary Creator," *JHP* 38 (2000), 169–202.
[301] Wolter, A. B. "Native Freedom of the Will as a Key to the Ethics of Scotus," in [289], 148–162.
[302] Wolter, A. B. "Reflections about Scotus's Early Works," in L. Honnefelder *et al.*, eds., *John Duns Scotus: Metaphysics and Ethics* (Leiden, 1996), 37–57.

パドヴァのマルシリウス

『平和の擁護者』（稲垣良典、集成 18 所収）

[303] Marsilius of Padua. *The Defender of the Peace*, trans. A. Gewirth (New York, 1956; reprinted Toronto, 1980).
[304] Marsilius of Padua. *Marsiglio of Padua: Defensor minor and De translatione imperii,* trans. C. J. Nederman (Cambridge, 1993).
[305] Quillet, J. *La Philosophie politique de Marsile de Padoue* (Paris, 1970).
[306] Rubinstein, N. "Marsilius of Padua and Italian Political Thought of his Time," in J. R. Hale and B. Smalley, eds., *Europe in the Late Middle Ages* (London, 1965), 44–75.

ペトルス・アウレオリ

『命題集第一巻註解』（川添信介訳、集成 18 所収）

[307] Schabel, C. *Theology at Paris, 1316-1345. Peter Auriol and the Problem of Divine Foreknowledge and Future Contingents* (Aldershot, Hants., 2000).

ウィリアム・オッカム

集成 18 に次の著作が含まれている。『命題集第一巻（オリディナティオ）』（清水哲郎訳）、『アリストテレス命題論註解』（大鹿一正訳）、『未来の偶然事に関す

る神の予定と予知についての論考』(清水哲郎訳)、『任意討論集』(清水哲郎・永嶋哲也訳)
『大論理学』(渋谷克美訳、全5巻、創文社、1999-2005)
『スコトゥス「個体化の理論」への批判 「センテンチア注解」L.1, D.2, Q.6 より』(渋谷克美、知泉書館、2004)
『オッカム「自由討論集」註解 I, II, III』(渋谷克美訳、知泉書館、2007-2008)
『教皇ベネディクトゥス［12世］への反論（抄)］『対話篇第三部（抄)』、『教皇権力に関する八提題（抄)』、『教皇の専制支配に関する小論（抄)』(池谷文夫訳、教文館・宗教改革著作集第1巻『宗教改革の先革者たち』、2001)

[308] William of Ockham. *Opera philosophica et theologica* [*OPh* and *OTh*], 17 vols., ed. G. Gál et al. (St. Bonaventure, NY, 1967-88). *Ordinatio* (I *Sent.*), *OTh* I-IV; *Reportatio* (II-IV *Sent.*), *OTh* V-VII.
[309] William of Ockham. *Guilelmi de Ockham Opera Politica,* ed. H. S. Offler *et al.* (Manchester [vols. I-III], Oxford [vol. IV], 1940-).
[310] William of Ockham. *A Letter to the Friars Minor and Other Writings,* ed. A. S. McGrade and J. Kilcullen (Cambridge, 1995).
[311] William of Ockham. *Philosophical Writings* and trans., ed. and trans. P. Boehner, revised S. F. Brown (Indianapolis, 1990).
[312] William of Ockham. *On the Power of Emperors and Popes,* ed. and trans. A. S. Brett (Bristol, 1998).
[313] William of Ockham. *Quodlibetal Questions,* trans. A. J. Freddoso and F. E. Kelly, 2vols. (New Haven, CT/London, 1991).
[314] William of Ockham. *A Short Discourse on Tyrannical Government,* ed. A. S. McGrade, trans. J. Kilcullen (Cambridge, 1992).
[315] William of Ockham. *Ockham's Theory of Propositions* (*Part 2 of the Summa Logicae*), trans. A. J. Freddoso and H. Schuurman (South Bend, IN,1998).
[316] William of Ockham. *Ockham's Theory of Terms* (*Part 1 of the Summa Logicae*), trans. M. Loux (South Bend, IN, 1998).
[317] William of Ockham. *Ockham on the Virtues,* trans. R. Wood (West Lafayette, IN, 1997).

[318] Adams, M. M. *William Ockham*, 2 vols. (Notre Dame, IN, 1987).
[319] McGrade, A. S. "Ockham on Enjoyment," *RM* 34 (1981), 706-728.
[320] McGrade, A. S. *The Political Thought of William of Ockham* (Cambridge, 1974; pbk 2002).
[321] Miethke, J. *Ockhams Weg zur Sozialphilosophie* (Berlin, 1969).
[322] Panaccio, C. *Les Mots, les concepts et les choses: La sémantique de Guillaume d'Occam et le nominalisme d'aujourd'hui* (Montreal/Paris, 1991).

ゲルソニデス

[323] Gersonides. *Levi ben Gershom (Gersonides): The Wars of the Lord,* 3 vols., trans. S. Feldman (Philadelphia, 1984-99).
[324] Dobbs-Weinstein, I. "Gersonides' Radically Modern Understanding of the Agent Intellect," in [33], 191-213.
[325] Eisen, R. *Gersonides on Providence, Covenant, and the Chosen People* (Albany, NY, 1995).
[326] Feldman, S. "Gersonides on the Possibility of Conjunction with the Agent Intellect," *Association for Jewish Studies Review* 3 (1978), 99-120.
[327] Freudenthal, G., ed. *Studies on Gersonides* (Leiden/New York, 1992).
[328] Harvey, S. "Did Gersonides Believe in the Absolute Generation of Prime Matter?," *Jerusalem Studies in Jewish Thought* 8 (1988), 307-318.
[329] Kellner, M. "Gersonides and his Cultured Despisers: Arama and Abravanel," *Journal of Medieval and Renaissance Studies* 6 (1976), 269-296.
[330] Kellner, M. "Maimonides and Gersonides on Mosaic Prophecy," *Speculum* 52 (1977), 62-79.
[331] Klein-Braslavy, S. "Gersonides on Determinism, Possibility, Choice and Foreknowledge," *Daat* 22 (1989), 5-53.
[332] Pines, S. "Scholasticism after Thomas Aquinas and the Teachings of Hasdai Crescas and his Predecessors," *Proceedings of the Israel Academy of Sciences and Humanities* 1 (1967), 1-101.
[333] Rudavsky, T. "Creation, Time, and Infinity in Gersonides," *JHP* 26 (January 1988), 25-44.

[334] Rudavsky, T. "Divine Omniscience and Future Contingents in Gersonides," *JHP* 21 (October 1983), 513-526.

ロバート・ホルコット

[335] Gelber, H . G . Exploring the Boundaries of Reason: Three Questions on the Nature of God by Robert Holcot, OP (Toronto, 1983).
[336] Kennedy, L. *The Philosophy of Robert Holcot, Fourteenth-Century Skeptic* (Lewiston, NY, 1993).
[337] Streveler, P. and K. Tachau, eds. *Seeing the Future Clearly: Questions on Future Contingents by Robert Holcot* (Toronto, 1995).

アダム・ウォデハム

『命題集第一巻第二講義』(渋谷克美訳、集成 18 所収)

[338] Courtenay, W. J. *Adam Wodeham* (Leiden, 1978).

トマス・ブラドワーディン

[339] Thomas Bradwardine. *De causa Dei contra Pelagium et de virtute causarum* (London, 1618; reprinted Frankfurt, 1964).
[340] Sylla, E. "Thomas Bradwardine's *De continuo* and the Structure of Fourteenth-Century Learning," in [50], 148-156.

ヨハネス・ブリダヌス

『霊魂論問題集』(渋谷克美訳、集成 18 所収)
ジャン・ビュリダン『天体・地体論 4 巻問題集』(青木靖三訳)、『自然学 8 巻問題集　第 8 巻第 12 問』(横山雅彦訳)(朝日出版社・科学の名著『中世科学論集』、1981)

[341] John Buridan. *Summulae de Dialectica*, trans. G. Klima (New Haven, CT/London, 2001).
[342] Klima, G. "John Buridan on the Acquisition of Simple Substantial Concepts,"

in S. Ebbesen and R. L. Friedman, eds., *John Buridan and Beyond: The Language Sciences 1300-1700* (Copenhagen, 2004).

[343] Sylla, E. " 'Ideo quasi mendicare oportet intellectum humanum': The Role of Theology in John Buridan's Natural Philosophy," in [344], 221–245.

[344] Thijssen, J. M. M. H. and J. Zupko, eds. *The Metaphysics and Natural Philosophy of John Buridan* (Leiden/Boston, MA/Cologne, 2001).

[345] Zupko, J. "Freedom of Choice in Buridan's Moral Psychology," *MS* 57 (1995), 75–99.

オートルクールのニコラウス

『書簡集』、『パリ大学学芸学部 オッカム主義者たちのいくつかの誤謬の譴責に関する条令／オッカムに対する一三三九年の最初の条令』(井澤清訳、集成 19 所収)

[346] Nicholas of Autrecourt. *Correspondence with Master Giles and Bernard of Arezzo,* trans. L. M. de Rijk (Leiden, 1994).

[347] Nicholas of Autrecourt. *The Universal Treatise of Nicholas of Autrecourt,* trans. L. Kennedy *et al.* (Milwaukee, WI, 1971).

ウィリアム・ヘイツベリー

[348] Longeway, J., ed. *William Heytesbury on Maxima and Minima* (Dordrecht/Boston, MA/Lancaster, 1984).

[349] Wilson, C. *William Heytesbury: Medieval Logic and the Rise of Mathematical Physics* (Madison, WI, 1960).

ニコル・オレーム
『質と運動の図形化』(中村治訳、集成 19 所収)
『天体・地体論からの抜粋』(横山雅彦訳、朝日出版社・科学の名著『中世科学論集』、1981)

[350] Hansen, B. *Nicole Oresme and the Marvels of Nature. The* De causis mirabilium (Toronto, 1985).

ジョン・ウィクリフ
『祭壇の秘跡について(抄)』、『教会論(抄)』(出村彰訳、教文館・宗教改革著作集第 1 巻『宗教改革の先革者たち』、2001)

[351] John Wyclif. *On Civil Lordship* (selections), in *CT* II 587–654.
[352] John Wyclif. *On Universals* (*Tractatus de Universalibus*), trans, A. Kenny, introduced by P. V. Spade (Oxford, 1985).
[353] Luscombe, D. E. "Wyclif and Hierarchy," in A. Hudson and M. Wilks, eds., *From Ockham to Wyclif* (Oxford, 1987), 233–244.
[354] Wilks, M. J. "Predestination, Property and Power: Wyclif's Theory of Dominion and Grace," in G. J. Cuming, ed., *The Church and Sovereignty c. 590-1918* (London/Edinburgh, 1965), 220–236.

他の中世の思想家たち
[355] Adelard of Bath. *Conversations with his Nephew. On the Same and the different, Questions on Natural Science, and On Birds,* trans, C. Burnett (Cambridge, 1998). (Selections from Adelard's *Quaestiones naturales* in [401], 38–51.)
[356] Aelred of Rievaulx. *On Spiritual Friendship*, trans, M. E. Laker (Washington, DC, 1974).
『霊的友愛について』(矢内義顕訳、集成 10 所収)
[357] [Alan of Lille] D'Alverny, M.-T. *Alain de Lille. Textes inédits avec une introduction sur sa vieet ses œuvres* (Paris, 1965). Includes *Expositio prosae de*

angelis, 206–10; *Hierarchia,* 223–35; and *Sermo in die sancti Michaelis,* 249–251.
アラヌス・アブ・インスリス『アンティクラウディアヌス』（秋山学・大谷啓治訳、集成 8 所収）
[358] Alexander of Hales. *Summa Fratris Alexandri,* vol. I, ed. B. Klumper (Quaracchi, 1924).
ヘールズのアレクサンデル『神学大全』（小高毅訳、集成 12 所収）
[359] Alhazen. *The Optics of Ibn al-Haytham. Books I-III: On Direct Vision,* trans, A. I. Sabra (London, 1989).
[360] Avempace. *Ibn Bajjah's 'Ilm al-Nafs* [On the Soul], trans, M. S. H. Ma'sumi (Karachi, 1961).
[361] Avempace. *The Governance of the Solitary,* partial trans, L. Berman in [22], 122–133.
イブン・バーッジャ『孤独者の経綸』、『知性と人間の結合』（竹下政孝訳、集成 11 所収）
[362] Benedict of Nursia. *The Rule of St. Benedict,* trans, A. C. Meisel and M. L. del Mastro (Garden City, NY, 1975).
ヌルシアのベネディクトゥス『戒律』（古田暁訳、集成 5 所収）
『聖ベネディクトの戒律』（古田暁訳、すえもりブックス、2000）
[363] Meister Eckhart. *Parisian Questions and Prologues,* trans, A. Maurer (Toronto, 1974).
集成 16 に以下の著作が含まれている（中山善樹訳）。
マイスター・エックハルト『主の祈り講解』、『命題集解題講義（コラティオ）』、『一二九四年の復活祭にパリで行われた説教』、『聖アウグスティヌスの祝日にパリで行われた説教』、『パリ討論集』、『集会の書（シラ書）二四章二三－三一節についての説教と講解』、『三部作への序文』、『高貴なる人間について』
『エックハルト　ラテン語説教集　研究と翻訳』（中山善樹訳注、創文社 1999）
『エックハルト　ラテン語著作集　I–IV』（中山善樹訳、知泉書館、2005–11）
『エックハルト説教集』（田島照久編訳、岩波文庫、1990）
『キリスト教神秘主義著作集　エックハルト I,II』（植田兼義、中山善樹訳、教文館、1989,1993）
[364] McGinn, B., ed. *Meister Eckhart and the Beguine Mystics* (New York, 1994).

[365] Hermann of Carinthia. *De Essentiis*, trans, C. Burnett (Leiden/Cologne, 1982).

[366] Ibn 'Adi, Yahya. *The Reformation of Morals*, Arabic text ed. S. Khalil, trans, S. H. Griffith (Provo, UT, 2002).

[367] Ibn Tufail. *The Improvement of Human Reason, Exhibited in the Life of Hai Ebn Yokdhan*, trans, S. Ockley (London, 1708; reprinted Hildesheim, 1983).

[368] Ibn Tufail. Ibn Tufyal's Hayy *Ibn Yaqzan: A Philosophical Tale*, trans, L. E. Goodman, 2nd edn (Los Angeles, CA, 1983).

イブン・トゥファイル『ヤクザーンの子ハイイの物語』(垂井弘志訳、集成 11 所収)

[369] Conrad, L. I, ed. *The World of Ibn Tufayl: Interdisciplinary Perspectives on* Hayy ibn Yaqzan (Leiden, 1996).

[370] Al-Jami. "Al-Jami's Treatise on 'Existence'," ed. N. Heer, in [44], 223-56.

[371] Richard Kilvington. *The Sophismata of Richard Kilvington*, trans., with introduction and commentary, N. Kretzmann and B. E. Kretzmann (Cambridge, 1990).

[372] Robert Kilwardby. *On Time and Imagination*, trans, A. Broadie (Oxford, 1993).

[373] *Liber de causis* (*Book of Causes*), trans, D. J. Brand (Milwaukee, WI, 1984).

[374] Miskawayh. *The Refinement of Character*, trans, C. K. Zurayk (Beirut, 1968).

[375] Nemesius of Emesa. *De natura hominis*, ed. G. Verbeke and J. R. Moncho (Leiden, 1975).

[376] Sylla, E. "Mathematical Physics and Imagination in the Work of the Oxford Calculators: Roger Swineshead's *On Natural Motions*," in E. Grant and J. Murdoch, eds., *Mathematics and Its Application to Science and Natural Philosophy in the Middle Ages* (Cambridge, 1987), 69-101.

[377] Sylla, E. "The Oxford Calculators in Context," *Science in Context* I (1987), 257-279.

[378] Sylla, E. "The Oxford Calculators and Mathematical Physics: John Dumbleton's *Summa Logicae et Philosophiae Naturalis*, Parts II and III," in S.

Unguru, ed., *Physics, Cosmology and Astronomy, 1300-1700* (Dordrecht/Boston, MA/London, 1991), 129-161.

[379] Philip the Chancellor. *Summa de bono,* ed. N. Wicki (Berne, 1985).
総長フィリップ『善についての大全』(渡部菊郎訳、集成 13 所収)

[380] Poinsot, J. *Tractatus de Signis*, ed. J. Deely and R. Powell, *Tractatus de Signis: The Semiotic of John Poinsot* (Berkeley, CA, 1985).

[381] Proclus. *Elements of Theology*, ed. and trans. E. R. Dodds, 2nd edn (Oxford, 1963).
プロクロス『神学綱要』(田之頭安彦訳、中央公論社世界の名著続 2 『プロティノス　ポルピュリオス　プロクロス』所収、1976)

[382] Ptolemy of Lucca. *On the Government of Princes*, ed. and trans. J. M. Blythe (Philadelphia, 1997).

[383] Al-Razi. "The Book of the Philosophic Life," trans. C. E. Butterworth, *Interpretation* 20 (1993), 227-236.

[384] Al-Razi. *The Spiritual Physick of Rhazes*, trans. A. J. Arberry (London, 1950).

[385] Druart, T.-A. "Al-Razi's Conception of the Soul: Psychological Background to his Ethics," *MPT* 5 (1996), 245-263.

[386] Druart, T.-A. "The Ethics of al-Razi," *MPT* 6 (1997), 47-71.

[387] Richard of St. Victor. *On the Trinity,* in G. A. Zinn, ed., *Richard of St. Victor*, Classics of Western Spirituality (London, 1979).
以下の著作が集成 9 に含まれている。サン=ヴィクトルのリカルドゥス『大ベニヤミン－観想の恩寵について』(泉治典訳)、『三位一体論』(小高毅訳)、『力強い愛の四つの段階について』(荒井洋一訳)

[388] Suhrawardi. *The Philosophy of Illumination*, ed. and trans. J. Walbridge and H. Ziai (Provo, UT, 1999).

[389] Thomas of Sutton. *Quodlibeta*, ed. M. Schmaus (Munich, 1969).

[390] Al-Tusi. *The Nasirean Ethics*, trans. from Persian by G. M. Wickens (London, 1964).

[391] William of Auvergne. *De universo*, in William of Auvergne, *Opera omnia* (Venice, 1591), 561-1012.

オーベルニュのギョーム『三位一体論』（宮内久光訳、集成13所収）

トピック

第1章　中世哲学の文脈

[392] Amory, P. *People and Identity in Ostrogothic Italy, 489-554* (Cambridge, 1997).

[393] Blumenthal, H. J. "529 and After: What Happened to the Academy?," *Byzantion* 48 (1978), 369-385.

[394] Brown, P. *The Cult of the Saints* (Chicago, 1981).

[395] Cameron, A. "The Last Days of the Academy at Athens," *Proceedings of the Cambridge Philological Society* 195 (1969), 7-29.

[396] Carruthers, M. *The Craft of Thought. Meditation, Rhetoric and the Making of Images, 400-1200* (Cambridge, 1998).

[397] Chadwick, O. *John Cassian. A Study in Primitive Monasticism,* 2nd edn (Cambridge, 1968).

[398] Cochrane, C. N. *Christianity and Classical Culture* (New York/Toronto, 1957).

[399] Coleman, J. *Ancient and Medieval Memories* (Cambridge, 1992).

[400] Courtenay, W. *Schools and Scholars in Fourteenth-Century England* (Princeton, NT, 1987).

[401] Dales, R. C. *The Scientific Achievement of the Middle Ages* (Philadelphia, 1973).

[402] Dodds, E. R. *Pagan and Christian in an Age of Anxiety* (Cambridge, 1965).
E・R・ドッズ『不安の時代における異教とキリスト教：マールクス・アウレーリウス帝からコンスタンティーヌス帝に至るまでの宗教体験の諸相』（井谷嘉男、日本基督教団出版局、1981）

[403] Gilson, E. *The Unity of Philosophical Experience* (New York, 1937).
エティエンヌ・ジルソン『理性の思想史　哲学的経験の一体性』（三嶋唯義訳、行路社、1988）

[404] Goffart, W. A . *Barbarians and Romans, AD 418-584* (Princeton, NJ, 1980).

[405] Hadot, I. *Arts libéraux et philosophie dans la pensée antique* (Paris, 1984).
[406] Hadot, P. *Qu'est-ce que la philosophie antique?* (Paris, 1995).
[407] Hadot, P. *Philosophy as a Way of Life* (Oxford, 1995).
[408] Hissette, R. *Enquête sur les 219 articles condamnés à Paris le 7 mars 1277* (Leuven, 1977).
[409] Hodges, R. and D. Whitehouse. *Mohammed, Charlemagne and the Origins of Europe* (Ithaca, NY, 1983).
[410] Imbach, R. *Laien in der Philosophie des Mittelalters* (Amsterdam, 1989).
[411] Justin Martyr. *Dialogue with Trypho*, in M. Dods and G. Reith, eds., *The Apostolic Fathers with Justin Martyr and Irenaeus* (Buffalo, NY, 1887), 194–270.
『キリスト教教父著作集 1 ユスティノス』(柴田有・三小田敏雄訳、教文館、1992)
[412] Lawn, B. *The Rise and Decline of the Scholastic Quaestio Disputata* (Leiden, 1993).
[413] Leclercq, J. *Love of Learning and the Desire for God* (New York, 1961).
J・ルクレール『修道院文化入門－学問への愛と神への希求』(神崎忠昭・矢内義顕訳、知泉書館、2004)
[414] Levison, W. *England and the Continent in the Eighth Century* (Oxford, 1966; first published 1946).
[415] De Libera, A . *Penser au moyen âge* (Paris, 1991).
アラン・ド・リベラ『中世知識人の肖像』(阿部一智・永野潤訳、新評論、1994)
[416] De Libera, A. *Introduction à la mystique rhénane. D'Albert le Grand à Maître Eckhart* (Paris, 1984).
[417] De Lubac, H. *Medieval Exegesis,* vol. I, *The Four Senses of Scripture*, trans. M. Sebanc (Edinburgh/Grand Rapids, MI, 1998).
[418] Markus, R. A. *The End of Ancient Christianity* (Cambridge, 1990).
[419] Moore, R. I. *The Formation of a Persecuting Society* (Oxford, 1987).
[420] Moore, R. I. *The Origins of European Dissent* (New York, 1977).
[421] Riché, P. *Education and Culture in the Barbarian West, Sixth through Eighth Centuries* (Columbia, SC, 1976).

ピエール・リシェ『中世における教育・文化』（岩村清太訳、東洋館出版社、1988）
［422］ Rucquoi, A. "Gundisalvus ou Dominicus Gundisalvi?," ［53］ 41 (1999), 85-106.
［423］ Ruh, K. *Kleine Schriften*, vol. II, *Scholastik und Mystik im Spätmittelalter* (Berlin, 1984).
［424］ Smalley, B. *The Study of the Bible in the Middle Ages*, 3rd edn, revised (Oxford, 1983).
［425］ Southern, R. W. *The Making of the Middle Ages* (New Haven, CT, 1953).
サザーン『中世の形成』（森岡敬一郎、池上忠弘訳、みすず書房、1978）
［426］ Southern, R. W. *Medieval Humanism and Other Studies* (Oxford, 1970).
［427］ Sulpicius Severus. *The Life of St. Martin*, in F. R. Hoare, ed. and trans., *The Western Fathers* (New York, 1954), 10-44.
［428］ Tertullian. *On Prescription against Heretics*, in *The Writings of Tertullian*, vol. II, trans. P. Holmes (Edinburgh, 1870), 1-54.
『キリスト教教父著作集 13、14 テルトゥリアヌス』（土岐正策、鈴木一郎訳、教文館、1987）
［429］ Trinkaus, C. *In Our Image and Likeness: Humanity and Divinity in Italian Humanist Thought* (London, 1970).
［430］ Weijers, O. *La "disputatio" à la Faculté des arts de Paris (1200-1350 environ). Esquisse d'une typologie* (Turnhout, 1995).
［431］ White, L. Jr. *Medieval Technology and Social Change* (Oxford, 1962).

第2章　二つの中世的観念——永遠性

［432］ Craig, W. L. *The Problem of Divine Foreknowledge and Future Contingents from Ockham to Suarez* (Leiden/New York/Copenhagen/Cologne, 1988).
［433］ Dales, R. *Medieval Discussions of the Eternity of the World* (Leiden/New York/Copenhagen/Cologne, 1990).
［434］ Fox, R. "The Concept of Time in Thirteenth-Century Western Theology" (Oxford D. Phil. thesis, 1998).
［435］ Leftow, B. *Time and Eternity* (Ithaca, NY/London 1991).

[436] Newton-Smith, W. *The Structure of Time* (London/Boston, MA, 1980).
[437] MacBeath, M. "Time's Square," in M. MacBeath and R. Poidevin, eds., *The Philosophy of Time* (Oxford, 1993), 183-202.
[438] Sorabji, R. *Time, Creation and the Continuum* (London, 1983).
[439] Stump, E. and N. Kretzmann. "Eternity," *Journal of Philosophy* 79 (1981), 429-58.
[440] Stump, E. and N. Kretzmann . "Eternity, Awareness, and Action," *FP* 9 (1992), 463-482.

第2章 二つの中世的観念——位階性

[441] D'Alverny, M.-T. "Le Cosmos symbolique du XIIe siècle," *AHDLMA* 20 (1953), 31-81.
[442] Calvin, J. *Institutes of the Christian Religion*, 2 vols., ed. J. T. McNeill, trans. F. L. Battles (London, 1961).
ジャン・カルヴァン『キリスト教綱要』(渡辺信夫訳 改訂版、新教出版社, 2007-09)
[443] Congar, Y. M.-J. "Aspects ecclésiologiques de la querelle entre mendiants et séculiers dans la seconde moitié du XIIIe siècle et le début du XIVe," *AHDLMA* 28 (1961), 35-151.
[444] Daniélou, J. *Platonisme et théologie mystique. Doctrine spirituelle de Saint Grégoire de Nysse* (Paris, 1953).
[445] Endres, J. A. *Honorius Augustodunensis* (Kempton-Munich, 1906).
[446] Hadot, P. *Porphyre et Victorinus* (Paris, 1968).
[447] Lovejoy, A. O. *The Great Chain of Being. A Study of the History of an Idea* (Cambridge, MA, 1936).
アーサー・O・ラブジョイ『存在の大いなる連鎖』(内藤健二訳、晶文社、1975)
[448] Luscombe, D. E. "Hierarchy in the Late Middle Ages: Criticism and Change," in J. Canning and O. G. Oexle, eds., *Political Thought and the Realities of Power in the Middle Ages* (Gottingen, 1998), 113-126.
[449] Luscombe, D. E. "The *Lex divinitatis* in the Bull *Unam Sanctam* of Pope Boniface VIII," in C. Brooke *et al.*, eds., *Church and Government in the Middle Ages*

(Cambridge, 1976), 205-221.
[450] Luther, M. *Luther's Works*, vol . XXXVI, *Word and Sacrament* II, ed. A. R. Wentz (Philadelphia, 1959).
[451] Mahoney, E. P. "Lovejoy and the Hierarchy of Being," *JHI* 48 (1987), 211-30.
[452] Mahoney, E. P. "Metaphysical Foundations of the Hierarchy of Being According to Some Late-Medieval and Renaissance Philosophers," in P. Morewedge, ed., *Philosophies of Existence: Ancient and Medieval* (New York, 1982), 165-257.
[453] O'Meara, D. J. *Structures hiérarchiques dans la pensée de Plotin* (Leiden, 1975).
[454] Ullmann, W. *The Carolingian Renaissance and the Idea of Kingship* (London, 1969).

第3章　言語と論理学

[455] Ashworth, E. J. *Studies in Post-Medieval Semantics* (London, 1985).
[456] Ashworth, E. J. *The Tradition of Medieval Logic and Speculative Grammar from Anselm to the End of the Seventeenth Century: A Bibliography from 1836 Onwards* (Toronto, 1978).
[457] Biard, J. *Logique et théorie du signe au XIVe siècle* (Paris, 1989).
[458] Covington, M. A. *Syntactic Theory in the High Middle Ages* (Cambridge, 1984).
[459] Dahan, G. "Nommer les êtres: Exégèse et théories du langage dans les commentaires médiévaux de *Genèse* 2, 19-20," in [460], 55-74.
[460] Ebbesen, S., ed. *Sprachtheorien in Spätantike und Mittelalter* (Tubingen, 1995).
[461] Green-Pedersen, N. J. *The Tradition of the Topics in the Middle Ages: The Commentaries on Aristotle's and Boethius' "Topics"* (Munich/Vienna, 1984).
[462] Jacobi, K., ed. *Argumentationstheorie: Scholastische Forschungen zu den logischen und semantischen Regeln korrekten Folgerns* (Leiden/New York/Cologne, 1993).

[463] Kneepkens, C. H. "The Priscianic Tradition," in [460], 239-264.

[464] Knuuttila, S. *Modalities in Medieval Philosophy* (London/New York, 1993).

[465] Marenbon, J. *Aristotelian Logic, Platonism and the Context of Early Medieval Philosophy in the West* (Aldershot, Hants., 2000).

[466] Marmo, C. *Semiotica e linguaggio nella scolastica: Parigi, Bologna, Erfurt 1270-1330. La semiotica dei Modisti* (Rome, 1994).

[467] Montagnes, B. La *Doctrine de l'analogie de l'être d'après Saint Thomas d'Aquin*. Philosophes médiévaux 6 (Louvain/Paris, 1963).

[468] Nuchelmans, G. *Theories of the Proposition: Ancient and Medieval Conceptions of the Bearers of Truth and Falsity* (Amsterdam, 1973).

[469] Panaccio, C. *Le Discours intérieur. De Platon à Guillaume d'Ockham* (Paris, 1999).

[470] Pironet, F. *The Tradition of Medieval Logic and Speculative Grammar. A Bibliography (1977-1994)* (Turnhout, 1997).

[471] Rijk, L . M . de. *Logica Modernorum. A Contribution to the History of Early Terminist Logic*, 2 vols. in 3 parts (Assen, 1962-67).

[472] Rosier, I. *La Grammaire spéculative des Modistes* (Lille, 1983).

[473] Rosier, I. *La Parole comme acte. Sur la grammaire et la sémantique au XIIIe siècle* (Paris, 1994).

[474] Rosier, I. "*Res significata* et *modus significandi*: Les implications d'une distinction médiévale," in [460], 135-168.

[475] Spade, P. V. *Lies, Language and Logic in the Late Middle Ages* (London, 1988).

第4章 イスラーム世界の哲学

[476] D'Ancona Costa, C. *La Casa della sapienza. La transmissione della metafisica greca e la formazione della filosofia araba* (Milan, 1996).

[477] D'Ancona Costa, C. *Recherches sur le Liber de Causis* (Paris, 1995).

[478] Aydin, M. "Turkey," in [11], II, 1129-1133.

[479] Black, D. L. "Imagination and Estimation: Arabic Paradigms and Western Transformations," *Topoi* 19 (2000), 59-75.

[480] Black, D. L. *Logic and Aristotle's* Rhetoric *and* Poetics *in Medieval Arabic Philosophy* (Leiden, 1990).

[481] Daiber, H. "The Reception of Islamic Philosophy at Oxford in the Seventeenth Century: The Pococks' (Father and Son) Contribution to the Understanding of Islamic Philosophy in Europe," in C. E. Butterworth and B. A. Kessel, eds., *The Introduction of Arabic Philosophy into Europe* (Leiden, 1994), 65-82.

[482] Davidson, H. A. *Alfarabi, Avicenna, and Averroes, on Intellect: Their Cosmologies, Theories of the Active Intellect and Theories of Human Intellect* (New York/Oxford, 1992).

[483] Davidson, H. A. *Proofs for Eternity, Creation and the Existence of God in Medieval Islamic and Jewish Philosophy* (New York/Oxford, 1987).

[484] Druart, T.-A. "Medieval Islamic Philosophy and Theology. Bibliographical Guide (1996-1998)," *MIDEO* (Cairo) 24 (2000), 381-414.

[485] Druart, T. -A. "Philosophical Consolation in Christianity and Islam: Boethius and al-Kindi," *Topoi* 19 (2000), 25-34.

[486] Fakhry, M. *Ethical Theories in Islam,* 2nd edn (Leiden, 1994).

[487] Frank, R. M. *Creation and the Cosmic System: Al-Ghazali and Avicenna* (Heidelberg, 1992).

[488] Frank, R. M. "Kalam and Philosophy: A Perspective from One Problem," in [44], 71-95.

[489] Frank, R. M. "Reason and Revealed Law: A Sample of Parallels and Divergences in Kalam and Falsafa," in *Recherches d'Islamologie. Recueil d'articles offerts à Georges C. Anawati et Louis Gardet* (Louvain, 1977), 123-138.

[490] Gutas, D. *Greek Thought, Arabic Culture. The Graeco-Arabic Translation Movement in Baghdad and Early 'Abbasid Society (2nd-4th/8th-10th Centuries)* (London, 1998).

ディミトリ・グタス『ギリシア思想とアラビア文化　初期アッバース朝の翻訳活動』(山本啓二訳、勁草書房、2002)

[491] Hourani, G. F. *Reason and Tradition in Islamic Ethics* (Cambridge, 1985).

[492] Kraemer, J. L. *Humanism in the Renaissance of Islam. The Cultural*

Revival during the Buyid Age (Leiden, 1986).
[493] Nasr, S. H. "Ibn Sina's 'Oriental Philosophy'," in [11], 247–251.
[494] Nussbaum, M. C. *The Therapy of Desire: Theory and Practice in Hellenistic Ethics* (Princeton, NT, 1994).
[495] Nussbaum, M. C., ed. "The Poetics of Therapy: Hellenistic Ethics in its Rhetorical and Literary Context," *Apeiron* 23, 4 (1990).
[496] Rosenthal, F. "On the Knowledge of Plato's Philosophy in the Islamic World," *Islamic Culture* 14 (1940), 387–422, and 15 (1941), 396–398.
[497] Russell, G. A., ed. *The "Arabick" Interest of the Natural Philosophers in Seventeenth-Century England* (Leiden, 1994).

第5章　ユダヤ哲学

[498] Altmann, A. *Essays in Jewish Intellectual History* (Hanover, NH, 1981).
[499] Baron, S. W. *A Social and Religious History of the Jews*, vol. IX (New York/London, 1965).
[500] Burrell, D. "Maimonides, Aquinas, and Gersonides on Providence," *Religious Studies* 20, 3(1984), 335–351.
[501] Pines, S. *Studies in the History of Jewish Thought: The Collected Works of Shlomo Pines*, vol. v, ed. W. Z. Harvey and M. Idel (Jerusalem, 1997).
[502] Twersky, I, ed. *Studies in Medieval Jewish History and Literature* (Cambridge, MA, 1979).
[503] Wolfson, H. *Studies in the History of Philosophy and Religion, 2 vols.* (Cambridge, MA, 1973–77).

第6章　形而上学　神と存在

[504] Aertsen, J. A. "The Medieval Doctrine of the Transcendentals: New Literature," in [53]41, 107–121.
[505] Wippel, J. F., ed. *Studies in Medieval Philosophy* (Washington, DC, 1987).

第7章　創造と自然

[506] Carvin, W. P. *Creation and Scientific Explanation* (Edinburgh, 1988).

[507] Chenu, M.-D. *Nature, Man and Society in the Twelfth Century*, trans. J. Taylor and L. K. Little (Toronto, 1997).

[508] Cunningham, A. "The Identity of Natural Philosophy. A Response to Edward Grant," *ESM* 5(2000), 259-78; "A Last Word," 299-300.

[509] Duhem, P. *Etudes sur Léonard de Vinci*, 3 vols. (Paris, 1906-13).

[510] Duhem, P. *Le Système du monde*, 10 vols. (Paris, 1913-59).

[511] Eastwood, B. "Celestial Reason: The Development of Latin Planetary Astronomy to the Twelfth Century," in [48], 157-172.

[512] Grant, E. *The Foundations of Modern Science in the Middle Ages. Their Religious, Institutional, and Intellectual Contexts* (Cambridge, 1966).
E・グラント『中世における科学の基礎づけ――その宗教的、制度的、知的背景』(小林剛訳、知泉書館、2007)

[513] Grant, E. "God and Natural Philosophy: The Late Middle Ages and Sir Isaac Newton," *ESM* 5 (2000), 279-298.

[514] Grant, E. *God and Reason in the Middle Ages* (Cambridge, 2001).

[515] Grant, E. "God, Science, and Natural Philosophy in the Late Middle Ages," in [46], 243-267.

[516] Grant, E. *Planets, Stars, and Orbs: the Medieval Cosmos, 1200-1687* (Cambridge, 1994).

[517] Grant, E., ed. *A Source Book in Medieval Science* (Cambridge, MA, 1974).

[518] Kretzmann, N. "Incipit/Desinit," in P. Machamer and R. Turnbull, eds., *Motion and Time. Space and Matter* (Columbus, OH, 1976), 101-136.

[519] Lemay, R. *Abu Mashar and Latin Aristotelianism in the Twelfth Century* (Beirut, 1962).

[520] Maier, A. *Ausgehendes Mittelalter. Gesammelte Aufsätze zur Geistesgeschichte des 14. Jahrhunderts*, 3 vols. (Rome, 1964-67).

[521] Maier, A. *Studien zur Naturphilosophie der Spätmittelalter*, 5 vols. (Rome, 1952-68).

[522] Marrone, S. *The Light of Thy Countenance. Science and Knowledge of God in the Thirteenth Century*, 2 vols. (Leiden, 2001).

[523] Murdoch, J. "1277 and Late Medieval Natural Philosophy," in [28], 111-121.

[524] Murdoch, J. "From Social into Intellectual Factors: An Aspect of the Unitary Character of Late Medieval Learning," in [45], 271-339.

[525] Murdoch, J. "*Mathesis in philosophiam scholasticam introducta.* The Rise and Development of the Application of Mathematics in Fourteenth-Century Philosophy and Theology," in *Arts libéraux et philosophie au moyen âge* (Montreal/Paris, 1969), 215-254.

[526] Murdoch, J. "Philosophy and the Enterprise of Science in the Later Middle Ages," in Yehuda Elkana, ed., *The Interaction between Science and Philosophy* (Atlantic Highlands, NJ, 1974), 51-113.

[527] Murdoch, J. "Pierre Duhem (1861-1916)," in H. Damico, ed., *Medieval Scholarship. Biographical Studies on the Formation of a Discipline,* vol. III (New York/London, 2000), 23-42.

[528] Murdoch, J. "Pierre Duhem and the History of Late Medieval Science and Philosophy in the Latin West," in R. Imbach and A. Maierù, eds., *Gli studi di filosofia medievale fra Otto e Novecento: contributo a un bilancio storiografico* (Rome, 1991).

[529] Murdoch, J. "Propositional Analysis in Fourteenth-Century Natural Philosophy: A Case Study," *Synthèse* 40 (1979), 117-146.

[530] Oberman, H. "Reformation and Revolution: Copernicus's Discovery in an Era of Change," in [45], 397-429.

[531] Ragep, J. "Freeing Astronomy from Philosophy. An Aspect of Islamic Influence on Science," *Osiris* 16 (2001), 49-71.

[532] Sorabji, R. "Latitude of Forms in Ancient Philosophy," in [42], 57-63.

[533] Stock, B. *Myth and Science in the Twelfth Century. A Study of Bernard Sylvester* (Princeton, NJ, 1972).

[534] Sylla, E. "The A Posteriori Foundations of Natural Science; Some Medieval Commentaries on Aristotle's *Physics*, Book I, Chapters 1 and 2," *Synthèse* 40 (1979), 147-187.

[535] Sylla, E. "Autonomous and Handmaiden Science: St. Thomas Aquinas and William of Ockham on the Physics of the Eucharist," in [45], 349-396.

[536] Sylla, E. "Medieval Concepts of the Latitude of Forms: The Oxford

Calculators," *AHDLMA* 40 (1973), 223-283.

[537] Thijssen, J. M. M. H. "Late Medieval Natural Philosophy: Some Recent Trends in Scholarship," *Recherches de Théologie et Philosophie Médiévales* 67 (2000), 158-190.

[538] Thijssen, J. M. M. H. "What Really Happened on 7 March 1277? Bishop Tempier's Condemnation and its Institutional Context," in [50], 84-114.

[539] Trifogli, C. *Oxford Physics in the Thirteenth Century (ca. 1250-1270). Motion, Infinity, Place, and Time* (Leiden/Cologne, 2000).

[540] Wallace, W. "Galileo and Reasoning *Ex suppositione,*" in W. Wallace, *Prelude to Galileo. Essays on Medieval and Sixteenth-Century Sources of Galileo's Thought* (Dordrecht/Boston, MA/London, 1981), 129-159.

第８章　本性――普遍の問題

[541] Gracia, J. *Introduction to the Problem of Individuation in the Early Middle Ages* (Munich/Washington, DC, 1984; 2nd edn 1988).

[542] Gracia, J. *Individuation in Scholasticism: The Later Middle Ages and the Counter-Reformation* (1150-1650) (Albany, NY, 1994).

[543] Klima, G. "The Medieval Problem of Universals," in [52], http://plato.stanford.edu/entries/universals-medieval/

[544] Thijssen, J. M. M. H. "John Buridan and Nicholas of Autrecourt on Causality and Induction," *Traditio* 43 (1987), 237-255.

第９章　人間の自然本性

[545] Dales, R. *The Problem of the Rational Soul in the Thirteenth Century* (Leiden, 1995).

[546] Des Chene, D. *Life's Form: Late Aristotelian Conceptions of the Soul* (Ithaca, NY, 2000).

[547] Dihle, A. *The Theory of the Will in Classical Antiquity* (Berkeley, CA, 1982).

[548] Irwin, T. "Who Discovered the Will?" *Philosophical Perspectives* 6 (1992), 453-473.

[549] King, P. "Scholasticism and the Philosophy of Mind: The Failure of Aristotelian Psychology," in T. Horowitz and A. Janis, eds., *Scientific Failure* (Lanham, MD, 1994), 109–138.
[550] Pasnau, R. "Divine Illumination," in [52], /entries/illumination/
[551] Pasnau, R. *Theories of Cognition in the Later Middle Ages* (Cambridge, 1997).
[552] Tachau, K. *Vision and Certitude in the Age of Ockham. Optics, Epistemology and the Foundations of Semantics, 1250-1345* (Leiden, 1988).
[553] Wolfson, H. A. "The Internal Senses in Latin, Arabic, and Hebrew Philosophic Texts," *Harvard Theological Review* 28 (1935), 69–133.

第 10 章　道徳的な生

[554] Bloomfield, M. *The Seven Deadly Sins* (East Lansing, MI, 1952).
[555] Colish, M. "Habitus Revisited: A Reply to Cary Nederman," *Traditio* 48 (1993), 77–92.
[556] Janz, D. *Luther and Late Medieval Thomism* (Waterloo, Ontario, 1983).
[557] Kent, B. "Rethinking Moral Dispositions: Scotus on the Virtues," in *CCScot,* 352–376.
[558] Kent, B. *Virtues of the Will: The Transformation of Ethics in the Late Thirteenth Century* (Washington, DC, 1995).
[559] McGrath, A. *Iustitia Dei*, 2 vols. (Cambridge, 1986).
[560] Nederman, C. "Nature, Ethics, and the Doctrine of 'Habitus': Aristotelian Moral Psychology in the Twelfth Century," *Traditio* 45 (1989–90), 87–110.
[561] Oberman, H. *The Harvest of Medieval Theology: Gabriel Biel and Late Medieval Nominalism* (Cambridge, MA, 1963).
[562] Vignaux, P. "On Luther and Ockham," in S. Ozment, ed., *The Reformation in Medieval Perspective* (Chicago, 1971), 107–118.
[563] Wenzel, S. "The Seven Deadly Sins: Some Problems of Research," *Speculum* 43 (1968), 1–22.
[564] Wenzel, S. *The Sin of Sloth: Acedia* (Chapel Hill, NC, 1967).

第 11 章　究極的諸善

[565] McEvoy, J. "The Theory of Friendship in the Latin Middle Ages: Hermeneutics, Contextualization and the Transmission and Reception of Ancient Texts and Ideas, from c. AD 350 to c. 1500, " in J. Haseldine, ed., *Friendship in the Middle Ages* (Phoenix Mill, Stroud, 1999), 3-44.

[566] Reeves, M. *Joachim of Fiore and the Prophetic Future* (London, 1976).

[567] Wieland, G. "Happiness: The Perfection of Man," in *CHLMP*, 673-686.

第 12 章　政治哲学

[568] Black, A. J. *Council and Commune. The Conciliar Movement and the Fifteenth Century Heritage* (London, 1979).

[569] Black, A. *Monarchy and Community. Political Ideas in the Later Conciliar Controversy 1430-1450* (Cambridge, 1970).

[570] Black, A. *Political Thought in Europe 1250-1450* (Cambridge, 1992).

[571] Blythe, J. M. *Ideal Government and the Mixed Constitution in the Middle Ages* (Princeton, NJ, 1992).

[572] Brett, A. S. *Liberty, Right and Nature: Individual Rights in Later Scholastic Thought* (Cambridge, 1997).

[573] Coleman, J. "Property and Poverty," in [13], 607-648.

[574] Evans, G. R. *Old Arts and New Theology. The Beginnings of Theology as an Academic Discipline* (Oxford, 1980).

[575] Fasolt, C. *Council and Hierarchy. The Political Thought of William Durant the Younger* (Cambridge, 1991).

[576] Flüeler, C. *Rezeption und Interpretation der Aristotelischen Politica im späten Mittelalter,* 2 vols . (Amsterdam, 1992).

[577] Justinian. *The Digest of Justinian,* ed. T. Mommsen and P. Krueger, trans . A. Watson (Philadelphia, 1985).
『「學説彙纂」の日本語への翻訳（１）（２）』（江南義之訳、信山社出版、1992）

[578] Lambertini, R. *La poverta pensata* (Modena, 2000).

[579] Luscombe, D. "City and *Politics* Before the Coming of the *Politics*: Some Illustrations,"in D. Abulafia, M. Franklin, and M. Rubin, eds., *Church and City in*

the Middle Ages (Cambridge, 1992), 41–55.

[580] Mäkinen, V. P. *Property Rights in the Late Medieval Discussion on Franciscan Poverty* (Leuven, 2001).

[581] Miethke, J. *De potestate papae. Die päpstliche Amtskomptetenz im Widerstreit der politischen Theorie von Thomas von Aquin bis Wilhem von Ockham* (Tubingen, 2000).

[582] Nederman, C. J. "Nature, Sin and the Origins of Society: The Ciceronian Tradition in Medieval Political Thought," *JHI* 49 (1988), 3–26.

[583] Oakley, F. *Natural Law, Conciliarism and Consent in the Later Middle Ages* (London, 1984).

[584] Pennington, K. *The Prince and the Law 1200-1600* (Berkeley, CA, 1993).

[585] Post, G. "The Naturalness of Society and the State," in G. Post, *Studies in Medieval Thought, Public Law and the State 1100-1322* (Princeton, NT, 1964), 494–561.

[586] Quillet, J. "Community, Counsel and Representation," in [13], 520–572.

[587] Skinner, Q. *The Foundations of Modern Political Thought,* 2 vols. (Cambridge, 1978).

クエンティン・スキナー『近代政治思想の基礎 ルネサンス、宗教改革の時代』(門間都喜郎訳、春風社、2009)

[588] Tierney, B. *Foundations of the Conciliar Theory* (Cambridge, 1955).

[589] Tierney, B. *The Idea of Natural Rights* (Atlanta, GA, 1997).

[590] Ullmann, W. "Boniface VIII and his Contemporary Scholarship," *JTS* 27 (1976), 58–87.

第 13 章 中世哲学はどのように後世の思想に足跡を残したか ——ルネサンスと 17 世紀

[591] Aiton, E. J. *Leibniz: A Biography* (Bristol/Boston, MA, 1985).

E. J. エイトン『ライプニッツの普遍計画 バロックの天才の生涯』(渡辺正雄・原純夫・佐柳文男訳、工作舎、1991)

[592] Cajetan, Tommaso de Vio. *Commentaria in Libros Aristotelis de Anima. Liber III*, ed. G. Picard, SJ and G. Pelland, SJ (Bruges, 1965).

[593] Cajetan, Tommaso de Vio. *Commentaria in De Anima Aristotelis,* ed. I. Coquelle, OP, intro. M. H. Laurent, 2 vols. (Rome, 1938-39).

[594] Cajetan, Tommaso de Vio. *Commentary on Being and Essence*, trans. L. J. Kendzierski and F. C. Wade (Milwaukee, WI, 1964).

[595] Cajetan, Tommaso de Vio. [*Prima pars*] *Summae Theologiae cum commentariis ... Cajetani* (Antwerp, 1612).

[596] Cajetan, Tommaso de Vio. *The Analogy of Names and the Concept of Being,* trans. E. A. Bushinski and H. J. Karen (Pittsburgh, PA, 1959).
カイエタヌス『名辞の類比について』(箕輪秀二訳、集成 20 所収)

[597] Carleton, Thomas Compton. *Philosophia universa,* 2 vols. (Antwerp, 1684).

[598] Casimir of Toulouse. *Atomi peripateticae,* 6 vols. (Biterris, 1674).

[599] Des Chene, D. *Physiologia. Natural Philosophy in Late Aristotelian and Cartesian Thought* (Ithaca, NY, 1996).

[600] De La Grange, J. B. *Les Principes de la philosophie, contre les nouveaux philosophes* (Paris, 1675).

[601] Di Vona, P. *Studi sulla scolastica della contrariforma* (Florence, 1968).

[602] Du Hamel, J. B. *Operum philosophicorum Tomus I. Tractatus III: de consensu veteris et novae philosphiae* (Nuremberg, 1681).

[603] FitzPatrick, P. J. *In Breaking of Bread* (Cambridge, 1993).

[604] Gerhardt, C. J., ed. *Die philosophischen Schriften von Gottfried Wilhelm Leibniz,* 7 vols. (reprinted Hildesheim, 1960).

[605] Gilson, E. "Autour de Pomponazzi: problématique de l'immortalité de l'âme en Italie au début du XVIe siècle," *AHDLMA* 28 (1961), 164-279.

[606] Goudin, A. *Philosophia juxta inconcussa tutissimaque Divi Thomae dogmata ... Tomus I: Logica; Tomus III: Tres posteriores partes physicae complectens* (Paris, 1685).

[607] Gurr, J. E. *The Principle of Sufficient Reason in Some Scholastic Systems, 1150-1900*(Milwaukee, WI, 1959).

[608] John of St. Thomas. *The Material Logic of John of St. Thomas: Basic Treatises,* trans. Y. R. Simon et al. (Chicago, 1955).

[609] Kessler, E. "The Intellective Soul," in [2], 485–534.
[610] Le Grand, A. *An Entire Body of Philosophy According to the Principles of the Famous Renate Des Cartes* ... Now faithfully translated ... by Richard Blome (London, 1694).
[611] Leibniz, G. W. F. *Epistola ad ... [Jacobum Thomasium] de Aristotele recentioribus reconciliabili*, in [604], IV, 162–174.
[612] Menn, S. *Descartes and Augustine* (Cambridge, 1998).
[613] Nicholas of Cusa. P. E. Sigmund, ed., *Nicholas of Cusa. The Catholic Concordance* (Cambridge, 1991).
[614] [Pardies, I.] *Lettre d'un philosophe à un Cartésien de ses amis* (Paris, 1685).
[615] Robinet, A. "Suarez im Werk von Leibniz," *Studia Leibnitiana* 13 (1981), 76–96.
[616] Suarez, Francisco. *Tractatus de anima*, in D. M. André, ed., *Opera* omnia, vol. III (Paris, 1856).
[617] Suárez, Francisco. *Commentariorum ... in primam partem Divi Thomae partis II de Deo creatore ... Tractatus tertius De Anima* (Mainz, 1622).
[618] Suárez, Francisco. *On the Essence of Finite Being as Such, on the Existence of that Essence and their Distinction*, trans. N. J. Wells (Milwaukee, WI, 1983).
[619] Suárez, Francisco. *Disputationes Metaphysicae*, ed. C. Berton, 2 vols. (Paris, 1866; reprinted Hildesheim, 1965). Spanish trans. S. Rábade Romeo *et al., Disputaciones Metafisicas,* 7 vols. (Madrid, 1960–66).
フランシスコ・スアレス『形而上学討論集』(小川量子訳、集成 20 所収)
[620] Valeriano Magni. *Valeriani Magni fratris capuccini philosophiae pars prima* (Warsaw, 1648).
[621] Francisco de Vitoria. "Relection On the American Indians," in *Vitoria: Political Writings*, ed. and trans. A. R. D. Pagden and J. Lawrance (Cambridge, 1992), 233–292.
フランシスコ・デ・ビトリア『インディオについての、または野蛮人に対するイスパニア甚の戦争の法についての第二の特別講義』(工藤佳枝訳、集成 20 所収)

[622] Zabarella, Jacob. *De rebus naturalibus libri XXX* (Frankfurt, 1607; reprinted Frankfurt, 1966).

第 13 章　中世哲学はどのように後世の思想に足跡を残したか ――現在の関心

[623] Brezik, V. B. , ed. *One Hundred Years of Thomism* (Houston, TX, 1981).

[624] Brownlee, M. S. and K. and S. Nichols, eds. T*he New Medievalism* (Baltimore, MD, 1991).

[625] Caputo, J. *Heidegger and Aquinas* (New York, 1982).

[626] Druart, T.-A, ed. *Arabic Philosophy and the West* (Washington, DC, 1988).

[627] Geach, P. T. *Reference and Generality: An Examination of Some Medieval and Modern Theories* (Ithaca, NY, 1980).

[628] Gilson, E. *Elements of Christian Philosophy* (Garden City, NY, 1960).

[629] Gilson, E. *The Spirit of Medieval Philosophy*, trans. A. Downes (New York, 1940).

E・ジルソン『中世哲学の精神　上下』(服部英次郎訳、筑摩書房、1974-75)

[630] Haldane, J., ed. *Mind, Metaphysics and Value in the Thomistic and Analytical Traditions* (Notre Dame, IN, 2002).

[631] Kenny, A. *Aquinas on Mind* (London, 1993).

A・ケニー『トマス・アクィナスの心の哲学』(川添信介訳、勁草書房、1998)

[632] MacIntyre, A. *Three Rival Versions of Moral Enquiry* (London, 1990).

[633] Maritain, J. *The Degrees of Knowledge,* trans. R. McInerny (Notre Dame, IN, 1995).

[634] Milbank, J. and C. Pickstock. *Aquinas on Truth* (London, 2001).

[635] Pegis, A, ed. *A Gilson Reader* (Garden City, NY, 1957).

[636] Rosemann, P. *Understanding Scholastic Thought with Foucault: The New Middle Ages* (New York, 1999).

[637] Van Steenberghen, F. "Etienne Gilson, historien de la pensée médiévale," *Revue philosophique de Louvain* 77 (1979), 496-507.

第 14 章　伝播と翻訳

[638] Bataillon, L. J. *et al.*, eds. La *Production du livre universitaire au moyen âge, Exemplar et pecia* (Paris, 1988).

[639] Bergh, B. *Palaeography and Textual Criticism* (Lund, 1978).

[640] Bischoff, B. *Latin Palaeography: Antiquity and the Middle Ages* (Cambridge, 1990).

[641] Cappelli, A. *Lexicon abbreviaturarum*, 6th edn (Milan, 1961).

[642] Destrez, J. *La Pecia dans les manuscrits universitaires du XIIIe et du XIVe siècles* (Paris, 1935).

[643] Dondaine, A. *Les Secrétaires de Saint Thomas* (Rome, 1956).

[644] Fink-Errera, G. "De l'édition universitaire," in *L'Homme et son destin d'après les penseurs du moyen âge* (Louvain/Paris, 1960), 221-228.

[645] Fink-Errera, G. "Une Institution du monde médiéval: la pecia," *Revue Philosophique de Louvain* 60 (1962), 184-243.

[646] Notre Dame Medieval Institute. http://medieval.nd.edu/

[647] Pelzer, *A. Abréviations latines médiévales. Supplément au Dizionario di abbreviature latine ed italiane, de Adriano Cappelli,* 2nd edn (Louvain, 1966).

[648] Pollard, G. "The *Pecia* System in the Medieval Universities," in M. B. Parks and A. G. Watson, eds., *Medieval Scribes, Manuscripts and Libraries* (London, 1978), 145-161.

[649] Pratt, R. A. "Some Latin Sources of the Nonnes Preest on Dreams," *Speculum* 52 (1977), 538-570.

[650] Thorndike, L. *University Records and Life in the Middle Ages* (New York, 1944).

[651] University of Bochum. *Abbreviationes* CD-ROM.
http://www.ruhruni-bochum.de/philosophy/projects/abbrev.htm

[652] University of Melbourne. paleography course.
http://amems.unimelb.edu.au/

[653] University of Toronto. Summer Latin course.
http://medieval.utoronto.ca/

編著者紹介

A・S・マクグレイド（A. S. McGrade）

コネティカット大学名誉教授（哲学）。*The Political Thought of William Ockham*の著者。ジョン・キルカレン（John Kilcullen）とともにオッカムの政治学に関わる著作を二巻本として、また、ジョン・キルカレンとマシュー・ケンプシャル（Matthew Kempshall）とともに*Cambridge Translations of Medieval Philosophical Texts*の第2巻（倫理学と政治哲学篇）を編集した。

中世の哲学

平成24（2012）年11月1日　初版第一刷発行

編著者　A・S・マクグレイド
監訳者　川添信介
発行人　檜山爲次郎
発行所　京都大学学術出版会
京都市左京区吉田近衛町69番地
京都大学吉田南構内（〒606-8315）
電話（075）761-6182
FAX（075）761-6190
URL http://www.kyoto-up.or.jp
振替01000-8-64677

ISBN978-4-87698-245-5
Printed in Japan

印刷・製本　亜細亜印刷株式会社
定価はカバーに表示してあります